Begabung wagen

Ein Handbuch für den Umgang mit Hochbegabung in Kindertagesstätten

Herausgegeben von
Christine Koop, Ina Schenker, Götz Müller, Simone Welzien und der Karg-Stiftung

Begabung wagen

Ein Handbuch für den Umgang mit Hochbegabung in Kindertagesstätten

Herausgegeben von
Christine Koop, Ina Schenker, Götz Müller, Simone Welzien
und der
karg – stiftung hochbegabte fördern

verlag das netz
Weimar · Berlin

ISBN 978-3-86892-037-6

Lektorat: Dr. Oliver Ramonat
Gestaltung: Jens Klennert, Tania Miguez
Titelfoto: Marion Vogel
Fotos: Marion Vogel. Alle Fotos entstanden in von der Karg-Stiftung geförderten Projekten. Dennoch möchten wir ausdrücklich darauf hinweisen, dass es zwischen einzelnen abgebildeten Kindern und dem jeweiligen Inhalt des Beitrages keinen direkten Bezug gibt.
Druck und Bindung: Druckhaus Gera
Printed in Germany

Weitere Informationen finden Sie unter www.verlagdasnetz.de

Inhalt

Begabung wagen!

Hochbegabte Kinder – das sind Kinder, die über ein besonderes kognitives Leistungsvermögen verfügen. Es sind Kinder, die mehr können als sie altersgemäß müssten und Kinder, die mehr wollen als sie sollten. Doch Hochbegabung ist nur ein Potential. Ob es zur Entfaltung im Rahmen einer gelingenden Bildungsbiografie kommt, hängt von zielgerichteter Förderung ab. Je früher dieses Potential erkannt, je kontinuierlicher es gefördert wird, desto besser für die Bildungsentwicklung auch des hochbegabten Kindes. Dabei geht es nicht um ein bloßes »Früher, Schneller, Mehr« – sondern um Bildungsqualität.

Vor nunmehr 20 Jahren hat sich die Karg-Stiftung des Themas Hochbegabung angenommen und sorgt sich seither um die Bildungschancen hochbegabter Kinder und Jugendlicher. Dabei standen die Kindertagesstätte, die Kita-Entwicklung und die Erzieherinnenbildung von Beginn an im Mittelpunkt der Stiftungsarbeit. Schon das erste Projekt der Karg-Stiftung zielte auf die Entwicklung einer Modell-Kita für die Bedürfnisse hochbegabter Kinder. So entstand das Zentrum für Frühe Begabung und Förderung in Hannover. Weitere Einrichtungen kamen auf die Karg-Stiftung mit dem Wunsch zu, die pädagogische Arbeit in der Kita als Lernort im Sinne der Begabungsentfaltung zu verändern. Und schnell war klar: es fehlten geeignete Weiterbildungsangebote für Erzieherinnen sowie Angebote zur Einrichtungsentwicklung in der Förderung hochbegabter Kinder. In Kooperation mit praxisorientierter Wissenschaft und reflektierter Praxis hat die Karg-Stiftung daher das Weiterbildungsangebot »Begabtenpädagoge« entwickelt. Seit 2004 haben 120 Erzieherinnen und annähernd 100 Einrichtungen in ganz Deutschland hiervon profitiert – und ihre pädagogische Arbeit in der Auseinandersetzung mit dem Thema Begabung grundlegend verändert. Seit dem Jahr 2010 bietet nun der Hochschulpartner der Stiftung, die Evangelische Hochschule (FH) Dresden, den »Begabtenpädagogen« in alleiniger Verantwortung an. Die Karg-Stiftung konzentriert sich auf Einrichtungsentwicklungsprogramme in der Hochbegabtenförderung, die praxisnah das Wissen des »Begabtenpädagogen« in konkretes Handlungswissen übersetzen helfen.

Die Nachfrage für Weiterbildung und Einrichtungsentwicklung in der frühen Förderung Hochbegabter legt dabei ein Grundproblem der Kita-Landschaft in Deutschland offen. Kindertagesstätten geraten zunehmend als Bildungsorte, Plätze der selbstverständlichen Begabungsentdeckung und spielerischen Begabungsentfaltung in den Blick. Und das nicht nur um der Erfahrungs- und Lernbedürfnisse hochbegabter Kinder willen. Denn von der Entwicklung elementarpädagogischer Angebote im Sinne einer Stärken- und Fähigkeitsorientierung profitieren alle Kinder. Die Suche und Förderung von Begabungen, von Stärken und von Fähigkeiten verändert dabei die Kindertagesstätte selbst – und das nützt allen Kindern.

Das in Kooperation mit dem verlag das netz vorgelegte Handbuch »Begabung wagen« will dabei weit mehr als nur das Fachwissen des Weiterbildungsangebots »Begabtenpädagoge«

abbilden. Es will aus der Perspektive der Bildungsbedürfnisse hochbegabter Kinder in die Grundlagen der Elementarpädagogik einführen und jene aus der Perspektive hochbegabter Kinder reflektieren. Es will zur Reflexion des Umgangs mit hochbegabten Kindern in der Kita anhalten und diesbezüglich konkretes Handlungswissen vermitteln. Das Buch versteht sich daher als Handbuch zu einer begabungsfördernden Elementarpädagogik in durchaus allgemeiner Absicht. Sein Ziel ist es, Erzieherinnen in Kindertagesstätten Hinweise zum Erkennen und Fördern von Begabung im Sinne einer allgemeinen Fähigkeitsorientierung zu geben oder sie gar für die Etablierung modellhafter integrativer Hochbegabtenförderung zu qualifizieren. Das Handbuch »Begabung wagen« richtet sich daher in erster Linie an ein interessiertes Fachpublikum aus dem Kita-Bereich – zum einen an Studierende in elementarpädagogischen Ausbildungs- und Studiengängen an Fachschulen, Fachhochschulen und Universitäten. Es zielt zum anderen auf Erzieherinnen mit entsprechenden Fort- oder Weiterbildungsbedürfnissen und -interessen. Auch eine breitere, mit Kita-Themen oder der Hochbegabtenförderung befasste Öffentlichkeit wird hier Orientierung in der Förderung früher Begabung finden.

Das Handbuch »Begabung wagen« trägt dabei die Konturen seiner Herausgeberinnen und seines Herausgebers. Sie alle sind erfahrene Hochbegabungs- und Kita-Spezialistinnen und -Spezialisten – und der Karg-Stiftung und der Weiterbildung »Begabtenpädagoge« seit Jahren

verbunden. Als leitende Herausgeberin fungierte aus der Stiftung heraus Diplom-Psychologin Christine Koop, Ressortleiterin »Frühe Förderung« in der Karg-Stiftung. Der Band ist maßgeblich ihr Werk als Herausgeberin und Autorin. Sie wurde in der Herausgeberschaft unterstützt durch den Diplom-Psychologen und Psychotherapeuten in freier Praxis Götz Müller, Limburg, durch Ina Schenker, Elementarpädagogin und wissenschaftliche Mitarbeiterin an der Evangelischen Hochschule für Soziale Arbeit in Dresden sowie durch die Erwachsenenbildnerin und Early Excellence Spezialistin Simone Welzien, Hannover. Aller Erfahrungen in der Hochbegabtenförderung und der allen eigene weite Blick für die elementarpädagogischen Rahmenbedingungen haben dieses Buch geformt – und ihm viele weitere renommierte Autorinnen und Autoren verbunden. Die Stiftung ist allen Herausgeberinnen wie dem Herausgeber, allen Autorinnen und Autoren zu Dank verpflichtet. Dr. Oliver Ramonat sorgte sich letztlich um das Lektorat. Und schließlich haben wir im verlag das netz und seinen Geschäftsführern Eva Grüber und Jens Klennert einen sachkundigen Verlagsort und engagierten Verleger gefunden. Nun mag das Handbuch seine Leserinnen und Leser im Interesse der Bildungszukunft hochbegabter Kinder finden – und ihre Kita-Situation verändern helfen!

Dr. Ingmar Ahl,
Vorstand Projekte, Karg-Stiftung

Attacke !!!
KINDERPALAIS

Hochbegabtenförderung als Aufgabe für Kindertagesstätten!?

Hochbegabtenförderung benötigt ... kein anderes, exklusiveres Motiv als Förderung generell. Sie ergibt sich von selbst, wenn der bewusste Umgang mit Individualität und Heterogenität zur Normalität wird.

Franzis Preckel (2009)

Beim Versuch, Erzieherinnen und Erzieher, Lehrerinnen und Lehrer für die Bildungsbedürfnisse hochbegabter Kinder zu sensibilisieren, ist häufig immer noch eine Unsicherheit im Umgang mit der Thematik wahrzunehmen. Diese Unsicherheit beruht auf vielfältigen Ursachen und hat auch unterschiedliche Konsequenzen. Während die einen die Existenz von hochbegabten Kindern in ihren Einrichtungen leugnen, verspüren andere Angst davor, den Anforderungen eines hochbegabten Kindes nicht gewachsen zu sein. Nicht selten findet sich in der pädagogischen Praxis auch das Vorurteil, dass eine Förderung Hochbegabter die letzte konzeptionelle Aufgabe sein sollte, der sich eine Einrichtung stellt, da hochbegabte Kinder ihren Weg auch ohne gesonderte Förderung gingen und die Förderung benachteiligter Kinder Vorrang genieße. Alle diese Empfindungen und Einstellungen lassen einen sachlichen, wissensbasierten Umgang mit der Thematik vermissen und legen die Vermutung nahe, dass viele Pädagoginnen an Kindertagesstätten und Schulen noch keine Gelegenheit hatten, sich auf der Basis empirisch abgesicherter Befunde mit dem Phänomen Hochbegabung auseinanderzusetzen.

Dieses kollektive Unwohlsein im Umgang mit dem Begriff Hochbegabung ist historisch bedingt: Lange Zeit war Begabtenförderung mit einer Bildungselite assoziiert, die aufgrund ihrer privilegierten Lebenssituation Zugang zu Bildungschancen hatte, die anderen sozialen Schichten verwehrt blieben. Begabungsunterschiede wurden demnach auf benachteiligende soziale Unterschiede zurückgeführt, und so findet man auch gegenwärtig, trotz einer in den vergangenen Jahren gewachsenen Akzeptanz für eine Förderung hochbegabter Kinder, eine eher nur zaghafte Annäherung. »Jedes Kind ist doch begabt«: Hinter diesem Satz verbirgt sich allzu oft noch die Sorge, durch eine offene Anerkennung individueller Begabungsunterschiede als elitär-ausgrenzend missverstanden zu werden. Wird Heterogenität in Bezug auf Begabung nicht akzeptiert, behindert das die Akzeptanz und Berücksichtigung spezifischer Bildungsbedürfnisse hochbegabter Kinder in Kindertagesstätten und Schulen. Eine Bildungspolitik (und auch Pädagogik), die soziale Ungerechtigkeit durch eine Gleichbehandlung aller Kinder im Bildungssystem auszugleichen sucht, muss scheitern, weil individuelle Lernbedürfnisse auf diesem Weg nicht berücksichtigt werden können.

Die frühe Diagnostik außergewöhnlicher Begabungen ist zudem mit konzeptionellen und methodischen Schwierigkeiten konfrontiert, aus denen leider allzu häufig noch die falschen Schlüsse gezogen werden: So ist es unbestritten richtig, dass der bei einem Kindergartenkind gemessene Intelligenzquotient aufgrund der großen Variabilität frühkindlicher Entwicklungsverläufe für die langfristige Vorhersage des Intelligenzquotienten beispielsweise im Jugendalter nicht hinreichend zuverlässig ist. Auch die daraus abgeleitete Forderung, Kinder nicht zu früh als »hochbegabt« zu etikettieren, um sie vor überhöhten Erwartungen zu schützen, ist durchaus zu unterstützen. Doch darf diese Sichtweise nicht davon ablenken, dass individuelle Unterschiede in der kognitiven Entwicklung auch bei Kindergartenkindern existieren und diese im Rahmen der Bestrebungen nach einer individuellen Förderung aller Kinder berücksichtigt werden müssen. Es ist möglich, potentiell hochbegabte Kinder bereits im Vorschulalter mit Hilfe reflektiert und verantwortungsbewusst eingesetzter pädagogischer und psychologischer Methoden anhand ihres intellektuellen Entwicklungsvorsprunges zu identifizieren. Dies zu ignorieren, hätte zur Folge, die Kinder in ihrer psychischen, kognitiven und sozial-emotionalen Entwicklung zu behindern (vgl. Schenker 2009).

Der Sorge über eine vorschnelle Etikettierung wohnt der alte Gedanke einer Pädagogik inne, die Kinder aufgrund von Merkmalen und Fähigkeiten in möglichst homogene Gruppen selektiert. Diese Pädagogik postuliert die Existenz einer »normalen« Entwicklung, vor deren Hintergrund der je individuelle Entwicklungsverlauf eines Kindes bewertet wird, in »normal« und in »abweichend von der Norm«. Alle Förderbemühungen werden im Rahmen einer so verstandenen Pädagogik das Ziel haben, Kinder an die Norm anzupassen und die logische Konsequenz in Bezug auf entwicklungsschnelle Kinder lautet, dass sie keiner gesonderten Förderung bedürfen, weil sie die Norm bereits »übererfüllen«.

In der frühen Förderung besonders begabter Kinder kann es jedoch schon aufgrund der genannten methodischen Probleme hinsichtlich einer langfristig zuverlässigen Diagnostik und variabler Entwicklungsverläufe nicht darum gehen, Kinder aufgrund außergewöhnlicher Fähigkeiten zu selektieren. Ein weiterer wichtiger Grund, der gegen ein solches Vorgehen spricht, ist die Heterogenität der Gruppe der hochbegabten Kinder. Eine hohe intellektuelle Befähigung ist lediglich ein Merkmal unter vielen, das einen Menschen charakterisiert. Hochbegabte sind in Bezug auf die vielen anderen Eigenschaften von Menschen daher ebenso verschieden und individuell wie Menschen mit einer durchschnittlich ausgeprägten Intelligenz. Und so gestaltet sich die Frage nach einer optimalen Förderung eines hochbegabten Kindes prinzipiell identisch wie die nach einer optimalen Förderung jedes anderen Kindes auch: Die Herausforderung liegt darin, das Optimum an Passung zwischen individuellem Förderbedarf und vorhandenen Fördermöglichkeiten herzustellen.

Eine so verstandene Förderung Hochbegabter ist weit unabhängiger von der Verfügbarkeit besonderer materieller und personeller Voraussetzungen als gemeinhin angenommen. Unbestritten bedarf die Umsetzung einer individuellen Förderung in Kindertagesstätten eines besseren Personalschlüssels, als er in den meisten deutschen Einrichtungen vorzufinden ist (vgl. Viernickel & Schwarz 2009). Doch in erster Linie kommt es auf die professionelle Haltung an, mit der Erzieherinnen der Individualität und Heterogenität in ihrer Einrichtung begegnen. Hierzu gehört vor allem die Bereitschaft, sich auf die je individuelle Perspektive eines Kindes (und seiner Familie) einzulassen, einfühlsam seine Bedürfnisse zu ergründen und es auf dem jeweiligen Niveau seiner »Zone der nächsten Entwicklung« (Wygotski) zu fördern.

Neben dieser grundsätzlichen Bereitschaft bedarf es auch eines fundierten Fachwissens. Der vorliegende Band hat systematisch fachliche Inhalte zusammengetragen, die für eine konzeptionelle und praktische Berücksichtigung der frühen Identifikation und Förderung hochbegabter Kinder in Kindertagesstätten von Relevanz sind. Vor dem Hintergrund der Vielfalt und Komplexität der abgebildeten Inhalte wird dem Leser, der Leserin deutlich werden, dass die Förderung hochbegabter Kinder in einer Kindertagesstätte nicht Aufgabe einer einzelnen Erzieherin sein kann, die den Kindern gesonderte Angebote macht. Hochbegabtenförderung – wenn sie als selbstverständlicher Bestandteil eines professionellen Umgangs mit Heterogenität und Individualität betrachtet wird – ist nach dem Verständnis der Herausgeber weit mehr als die Einführung eines Schach- oder Chinesischkurses oder die Bereitstellung einer »Experimentierecke«. Es geht vielmehr darum, Kindertagesstätten zu Einrichtungen zu entwickeln, in denen alle Kinder, darunter auch hochbegabte mit ihren individuellen Stärken und Entwicklungsmöglichkeiten, wahrgenommen und gefördert werden.

Im Rahmen eines solchen Verständnisses sind alle Themen, die für die konzeptionelle Entwicklung einer Einrichtung von Bedeutung sind, eben auch aus der Perspektive der Lernbedürfnisse hochbegabter Kinder zu reflektieren. Für ein solches Vorgehen bietet das vorliegende Handbuch beispielhafte Orientierung und Anregungen.

In den Beiträgen des ersten Teils des Handbuches wird notwendiges Grundlagenwissen für eine individuelle Förderung in Kindertageseinrichtungen vermittelt. Hans-Günther Roßbach und

Susanne Kuger ordnen mit ihren sieben Thesen zur Förderung von hochbegabten Kindern im Kindergarten die Thematik zunächst in das Handlungsfeld der Elementarpädagogik ein. Claudia Solzbacher, Ina Schenker und Stefan Brée legen in ihren Beiträgen die Grundlagen einer individuellen Förderung in Kindertageseinrichtungen dar, während Lilian Fried und Holger Brandes die frühkindliche Entwicklung aus entwicklungspsychologischer Sicht reflektieren.

Die Beiträge im zweiten Teil des Handbuches präsentieren und erläutern psychologisches Basiswissen zum Phänomen der intellektuellen Hochbegabung. Sabine Rohrmann stellt zunächst verschiedene Hochbegabungsmodelle vor. Christine Koop und Götz Müller legen die Möglichkeiten und Grenzen psychologischer Intelligenzdiagnostik bei der Identifizierung kleiner hochbegabter Kinder dar, bevor ebenfalls Christine Koop und Wenke Röseler auf besondere Herausforderungen für eine chancengerechte Identifikation Hochbegabter eingehen. Den Abschluss des zweiten Teils bilden Beiträge von Tanja Gabriele Baudson, Patrick Mayer und Götz Müller, die aus differentialdiagnostischer Sicht eine Abgrenzung des Konstruktes Hochbegabung von häufig – und nur teilweise zu Recht – damit assoziierten psychischen Störungen vornehmen.

Der dritte Teil zeigt auf, durch welche Determinanten eine gute Prozessqualität in Kindertagesstätten beeinflusst ist. Christiane Große und Katharina Kluczniok erläutern einführend die Auswirkungen der Qualität von Kindertagesstätten auf die kindliche Entwicklung. Ina Schenker verdeutlicht, wie eine sozialkonstruktivistisch verstandene Lernbegleitung von Erzieherinnen gestaltet werden muss, damit hochbegabte Kinder in ihrem selbstinitiierten Spiel und in von Erzieherinnen angeregten Aktivitäten genügend entwicklungsförderliche Anreize finden und lernen, Verantwortung für ihr eigenes Lernen zu übernehmen. Am Beispiel der naturwissenschaftlichen Bildung führt Lilian Fried aus, von welch grundlegender Bedeutung für Erzieherinnen entwicklungspsychologisches Wissen (hier: über die Aneignung naturwissenschaftlich-technischer Kompetenz bei jungen Kindern) und ein umfangreiches methodisch-didaktisches Repertoire (hier: für die Auswahl geeigneter Materialien und Methoden) sind, um die kindliche Kompetenzentwicklung gezielt anregen und effektive Bildungsarbeit leisten zu können.

Abschließend wird im vierten Teil des Bandes die Bedeutung von Kooperationen hervorgehoben. Dabei zeigen Claudia Solzbacher und Simone Welzien zunächst auf, wie wichtig die Entwicklung spezifischer, auf die Bedürfnisse bestimmter Zielgruppen (in diesem Fall hochbegabter Kinder und ihrer Eltern) angepasster Netzwerkstrukturen ist. Christine Koop und Simone Welzien beleuchten die spezifischen Anforderungen der Elternschaft hochbegabter Kinder für die Gestaltung des Elterndialogs in einer Einrichtung, während André Jacob und Heike Morche dies für den Bereich der professionellen Erziehungsberatung reflektieren. Reinhard Ruckdeschel erläutert vor dem Hintergrund eigener langjähriger Erfahrungen, welche Beratungsaufgaben die Erzieherinnen selbst in einer Kindertagesstätte übernehmen können, und welchen Bedarf an externer fachbezogener Beratung sie in der Arbeit mit hochbegabten Kindern haben. Schließlich beschäftigt sich Olaf Steenbuck eingehend mit der besonderen Herausforderung, den Übergang von der Kindertagesstätte in die Grundschule für hochbegabte Kinder so zu gestalten, dass er die Entwicklungspotentiale des Kindes konstruktiv nutzt.

Die Interviews mit Akteuren aus Wissenschaft und Praxis stellen einzelne Aspekte der Hochbegabtenförderung in einem weiteren Sinne dar und sollen den Leser, die Leserin – so die Hoffnung der Herausgeber – zum vertieften Studium der Fachbeiträge animieren.

Die Herausgeber hoffen, mit dem Buch einen wichtigen Beitrag dazu leisten zu können, dass hochbegabte Kinder in Kindertageseinrichtungen zukünftig häufiger erkannt und gefördert werden. Einrichtungen finden für eine diesbezügliche Konzeptgestaltung zahlreiche Anregungen und in der Praxis tätige Erzieherinnen Orientierung für die alltägliche Arbeit mit den Kindern. Darüber hinaus wünschen wir uns, dass das Buch insbesondere auch von ausbildendem Fachpersonal an Fachschulen und elementarpädagogischen Studiengängen wahrgenommen wird, damit zukünftige Erzieherinnen und Elementarpädagoginnen ihre praktische Tätigkeit bereits mit einem fundierten Fachwissen zur Hochbegabungsthematik beginnen können.

Christine Koop,
Ressortleiterin »Frühe Förderung und Beratung«, Karg-Stiftung,
zugleich im Namen der weiteren Herausgeber

Literatur

Preckel, F. (2009). Es ist normal, hochbegabt zu sein: Eine Definition. In Karg-Stiftung (Hrsg.), Taten, Themen, Talente. 20 Jahre Karg-Stiftung 1989-2009 (S. 23-24). Frankfurt/Main: Karg-Stiftung.

Schenker, I. (2009). Vielfalt als Herausforderung. Kita spezial, Heft 4, 9-12.

Viernickel, S. & Schwarz, S. (2009). Expertise: Schlüssel zu guter Bildung, Erziehung und Betreuung. Wissenschaftliche Parameter zur Bestimmung der pädagogischen Fachkraft-Kind-Relation. Berlin: GEW.

Grundlagen der Elementarpädagogik und Entwicklungspsychologie

Elementarpädagogische Grundlagen

Susanne Kuger · Hans-Günther Roßbach

Einleitung – Bildung im Kindergarten[1]

»Der Zweck der Anstalt ist im Allgemeinen: Ausbildung geeigneter Jungfrauen zur Pflege, Entwicklung und Erziehung des Kindes von seiner Geburt bis zu völlig erlangter Schulfähigkeit, darum bis zur Begründung des eigentlichen Schulunterrichts...«
(Friedrich Fröbel, Plan der Bildungsanstalt für Kinderpflegerinnen und Erzieherinnen [1847], § 1, Zweck der Anstalt. a, Im Allgemeinen.)

Wenn auch seit einigen Jahren in der öffentlichen, politischen und fachlichen Diskussion die Bildungsfunktion des Kindergartens – wie auch die anderer frühpädagogischer Einrichtungen – vehement betont wird, so zeigt das gut 160 Jahre alte Zitat von Friedrich Fröbel, dass dies keine neue Funktionszuschreibung unserer Zeit darstellt.[2] Bildung – in der Trias von Bildung, Erziehung und Betreuung – ist eine zentrale Aufgabe des Kindergartens, auch wenn das Mischungsverhältnis dieser drei Funktionen in der Vergangenheit durchaus unterschiedlich war. Das Zitat zeigt auch, dass es für Fröbel keine strikte Abgrenzung zwischen Kindergarten und Schule gab – wie es heute oftmals in der Betonung von eigenständigen Bildungsaufträgen der beiden Institutionen den Anschein hat. Vielmehr war für ihn der Kindergarten auf die Schule, auf die Förderung der Schulfähigkeit hin ausgerichtet. Fröbel forderte eine Bezüglichkeit von Kindergarten und Schule und eine altersangemessene Bildung für alle Kinder, um so für die Schulen ein dringend benötigtes Fundament zu schaffen. Die Differenz von Schule und Kindergarten betrachtete Fröbel als eine Differenz der spezifischen Erkenntnisweisen von Kindern und Schulkindern, die zu unterschiedlichen Methoden der Erkenntnisgewinnung führe: Dem rationalen Erkenntnisstreben des Schulkindes, dem die Methode des Unterrichts entsprach, setzte er die »Ahnung« des Kindes als einen nichtrationalen Erkenntniszugang gegenüber. Deswegen ist das »Spiel« der eigentätige Zugang des kleinen Kindes zu seinem Weltverständnis, das in der Schule dann eine rationale Erweiterung erfährt (vgl. Roßbach & Erning 2008). Interessant an dem Zitat ist weiterhin, dass der Zweck der Bildungsanstalt mit der völlig erlangten Schulfähigkeit der Kinder endet – ohne dass dies an einem spezifischen Alter festgemacht wird. Ist diese Schulfähigkeit erreicht – bei hochbegabten Kindern möglicherweise früher als bei anderen –, so ist die Aufgabe des Kindergartens erfüllt und der Schritt in die nächste Bildungsstufe könnte erfolgen.

1 Der Begriff »Kindergarten« bezieht sich im folgenden Text auf Einrichtungen für Kinder ab etwa dem vollendeten zweiten Lebensjahr bis zum Eintritt in die Schule. Er wird anderen Begriffen wie zum Beispiel Kindertagesstätte vorgezogen, da er in der Tradition von Friedrich Fröbel immer den Bildungsgedanken mit umfasst.

2 Fröbel begriff den Kindergarten zunächst als pädagogisches Prinzip, das auf eine neue Fundierung der Kleinkindererziehung in den Familien gerichtet war. Allerdings entwickelte sich daraus sehr schnell der Kindergarten als eine auf die Spielpflege gerichtete pädagogische Institution (vgl. Tietze 1993).

In der Tradition des Kindergartens ist dieser konzeptionell eine Institution für alle Kinder, obwohl er faktisch zunächst nur von Kindern aus bürgerlichen Schichten genutzt wurde. Im Konzept des Volkskindergartens wurde in der zweiten Hälfte des 19. Jahrhunderts versucht, die pädagogische Arbeitsweise des Fröbel-Kindergartens auch in diejenigen Einrichtungen hineinzutragen, die sich mit sozialfürsorgerischen Motiven an die Kinder aus Unterschichtsfamilien wandten. Konzeptionell erfolgt somit keine Segregation nach verschiedenen Sozialschichten – obwohl eine solche sich durchaus in verschiedenen Wohngebieten zeigen kann. Anders als in vielen anderen Ländern der Welt und auch der früheren DDR – die altershomogene, jeweils möglichst nur einen Jahrgang umfassende Gruppen präferieren – überwiegen im deutschen Kindergarten altersgemischte Gruppen, das heißt Gruppen, in denen heute Kinder von etwa zwei Jahren bis zum Schulalter gemeinsam Bildungs-, Erziehungs- und Betreuungsprozesse erleben (vgl. Tietze 1993). Obwohl dies nicht ausschließt, dass es in diesem Rahmen auch spezielle Angebote beispielsweise für Fünfjährige gibt, so erfolgt in der Regel keine Trennung nach Altersgruppen. Ebenso erfolgt in der Tradition des Kindergartens keine Separierung nach Leistungsgruppen. Der Kindergarten will gerade die Heterogenität seiner Kinder produktiv aufnehmen und über eine Individualisierung der pädagogischen Arbeit Kinder auf verschiedenen Leistungsniveaus fördern, Kinder auf einem niedrigen Niveau ebenso wie hochbegabte Kinder (Ben Ari & Rich 1992). Spezielle Kindergärten für hochbegabte Kinder widersprechen dieser Idee. Zudem bieten gerade die altersgemischten Gruppen gewisse Vorteile, wenn hochbegabte jüngere Kinder gemeinsam mit älteren Kindern auf einem vergleichbaren Niveau interagieren können (vgl. unten These 3). Die gemeinsame Förderung von allen Kindern schließt aber nicht aus, dass es zeitweise spezielle Angebote für leistungsschwächere oder leistungsstärkere Kinder geben kann (vgl. unten These 2).

Für die Frühpädagogik ist unstrittig, dass »Bildung« nicht nur Lernen von Faktenwissen im engeren Sinne meint. Vielmehr muss von einem breiteren Bildungsbegriff ausgegangen werden (vgl. zum Beispiel Zwölfter Kinder- und Jugendbericht, Bundesministerium für Familie, Senioren, Frauen und Jugend 2005). Nun bleibt der Bildungsbegriff aber oftmals unscharf. Wolfgang Einsiedler (2005) hat für die Grundschule folgende Vorstellung von grundlegender Bildung entwickelt:

- Es geht erstens um den Erwerb von Wissen und Verständnis. Bildung meint nicht zusammenhangloses Einzelwissen, sondern Verstehen von Bedeutungszusammenhängen. Dazu gehört auch der Erwerb von lernmethodischen Kompetenzen.
- Zweitens gehören zur Bildung eine Aufgeschlossenheit gegenüber Wissensbereichen und eine emotional-motivationale Bereitschaft zum Weiterlernen. Dazu muss das Anknüpfen an und die Entwicklung und Weiterentwicklung von Interessen der Kinder als zentrales Element gezählt werden.
- Drittens geht es um den Aufbau von Werthaltungen, um soziale Handlungsbereitschaft und Handlungsfähigkeit, um verantwortungsbewusstes Handeln.

Ein solcher breiter Bildungsbegriff kann auch als Orientierung für den Kindergarten dienen. Sicherlich können diese drei Aspekte von Bildung im Kindergarten nicht voll ausgeformt werden, wohl aber sind Anbahnungen möglich. Fröbel spricht von der »Ahnung« als der Erkenntnisweise des Kindes.

»Moderne« frühpädagogische Ansätze bekräftigen in der Regel das Bild eines kompetenten und »sich selbst« bildenden Kindes. Frithjof Grell fasst zutreffend die Kernvorstellungen der modernen Selbstbildungsansätze zusammen (2010, 154f.), wozu gehören:

- Subjektperspektive. Das Kind soll primär als handelndes, sich selbst bildendes Subjekt und weniger als ein zu behandelndes, zu erziehendes Objekt betrachtet werden.
- Selbsttätigkeit. Das Kind besitzt die Fähigkeit, sich Umwelt eigenaktiv anzueignen und zum Aufbau seiner Person zu nutzen.
- Umweltbedeutung. Dem Kind sollen möglichst anregende und abwechslungsreiche Umwelten mit interessanten Lerngelegenheiten angeboten werden, in denen das Kind seine Selbstbildungspotentiale optimal nutzen und entfalten kann.
- Lernpartnerschaften. Erziehung wird als Begleitung von Bildungs- und Lernprozessen verstanden, an denen Kinder und Erzieherinnen[3] als mehr oder minder gleichberechtigte Lernpartner ko-konstruktiv beteiligt sind und sein sollen.

Allerdings – so »modern« diese Vorstellungen auch klingen – müssen sie doch mit Vorsicht betrachtet werden. Die Idee der »Selbstbildung« ist nicht neu, vielmehr sind Bildung und Selbstbildung in der Pädagogik fast identische und austauschbare Begriffe: Lernen ist immer ein aktiver Vorgang, der Selbsttätigkeit voraussetzt, weil er von der Aufmerksamkeit, dem Interesse und der Lernbereitschaft des lernenden Subjekts abhängt. Den »Klassikern« der Elementarpädagogik wie Friedrich Fröbel, Maria Montessori oder Jean-Jacques Rousseau war dies wohlbekannt.[4] Nur identifizierte die klassische Elementarpädagogik die aktive Selbstbildung des Kindes als schwerwiegendes Problem, auf das eine theoretisch begründete und praktisch befriedigende Antwort gefunden werden müsse, während die modernen Selbstbildungsansätze die Tatsache der aktiv-aneignenden Selbsttätigkeit des Kindes offenbar schon als Antwort auf das Problem der frühkindlichen Bildung sehen. Damit beachten sie die grundlegende Frage, mit welchen »Gegenständen« sich das Kind in seinen Selbstbildungsprozessen auseinandersetzen soll, aber nicht ausreichend (Grell 2010, 162). Grell wirft vor dem Hintergrund seiner historisch-systematischen Rekonstruktion des Selbstbildungsbegriffs die provokante Frage auf, ob nicht die modernen Selbstbildungskonzepte möglicherweise gerade die Kinder benachteiligen könnten, die am meisten auf Unterstützung, gezielte Anregungen und aktive Hilfen angewiesen sind.

Um Missverständnissen vorzubeugen, muss zunächst betont werden, dass es den Klassikern nicht um eine »Vermittlungspädagogik« ging. Grell (2010, 161):

»Bei keinem der ›klassischen‹, die unvermeidliche Selbstbildungstätigkeit des Kindes aktiv organisierenden und strukturierenden Konzepte geht es um ›Wissensvermittlung‹, ›Instruktion‹, ›Belehrung‹ und fremd gesteuerte Tagesabläufe oder – am anderen Ende der Skala – um die Bildung von (scheinbar) gleichberechtigten ›Lernpartnerschaften‹ und (vermeintlich) herrschaftsfreien, ›ko-konstruktiven‹ Diskursen. Es ging – und darum geht es noch und besonders

3 Der Begriff »Erzieherin« wird in diesem Beitrag pragmatisch als Oberbegriff für das gesamte frühpädagogische Personal benutzt.

4 So spricht zum Beispiel Maria Montessori vom Kind als Konstrukteur und Baumeister seiner selbst.

heute – um die Schaffung und bewusste Gestaltung von geordneten Rahmenbedingungen, in denen sich die Selbstbildungspotenziale der Kinder – aller Kinder – im Wechselspiel von individuellen Bedürfnissen, Möglichkeiten und gezielten Anregungen in steter Rücksicht auf das, was sie schon können, aber eben auch im Hinblick auf das, was sie lernen können, sollen und müssen, sinnvoll entfalten können.«

In diesem Zusammenhang muss auch vor einer naiven Verwendung – und Entgegensetzung – der heute vielfach in der Praxis genutzten Begriffe wie Selbstbildung, Konstruktion, Ko-Konstruktion oder Instruktion gewarnt werden. Selbstbildung ist mehr als eine nur individuumzentrierte Tätigkeit. Und Ko-Konstruktion bedeutet nicht nur eine soziale Bedingtheit des Bildungsprozesses oder die einfache Tatsache des etwas miteinander Tuns – sondern schließt auch Wissenserwerbs- oder Problemlösungsprozesse ein, bei denen Interaktionspartner sich intensiv austauschen und dadurch ihr individuelles Wissen aufeinander beziehen (vgl. Diskowski 2008). Die zum Teil heftigen konzeptuellen Diskussionen verschiedener Positionen betreffen zudem weniger die Charakterisierung der Lern- und Bildungsprozesse als »Selbstbildung« auf der einen, oder »Ko-Konstruktion« auf der anderen Seite, sondern vielmehr die dabei intendierte Gestaltung der Lern- und Erfahrungsmöglichkeiten für die Kinder: Spielen die Erzieherinnen eine eher dominierende Rolle, indem sie zum Beispiel über direktes Handeln und konkrete Angebote die Kinder mehr oder weniger in ihren Lern- und Bildungsprozessen »lenken«, oder halten sie sich insofern zurück, als sie primär den Raum oder Rahmen gestalten, innerhalb dessen die Kinder mehr oder weniger »ungesteuert« ihre Erfahrungen machen können (vgl. Kluczniok, Roßbach & Große 2010). Beides bedarf allerdings einer aktiven Erzieherin, die systematisch plant und gestaltet, um den Kindern gezielte Erfahrungsmöglichkeiten für ihre Bildungsprozesse anzubieten – mithin einer Rolle, die weit über die einer »Begleiterin« von kindlichen Lernprozessen hinausgeht.

Die Aufgabe des Kindergartens, kognitiv anspruchsvolle und herausfordernde Bildungsgelegenheiten – die auch zur späteren Schulfähigkeit beitragen können – bereit zu stellen, gilt für alle Kinder unabhängig von ihrem jeweiligen Entwicklungs- und Leistungsstand, aber auch speziell für hochbegabte Kinder. Hier muss aber zunächst naiven Fördervorstellungen entgegen getreten werden, nach denen dies durch eine »Vorverlegung« von Schule erreicht werden kann. Eine stärker »kognitiv« und »schulvorbereitend« orientierte Förderung ist nicht gleichbedeutend mit einer Vorwegnahme von Schule und Anleitung im Sinne einer schulischen Unterweisung (vgl. ausführlicher Kluczniok, Roßbach & Große 2010). Es gibt genügend nationale und internationale Beispiele, die aufzeigen, dass eine stärker kognitiv orientierte Förderung erfolgreiche Wege gehen kann, wenn Fördermaßnahmen in die üblichen spielerischen Aktivitäten der Kinder im Kindergarten eingebettet werden. Es stellt sich sogar die Frage, ob »schulisch« orientierte Vermittlungsformen (im Sinne von Unterricht) für Kinder im vorschulischen Alter überhaupt Erfolg versprechend sind, da spezifische entwicklungspsychologische Voraussetzungen in diesem Alter noch nicht vollständig gegeben sind. Besonders bedeutsam sind hier Entwicklungsprozesse im Arbeitsgedächtnis. Zwischen dem fünften und sechsten Geburtstag gibt es in der Regel eine Effizienzsteigerung des Arbeitsgedächtnisses (automatisierte Aktivierung des inneren Nachsprechens), die als eine Voraussetzung für den systematischen Erwerb von Schriftsprache und arithmetischen Fertigkeiten – wie er in einer Vielzahl von didaktischen Konzepten für die Grundschule vorgesehen ist – zu betrachten ist (vgl. Hasselhorn 2005; Hasselhorn & Grube 2008). Dies spricht aber nicht gegen gezielte vorbereitete Angebote, wenn sie entwicklungsgemäß und spielerisch gestaltet sind. Zudem scheint es wichtig, Kinder auch gezielt mit Inhalten zu konfrontieren, die für sie neu sind und die für einen fachlichen Zusammenhang und ihre zukünftigen Bildungsprozesse wichtig sind. Wir plädieren deshalb für eine auf die Interessen und den Entwicklungsstand der einzelnen Kinder sowie die jeweiligen Ziele der pädagogischen Arbeit abgestimmte Balance zwischen Angeboten für die Kinder und in den Alltag integrierten Erfahrungsmöglichkeiten. Der in den letzten Jahrzehnten im deutschen Kindergarten vorherrschende Situationsansatz hat – zumindest in seiner theoretischen Formulierung – auf die Wichtigkeit hingewiesen, von den unmittelbar für Kinder bedeutsamen Lebenssituationen auszugehen und dann in Projekten die kindlichen Kompetenzen bezogen auf die Situationen zu erweitern. Ergebnisse aus der Unterrichtsforschung zum sogenannten situierten Lernen weisen ebenfalls darauf hin, dass ein Wissenserwerb in Anwendungssituationen (oder direkt darauf bezogen), also in lebensnahen, sozialen und problemorientierten Situationen, die weitere Anwendung des erworbenen Wissens besonders befördert (vgl. z. B. Gerstenmaier & Mandl 1995). Für die frühe Förderung heißt dies, von dem, was die Kinder in ihrem Kinderalltag tun, von ihren Spielsituationen, von selbstgewählten Projekten auszugehen und aktiv die Chancen zu nutzen, in diesen Situationen die kindlichen Kompetenzen zu erweitern.

Sieben Thesen zur Förderung von hochbegabten Kindern im Kindergarten

Vor diesem Hintergrund – und teilweise die Ausführungen in der Einleitung erweiternd – werden im Folgenden sieben Thesen zur Ausgestaltung der Förderung von hochbegabten Kindern im Kindergarten diskutiert. Es ist uns wichtig, dass die dabei angesprochenen Aspekte in der Regel grundsätzlich für die Förderung aller Kinder gelten und nur an einigen Stellen Ergänzungen für die spezielle Situation hochbegabter Kinder erforderlich sind. Unsere dahinter stehende übergreifende These ist, dass eine qualitativ hochwertige pädagogische Arbeit im Kindergarten auch für hochbegabte Kinder förderlich ist.

> These 1: Der beste frühpädagogische Ansatz zur Förderung hochbegabter Kinder in der Regeleinrichtung ist eine ausgewogene Balance zwischen unterschiedlichen Handlungsoptionen.

Rolle der Erzieherin zwischen »abwartender Bildungsbegleiterin« und »Instrukteurin«

In der Frühpädagogik wird seit einigen Jahren ein »Bild vom Kind« als bildungsfähiges Wesen mit aktivem Bildungsverhalten gezeichnet. Als Grundlage hierfür werden neuere Erkenntnisse etwa aus der Entwicklungspsychologie oder Neurologie angeführt, wobei allerdings darauf hingewiesen werden muss, dass eine Zusammenschau der psychologischen, medizinischen und biologischen Erkenntnisse und ein Abgleich mit frühpädagogischem Wissen derzeit noch fehlt (vgl. Hasselhorn 2010). Durch die Akzentsetzung auf die Aktivität des Kindes rückt die Erzieherin als handelnde Person eher an den Rand des Geschehens. Dementsprechend stellen viele der neueren pädagogischen Ansätze die Freiheitsgrade in den Vordergrund, die einem Kind im Kindergartenalltag geboten werden sollten, um bestmögliche Bedingungen für eine eigenständige Initiative zum Wissenserwerb zu bieten. Die Erzieherin wird hier als abwartendes Gegenüber beschrieben, die neben einer Bereitstellung von Lernmöglichkeiten auf die Initiative des Kindes mit wechselseitigem Austausch reagiert.

Wenn man – zugegebenermaßen etwas überspitzt – einen Gegenpol konstruiert, so wird die Erzieherin häufig in der Rolle der »Instrukteurin« gezeichnet, die vorgefertigte Förderprogramme und Fördertechniken »mechanisch« anwendet. Die Aufgaben der Erzieherin scheinen – meistens von einer kritischen Perspektive aus betrachtet – darin zu bestehen, Wissen an die Kinder heranzutragen, es ihnen anzubieten, üblicherweise in ausgeklügelt vorbereiteten, aufeinander abgestimmten kleinen Portionen. Erwartet wird ein standardisierter Fördererfolg bei standardisierter Anwendung. Unterstützt wird diese Wahrnehmung durch eine ganze Reihe von Fördermanualen, Programmen, Handreichungen und Praxisratgebern zur detaillierten Förderung einzelner Entwicklungsbereiche.

Sicherlich ist diese Gegenüberstellung überspitzt und beschreibt nur ungenau die Spannung zwischen einem aktiven Kind mit seinen Erkenntnisinteressen und einer aktiven Umwelt und einer aktiven – auch eingreifend lenkenden – Rolle der Erzieherin. Dennoch wird hier auf ein Kontinuum verwiesen, auf dem sich die Rolle der Erzieherin – pädagogisch legitim – bewegen kann (vgl. Kluczniok, Roßbach & Große 2010). Auch wenn die gegenwärtigen Entwicklungsvorstellungen in der Frühpädagogik dazu tendieren, die aktive Rolle des Kindes stärker zu betonen als die Rolle der Umwelt, so muss doch festgehalten werden, dass damit nur ein Teil der pädagogischen Arbeit abgedeckt ist. Es ist die Aufgabe des Kindergartens – wie auch jeder anderen gesellschaftlich verantworteten Bildungsinstitution –, die Kinder optimal in ihrer Entwicklung zu unterstützen und voranzubringen, um pädagogisch und gesellschaftlich zu diskutierende und zu verantwortende Ziele zu erreichen. Grundsätzlich ist dafür eine aktive, also strukturierende, Schwerpunkte setzende, gliedernde und leitende Erzieherin gefordert. Diese handelt situationsabhängig sowohl zurückhaltend und die Bildungsprozesse der Kinder abwartend, als auch unterstützend begleitend und gezielt eingreifend – entweder indirekt durch die Gestaltung der Umwelt oder direkt durch eigenes Handeln. Es muss das Ziel sein, die Kinder dort abzuholen, wo sie stehen und sie dahin zu bringen, wo sie noch nicht sind, aber hin sollen. Dazu ist eine aktive Reflexion der eigenen und der gesellschaftlichen Vorstellungen, Werte und Ziele nötig. Als Resultat dieser Überlegungen wird dann der pädagogische Alltag unter Einschluss der gewünschten und Ausschluss der unerwünschten Einflüsse auf der Grundlage des eigenen bevorzugten Ansatzes (vor-)bereitet. Ziel der pädagogischen Arbeit muss es sein, bewusst die Vor- und Nachteile des gewählten Ansatzes zu nutzen, um an den Stärken des Kindes anzusetzen und es in seinen schwachen Bereichen zu fördern.

Wir möchten die Notwendigkeit einer solchen Balance zwischen unterschiedlichen Vorgehensweisen der Erzieherin betonen. Diese Notwendigkeit gilt sicherlich für alle, möglicherweise aber besonders für hochbegabte Kinder.

Abstimmung der pädagogischen Arbeit auf Interessen und Entwicklungsstand der Kinder sowie auf die jeweiligen Ziele und Inhalte

Die gerade angesprochene Balance ist nicht beliebig; sie ist abhängig vom jeweiligen Kind und der jeweils behandelten Thematik. Was in einem Fall und bei einem Kind hilfreich ist, muss es nicht auch bei einem anderen oder beim gleichen Kind in einem anderen Kontext sein. Im Grunde handelt es sich um die alte pädagogische Frage nach der Passung des methodischen Vorgehens zur Erreichung des gewünschten Ziels bei der zu berücksichtigenden Person. Zwei Aspekte sind hier wichtig:

- Der erste Aspekt bezieht sich auf die Wechselwirkung zwischen bestimmten Eigenschaften einer Person und bestimmten Merkmalen einer Methode. Forschungsergebnisse zur Wechselwirkung zwischen (Personen-)Eigenschaften und (pädagogischem) Verfahren (Aptitude-Treatment-Interaktion, Snow 1989) belegen die Vorteile einer auf den Lerner gepassten Lehrmethode. Allerdings zeigt sich auch, dass die überspitzte Anwendung dieser gegenseitigen Passung häufig zu überzogenen Erwartungen führt und sich die erhofften Vorteile nicht einstellen. Nicht für jede Personeneigenschaft gibt es eine optimale Lernmethode, denn Personen vereinen immer mehrere Eigenschaften in sich, die ihr Verhalten wechselweise steuern, so dass eine einzige Lernmethode keine optimalen Ergebnisse bringen kann. Der Ansatz scheint damit zuweilen überschätzt zu werden und stellt kein Allheilmittel dar (für eine Übersicht zu diesem Thema

siehe zum Beispiel Klauer & Leutner 2007; Merrill 2007). Trotzdem zeigen die Ergebnisse, dass eine individuell abgestimmte oder »gepasste« Förderbemühung noch immer die beste Förderoption ist.

- Der zweite Aspekt betont die Abhängigkeit der Lernergebnisse von Ziel und Inhalt der jeweiligen pädagogischen Arbeit. Dass nicht jeder Inhalt mit jeder Lernmethode gleich gut erreicht werden kann, zeigt die umfangreiche Forschung zur Didaktik. Beispielsweise können Wert- oder Normfragen besser im Gruppengespräch zum Gegenstand gemacht werden, während zum Beispiel die Anbahnung von frühen naturwissenschaftlichen Kompetenzen durchaus auch vertiefte und von der Erzieherin stärker unterstützte Auseinandersetzungen mit dem Material benötigen. Jede Förderbemühung muss also auch am gewünschten Ziel und Inhalt ausgerichtet werden. Ziele wie Inhalte sind pädagogisch zu begründen; sie ergeben sich nicht (nur) aus methodischen Überlegungen.

Insgesamt plädieren wir dafür, nicht starr eine Vorgehensweise zu vertreten, sondern ein flexibles Handlungsrepertoire aufzubauen, welches auf das Kind, die Situation, die Ziele und die Inhalte abgestimmt werden kann.

Beispiel: unterschiedliche Strategien der Spielpflege

Ein gutes Beispiel für flexible Handlungsmöglichkeiten bietet die Spielpflege. Einsiedler (1999) unterscheidet drei Strategien für Erzieherinnen, die unterschiedlich in die Spielabläufe oder die Spielwahl der Kinder eingreifen. Alle stehen gleichberechtigt nebeneinander und sind je nach Kind und angestrebtem Ziel optimal, und alle beinhalten einen mehr oder weniger starken Eingriff in das Spielgeschehen:

- Erzieherinnen haben die Möglichkeit, gezielt Spielangebote für die Kinder vorzubereiten und Spielaktivitäten anzubieten, die sie dann mit den Kindern gemeinsam durchführen und durchleben, um einen thematischen Anregungspunkt zu setzen.

- Etwas weniger mit den Kindern interagierend können Erzieherinnen durch ihre Nähe zum kindlichen Spielablauf auch als Impulsgeber am Rande des Geschehens verweilen und thematische oder methodische Anreize geben, etwa in Form von Kommentaren, Vorschlägen, Ideen oder Hinweisen, an denen sich die Kinder orientieren können.
- Nicht unmittelbar in die kindlichen Interaktionen eingreifend steuert die Gestaltung des Umfelds (Bereitstellung von Material, Einrichtung der Gruppenräume, thematische Gestaltung der Räume) die kindlichen Spielaktivitäten. Damit besteht die Möglichkeit, Themen einzuführen, besondere Spielformen zu unterstützen, Spielgruppen zu lenken oder zu platzieren.

Die Vor- und Nachteile der drei Möglichkeiten sind gegeneinander abzuwägen und jeweils passend einzusetzen. Alle bieten die Basis, die Vielfalt möglicher Spielaktivitäten in Richtung der gewünschten Förderschwerpunkte zu lenken. Mit diesen Ausführungen soll aber keineswegs die Bedeutung eines freien und praktisch ungelenkten Spiels im Kindergarten verneint werden.

> These 2: Der Kindergarten sollte einen gemeinsamen Ansatz für alle Kinder mit gezielten Ergänzungen für spezielle Kinder realisieren.

Maßnahmen zur Förderung von Kindern mit besonderem Förderbedarf schwanken zwischen den beiden Polen Förderung in besonderen Förderinstitutionen (beispielsweise Förderkindergärten oder auch Kindergärten für Hochbegabte) und einer gemeinsamen Förderung aller Kinder (inklusiver Ansatz). Die Diskussion um Vor- und Nachteile der beiden Formen ist ideologisch behaftet und wird auch von übergeordneten Wertvorstellungen beeinflusst. Für den Kindergarten ist aber ein Weg denkbar, der in einer Förderinstitution Angebote für alle Kinder um gezielte Angebote für spezielle Kinder ergänzt.

Inklusive Förderung von benachteiligten Kindern und solchen aus dem unteren Leistungsspektrum

Die Diskussion um Kinder mit besonderem Förderbedarf ist in Deutschland derzeit defizitorientiert. Durch die Orientierung der Definition von »Kindern mit besonderem Förderbedarf« an der Frühförderung und damit am Bundessozialhilfegesetz (BSHG § 39, 40 Abs. 1 Nr. 2a) konzentriert sich »besondere Förderung« auf Kinder, die von Behinderung bedroht sind. Damit sind »Kinder mit besonderem Förderbedarf« solche Kinder, die sich in Bezug auf gesellschaftlich erwünschte Leistungen oder auf bestimmte Fähig- oder Fertigkeiten eines Kindes im unteren oder untersten Bereich der Verteilung befinden. Für diese Kindergartenkinder mit allgemeinen oder spezifischen Lernbehinderungen, körperlichen Einschränkungen oder Verhaltensschwierigkeiten gibt und gab es schon seit Jahrzehnten Sonderförderprogramme. Meistens wurden diese Kinder in besonders ausgestatteten Räumlichkeiten mit besonderem Personal und speziellem Curriculum intensiv gefördert, um ihre Integrationschancen in »normale« Schulklassen im weiteren Bildungsverlauf zu erhöhen oder um zumindest eine weitere exklusive Beschulung und Vermittlung wesentlicher Kulturtechniken in leistungshomogenen Gruppen zu ermöglichen (für einen Überblick zur Frühförderung in Deutschland siehe Sohns 2000). Seit einiger Zeit wird pädagogisch und gesellschaftlich allerdings viel stärker die Forderung nach einer gemeinsamen Beschulung laut. Die Kinder sollen »normal« beschult werden, also inklusiv statt ausgrenzend.

Die Orientierung an der »offiziellen« Definition (die wissenschaftlich begründet, wichtig und notwendig ist) von »Kindern mit besonderem Förderbedarf« führt aber auch zu Problemen. Neben den zwei bis vier Prozent der Kinder mit umfassendem und ausgeprägtem, eben »besonderem Förderbedarf«, existieren weitere und durchaus größere Gruppen von Kindern, die ebenfalls nicht unerheblichen Förderbedarf aufweisen und deren Potential derzeit nicht optimal unterstützt werden kann. Darunter fallen verschiedenste Gruppen mit Sonderstatus wie Kinder mit Migrationshintergrund, Kinder aus schlechten sozioökonomischen Verhältnissen sowie Kinder aus Familien mit geringem Bildungshintergrund. Eine adäquate inklusive Förderung ist vielleicht auch wegen der vielen Unklarheiten und Unsicherheiten in Bezug auf diese Kindergruppen schwierig. Es gibt noch vergleichsweise wenig Forschung und Wissen zur optimalen Förderung etwa von Kindern mit Deutsch als Zweitsprache und aus einer anderen Kultur, von Kindern aus Familien mit geringem häuslichen Anregungsniveau oder von Kindern mit multiplen Problemen, welche meist mit schlechten sozioökonomischen Verhältnissen einhergehen (häufige Wohnort- und Freundeskreiswechsel, instabile Familienverhältnisse, minderwertige Ernährung und so weiter). Viele Fragen sind noch immer offen: Wie sieht effektive Förderung aus? Was brauchen diese Kinder unbedingt, was nur vielleicht? Welche Maßnahmen wirken wie und wie lange?

Die skizzierten Fragen stellen sich auch für hochbegabte Kinder, also für Kinder aus dem anderen, dem oberen Teil des Leistungsspektrums. Während in der Frühpädagogik lange Zeit davon ausgegangen wurde, dass hochbegabte Kinder »ihren Weg schon machen würden«, wird zunehmend offensichtlich, dass auch diese Kinder einen »besonderen Förderbedarf« haben (vgl. Bartenwerfer 1992). Wie eine inklusive Förderung dieser Kinder aussehen könnte und sollte, ist eine ebenfalls noch offene Frage (vgl. auch die folgenden Kapitel in diesem Band). Eines sollte aber berücksichtigt werden: Ergänzende Angebote für Kinder aus verschiedenen »Sondergruppen« sollten wohldosiert entwickelt werden, um zu vermeiden, dass segregative, trennende Elemente innerhalb eines gemeinsamen Programms die Oberhand gewinnen.

Gleiche Förderung für alle

»Alle Kinder gleich fördern« geht leicht von den Lippen. Allerdings gibt es hier zwei Bedeutungen:

- »Alle Kinder gleich fördern« kann zum einen bedeuten, allen Kindern Lerngelegenheiten zu geben und sie dazu zu befähigen, sich zu einem vorab definierten, für alle (nahezu) gleichen Ziel zu entwickeln. Dazu gehört auch, manche Kinder mehr und manche Kinder weniger zu unterstützen – je nachdem, wie lange sie benötigen, um alle bis zu diesem Punkt notwendigen Lernprozesse zu durchlaufen. Diese Interpretation klingt etwa in den Diskussionen um Sprachstandserhebungen oder einheitliche »Ziele« im Kindergarten an. Sinn und Zweck dieses

Ansatzes ist es, einen einheitlichen (Mindest-)Stand(ard) kindlicher Fähig- und Fertigkeiten zu einem bestimmten Zeitpunkt festzulegen, von dem aus dann – zum Beispiel nach der Einschulung – mit den Kindern weiter gearbeitet werden kann. Hierauf wird insbesondere im Zusammenhang mit dem Ausgleich sozialer und kultureller Ungleichheiten (Disparitäten) verwiesen. Der Nachteil einer solchen Interpretation ist, dass manche Kinder sehr schnell diesen festgelegten, vorab definierten Entwicklungs- oder Lernstand erreichen und ab diesem Moment nur noch bedingt oder gar nicht (weiter-)gefördert werden. Sie haben das »Ziel« erreicht, und es gibt andere Kinder, die es noch nicht erreicht haben, also noch individueller Unterstützung bedürfen.

- »Alle Kinder gleich fördern« kann aber auch bedeuten, jedem Kind das gleiche Ausmaß an (individueller) Förderung zukommen zu lassen (bildlich gesprochen also zum Beispiel 1 Kilogramm Förderung pro Kind). Damit erhielte jedes Kind – unabhängig vom seinem jeweiligen Entwicklungs- oder Lernstand – eine Förderung gemäß der eigenen Stärken und Schwächen und könnte sich kontinuierlich weiterentwickeln. Die Vorteile sind eine fließende dauerhafte Förderung für jedes Kind und damit mehr Gerechtigkeit im Sinne der Gleichberücksichtigung der Individualitäten der Kinder. Die Kinder – vor allem hochbegabte Kinder, welche besonders häufig Entwicklungsvorsprünge zeigen und damit bei dem ersten Verständnis von stagnierender Förderung direkt betroffen wären – können bei dauerhafter Förderung nach eigenem Belieben auf die Förderangebote zurückgreifen und davon profitieren. Die Nachteile dieser zweiten Interpretation sind eine noch stärkere Unterschiedlichkeit der Entwicklungsstände der Kinder, eine stärkere Unabhängigkeit der Entwicklung vom biologischen Alter. Gleiche Förderung für alle Kinder heißt also nach diesem Verständnis, dass Unterschiede in den Eingangsvoraussetzungen zu Schulbeginn sicher nicht verringert, sondern mindestens gleich bleiben oder eher verstärkt werden, da ja jedes Kind sich von seinem ursprünglichen Stand aus weiter entwickelt und möglicherweise einige von ihrem »Förderkuchenstück« besonders profitieren können (Freeman 1983). Damit ergibt sich als Nachteil später womöglich eine erschwerte Eingruppierung der Kinder in altershomogene Schulklassen.

Der Unterschied zwischen den beiden Interpretationen von »alle Kinder gleich fördern« hat Einfluss auf die Rolle und Funktion der Erzieherin: Im ersten Fall ist die Erzieherin dafür zuständig, dass jedes Kind ausreichend Lerngelegenheiten erhält, um einen festen Standard zu erreichen. Die pädagogische Arbeit wird damit eher am Ergebnis orientiert und entsprechend bewertet. Im zweiten Fall ist die Erzieherin dafür zuständig, dass alle Kinder die Möglichkeiten haben, ihre Stärken und Schwächen so sehr weiter zu entwickeln, wie ihnen unter den vorhandenen Lerngelegenheiten möglich ist. Die pädagogische Arbeit wird damit eher an der Vielfalt der Förderprozesse orientiert und entsprechend bewertet. Für die Praxis im Kindergarten sind beide Verständnisse von »gleicher Förderung für alle Kinder« gleichermaßen bedeutsam. Es kommt mithin darauf an, allen Kindern zumindest das Erreichen eines bestimmten Standards zu ermöglichen, gleichzeitig aber auch von ihren individuellen Voraussetzungen ausgehend sie in ihrer Entwicklung soweit wie möglich zu fördern.

Einbettung gezielter Angebote für spezielle Kinder in ein gemeinsames Programm für alle Kinder

Um segregativen Tendenzen entgegen zu wirken – um also zu vermeiden, dass es im Kindergarten ständig stundenplanmäßig wechselnde Angebote für spezielle Teilgruppen von Kindern gibt –, ist ein Weg denkbar, bei dem in ein einheitliches Angebot für alle Kinder gezielte Angebote für spezielle Kinder integriert werden (Blížkovský 1993). Alle Kinder können an allen Fördergelegenheiten teilnehmen und haben so die Möglichkeit, von den speziellen Fördermaßnahmen zu profitieren. Zielgruppenspezifische, in Alltagssituationen und in das Gruppenangebot integrierte Förderung kann dann von allen Kindern je nach Interesse und Aufnahmekapazität wahrgenommen und genutzt werden. Das gezielte Kompensieren von Schwächen bei einem Kind kann bei einem anderen Kind neue Interessen wecken, Schwächen aufdecken oder Stärken festigen. Damit ergibt sich ein gemeinsamer Förderansatz für alle, mit Einschüben zur Ergänzung, von denen wiederum alle, einige möglicherweise besonders, profitieren können. Die Entwicklung eines solchen Ansatzes steckt aber noch in den Anfängen. In methodischer Hinsicht gibt es Forschungsbelege für gute Förderbedingungen, von denen alle Kinder profitieren. Dazu gehören: gute Beobachtung und Dokumentation der Kinder, qualitativ hochwertige Interaktionen mit den Kindern, länger dauernde Phasen von »sustained shared thinking« oder umfangreiches Wissen über gezielte Anregungsmöglichkeiten. Im weiteren Verlauf dieses Buches werden einige dieser Aspekte aufgegriffen und näher erläutert.

In diesem Zusammenhang ist die Frage nach dem »gemeinsamen Nenner« zu diskutieren: In welchen Förderbereichen sollte angestrebt werden, alle Kinder mit einem einzigen Angebot zu konfrontieren? Die Frage ist die nach den Kernbereichen des Kindergartens, die alle Kinder zentral ansprechen. Der Stellenwert dieser Kernbereiche der Förderung müsste in »einem Curriculum für alle« am höchsten stehen. Es sollten Kernbereiche sein, bei denen sich die Gesellschaft einig über deren zukünftige Relevanz ist (vgl. Gisbert 2004). Diese Diskussion muss noch weiter geführt werden, obwohl durch die Einführung von Bildungsplänen hier schon ein großer Schritt gemacht wurde (vgl. Diskowski 2008). Im Hinblick auf bereichsübergreifende Kompetenzen könnten dies zum Beispiel sein:[5]

- metakognitive Fähigkeiten: also das Wissen über das eigene kognitive Funktionieren: das Wissen darüber, was ich weiß; das Wissen, woher oder warum ich etwas weiß; das Wissen, wie ich am besten lerne; das Wissen, welche Lernmethoden es gibt; das Wissen, was Erinnern und Vergessen fördert; das Wissen um und Anwenden von Lern- und Gedächtnisstrategien.
- Problemlösen: also deduktives und induktives Denken: Schlussfolgern vom Allgemeinsatz zum Einzelfall oder von einer Regel zu einem Beispiel, von Beispielen auf eine allgemeine Regel, oder von Einzelfällen auf die zugrunde liegende Systematik.
- Selbststeuerung: also Impulskontrolle und Belohnungsaufschub; das Zurückstellen eigener Interessen für eine Weile, zum Zwecke einer besseren Sozialverträglichkeit des eigenen Verhaltens oder auch, um – statt einer kleinen Belohnung gleich – eine größere später zu erhalten.

5 Es muss aber berücksichtigt werden, dass sich bereichsübergreifende Kompetenzen in der Regel in engem Zusammenhang mit bereichsspezifischen Kompetenzen ausbilden.

- Empathie: also die Fähigkeit, mit anderen Menschen mitzufühlen, sich in andere hineinzuversetzen und ihre Gedanken, Motive, Handlungen und Gefühle nachzuvollziehen; die Fähigkeit zum Perspektivwechsel.
- Lernmotivation und Lerneinstellung: also die eigene positive Bewertung von Lernen und Wissen; die Lust auf Wissen, die Freude, Neugier zu zeigen und zu befriedigen; die Erkenntnis, dass Wissen nicht nur instrumentell, hilfreich und nützlich ist (etwa für den späteren Schulerfolg), sondern auch einen Wert an sich darstellt und einem Vieles im Leben erleichtert.

Bisherige Studien zu einzelnen bekannten Interventionen mit Schwerpunkten auf dem einen oder anderen Punkt geben zurzeit lediglich zu gedämpftem Optimismus Anlass (Hager, Hasselhorn & Elsner 1995; Hasselhorn 2010). Organisatorisch und pädagogisch könnte ein in das Alltagsgeschehen integrierter Ansatz deutliche Vorteile haben: Es müssen nicht eigens Gruppen gebildet und Zeiten (Räume und Personal) eingeplant werden. Kinder müssen nicht die Gruppe oder die aktuelle Aktivität verlassen, um teilnehmen und profitieren zu können; sie müssen sich nicht neu zu einer Kleingruppe formieren, sich möglicherweise an eine andere Erzieherin gewöhnen. Darüber hinaus wird ihnen gezeigt, dass Lernen alltäglich ist, im Alltag geschieht und nicht immer einen extra Kurs oder extra Raum benötigt.

These 3: Die pädagogische Gestaltung der Kindergartenarbeit und die altersgemischten Gruppen bieten sehr gute Möglichkeiten für die Förderung von hochbegabten Kindern.

In der Hochbegabtenpädagogik finden sich häufig die beiden Begriffe »Enrichment« und »Akzeleration«. Enrichment – also die Anreicherung der regulären Umwelt in die Breite oder Tiefe (für eine Diskussion verschiedener Varianten siehe Massé & Gagné 1983) – ist in der Hochbegabtenpädagogik von herausgehobener Bedeutung (Gagné 2007). Akzeleration – also die Beschleunigung des Bildungsgangs der Kinder in dem einen oder anderen Bereich oder einem späteren Schulfach, etwa durch frühere Einschulungen oder Überspringen von Klassenstufen – ist nur eine Reaktion der Gesellschaft, um den Schüler an ein starres, altersgebundenes Bildungssystem anzupassen (für eine ausführliche Diskussion zur Akzeleration siehe Colangelo, Assouline & Gross 2004).

Die Freiheitsgrade des Kindergartens für eine individuelle Förderung

Der Kindergarten hat größere Freiheiten und Gestaltungsmöglichkeiten als die strenger regulierte Schule. Diese Freiheiten finden sich in inhaltlichen, personalen und sozialen Aspekten des Kindergartenalltags. Im Vergleich zur Schule, die mehr durch Lehrpläne, Richtlinien und Leistungsbeurteilungen eingeschränkt ist, gibt es für den Kindergarten – selbst nach Einführung von Bildungsplänen, die letztlich nur Orientierungsfunktion haben – keine genauen Festlegungen im Hinblick auf zu vermittelnde Inhalte oder die dafür zu verwendenden Methoden oder einzuräumenden Zeiten. Es wird dem pädagogischen Personal in den Kindergärten überlassen, mit allen positiven oder auch negativen Folgen, mit dieser Freiheit umzugehen. Allerdings dürfte es den Erzieherinnen so leichter fallen, die Kinder in der ganzen Bandbreite ihrer Persönlichkeit zu fördern und zu fordern sowie die Lerngelegenheiten dementsprechend pädagogisch auszugestalten. Daneben sind auch die formalen Gestaltungsmöglichkeiten des Kindergartens größer. Beispielsweise können einfacher als in Schulen Kleingruppen gebildet und Kinder verschiedener Gruppen oder Altersstufen zusammengezogen werden. Die Schule ist hier durch die Rhythmisierung des Tages in Unterrichtsstunden und die notwendige Eintaktung von Fachlehrern in ihrer Gestaltungsfreiheit stark einschränkt.

In der Kindergartengruppe befindet sich eine Vielfalt von Kindern, die viele verschiedene Interessen, Themen und Leistungsstände mit sich bringt. Themen, mit denen sich einige oder vielleicht auch nur ein einzelnes Kind beschäftigen, können neue Impulse setzen und Interessen oder Vorlieben bei anderen Kindern wecken. Themen unterschiedlichster Art aus allen Förderbereichen und Schwierigkeitsstufen ergeben sich aus der Verschiedenheit der Kinder. Damit können auch seltene Interessensgebiete vertreten sein, und die Anzahl der möglichen Anknüpfungspunkte ist sehr hoch. Aufgrund der Unterschiedlichkeit der Kinder wird eine ganze Bandbreite von Fördermethoden im Alltag erforderlich. Damit stehen dem Kindergarten theoretisch ideale Voraussetzungen für eine individualisierte Arbeit am Kind zur Verfügung, und er könnte eine jeweils genau auf die Interessensstruktur sowie Lern- und Leistungsvoraussetzungen der Kinder ausgerichtete Förderung praktizieren.

Neben der Vielfalt möglicher Anregungsoptionen kann sich hier beiläufig ein nicht unerheblicher, sozial-emotional stabilisierender Aspekt für einzelne Kinder ergeben. Das bei hochbegabten Kindern und Kindern anderer Sondergruppen häufig vorhandene Gefühl »anders zu sein« steht im Verdacht, zu einem subjektiven Empfinden von Ausgrenzung zu führen (Pfeiffer 2002). Dieses Gefühl kann wiederum eine Reihe sozialer oder emotionaler Auffälligkeiten begünstigen. Je vielfältiger nun die Kinder einer Gruppe im Kindergarten sind, desto mehr unterschiedliche Merkmale tragen sie. Je mehr unterschiedliche Merkmale in einer Gruppe vorhanden sind, umso weniger sticht ein einzelnes an sich sehr besonderes Merkmal aus der Masse heraus. Damit ergibt sich in der Eigenwahrnehmung des Kindes wie auch in der Wahrnehmung des Kindes durch die Altersgenossen weniger stark ein Alleinstellungsmerkmal im Vergleich zu einer sonst in sich sehr homogenen Gruppe. Das Kind empfindet sich als weniger »anders«, wenn alle Kinder ihre ganz eigenen »anderen Eigenschaften« in die Gruppe einbringen und in der Gruppe herausstellen.

Die Möglichkeiten einer altersgemischten Gruppe im Kindergarten

In altersgemischten Gruppen können hochbegabte Kinder ihr Anregungsniveau aus einem breiten Angebot frei wählen und sie können sich darüber hinaus je nach Förderbereich das von ihnen bevorzugte Niveau und die von ihnen gewünschte Lerngeschwindigkeit aussuchen. Altersheterogene Gruppen ermöglichen es allen (jüngeren) Kindern, vom Erfahrungsschatz der Älteren zu profitieren. Die Funktion der Gruppenältesten ist als Vorbild für Geschlechterrollen, als Lernmodell oder auch gezielter Tutor nicht zu unterschätzen. Gleichzeitig können ebenfalls alle Kinder als Referenz dienen und Vorbild, Spiegelbild oder Tutor sein und davon profitieren. Sie können das eigene Wissen an andere weitergeben und dabei von der geistigen Leistung des notwendigen Umstrukturierens und Anpassens an die Zielgruppe profitieren (Peer-to-peer Tutoring; Cohen, Kulik & Kulik 1982; Annis 1983; Renkl 2006; Gage, Berliner & Bach 1996).

> These 4: Gute, qualitativ hochwertige Förderung im Kindergarten ist zugleich auch eine gute Förderung von hochbegabten Kindern.

Qualität als mehrperspektivisches Konstrukt

Die Diskussionen um gute Qualität in deutschen Kindergärten werden seit Anfang der 1990er Jahre verstärkt geführt. Nicht zuletzt deshalb bemühen sich die Erziehungswissenschaften, den derzeitigen Ausbau der Kinderbetreuung nicht auf die Anzahl der verfügbaren Betreuungsplätze oder den Betreuungsumfang (Quantität) zu beschränken, sondern zugleich qualitativ bessere Betreuungssituationen für die Kinder und Arbeitssituationen für die Erzieherinnen zu schaffen. Dabei ist die Diskussion um Qualität nicht einfach und noch lange nicht eindeutig (Roux 2003). Qualität als theoretisches Konstrukt muss immer definiert werden. Die verschiedenen Beteiligten im erzieherischen Alltag würden einen qualitativ hochwertigen Kindergarten je nach eigener Sichtweise möglicherweise ganz unterschiedlich definieren. Erzieherinnen könnten unter anderem ausreichende Fortbildungstage und Supervisionsmöglichkeiten oder die gute Vereinbarkeit des eigenen Privatlebens mit dem Beruf einbringen, Eltern die flexiblen Öffnungszeiten, Einrichtungsleitungen das kompetente und zuverlässige Team, Träger die Umsetzung eines optimalen Betreuungsangebots bei minimalem Sachaufwand und so weiter. Somit ist der Begriff »Qualität« immer mit einer Reihe von »Perspektiven, Interessen, Intentionen und Konzepten« (Helmke, Hornstein & Terhard 2000, 10) verbunden. Allerdings sollte sich Qualität in Kindergärten am Wohlergehen der Kinder und damit auch am gesetzlichen Auftrag des Kindergartens orientieren. Laut Gesetzgeber hat der Kindergarten den Auftrag »die Entwicklung des Kindes« zu fördern, seine Aufgaben »umfassen die Betreuung, Bildung und Erziehung des Kindes« (§22 SGB VIII – Kinder und Jugendhilfe). Damit muss Kindergartenqualität in erster Linie durch seine Entwicklungsförderlichkeit bestimmt sein.

Förderung des gesamten Leistungsspektrums

Die Literatur aus Forschung und Praxis beruft sich dabei auf eine Reihe von Qualitätskonzepten (Tietze et al. 1998; Katz 1996; Moss 1994; Kuger & Kluczniok 2008). Allen liegt ein multi-dimensionales Bedingungsgefüge zugrunde, welches die verschiedenen Umweltkomponenten berücksichtigt. Viele Untersuchungen in der Frühpädagogik – mit teils ganz unterschiedlichen Operationalisierungen von Qualität – weisen auf förderliche längerfristige Effekte einer guten Qualität im kognitiv-leistungsbezogenen wie auch im sozial-emotionalen Bereich hin. Dabei profitieren alle Kinder des gesamten Leistungsspektrums – am unteren wie auch am oberen Ende – von einer guten Qualität (vgl. Roßbach 2005; Roßbach, Kluczniok & Kuger 2008). Einen Überblick und detailliertere Informationen über aktuelle Konzeptionen, mögliche Erfassung und internationale Ergebnisse zur Anregungsqualität im Kindergarten gibt in diesem Band das Kapitel »Qualität von Kindertagesstätten«.

> These 5: Diagnostische Begleitung muss Ursprung und Konsequenz aller Förderaktivitäten sein.

Notwendigkeit der gezielten Erfassung von Stärken und Schwächen der Kinder

In der gegenwärtigen Diskussion in der Frühpädagogik wird ein »ressourcenorientiertes« Vorgehen bevorzugt. Der Blick soll nicht (so sehr) auf die Schwächen und Defizite eines Kindes gerichtet sein, die pädagogische Arbeit soll vielmehr bei den Stärken des Kindes ansetzen. Diese Orientierung hängt letztlich mit dem Bild vom Kind als »kompetentes, sich selbst bildendes Kind« zusammen. Eine Sicht, die von einer »Defizitorientierung« absieht, kann nur begrüßt werden. Gleichwohl möchten wir vor naiven Interpretationen warnen: Kinder – und speziell solche aus Sondergruppen – haben sowohl Stärken als auch Schwächen. Eine pädagogisch verantwortbare Förderung muss immer beides berücksichtigen. Problemen und Schwächen der Kinder muss entgegengearbeitet werden, nicht zuletzt, damit sich die Stärken der Kinder besser entfalten können – denn die Förderung der Stärken ist ein Teil der Aufgabe des Kindergartens, zur optimalen Entfaltung der kindlichen Möglichkeiten beizutragen.

Um Fördermaßnahmen individualisierend an den Stärken und Schwächen der Kinder ausrichten zu können, müssen Stärken und Schwächen zunächst bekannt sein. Auch wenn nicht jedes entwicklungsauffällige Kind eine vollständige Psychodiagnostik durchlaufen sollte (und kann), so müssen doch fortlaufend Maßnahmen getroffen werden, um die Stärken und Schwächen von Kindern zu erfassen, zu dokumentieren und im Alltag präsent zu haben. Dies gilt im Kern zwar für alle Kinder, aber vor allem bei Kindern mit Entwicklungsbesonderheiten – wie einer Hochbegabung – ist eine gute Beobachtung und Dokumentation unabdingbar. Aus zwei hauptsächlichen Gründen verliert das biologische Alter hochbegabter Kinder – und damit eine gewisse altersgemäße »Standardentwicklung« – als Referenzmerkmal an Bedeutung:

- Zum einen sind zwei Hauptkennzeichen von hochbegabten Kindern die Entwicklungsgeschwindigkeit (mit der zum Beispiel Fähigkeiten erworben und Verhaltensweisen angepasst und verändert werden) und die Beiläufigkeit der Entwicklung (mit der zum Beispiel zentrale Sachverhalte mit Leichtigkeit ganz wie »nebenbei« aufgefasst und umgesetzt werden). Diese beiden Merkmale lassen manchmal ein Verhalten beobachten, das besonders stark von dem der Altersgenossen abweicht. Manchmal lassen sich Veränderungen aber im Alltag auch gar nicht bemerken.
- Zum anderen sind Stärken und Schwächen bei diesen Kindern häufig unerwartet stark ausgeprägt. Entwicklungspsychologen sprechen auch von einer »asynchronen Entwicklung« über die verschiedenen Entwicklungsbereiche hinweg. Während manche Kinder ihrer Altersgruppe nur in Einzelbereichen extrem weit voraus sind, haben andere hochbegabte Kinder einen starken, aber nicht extremen Entwicklungsvorsprung in einer ganzen Reihe von Leis-

tungsbereichen oder sogar vereinzelt eine diagnostizierbare Lernschwäche in einzelnen Entwicklungsdomänen und vielleicht auch soziale oder emotionale Schwierigkeiten. Diese Besonderheiten lassen sich nur durch regelmäßige und ausführliche Beobachtung erfassen.

Sorgfältige regelmäßige Beobachtung und Dokumentation

Voraussetzungen für eine individuelle Förderung und deren Reflexion ist die regelmäßige Beobachtung und entsprechende Dokumentation (Horsch, Müller & Spicher 2006; Bundesministerium für Bildung und Forschung [BMBF] 2009; Textor o. J.) sowie ein enger Austausch mit den Erziehungsberechtigten und anderen Betreuungspersonen oder Förderern der Kinder (Sporttrainer, Musiklehrer...). Zusätzlich sind für ein vollständiges Bild der kindlichen Fertig- und Fähigkeiten auch Informationen aus Beobachtungen in anderen und neuen Situationen wichtig.

Hochbegabte Kinder rücken auch deshalb manchmal in den Fokus der Diskussion, weil sie anecken oder auffallen. Im Regelfall denken Erziehungsberechtigte und Erzieherinnen erst dann über eine mögliche Hochbegabung bei einem Kind nach, wenn Schwierigkeiten auftreten oder klar wird, dass anstehende Entscheidungen bei diesem Kind nicht mit den üblichen Vorgehensweisen zu treffen sind. Speziell in diesen Fällen – und zwar nicht erst zum Zeitpunkt einer Entscheidungsfindung – ist eine sorgfältige Beobachtung sowohl des Kindes selbst, als auch der relevanten Begleitumstände beim Kind und in der Gruppe über längere Zeit notwendig. Im Moment der Entscheidung oder der auftretenden Schwierigkeit kann man sich dann auf seine Beobachtungen berufen, hat eine Vielfalt schon gesammelter Fakten zur Hand und kann systematisch nach Lösungsansätzen suchen und Entscheidungen begründen.

Es kommt dabei weniger auf ein spezifisches Dokumentationsverfahren (für eine Beschreibung einiger gängiger Verfahren siehe Viernickel & Völkel 2005; Koglin, Petermann, Helmsen & Petermann 2008) als auf systematische und zielorientierte Aufzeichnung an. Eine systematische Beobachtung bedeutet,

- in regelmäßigen Abständen immer gleiche oder sehr ähnliche Situationen, Verhaltens- oder Entwicklungsbereiche bei einem Kind
- mit einem immer gleichen Schema, gleichen Kategorien, gleichen Fragen an die Beobachtung über eine längere Zeit zu erfassen.

Systematische Dokumentation heißt, die eigenen Beobachtungen vollständig, für andere nachvollziehbar und sortiert (nach Kind oder Beobachtungszeitpunkt) zusammenzufassen und jederzeit auch für andere zugänglich abzulegen. Anhand solcher Unterlagen lassen sich für jedes Kind differenzierte Entwicklungsverläufe für verschiedene kognitive und nicht-kognitive Kompetenzen in unterschiedlichen Situationen skizzieren. Damit können Stärken und Schwächen der Kinder unmittelbar in individualisierte Förderung münden.

In der Beobachtung sollen diejenigen Entwicklungsbereiche im Mittelpunkt stehen, die für eventuelle Entscheidungen relevant sind. Wenn keine Vorinformationen zu einem Kind vorliegen, sollten das zumindest die folgenden sein: Sprache (zum Beispiel die Geschwindigkeit, mit der komplexe Sprache erworben und angewandt wird; Begriffsleistung und Wortschatz), kognitive Fähigkeiten (Lernleistung und -geschwindigkeit bei Themen von Interesse; Beschäftigung mit klassifikatorischen, gliedernden und ordnenden Aktivitäten wie auch mit abstrakten Symbolen und Zeichensystemen; Gedächtnisleistungen), nicht-kognitive Persönlichkeitsmerkmale (selbstständiges Lernen; Interesse an abstrakten Themen; Ausdauer und Beharrlichkeit; Konzentrationsfähigkeit und Fokussierung insbesondere bei selbst gewählten Aufgaben), soziale Merkmale (Umgang mit Gruppenregeln; Integration in und Kontaktaufnahme mit Kleingruppen; Spielverhalten im Freundeskreis), emotionale Stabilität (zum Beispiel Selbstvertrauen und -wert; Regulation eigener Gefühle und Bedürfnisse) sowie Motorik (zum Beispiel Auge-Hand-Koordination; Fingerfertigkeit; Kraft und Balance) (vgl. BMBF 2009, 52).

Beobachtungsfehler und Rückgriff auf diagnostische Kompetenz angrenzender Fachbereiche

Auch die beste Beobachtung ist nicht gegen Fehler oder Probleme gefeit. Subjektiven Verzerrungen unterliegt man auch bei größter Bemühung um Objektivität und Unvoreingenommenheit (Hobmair, Althethan, Betscher-Ott, Dirringl, Gotthardt & Ott 1997; Kleber 1992). Einige davon sind:

- Verallgemeinerung: die Überbetonung weniger, einzelner Begebenheiten oder Situationen und in der Folge ungerechtfertigte allgemeine Schlussfolgerungen (zum Beispiel: erster Eindruck einer Person wird überbewertet).
- Falsche Kriterien: das Heranziehen eigentlich irrelevanter Kriterien für eine spezifische Schlussfolgerung (frühes Lesenkönnen hat mit Hochbegabung nicht so viel zu tun, wie allgemein oft angenommen wird).
- Eingeschränkte, überbetonte Wahrnehmung: das unbewusste Nicht-Beachten oder Betonen von Verhalten, welches aus persönlichen Einstellungen, Meinungen, Vorlieben oder Vorurteilen her rührt (eigene Fehler erkennt man bei anderen Personen besonders schnell).
- Voreingenommenheit: die falsche Annahme, früheres Wissen oder frühere Erfahrungen in der Beurteilung einer neuen Situation einbringen zu können (neue und überraschende Charakteristiken einer Person werden häufig nicht in unser Bild von ihr übernommen).

Dagegen können Reflexionen der Beobachtungsergebnisse im Team oder gegenseitige Unterstützung und Abwechslung helfen. Des weiteren können oder sollten manche Beobachtungen nur von vorher eigens hierfür geschultem Personal oder nur mit standardisierten Beobachtungsverfahren durchgeführt werden. Beides geht über die Möglichkeiten und Ressourcen eines üblichen Kindergartens hinaus und sollte von Fachleuten übernommen werden. Dies trifft insbesondere auf kritische Situationen zu, wie Entscheidungen im Hinblick auf Sonderfördermaßnahmen oder vorzeitige Einschulung oder bei allgemeinen Problemen und Unsicherheiten. Hier muss auf die diagnostische Kompetenz angrenzender Fachbereiche, wie Psychologen, Kinderärzte oder Fachberatungsstellen zurückgegriffen werden. Zudem wird beim Ansprechen einer externen Referenz die Verantwortung für eine fachlich fundierte Entwicklungsdokumentation des Kindes auf mehrere Schultern verteilt und eine möglicherweise einseitige oder vorgeprägte Sicht vermieden.

- These 6: Kooperationen bereichern jede Einrichtung und entlasten im Alltag.

Kernstärken des Kindergartens

Einige Kernstärken des Kindergartens sind schon erwähnt worden (Kleingruppenarbeit, altershomogene Gruppen, Flexibilität der Lerninhalte, Lernmethoden und Lernzeiten, Vielfalt der gleichzeitig möglichen Themen und Interessen, gegenseitiges Tutoring: vergleiche oben These 3). Daneben bietet der Kindergarten noch weitere Möglichkeiten:

- Der Kindergarten bietet einen geschützten Raum, in dem Kinder Stärken und Schwächen ausprobieren, ausbilden und kompensieren können, ohne regelmäßige Leistungsüberprüfungen.
- Geschultes Personal begleitet die Kinder ab einem sehr frühen Alter über sehr lange Zeit hinweg in ihrer Entwicklung. Der Kindergarten hat daher die Möglichkeit, entstehende Stärken und Schwächen schnell zu erkennen und darauf zu reagieren.
- Er ist flexibel und relativ unabhängig im Vergleich zu anderen Betreuungs- oder Bildungseinrichtungen (»weniger administrative Verbindlichkeiten«).
- Er bietet nicht nur den Kindern den (spielerischen) Vergleich mit Altersgenossen, in dem sie ihre eigene Persönlichkeit ausprobieren können, sondern auch der Erzieherin die Möglichkeit, Kinder verschiedenen Alters, mit verschiedenen Lerntempi, verschiedener Herkunft und verschiedenen Interessen zu vergleichen.
- Er kann Schwerpunkte setzen und Stärken des eigenen Teams einbringen, aber jederzeit auch wieder andere Akzente setzen.

Diese Liste ist erweiterbar und diese Kernkompetenzen müssen im Mittelpunkt stehen. Bei Aufgaben, die so nicht zu erfüllen sind, ist der Kindergarten auf eine Zusammenarbeit mit anderen Instanzen angewiesen, von der er im Übrigen nur profitieren kann.

Vielfältige Kooperationsmöglichkeiten

Der Kindergarten ist in vielfältiger Weise mit seiner Umwelt verknüpft und er sollte diese Anknüpfungspunkte nutzen, um seinen Förderalltag zu gestalten. So ist er zum Beispiel über Träger(-vereinigungen), Jugendämter und andere Behörden oder regional mit weiteren Kindergärten verbunden, die alle einen bestimmten Schwerpunkt haben und ihre je eigenen Vor- und Nachteile besitzen. Ein enges Netzwerk zwischen Kindergärten kann in besonderen Fällen helfen (besondere Kinder, umziehende Kinder, Personalprobleme, räumlich-materiale Schwierigkeiten, ...), aber auch den Alltag über einen regelmäßigen Austausch bereichern. Der Kindergarten ist über die (Sprengel-)Grundschulen sowie die Schulberatungsstellen im Bildungssystem verankert. Hilfe bei der Förderung in besonderen Situationen lässt sich hier suchen und häufig finden.

Mit den örtlichen Erziehungs-, Familien- und allgemeinen Beratungsstellen, niedergelassenen Therapeuten, Kinderpsychologen oder -psychiatern kann der Kindergarten weitere externe Fachleute mobilisieren, die Informationen, Hilfe und Angebote auf kurzem Wege bereitstellen. Eine enge Kooperation mit Eltern ist von jeher Grundbaustein der Kindergartenpraxis. Vernetzung bedeutet, ein Netz als eine Art von doppeltem Boden zu schaffen, welches seinen Nutzen dann am stärksten zeigt, wenn Kinder aus welchen Gründen auch immer drohen, durch das Beobachtungsraster zu fallen. (Vergleiche den Beitrag »Die Bedeutung von Netzwerken im Elementarbereich« von Solzbacher und Welzien.)

> These 7: Die Förderung von hochbegabten Kindern ist Teil des jetzt schon vorhandenen Aufgabenspektrums von Erzieherinnen.

Vielfältige Anforderungen an die Erzieherinnen

Im Grunde sind Erzieherinnen im Regelkindergarten auch heute schon für die Arbeit mit Kindern mit besonderen Bedürfnissen gut ausgestattet, obwohl ihre Arbeit durch die Heterogenität der Kinder erschwert wird: Diagnosen werden heute (glücklicherweise) häufiger gestellt, und die Liste möglicher diagnostizierter und diagnostizierbarer Störungen, Behinderungen oder Entwicklungsbeeinträchtigungen ist länger geworden. Die Anregungsbedingungen sind in vielen Familien nicht besser als noch vor einigen Jahren, so dass der Kindergarten häufig Aufgaben der Familie übernehmen muss. Dazu kommt, dass immer häufiger Kinder, die früher exklusiv gefördert wurden, in der Regelkindergartengruppe verbleiben können. Kinder mit besonderen Sprachförderbedürfnissen, mit motorischen Defiziten, mit sozialen Auffälligkeiten, mit körperlichen oder geistigen Behinderungen, aus anderen kulturellen Hintergründen oder wenig entwicklungsanregenden Familien finden sich in jeder Kindergartengruppe neben den ganz normalen Unterschieden – von sehr langsam bis sehr schnell sich entwickelnden Kindern. Diese ganz unterschiedlichen Förderansprüche werden im normalen Kindergarten an die Erzieherinnen gestellt. Bei diesen Aufgaben bedürfen Erzieherinnen zum einen der Unterstützung von außen, zum anderen kommt ihnen hier die Breite ihrer Ausbildung zugute. Allerdings können diese Aufgaben nur von Erzieherinnen bewältigt werden, die eine Reihe weiterer Anforderungen erfüllen. Neben großer Flexibilität und Kompromissbereitschaft, um den ständig wechselnden Bedürfnissen gerecht zu werden, sind vor allem Persistenz, Konstanz und Konsistenz gefordert:

- Beharrlichkeit und Ausdauer, da unmittelbare Fördererfolge nur selten sichtbar werden und zum Teil erst nach Ende der Kindergartenzeit in der Schule Früchte tragen oder sich umfassende Verbesserungen ergeben.
- Unveränderlichkeit und Stabilität, weil für den Gruppenalltag und die Entwicklung der Kinder die Setzung und Durchhaltung von Regeln eminent wichtig ist.
- Widerspruchsfreiheit und In-sich-Ruhen, weil Kinder sehr viel vom Vorbild (Modell) lernen und die genannten Eigenschaften damit Voraussetzungen sind, um die dem eigenen Handeln im Alltag zugrunde liegenden Regeln, Begründungen und Werte weitergeben zu können.

Bei Durchsicht der unterschiedlichen Anforderungen an die Erzieherinnen im Kindergarten erschließt sich recht schnell, dass diese eine Vielzahl von Aufgaben erfüllen sollen (vergleiche zum Beispiel Bayerisches Staatsministerium für Arbeit und Sozialordnung, Familie und Frauen/ Staatsinstitut für Frühpädagogik 2003). Neben der unmittelbaren Interaktion mit den Kindern müssen Angebote vor- und nachbereitet, Buchungszeiten und Anmeldezahlen verwaltet, die Entwicklung der Kinder sorgfältig beobachtet und dokumentiert, Absprachen im Team zur effizienten Nutzung der vorhandenen Ressourcen getroffen werden – um nur einige Aufgaben zu nennen. Die von der Erzieherin dabei eingenommene Rolle beinhaltet immer mehrere Facetten. Es finden sich Anteile der Managerin, der Sozialarbeiterin, der Psychologin, der Lehrerin und der Ernährungsberaterin – bis hin zur Putzfrau.

Funktion der Fürsprecherin

Ebenfalls aktivisch, aber nicht unmittelbar in der Arbeit mit den Kindern, sondern eher für diese, ist eine weitere Funktion der Erzieherin, die speziell im Fall von Kindern mit besonderen Bedürfnissen, wie zum Beispiel Hochbegabten, von einer erfahrenen und starken Persönlichkeit erfüllt werden muss. Kinder – speziell Kinder, die von der Norm des durchschnittlichen Kindes abweichen – brauchen Fürsprecher, die ihre (besonderen) Bedürfnisse kennen und sich um deren Durchsetzung bemühen: Lobbyisten gegenüber anderen Erwachsenen und Übersetzer im Kreise der Kinder. In vielen Fällen nehmen auch Eltern eine ähnliche Rolle ein; in viel zu vielen Fällen ist das aber aufgrund fehlender Kompetenzen, Zeit oder einfach Gelegenheiten nicht möglich. Einen solchen Fürsprecher zu haben, ermutigt jedes einzelne Kind darin, sich selbst so anzunehmen, wie es ist. Denn jemand setzt sich für das hochbegabte Kind ein.

Trotz der Vielfalt der Aufgaben und Funktionen – die, wie schon erwähnt, Unterstützung von außen erfordern – bedeutet die Förderung von hochbegabten Kindern im Kindergarten nichts völlig »Neues« für die Erzieherinnen, sie impliziert keine neuen Aufgaben oder neuen Ansprüche. Vielmehr erfordert sie (nur) eine besondere Beachtung eines Teils ihres gegenwärtig schon vorhandenen Aufgabenspektrums.

Literatur:

Annis, L. F. (1983). The processes and effects of peer tutoring. Human learning, 2, 39-47.

Bartenwerfer, H. (1992). Identifikation der Hochbegabten. In K. J. Klauer (Hrsg.), Handbuch der Pädagogischen Diagnostik, Bd. 4 (S. 1059-1069). Düsseldorf: Schwann.

Bayerisches Staatsministerium für Arbeit und Sozialordnung, Familie und Frauen/Staatsinstitut für Frühpädagogik (Hrsg.) (2003). Der Bayerische Bildungs- und Erziehungsplan für Kinder in Tageseinrichtungen bis zur Einschulung. Entwurf für die Erprobung. München: Staatsinstitut für Frühpädagogik.

Ben Ari, R. B. & Rich, Y. (1992). Meeting the Educational Needs of All Students in the Heterogeneous Class. In P. S. Klein & A. J. Tannenbaum (Hrsg.), To be young and gifted (S. 348-378). Norwood: Ablex Publishing Corporation.

Blížkovský, B. (1993). Begabungsförderung durch pädagogische Differenzierung. In F. Oswald & K. Klement (Hrsg.), Begabungen – Herausforderung für Bildung und Gesellschaft (S. 62-66). Wien: Jugend & Volk.

Bundesministerium für Bildung und Forschung (BMBF) (2009). Begabte Kinder finden und fördern. Paderborn: Bonifatius GmbH Druck.

Bundesministerium für Familie, Senioren, Frauen und Jugend (BMFSFJ) (2005). Zwölfter Kinder- und Jugendbericht. Bericht über die Lebenssituation junger Menschen und die Leistungen der Kinder- und Jugendhilfe in Deutschland. ‹http://www.bmfsfj.de/doku/kjb/data/download/050906_zwoelfter_kjb.pdf›

Cohen, P. A., Kulik, J. A. & Kulik, C.-L. C. (1982). Educational Outcomes of Tutoring: A Meta-analysis of Findings. American Educational Research Journal, 19, 2, 237-248.

Colangelo, N., Assouline, S. G. & Gross, M. U. M. (2004). A Nation Decieved: How Schools Hold Back America's Brightest Students. 2 Bde. Iowa City: The University of Iowa. [Kann z.T. auch auf Deutsch aus dem Internet geladen werden:] ‹www.accelerationinstitute.org/Nation_Decieved/›

Diskowski, D. (2008). Bildungspläne für Kindertagesstätten – ein neues und noch unbegriffenes Steuerungsinstrument. Zeitschrift für Erziehungswissenschaft, Sonderheft 11, 47-62.

Einsiedler, W. (1999). Das Spiel der Kinder. Zur Pädagogik und Psychologie des Kinderspiels. Bad Heilbrunn: Klinkhardt.

Einsiedler, W. (2005). Grundlegende Bildung. In W. Einsiedler, M. Götz, H. Hacker, H., J. Kahlert, R.W. Keck & U. Sandfuchs (Hrsg.), Handbuch Grundschulpädagogik und Grundschuldidaktik. 2. Aufl. (S. 217-228). Bad Heilbrunn: Klinkhardt.

Freeman, J. (1983). The IQ as a measure of intellectual giftedness. In B. M. Shore, F. Gagné, S. Larivée, R. H. Tali, & R. E. Tremblay (Hrsg.), Face to face with giftedness (S. 91-98). New York: Trillium Press.

Gage, N. L., Berliner, D. C. & Bach, G. (1996). Pädagogische Psychologie. Weinheim: Beltz.

Gagné, F. (2007). Ten Commandments for academic talent development. Gifted Child Quarterly, 51, 2, 93-118.

Gisbert, K. (2004). Lernen lernen. Berlin: Cornelsen Scriptor.

Grell, F. (2010). Über die (Un-)Möglichkeit, Früherziehung durch Selbstbildung zu ersetzen. Zeitschrift für Pädagogik, 56, 154-167.

Hager, W., Hasselhorn, M. & Elsner, B. (1995). Zur Re-Evaluation der Evaluationen des Denktrainings für Kinder I. Zeitschrift für Pädagogische Psychologie, 9, 1, 1-11.

Hasselhorn, M. (2005). Lernen im Altersbereich zwischen 4 und 8 Jahren: Individuelle Voraussetzungen, Entwicklungsbesonderheiten, Diagnostik und Förderung. In T. Guldimann & B. Hauser (Hrsg.), Bildung 4- bis 8-jähriger Kinder (S. 77-88). Münster: Waxmann.

Hasselhorn, M. (2010). Möglichkeiten und Grenzen der Frühförderung aus entwicklungspsychologischer Sicht. Zeitschrift für Pädagogik, 56.

Hasselhorn, M., & Grube, D. (2008). Individuelle Vorraussetzungen und Entwicklungsbesonderheiten des Lernens im Vorschul- und frühen Schulalter. Empirische Pädagogik, 22, 2, 113-126.

Helmke, A., Hornstein, W. & Terhart, E. (2000). Qualitätssicherung im Bildungsbereich. 41. Beiheft der Zeitschrift für Pädagogik, 7-14.

Hobmair, H., Althethan, S., Betscher-Ott, S., Dirringl, W., Gotthardt, W. & Ott, W. (1997). Psychologie. Köln: Stam Verlag.

Horsch, H., Müller, G. & Spicher, H.-J. (2006). Hoch begabt – und trotzdem glücklich: Was Eltern, Kindergarten und Schule tun können, damit die klügsten Kinder nicht die Dummen sind. Ratingen: Oberstebrink.

Katz, L. (1996). Qualität der Früherziehung in Betreuungseinrichtungen: Fünf Perspektiven. In W. Tietze

(Hrsg.), Früherziehung: Trends, internationale Forschungsergebnisse, Praxisorientierungen (S. 226-239). Neuwied: Luchterhand.

Klauer, K. J. & Leutner D. (2007). Lehren und Lernen. Weinheim: Beltz.

Kleber, E. W. (1992). Diagnostik in pädagogischen Handlungsfeldern. Einführung in die Bewertung, Beurteilung, Diagnose und Evaluation. Weinheim: Juventa.

Kluczniok, K., Roßbach, H.-G. & Große, C. (2010). Fördermöglichkeiten im Kindergarten – ein Systematisierungsversuch. In A. Diller, H. R. Leu & T. Rauschenbach (Hrsg.), Wie viel Schule verträgt der Kindergarten? Annäherungen zweier Lernwelten (S. 133-152). München: DJI-Verlag.

Koglin, U., Petermann, F., Helmsen, J., & Petermann, U. (2008). Entwicklungsbeobachtung und Entwicklungsdokumentation in Krippen und Kindergärten. Kindheit und Entwicklung, 17, 3, 152-160.

Kuger, S. & Kluczniok, K. (2008). Prozessqualität im Kindergarten – Konzept, Umsetzung und Befunde. Zeitschrift für Erziehungswissenschaft, Sonderheft 11, 159-178.

Massé, P. & Gagné, F. (1983). Observations on enrichment and acceleration. In B. M. Shore, F. Gagné, S. Larivée, R. H. Tali, & R. E. Tremblay (Hrsg.), Face to face with giftedness (S. 395-413). New York: Trillium Press.

Merrill, M. D. (2007). Learner control: Beyond aptitude-treatment interactions. Educational Technology Research and Development, 23, 2, 217-226.

Moss, P. (1994). Defining quality: values, stakeholders and processes. In P. Moss & A. Pence (Hrsg.), Valuing quality in childhood services (S. 1-9). New York: Teachers College.

Pfeiffer, S. I. (2002). Identifying Gifted and Talented Students: Recurring Issues and Promising Solutions. Journal of Applied School Psychology, 19, 1, 31-50.

Renkl, A. (2006). Lernen durch Lehren. In D. Rost (Hrsg.), Handwörterbuch Pädagogische Psychologie, 3. Aufl. (S. 416-420). Weinheim: Beltz.

Roßbach, H.-G. (2005). Effekte qualitativ guter Betreuung, Bildung und Erziehung im frühen Kindesalter auf Kinder und ihre Familien. In Sachverständigenkommission 12. Kinder- und Jugendbericht (Hrsg.), Bildung, Betreuung und Erziehung von Kindern unter 6 Jahren (S. 55-174). München.

Roßbach, H.-G. & Erning, G. (2008). Übergang vom Kindergarten in die Grundschule – eine unendliche Geschichte. In D. Hoof (Hrsg.), Abgrenzungen und Übergänge im Bildungssystem: Festschrift für Karl Neumann. Braunschweiger Arbeiten zur Schulpädagogik, Band 19 (S. 9-28). Braunschweig: Schmidt Buchbinderei & Druckerei.

Snow, R. (1989). Aptitude-Treatment Interaction as a framework for research on individual differences in learning. In P. Ackerman, R. J. Sternberg & R. Glaser (Hrsg.), Learning and Individual Differences (S. 13-59). New York: W. H. Freeman.

Sohns, A. (2000). Frühförderung entwicklungsauffälliger Kinder in Deutschland: Handbuch der fachlichen und organisatorischen Grundlagen. Beltz-Handbuch. Weinheim: Beltz.

Textor, M. R. (o. J.). Hoch begabte Kinder entdecken und angemessen fördern. ‹http://www.ifp.bayern.de/imperia/md/content/stmas/ifp/hochbegabung.pdf› Zuletzt abgerufen am 29.09.09.

Tietze, W. (1993). Institutionelle Erfahrungsfelder für Kinder im Vorschulalter. Zur Entwicklung vorschulischer Erziehung in Deutschland. In W. Tietze & H.-G. Roßbach (Hrsg.), Erfahrungsfelder in der frühen Kindheit. Bestandsaufnahme, Perspektiven (S. 98-125). Freiburg: Lambertus.

Tietze, W., Meischner, T., Gänsfuß, R., Grenner, K., Schuster, K.-M., Völkel, P. & Roßbach, H.-G. (1998). Wie gut sind unsere Kindergärten? Eine Untersuchung zur pädagogischen Qualität in deutschen Kindergärten. Neuwied: Luchterhand.

Viernickel, S. & Völkel, P. (2005). Beobachten und Dokumentieren im pädagogischen Alltag. Freiburg: Herder.

Individuelle Förderung als Grundlage für Begabtenförderung

Claudia Solzbacher · Birgit Behrensen

Individuelle Förderung ist ein geeigneter Weg, um in Kindertagesstätten den komplexen Bedürfnissen hochbegabter und begabter Kinder gerecht zu werden. Eine Schwierigkeit in der Auseinandersetzung mit individueller Förderung besteht allerdings darin, dass noch kein einheitliches Verständnis darüber existiert, was individuelle Förderung genau meint und welche Zielsetzungen und Umsetzungsmöglichkeiten damit verbunden werden. Obwohl in den Bildungs- und Orientierungsplänen – bei allen Differenzen zwischen den Ländern – durchgängig der Anspruch formuliert wird, die Bildungsförderung an den Bedürfnissen, Lebensbedingungen und Interessen des einzelnen Kindes zu orientieren, steht die bildungspolitische Diskussion der Frage, wie dies sinnvoll und realistisch gestaltet werden kann, erst am Anfang.

Im Folgenden soll versucht werden nachzuzeichnen, wie individuelle Förderung im Elementarbereich gegenwärtig verstanden wird, welche Chancen sich gerade für die Arbeit mit besonders begabten Kindern daraus ergeben und wie individuelle Förderung in Kindertageseinrichtungen unter den bestehenden Rahmenbedingungen tatsächlich umgesetzt wird. Dabei wird auch Bezug genommen auf einige Ergebnisse einer größeren quantitativen und qualitativen Befragung von Erzieherinnen in Niedersachsen zu ihren Positionen zu individueller Förderung in Kindertageseinrichtungen, die wir in der Forschungsstelle Begabungsförderung des niedersächsischen Instituts für frühkindliche Bildung und Entwicklung (nifbe) im vergangenen Jahr durchgeführt haben.[6]

Individuelle Förderung: Eine begriffliche Annäherung

Um der Arbeit im Elementarbereich gerecht zu werden, schlagen wir folgende Arbeitsdefinition von individueller Förderung vor:

Unter individueller (Früh-)Förderung werden alle Handlungen von Erzieherinnen und Erziehern verstanden, die mit der Intention erfolgen, die Begabungsentwicklung und das Lernen jedes einzelnen Kindes zu unterstützen, unter Aufdeckung und Berücksichtigung seines je spezifischen Potentials, seiner je spezifischen Lernwege, Lernziele und Lernbedürfnisse und seiner jeweiligen Lebenssituation. Zu diesen Handlungen gehört die professionelle Reflexion der Bedeutung der Beziehungsebene zwischen Erzieherin/Erzieher und Kind, sowie die Reflexion des Verlaufs der Entwicklung emotional-sozialer und kognitiver Persönlichkeitsmerkmale. Darin

6 Die Studie besteht aus einer umfangreichen Online-Befragung niedersächsischer Erzieherinnen und Erzieher, mehr als 30 vertiefenden persönlichen Interviews sowie einer Gruppendiskussion mit Expertinnen und Experten dieses Arbeitsfeldes. Näheres zum Hintergrund unserer Arbeit auf der Homepage www.nifbe.de unter dem Link »Begabung«.

eingeschlossen sind die mit dem Kind gemeinsam zu gestaltenden fördernden und fordernden Lernumgebungen und Lernprozesse. Grundorientierung allen Handelns ist der Respekt vor der Vielfalt (Diversität).

Damit ist individuelle Förderung nicht in erster Linie eine Methode. Vielmehr beschreibt diese Arbeitsdefinition eine pädagogische Grundorientierung, die mit geeigneten Förderinstrumenten und Konzepten umgesetzt wird. Sie setzt eine professionelle Haltung voraus, die – neben den jeweiligen Rahmenbedingungen – die Realität individueller Förderung auch in vorschulischen Bildungseinrichtungen maßgeblich beeinflusst.

Wie stark die tägliche Arbeit in Kindertageseinrichtungen bereits auf individuelle Förderung ausgerichtet ist, zeigen die Ergebnisse unserer schriftlichen und mündlichen Befragungen. Eine Haltung, in der der Blick der Erzieherin[7] regelmäßig auf das einzelne Kind gerichtet ist, wird in folgendem deutlich:

- Bei der Aufnahme eines jeden Kindes erhält die Erzieherinnen-Kind-Beziehung eine zentrale Bedeutung, unabhängig davon, für welches Verfahren zur Aufnahme neuer Kinder sich die jeweilige Einrichtung entschieden hat – mit der Einschränkung, dass in manchen Fällen nur in der Aufnahmesituation die zentrale Bedeutung dieser Beziehung reflektiert wird.
- Beobachtungen einzelner Kinder gehören zum Alltagshandeln von Erzieherinnen, auch wenn sie dabei unterschiedliche Methoden zugrunde legen und sich die Beobachtungsrichtungen zum Teil erheblich unterscheiden.
- Besprechungen der Beobachtungen zu einzelnen Kindern im Team, oder zumindest mit der Kollegin in der Gruppe, sind ein regelmäßiges, wenn auch nicht immer ein systematisch genutztes Element der Arbeit.
- Differenzierte Angebote an die Kinder sind selbstverständlich, da die (Alters-)Heterogenität zu einer solchen Differenzierung nötigt – dies ist selbst bei geschlossenen Konzepten und stark gruppenorientierten Arbeitsansätzen der Fall.

Auch wenn mit diesen Verallgemeinerungen noch nichts über die Qualität der jeweiligen individuellen Förderung gesagt ist, so wird doch deutlich, dass die Arbeit in Kindertageseinrichtungen durchdrungen ist von der Idee, nicht nur der Gruppe in ihrer Gesamtheit gerecht zu werden, sondern auch das einzelne Kind in seiner je individuellen Entwicklung zu unterstützen.

Warum individuelle Förderung und mit welchen Zielen?

Respekt vor den vielfältigen Begabungen

Eine Grundorientierung an individueller Förderung kann dazu beitragen, die geistigen und körperlichen Fähigkeiten eines jeden Kindes besser zur Entfaltung zu bringen. Zugrunde liegt hier ein dynamischer Begabungsbegriff. Begabungen werden als dynamisch verstanden, insofern

7 Der sprachlichen Vereinfachung halber wird im Folgenden allein die weibliche Berufsbezeichnung genannt.

davon ausgegangen wird, dass sie sich im Laufe des Lebens entwickeln, ausbilden und auch verschieben können. In diesem Sinne wird Begabung verstanden als ein individuelles Fähigkeitspotential (Heller & Ziegler 2007). Dabei ist entscheidend, dass Begabungen durch intrapersonelle Gegebenheiten und Umweltfaktoren beeinflusst werden können. Somit wird davon ausgegangen, dass jedes Kind Begabungen hat, auch wenn diese unterschiedlich stark ausgeprägt sind. Begabungsförderung meint daher die Förderung aller Kinder, weshalb auch alle Kinder von individueller Förderung profitieren.

Um individuell zu fördern, müssen die Erzieherinnen Angebote machen, die den sehr verschiedenen Begabungen der Kinder entsprechen. Einen neueren, vielversprechenden Ansatz liefert hier die konstruktive Didaktik, die davon ausgeht, dass Lehren letztendlich »nur« bedeutet, Anregungen zu geben und Umgebungen begünstigend zu gestalten. Die Entscheidung, was gelernt wird, liegt aufgrund der neurobiologischen Funktionsweise des Lernens immer allein bei den Lernerinnen und Lernern (Reich 2008). Seine Übersetzung in die elementarpädagogische Alltagspraxis erhält dieser Denkansatz beispielsweise in der Einrichtung von Lernwerkstätten. Wesentlich ist hier das Vertrauen in die Fähigkeit des Kindes, seinen eigenen Lernzuwachs selbst zu gestalten. Dabei vertrauen die Erzieherinnen den Fähigkeiten des Kindes und den von ihnen gestalteten Räumen unterschiedlich stark. In unserer Studie haben wir hier eine große Bandbreite von Haltungen auf Seiten der Erzieherinnen gefunden. Beispielsweise vertreten einige Erzieherinnen auch in Einrichtungen mit Konzepten der offenen Arbeit die Ansicht, dass Kinder zur Entwicklung ihrer weniger entwickelten Kompetenzen durchaus auch aufgefordert werden müssen, an bestimmten Angeboten teilzunehmen. Andere Erzieherinnen vertreten die Ansicht, dass die Kinder in einer entsprechend aufbereiteten Umgebung durchaus alle für sie relevanten Kompetenzen »von sich aus« entwickeln können. Der Unterschied liegt hier darin, inwiefern den Fähigkeiten des Kindes vertraut wird, sein Lernen selbst zu steuern, und inwiefern die Räume tatsächlich so gestaltet sind, dass sie zu diesen eigenständigen Lernprozessen auf vielfältige Weise anregen.

Gerade besonders begabte und hochbegabte Kinder profitieren von einer pädagogischen Haltung, in der den Fähigkeiten des Kindes vertraut wird, seinen Lernzuwachs selbst zu gestalten, das heißt:

- Den Kindern wird ein hohes Maß an Selbststeuerung ihrer Lernprozesse ermöglicht. Das betrifft sowohl das Lerntempo und die Lerndauer als auch den Umgang mit der zeitlichen Dimension überhaupt. Hochbegabten Kindern ist bei entsprechenden Angeboten die Akzeleration des Lernens entsprechend ihrer individuellen Lernfähigkeiten möglich, ohne hierfür auf Sonderbehandlungen warten zu müssen oder gar von Sonderbehandlungen abhängig zu sein.
- Eigene Interessen können eingebracht werden und fördern dabei konzentriertes und motiviertes Lernverhalten; die Kinder können die inhaltlichen Aspekte des Lernens weitestgehend selbst bestimmen.
- Unterforderung – und damit die Gefahr einer Dauerfrustration – wird verhindert, weil die Möglichkeit zur Selbststeuerung des Lernprozesses überwiegt.
- Die handlungsorientierte Erschließung von Inhalten anhand von frei verfügbarem und flexibel

einsetzbarem Material ist für hochbegabte Kinder besonders wichtig und entspricht ihren Lernbedürfnissen (vgl. Grindel 2007, 266f.).

Eine Kita-Atmosphäre, die geprägt ist von einer Haltung zur individuellen Förderung, ist daher gleichzeitig auch eine begabungsfreundliche Atmosphäre, die einer begabungsfreundlichen Haltung entspringt.

Ressourcenorientierung

Das »Forum Bildung« der Bund-Länder-Kommission für Bildungsplanung und Forschungsförderung wendete im Jahr 2002 den Blick auf die individuelle Förderung und nahm dabei eine deutliche Schwerpunktverschiebung vor: War der Begriff des Förderns bislang eher auf das Fördern von beobachteten Defiziten von Kindern bezogen gewesen, so ging und geht es seitdem eher um eine verstärkte Wahrnehmung von Ressourcen und Fähigkeiten:

»Fördern hat die Zielsetzung, Interessen des Kindes zu erkennen und zu unterstützen, dazu gehört sowohl die Vermittlung von Lern- und Arbeitsstrategien als auch die Entwicklung sozialer Kompetenzen. Förderung sollte sich immer an Kompetenzen und Stärken orientieren und nicht an Defiziten. Das Prinzip dabei ist: ›Stärken stärken und Schwächen schwächen.‹ Ein kompetenzorientierter, ganzheitlicher Blick auf die kindliche Entwicklung vermittelt dem Kind darüber hinaus Vertrauen in die eigene Persönlichkeit...« (Arbeitsstab Forum Bildung 2002, 7).

Während der Satz »Stärken stärken und Schwächen schwächen« sehr oft sowohl in der schriftlichen als auch in der mündlichen Befragung der Erzieherinnen fiel, wurde zugleich deutlich, dass die Grundhaltung im Alltag doch eher eine defizitorientierte und weniger eine ressourcenorientierte ist. Beispielsweise werden erheblich mehr defizitorientierte als ressourcenorientierte (Beobachtungs-)Verfahren eingesetzt, wie die quantitative Befragung zeigte. Dazu muss allerdings angemerkt werden, dass ressourcenorientierte Verfahren in deutlich geringerer Anzahl vorhanden und zumeist auch aufwendiger in der Handhabung sind. Hinzu kommt, dass Erzieherinnen in ihrer Ausbildung eher mit einem defizitorientierten Blick ausgestattet werden, wie eine Teilnehmerin der Befragung, deren Ausbildung etwa 20 Jahre zurückliegt, es ausdrückt:

»Wir haben weniger gelernt, auf die Stärken des Kindes zu schauen. ... Und wir müssen uns im Team ständig gegenseitig ermahnen, positiv auf das Kind zu schauen und nicht immer darauf, was es nicht kann.«

Ressourcenorientierung in diesem Sinne meint beispielsweise, die Lernfortschritte des Kindes an ihm selbst zu messen und seine ganz individuellen Wege wahrzunehmen. Im Hinblick auf individuelle Förderung in der Kita stellt sich daher die Frage, ob hier aktuell eher auf die Aufdeckung von Defiziten orientierte Verfahren verwendet werden – oder ob sich der Blick tatsächlich schon gewendet hat zu ressourcenorientierter Beobachtung.[8]

8 Ressourcenorientierte Verfahren werden zum Beispiel durch die »Leuvener Engagiertheitsskala«, »Bildungs- und Lerngeschichten«, den »Baum der Erkenntnis« oder »SISMIK« zum Sprachverhalten bei Kindern mit Migrationshintergrund unterstützt.

Ermöglichung individueller Lernprozesse allein und in der Gruppe

Gerade die elementarpädagogische Arbeit bietet die Möglichkeit, das Kind individuell zu fördern – zugleich aber auch als Teil eines sozialen Gefüges. Dabei profitiert das soziale Gefüge insgesamt ebenfalls von der individuellen Förderung des Einzelnen, weil dessen Begabungen in die Gruppe zurückfließen. Individuelle Förderung im hier beschriebenen Sinne meint nicht, das Individuum aus seinen sozialen Kontexten »herauszufördern«, mit dem Ziel lauter kleine begabte, aber sozial inkompatible Einzelkämpfer ohne Gemeinsinn zu »züchten«, die als Humankapital mit ihren Ressourcen das Bruttosozialprodukt der kommenden Jahrzehnte in die Höhe treiben. Vielmehr verbindet individuelle Förderung personelle und soziale Kompetenzen mit dem Ziel der Lernkompetenz – und Begabungsförderung – basierend auf den Fähigkeiten, Bedürfnissen und Möglichkeiten des einzelnen Kindes. Dies ist nicht möglich ohne eine Ich-starke Persönlichkeit, die im Dialog mit ihrer sozialen und kulturellen Umwelt steht. Genau diese Ausrichtung ist, mit Blick auf Frühförderung als Teil des »life-long-learning«, Inhalt der Frühpädagogik.

Hierzu ein Praxisbeispiel aus unseren Erhebungen:

Peter[9] (5 Jahre) besucht eine Kindertageseinrichtung mit einem offenen Konzept. Den Erzieherinnen fällt auf, dass Peter regelmäßig andere Kinder in ihrem Spiel unterbricht. Er bringt sich nicht in bestehende Spielsituationen ein, sondern stört vielmehr so stark, dass das Spiel nicht fortgesetzt werden kann. Dieses Verhalten zeigt er insbesondere in der Zeit vor dem Mittagessen, die davon geprägt ist, dass ein Teil der Kinder abgeholt wird und die restlichen Kinder sich neu zusammenfinden müssen. Aufgrund seines Verhaltens ziehen die Kinder sich immer stärker von ihm zurück. Die Erzieherinnen entscheiden, dass Peter für die Mittagszeit eine Erzieherin zur Seite bekommt, die sich eine Stunde lang nur mit ihm beschäftigt. Recht schnell bringt Peter sein Interesse am Schachspiel ein. Als die Erzieherin und Peter in der Mittagszeit nun regelmäßig eine Partie Schach spielen, werden andere Kinder aufmerksam. Peter weist die anderen Kinder in die Technik des Spiels ein. Nach einer Weile kann die Erzieherin sich zurückziehen. Peter wird von den anderen Kindern als Schachlehrer und Spielpartner anerkannt. Die positive Rolle im Schachspiel wirkt sich auch auf andere Spielsituationen aus. Peter findet auf diese Weise einen Zugang zum sozialen Spiel der anderen.

Das Beispiel zeigt den engen Zusammenhang zwischen einer positiv orientierten Erzieherin-Kind-Beziehung und dem Verhalten eines Kindes zur Gruppe der anderen Kinder sowie der Gruppe zu einem einzelnen Kind. Gerade durch die individuelle Förderung des Kindes gelingt es, ihm den Weg frei zu machen für ein soziales Miteinander in der Gruppe.

Im Kriterienkatalog zur pädagogischen Qualität von Kindertageseinrichtungen von Tietze und Viernickel (2003) spielt in jedem der herausgearbeiteten Qualitätsbereiche Individualisierung eine wichtige Rolle. Angesprochen wird hier auch die Bedeutung der Erzieherin-Kind-Interaktion für eine gelungene Förderung. Weitergehend wird in der Bindungstheorie die Bedeutung der Erzieherin-Kind-Beziehung für die Lernentwicklung deutlich. Erzieherinnen können durch gute Beziehungen die Bildungs-, Entwicklungs- und Lernprozesse beim Kind fördern (vgl. Ostermeier

9 Name geändert.

2006). Besagte »innige Beziehungen« beeinflussen das Sozialverhalten und damit auch Selbstwahrnehmung, Interaktionsmöglichkeiten und nicht zuletzt die Lernkompetenz eines Individuums (Becker-Stoll & Textor 2007, 10f.).

Konsequenzen und Herausforderungen für die elementarpädagogische Arbeit

Beobachtungsinstrumente und Förderung auf individuelle Förderung abstimmen

In den Kitas wird bereits ein breites Spektrum subjektiver Diagnoseverfahren angewendet. Träger haben hierfür eine wahre Flut von Beobachtungsbögen entwickelt – gerade auch, weil bildungspolitisch die Beobachtung als zentrales Element der Kita-Arbeit betont wird. Im pädagogischen Diskurs meint gezielte Wahrnehmung, dass der Beobachtende bewusst und aktiv ein Setting schafft, in dem er etwas »sehen« und »beobachten« kann. Dabei ist zwischen Alltagsbeobachtung mit geringer Kontrolliertheit, die eher als handlungsbegleitende Informationsaufnahme zu sehen ist, und systematischer Beobachtung zu unterscheiden. Vor allem aber muss man sich der begrenzten Reichweite solcher Verfahren bewusst sein. Bei der pädagogischen Diagnose (Kobelt-Neuhaus 2006) ist es nicht mit dem Ausfüllen von Beobachtungsbögen getan (die zudem noch oftmals eher defizit- und nicht ressourcenorientiert sind). Im Gegenteil – hier liegen auch deutliche Gefahren:

»Aus empirisch feststellbaren Durchschnittswerten werden in der Aufmerksamkeit der Erzieherin Normen, an denen die Entwicklung von Kindern gemessen wird. Der Blick auf Kinder verschiebt sich: Nicht mehr das Interesse an der Individualität der Kinder steht im Vordergrund, sondern die Fixierung auf Abweichungen von Entwicklungsnormen…« (vgl. Knauf 2009).

Um dies zu vermeiden, ist auch hier die Beobachtungshaltung mit entscheidend. Es geht um den notwendigen Schritt von der wahrnehmenden zur entdeckenden Beobachtung (Schäfer 2004).

In der genaueren Beobachtung besonders Begabter ist einiges mehr möglich als zurzeit getan wird. Da Begabungen so verschieden und vielfältig sind, besteht hier ein erheblicher Nachholbedarf. Es besteht aus unterschiedlichen Gründen (zum Beispiel aufgrund fehlender [Vorbereitungs-]Zeit, der Rahmenbedingungen im Allgemeinen, Personalmangel und aufgrund der gegenwärtigen Form der Ausbildung) die Gefahr, dass Kinder in vielen Einrichtungen durchgängig nach ähnlichem Raster oder ähnlichen Förderschwerpunkten und mit ähnlichen Instrumentarien in den Blick genommen und gefördert werden.

Und selbst wenn eine breite Angebotsvielfalt in einer Einrichtung prinzipiell gegeben ist, ist dies noch kein Garant dafür, dass den (Förder-)Bedürfnissen des Einzelnen entsprochen werden kann. Dies wird auch dadurch erschwert, dass Förderung im Kindergarten (anders als in der Schule) in ganz alltäglichen Situationen stattfindet. Idealisiert könnte man sagen: »Alles ist Förderung.« Aber kann Begabungs- und Begabtenförderung tatsächlich als »Alltagsprodukt« geschehen? Wie viel individuelle Förderung findet während eines Stuhlkreises, wie viel bei der Bildbetrachtung, beim gemeinsamen Singen, beim Malen, in gezielten und freien Bastelangeboten, beim Spaziergang, beim Spielen in der Bauecke, bei Reimspielen und so weiter statt? Dahinter steht einerseits die noch offene Definition von Förderung in der frühkindlichen Bildung

insgesamt; und andererseits die Frage, wie gezielt und reflektiert individuelle Förderung erfolgen muss, damit man zu Recht von individueller Förderung sprechen kann. Voraussetzung ist sicher, dass in der Einrichtung Einigkeit hergestellt werden muss über die tatsächlichen Förderziele: Hat Begabtenförderung hier bisher einen Stellenwert? Soll sie fortan überhaupt geschehen – und wenn ja: wie und auf welchen Wegen? Gibt es zum Thema Begabtenförderung Vorannahmen oder gar Vorurteile innerhalb des Teams – und welche? Dies sind neben anderen Beispiele für die Fragen, die sich jedes Kita-Team stellen sollte.

Wenn individuelle Förderung gezielt in Kindertagesstätten realisiert werden soll, wird auch der Dialog zur (umliegenden) (Grund-)Schule unumgänglich. Denn es gilt nicht nur, die Zusammenarbeit konkret zu gestalten, sondern auch definitorisch ein gemeinsames Verständnis der Ziele von individueller Förderung festzulegen. Für die Begabtenförderung wären dann Abstimmungen von Enrichmentmaßnahmen ebenso wie eine begabungsförderliche Einstellung in den beteiligten Institutionen zugunsten der individuellen Bedürfnisse des einzelnen Kindes und seinen individuellen Entwicklungsstufen erreichbare Ziele.

Zusammenhang von Bildung und Beziehung reflektieren

In Bildungsprozessen kommt vor allem der Fähigkeit zur Selbstmotivation eine wichtige Rolle zu. Dies ist auch zu berücksichtigen, wenn festgestellt wird, dass besonders begabte Kinder ihre Begabungen augenscheinlich nicht in eine bestimmte Form von »Leistung« übertragen können. Allzu leicht wird angenommen, dass Begabungen sich »von alleine« durchsetzen. Wirkliche Selbstmotivation erreichen Kinder aber nur, wenn sie lernen, auf ihr Selbst zu hören. Das Selbst ist ein ganzes Funktionssystem, das ohne Emotionen nicht zu haben ist (dies hat die Gehirnforschung nachgewiesen). Die Kernaussage der Forschungen zur Selbstmotivation ist, dass man ohne emotionale Beziehungen nicht an Intelligenz herankommt (vgl. Kuhl & Hüther 2007).

Die Verknüpfung zwischen dem Selbst und der Steigerung der motivierenden Gefühle kann und muss von außen gestärkt werden. Daher haben erziehende Personen die Aufgabe, eine ermutigende Wirkung von außen auszulösen – und zwar genau dann, wenn während einer Lernphase das Selbst aktiv ist. Ohne eine verständnisvolle Bezugsperson kann Selbststeuerung von Verhalten nicht gelernt werden. Entscheidend ist, dass sich das Kind während dieser Lernphase auch wirklich verstanden und angenommen fühlt. Erst dann erfolgt eine Verknüpfung des Lernens mit den ermutigenden Emotionen. Ein weiterer Grund für die Bedeutung einer guten Beziehung zwischen lernender und erziehender Person ist die Verknüpfung des Selbst mit den Werten und Bedürfnissen anderer über empathische Empfindungen. Selbstmotivation kann durch Bedürfnisse und Werte der erziehenden Person geprägt werden, wenn sich das lernende Kind so verbunden mit dieser Person fühlt, dass es empathisch deren Werte und Bedürfnisse in sein Selbst integriert. Deshalb ist es wichtig, Beziehungsverhalten im Kindergarten wesentlich bewusster wahrzunehmen und zu reflektieren als dies heute geschieht (Spiegel 2007) – nicht nur mit Blick auf das Kind, sondern auch mit Blick auf die eigene Professionalität als pädagogische Fachkraft, die eigene interaktionistische Aufgeschlossenheit und die Authentizität, mit der Beziehungsangebote gemacht werden. Diese Beziehungsebene darf nicht vernachlässigt werden zugunsten eines falsch verstandenen »Höher-schneller-weiter«.

Einfluss der Rahmenbedingungen vergegenwärtigen

Die Pädagogin-Kind-Beziehung ist stark von institutionellen Verstörungen beeinflusst, das heißt die Kita als Institution prägt nachhaltig die Beziehungskultur innerhalb der Einrichtung. Wir wissen aus Untersuchungen: Überforderung und Belastung schwächen Beziehungsverhalten ab – Beziehungen werden dann teilweise nur noch sehr formalisiert durchgeführt und erlebt, mit Konsequenzen für Pädagogin und Kind. Es muss also davon ausgegangen werden, dass die Beziehungskulturen in Kitas extrem davon geprägt werden, wie die Erzieherinnen die Institution generell wahrnehmen und wie sie die Möglichkeiten erleben, darin professionell arbeiten zu können. Es muss auch aus diesem Grund dafür gesorgt werden, dass Erzieherinnen bei den zahlreichen neuen Ansprüchen nicht überfordert werden, die (auch) durch den Ruf nach mehr individueller Förderung an sie herangetragen werden – gerade im Zusammenhang mit den neuen Bildungsaufgaben. Hier besteht erheblicher Nachholbedarf auf Seiten der Bildungspolitik, Erzieherinnen mehr Unterstützung und Anerkennung entgegenzubringen. Für

Erzieherinnen bedeutet dies, sich einerseits der Einschränkungen ihrer Möglichkeiten durch den institutionellen Rahmen bewusst zu sein und sich selbst hier nicht mehr abzuverlangen als möglich, andererseits aber auch immer wieder einzufordern, dass die Rahmenbedingungen sich so ändern, dass sie tatsächlich individuelle Förderung leisten können.

Eine Grundorientierung zur individuellen Förderung und damit eine begabungsförderliche Haltung weiter ausbauen

Bei allen zum Teil widersprüchlichen Forderungen nach mehr Bildung in Kindertageseinrichtungen kann die Frage nach einem aktuell konsensfähigen Bildungsverständnis dahingehend beantwortet werden, dass das Kind – in welcher Ausprägung auch immer – als Akteur seiner Tätigkeiten und Bildungsprozesse zu verstehen ist. Aber was bedeutet dies konkret?

Schäfers (2005) Unterscheidung von Bildungszielen, Bildungsprozessen und Bildungsbereichen kann hier weiterführen: Bildungsziele wären dabei unter anderem die Entwicklung der Persönlichkeit, Ausschöpfung der Entwicklungspotentiale der Kinder, Vorbereitung auf künftige Lebenssituationen (unterteilt in sachliche Zukunft, als ordnender und verarbeiteter Umgang mit der erfahrenen Wirklichkeit und soziale Zukunft als Teilhabe an der Gesellschaft). Ausgangspunkt für Bildungsprozesse wäre gemäß seiner These die individuelle Denk- und Verarbeitungsfähigkeit. Dabei werden Faktoren wie eine hinreichende Komplexität an Sinnzusammenhängen, gute soziale Beziehungen, Vielfalt der subjektiven inneren Verarbeitungsmuster und eine Einbettung in individuelle, sachliche und soziale Sinnzusammenhänge vorausgesetzt.

Individuelle Förderung benötigt reflektierte Beobachtung, Diagnose und Dokumentation des kindlichen Entwicklungsprozesses. Außerdem werden Kenntnisse benötigt, mit welchen Ansätzen und Instrumenten dann darauf aufbauende Förderung gelingen kann. Individuelle Förderung wird dabei davon abhängen, wie Praktikerinnen individuelle Förderung verstehen. Ihre subjektiven Einstellungen zur Verschiedenheit von Kindern wird hier ebenso relevant sein wie ihre Einstellung zur (frühen) Begabungsförderung.

Bildungsforscher konstatieren gerade mit Blick auf die Hochbegabtenförderung, »... nüchtern und desillusioniert...«, dass »... die Hochbegabtenförderung in Deutschland gewaltige Defizite aufweist...« und eine »... Frühförderung praktisch nicht existent ist...« (Ziegler 2008, 175). Hochbegabung im Vorschulalter ist bislang ein kaum beachteter Bereich in der frühkindlichen Entwicklung, obwohl »... gerade das frühe Erkennen und Fördern [...] für die spezifische Entwicklung dieser Kinder von größter Wichtigkeit...« ist (Zitat: Krüger 2003, 7; vgl. auch Mönks 2003 und Perleth & Schatz 2003, 31).

Der sich daraus ergebende Folgerungskatalog ist sehr breit und umfasst, orientiert an den einzelnen Lern- und Entwicklungsphasen, mannigfaltige Forderungen an die verschiedenen Bildungsebenen und das soziale Umfeld (vgl. Perleth & Schatz 2003, 17-39). Dass dies nicht ohne eine Ausweitung der diagnostischen Kompetenzen des Fachpersonals gehen kann, liegt auf der Hand (Stapf 2003).

Wenn Klement im Kontext von der Identifikation von Begabungen von der »... Suche nach verborgenen Qualitäten spricht...«, (Klement 2005, 67) so wird deutlich, dass es sich hier um einen urpädagogischen Auftrag handelt, der in der Umsetzung »... Entwicklung kreativ unterstützt, Umwege mitmacht und vor allem bereit ist, neue, unkonventionelle Methoden anzuwenden...« (Rollett 2005, 174).

Die Förderung von (hoch)begabten Kindern bereits im Vorschulalter braucht engagierte Erzieherinnen mit dem entsprechenden Hintergrundwissen, die persönlich und fachlich souverän genug sind, um auch unkonventionelle Wege zu gehen, um Kindern in ihren Bedürfnissen begegnen zu können. Dieses Wissen und das methodisch-didaktische Handwerkszeug sollten nicht nur Gegenstand in entsprechenden Zusatzausbildungen sein (Weiterbildung »Begabtenpädagoge« der Karg-Stiftung oder ECHA-Diplom und so weiter), sondern müssen stärker in die allgemeine Ausbildung implementiert werden.

Noch existieren viele Mythen über Kinder mit Hochbegabung – dabei gilt es, bloße Annahmen von echten Erkenntnissen zu unterscheiden, und vor allem nicht den Blick auf die Individualität eines jeden Kindes zu verlieren. Exemplarisch seien zwei Beispiele genannt:

- Nicht alle besonders oder hochbegabten Kinder sind verhaltensauffällig oder haben ADHS (dazu auch der Beitrag von G. Müller »Hochbegabung und ADHS« in diesem Band).
- Hochbegabte Kinder mögen in bestimmten Entwicklungsstadien (zum Beispiel Sprechen, Laufen, Auge-Fuß- oder Auge-Hand-Koordination) schneller und weiter entwickelt sein als Gleichaltrige, aber dies ist nicht unbedingt ein verlässlicher Indikator für eine besondere Begabung oder Hochbegabung (vgl. Beitrag von Rohrmann in diesem Band).

Allerdings werden durchaus Bedürfnisse festgestellt, die viele besonders begabte Kinder gemeinsam haben und denen in der Ausbildung und im pädagogischem Alltag Rechnung getragen werden muss. So bevorzugen hochbegabte Kinder oftmals einen eigenständigen Lernstil und finden herausfordernde Aufgabenstellungen ansprechender als Aufgaben mit rein reproduzierendem Charakter, was sich beispielsweise an einer Abneigung gegenüber Wiederholungen und Routinearbeiten erkennen lässt. Diesen besonderen Herausforderungen muss pädagogisch begegnet werden. Voraussetzung ist jedoch – und das kann nicht oft genug betont werden –, dass die Erzieherinnen ihren Blick auf den je individuellen Lernstil eines jeden Kindes lenken. Es geht dabei für das hochbegabte Kind nicht um die bloße Anerkennung seiner Besonderheit. Vielmehr geht es um eine für das Kind tatsächlich erfahrbare Anerkennung seiner Bedürfnisse, seines Wissens, seiner Fähigkeiten und seiner Persönlichkeit. Ein derart »erkanntes« Kind wird auch ohne Probleme in jede Lerngruppe integrierbar und eine Bereicherung für sie sein. Individuelle Förderung in diesem Sinne ist daher auch eine Antwort auf die oft gestellte Frage, wie diese Kinder denn in Regeleinrichtungen integrierbar seien. Eine konsequente Grundorientierung zur individuellen Förderung bietet im pädagogischen Umgang mit diesen Kindern eine gute Ausgangsbasis.

Literatur

Arbeitsstab Forum Bildung/Bund-Länder-Kommission für Bildungsplanung und Forschungsförderung (2002). Empfehlungen und Einzelergebnisse des Forum Bildung. Bonn.

Becker-Stoll, F. & Textor, M. R. (Hrsg.) (2007). Die Erzieherin-Kind-Beziehung. Berlin: Cornelsen.

Grindel, E. (2007). Lernprozesse hochbegabter Kinder in der Freiarbeit der Montessori-Pädagogik. Eine empirische Analyse auf der Basis von Einzelfallstudien in Montessori-Grundschulen. Berlin: LIT-Verlag.

Heller, K. & Ziegler, A. (Hrsg.) (2007). Begabt sein in Deutschland. Münster: LIT-Verlag.

Reich, K. (2008). Konstruktivistische Didaktik. Weinheim: Beltz.

Knauf, T. Beobachtung und Dokumentation: Stärken – statt Defizitorientierung. http://www.kindergarten-paedagogik.de/1319.html, Stand 30.03.2009.

Klement, K. (2005). Über die »Identifikation« von Begabungen – oder: Auf der Suche nach verborgenen Qualitäten. In K. Klement & F. Oswald. Begabungen entdecken – Begabte fördern. Wien: LIT.

Kobelt-Neuhaus, D. (2006). Beobachtung ist pädagogische Diagnose. Theorie und Praxis der Sozialpädagogik, 4, 12-15.

Krüger, C. (Hrsg.) (2003). Kleine Menschen ganz groß – schon vor der Schule. Wege zur frühen Begabungsförderung für Eltern, ErzieherInnen, LehrerInnen. Münster: MV Wissenschaft.

Mönks, F. J. (2003). Kleinkindforschung und Hochbegabung. In H. Wagner (Hrsg.), Frühzeitig fördern – Hochbegabte im Kindergarten und in der Grundschule (S. 11-15). Bonn: Verlag Karl Heinrich Bock.

Ostermayer, E. (2006). Bildung durch Beziehung – Wie Erzieherinnen den Entwicklungs- und Lernprozess von Kindern fördern. Freiburg im Breisgau: Herder.

Perleth, C. & Schatz, T. (2003). Aus der Forschung: Zur Begabungsentwicklung und -förderung im Vorschulalter. In H. Wagner (Hrsg.), Frühzeitig fördern – Hochbegabte im Kindergarten und in der Grundschule. Bonn: Verlag Karl Heinrich Bock.

Rollett, B. (2005). Frühförderung vielfältiger Begabungen: Kleinkind- und Kindergartenalter. In K. Klement & F. Oswald. Begabungen entdecken – Begabte fördern. Wien: LIT.

Schäfer, G. E. (2004). Beobachten und Dokumentieren. Jugendhilfe aktuell, 3, 53-57.

Kuhl, J. & Hüther, G. (2007). Das Selbst, das Gehirn und der freie Wille. Kann man Selbststeuerung auch ohne Willensfreiheit trainieren? Pädagogik, 59, 11, 36-41.

Schäfer, G. E. (2005). Bildungsprozesse im Kindesalter – Selbstbildung, Erfahrung und Lernen in der frühen Kindheit. Weinheim, München: Juventa.

Spiegel, E. (2007). Beziehungsverhalten im Kindergarten – wahrnehmen, reflektieren, profilieren. In A. M. Stroß (Hrsg.), Bildung-Reflexion-Partizipation (S. 89-104). Berlin: LIT-Verlag.

Stapf, A. (2003). Hoch begabte Kinder im Vorschulalter: Diagnostik und Beratung. In H. Wagner (Hrsg.), Frühzeitig fördern – Hochbegabte im Kindergarten und in der Grundschule. Bonn: Verlag Karl Heinrich Bock.

Tietze, W. & Viernickel, S. (Hrsg.) (2003). Pädagogische Qualität in Tageseinrichtungen für Kinder. Weinheim, Basel: Beltz.

Ziegler, A. (2008). Hochbegabtenförderung im Jahr 2006 in Deutschland – Eine kritische Bestandsaufnahme unter besonderer Berücksichtigung der Frühförderung hochbegabter Kinder. In M. Adelmann (Hrsg.), Zukunft braucht Begabung – Begabung braucht Zukunft – 30 Jahre Deutsche Gesellschaft für das hochbegabte Kind (DGHK). Berlin: LIT-Verlag.

Standard

Die Bedeutung der Erzieherin-Kind-Beziehung für das Lernen der Kinder

Christine Koop

In den vergangenen Jahren hat sich die Pädagogik der frühen Kindheit zunehmend an sozial-konstruktivistischen Bildungs- und Lerntheorien orientiert. Das Kind wird als aktiver Gestalter seines eigenen Lernprozesses aufgefasst, und die Rolle der Erzieherin wird als die einer einfühlsamen Begleiterin der kindlichen Lernprozesse definiert. Sie beobachtet aufmerksam, welche Anregung das einzelne Kind für die Bewältigung des je individuell nächsten Entwicklungsschrittes benötigt. Sie unterstützt das Kind gerade so weit, wie es zur Beantwortung seiner aktuellen Lernfrage notwendig ist und gibt dem Kind entwicklungsangemessene Impulse, die neue Fragen für das Kind aufwerfen und es so in seinem angeborenen Forscherdrang stetig bestärken und voranbringen. Der Beziehungsgestaltung zwischen Erzieherin und Kind kommt im Rahmen sozial-konstruktivistischer Bildungs- und Lerntheorien eine besondere Bedeutung zu. Sie ist der Schlüssel zum Erfolg aller Bildungsbemühungen im frühkindlichen Bereich (vgl. Tietze et al. 1998).

Im Folgenden sollen einige ausgewählte Aspekte aus der komplexen Debatte um die Bedeutung einer guten Beziehung zwischen Erzieherin und Kind herausgegriffen und beleuchtet werden. Dabei wird zunächst auf die Bedeutung emotional sicherer Bindungen für die Entwicklung von Kindern eingegangen. Im weiteren Verlauf sollen die Unterschiede zwischen Eltern-Kind-Bindungen und Erzieherin-Kind-Beziehungen diskutiert werden. Schließlich wird die Gestaltung von Interaktionen zwischen Erzieherinnen und Kindern thematisiert, die die Qualität der Beziehung beeinflussen, wenn nicht sogar determinieren.

Bindung und Exploration als Grundbedürfnisse

Der Aufbau einer sicheren Bindung zu den primären Bezugspersonen, in der Regel Mutter und Vater, ist eine der wichtigsten Entwicklungsaufgaben von Kindern innerhalb ihres ersten Lebensjahres. Die Entwicklung einer Mutter-/Vater-Kind-Bindung ist ein komplexer Prozess, der auf unzähligen Interaktionen zwischen Bindungsperson (im Folgenden wird zur Vereinfachung von Mutter-Kind-Bindungen gesprochen) und dem Kind beruht. Dabei übernimmt nicht nur die Mutter die Initiative, indem sie mit dem Kind spricht und spielt, sondern auch das Kind wird im Rahmen seiner Möglichkeiten aktiv, zum Beispiel durch Weinen, Aufnahme von Blickkontakt, Lautäußerungen oder das sogenannte endogene Lächeln und anderes mehr. Die Qualität der Mutter-Kind-Bindung ist abhängig von der Feinfühligkeit (Responsivität), mit der die Mutter auf die Bindungsbedürfnisse des Kindes reagiert. Nimmt die Mutter die Signale des Kindes sensibel wahr, interpretiert sie sie richtig und reagiert möglichst prompt und angemessen darauf, entwickelt sich eine sichere Bindung zwischen beiden (vgl. Grossmann & Grossmann 2004).

Die im Rahmen der Interaktionen zu primären Bezugspersonen gesammelten Erfahrungen beeinflussen die Entwicklung der sozialen Emotionsregulation des Kindes. Die sichere Bindung erlaubt die erfolgreiche Integration auch negativer oder konflikthafter Gefühle (zum Beispiel Angst, Trauer) und die sukzessive Entwicklung adäquater Strategien emotionaler Selbstregulation. Dies ist bei unsicheren oder desorganisierten Bindungen erschwert oder erfolgt dysfunktional und führt in der Konsequenz im weiteren Entwicklungsverlauf eines Kindes zu einer emotionalen Überforderung bei vorhandenen Gefühlskonflikten und emotional belastenden Situationen.

Neben dem Grundbedürfnis nach Bindung verfügt jedes Kind auch über einen angeborenen Drang zur Erkundung seiner dinglichen und sozialen Umwelt, um in der Auseinandersetzung mit dieser seine Fähigkeiten und Kompetenzen weiterzuentwickeln oder – einfacher gesagt – um zu lernen. Eine sichere Mutter-Kind-Bindung dient dem Kind dabei als sicherer »Hafen« für seine Erkundungen. Bei primären Bindungspersonen findet das Kind die emotionale Geborgenheit, um – vor dem Hintergrund einer noch nicht ausgereiften Fähigkeit zur emotionalen Selbstregulation – Gefühle des Unwohlseins und der Unsicherheit zu regulieren. Im Kontext der Bindungsforschung wird dieser Drang des Kindes nach autonomer Erkundung der Umwelt auch als Explorationsbedürfnis bezeichnet.

Das Explorationsverhalten (auch Neugierverhalten) von Kindern ist ein wesentlicher Antriebsmotor für die kindliche Entwicklung. Der Aktionsradius und die dem Kind zur Verfügung stehenden Modalitäten für seine Erkundungen sind abhängig von seinem Entwicklungsstand (Keller & Schneider 1991). Während das Kleinstkind zunächst nur visuell und auditiv durch die gezielte Ausrichtung seiner Aufmerksamkeit seine Umgebung erkunden kann, ermöglicht eine vorangeschrittene motorische Entwicklung dem Kleinkind die Erweiterung seines Aktionsradius' und damit auch die taktile und manipulatorische Exploration. Die Möglichkeit zur Exploration durch informatorische Fragen ergibt sich für das Kind in Abhängigkeit von seinem sprachlichen Entwicklungsstand und ermöglicht ihm zudem mit zunehmendem Alter »die Erkundung von Welt« auf einer abstrakteren Ebene, mithin ohne die konkrete Auseinandersetzung mit einem Objekt.

Die eigenständige Exploration seiner Umwelt ermöglicht dem Kind einerseits die Erfahrung von Autonomie und andererseits von Selbstwirksamkeit. Gewährt die Bindungsperson dem Kind eine altersangemessene selbstständige Erkundung seiner Umgebung, erlebt sich das Kind als selbstbestimmt, als fähig, seine eigenen Absichten umzusetzen. Das Kind kann so kleine Erfolgserlebnisse bei seinen Erkundungen sich selbst, seiner Initiative und seinem Beharren zuschreiben. Diese Erfahrungen sind essentiell für eine gesunde motivationale Entwicklung des Kindes, zum Beispiel für die Ausbildung von Selbstvertrauen und Durchhaltevermögen. Neben den mentalen Fähigkeiten haben diese motivationalen Aspekte eine zentrale Bedeutung für die Entfaltung von Begabungen (vgl. nächster Abschnitt).

Dennoch ist die Rolle der Bindungsperson im kindlichen Explorationsprozess keine rein passive, denn für die Einordnung seiner neuen Eindrücke und Erfahrungen benötigt das Kind den Austausch mit einem Interaktionspartner, für die emotionale Bewältigung überfordernder Problemstellungen Trost und Zuspruch, für die erfolgreiche Bewältigung von Herausforderungen Lob und Anerkennung. Für eine optimale Unterstützung der kindlichen Entwicklung kommt es daher vielmehr auf ein ausgeglichenes Verhältnis von Gewährenlassen und angemessener Herausforderung an:

»Das Konzept der ›feinfühligen Herausforderung im Spiel‹ geht davon aus, dass der erwachsene Spielpartner in seiner Interaktion mit dem Kind nicht nur feinfühlig auf die Bindungsbedürfnisse des Kindes eingeht, sondern ebenso die Neugier, die Exploration und die Tüchtigkeit des Kindes unterstützt und fördert. Bei feinfühliger Herausforderung lässt das Kind den Beobachter deutlich erkennen, dass es das Werk selbst gemacht und so gewollt hat« (Becker-Stoll 2009, 50f.).

Unterschiede im Explorationsverhalten von Kindern und ihre Relevanz für die kognitive Begabungsentfaltung

Exploration ist aktives Lernen. Indem Kinder ihre Umwelt unermüdlich erkunden, erwerben sie Wissen über die sie umgebenden Dinge, bauen Erkenntnisstrukturen auf, erweitern und differenzieren diese sukzessiv. Dabei zeigen Kinder in ihrem Explorationsverhalten individuelle Unterschiede, beispielsweise in der Ausdauer, mit der sie sich neuen Objekten zuwenden, in der Zielgerichtetheit ihres Handelns, in ihren Strategien im Umgang mit auftretenden Problemen und anderem mehr. Es liegt nahe, von diesen Unterschieden auf den Verlauf der intellektuellen Entwicklung von Kindern schließen zu wollen.

Bereits Berg und Sternberg (1985, zitiert nach Schölmerich & Lengning 2008 sowie Lehwald 1991) haben verschiedene Befunde hierzu zusammengefasst. Demnach gibt es einen positiven Zusammenhang zwischen einem ausgeprägten Explorationsverhalten einerseits und der intellektuellen Entwicklung von Kindern im Alter von drei bis sechs Jahren andererseits. Dabei spielt vor allem die »Qualität«, mit der das Kind unbekannte Dinge untersucht, eine Rolle. Diejenigen Kinder, die am Ende einen Vorsprung in der intellektuellen Entwicklung gegenüber den Gleichaltrigen aufwiesen, zeichneten sich durch eine häufigere, intensivere und ausdauerndere Informationssuche aus. Lehwald (1991) fasst diverse Befunde zusammen, denen zufolge Kinder mit intellektuellem Entwicklungsvorsprung sich dadurch auszeichnen, dass sie in ihrem Handeln einen stärkeren Zielbezug erkennen lassen. Diese Kinder nutzen bereits in sehr jungem Alter ihre Beobachtungen und ihr neu erworbenes Wissen, um Handlungsentscheidungen zu treffen, während die Gleichaltrigen weniger strukturiert vorgehen. Lehwald zufolge erzeugen kognitiv begabtere Kinder gleichsam selbst Informationen, mit denen sie ihre Erkenntnis- und Wissensstrukturen anreichern: Sie stellen – bildlich gesprochen – mehr Fragen an die zu explorierenden Gegenstände, untersuchen sie häufiger in Bezug auf spezifische Eigenschaften, Funktionen und Zusammenhänge zu anderen, bereits bekannten Objekten. »Eine solche aktive Lernposition bringt auf Dauer Vorteile für die Entwicklung kognitiver Fähigkeiten« (Lehwald 1991, 140).

Die Unterschiede im kindlichen Explorationsverhalten sind durch verschiedene Faktoren beeinflusst. Da die Bindungstheorie das Explorationsverhalten von Kindern auf der Basis unterschiedlicher Bindungsqualitäten vorherzusagen versucht, gibt es zahlreiche Studien, die den Einfluss der Mutter-Kind-Bindung auf das kindliche Explorationsverhalten untersucht haben. Sicher gebundene Kinder zeigen in Untersuchungen mit Hilfe des Fremde-Situation-Settings einen größeren Bewegungsspielraum, eine selbstständigere Exploration der Umgebung, längere Aufmerksamkeit und zum Teil eine intensivere Exploration (vgl. Schölmerich & Lengning 2008). Unsicher-ambivalent gebundene Kinder sind aufgrund ihrer starken Verunsicherung bei Abwesenheit der Bindungsperson in ihrem Erkundungsverhalten abhängig von der Zuwendung von

Bezugspersonen. Ist diese nicht gegeben, ist ihr Explorationsverhalten eingeschränkt. Dahingegen zeigen unsicher-vermeidende Kinder durchaus ein ähnlich ausdauerndes Explorationsverhalten wie sicher gebundene Kinder. Da sie sich jedoch mit ihren Entdeckungen weniger an Bezugspersonen wenden, fehlt ihnen unter Umständen eine kognitive Anreicherung der Explorationssituation durch einen einfühlsamen Interaktionspartner.

Auch wenn wir Kinder als eigenaktive Lerner betrachten, dürfen wir den Einfluss von Interaktionserfahrungen auf ihre Lernprozesse nicht aus dem Blick verlieren. Kinder fordern in der Regel auch aktiv einen Austausch über ihre Entdeckungen ein. Eltern reagieren bei Kleinstkindern noch sehr intuitiv und mit (der Entwicklung des Kindes angemessen) eingeschränktem Verhaltensrepertoire auf die kindlichen Initiativen, doch mit steigendem Alter des Kindes wird »die elterliche Didaktik zunehmend heterogener« (Ahnert 1991, 93). Die Ursachen dafür liegen einerseits in elterlichen Merkmalen (zum Beispiel in deren Responsivität, die wiederum von persönlichen, sozialen und materiellen Risikofaktoren beeinflusst ist) und andererseits in kindlichen Merkmalen (zum Beispiel Temperament, Aufmerksamkeitsspanne). Das komplexe Wechselspiel dieser Merkmale führt schließlich zu individuellen Ausprägungen im Interaktionsverhalten zwischen Eltern und Kind. Dieses wiederum hat unter anderem Einfluss auf die intellektuelle Entwicklung des Kindes, weil die kindlichen Explorationsinitiativen erst durch den Austausch mit einer Bezugsperson für das Kind sinnhaft werden. Erst über den Austausch mit einem Interaktionspartner wird das Explorierte durchschaubar und erklärbar; er hilft bei der Einordnung in vorhandene Wissensstrukturen.

Eine frühe Studie von Ahnert (1991) gibt Einblicke in die wechselseitige Bedingtheit des Interaktionsverhaltens der Mutter einerseits und kindlicher Merkmale andererseits. Ahnert untersuchte den Zusammenhang zwischen unterschiedlichen Merkmalen der Mutter-Kind-Interaktion und der kognitiven Entwicklung des Kindes. Dabei zeigte sich, dass Mütter und ihre kognitiv leistungsfähigen Kinder eine Art positiven Interaktionskreislauf aufrechterhalten, in dem sich Mutter und Kind als selbstwirksam erleben und der für beide Seiten daher sehr motivierend wirkt. Die intellektuell gut entwickelten Kinder zeigten einen hohen Anregungsbedarf und initiierten häufiger eine Interaktion mit der Mutter als die kognitiv weniger leistungsfähigen Kinder. Die Mütter wiederum unterschieden sich nicht in ihrem Engagement, den Kindern etwas zu erklären oder sie auf etwas hinzuweisen. Der nachfolgende Verlauf der Mutter-Kind-Interaktion wurde jedoch von den Müttern mit kognitiv leistungsfähigeren Kindern anregender und motivierender ausgestaltet: Sie beeinflussten die Situationen so, dass das Kind häufiger motiviert war, noch weitere Handlungsziele zu erkennen und ein vorhandenes Problem eigenständig zu lösen. Die Kinder wurden häufiger in ihrem Verhalten bestärkt und deutlich weniger durch Ermahnungen eingeschränkt als die kognitiv weniger leistungsfähigen Kinder. Die positiven Bewertungen ermunterten die Kinder wiederum zu weiteren Initiativen.

Dieses Beispiel verdeutlicht, wie wichtig motivierende Interaktionen für die kindliche Entwicklung, aber auch wie wechselseitig sie beeinflusst sind. Schölmerich und Lengning resümieren dem entsprechend:

»Nach unserer Einschätzung ist es nicht aussichtsreich, die Varianz in der Entwicklung von Neugier, Explorationsverhalten oder auch der Bindungsgenese alleine auf soziale Interaktionsphänomene oder ausschließlich auf Temperamentsunterschiede [des Kindes] zurückzuführen. Eine entwicklungspsychologische Betrachtung wird immer unterschiedliche Anteile beider Quellen in verschiedenen Entwicklungsbereichen und Altersstufen vorfinden« (Schölmerich & Lengning 2008, 210).

Die Erzieherin-Kind-Beziehung

Reflexion der Begriffe Erzieherin-Kind-Beziehung vs. Erzieherin-Kind-Bindung

Die Entwicklung enger primärer Bindungen (wie im ersten Abschnitt beschrieben) vollzieht sich in den ersten neun Lebensmonaten und liegt damit für die meisten Kinder vor der Inanspruchnahme eines außerfamiliären Betreuungsangebotes. Unabhängig davon, ob ein Kind im Alter von einem, zwei oder drei Jahren von den Eltern in eine ergänzende außerfamiliäre Tagesbetreuung gegeben wird, stellt die Phase der Eingewöhnung daher eine emotionale Belastung für das Kind dar, die ein behutsames und kooperatives Vorgehen von Eltern und Erzieherinnen verlangt. Wichtig für eine gelingende Eingewöhnung ist vor allem die Verfügbarkeit stabil betreuender Erzieherinnen, die einfühlsam auf das Kind eingehen und ihm Trost spenden, wenn es emotional aufgewühlt ist. Fasst das Kind Vertrauen in eine Erzieherin, wird es nach erfolgreicher Eingewöhnung auch aktiv bei ihr Trost suchen und finden (vgl. Ahnert 2007).

Die Meinungen dazu, ob davon gesprochen werden kann, dass Kindergartenkinder, deren Besuch einer Kindertageseinrichtung nach vollendetem ersten, zumeist sogar erst im dritten

Lebensjahr beginnt, zu Erzieherinnen eine Bindung im Sinne des Bindungskonzeptes aufbauen und deshalb die Bezeichnung Erzieherin-Kind-Bindung eine treffende ist, sind verschieden.

So resümiert Ahnert (2008) zwar einerseits, »dass das Bindungskonzept auch auf Erzieherinnen angewendet werden kann« (ebd., 263). Entscheidendes Kriterium hierfür ist aus ihrer Sicht, dass stabil betreuende Erzieherinnen für Kinder eine »sicherheitsgebende Funktion« übernehmen können und ihre Nähe auch aktiv vom Kind eingefordert wird. Letzteres wird als Beleg dafür gewertet, dass die Erzieherin-Kind-Beziehung die Qualität einer Bindungsbeziehung erlangt hat. Andererseits berichtet Ahnert auch von Studien, die bei einigen Kindern eine fehlende Bindung zur Erzieherin beschrieben: »Die Studien kamen insgesamt zu dem Schluss, dass nicht jede Erzieherinnen-Kind-Beziehung eine Bindungsfunktion erfüllt…« (ebd., 265). Im Unterschied dazu entwickelt sich jedoch zwischen Kind und primärer Bezugsperson immer eine Bindung,[10] die zwar durchaus unterschiedlicher Qualität (sicher, unsicher, desorganisiert) sein kann, die sich aber immer »im Kontext konkreter Interaktionen während des ersten Lebensjahres auf der Basis der phylogenetisch evolvierten Bindungsbereitschaft entwickelt« (Keller 2008, 111). Auch Gloger-Tippelt (2008) definiert Bindung »als das biologisch begründete, überdauernde emotionale Band zwischen Kind und Bezugsperson« (ebd., 82). Die Beziehung eines Kindergartenkindes zu einer Erzieherin ist weder biologisch begründet noch so überdauernd im sogenannten mentalen Bindungsmodell repräsentiert, wie es die Beziehung einer Mutter oder einer anderen primären Bindungsperson ist.

Wenngleich Erzieherinnen-Kind-Beziehungen bindungsähnliche Eigenschaften aufweisen können, ist eine kritische Reflexion der verwendeten Begrifflichkeiten sicherlich zu empfehlen. Die aktuelle Forderung, dass Erzieherinnen für die Kinder die Funktion einer wichtigen Bindungsperson übernehmen sollen, kann – missverständlich interpretiert – zu einer emotionalen Überforderung der Erzieherin führen, die sich angehalten fühlt, zu jedem Kind in ihrer Gruppe eine emotionale Bindung aufzubauen, als wäre es das eigene Kind, und doch schon aufgrund ihrer Verpflichtung, für eine größere Kindergruppe Verantwortung zu übernehmen, nicht ebenso feinfühlig und vor allem prompt auf die Bedürfnisse jedes einzelnen Kindes reagieren kann, wie es eine primäre Bindungsperson vermag. Ahnert (2008) selbst spricht denn auch von »signifikanten Beziehungen«, die sich auf der Basis »lang anhaltender und wiederkehrender Betreuungsperson-Kind-Interaktionen« (ebd., 256) entwickeln.

Besonderheiten der Erzieherin-Kind-Beziehung in Kindertagesstätten

Voraussetzung für die Entwicklung einer signifikanten Beziehung zwischen einer Erzieherin und einem Kind ist eine stabile Betreuung durch die gleichen Erzieherinnen. Auch wenn die Erzieherinnen von Kindern als sicherheitsgebende Personen angenommen werden und die Kinder bindungsbezogene Strategien nutzen, um Trost in subjektiv belastenden Situationen zu erhalten, so gibt es doch einige Besonderheiten hinsichtlich der Entstehung von bindungsähnlichen Erzieherinnen-Kind-Beziehungen in Kindertagesstätten und auch hinsichtlich ihrer Inanspruchnahme durch die Kinder (vgl. Ahnert 2007, 2008; Becker-Stoll 2009).

10 Vorausgesetzt Kind und Mutter/primäre Bezugsperson leben zusammen.

Die Qualität der Erzieherin-Kind-Beziehung scheint im Gegensatz zur Qualität der Mutter-Kind-Bindung nicht ausschließlich durch dyadische Interaktionen, das heißt durch die Sensitivität der Erzieherin dem einzelnen Kind gegenüber bestimmt zu sein, sondern ist darüber hinaus auch wesentlich durch das gruppenbezogene Verhalten der Erzieherinnen beeinflusst. Entscheidend ist demnach nicht nur, wie empathisch sich die Erzieherin jedem einzelnen Kind gegenüber zeigt. Auch ihr responsives Verhalten gegenüber einzelnen anderen Kindern und ihre Fähigkeit zur einfühlsamen Regulation von Gruppensituationen und Gruppendynamiken nehmen Einfluss auf die Qualität der Erzieherin-Kind-Beziehung. In Gruppen mit mehr als sechs Kindern war der Einfluss dieses professionalisierten Erzieherinnenverhaltens und der Fähigkeit, auf die je besonderen Anforderungen einer Gruppe empathisch reagieren zu können, einflussreicher für die Entwicklung einer unterstützenden Erzieherin-Kind-Beziehung als das Verhalten der Erzieherinnen gegenüber jedem einzelnen Kind. Sagi und Mitarbeiter (1995, zitiert nach Ahnert 2008) fanden sogar Hinweise darauf, dass Kinder einer Gruppe jeweils ähnliche Bindungsmuster zu sämtlichen Erzieherinnen hatten, die diese Gruppe stabil betreuten. Zudem weist Ahnert (2007b) darauf hin, dass Erzieherinnen-Kind-Bindungen lediglich im Kontext der Kindertageseinrichtung wirksam bleiben, während Mutter-Kind-Bindungen kontextunabhängig sind. So gut die Beziehung zwischen Erzieherin und Kind also auch ausgeprägt sein mag, sie ersetzt nicht die Beziehung des Kindes zur Mutter!

Besuchen Kinder erst ab vollendetem drittem Lebensjahr die Kindertagesstätte, konstituiert sich die Beziehung zwischen Kind und Erzieherin zudem vor dem Hintergrund eines gänzlich anderen kognitiven und sozial-emotionalen Entwicklungsstandes des Kindes. Die emotionalen Selbstregulationsstrategien des Kindes sind ausgereifter. Auf der Basis bisheriger Bindungserfahrungen hat das Kind internale Arbeitsmodelle entwickelt, die der Interpretation und Vorhersage von bindungsrelevantem Verhalten der Bezugspersonen dienen. Die Bindungsqualität zu den primären Bezugspersonen ist somit symbolisch repräsentiert (Mähler 1997) und erlaubt dem Kind emotional zunehmend ein von den Eltern unabhängigeres Explorieren seiner Umgebung. Kognitiv ist das Kind zunehmend besser in der Lage, Intentionen und Motive des Bindungspartners zu erkennen und in seiner Bewertung einer Situation zu berücksichtigen. In der Entwicklungspsychologie wird in diesem Zusammenhang auch von einer »zielkorrigierten Partnerschaft« (Zimmermann 2007) gesprochen. Schließlich ist eine der zentralen Entwicklungsaufgaben von Kindern im Kindergartenalter die Entwicklung von Autonomie – und nicht wie noch im ersten Lebensjahr die Entwicklung einer engen Bindung. Die Autonomiebestrebungen werden – analog zur Bindungsentwicklung – nicht nur durch spezifisches Verhalten der Bezugspersonen ermöglicht, die das Kind zu mehr Eigenständigkeit ermuntern, sondern auch aktiv vom Kind gestaltet. Ihr Gelingen ist stark dadurch bestimmt, inwieweit es den Bezugspersonen in der Gestaltung des Interaktionsverhaltens zum Kind gelingt, eine angemessene Balance zwischen der Gewährung von Eigenständigkeit, wohlwollender Grenzsetzung und emotionaler Fürsorge zu finden. Das Kind entwickelt im Rahmen seines Autonomiestrebens zunehmend mehr Interesse an Peer-Beziehungen, weshalb es weniger stark auf Beziehungen zu nahen Bindungspersonen fokussiert ist. All diese Facetten der kindlichen Entwicklung bei Eintritt in das Kindergartenalter sind von Erzieherinnen beim Beziehungsaufbau zu einem Kind präsent zu halten und zu berücksichtigen. Diese Forderung weist gleichsam auf einen letzten bedeutsamen Unterschied zwischen Eltern-Kind-Bindungen und

Erzieherin-Kind-Beziehungen hin: Bei letzteren handelt es sich um Beziehungen, die in einem professionellen Kontext entstehen und vor dem Hintergrund eines öffentlichen Auftrages zielgerichtet sind.

Erzieherin-Kind-Interaktionen

Die bildungspolitische und fachliche Debatte um die Bedeutung frühkindlicher Bildungsprozesse eröffnete eine Diskussion um die Qualität von Kindertageseinrichtungen und mündete in der Formulierung von Bildungs- und Orientierungsplänen, die einerseits den aktuellen Stand wissenschaftlicher Erkenntnisse abbilden und andererseits Verbindlichkeit hinsichtlich des Erziehungs- und Bildungsauftrages der Einrichtungen resp. Erzieherinnen herstellen (vgl. Nagel 2009). Klarer als je zuvor ist damit an Erzieherinnen der Anspruch formuliert, Bildungsarbeit zu leisten und Verantwortung für die kindliche Entwicklung zu übernehmen. Unstrittig ist, dass vertrauensvolle Beziehungen und eine emotional warmherzige Atmosphäre die Grundlagen für erfolgreiches Lernen darstellen.

Eine professionelle Beziehungsgestaltung von Erzieherinnen zu den ihnen anvertrauten Kindern muss daher drei Ebenen berücksichtigen:

- Die Erzieherin muss darum bemüht sein, zu jedem ihr anvertrauten Kind eine vertrauensvolle Beziehung aufzubauen. Grundlage hierfür ist eine Achtsamkeit für die Bedeutung jeder Interaktion mit dem Kind. Gelungene Interaktionen folgen bestimmten Regeln, die wir zumeist intuitiv anwenden, die sich aber bei einer sorgfältigen Analyse menschlicher Kommunikation herausarbeiten lassen. Und in jeder gelungenen Interaktion liegt das Potential für eine vertrauensvolle Beziehung. Zentrale Bedeutung kommt dabei der Art und Weise zu, wie Erzieherinnen die Initiativen der Kinder wahrnehmen, interpretieren und darauf eingehen. Positive Interaktionen entstehen immer dann, wenn das Kind das Gefühl hat, dass die Erzieherin seine Aktivitäten aufmerksam verfolgt und ein ernsthaftes Interesse daran zeigt. Weitere wichtige Bereiche, in denen Erzieherinnen achtsam kommunizieren müssen, sind die Gestaltung von Gruppenprozessen, eine gleichmäßige Aufmerksamkeitsverteilung in der Gruppe, die Ermöglichung einer altersgerechten Mitbestimmung der Kinder im Alltag sowie im Umgang mit und in der Lösung von Konflikten (auf allen drei Ebenen: zwischen Erzieherin und Kind, der Kinder untereinander oder zwischen Erwachsenen!). Alle genannten Bereiche lassen sich durch den bewussten Einsatz von Kommunikationsstrategien positiv beeinflussen. Die entsprechenden Kenntnisse und Fähigkeiten hierfür müssen in Aus- und Fortbildung erworben und durch regelmäßige Reflexionen gepflegt werden.

- Die Erzieherin muss ihre fachliche Kompetenz dazu nutzen, das Kind angemessen in seiner Entwicklung zu unterstützen, sein Lernen zu begleiten und anzuregen. Hierzu gehört insbesondere auch die Fähigkeit, mit dem Kind metakommunikativ über sein Lernen in den Austausch zu treten. Agiert die Erzieherin aus fachlicher Perspektive muss sie demnach zu einer Kommunikation auf zwei Ebenen in der Lage sein (Pramling-Samuelsson 2009): Sie muss

Kommunikation einerseits einsetzen, um das Kind inhaltlich in der Auseinandersetzung mit seinem aktuellen Lernthema anzuregen. Zum anderen ist es ihre Aufgabe, auf einer metakommunikativen Ebene mit dem Kind über sein Lernen nachzudenken. Die Forschung zur Qualität von frühkindlichen Bildungseinrichtungen hat zahlreiche Belege dafür erbracht, dass der Ausgestaltung der Interaktion zwischen Erzieherin und Kind eine zentrale Rolle für den Bildungserfolg von Kindern beigemessen werden muss. Lern- und Bildungsprozesse von Kindern können durch bestimmte Interaktionsformen, wie zum Beispiel das »sustained shared thinking« effektiv unterstützt werden (vgl. König 2009 sowie Schenker in diesem Band). Um die kindliche Kompetenzentwicklung effektiv anregen und flexibel auf die aktuellen kindlichen Bildungsbedürfnisse eingehen zu können, sind jedoch nicht nur kommunikative Kompetenzen erforderlich, sondern auch ein umfassendes methodisch-didaktisches Repertoire (vgl. Fried in diesem Band).

- Zu einer professionellen Haltung gehört nicht zuletzt, dass jede Erzieherin ihre Art der Interaktions- und Beziehungsgestaltung zu den Kindern reflektiert und mit Hilfe von Fortbildungen, Supervision und kollegialer Beratung weiterentwickelt. Da unser Interaktionsverhalten stark durch eigene Erfahrungen und sogenannte Alltagstheorien geprägt ist, muss eine Auseinandersetzung mit der eigenen (Bildungs-)Biografie zu einem professionellen Verhalten im pädagogischen Kontext gehören. Erzieherinnen müssen sich die Frage stellen, welche Gedanken und Gefühle bestimmte Kinder und Familien bei ihnen auslösen. Das betrifft sowohl familiäre Merkmale, wie beispielsweise das Vorhandensein eines Migrationshintergrundes oder von Langzeitarbeitslosigkeit als auch Entwicklungsbesonderheiten von Kindern, wie zum Beispiel motorisches Ungeschick oder ein besonders lebhaftes Temperament. Auch die Reflexion der persönlichen Einstellung zum Thema Hochbegabung gehört dazu.

Diese Hinweise, die keineswegs Anspruch auf Vollständigkeit erheben, sollen die Richtung angeben, in der eine professionelle, kindgerechte und auch für die Erzieherin auf Dauer befriedigende Haltung zu den Beziehungsanforderungen einer Kindertagesstätte zu suchen ist. Eine professionelle Beziehung zu den anvertrauten Kindern ist eine Notwendigkeit und für die Kinder ist sie eine Wohltat – gleichwohl ist sie etwas substantiell anderes als die Mutter-Kind-Bindung. Erzieherinnen dürfen das als Entlastung und Herausforderung zugleich sehen.

Literatur

Ahnert, L. (1991). Die Mutter und ihre Wirksamkeit im Rahmen frühkindlicher Interaktion. In F. J. Mönks & G. Lehwald (Hrsg.), Neugier, Erkundung und Begabung bei Kleinkindern (S. 93-101). München: Reinhardt.

Ahnert, L. (2007). Von der Mutter-Kind- zur Erzieherinnen-Kind-Bindung? In F. Becker-Stoll & M. R. Textor (Hrsg.), Die Erzieherin-Kind-Beziehung. Zentrum von Bildung und Erziehung (S. 31-41). Mannheim: Cornelsen Scriptor.

Ahnert, L. (2007b). Inanspruchnahme öffentlicher Kinderbetreuung. In M. Hasselhorn & W. Schneider (Hrsg.), Handbuch der Entwicklungspsychologie (S. 479-488). Göttingen: Hogrefe.

Ahnert, L. (2008). Bindungsbeziehungen außerhalb der Familie: Tagesbetreuung und Erzieherinnen-Kind-Bindung. In L. Ahnert (Hrsg.), Frühe Bindung. Entstehung und Entwicklung, 2. Auflage (S. 256-280). München: Reinhardt.

Becker-Stoll, F. (2009). Wie lernen Kinder in den ersten Lebensjahren? – Entwicklungspsychologische und bindungstheoretische Grundlagen. In F. Becker-Stoll & B. Nagel (Hrsg.), Bildung und Erziehung in Deutschland. Pädagogik für Kinder von 0 bis 10 Jahren (S. 46-54). Mannheim: Cornelsen Scriptor.

Gloger-Tippelt, G. (2008). Individuelle Unterschiede in der Bindung und Möglichkeiten ihrer Erhebung bei Kindern. In L. Ahnert (Hrsg.), Frühe Bindung. Entstehung und Entwicklung, 2. Auflage (S. 82-109). München: Reinhardt.

Grossmann, K. & Grossmann, K. E. (2004). Bindungen. Das Gefüge psychischer Sicherheit. Stuttgart: Klett-Cotta.

Keller, H. (2008). Kultur und Bindung. In L. Ahnert (Hrsg.), Frühe Bindung. Entstehung und Entwicklung, 2. Auflage (S. 110-126). München: Reinhardt.

Keller, H. & Schneider, K. (1991). Entwicklung und Prozeß explorativen Verhaltens. In F. J. Mönks & G. Lehwald (Hrsg.), Neugier, Erkundung und Begabung bei Kleinkindern (S. 22-39). München: Reinhardt.

König, A. (2009). Interaktionsprozesse zwischen Erzieherinnen und Kindern. Eine Videostudie aus dem Kindergartenalltag. Wiesbaden: VS.

Mähler, C. (2007). Kindergarten- und Vorschulalter. In M. Hasselhorn & W. Schneider (Hrsg.), Handbuch der Entwicklungspsychologie (S. 164-174). Göttingen: Hogrefe.

Nagel, B. (2009). Kindorientierte Bildung: Entwicklung des Systems der Tageseinrichtungen für Kinder in Deutschland. In F. Becker-Stoll & B. Nagel (Hrsg.), Bildung und Erziehung in Deutschland. Pädagogik für Kinder von 0 bis 10 Jahren (S. 12-26). Mannheim: Cornelsen Scriptor.

Lehwald, G. (1991). Früherfassung und Frühförderung von Begabungen: Methodische Probleme, empirische Befunde, praktische Konsequenzen. In In F. J. Mönks & G. Lehwald (Hrsg.), Neugier, Erkundung und Begabung bei Kleinkindern (S. 135-144). München: Reinhardt.

Pramling-Samuelsson, I. (2009). Lernen und Lernprozesse in der Frühpädagogik. In F. Becker-Stoll & B. Nagel (Hrsg.), Bildung und Erziehung in Deutschland. Pädagogik für Kinder von 0 bis 10 Jahren (S. 28-45). Mannheim: Cornelsen Scriptor.

Schölmerich, A. & Lengning, A. (2008). Neugier, Exploration und Bindungsentwicklung. In L. Ahnert (Hrsg.), Frühe Bindung. Entstehung und Entwicklung, 2. Auflage (S. 198-210). München: Reinhardt.

Tietze, W. (Hrsg.) (1998). Wie gut sind unsere Kindergärten? Eine Untersuchung zur pädagogischen Qualität in deutschen Kindergärten. Neuwied: Luchterhand.

Zimmermann, P. (2007). Bindungsentwicklung im Lebenslauf. In M. Hasselhorn & W. Schneider (Hrsg.), Handbuch der Entwicklungspsychologie (S. 326-335). Göttingen: Hogrefe.

Ein ernsthafter Gedankenaustausch mit Kindern fordert uns heraus

Dr. Anke König, Frühpädagogin an der Hochschule Vechta, im Gespräch

Frau Dr. König, mit welchem Thema befassen Sie sich zurzeit?

Mein Forschungsinteresse liegt derzeit vor allem auf der Untersuchung von Interaktionsprozessen zwischen Erzieherinnen und Kindern. Dabei geht es unter anderem darum nachzuweisen, inwiefern bestimmte Interaktionsformen Kinder bei ihren Entwicklungsprozessen unterstützen können.

Sie haben Ihre Dissertation zum Thema »Interaktionsprozesse zwischen Erzieherinnen und Kindern« geschrieben. Welchen Beitrag leisten Interaktionsprozesse Ihrer Meinung nach für eine professionell gestaltete Lernumwelt?

Interaktionsprozesse gelten als Ausgangspunkt dafür, mit anderen in Kontakt zu kommen und mehr über die Vorstellungen sowie Gedanken und Ideen anderer zu erfahren. Derzeit gehen wir davon aus, dass Kinder insbesondere durch diese sozialen Interaktionen dazu angeregt werden, sich neugierig mit ihrer Umwelt auseinanderzusetzen. Im Augenblick arbeite ich an der Frage, welche Interaktionsformen ein Dialogfeld für Erzieherin und Kind eröffnen, das zu intensiven Interaktionsphasen führen kann.

Sogenannte dialogisch-entwickelnde Denkprozesse spielen in Ihrer Arbeit eine große Rolle. Wodurch zeichnen sie sich aus und welchen Einfluss haben sie auf die Lern- und Entwicklungsprozesse von Kindern?

Dialogisch-entwickelnde Denkprozesse – damit nehme ich Bezug auf das Interaktionsformat »sustained shared thinking«. Dieses Interaktionsformat wurde über empirische Befunde aus komplexen Interaktionssettings herausgelöst und gilt als effektives Interaktionsmuster, um Kinder bei ihren Lern- und Entwicklungsprozessen zu unterstützen. Es baut auf Ko-Konstruktionsprozessen auf. Mit dem Interaktionsformat »dialogisch-entwickelnde Denkprozesse« markiere ich, dass das dialogische Prinzip Ausgangspunkt für den Interaktionsprozess sein muss.

Welcher Art müssen Dialoge sein, um Denk- und Lernprozesse bei Kindern anzuregen?

Um in irgendeiner Form weiterführend zu sein und Lernprozesse oder Perspektivenwechsel einzuleiten, muss die Interaktion einen herausfordernden Charakter aufweisen. Das wird mit dem

Begriff »entwickelnd« betont. »Dialogisch-entwickelnde Denkprozesse« grenzen sich vom »fragend-entwickelnden Unterrichtsgespräch« durch ihren Dialogcharakter ab, der Interaktionsverlauf wird also nicht über die Sachstruktur vorgegeben, sondern durch den Austauschprozess von Erzieherin und Kind bestimmt. Wenn sich Erzieherin und Kind auf einen gemeinsamen Gegenstand einlassen, sich also involviert und konzentriert darüber austauschen, wird deutlich, was mit intensiven Interaktionsphasen gemeint sein könnte. Diese Grundkategorie findet sich bereits bei Wygotski, der in den 1930er Jahren das Konzept des »Förderns in der nächstfolgenden Zone der Entwicklung« aufgebracht hat.

Der dialogisch-entwickelnde Denkprozess ist also sozusagen eine moderne Lesart von Wygotski?

Als Pädagoginnen bekommen wir hier eine Vorstellung, wie Entwicklungen eingeleitet werden können. Dazu bedarf es Herausforderungen, die an den bisherigen Erfahrungshorizont anschließen und Impulse geben, die das Kind zum Nachdenken führen und so ein Transitionalstadium einleiten, welches neue Horizonte eröffnet. Prinzipiell sind dialogisch-entwickelnde Denkprozesse in der Wechselseitigkeit gedacht, auch Erwachsene sind herausgefordert, wenn sie sich auf einen gemeinsamen Gedankenaustausch einlassen.

Der offene Lernraum im Kindergarten ist hierfür sicherlich eine große Herausforderung. Ich spreche deswegen von offenem Lernraum, weil hier zum Beispiel 24 Kinder in völlig unterschiedliche Projekte verwickelt sein können.

Lässt dieser Lernraum solche intensiven Interaktionsphasen zu, wie sie für dialogisch-entwickelnde Denkprozesse notwendig sind?

Dialogisch-entwickelnde Denkprozesse sind ideale Interaktionsformen. Wir sprechen hier auch von pädagogischen Glücksmomenten, die wir nicht bei jedem Gespräch erfahren. Es ist aber bekannt, dass bestimmte Situationen diese Interaktionsformen begünstigen können. Iram Siraj Blatchford nennt hier insbesondere das gemeinsame Erfinden von Geschichten, das Klären von Sachverhalten und das Lösen von Problemen. Prinzipiell sind es die »offenen Fragen«, die zu solch gemeinsamen Denkprozessen führen können.

Es handelt sich also um ein Ideal, eine regulative Idee, die man zwar handlungsleitend im Kopf hat, die sich aber nicht immer erfüllt?

Man kann sicher nicht permanent mit allen Kindern solche intensiven Interaktionsphasen aufbauen. Vielmehr geht es darum, die Lerngemeinschaft als Ganzes im Blick zu haben. Für Lernende ist der Peer-Bezug ebenso wichtig wie die eigene Auseinandersetzung mit unterschiedlichen Phänomenen. Hier muss jeweils eine Balance entstehen. Letztlich ist es die Sensibilität für die Auseinandersetzungen der Kinder, die uns hier leiten muss.

Wenn wir noch einmal auf Lew Wygotski und seine These zurückkommen dürfen, man könne bei Lernprozessen zwischen dem »aktuellen« und dem »potentiellen Entwicklungsstand« unterscheiden: Wie erkennt denn eine Erzieherin, welches die »nächste Zone der Entwicklung« eines Kindes ist?

Beobachtung ist ein Weg, dem Ganzen nahe zu kommen. Hier können wir erkennen, wo die Interessensgebiete des Kindes liegen. Das ist der Ausgangspunkt, weshalb derzeit der Beobachtung und Dokumentation im Kindergarten so großes Interesse entgegengebracht wird. Im Zusammenhang mit sozial-konstruktivistischen Lern- und Bildungsprozessen sind auch prozessdiagnostische Schritte sinnvoll. Das heißt, dass ein Kind nicht nur einmal, sondern kontinuierlich beobachtet wird. Dann können Veränderungen erkannt werden. Diese »Lerngeschichten« können als Gesprächsanlass mit den Kindern und auch den Eltern genutzt werden. Es wird aber auch deutlicher, wo das Kind genau steht und wo bewusst neue Herausforderungen gesetzt werden können, um Erfahrungen zu erweitern. Das wird sehr schön mit der Kategorie »dialogisch entwickelnd« aufgegriffen. Nämlich in der Form, dass man mit dem Kind in einen Dialog treten muss: Wie meinst du das denn? Wie denkst du darüber? Nur so kann es uns gelingen, an die Gedanken des Kindes anzuknüpfen und gegenseitige Lerngelegenheiten zu eröffnen.

Oft befinden sich Erzieherinnen in einem Dilemma: Wie findet man den »richtigen« Zeitpunkt für eine Interaktion? Sollen Erzieherinnen überhaupt Kinder im Spiel unterbrechen?

Das Kind nicht im Spiel zu unterbrechen, ist traditionell in der Elementarpädagogik und in vielen theoretischen Ansätzen verankert. Unter sozialkonstruktivistischen Gesichtspunkten gilt es, diese Prinzipien zu überdenken. Am Ende geht es darum, die Balance zwischen Nähe und Distanz zu wahren. In jedem persönlichen Gespräch ist es immer wieder die Frage, wann ich mich einschalte und wann ich davon absehe. So auch im Spiel.

Interaktionen finden in der Erziehung – gewollt oder ungewollt – eigentlich pausenlos statt. Was sollten Erzieherinnen dennoch unbedingt vermeiden?

Interaktionen, auf die sie sich nicht wirklich einlassen. Das Phänomen kennen wir auch als Erwachsene, wenn wir das Gefühl haben, das Gegenüber hört uns überhaupt nicht zu. Solche Erfahrungen sind eher ernüchternd. Bevor man Kindern so begegnet, ist es besser, ihnen deutlich zu signalisieren, dass jetzt gerade keine Zeit für ein langes Gespräch ist, aber sicherlich später. Dieser offene Umgang miteinander ist für den Aufbau einer guten Kommunikationskultur unerlässlich. Hierin spiegelt sich das Dialogprinzip der Gleichheit und des gegenseitigen Ernstnehmens aller Beteiligten.

PACKBAND

Theoretische Grundlagen einer Didaktik der Förderung hochbegabter Kinder in Kindertageseinrichtungen

Ina Schenker

Pädagogische Fachkräfte in Kindertageseinrichtungen sind auf der Suche nach einer Handlungsdidaktik für den Elementarbereich, welche die klare Trennung zwischen dem Lehrenden, als dem Wissenden, und dem Lernenden, als dem Unwissenden, zu Gunsten einer dialogischen Interaktion überwindet und zugleich die Segregation von Kindern in verschieden zu fördernde Gruppen hinter sich lässt. Die Qualität der professionellen Beziehung zwischen Erzieherinnen und Kindern hat eine grundlegende Bedeutung und sie ist Grundvoraussetzung für die Möglichkeit, das Lernen der Kinder zu unterstützen und anzureichern.

Doch darüber, wie die didaktische Umsetzung der aktuellen theoretischen Grundlagen im Alltag der Kindertageseinrichtungen geschehen soll, besteht im Arbeitsfeld eine große Unsicherheit. Diese Unsicherheit wird dadurch verstärkt, dass die Heterogenität der kindlichen Entwicklung stärker in den Fokus der pädagogischen Bemühungen gestellt wird. Die meisten Didaktiken haben Vermittlungskonzepte im Hintergrund. Besonders die Lehr-Lern-theoretischen Ansätze sind in der pädagogischen Praxis weit verbreitet: Der Lehrende oder die pädagogische Fachkraft entscheidet über die Ziele, Inhalte, Methoden und Medien des Vermittlungsprozesses. Die Kinder eignen sich Unterrichtsgegenstände an und der Erfolg dieser Aneignungsprozesse wird in regelmäßigen Abständen kontrolliert (Arnold 2007, 44). Mit diesem theoretischen Hintergrund werden Kinder in verschiedene Gruppen eingeteilt, so beispielsweise in Kinder mit »Funktionsbeeinträchtigungen«, mit »besonderen Bedürfnissen« oder »hochbegabte Kinder« und in sogenannte »normale« Kinder. Dieses separierende Konzept arbeitet integrativ und versucht, Kinder auf eine allgemein geteilte Norm, gemeinsame Wertemuster oder Verhaltensorientierungen hin zu fördern (vgl. Bardmann 2008, 55). Dabei wird das Phänomen Hochbegabung in der Literatur nur eher randständig erwähnt. Der Fokus liegt auf der integrativen, respektive inklusiven Förderung kleiner Kinder mit Behinderungen oder Auffälligkeiten.

Im nachfolgenden Artikel werden Grundzüge einer elementarpädagogischen Didaktik für den Umgang mit hochbegabten Kindern dargestellt. Dabei wird von einer systemisch-konstruktivistischen Sicht auf das Lernen von Kindern ausgegangen.

Einführung in die Theorie der Didaktik

Was ist Didaktik?

Aktuell scheint es keinen allgemein geteilten Begriff von Didaktik zu geben. Didaktik, als die Wissenschaft vom Lehren, wird häufiger mit der Gestaltung von Unterricht in Schulen, Hochschulen und anderen pädagogischen Institutionen in Verbindung gebracht. Raithel und seine

Mitautoren (2009, 74) bezeichnen dies als Didaktik im engeren Sinne. Hilfreich für eine elementarpädagogische Didaktik scheint die weitere Begriffsdefinition zu sein, die Didaktik als eine Theorie für alle Lehr- und Lernsituationen in organisierten pädagogischen Institutionen sieht (ebd.).

Gegenstand der Didaktik ist die Frage, wie sich Menschen Wissen aneignen, um in der Welt handlungsfähig zu sein. Was genau unter Wissen zu verstehen ist, ist von Gesellschaftsordnung zu Gesellschaftsordnung verschieden, ist abhängig davon, welche Lerntheorien gerade gelten und welche Wissensbestände im Bildungskanon aufgeführt sind. Jede Lerntheorie findet ihre Umsetzung in einer Didaktik, in der Aussagen zu folgenden Kriterien getroffen werden:

- Didaktik gibt Orientierung für das praktische Handeln von Pädagoginnen und Pädagogen,
- es ist ein begründeter Zusammenhang von Ziel-Inhalts-Methodenentscheidungen beschrieben,
- es werden grundsätzliche Prinzipien der Arbeit mit Kindern definiert,
- eine Perspektive auf das Lernen, die Entwicklung von Kindern wird beschrieben,
- ein Leitbild für das Rollenverhalten von Pädagoginnen und Pädagogen wird formuliert und
- es werden Empfehlungen für die organisatorisch-institutionelle Gestaltung des pädagogischen Angebots gegeben (vgl. Jank & Meyer 2005; Raithel et al. 2009).

Diese Kriterien dienen im nachfolgenden Text als Orientierung für die Darstellung einer elementarpädagogischen Didaktik zur Förderung hochbegabter Kinder im Elementarbereich.

Didaktik als Orientierung für das pädagogische Handeln

Zunehmend wird das Lernen kleiner Kinder von den Familien in pädagogische Institutionen, wie Kinderkrippen oder Kindergärten verlagert. Aus diesem Grund haben Kindertageseinrichtungen eine doppelte Funktion: Sie sollen zum einen präventiv arbeiten, also die Entwicklung der Kinder aktiv anregen und Ungleichheiten, etwa durch ungünstige familiale Lebenswelten, kompensieren helfen. Zum anderen sollen sie aber auch die Bildung der Kinder anregen und deren individuelle Lernbedürfnisse in den Mittelpunkt stellen.

Erzieherinnen und Erzieher sind in Kindertageseinrichtungen mit einer sehr großen Heterogenität von kindlichen Entwicklungsständen konfrontiert und müssen professionell darauf reagieren. Das Handeln von pädagogischen Fachkräften wird in der alltäglichen Arbeit von inneren und äußeren Faktoren bestimmt. Ein wichtiger innerer Faktor sind die im eigenen Sozialisationsprozess konstruierten subjektiven Theorien über das Lernen und die Erziehung von Kindern. Diese bleiben häufig unbewusst, weil sie im Laufe des Lebens eher informell erworben wurden. Für die Interaktion mit Kindern haben sie eine hohe Bedeutung, weil sie handlungsleitend sind: auf der Grundlage dieser subjektiven Theorien wird das berufliche Handeln gestaltet. Es werden Situationen strukturiert, gedeutet, reflektiert und bewertet, mit Eltern, Kolleginnen oder Kollegen, Eltern oder Kindern diskutiert und argumentiert und Entscheidungen, zum Beispiel über real umgesetzte pädagogische Ansätze, getroffen. Dies geschieht zum Teil intuitiv, auf der Grundlage nicht bewusster und unreflektierter subjektiver Normen und Werte.

An äußeren Faktoren sind beispielsweise die Meinungen der anderen Kolleginnen und Kollegen oder von Eltern bedeutsam, weiterhin die konkreten Rahmenbedingungen und die liebgewordenen, häufig unreflektiert praktizierten Gewohnheiten im Alltag der Kindertageseinrichtung. Pädagogische Fachkräfte arbeiten, im Unterschied zu Eltern, auf der Grundlage von im Berufsfeld geteilten wissenschaftlichen Theorien und didaktischen Prinzipien, die eine transparente, nachvollziehbare und bewusste Orientierung für professionelles pädagogisches Handeln bieten. Argumente dafür sind:

- Kinder haben ein Recht auf angemessen gestaltete Entwicklungsbedingungen und bewusst gestaltete Interaktionsbeziehungen, die sich am individuellen Entwicklungsstand des Kindes orientieren und auf der Grundlage von regelmäßigen Beobachtungen, geplant, strukturiert und reflektiert werden.
- Die Grundfragen der Didaktik, wer, was, von wem, wann, mit wem, wo, wie und wozu lernen soll, führen zu einem planvollen und absichtsvollen Tun im gesamten Alltag der Institution Kindertageseinrichtung und sie verhindern ein Handeln auf der Grundlage von Alltagstheorien.
- Die Wirksamkeit des erzieherischen Handelns wird anhand didaktischer Modelle reflektiert.
- Das Zusammenleben von Kindern in Kindergruppen ist auf der Grundlage von im Arbeitsfeld geteilten Theorien zu planen und für jedes Kind entwicklungsfördernd zu gestalten.
- Das didaktisch-methodische Vorgehen der Fachkräfte ermöglicht Kindern eigenaktives und eigenverantwortliches Lernen in Kindergruppen.
- Eine konstruktivistische Didaktik im Elementarbereich nimmt Bezug auf die spezifischen Lernformen kleinerer Kinder und grenzt sich dadurch von der schulischen Didaktik ab.
- Durch eine klar beschriebene elementarpädagogische Didaktik ist mehr Transparenz der Inhalte und der methodischen Umsetzung des Bildungsauftrages gegenüber Eltern, den Grundschulen und der gesellschaftlichen Öffentlichkeit vorhanden. Dies hebt den Status von Kindertageseinrichtungen in der Gesellschaft und führt bei der Interaktion mit Kindern zu einer verlässlichen pädagogischen Qualität.
- Professionelles erzieherisches Handeln grenzt sich gegenüber der Erziehung in der Familie durch das Zugrundelegen einer Didaktik in der Erwachsenen-Kind-Interaktion ab. Dies ist ein definitorisches Merkmal organisierter pädagogischer Institutionen, wie sie Kindertageseinrichtungen nun einmal sind (vgl. Jank & Meyer 2005; König 2009).

Liegele spricht – gestützt von den Befunden der Lernpsychologie – von einem besonderen Profil der frühpädagogischen Didaktik. Die Formen des impliziten und zufälligen Lernens in der frühen Kindheit bedürfen einer eigenen methodischen Entsprechung und dürfen sich nicht an der Grundschuldidaktik orientieren. Nach seiner Überzeugung sollen selbsttätige, spielerische und erkundende Lernprozesse angeregt werden (2008, 107).

Inspiration und Orientierung für das Beschreiben einer elementarpädagogischen konstruktivistischen Didaktik kann zum einen die schulische Didaktik geben. Vertreter sind Kersten Reich (2006), Holger Lindemann (2006) oder Reinhard Voß (2005). Auch Impulse aus der Erwachsenenpädagogik, zum Beispiel von Rolf Arnold (2007) und Horst Siebert (2006), erscheinen bedenkenswert. Neue Anregungen kommen besonders durch die Sichtung internationaler Vorschulkonzepte ins Spiel, beispielsweise durch die Schriften von Ingrid Pramling-Samuelson aus

Schweden.[11] Ebenso erscheint es sinnvoll, die didaktischen Impulse der weltweiten Reformpädagogischen Bewegung zu Beginn des 20. Jahrhunderts aufzugreifen und anhand der aktuellen wissenschaftlichen Entwicklungen zu modifizieren und weiterzuentwickeln.

Perspektive auf das Lernen und die Entwicklung von Kindern

Lerntheorien

Gegenwärtig orientiert sich die Elementarpädagogik, ebenso wie die Schul- oder Erwachsenenpädagogik an der Lerntheorie des Pädagogischen Konstruktivismus. Dies ist für den Elementarbereich in allen Bildungsplänen der einzelnen Bundesländer in Deutschland festgeschrieben. Doch die Umsetzung dieser Lerntheorie in der pädagogischen Praxis ist sehr heterogen und zeigt, dass veränderte gesetzliche Vorgaben nicht zwingend zu einer Veränderung der didaktischen Gestaltung des Alltages in der Kindertageseinrichtung führen. Auch die Wissenschaft verfügt momentan über keine universell geteilten und vor allem auch akzeptierten Konzepte über die Theorien des Lehrens und Erziehens (Arnold 2007, 108).

Gegenwärtig sind in der pädagogischen Praxis der Hochbegabtenförderung überwiegend zwei Ansätze der Förderung kleiner Kinder zu beschreiben: Das pädagogische Handeln der Erzieherinnen orientiert sich zum einen am funktionalen Ansatz, mit der Lerntheorie des Behaviorismus als Basis. Alternativ dazu wird zum anderen eine konstruktivistische Pädagogik diskutiert, mit einer systemisch-konstruktivistischen Lerntheorie als Grundlage. Beide Ansätze ziehen jeweils eine bestimmte Didaktik und damit eine bestimmte Sichtweise auf die Förderung hochbegabter Kinder nach sich.

Behaviorismus

Jahrhundertelang glaubten Pädagogen, dass Kinder ein unbeschriebenes Blatt sind, die erst durch die Bildung und Erziehung der Pädagogen zu Menschen werden (vgl. Leu 2007, 18). Lernen wurde als linearer, von außen gesteuerter Aneignungsprozess verbindlicher Wahrheiten gesehen. Das pädagogische Handeln resultierte aus der Grundhaltung, dass Kinder unmündige Zöglinge sind, die durch Belehrung (Instruktion), Üben und Trainieren vorhandene Defizite überwinden können. Kinder wurden als sich einheitlich entwickelnde Gruppe gesehen, mit ähnlichen Lern- und Entwicklungsbedürfnissen, die durch Belehrung in altershomogenen Gruppen auf ein Leben in der menschlichen Gesellschaft vorbereitet werden können. Diese Sichtweise hat eine so starke Tradition, dass sie auch derzeit noch handlungsleitend in pädagogischen Settings ist – und auch im Alltag scheint sie tief verwurzelt.

Der Lernbegriff des Behaviorismus erklärt Lernen als naturwissenschaftlich untersuch- und erklärbar, als Reaktion eines Organismus auf Umweltsituationen. Die innerpsychischen Prozesse eines Menschen finden bei der Erklärung von Verhalten keine Beachtung. Verhaltensänderungen von Kindern sollen mittels externer positiver oder negativer Verstärkung, durch Lob oder Tadel hervorgerufen werden (Göhlich & Zierfas 2007, 19ff.).

11 Vgl. den Beitrag »Spielen ist Lernen – das Konzept der Entwicklungspädagogik« in diesem Band.

Der Erwachsene übernimmt allein die Verantwortung für das Lernen der Kinder. Er übernimmt die Verantwortung für die Organisation und den Ablauf der Instruktionen. Er entscheidet, welches Angebot in der Kindertageseinrichtung stattfindet, wohin der Ausflug geht, an welchen Inhalten alle Kinder einer bestimmten Altersgruppe lernen (dürfen). Schwimm-, Englisch- und Kunstkurse strukturieren den Alltag der Kinder ebenso, wie erlebnispädagogische Angebote oder Sportangebote, musikalische Früherziehung oder ABC-Klubs für die Fünfjährigen. Das Alter und von außen kommende Erwartungen an Bildung, nicht der kindliche Entwicklungsstand oder die Lernbedürfnisse entscheiden darüber, was Kindern an Themen zugemutet wird, an welchen Aktionen sie teilnehmen dürfen und so weiter. Dies führt schon in einem frühen Lebensalter zu einer Separation von Kindern in unterschiedliche (Lern)Gruppen. Projekte werden zwar »an den Bedürfnissen der Kinder orientiert«, aber dennoch durch Erwachsene strukturiert und inhaltlich aufbereitet, so dass eine »ganzheitliche« Bearbeitung der Themen und damit optimierte Bildungsangebote möglich sind. Das pädagogische Handeln resultiert aus dem Denken heraus, dass alles, was Kinder lernen sollen, vermittelt werden muss. In diesem pädagogischen Ansatz herrscht das Primat der Instruktion vor. Bei dieser Form der Interaktion haben Kinder keine Chance, selbstbestimmt lernen zu können. Schon sehr früh lernen sie, dass Lernen Anpassung an die Vorgaben der Erwachsenen ist.

Häufig geschieht auch die Förderung kleiner hochbegabter Kinder aus dieser eher intuitiven Grundhaltung heraus, nur dass andere, »schwierigere« Inhalte angeboten, die besonders schlauen Kinder in eigenen Arbeitsgruppen zusammengefasst werden oder eine Akzeleration durch einen vorzeitigen Schulbesuch einsetzt. Für die Prozesse der Selbstbildung ist das sogenannte »Freispiel« der Kinder reserviert, dort zeigen die Erwachsenen keine Präsenz, denn das Freispiel ist die Eigenveranstaltung der Kinder.

Lernen aus systemisch-konstruktivistischer Perspektive

Zunehmend setzt sich, bedingt durch neue wissenschaftliche Erkenntnisse der Neurobiologie und die stärkere Rezeption der Sichtweisen von Entwicklungspsychologen wie Piaget, Wygotski, Bruner oder von Reformpädagogen wie Dewey und Freinet, die Erkenntnis durch, dass Lernen von Kindern ein eigenaktiver, selbstgesteuerter und interaktiver Prozess mit sich selbst und der Umwelt ist.

Konstruktivistische Sichtweisen auf das Lernen von Kindern gehen davon aus, dass Lernen ein eigenaktiver und lebenslang andauernder Prozess ist. Kinder konstruieren ihre Wirklichkeit selbst in der handelnden Auseinandersetzung mit der Welt und im Dialog mit der sozialen Umwelt. Reinhard Voß spricht davon, dass Kinder »eigensinnige und eigenverantwortliche Konstrukteure ihrer Lebens- und Lerngeschichte« (2005, 40) sind.

Kinder, als eigenaktive Lerner, konstruieren ihr Bild von der Welt selbst. Da sich Kinder, so wie alle Menschen, beim Lernen nur auf das beziehen können, was sie an Vorwissen schon in sich tragen, müssen zugemutete Themen (damit ist alles gemeint, was neu für das Kind ist), von der kindlichen Alltags- und Lebenssituation ausgehen und dürfen weder über- noch unterfordern. Wygotski (vgl. Gisbert 2004; Brandes 2008) verwendet dafür die Begriffe Zone der aktuellen Entwicklung und Zone der nächsten Entwicklung.

Jeder Mensch kann nur selber lernen

Menschen, als operational geschlossene Systeme, sind zwar für den Austausch offen, aber von außen nicht beeinflussbar. Erkenntnisprozesse sind individuelle Konstruktionsprozesse des lernenden Subjektes. Eigenverantwortlich, eigenaktiv und selbstbestimmt konstruieren Kinder, wie gesagt, so wie alle Menschen, ihr jeweiliges Bild von der sie umgebenden Welt. Dafür stehen sie von Anfang an in einem aktiven Dialog mit ihrer personalen, strukturellen, räumlich-materiellen und kulturellen Umgebung (Arnold 2007; Reich 2005; Lindemann 2006).

Lerner verhalten sich eigensinnig, sie entscheiden selbst darüber, wie und welche Wissensstrukturen sie aufbauen. Lernen ist somit keine passive Informationsaufnahme, sondern ein aktiver Prozess der Auswahl und Aneignung der für den Lerner bedeutsamen und sinnhaften Inhalte. Lernen muss situiert, das heißt in konkrete Handlungs- und Anwendungskontexte eingebunden sein, damit es nachhaltig zur Erweiterung der Erkenntnisfähigkeit des jeweiligen lernenden Subjektes führt. »Lernen bzw. Vermittlung kann deshalb nicht als ein Prozess verstanden werden, in welchem Informationen ›von außen nach innen transportiert werden können‹, es stellt sich vielmehr ›als Prozess der Restrukturierung innerhalb eines geschlossenen Systems‹« (Luhmann 1987, 60 zit. nach Arnold 2007, 65) dar.

Kinder wollen Lernen[12]

Die Fähigkeit der Kinder zu lernen und zu kommunizieren sind in einem »biologischen Entwicklungsprogramm« (Fried 2008, 190) angelegt. »Primäres oder ›privilegiertes‹ Lernen liegt dann vor, wenn durch biologische Entwicklungsprogramme festgelegt ist, durch welche Umweltbedingungen bestimmte Lernprozesse ausgelöst werden und auf welche Weise diese Lernprozesse anschließend verlaufen« (ebd.). Solche Umweltreize sind vor allem in der Qualität der sozialen Beziehungen zu suchen, die einem Kind zur Verfügung stehen. Dieses Lernen wird durch sekundäres Lernen (ebd.) ergänzt. Damit ist gemeint, dass sich die Kinder die Errungenschaften der Kultur, zum Beispiel die Schriftsprache, aber auch den Erwerb lernmethodischer Kompetenzen, aneignen. Dieses Lernen muss durch Vermittlungsprozesse unterstützt werden.

Die Bedeutung von Erfahrungen und Vorwissen

Lernen ist folgerichtig an ganz konkrete Erfahrungen gebunden und weist komplexe Zusammenhänge zwischen den biologischen Gegebenheiten des Individuums, seinem soziokulturellen Eingebundensein und seinen emotionalen und motivationalen Vorgängen auf (Arnold 2007, 64).

Dabei werden neue Informationen immer an bereits vorhandenes Vorwissen geknüpft und durch dieses strukturiert und interpretiert, das heißt Erkennen ist immer nur auf der Basis des bereits vorhandenen Wissens möglich. Diese Konstrukte oder Muster befähigen das Individuum dann in konkreten Situationen zum Handeln (vgl. Arnold 2007; Fried 2008).

Lernen wird dann herausgefordert, wenn die vertraute Mensch-Umwelt-Beziehung gestört (pertubiert) wird. Dies kann beispielsweise durch einen Ansturm neuer Informationen auf den Lerner gegeben sein, resultierend aus veränderten Bedingungen in dessen Umfeld, der Wechsel von einer familialen in eine institutionelle Betreuungssituation oder das Erschließen unbekannter Dinge oder Phänomene.

12 Vgl. den Beitrag von Lilian Fried »Entwicklungspsychologische Grundlagen und Lernen« in diesem Band.

Diese neuen Informationen deutet und selektiert das Kind auf »seine Art und Weise«, auf der Grundlage seiner Erfahrungen und seines Vorwissens. Diese Faktoren sind auch ausschlaggebend dafür, welche Informationen kognitiv, emotional, sozial und motorisch anschlussfähig sind oder nicht. Erfahrungen sind nach Arnold (2007, 106) »der Stoff [...], aus dem unsere Identität sich konstituiert. Erfahrungen sind komplexe Muster des Denkens und Fühlens, mit denen wir uns in Situationen orientieren und unser Handeln begründen. Deutungs- und Emotionsmuster helfen uns, die Welt wiederzuerkennen, und entlasten uns von der überfordernden Aufgabe, Komplexität immer wieder neu zu reduzieren, um angemessen reagieren zu können.«

Schon pränatal sammeln Kinder erste Erfahrungen, zum Beispiel mit den Wahrnehmungen der Mutter oder den Geräuschen und der Sprache in der Außenwelt. Durch Wiedererkennen von Vertrautem (dem Geruch oder der Stimme der Mutter) und auf der Basis stabiler Bindungsbeziehungen können sich Kinder dann sukzessive an neue Dinge annähern und so ihren Erfahrungsschatz auf ihre ganz individuelle Art und Weise erweitern. Damit Kinder lernen können, müssen sie in soziale Beziehungen eingebettet sein. Zuerst sind das die Eltern als Bindungspersonen und die Geschwister. Dieser Kreis wird durch andere Familienmitglieder oder Erwachsene, die nicht zur Familie gehören und vor allem andere Kinder, zum Beispiel in pädagogischen Institutionen, erweitert.

Kinder kommen mit einer Fülle von unterschiedlichen Erfahrungen, ihrem subjektiven Vorwissen, in die Kindertageseinrichtung. Dieses Vorwissen hat für das Lernen der Kinder eine hohe Bedeutung. Die Vorerfahrungen sind der Ausgangspunkt, von dem aus alles Neue erschlossen wird und in das bestehende kognitive Wissensnetzwerk ›eingewebt‹ wird (Arnold 2007, 103).

Lernen als Prozess der Konstruktion, Dekonstruktion und Rekonstruktion

Lernen als Konstruktion fasst Kersten Reich (2006, 138) unter dem Grundmotto: »Wir sind Erfinder unserer Wirklichkeit« zusammen. Durch das Sammeln von Erfahrungen, durch Untersuchen, Vergleichen, Experimentieren, durch Ausprobieren konstruiert sich das Kind nach und nach, und immer in Interaktion mit anderen, sein Bild von der Welt, in der es lebt. Diese Konstruktionsleistungen umfassen alle Bereiche, die ein Kind umgeben, mithin die Beziehungen zu sich selbst, seine Gefühle, Interessen und die Motivation zum Lernen ebenso, wie die Beziehungen zu anderen Personen, zur Natur oder zu Gegenständen der materiellen Welt.

Rekonstruktion bedeutet, dass der Lerner in bereits vorhandenes Wissen eintritt, das heißt er entdeckt die Erfindungen anderer für sich und übernimmt diese. Glasersfeld (2005, 214) spricht von einer Anpassung an Umgangsformen oder Kultur, also an Wissen, welches als Folge sozialen Übereinkommens als »richtig« gilt. Dazu zählen Sprache und Schrift ebenso, wie wissenschaftliche Erkenntnisse, Höflichkeitsformen oder Verkehrsregeln. Dieses Wissen regelt das Funktionieren der Gesellschaft. Kinder lernen es durch die Interaktion mit »wissenderen« Menschen, durch das Mittun, durch Nachahmung und Imitation ihnen nahe stehender Personen. Sie übernehmen die beobachteten Verhaltensweisen, ohne deren Sinn zu hinterfragen, oder durch Denken zu ergründen.

Dekonstruktion meint, etwas in Frage zu stellen, zu zweifeln, die Perspektive zu wechseln, um einen anderen Beobachterstandpunkt einnehmen zu können, oder einen anderen Blickwinkel auf ein Problem zu erkennen, um dadurch selber sehender zu werden.

Reich bezeichnet diese Beschreibungen des Lehrens und Lernens als didaktische Grundformen, die für die Gestaltung einer konstruktivistischen Didaktik besonders wichtig und dem Lernen durch Handeln von Kindern angemessen sind (vgl. Reich 2006, 137ff.).

Adaptive Instruktion und Konstruktion

»Eine Handlungsdidaktik, die die Lernprozesse der Kinder optimal unterstützen will, muss nach derzeitigem Kenntnisstand sowohl dem Primat der ›Instruktion‹ als auch der ›Konstruktion‹ nachkommen« (König 2009, 137).

An dieser Stelle muss man sich die Frage stellen, ob sich Kinder unhinterfragt Wissensbestände nach den Regeln der Erwachsenen aneignen, ob Kinder also durch Instruktion oder fremdgesteuert lernen können. Aus der Perspektive des pädagogischen Konstruktivismus ist zu sagen, dass Instruktion im Sinne von Fremdsteuerung unmöglich ist, aus jedem Lehrangebot wird vielmehr eine eigene »kognitive Wirklichkeit« konstruiert, die subjektiv Sinn ergibt. Diese Aussage bedeutet jedoch nicht, dass Kinder in Kindertageseinrichtungen nun zukünftig auf sich selbst gestellt und in ihrem Lernen sich selbst überlassen bleiben solten, im Sinne einer Laissez-faire-Pädagogik.

»Welche Methoden oder Handlungen ein Gegenüber in konkreten Praxissituationen in seinem Lernen und seiner Entwicklung unterstützen, ist nicht allgemein gültig zu entscheiden. Die epistemologische [d. i. erkenntnistheoretische; Anm. d. Verf.] Grundannahme selbstgesteuerten Lernens berechtigt jedenfalls nicht dazu, angeleitete und eher vermittelnde Methoden als Mittel der Praxisgestaltung auszuschließen« (Lindemann 2006, 205).

Kinder brauchen beides, Prozesse der Konstruktion – Fried nennt es primäres Lernen – und Prozesse der Instruktion, das sekundäre Lernen. In einer elementarpädagogischen Didaktik müssen sich beide Prozesse aufeinander beziehen, die Diversität von Gruppen und Lerngeschwindigkeiten, an Vorwissen und Denkstilen sollen Berücksichtigung finden und weitere Lernformen, wie die Ko-Konstruktionen unter Kindern, gefördert und unterstützt werden (Fried 2008; König 2009; Gisbert 2004).

Siebert verweist darauf, dass die Begriffe von Instruktion und Konstruktion nicht als Dualismus gemeint sein können, sondern dass es zwischen diesen beiden Polen noch eine Vielzahl von Lernarten gibt und es eher um Varianten, Ausprägungen und Freiheitsgrade autonomen Handelns geht (2006, 24ff.).

Mit Instruktion sind eher methodisch-didaktische Tätigkeiten gemeint, welche kindliche Lernprozesse und die Weiterentwicklung ihrer Kompetenzen anregen, indem am kindlichen Vorwissen angeknüpft wird. Diese methodisch-didaktischen Tätigkeiten sind dazu da, dass Kinder kulturspezifische Wissensbestände erwerben, deren Erschließung ohne Hilfe anderer Menschen nicht möglich wäre. Weiterhin ermöglicht Instruktion, dass Kinder zu sogenanntem »intelligentem Wissen« gelangen. Damit ist »ein wohlorganisiertes, domänenspezifisches vernetztes System von flexibel nutzbaren Fähigkeiten und Fertigkeiten, Kenntnissen und metakognitiven Kompetenzen« (Fried 2008, 193) gemeint. Durch Prozesse der Instruktion werden die Konstruktionsleistungen der Kinder und die Weiterentwicklung ihrer Selbstlern- und Problemlösefähigkeiten angeregt (vgl. Reich 2006; Dollase 2007; Leu 2007).

Bei kleinen hochbegabten Kindern ist nicht selten zu beobachten, dass sie ein instruktives Vorgehen der Erwachsenen »provozieren«. Durch häufiges interessiertes Fragen fordern sie Erwachsene auf, ihnen zu bestimmten Sachverhalten Wissen zu vermitteln und zeigen sich oft enttäuscht, wenn die betreffenden Erwachsenen nicht die Geduld oder gar das Wissen aufbringen, alle Fragen erschöpfend zu beantworten. Das beliebte Frage-Antwort-Spiel führt jedoch auf beiden Seiten in die Sackgasse: Eltern und Erzieherinnen erleben dieses ständige Fragen aus verschiedenen Gründen manchmal als Belastung. Die Kinder entwickeln eine konsumierende Lernhaltung, die selbstgesteuertes Lernen und das Ausbilden von Lernstrategien behindert. Daher sind beim instruktiven Vorgehen – nicht nur für hochbegabte Kinder – einige Dinge zu beachten:

- Die in der pädagogischen Praxis gewählten Methoden müssen sich im konkreten Kontext bewähren und als anschlussfähig beweisen.
- Die Auswahl der Methoden geschieht auf der Grundlage von Beobachtungen und der daraus folgenden dialogischen Interaktion.
- Die Prozesse der Instruktion orientieren sich immer am Entwicklungsstand des einzelnen Kindes, seinem Vorwissen, seinen Interessen und Bedürfnissen, den Belangen aus dem Zusammenleben in der Kindergruppe, dem jeweiligen Lebensumfeld und seinem familialen Hintergrund. König verwendet dafür den Begriff der adaptiven Instruktion (König 2009, 137).
- Es werden außerdem solche entwicklungsangemessenen Methoden ausgewählt, bei denen der Beteiligungsgrad und die Selbststeuerung der Kinder hoch ist.[13]

Entwicklungsimpulse funktionieren in einem komplexen Zusammenspiel von alterstypischen Herausforderungen durch »biologisch[e] Entwicklungsaufgaben, individuell[e] Entwicklungsziele und Restriktionen und Optionen der sozialen Umwelt« (Hasselhorn, Lehmann & Titz 2008, 56).

Diese Herausforderungen werden auch aufgrund spezifischer genetischer Bedingungen unterschiedlich angenommen und führen damit auch zu unterschiedlichen Entwicklungsverläufen. In der frühen Kindheit können Kinder noch nicht gezielt für sie förderliche Lernumwelten auswählen. Sie sind auf diejenigen angewiesen, die ihnen die Erwachsenen durch Erziehung ermöglichen oder verschließen. Aus diesem Grund ist die Wirkung erzieherischer Maßnahmen auf Entwicklung höher und der genetische Einfluss in der frühen Kindheit geringer. Mit steigendem Lebensalter nimmt dieser allerdings stetig zu, da das Subjekt zunehmend autonomer und selbstbestimmter förderliche Lernumwelten herstellen und aufsuchen kann.

Bezogen auf die Förderung hochbegabter Kinder bedeutet dies, dass es folgerichtig nicht selbstverständlich ist, dass sich Hochbegabung aufgrund einer genetischen Disposition selbst entfaltet. Es kann vereinzelt möglich sein, dass sich auch unter widrigsten Umständen hochbegabte Kinder Ausdrucksmöglichkeiten verschaffen, allerdings scheint es häufiger so zu sein, dass sich die Potentiale von Menschen erst durch Anregungen von außen und in Interaktion mit der sozialen Umwelt entwickeln (vgl. Arnold 2007, 158; Hasselhorn, Lehmann & Titz 2008, 60).

Zusammenfassend ist zu sagen, dass das Arbeiten auf der Grundlage einer systemisch-konstruktivistischen Didaktik eine hohe Professionalität, aber kein dogmatisches methodisches Handeln erfordert. Die Interaktion mit dem einzelnen Kind und der Kindergruppe ist ein hochkomplexes Geschehen, welches individuell geplant, strukturiert, reflektiert und methodisch vielfältig gestaltet werden muss, orientiert an den Besonderheiten und Bedürfnissen des ein-

13 Vgl. auch die Beiträge im Kapitel »Praxis der Förderung hochbegabter Kinder in der Kindertagesstätte«.

zelnen Kindes und der Kindergruppe. Es erscheint idealistisch und praxisfern zu glauben, so viele verschiedene pädagogische Interventionen planen zu können, wie Kinder in der Kindergruppe vorhanden sind. Vielmehr ist eine förderliche Balance zwischen erwachseneninitiierten Tätigkeiten, einem methodisch vielfältigen und in seiner Komplexität belassenen Kontext und den Konstruktionen der Kinder anzustreben und auf die Selbstbildungspotentiale der Kinder in Kindergruppe zu vertrauen (vgl. Brandes 2008, 182).[14]

Grundlagen einer Ermöglichungsdidaktik

In der postmodernen Gesellschaft ist die Perspektive in Lehr-Lern-Prozessen nicht mehr auf den zu vermittelnden und anzueignenden Inhalt gerichtet, sondern zuallererst auf den Lerner. Er soll mit Hilfe der Didaktik Orientierung für seine Lernprozesse erhalten.

Ermöglichungsdidaktik oder konstruktivistische Didaktik meint, dass Kinder in ihren Konstruktionsleistungen und in den Prozessen ihrer individuellen Wissensgewinnung unterstützt werden, um: »die Kenntnisse, Fähigkeiten und Fertigkeiten zu entwickeln, mit denen sie ihre Kompetenzen selbst schärfen und aktuell halten können. Metakognitive sowie methodische Kompetenzen gewinnen dabei zusätzlich, aber auch an Stelle des rein kognitiven Wissens mehr und mehr an Bedeutung« (Arnold 2007, 111).

Reich (2006, 84) beschreibt folgende Grundzüge einer konstruktivistischen Didaktik:

- Der Aufbau stabiler Beziehungen hat Vorrang vor der Vermittlung von Inhalten, die Kontexte sind so zu gestalten, dass Lernen erleichtert und nicht erschwert wird.
- Eine konstruktivistische Didaktik zeichnet sich durch eine Praxisorientierung aus, die Lernende und Lehrende in ihrer jeweiligen Kultur wahrnimmt und Einflüsse und Entwicklungen kritisch reflektiert und sich intensiv mit kulturellen Praktiken auseinandersetzt.
- Eine interdisziplinäre Ausrichtung ist notwendig, um die Vielfalt von gesellschaftlichen und individuellen Besonderheiten des Lehrens und Lernens, von Erziehungs- und Bildungsverhältnissen, die Reflexion kultureller Kontexte und die Analyse von Verhaltens- und Lernvorgängen einschätzen, beurteilen und angemessen darauf reagieren zu können.
- Eine konstruktivistische Didaktik kann aus den genannten Gründen keine rezepthaften Vorgaben und Orientierungen liefern, ist nicht leicht und schnell verständlich, sondern komplex und anspruchsvoll – und daher auch besonders reizvoll.

Was in der Kindertageseinrichtung geschieht, ist ein dialogisch geführter Prozess der Interaktion, in dem die Kinder ebenso wie die Erzieherinnen und Erzieher Konstrukteure ihrer Didaktik sind, ihr eigenes Lernen gestalten, aber auch auf Erlebnisse, Antriebe und Visionen durch Andere angewiesen sind. Die Akzeptanz der Vielfalt, Andersartigkeit und Unterschiedlichkeit der Kinder verlangt eine Abkehr von Gleichmacherei und Kontrolle, hin zu einer Haltung des Verstehens, aber auch klare Positionierung bei Meinungsverschiedenheiten, als Basis neuer

14 Vgl. auch den Beitrag von Brandes »Lernen in der Kindergruppe. Peerinteraktionen und Gruppenprozesse von Klein- und Vorschulkindern« in diesem Band.

Entwicklungs- und Austauschprozesse. Kinder dürfen in ihren Prozessen des eigenaktiven Lernens keinesfalls allein gelassen werden.

Inklusion als Grundhaltung

Eine begabungssensible Pädagogik ist unter Einhaltung bestimmter Rahmenbedingungen und Qualitätsstandards in jeder Kindertageseinrichtung umsetzbar und vor dem Hintergrund einer an den Interessen, Bedürfnissen und dem Vorwissen der Kinder orientierten Didaktik möglich.[15] Ursprünglich wurde der Begriff der Inklusion häufig im Zusammenhang mit der Förderung von Kindern mit Funktionsbeeinträchtigungen verwendet. Zunehmend wird der Begriff auf alle Gruppen von segregierten oder exkludierten Menschen erweitert (Haug 2008, 39). Auch hochbegabte Kinder sind bereits im Kindergarten von verschiedenen Formen von Segregation betroffen. Zum einen, indem sie besondere Kindergärten zur Hochbegabtenförderung besuchen und zum anderen durch eigene Förderangebote, an denen andere Kinder nicht teilnehmen können.

Inklusion, als Grundhaltung einer konstruktivistischen Pädagogik, entspricht den Erfordernissen einer demokratischen Gesellschaft. Das Zusammenleben von unterschiedlichen Kindern in Kindertageseinrichtungen spiegelt das Bild unserer Gesellschaft wider: Kinder als Angehörige von Familien aus unterschiedlichen sozialen Schichten, Kulturen und Nationalitäten, mit verschiedenen Potentialen, Ressourcen und Kompetenzen leben gemeinsam in einer pädagogischen Institution. Reduziert man diese Vielfalt, engt man die Bildungschancen aller Kinder ein und erschwert deren Hineinwachsen in eine demokratische Gesellschaft.

15 Vgl. den Beitrag von S. Kuger und H.-G. Roßbach »Elementarpädagogische Grundlagen« in diesem Band.

Die im Grundgesetz der Bundesrepublik Deutschland verankerte freiheitlich-demokratische Ordnung orientiert sich an einem christlich-humanistischen Menschenbild. Die Forderung nach Gleichheit und Gerechtigkeit verlangt, dass Kinder schon von klein auf Verständnis und Respekt gegenüber anderen Menschen entwickeln können, vor allem dadurch, dass sie diese Werte an sich selbst erfahren. Durch Partizipation lernen Kinder, was Demokratie und demokratisches Handeln bedeuten und im Spiel mit anderen Kindern eignen sie sich fundamentale demokratische Prinzipien an (Brandes 2008, 91).

Unter Pädagogen und Einrichtungsträgern herrscht häufig noch die Meinung vor, dass Hochbegabten alles leicht falle und sie sich wie im Selbstlauf entwickelten. An dieser Stelle ist klar zu sagen, dass jedes Kind ein Recht darauf hat, entsprechend seines Entwicklungsstandes angemessen in seinem Lernen unterstützt, herausgefordert und begleitet zu werden. Geschieht das nicht, handelt es sich um eine Form von mentaler Gewalt; Kinder werden zwar nicht physisch geschädigt, aber in ihrer psychischen, kognitiven und vor allem emotionalen Entwicklung behindert. Dies kann zu Verhaltensauffälligkeiten führen.

Inklusives Denken ist eine Grundhaltung, eine Philosophie und ein Wertekanon, welcher jedem systemisch-konstruktivistischen Arbeiten in pädagogischen Institutionen zugrunde liegt. Der Begriff beinhaltet das grundlegende Anerkennen von Unterschieden und Gemeinsamkeiten aller Kinder (Haug 2008, 46; Booth et al. 2007, 13). Mit dem Begriff »inklusives Denken« ist Partizipation als Beteiligung, Einbeziehung und Mitsprache von Kindern am Geschehen in der Kindertageseinrichtung gemeint. Jegliche Formen von mangelnder oder überhöhter Wertschätzung, von Ausgrenzung, Defizitorientierung oder der Aufbau von Barrieren für gemeinsames Spielen und Lernen sollen auf ein Minimum reduziert respektive ganz vermieden werden.

Eltern, aber auch Pädagogen, zeigen sich häufig kritisch gegenüber einer Förderung von hochbegabten Kindern auf der Grundlage eines konstruktivistisch orientierten Konzeptes. Sie befürchten, dass hochbegabte Kinder durch den Verzicht auf besondere Angebote oder durch die Teilnahme auch anderer Kinder daran nicht genügend gefördert würden. Diese Befürchtungen sind ernst zu nehmen, können aber durch eine hohe Transparenz, intensive Kooperation mit den Familien und eine kontinuierliche Reflexion der Wirksamkeit des pädagogischen Handelns mit hoher Wahrscheinlichkeit sukzessive abgebaut werden.

Leitbild für das Rollenverhalten von Erzieherinnen

Dialogische Grundhaltung

Die pädagogische Interaktion zwischen Erzieherinnen, Erziehern und Kindern muss so gestaltet sein, dass Kinder in ihren Konstruktionen von Welt unterstützt und herausgefordert werden.

Das erfordert von den PädagogInnen eine dialogische Grundhaltung. David Bohm (1996, vgl. auch Hartkemeyer & Dhority 1998) hat den Dialog als eine Gesprächsform beschrieben, in der Menschen ihrer Gefühle, Wertungen, ihrer Haltung zur Welt, ihrer Erfahrungen und Lebensgeschichte, also alles was ihr Denken und Handeln leitet, gewahr werden. Einblick in die Verstehensprozesse von Kindern zu bekommen, ist Grundlage und Ausgangspunkt allen pädagogischen Handelns.

Pädagogische Fachkräfte brauchen ein professionelles Wissen und umfangreiche Beobachtungskompetenzen und kommunikative Kompetenzen, um Informationen über das Vorwissen der Kinder sammeln und deuten zu können. Eine Lernumwelt ist dann optimal gestaltet, wenn sie – ausgehend vom Vorwissen der Kinder – anschlussfähige Lernprozesse ermöglicht.

König (2009, 141) beschreibt in Anlehnung an Sylva und andere »dialogisch entwickelnde Interaktionsprozesse«. Damit sind wechselseitige und sich gegenseitig beeinflussende Interaktionsprozesse gemeint, in die alle Beteiligten, also Kind und Erzieherin involviert sind. Lernprozesse bei Kindern werden in der Interaktion mit der Erzieherin herausgefordert und weiterentwickelt, die Konstruktion von Wissen beim Kind wird unterstützt und begleitet. In diesem Prozess wechseln sich instruktive und konstruktive Momente ab. Ausgehend von einem gemeinsamen Thema werden Gedankengänge entwickelt und weitergeführt. Ausgangspunkt des pädagogischen Handelns sind dabei die Interessen und das Denken des Kindes, welches in der individuellen Interaktion mit Kindern Anregung und Weiterentwicklung erfährt.

Erziehung

Arnold (2007) und auch Laewen (2007) ordnen die Aktivitäten der Erwachsenen dem Erziehungsbegriff und die eigenen Aktivitäten des Individuums dem Bildungsbegriff zu. Erziehung bezieht sich auf das Herausfordern, Ermöglichen und Unterstützen der Bildungsbewegungen des Kindes. Zum einen wird die Umwelt des Kindes bewusst gestaltet, die Themen des Kindes beantwortet, zum anderen werden ihm auch Themen zugemutet, indem sie in den Erfahrungshorizont des Kindes gerückt werden.

Das Lernen vollzieht sich also nicht nur in Eigenregie und Eigeninitiative des Kindes, sondern immer in Interaktion und in Ko-Konstruktion mit anderen. Durch Prozesse der Erziehung sollen Kindern Wissen, Absichten, Normen und Werte von anderen übermittelt werden (Prange, zit. nach Arnold 2007, 158). Arnold stellt allerdings die Wirkungssicherheit von Erziehung in Frage; er schreibt: »Es ist die Selbststeuerung der Subjekte, die darüber entscheidet, wie und wozu sie sich in bedrängenden oder anregenden Kontexten bewegen lassen« (2007, 159).

Die Bedeutung von stabilen Bindungen und Beziehungen

Stabile Eltern-Kind-Bindungen sind die Basis für das Lernen und ihre Qualität beeinflusst das Erziehungsgeschehen auch außerhalb der Familie. Die Erfahrungen mit den elterlichen Bezugspersonen, die dadurch entstandenen »Erfahrungs-, Denk- und Fühlmuster« (Arnold 2007, 164), prägen die Möglichkeiten der Selbststeuerung und die Plausibilität der Welterklärungen des Kindes und engen diese strukturell ein. Lloyd De Mausse (1977) hat die Bedeutung familialer Erfahrungen für Kinder damit beschrieben, dass sie dessen Fenster zur Welt sind, durch welches sie sich alle weiteren Bereiche erschließen. Diese biografisch erworbenen Beobachtungsmuster bestimmen die Deutungen und Handlungen des Kindes und konstituieren somit dessen Identität.

Die kindlichen Beziehungen zu Pädagoginnen und Pädagogen verfügen nicht über die Kraft von elterlichen Bindungen. Dennoch sind stabile und vor allem positive Beziehungen zu Erzieherinnen und Erziehern die Grundvoraussetzungen dafür, dass Kinder auch in organisierten pädagogischen Institutionen lernen können (vgl. Reich 2006; Andres & Laewen 2007). In Kindertageseinrichtungen wird elterliches Erziehungsverhalten durch das Handeln anderer Erwachsener ergänzt, die Perspektiven der Kinder können sich dadurch erweitern.

Didaktische Prinzipien einer elementarpädagogischen Didaktik

Mit didaktischen Prinzipien sind Leitlinien gemeint, die Orientierung für die Gestaltung und Reflexion des pädagogischen Handelns in Kindertageseinrichtungen geben können. Wenn wir die Ausführungen bis zu dieser Stelle zusammenfassen, lassen sich folgende didaktische Prinzipien identifizieren:

Alltagsorientierung

Der Alltag in der Familie und in den Kindertageseinrichtungen ist voller Phänomene. Das Lernen in der Kindertageseinrichtung setzt – im Unterschied zum schulischen Lernen – an den Interessen der Kinder und dem in der jeweiligen alltäglichen Situation entstehenden Wissensbedarf an. Der Alltag ist Inhalt des Lernens von Kindern. Dies erfordert von den Erzieherinnen und Erziehern ein gedanklich sehr offenes Arbeiten, die fruchtbaren Bildungsmomente des Alltages müssen mithin für eine intensive dialogische ErzieherInnen-Kind-Interaktion genutzt werden (Dollase 2007, 57ff.). In diesem Prozess sollen sich Kinder nicht fertig aufbereitetes Wissen aneignen, sondern von ihren konkreten Interessen und Themen ausgehend konstruieren, was in ihren Erfahrungshorizont gerät (Andres & Laewen 2007, 106).

»Kinder leben und entwickeln sich in derselben Alltagswelt, die die Naturwissenschaften erklären. Daher hat es seine Richtigkeit, die ›Alltagswelt‹ des Kindes als Ausgangspunkt zu wählen, das Kind seine eigene Sprache und seinen eigenen Blickwinkel benutzen zu lassen, um nach und nach Fragen zu entwickeln, die an die naturwissenschaftlichen Erklärungen anknüpfen« (Pramling-Samuelson & Asplund-Carlsson 2007, 46).

Selbsttätigkeit und Selbstbestimmung

Kinder können nur selber lernen, das heißt sie übernehmen von klein auf in unterschiedlichem Ausmaß und in einem von Erwachsenen definierten Rahmen die Steuerungs- und Kontrollprozesse für ihr Lernen. Diese Selbstbestimmung der Kinder beim Lernen wird besonders deutlich, wenn man sich intensiv mit den Phänomenen des Spiels beschäftigt (vgl. Pramling-Samuelson & Asplund-Carlsson 2007; Scholz 2008). Selbstbestimmtes Lernen bedeutet allerdings nicht, dass Kinder nur innerhalb eines von Erwachsenen gesteckten Rahmens aktiv werden, sondern dass sie selbst, in Kooperation mit anderen Kindern, Verantwortung für die Auswahl der Gegenstände des Lernens, die Planung, Strukturierung und Organisation des Lernprozesses übernehmen (vgl. Arnold 2007).

Komplexität statt Linearität

Das Leben in der Kindertageseinrichtung ist ein hoch komplexes Geschehen. Viele Kinder mit unterschiedlichen Verhaltensweisen, Bedürfnissen und Interessen interagieren miteinander. Der Alltag der Kinder, ihre Lebenssituation und das Umfeld der Institution bieten eine Fülle von Lernmöglichkeiten. Das Geschehen in der Kindergruppe ist nicht vorhersagbar, voller Überraschungen, Unsicherheiten und Anregungen, die häufig auch parallel nebeneinander existieren und die alle bedeutsam für das Lernen der Kinder sein können.

Diese Komplexität hilft, dass Kinder immer wieder Anregungen und vor allem auch andere Kinder als Ko-Konstrukteure finden können und entlastet die Erzieherin, den Erzieher, die darauf vertrauen können, dass auch die anderen Kinder aktiv sein können, wenn sie sich individuell mit einzelnen Kindern oder Kindergruppen beschäftigen.

Kinder sehen den Sinn, die Notwendigkeit ihres Tuns beim Lernen im Alltag, in der konkreten Situation leichter ein, als in von Erwachsenen gestalteten Angeboten, welche mit der momentanen Lebenssituation des Kindes nicht in Beziehung stehen und nicht an dessen Vorwissen anknüpfen.

Der Alltag in der Kindertageseinrichtung wird in seiner Komplexität erhalten, das bedeutet, dass unnötige Vereinfachungen vermieden und Lernwege nicht abgekürzt werden. Alle Tätigkeiten sind so zu gestalten, dass Kinder sich beteiligen und eigenaktiv tätig sein können. Es macht einen Unterschied, ob Kinder ihr Frühstück selbst einholen und zubereiten müssen, oder ob sie es fertig angeboten bekommen. Entsprechend ihres Entwicklungsstandes werden die Kinder von früh an daran beteiligt, selbst unterschiedliche Lösungen oder Lösungswege für ein Problem zu finden. In Gesprächen werden die Unterschiede im Denken der Kinder betont, verschiedene Meinungen gesammelt und über Entscheidungen gemeinsam beraten (vgl. auch Jank & Meyer 2005, 104).

Ressourcenorientierung

Erzieherisches Handeln setzt an den Ressourcen der Kinder an, und zwar aus der Grundhaltung heraus, dass Kinder über eine Fülle von Kompetenzen, Begabungen und Potentialen verfügen, aktiv sind und Sinn schaffen (vgl. Pramling-Samuelson & Asplund-Carlsson 2007). Kinder bauen ihre Identität anhand der Rückmeldungen der sie umgebenden Erwachsenen auf. Eine ressourcenorientierte Pädagogik stellt die Stärken des Kindes in den Vordergrund, damit das Kind ein positives Bild von sich selbst aufbauen kann. Ein positives Selbstkonzept vermittelt die Gewissheit, dass neue und noch schwierigere Aufgaben aufgrund der eigenen Kompetenzen angegangen und gelöst werden können. Aus dieser Grundhaltung heraus können auch Defizite überwunden werden, da Kinder die Lust und die Freude am Lernen nicht verlieren (vgl. Müller 2003, 5).

Bedürfnisorientierung

Bedürfnisorientierung meint einerseits die kontinuierliche Befriedigung der Grundbedürfnisse, ohne die Lernen überhaupt nicht möglich ist. Andererseits ist damit vor allem das »Bedürfnis nach Bildung« das »Sich-ein-Bild-machen« oder »Sich-ins-Verhältnis-setzen« (Laewen 2007, 50) gemeint. Kinder wollen Lernen, damit sie in einer ihnen zunächst fremden Welt handlungsfähig sind oder werden. Dieses Wollen des Kindes ist Gegenstand des pädagogischen Interesses und Ausgangspunkt für die pädagogischen Bemühungen der Fachkräfte.

Akzeptanz der Unterschiedlichkeit der Kinder

Unabhängig von ihren physischen, intellektuellen, sozialen, emotionalen, sprachlichen oder anderen Fähigkeiten leben Kinder in sehr heterogenen Kindergruppen zusammen. Alle Kinder müssen in ihrer Unterschiedlichkeit – Entwicklung, Lernstrategien, Individualität und Bedürfnisse – wahrgenommen werden. Diese Heterogenität erzeugt eine Komplexität, die für Erwachsene schwer wahrzunehmen, zu deuten und zu strukturieren ist. Für das selbstbestimmte Lernen von Kindern ist diese Unterschiedlichkeit aber eine Grundvoraussetzung, denn nur so verfügen sie zu jeder Zeit und in jedem Entwicklungsbereich über Lernvorbilder. Sie können sich zum Spielen andere Kinder suchen, von denen sie in der Zone der nächsten Entwicklung lernen können. Diese Unterschiedlichkeit von Kindern zu akzeptieren und darauf zu vertrauen, dass Kinder (besser) von anderen Kindern lernen, bedeutet aber auch eine authentische Abkehr von der traditionellen pädagogischen Praxis der Angebotspädagogik und von der Praxis des Separierens nach Altersgruppen. Gegen dieses überkommene funktionalistische Vorgehen spricht, dass kleine Kinder heutzutage so heterogen entwickelt sind, dass es schwer fällt, als Erwachsener genau das »passende« Förderangebot zu unterbreiten, welches verlässlich bei allen Kindern der Gruppe anschlussfähig ist und damit Lernen und Entwicklung herausfordert.

Vielfalt und Differenz

Der Alltag in einer pädagogischen Institution muss methodisch und inhaltlich so vielfältig und komplex sein, dass Kinder für sich immer wieder neue Lernschritte gehen können.

Vielfalt hat in pädagogischen Kontexten unterschiedliche Bedeutungen:
- Die Vielfalt der inneren Möglichkeiten des Kindes ist zu erkennen und ihre Entfaltung durch methodische Vielfalt zu unterstützen.
- In der Kommunikation mit Kindern wird betont, dass es vielfältige Perspektiven der Welterklärung gibt.
- Bei Problemen werden vielfältige Lösungsmöglichkeiten gesucht.
- Die Struktur des Alltags ist so komplex, dass Kinder vielfältige, für sich anschlussfähige Handlungsvarianten (vor)finden können.
- Das räumlich-materielle und soziale Umfeld des Kindes ist so vielfältig gestaltet, dass es sich entsprechend seines Entwicklungsstandes kontinuierlich an neue Inhalte und Personen annähern kann (vgl. Arnold 2007; Pramling-Samuelson & Asplund-Carlsson 2007; Jank & Meyer 2005).

Eine neugierige Haltung einnehmen

Erzieherinnen beobachten[16] die Lernprozesse der Kinder neugierig, vorurteilsfrei und interessiert. Sie sammeln soweit irgend möglich Informationen über das Lernen und die Entwicklung des Kindes und vor allem auch darüber, wie sich das Kind bestimmte Phänomene und Prozesse in der Welt erklärt. Es werden bevorzugt Methoden der Datenermittlung statt solche der Datenvermittlung eingesetzt. Das ermittelte implizite Wissen der Kinder ist Ausgangsbasis für die pädagogischen Aktivitäten der Fachkräfte (vgl. Pramling-Samuelson & Asplund-Carlsson 2007; Fried 2008; Ruf, Bader & Goetz 2005).

Dieses implizite Wissen kann, je nach Alter und Entwicklungsstand, methodisch vielfältig herausgefunden werden, zum Beispiel durch Beobachten und Gespräche mit dem Kind selbst und den anderen, am Erziehungsgeschehen beteiligten Erwachsenen.

Beobachtungen finden in Situationen statt, die frei von Interventionen der Erwachsenen sind, um den tatsächlichen Entwicklungsstand des Kindes und seine bereits erworbenen Kompetenzen und Fähigkeiten sehen zu können. Besonders in Spielhandlungen, also in szenischen Bildern, zeigen Kinder, welches Bild sie sich von der sie umgebenden Welt konstruiert haben, was sie wissen und welche Interessen sie haben. Diese Handlungen werden von den Erzieherinnen und Erziehern beobachtet, dokumentiert und interpretiert und sind Ausgangspunkt des pädagogischen Handelns, welches bei Bedarf noch mit anderen Erziehungszielen verknüpft werden kann (vgl. Laewen 2007, 52f.).

Das Verhältnis von pädagogischen Zielen, Inhalten/Themen und Methoden

Ziele

Pädagogische Ziele, Inhalte beziehungsweise Themen und Methoden stehen in einer Wechselbeziehung zueinander. Die Qualität des pädagogischen Prozesses in der Kindertageseinrichtung wird durch die Stimmigkeit der Ziel-Inhalts- und Methodenentscheidungen für das einzelne Kind und die Kindergruppe bestimmt (Jank & Meyer 2005, 55).

Pädagogische Ziele oder Erziehungsziele legen konkrete Absichten fest, bieten Orientierung für die Arbeit der Erzieherinnen und sichern, dass das professionelle Handeln planvoll und nicht spontan geschieht. Was in einer Kindertageseinrichtung erreicht werden soll, bestimmt, wie der Alltag und das professionelle Handeln, also die methodische und inhaltliche Umsetzung der Ziele gestaltet werden. Ein zielorientiertes pädagogisches Vorgehen sichert, dass der Erfolg erzieherischen Handelns als Zielerreichung erkennbar und reflektierbar wird. Handlungsziele formulieren, wie die Erziehungsziele erreicht werden können (vgl. Andres & Laewen 2007, 43ff.), das kann im Rahmen einer konstruktivistischen Didaktik zum Beispiel auch mit Kindern gemeinsam geschehen (vgl. Jank & Meyer 2005, 51). Welche Ziele in Kindertageseinrichtungen gesetzt werden, wird durch unterschiedliche Faktoren bestimmt:

16 Vgl. auch den Beitrag von Stefan Brée »Beobachten und Dokumentieren als Wahrnehmungs- und Interaktionsproblem«.

- die Bearbeitung der Themen der Kinder,
- die Erziehungsziele der einzelnen Erzieherin, des einzelnen Erziehers oder des gesamten Teams,
- normative Vorgaben (zum Beispiel die Erziehungspläne der Länder, Rahmenkonzeptionen der Träger),
- wissenschaftliche Erkenntnisse, etwa über das Lernen von Kindern, den Erwerb lernmethodischer Kompetenzen,
- die familiale Lebenssituation der Kinder und
- das Zusammenleben von Kindern in Kindergruppen.

Professionelles Handeln in der Kindertageseinrichtung unterscheidet sich vom erzieherischen Handeln der Eltern dadurch, dass die Erziehungsziele der Erzieherinnen und Erzieher reflektiert, bewusst und intersubjektiv, mithin veröffentlicht sind. Dies geschieht beispielsweise in der Einrichtungskonzeption oder durch andere Planungsarten, bei regelmäßig durchgeführten Elterngesprächen über die Entwicklung des Kindes und in Teamberatungen (vgl. Andres & Laewen 2007).

Erziehungsziele sind gesellschaftlich bestimmt. Es stellt sich hier die Frage, welches Wissen gesellschaftlich als so bedeutsam eingeschätzt wird, dass Kinder es in institutionellen Kontexten erwerben müssen.

Schlüsselkompetenzen

Momentan geht man davon aus, dass Kinder, um lebenslang lernen zu können und um in einer sich ständig verändernden Welt ihren Platz zu finden, auf dem sie glücklich sind, als Schlüsselkompetenzen insbesondere lernmethodische Kompetenzen erwerben sollen, da solche als abstraktes und übergreifendes Wissen eine längere Gültigkeit besitzen, als praxisnahes Wissen, im Sinne von immer schneller veraltenden Sachinformationen (vgl. Gisbert 2004, 34).

Mit Schlüsselkompetenzen erwirbt der Mensch: »Befähigungen mit ›hoher Reichweite‹ [...], die [ihn] in die Lage versetzen, zukünftig neue Inhalte selbständig zu erschließen und damit lebenslang lernen zu können« (Schelten 1998, zit. nach Gisbert 2004, 36).

Folgende Fähigkeiten werden unter dem Begriff Schlüsselkompetenzen zusammengefasst:
- Soziale Fähigkeiten: Dazu gehören zum Beispiel Kommunikations- und Kooperationsfähigkeit, Durchsetzungsvermögen, Empathie, Zuverlässigkeit, Verantwortungsgefühl und Verantwortungsbewusstsein. Diese Kompetenzen versetzen den Menschen in die Lage, in sozialen Situationen angemessen zu handeln.
- Methodenkompetenz: Unter diese Schlüsselqualifikation zählt man beispielsweise Problemlösefähigkeit, Kreativität, Lernbereitschaft, Denken in Zusammenhängen, abstraktes und logisches Denken.
- Personale Fähigkeiten: In diesem Bereich werden diejenigen Fähigkeiten zusammengefasst, in denen sich die individuelle Haltung zur Welt, zu sich selbst und gegenüber Anforderungen ausdrückt, wie Selbstvertrauen, Motivation, Flexibilität, Konzentrationsfähigkeit, Ausdauer, Selbstständigkeit, Resilienz und Zuverlässigkeit.
- Handlungskompetenzen: Die Fähigkeit eines Menschen, sich situativ angemessen verhalten

zu können, selbstbestimmt und eigenverantwortlich Probleme zu lösen, bestimmte Leistungen zu erbringen und mit anderen Menschen angemessen zu interagieren, wird als Handlungskompetenz bezeichnet.
- Medienkompetenz: Medienkompetenz ist die Fähigkeit der Kinder, eigenverantwortlich und bewusst die Auswahl der Medien entsprechend der individuellen Interessen und Bedürfnisse treffen zu können. Kinder sollen Medien als eine sinnvolle Möglichkeit des Wissenserwerbs, der Kommunikation, der Dokumentation von Informationen und der Entspannung kennen lernen (vgl. Gisbert 2004).

Erwerb lernmethodischer Kompetenzen

Kinder kommen mit einem angeborenen Neugier- und Explorationsverhalten zur Welt, Kinder brauchen das Lernen selbst nicht zu lernen, sie können es bereits (Völkel 2006, 50). Die Zeit vor der Schule nutzen Kinder dafür, Handlungskompetenzen zu erwerben, die ihr Lernen optimieren, die sogenannten lernmethodischen Kompetenzen. Damit sind die Fähigkeiten der Kinder gemeint, zunehmend reflektierter die Verantwortung für die Steuerung und Überwachung der eigenen Lernprozesse zu übernehmen und diese zum Gegenstand des eigenen Nachdenkens zu erheben. Diese lernmethodischen Kompetenzen erwerben Kinder zum einen durch Spielen und zum anderen durch angeleitete Lernprozesse, die das Lernen der Kinder zum Gegenstand der Reflexion haben.[17] (vgl. Gisbert 2004, 157; Pramling-Samuelson & Asplund-Carlsson 2007).

Kinder sollen lernen:
- Lernprozesse effektiver gestalten zu können,
- ihr Denken zu verbessern,
- das eigene Verhalten zu planen und Fehler selbst entdecken und korrigieren zu können,
- sich selbst zu überwachen, zu steuern und Leistungen treffend einschätzen zu können (vgl. Gisbert 2004; Pramling-Samuelson & Asplund-Carlsson 2007).

Hochbegabte Kinder beschäftigen sich häufig mit Themen, mit denen sich andere Kinder (noch) nicht beschäftigen. Die Gefahr besteht, dass dieser Umstand in der Kindertageseinrichtung aus verschiedenen Gründen nicht wahrgenommen werden kann. Für das Lernen der hochbegabten Kinder ergibt sich das Risiko der kontinuierlichen und dauerhaften Unterforderung. Damit hochbegabte Kinder Schlüsselkompetenzen ausbilden können, ist es notwendig, dass sie sich entwicklungsangemessene Herausforderungen stellen und diese bewältigen, indem sie die Chance erhalten, sich selbst kontinuierlich mit neuen Themen verschiedenster Art zu konfrontieren, oder durch Erziehung damit konfrontiert werden.

17 Vgl. auch den Beitrag »Spielen ist Lernen – das Konzept der Entwicklungspädagogik«.

Themen und Inhalte

Das deutsche Bildungssystem ist sehr inhaltsdominiert, das heißt auf die frontale Vermittlung von Inhalten ausgerichtet (Reich 2005, 182). Traditionell auf Friedrich Fröbel zurückgehend, orientieren sich die Inhalte in der Elementarpädagogik häufig noch am Jahreskreis. Doch in Umsetzung der genannten Ziele zeigen sich noch eine Fülle anderer Themen, welche Gegenstand der Arbeit in Kindertageseinrichtungen sein können und das sinnhafte Lernen der Kinder in Alltagssituationen herausfordern.

In der schulischen Didaktik wird häufig der Begriff des Inhalts benutzt, Andres und Laewen sprechen von Thema. Sie definieren den Begriff wie folgt:

»Einerseits verstehen wir darunter einen Gegenstand im weitesten Sinne des Wortes, mit dem sich ein Kind nicht nur beiläufig auseinandersetzt und der eine subjektive Konstruktion des Kindes ist. In dieser Form ist dieser Gegenstand nur dem Kind selbst zugänglich. Der Begriff Thema bezeichnet dabei sowohl diesen inneren Gegenstand als auch die Konstruktionsprozesse des Kindes, die sich darauf beziehen. Andererseits gewinnt das Thema des Kindes eine – neue – kulturelle Gestalt, wenn es von Erwachsenen – in der Kindertageseinrichtung also von Erzieherinnen – aufgegriffen und auf der Grundlage kultureller Deutungsmuster reformuliert wurde« (2007, 106f.).

Dabei stößt die elementarpädagogische Praxis auf eine Schwierigkeit, da sich die Themen der Kinder häufig nicht durch direkte Kommunikation erschließen, und das besonders bei jüngeren Kindern. Die direkten Ausdrucksformen der Kinder befinden sich in der Entwicklung, Kinder erwerben im Laufe ihres Sozialisationsprozesses erst die Fähigkeit, das für sie Wichtige, welche Themen sie beschäftigen, für andere verständlich zu formulieren und Einblick in ihre subjektiven Welt- und Selbstkonstruktionen zu geben. Deshalb können pädagogische Fachkräfte häufig nur durch Beobachtungen der sichtbaren Handlungen des Kindes und besonders bei hochbegabten und älteren Kindern durch reflektierende Gespräche herausfinden, welches Thema das Kind gerade beschäftigt (vgl. Andres & Laewen 2007, 107).

Methoden

Methoden sind Verfahren, mit denen die Themen der Kinder bearbeitet werden. In einer konstruktivistischen Didaktik werden vor allem Methoden ausgewählt, die das eigenaktive und selbstbestimmte Lernen der Kinder entwicklungsangemessen unterstützen, begleiten und herausfordern und die dazu dienen, das Denken und die Deutungen der Kinder herauszufordern und zu Tage treten zu lassen. In einer Ermöglichungsdidaktik übernehmen Kinder Verantwortung auch für die methodische Gestaltung ihres Lernens.

Reich (2005, 188) geht davon aus, dass Kinder ein hohes Maß an didaktisch-methodischer Kompetenz entwickeln können: »Die wirksamste Didaktik für das Lernen ist immer die Lernerdidaktik, denn wenn ein Lerner sich selbst auf einfachste Weise und verständlich erklären kann, wie, was, warum, wie weitgehend und mit welcher Tiefe gelernt werden kann und soll, dann hat dieser Lerner bereits das Lernen gelernt« (ebd., 189).

Im Alltag der Kindertageseinrichtung sind also keine Methoden auszuwählen, die auf eine besonders originelle Art und Weise die »Stoffvermittlung« an Kinder sichern, sondern eher solche, die die Originalität der Lernwege der Kinder, die Didaktik und die bevorzugten Lernstile der Kinder offenlegen und für den Erwachsenen erkennbar machen. Die Kinder werden durch die ausgewählten Methoden zum Denken, Reflektieren und Mitteilen ihrer Erfahrungsumwelt, mithin zu Metakommunikation angeregt.

Zusammenfassend ist festzustellen, dass die Kohärenz von Zielen, Themen und Methoden in einer konstruktivistischen Didaktik sicherstellt, dass sowohl hochbegabte als auch alle anderen Kinder Schlüsselkompetenzen erwerben – und damit die Voraussetzung, um lebenslang lernen zu können. Ausgangspunkt für angeleitete Lernprozesse können die subjektive Weltsicht und die Phänomene des Alltags eines jeden Kindes sein. Alle Förderangebote müssen auf den individuellen Entwicklungsstand, die Interessen und Bedürfnisse der (hochbegabten) Kinder abgestimmt sein, um für das Kind anschlussfähig und damit hilfreich zu sein.

»Die biografisch geprägten individuellen Erfahrungen des Einzelnen entscheiden darüber, wie er einen Lerngegenstand auffasst und welche Bedeutung er für ihn annimmt, sowie darüber, wie er seine eigenen Lernprozesse gestaltet und versteht« (Gisbert 2004, 157).

Die organisatorisch-institutionelle Gestaltung des pädagogischen Angebotes [18]

Der Gestaltung eines entwicklungsfördernden Kontextes, welcher das Lernen der Kinder herausfordert, ist in der Praxis höchste Aufmerksamkeit zuzuwenden.

Unter Kontext wird die Gesamtheit der Lernumgebung des Kindes verstanden, also all das, was außerhalb des Kindes liegt. Das ist zum einen die familiale Situation, die Schichtzugehörigkeit und die Kultur in der die Familie lebt. Zum anderen sind es die konkreten Bedingungen in der pädagogischen Institution: Die sozialen Beziehungen zu Peers und Erwachsenen, die Raumgestaltung, das Materialangebot und die Strukturierung der Abläufe, wie zum Beispiel die Gruppenstruktur und der pädagogische Ansatz der Kindertageseinrichtung. All die genannten Faktoren bedingen einander und haben auf das Lernen der Kinder einen direkten Einfluss, weil es Angebote sein können, die Kinder zum Lernen auffordern.

Auch an dieser Stelle gilt der Grundsatz, dass die Entwicklung des einzelnen Kindes und der Kindergruppe bestimmt, wie der Kontext gestaltet werden muss. Das hat in der Praxis zur Folge, dass sich Raum-, Zeit- und Materialangebote kontinuierlich wandeln und Gruppen- und Einrichtungsstrukturen hinterfragt werden müssen.

Die Wahrscheinlichkeit ist hoch, dass für hochbegabte Kinder besondere Materialien bereitgestellt oder ihnen eigene Angebote unterbreitet werden müssen. Dies geschieht jedoch so, dass alle Kinder, die sich dafür interessieren, auch daran teilhaben können. Dies erfordert ein gut geplantes didaktisches Vorgehen der Erzieherinnen. So ist es denkbar, dass gemeinsam mit einem hochbegabten Kind eine Lese- und Schreibecke eingerichtet wird, weil es gerade Lesen und Schreiben lernt. Natürlich dürfen alle Kinder, die wollen und die sich an die ent-

18 Vgl. auch die Beiträge im Kapitel »Praxis der Förderung hochbegabter Kinder in der Kindertagesstätte«.

sprechenden Regeln halten (können), dieses Angebot nutzen. Dies erfordert eine hohe Präsenz der Erzieherin, vor allem auch, um die Kinder beim Erwerb des jeweils erforderlichen Handwerkszeugs (zum Beispiel bei der Benutzung eines Füllers oder eines Computers) zu unterstützen und zu begleiten.

Zusammenfassung

Eine konstruktivistische Didaktik in der Elementarpädagogik hat die Bedürfnisse und Interessen aller Kinder im Blick (Inklusion). Hinsichtlich der Gestaltung einer begabungssensiblen Pädagogik bedeutet dies, dass die Erzieherinnen und Erzieher ein basales Wissen um das Phänomen Hochbegabung benötigen und dieses Wissen zur Interpretation ihrer kontinuierlichen Beobachtungen im Alltag der Kindertageseinrichtung einsetzen. Eine dialogische Interaktion mit reziproken Beziehungen zwischen Erwachsenen und Kindern, in der sich Momente der adaptiven Instruktion, mit konstruktiven Momenten der Kinder in Balance befinden und durch andere Lernformen ergänzt werden, ist notwendig, damit Kinder umfassend und nachhaltig eigenaktiv lernen können.

In diesen Prozessen nähern sich Kinder kontinuierlich an neue Themen an, erweitern ihre Perspektiven und lernen neue kennen. Diese Prozesse werden ausgehend vom jeweiligen Entwicklungsstand des Kindes gestaltet und es ist auf Anschlussfähigkeit und Sinnhaftigkeit der Themen für die Kinder zu achten. Dafür bilden kontinuierlich geführte Beobachtungen die Basis, welche das Lernen und die Entwicklung der Kinder, die Kommunikation mit Peers und die Gestaltung der Beziehungen zur Umwelt im Blick haben.

Gruppen- und Einrichtungsstrukturen sind so heterogen und komplex zu gestalten, dass symmetrische und komplementäre Ko-Konstruktionen unter Peers möglich sind. Durch die Heterogenität von Kindergruppen haben einzelne Kinder die Möglichkeit, Anregungen in allen Kompetenzbereichen zu finden.

Die Erzieherinnen und Erzieher begleiten das Lernen der Kinder, sorgen für einen entwicklungsfördernden Kontext für das Lernen und muten den Kindern die Auseinandersetzung mit Themen zu, auf welche Kinder von allein nicht kommen können. Der Alltag der Kinder ist Lerngegenstand. Den pädagogischen Handlungen geht die Beobachtung zum Erfassen des Vorwissens und des Entwicklungsstandes des Kindes voraus. Ziel ist, die Anschlussfähigkeit und Beteiligungsmöglichkeiten für nachfolgende, vom Erwachsenen zugemutete und instruierte Bildungsprozesse (adaptive Instruktion) herzustellen.

Literatur

Andres, B. & Laewen, H.-J. (2007). Arbeitshilfe für Bildung und Erziehung in Kindertageseinrichtungen. Die Handreichung zum infans-Konzept der Frühpädagogik. 3. Aufl. Stuttgart: Kommunalverband für Jugend und soziales Baden-Württemberg. Dezernat Jugend – Landesjugendamt.

Arnold, R. (2007). Ich lerne – also bin ich. Eine systemisch-konstruktivistische Didaktik. Heidelberg: Carl-Auer.

Bardmann, T. M. (2008). Integration und Inklusion – systemtheoretisch buchstabiert: Neue Herausforderungen für die soziale und pädagogische Arbeit. In M. Kreuzer & B. Ytterhus (Hrsg.), Dabeisein ist nicht alles. Inklusion und Zusammenleben im Kindergarten. München, Basel: Ernst Reinhardt.

Bohm, D. (1996). Der Dialog. Das offene Gespräch am Ende der Diskussion. [4. Aufl. 2005.] Stuttgart: Klett-Cotta.

Booth, T., Ainscow, M. & Kingston, D. (2007). Index für Inklusion (Tageseinrichtungen für Kinder). Spiel, Lernen und Partizipation in der inklusiven Kindertageseinrichtung entwickeln. Deutschsprachige Ausgabe. 2. überarbeitete Aufl. Hrsg. der Originalfassung: Centre für Studies on Inclusive Education (CSIE). Hrsg. der deutschen Fassung: GEW, Frankfurt/Main.

Brandes, H. (2008). Selbstbildung in Kindergruppen. Die Konstruktion sozialer Beziehungen. München, Basel: Ernst Reinhardt.

De Mause, L. (Hrsg.) (1977). Hört ihr die Kinder weinen. Eine psychogenetische Geschichte der Kindheit. Frankfurt/Main: Suhrkamp.

Dollase, R. (2007). Wie viel Bildung steckt im Alltag? In E. Hammes-Di Bernardo (Hrsg.), Kompetente Erziehung. Zwischen Anleitung und Selbstbildung. Weimar, Berlin: verlag das netz.

Fried, L., Kohlruss, M. & Reintjes. M. (2008). Wissenslandkarten von Kindern. Wissensaneignung dokumentieren und fördern. In L. Fried (Hrsg.), Das wissbegierige Kind. Neue Perspektiven in der Früh- und Elementarpädagogik (S. 167-189). Weinheim, München: Juventa.

Gisbert, K. (2005). Lernen-lernen. Lernmethodische Kompetenzen von Kindern in Kindertageseinrichtungen fördern. Weinheim: Beltz.

Glasersfeld, E. v. (2005). Was heißt »Lernen« aus konstruktivistischer Sicht? In R. Voß (Hrsg.), Unterricht aus konstruktivistischer Sicht (S. 213-222). 2. Aufl. Weinheim: Beltz.

Göhlich, M. & Zierfas, J. (2007). Lernen. Ein pädagogischer Begriff. Stuttgart: Kohlhammer.

Hartkemeyer, M. & Freemann Dhority, L. (1998). Miteinander Denken. Das Geheimnis des Dialogs. Stuttgart: Klett-Cotta.

Hasselhorn, M. & Gold, A. (2006). Pädagogische Psychologie. Erfolgreiches Lehren und Lernen. 1. Aufl. Stuttgart: Kohlhammer.

Hasselhorn, M., Lehmann, M. & Titz, C. (2008). Kindheit und das Verständnis von Aufwachsen. Die Sicht der Entwicklungspsychologie. In W. Thole, H.-G. Roßbach, M. Fölling-Alberts & R. Tippelt (Hrsg.), Bildung und Kindheit. Pädagogik der Frühen Kindheit in Forschung und Lehre. Opladen, Farmington-Hills: Barbara Budrich.

Haug, P. (2008). Inklusion als Herausforderung der Politik im internationalen Kontext. In M. Kreuzer & B. Ytterhus (Hrsg.), Dabeisein ist nicht alles. Inklusion und Zusammenleben im Kindergarten. München, Basel: Ernst Reinhardt.

Jank, W. & Meyer, H. (2005). Didaktische Modelle. 7. Aufl. Berlin: Cornelsen Scriptor.

König, A. (2008). Pädagogik der frühen Kindheit. In T. Coelen & H.-U. Otto (Hrsg.), Grundbegriffe der Ganztagsbildung (S. 311-320). Wiesbaden: VS.

König, A. (2009). Interaktionsprozesse zwischen Erzieherinnen und Kindern. Eine Videostudie aus dem Kindergartenalltag. Wiesbaden: VS.

Laewen, H.-J. (2007). Wie Erziehung und Bildung zusammenhängen. In E. Hammes-Di Bernardo (Hrsg.), Kompetente Erziehung. Zwischen Anleitung und Selbstbildung. Weimar, Berlin: verlag das netz.

Liegle, L. (2008). Erziehung als Aufforderung zur Bildung. Aufgaben der Fachkräfte in Tageseinrichtungen für Kinder in der Perspektive der frühpädagogischen Didaktik. In W. Thole, H.-G. Roßbach, M. Fölling-Alberts & R. Tippelt (Hrsg.), Bildung und Kindheit. Pädagogik der Frühen Kindheit in Forschung und Lehre. Opladen, Farmington-Hills: Barbara Budrich.

Lindemann, H. (2006). Konstruktivismus und Pädagogik. Grundlagen, Modelle und Wege zur Praxis. München, Basel: Ernst Reinhardt.

Müller, A. (2003). Anstiftung zum Lernerfolg. www.hep-verlag.ch. Zugriff am 3.11.2009.

Pramling-Samuelson, I. & Asplund-Carlsson, M. (2007). Spielend lernen. Die Stärkung lernmethodischer Kompetenzen. Troisdorf: Bildungsverlag EINS.

Raithel, J., Dollinger, B. & Hörmann, G. (2009). Einführung Pädagogik. Begriffe – Strömungen – Klassiker – Fachrichtungen. 3. Aufl. Wiesbaden: VS.

Reich, K. (2005). Konstruktivistische Didaktik auf dem Weg, die Didaktik neu zu erfinden. In R. Voß (Hrsg.), LernLust und Eigensinn. Systemisch-konstruktivistische Lebenswelten (S. 179-190). Heidelberg: Carl Auer.

Reich, K. (2006). Konstruktivistische Didaktik. Lehr- und Studienbuch mit Methodenpool. 3. völlig überarbeitete Aufl. Weinheim: Beltz.

Ruf, U. & Badr Göetz, N. (2005). Dialogischer Unterricht als pädagogisches Versuchshandeln. In R. Voß (Hrsg.), Unterricht aus konstruktivistischer Sicht. Die Welt in den Köpfen der Kinder (S. 73-92). Weinheim: Beltz.

Schäfer, G. E. (2005). Über die Entstehung der Wirklichkeit im Spiel. In J. Bilstein, M. Winzen & C. Wulf (Hrsg.), Anthropologie und Pädagogik des Spiels (S. 219-229). Weinheim: Beltz.

Siebert, H. (2006). Selbstgesteuertes Lernen und Lernberatung. Konstruktivistische Perspektiven. 2. überarbeitete Aufl. Augsburg: Ziel-Verlag.

Sylva, K. et al. (2003). Assessing Quality in the Early Years: Early Childhood Environment Rating Scale. Extension (ECERS-E). Four Curricular Subscales. Staffordshire: Trentham Books.

Voß, R. (Hrsg.) (2005). LernLust und Eigensinn. Systemisch-konstruktivistische Lebenswelten. Heidelberg: Carl-Auer.

Kinder brauchen Räume und Zeiträume zur Aneignung der Welt

Die Erzieherin und Begabtenpädagogin Ingrid E. Schulz, Leiterin des Kinderhauses Heinestraße in Reutlingen, im Gespräch

Welche Bedeutung haben Beobachtungen für die Gestaltung des pädagogischen Alltags in Ihrer Kindertagesstätte?

Beobachtung war für uns – wie wahrscheinlich für alle Kindertageseinrichtungen – schon immer die Grundlage unseres pädagogischen Handelns. Stark orientiert an Reggio, beobachteten und dokumentierten wir, um Grundlagen für unsere Projekte zu haben. Zusätzlich beobachteten wir die Kinder in ihrem Alltag und fragten uns: welche Räume suchen sie auf und welche Spiele, Tätigkeiten und Arbeiten bevorzugen sie in diesen Räumen. Wir dokumentierten damals, wo sich die Kinder in der Ankommensphase und in der »Schaffensphase« (die Zeit, in der Arbeiten und Spiele vertieft werden) aufhielten.

Im Jahre 2004, inspiriert durch die Bildungs- und Lerngeschichten nach Margaret Carr, fanden wir, dass dieses Instrument das »Puzzleteil« für unsere systematischen Beobachtungen ist, das uns noch fehlte. Wir organisierten unsere Beobachtungen nach den Begriffen Gruppe – Raum – Individuum.

Dadurch wurde auch klar, dass unser Morgentreff täglich um 9.15 Uhr nicht mehr dem entsprach, was wir uns vorstellten. Ich beobachtete die Situation: Wie verhalten sich die Kinder (»Gruppe«) vor dem Morgentreff, wie ein einzelnes Kind (»Individuum«), was sagt die »Raum«-Situation aus. Wir stellten fest, dass mehrere Kinder vor dem Morgentreff, also in der Zeit von ca. 8.55 bis 9.10 Uhr, zwar interessiert im Haus unterwegs waren, sich aber in keine Tätigkeit vertiefen konnten. Auch das einzelne Kind, das gegen 9 Uhr ankam, zeigte bei der Analyse keine Vertiefung in sein Spiel.

Aus unseren Beobachtungen und Analysen wurde klar, dass die in dieser Zeit zu uns gebrachten Kinder in dem kurzen Zeitraum, der ihnen bis zum Morgentreff blieb, nicht mehr motiviert waren, sich in ein Spiel und damit einen Lernprozess zu vertiefen. Das machte die Kinder unruhig und das Interesse an dieser »Gemeinsamkeit« war minimiert, denn die Kinder kommen morgens zu uns, um »lustvoll« zu arbeiten und neue Dinge zu entdecken. Von heute auf morgen gab es den Morgentreff nicht mehr. Nach zwei Wochen kamen die Kinder gegen 10.15 Uhr und fragten: Gibt es keinen Morgentreff mehr? Auf die Frage, was ihnen denn fehle, antworteten sie: sich sehen, erzählen und singen. Also gab es fortan wieder einen Morgentreff, und zwar um 10.15 Uhr.

Frau Schulz, das Team Ihrer Einrichtung beobachtet kontinuierlich alle Kinder mit dem Instrument der Bildungs- und Lerngeschichten. Warum hat sich das Team gerade für dieses Instrument entschieden?

Die Beobachtungen setzen an den Stärken der Kinder an. Es ist ein ressourcenorientiertes Instrument und – was für uns wichtig war – ein dialogorientiertes Instrument, welches das Kind in den Mittelpunkt rückt. Uns ist es damit gelungen, Kinder in ihrer Vielfalt zu entdecken und zu begleiten. Die Lernprozesse der Kinder können dann optimiert werden, wenn ein Instrument wie das der »Bildungs- und Lerngeschichten« angewandt wird.

Viele Beobachtungsinstrumente für das Kindergartenalter dienen der Beurteilung des Entwicklungsstandes. Mit Hilfe der Bildungs- und Lerngeschichten wird das Lernen der Kinder selbst beobachtet und dokumentiert. Warum ist das besonders wichtig?

Für mich ist es besonders wichtig, mit Kindern über ihr Lernen zu sprechen. Kinder können schon sehr früh mitteilen, dass sie etwas Neues gelernt haben. Jeder kennt den freudigen Satz: »Guck mal, was ich kann!« Damit drücken Kinder aus, dass sie etwas können, was sie vorher nicht konnten. Es geht darum, hinzuschauen und hinzuhören, aufmerksam und achtsam zu sein, Beachtung und Wertschätzung dem Spiel, dem Tun der Kinder entgegenzubringen. Durch Beachtung und positive Verstärkung wird das Lernen unterstützt, und die Neugierde gestärkt.

Welche weiteren wichtigen Vorteile hat die Methode aus Ihrer Sicht?

Die Kinder werden in ihre eigenen Lernprozesse einbezogen, mit ihnen wird schon sehr früh über ihr Lernen gesprochen und nachgedacht, Metakognition – also das Wissen über das eigene Wissen und Lernen – erreicht. Das Lernen steht im Mittelpunkt des Austausches zwischen Erzieherin, Kind und Eltern. Die Kinder beziehen ihre Eltern mit Hilfe ihres »externen Gedächtnisses«, dem Portfolio, in die Reflexion ihrer Lernprozesse ein.

Warum ist Ihrer Meinung nach dieses Instrument für die Beobachtung hochbegabter Kinder so gut geeignet?

Um hochbegabte Kinder zu erkennen, muss ich mich eines Beobachtungsinstruments bedienen. Die Lernprozesse der Kinder können dann optimiert werden, wenn ein Instrument angewandt wird, das auf den Elementen Beobachtung, Analyse nach Lerndispositionen, Dialog, nächste Schritte und Dokumentieren, basiert – wie das der »Bildungs- und Lerngeschichten« nach Carr.

Am Beispiel der ersten Lerndisposition nach Carr (»Interessiert sein«) kann ich dies näher erklären: Ein Kind sprüht vor Wissbegierde und löchert so lange mit Fragen, wie es auf wohlwollende Partner stößt, die ihm aktiv zuhören. Werden die Fragen als »Unsinn« abgetan oder das Kind gar als zu anstrengend empfunden oder als »Störer«, der nie still sein kann, wird es zum

Außenseiter und fühlt sich nicht mehr zugehörig. Ein Kind, das sich nicht zugehörig und nicht wohl fühlt, geht nicht auf Forschungsreise und kann keinen Herausforderungen standhalten. Bei der vierten Disposition ist der Einfluss des Kontextes ähnlich: »Das Kind kann sich schon sehr gut ausdrücken, fällt durch seine Formulierungen immer wieder auf.« Das bedeutet, das Kind verfügt bereits über Kommunikationsmittel, die es zu fördern gilt. »Ein Kind, das sich Informationen, Namen und Ereignisse hervorragend merken kann«, kann mit seinem Wissen an der Lerngemeinschaft mitwirken und an Entscheidungsprozessen teilhaben, insofern es auf eine wertschätzende und fördernde Umwelt trifft.

Welche Beobachtung hat Sie besonders erstaunt oder erfreut? Erinnern Sie sich an ein »Aha-Erlebnis«, das Sie mit diesem Instrument hatten?

Ja, das liegt jetzt allerdings schon ein paar Jahre zurück, es war am Anfang der Weiterbildung zur Begabtenpädagogin und nachdem wir ungefähr knapp zwei Jahre mit dem Instrument arbeiteten. Ich beobachtete ein Kind, das in der Bauwerkstatt in kürzester Zeit sehr viele Spielideen entwickelte und umsetzte. Ich war erstaunt, wie wenig Zeit dieser Junge benötigte, um all seine Ideen mit selbstgebauten Lego-Robotern lebendig werden zu lassen. Ich befragte meine ebenfalls anwesende Kollegin, wie sie die Situation erlebt hatte, worauf sie mir antwortete, der Junge habe in kein Spiel gefunden und die anderen Kinder im Raum gestört. So schnell können Fähigkeiten falsch gedeutet werden, wenn nicht systematisch beobachtet wird. Dieses Schlüsselerlebnis öffnete uns die Augen, wie schnell auch Fachkräfte in die Falle der Zuschreibung tappen können. Der Junge steht übrigens heute nach drei Grundschuljahren vor der Versetzung in ein Gymnasium mit einem Zug für Hochbegabte.

Beobachten und Dokumentieren als Wahrnehmungs- und Interaktionsproblem

Stefan Brée

Grundsätzliches

Die regelmäßige Beobachtung und Dokumentation von Bildungsprozessen wird heute als Voraussetzung für das Gelingen elementarer Bildung angesehen. Mit der Einführung des Bildungsauftrags und von Bildungsplänen wird in Kindertageseinrichtungen die Begleitung, Förderung und Unterstützung von frühkindlicher Bildung auf der Grundlage von Beobachtungs- und Dokumentationsverfahren zunehmend realisiert. Diese Veränderung ist eng verknüpft mit einem frühpädagogischen Paradigmenwechsel, in welchem die Profession das Kind als ein aktives, autonomes und sich selbst bildendes Subjekt konstruiert (u. a. Laewen 2002; Schäfer 1998, 2005; Liegle 2006; Tietze & Viernickel 2007). Vor dem Hintergrund gesellschaftlicher Modernisierungsprozesse und wissenschaftlicher Erkenntnisse sollen die Selbstbildungspotentiale von Kindern von Anfang an genutzt und Kompetenzen gefördert werden (Kunze & Gisbert 2005). Dabei ist allerdings noch weitgehend unklar, wie in der Praxis mit Beobachtungs- und Dokumentationsverfahren umgegangen wird, vor allem wie Fachkräfte im pädagogischen Alltag ihre Beobachtungen im Einzelnen nutzen, um Bildungsinhalte und pädagogisches Handeln reflektiert zu verknüpfen.[19]

Bei der Tätigkeit des Beobachtens handelt es sich um einen aktiven Wahrnehmungs- und Interpretationsprozess, bei dem Umweltreize aufgrund interner, meist unbewusster Entscheidungsmuster ausgewählt und in Informationen umgewandelt werden.[20] Wenn wir Kinder beobachten, konstruieren wir also immer eine subjektive, durch Wissen, Biografie und Erfahrung bestimmte Perspektive. Wir wählen aus, vermuten, interpretieren, urteilen und entscheiden. Aus erkenntnistheoretischer Sicht eine notwendige Form der Reduktion von Umweltkomplexität, die allerdings blinde Flecken der Wahrnehmung hinterlässt und damit das Risiko von Fehlinterpretationen. Bei unserem Thema haben wir es also zunächst mit zwei grundlegenden Fragen zu tun, die im pädagogischen Alltag eine Rolle spielen:

- Welche bildungstheoretischen Ansätze prägen pädagogische Ziele und Handlungen?
- Wie gehen Fachkräfte mit dem Problem des blinden Fleckes um, wenn sie das Handeln von Kindern beobachten und interpretieren?

Die aktuelle Expertise für gute Bildung, Erziehung und Betreuung von Viernickel und Schwarz beschreibt aufgrund einer vergleichenden Analyse von Bildungsplänen länderübergreifend vier

19 Im Rahmen des Verbundprojektes »Frühkindliche Bildung und Entwicklung in Niedersachsen« werden im Forschungscluster »Professionen und Professionalisierung« Deutungskompetenzen von ErzieherInnen untersucht. Im Mittelpunkt steht etwa die Frage, wie Selbstbildungsprozesse von Kindern wahrgenommen und mit Bezug auf Bildungspläne interpretiert werden. (Vgl. http://www.forschungsverbund-fbe.de/index.php?id=57)

20 Ausführlich zu möglichen Beobachtungsfehlern und Beobachtungsrisiken Bensel 2006 und Viernickel & Völkel 2005.

Anforderungsbereiche für die Beobachtung und Dokumentation von Bildungsprozessen. Genannt werden:

- das Verfahren des Beobachtens,
- die Beobachtungsziele,
- die Formen der Auswertung und des Austausches sowie
- die Formen der Dokumentation von Bildungsprozessen.

Diese unterschiedlichen Dimensionen des Themas verweisen auf weitere Fragen. Die Wahrnehmung, Beobachtung und Dokumentation von Bildungsprozessen bewegt sich in einem Feld komplexer und gleichzeitig wirksamer Herausforderungen.

Die Tätigkeit des Beobachtens und Dokumentierens wird als ein mehrperspektivisches und multimediales Verfahren beschrieben, das unterschiedliche Ziele verfolgt. In prozessorientierten Ansätzen wie den Bildungs- und Lerngeschichten werden die individuellen Bildungswege ebenso berücksichtigt wie die Interaktionen der Kindergruppe, das pädagogische Angebot oder die unterschiedlichen Bildungsbereiche. Standardisierte Verfahren wie die »Meilensteine der Entwicklung« lenken den Blick auf eine diagnostische Früherkennung von Risiken, also auf die Frage, wie stark die Entwicklung bestimmter Kinder von einer altersbezogenen Norm abweicht.

Die Auswertung und Interpretation von Beobachtungen bezieht sich sowohl auf individuelle Formen wie auf einen dialogischen Austausch mit Kolleginnen, Kindern und Eltern. Der Fokus der Verfahren ist neben dem Ableiten und Umsetzen individueller pädagogischer Ziele auf die Vorbereitung von Entwicklungsgesprächen mit Eltern, die Justierung des pädagogischen Angebotes oder die gezielte Förderung gerichtet. In den Bildungsplänen finden die genannten Kriterien jeweils unterschiedliche Gewichtungen, die Aufmerksamkeit richtet sich in der Regel auf das einzelne Kind und den Dialog mit den Beteiligten (vgl. Leu 2006, 2007; Viernickel & Schwarz 2009).

Bei der Beobachtung und Dokumentation von Bildungsprozessen geht es also keinesfalls nur um die Einführung neuer Methoden oder um die Kontrolle von Entwicklungsschritten. Aus Sicht von heterogenen Kindergruppen und individuellen Entwicklungsgeschwindigkeiten sind Prozessorientierung und Prävention gleichermaßen bedeutsam, da es in der Praxis keine konstruktivistischen »Idealkinder« und »Idealverläufe« gibt. Es stellt für die Fachkräfte eine große Herausforderung dar, zwischen den Verfahrensansätzen und Beobachtungsstrategien unterscheiden zu können, um einerseits selbsttätige Bildung zu unterstützen und Kinder andererseits gezielt fördern und anleiten zu können. Die Tätigkeit des Beobachtens und Dokumentierens ist eine reflektierte Form pädagogischen Handelns. Als ein erkenntnisleitendes Verfahren ist die Beobachtung und Dokumentation von Bildungsprozessen Bestandteil einer professionellen Interaktion zwischen Kindern und Erwachsenen und damit Voraussetzung reflexiven pädagogischen Handelns. Abgesehen von den Herausforderungen für personelle Ressourcen und die strukturellen Abläufe in Kindertageseinrichtungen stehen bei der Einführung der Beobachtung und Dokumentation von Bildungsprozessen damit alle am Bildungsprozess Beteiligten mit ihren unterschiedlichen Perspektiven, Motiven und Interessen im Mittelpunkt:[21]

- Das sind vor allem Kinder, die sich auf unterschiedlichste Art und Weise und mit unterschiedlichen Voraussetzungen mit ihrer sozialen und sachlichen Umwelt auseinandersetzen. In Abhängigkeit von individuellen Besonderheiten und von Umgebungsresonanz entdecken und gestalten Kinder ihre Wirklichkeit und lernen dabei mehr oder weniger, ihren Handlungsspielraum zu erweitern.
- Zum Zweiten sind es pädagogische Fachkräfte, welche die Aktivitäten und Entwicklungsschritte der Kinder aufgrund von Beobachtungen, Wissen und pädagogischen Zielen im Rahmen wechselseitiger Interaktionen und organisatorischer Strukturen pädagogisch begleiten und pädagogisch handeln.
- Und schließlich wollen Eltern wissen, wie sich ihre Kinder entwickeln, was und wie sie lernen und wo sie als Eltern gegebenenfalls Rat und Unterstützung für Erziehung und Bildung erhalten können.

In Kindertageseinrichtungen wurden Kinder nun allerdings schon immer beobachtet und kindliche Aktivität auf vielfältige Art und Weise dokumentiert. Fachkräfte haben pädagogisch gehandelt und den Austausch mit Eltern gepflegt. Die traditionelle Praxis der Frühpädagogik in Deutschland hat das Kind dabei allerdings weniger als ein sich selbst bildendes Subjekt sowie Eltern und Kinder als Partner in einem reflektierten pädagogischen Interaktionsverhältnis wahrgenommen. Das Bild vom Kind ist abhängig von gesellschaftlichen und historischen Entwicklungen. Kleine Kinder werden hierzulande häufig noch stereotyp wahrgenommen. Betreuen als Wickeln, Füttern und Beaufsichtigung kleiner Kinder, Erziehen als Körperpflege und ein bisschen spielen – Bildung bei kleinen Kindern spielte in der öffentlichen Wahrnehmung bislang kaum eine Rolle.[22] Der frühpädagogische Alltag ist zudem immer noch von traditionellen Mutter- und Familienbildern geprägt. In den »Gärten der Frauen« fehlt das »männliche Element« (Rohrmann 2008; Walter 2009). Das für professionelle pädagogische Beziehungen charakteristische Reflektieren des eigenen Handelns kann durch Intuition nicht ersetzt werden (Rabe-Kleberg 2006).

In der pädagogischen Praxis besteht nach wie vor eine Kluft zwischen dem in den Bildungsplänen angestrebten Verständnis von Selbstbildung, von Ko-Konstruktion und der pädagogischen Alltagsrealität. Geht man im sozial-konstruktivistischen Verständnis von differenziert gestalteten Interaktionsbeziehungen zwischen Kindern und ErzieherInnen aus, zeigen sich Defizite bei den didaktischen Kompetenzen des Personals (Fried 2008).[23] König zeigt in ihrer Untersu-

21 So hat die Studie von Viernickel und Schwarze unter anderem ergeben, dass die gegenwärtige Fachkraft-Kind-Relation in Kindertageseinrichtungen in den meisten Fällen nicht den in den Bildungsplänen angestrebten Qualitätsstandards für Bildung, Betreuung und Erziehung entspricht (ebd., 47ff.). Neben den Herausforderungen für die Professionalisierung des Fachpersonals (vgl. Rauschenbach 2006; Thole & Cloos 2006) sind es nach wie vor strukturelle Defizite, welche die Umsetzung des Bildungsauftrages erschweren.

22 »Agentur für Arbeit Eberswalde: Erzieher/in für Kindertagesstätte zur sofortigen Einstellung (Schwangerschaftsvertretung) gesucht, Anforderungsprofil: Betreuen, Versorgen und Erziehen von Kleinkindern, Beschäftigung mit altergemäßen Spielen und anderen Aktivitäten, Sorgen für Mittagsschlaf und Beaufsichtigen/Durchführung von Körperpflege, Wickeln und Füttern der Kleinstkinder...« (Märkische Oderzeitung, Stellenanzeige 20./21.10.2007).

23 In der Untersuchung von Fried zur Bestimmung der didaktischen Kompetenz von ErzieherInnen im Hinblick auf den Bildungsbereich Sprache zeigen sich vor allem Defizite bei der sprachlich-kognitiven Herausforderung. Auf der Ebene der Beziehungsqualität interagieren ErzieherInnen auf einem hohen Niveau, »aber es hapert ausgerechnet an den Strategien, die am ehesten gewährleisten, dass ›pädagogische bzw. fruchtbare Momente‹ begünstigt bzw. provoziert werden, sich als sozialkonstruktivistische Bildungssituationen konstituieren können.« (Fried 2008, 149)

chung, dass Handlungsanweisungen nach wie vor das häufigste Interaktionsmuster in vielen Kindertageseinrichtungen sind. ErzieherInnen stimmen zwar der konstruktivistischen Sichtweise auf das Kind als Akteur seiner Entwicklung zu, »jedoch bleibt das beobachtete Handeln der ErzieherInnen im Kindergartenalltag weit hinter diesen Ansprüchen zurück. Die Interaktionsprozesse werden vor allem durch starke Konzentration auf das alltägliche bestimmt und vernachlässigen Handlungsstrukturen, die zu anregenden und weiterführenden Denkprozessen führen« (König 2009, 254). Subjektive und entwicklungsbedingte Themen und Fragen von Kindern wurden und werden bis heute oftmals durch Themen und Fragen der Erwachsenen ersetzt, ohne dass diese Differenz den Beteiligten bewusst ist.[24]

Die institutionelle pädagogische Praxis bevorzugt eher triviale Konstrukte, in der pädagogische Handlungen und Situationen lediglich unter dem Gesichtspunkt ihrer Voraussagbarkeit oder Linearität betrachtet werden (v. Foerster 1996). Pädagogische Systeme müssen das Problem von komplexen und nicht-voraussagbaren Aneignungsprozessen lösen. Das pädagogische Paradox, nämlich dass man das Lernen autonomer psychischer Systeme steuerbar machen will, wird als ein technologisches Selektionsproblem behandelt (Luhmann & Schorr 1996). In der Regel tun pädagogische Systeme das, indem sie ein Bild vom Kind als leerer Behälter und passives Individuum konstruieren, mit dessen Hilfe die Ungewissheit und Nicht-Trivialität kindlichen Verhaltens didaktisch sauber kanalisiert wird. Das fremdbestimmte Vermitteln wird dabei dem eigenständigen Aneignen vorgezogen (Kade 1997). Das latente »Ersetzen« kindlicher Themen scheint also eher ein grundsätzliches Problem zu sein, das sich sowohl in den institutionellen Strukturen als auch in der pädagogischen Tradition widerspiegelt.

Ein sozialkonstruktivistisches und demokratisches Verständnis von Bildung orientiert die Wahrnehmung und das pädagogische Handeln an einem aktiven Bild vom Kind und an wechselseitigen Interaktionsprozessen mit allen Beteiligten (vgl. Rinaldi 1998; MacNaughthon & Williams 2008; König 2009; Weltzien 2009; Moss 2009 und andere). Konstruktivistische Lernkulturen sind davon geprägt, dass Räume, Materialien und Themen ebenso wie die Interaktionen zur differenzierten Wahrnehmung und zum entdeckenden Lernen anregen. Vor allem bei kleinen Kindern werden »liebevoll« begleitete Ungewissheitserfahrungen und eigenständige Problemlösungen ermöglicht. Bildung in der frühen Kindheit findet als sinnliche Erfahrung, in permanenter Aufmerksamkeit und spielerischer Veränderungsbereitschaft statt. Kleine Kinder lernen durch Wahrnehmung, durch Bewegung, durch sinnliche Erfahrung und neugieriges Erproben in emotional sicheren Beziehungen (Largo 2004; Schäfer 2005). Kreative Lerngelegenheiten entstehen durch das gezielte Nicht-Geben von Bekanntheit, Sicherheit, Übereinstimmung und Harmonie in einer wertschätzenden, emotional sicheren Umgebung (Wermke 1989). Mit Blick auf die spannungsreiche Verknüpfung von emotionaler Sicherheit mit potentieller Handlungsunsicherheit wird zunehmend ein Bild vom Kind konstruiert, das vor allem einen emotional sensiblen, ressourcenorientierten Blick auf Bildung eröffnet, allerdings ohne dabei die Aufmerksamkeit für mögliche Entwicklungsrisiken zu verlieren. Ressourcenorientierung meint hier im Kern

24 »Es ist an dieser Stelle jedoch sehr wichtig, die durch kulturelle Sinnstrukturen beeinflussten Deutungen der Erzieherin in ihrem Zusammenhang mit der Perspektive des Kindes zu sehen. Es geht gerade nicht darum, die kulturell geprägten Deutungen der Erzieherin an die Stelle der subjektiven Deutungen des Kindes zu setzen (wie immer dies ggf. möglich wäre!), sondern darum, unter Beibehaltung der Perspektive des Kindes seine Deutungen um kulturverträgliche Anteile zu ergänzen und zu erweitern« (Andres & Laewen 2006, 108).

eine offene, positive und wertschätzende Haltung gegenüber Erfahrungen und Zuständen wie neugierig sein und entdeckend lernen, Risiken eingehen und durch Fehler lernen, sich vielfältig ausdrücken, ungewohnte oder fremde Phänomene erforschen und so weiter. Diese Erfahrungsqualitäten müssen bei Fachkräften emotional positiv besetzt und fachlich reflektiert sein, damit Bildungsgelegenheiten bei Kindern wahrgenommen und nicht übersehen oder behindert werden.

Entsprechend scheint es in vielen Kindertageseinrichtungen nach wie vor zu wenig Erfahrung mit der systematischen Verknüpfung des wertschätzenden Dialoges mit Kindern und Eltern (»sustained shared thinking« und Erziehungspartnerschaft), von Beobachtung und Dokumentation sowie dem pädagogischen Handeln und der Grundlage eines konstruktivistischen Bildungsverständnisses zu geben. In der internationalen Diskussion wurde dieser Zusammenhang zunächst vor allem von der Reggiopädagogik durch die Verknüpfung von Reflexionsverfahren mit seinem Gegenstand thematisiert. In einer projektorientierten Lern- und Interpretationsgemeinschaft auf der Basis eines sozial-konstruktivistischen Bildungsverständnisses werden kindliche Bildungsweisen vor allem unter dem (für Kinder bedeutsamen) Gesichtspunkt ästhetischer Aneignungs- und Ausdrucksweisen herausgefordert, beobachtet, dialogisch interpretiert und dokumentiert (Schäfer 1995; Göhlich 2007; Dreier 2003; Brée 1999, 2006, 2007).

Eine durch Beobachtungsverfahren begleitete und zugleich dialogische Praxis zeigt auf, wie sich die Wahrnehmung von und der Dialog mit Kindern durch ressourcenorientierte Beobachtungsverfahren verändert. »Mit der Beobachtung stellt sich eine veränderte Wahrnehmung der kindlichen Interessen und Bedürfnisse ein (›positiver Blick‹). Als typische Folge wird weniger schnell interveniert, wenn Kinder Räume und Materialien explorieren. Die Veränderungen in den Erzieherin-Kind-Interaktionen zeigen sich indirekt, beispielsweise über wertschätzende Gesten oder Blickkontakte« (Welzien & Viernickel 2008). Die professionelle Verknüpfung des konstruktivistischen Bildes vom Kind mit der Beobachtung und Dokumentation in einer Erziehungspartnerschaft mit Eltern fördert den positiven Blick auf Bildungsprozesse.

Mehr noch: hier kann eine »learning community« entstehen, in der Fachkräfte und Eltern eine offene Erwartungshaltung gegenüber den Kindern einnehmen, um herauszufinden, welche Fragen und Themen Kinder bearbeiten und wie darauf pädagogisch angemessen reagiert werden kann (Hebenstreit-Müller & Lepenies 2007; Mohn & Hebenstreit-Müller 2008). In Reggio Emilia nennt man diesen Ansatz »Sonde«. Sonde ist hier eine Metapher für ein dialogisches Verfahren zur Untersuchung einer fremden Umgebung. Die »fremde« Erscheinungsform kindlicher Bildungsprozesse wird beobachtet, dialogisch rekonstruiert und dokumentiert. Die ErzieherInnen gehen wie Ethnografen vor, die ihre Beobachtungen gemeinsam mit allen am Prozess Beteiligten interpretieren und multimedial dokumentieren. Das Ziel ist, die Sichtweise der Kinder, ihre Theorien, Themen und Hypothesen aufzuspüren, zu verstehen und anschaulich darzustellen (Reggio Children 2002).

Diese Erkenntnisse machen den komplexen Zusammenhang zwischen pädagogischen Zielen und Haltungen, dem Verfahren des Beobachtens und Dokumentierens, den Interaktionsformen zwischen Kindern, Fachkräften sowie der Gestaltung von Lernumgebungen und des pädagogischen Handelns deutlich. Eine auf Bildung bezogene Interpretation kindlicher Themen und

Handlungen setzt zunächst voraus, dass Bildung als solche überhaupt wahrgenommen wird. Erst eine fachlich fundierte Vorstellung über Bildungsweisen von Kindern ermöglicht es, differenziert wahrzunehmen, womit Kinder sich befassen, welche Themen sie haben und vor allem wie sie subjektiv bedeutsamen Sinn konstruieren.

Das Beobachten kindlicher Bildungsweisen ist vor allem bei prozessorientierten Verfahren analog als ein offener Lern- und Interaktionsprozess anzusehen. Im wechselseitigen Dialog zwischen Kindern, ErzieherInnen und Eltern wird das Handeln von Kindern schrittweise rekonstruiert, interpretiert und reflektiert. Dieser partnerschaftliche Dialog findet zwischen Kindern und Fachkräften etwa über die Lerngeschichten, im kollegialen Austausch in thematischen Teamsitzungen und in regelmäßigen Gesprächen mit Eltern statt, zum Beispiel als Entwicklungsgespräch. In diesen wechselseitigen Prozessen entstehen unterschiedliche Produkte, die Bildungsprozesse dokumentieren wie beispielsweise Portfolios, Lerngeschichten, Lerntagebücher, Sprechende Wände und so weiter. Portfolios etwa sind strukturierte Sammlungen von schriftlichen Beobachtungen und Interpretationen (zum Beispiel als Lerngeschichten), Fotoserien, Videos, Kommentare von Kindern und andere Lernspuren (zum Beispiel von Kindern gemalte Bilder). Sprechende Wände sind öffentlich zugängliche Wanddokumentationen, auf denen in einer aussagekräftigen Zusammenstellung von Fotografien, Kommentaren und Bildern von Kindern sowie Interpretationen von Fachkräften über ein Projekt oder ein von Kindern bearbeitetes Thema anschaulich informiert wird. Daraus folgt, dass der Vorgang des Wahrnehmens und Beobachtens vielleicht noch eine Angelegenheit der einzelnen Fachkraft sein mag, die Interpretation, Auswertung und Dokumentation ist aber in jedem Fall eine Angelegenheit aller Beteiligten und gleichermaßen abhängig von den Formen der Interaktion, der professionellen Haltung und dem fachlichen Wissen. Für Andres und Laewen steht daher auch die kollegiale Auseinandersetzung über das Bild vom Kind und über pädagogische Ziele in engem Zusammenhang mit dem Aufbau eines Beobachtungs- und Dokumentationssystems. Beide Aspekte sind die Grundlage und bilden das Zentrum von Umgestaltungsprozessen in Kindertageseinrichtungen (Andres & Laewen 2006).

Aus diesen Gründen soll es nach dieser bildungstheoretischen Übersicht vor allem um das Verhältnis von Wahrnehmung, Bildungsverständnis und pädagogischem Handeln gehen. Diesen Zusammenhang möchte ich an einem didaktischen Beispiel aus der Erwachsenenbildung erläutern, das zeigt, wie durch eine ästhetische Rekonstruktion kindlicher Bildungsweisen das konstruktivistische Bildungsverständnis anschaulich erfahrbar und damit bildungstheoretisch für Fachkräfte greifbarer wird. Ich werde zeigen, wie es in einem mediengestützten Dialog mit Fachkräften gelingen kann, die konstruktivistische Bildungsperspektive als eine nicht-triviale, schöpferische und nicht-voraussagbare Erfahrung besser zu verstehen und ein konstruktivistisches Bildungsverständnis zugleich emotional positiv zu besetzen. In einer dichten Beschreibung dieser Praxis soll hier erfahrbar werden, was es bedeutet, in einer »learning community« kindliche Bildungsweisen schrittweise wahrzunehmen, dialogisch zu interpretieren und multimedial zu dokumentieren.

Ästhetische Rekonstruktion eines konstruktivistischen Bildungsverständnisses

Kunst meets Bildung

Aufmerksam umherschweifen – Nachdenken, Abwägen, Fühlen, Sehen, Riechen, Hören, Sprechen, Tasten, Erinnern und Bewegen. Spurensuche an gewohnten und vor allem an ungewohnten Orten. Der ganze Mensch ist verwickelt und aufmerksam beteiligt. Die Aufmerksamkeit ist gerichtet auf Überraschendes, Unerwartetes, auf etwas Fremdes im schon Bekannten. Assoziationen tauchen auf. In der Wahrnehmung vermischt sich Neues mit Bekanntem. Die Spannung zwischen dem Ungewohnten, Offenen und dem Bekannten, Fertigen ist inspirierend. Das Sammeln, Anhäufen und Sortieren von Materialien lässt einen Möglichkeitsraum für Bedeutung entstehen. Fragen, die sich unweigerlich stellen, suchen nach Antworten. Dann entsteht schrittweise Sinn durch Verbindungen und Reduktionen. Wahrnehmung bedeutet vergleichen. Künstlerische Gestaltung ist Vermuten, Fragen, Vertauschen, Probieren, Hinzutun, Wegnehmen, Zerstören, Neuzusammensetzen, Verkleinern, Vergrößern, Verfremden und Verwandeln. Dann wieder warten, Zeit haben und es passieren lassen – ähnlich wie in der Kindheit. In Anlehnung an theoretische Konzepte von Wahrnehmung und Lernen könnte man die soeben gegebene Beschreibung einer künstlerischen Praxis dann jeweils

- als expansives und entdeckendes Lernen,
- als Primärprozess,
- als die Bildung kognitiver Schemata und Skripte,
- als ästhetische Praxis der Selbstüberraschung,
- als einen kreativen Flowzustand oder
- als die Beachtung bislang nicht beachteter Perspektiven in einer anregenden Lernumgebung

beschreiben.

Diese Auflistung legt die Vermutung nahe, dass künstlerische Wahrnehmungs- und Handlungsweisen ein Modell für das frühe Lernen sein könnten. Die ursprüngliche Art und Weise der Welterschließung von Kindern verweist auf Parallelen zu der Art und Weise, wie Künstler denken und arbeiten (Gopnik, Kuhl & Meltzoff 2000; Fineberg 1995). Kinder denken und handeln zwar durchaus ähnlich wie Künstler, allerdings nicht so bewusst und kalkuliert, wie ihre großen Kollegen.[25] Frühkindliche Aneignungsweisen werden in der aktuellen Diskussion als ästhetische Erfahrung zum Beispiel als entdeckendes und forschendes Lernen beschrieben. Das Denken von Kindern ist wiederum in ein soziokulturelles Umfeld eingebettet, welches das Lernen sowohl fördern als auch behindern kann. Kinder nehmen wahr, was ihre Mitwelt wahrnimmt, sie übersehen, was von ihrer Umwelt nicht gesehen wird (Schäfer 1995, 2005). Vor dem Hintergrund der Einführung eines neuen Bildes vom Kind und den damit verbundenen Beob-

25 Deswegen sind Formeln wie »unsere Kinder sind Künstler« problematisch, denn sie verdecken die entwicklungsbedingten Besonderheiten kindlicher Bildungsweisen und erschweren eine angemessene Gestaltung pädagogischer Handlungsweisen. Kinder zeichnen ebenso selbstverständlich, wie sie laufen und sprechen. Sie müssen ihre Erlebnisse, ihre Wünsche, ihre Phantasien, das Angenehme und das Unangenehme ausdrücken, umsetzen, bewältigen und festhalten (vgl. Klee 1931 in Grunder, Fitzner & Stark 1999).

achtungs- und Dokumentationsverfahren werden die »blinden Flecken« der Wahrnehmung professionell reflektiert.

Bewahrungsmeister treffen auf Entdeckungskünstler

Lernen ist eine autonome Aktivität, deren Ziel in jedem Fall die Verfügungserweiterung über die Umwelt ist. Zur Bestimmung von Lernqualität unterscheidet Holzkamp zwischen flachem und tiefem Lernen (Holzkamp 1995). Vereinfacht könnte man sagen, dass mehr und besser gelernt wird, wenn das Thema den Lernenden interessiert und wenn es aus vielfältigen Perspektiven betrachtet werden kann. Aus neuropsychologischer Sicht sind beim Lernen sowohl bewusste als auch unbewusste Vorgänge beteiligt (Roth 2001). Tiefes oder expansives Lernen ist also auch abhängig davon, wie der Unterschied von bewussten und unbewussten Lernprozessen gestaltet wird. Lernen gelingt, wenn jene Faktoren verstärkt werden können, welche das Lernen fördern und die Reflexionsfähigkeit für das eigene Lernen verbessern (vgl. Gisbert & Kunze 2005; Pramling 2004). Lernen ist allerdings ein komplexer Vorgang, der nicht nur unter funktionalen Gesichtspunkten erklärt werden kann. Lernprozesse sind eingebettet in die umgebende Kultur und einen sozialen Interaktionszusammenhang, sind also mehr als die Summe individueller Konstruktionen. Das Lernen als Synthese aus individueller Erfahrung, Wissen, sozialer Interaktion und Kulturbeständen bezeichnet man auch als Bildung.

Aus dieser allgemeinen Perspektive betrachtet, besteht der Unterschied zwischen Kindern und Erwachsenen darin, dass sich bei frühkindlichen Lern- und Bildungsprozessen von Kindern neuronale Strukturen auf eine besonders dynamische Art und Weise herausbilden. Entwicklungspsychologisch betrachtet lernen kleine Kinder grundlegende Formen und Muster der Wahrnehmung, des Bewegens, des Ausdrucks, des Handelns, des Empfindens, des Denkens, des Sprechens und so weiter. Bei Erwachsenen sind diese Prozesse weitgehend abgeschlossen. Das Denken und Lernen von Erwachsenen wird durch relativ festgelegte Muster und funktionale Zusammenhänge beeinflusst (vgl. Siebert 1999). Kinder sind Entdeckungskünstler und Veränderungslerner, Erwachsene hingegen eher Bewahrungsmeister und nur wo nötig Umlerner (Schwarzer & Buchwald 2007). Die (erwachsene) Wahrnehmung kindlicher Aktivität ist durch eine spezifische Biografie, Gewohnheit und Theorien geprägt. ErzieherInnen nutzen ein Repertoire an Wissen, individuellen Erfahrungen und Deutungsmustern, die dem Verhalten des Kindes einen spezifischen Sinn zuordnen. Entscheidend wird nun, wie das Verhältnis der Deutungen von Erwachsenen und Deutungen des Kindes gestaltet und mit Bezug auf das jeweilige Bildungsverständnis reflektiert wird (Andres & Laewen 2006).

Lernen durch ästhetische Erfahrung

Kunsterfahrung und die Bildungsweise von Kindern haben etwas Gemeinsames: die ästhetische Erfahrungsweise. Das Lernen in ästhetischen Prozessen ist eine expansive Erfahrungsform. Es verläuft primärprozessartig, wie Gregory Bateson sagt. Ästhetische Erfahrung verbindet Bewusstes und Unbewusstes, die rationalen und die emotionalen Erfahrungsanteile (Dewey

1988; Bateson 1999). Strukturmerkmale ästhetischer Erfahrung sind etwa die Aufmerksamkeit für ungewohnte Ereignisse, das unmittelbare Erleben, die Neugier, das emotionale Involviertsein, die Überraschung, das Staunen, die Anregung der Fantasie, die Prozessartigkeit, das Infragestellen von Gewohntem sowie die Reflexion der eigenen Wahrnehmung (Peez 2005). Eine reflektierte ästhetische Erfahrung in der Bildungsarbeit mit Erwachsenen kann dann genau das ermöglichen, was einseitig orientierte Vermittlungs- und Instruktionsansätze in traditionellen Bildungsformen kaum schaffen können: tiefe Lernerfahrungen zu einem Thema wie etwa über das konstruktivistische Bildungsverständnis und die Bildungsweisen von Kindern. Die folgenden Ausführungen sind eine dichte Beschreibung ästhetischer Rekonstruktionen kindlicher Bildungsweisen und deren mehrdimensionale Reflexion im Rahmen einer Weiterbildung.[26]

Ungewohnte Annäherung an lerntheoretische Fragestellungen

Im ersten Experiment erleben die Protagonisten folgende Situation: In der Mitte des Seminarraums stehen drei Tische, auf denen gewohnte und ungewohnte Materialien liegen: Klorollen, Teelichter, Korken, Holzbausteine, Gummiringe und Schaumstoffstücke. Nach einer kurzen Begrüßung durch den Seminarleiter werden die Anwesenden aufgefordert, sich um die Tische herum aufzustellen. Nachdem sich die Gruppen um die Tische formiert haben, wird die Anweisung gegeben, mit der rechten Hand einen Spiegel zu halten, die Materialien über die Spiegel zu beobachten und mit der linken Hand die Bauelemente zu einem Turm zusammenzustellen (Linkshänder umgekehrt). Der Turm soll so hoch und so stabil wie möglich sein.

Die Akteure sind sofort irritiert. Die einfachsten Bewegungen werden zu einem Abenteuer. Die Hände bewegen sich nicht dahin, wo sie hin sollen – die gewohnte Raum- und Bewegungsorientierung ist gestört. Jede Bewegung erfordert höchste Konzentration. Die Akteure lachen oft und sind verunsichert. Folgende Kommentare sind typisch: »Das ist verrückt – das geht doch gar nicht«, oder: »Das schaffe ich nie!« So beginnen nun die TeilnehmerInnen am Tisch stehend, während sie in den Spiegel schauen, Hände, Arme und Finger so zu bewegen, dass man die unterschiedlichen Bauelemente zu einem Turm zusammenstellt. Das Experiment nutzt künstlerische Strategien der Aktionskunst, der Verfremdung und Irritation. Es erinnert an ein soziologisches Krisenexperiment. Durch Spiegel umgelenkte Blicke ermöglichen ein intensives, primärprozessartiges Erleben, wie Gregory Bateson sagen würde. Die Akteure arbeiten mit einfachen und differenzierten Materialien. Bauklötze, Schaumstoffsegmente, Teelichter und Filmdosen – als Baumaterial eine ungewohnte Kombination mit unberechenbarem Verhalten. Durch die erschwerten Bedingungen sind gewohnte Wahrnehmungsweisen und Handlungsmuster in Frage gestellt. Eine derartige Lernumgebung würde man konstruktivistisch als »ill structured domain« interpretieren. In einer komplexen Umgebung entwickeln Lernende eine hohe Motivation. Sie können selbst den Prozess steuern, Probleme selbsttätig lösen und eine individuell bedeutsame Lösungen gestalten (Müller 1996).

26 Die Beschreibung der ästhetischen Rekonstruktionen ist in dieser Form in zahlreichen Seminaren sowohl in Weiterbildung als auch in der Ausbildung von Frühpädagogen erprobt worden. Die zitierten Kommentare sind typisch für die beschriebenen Erfahrungsweisen.

Die Atmosphäre ist dynamisch und konzentriert. Die Beteiligten lachen und fluchen. Man steht dicht beieinander, Arme und Materialien bilden eine merkwürdige Baustelle: Ein Materialhaufen von unterschiedlichen Formen, Farben, Oberflächen und Gewichten soll zu einer stabilen Konstruktion zusammengefügt werden. Arm- und Handbewegungen sind suchend, ruckartig und vorsichtig, sie wirken anfangs völlig unkoordiniert und fragmentarisch. Immer wieder stürzen die mühselig aufeinander gesetzten Bauelemente in sich zusammen, weil die gewohnte Bewegungs- und Blickorientierung durch den Spiegelblick gestört ist. Aber irgendwie geht es weiter, und alles, was sonst im Raum noch passiert, scheint für die KonstrukteurInnen ausgeblendet zu sein. Ihre Aufmerksamkeit ist im Zustand des Flow, also vollständig auf diese ungewöhnliche »Baustelle« ausgerichtet. Der Gesichtsausdruck und die Körperhaltung wechseln zwischen der Anspannung beim Bemühen um zielgerichtetes Bewegen und gelöste Entspannung, wenn Teilschritte gelungen sind.

Aufregung kommt auf, wenn etwas zu scheitern droht. Immer wieder müssen die Konstruktionen von Neuem aufgebaut werden. Es wird probiert, überlegt und diskutiert: Was ist die passende Vorgehensweise? Die Akteure stellen wiederholt Vermutungen darüber auf, wie Bewegungen ausgeführt werden könnten, welche Materialien wo und wie am besten einzusetzen und zu bewegen sind. Im Laufe der Zeit werden Bewegungen und Absprachen sicherer. Nach zahllosen Versuchen des Gelingens und Scheiterns hat man es gemeinsam geschafft. Nach ca. 20 Minuten sind alle Materialien verbaut, der Turm steht und ist einigermaßen stabil! Entspanntes Lächeln zeichnet sich auf vielen Gesichtern ab. Viele Akteure sind offensichtlich stolz auf das Ergebnis. In der Reflexion wird anschließend gefragt: »Was haben Sie genau gemacht, wie sind Sie dabei vorgegangen, was war neu für Sie, wie haben Sie sich dabei gefühlt und wie schätzen Sie den Verlauf des Lernprozesses ein?« Die Gespräche bringen schnell auf den Punkt, um was es bei dem Experiment gehen könnte. Folgende Themen werden in der Regel diskutiert:

- das Staunen und die Spannung in einem nicht vorhersehbaren Verlauf;
- der Umgang mit ungewohnten Materialien;
- die Bewältigung einer schwierigen Herausforderung;
- die Konzentration und das Durchhaltevermögen;
- die Verbesserung des räumlichen und mathematischen Vorstellungsvermögens;
- die Erweiterung des Wissens über konstruktive und statische Probleme;
- das Ausdrücken von eigenen Standpunkten;

- die Anregung der Fantasie und der Kreativität;
- die Kooperation und Teamarbeit;
- die Freude und die Stärkung des Selbstwertgefühls;
- die Reflexion von Erfahrungen sowie
- die Veränderung und Erweiterung von Handlungsweisen.

Fotografie als dichte Teilnahme

Die Erkenntnisse werden stichpunktartig festgehalten und auf Moderationskarten oder Flipchartbögen an der Wand befestigt. Für die Besprechung heftet der Seminarleiter Fotos neben die Texte, auf denen die TeilnehmerInnen zu sehen sind. Beim Fotografieren und Aussortieren hat er genau darauf geachtet, dass die Gestaltungshandlungen aus unterschiedlichen Perspektiven erfasst werden. Die Aufnahmen zeigen Ausschnitte wie: sehr nah, nah, normal und weit, sowie verschiedene Blickachsen von der Seite, von vorne und von oben. Die meisten Aufnahmen sind allerdings auf Augenhöhe fotografiert. Bei einigen hat der Fotograf »über den Arm und die Hand« zum Material geschaut oder schaut leicht schräg von unten auf Oberkörper, Gesicht und Hände. Gestik, Mimik, Körperhaltung und soziale Interaktion der TeilnehmerInnen sind sehr gut zu erkennen. Die Fotografien vermitteln dem Betrachter den sinnlichen Eindruck eines »Ganz-dicht-dran-seins« am Gestaltungsgeschehen. Dichte Teilnahme ist eine Form der »dichten Beschreibung«, in der die Beobachter sich in einer ethnologischen Forschungspraxis einem fremden Sozialisationsprozess annähern und dies durch sprachliche und visuelle Mittel besonders authentisch ausdrücken (Geerz 1996; Mohn 2002; Pfeifer 2007).

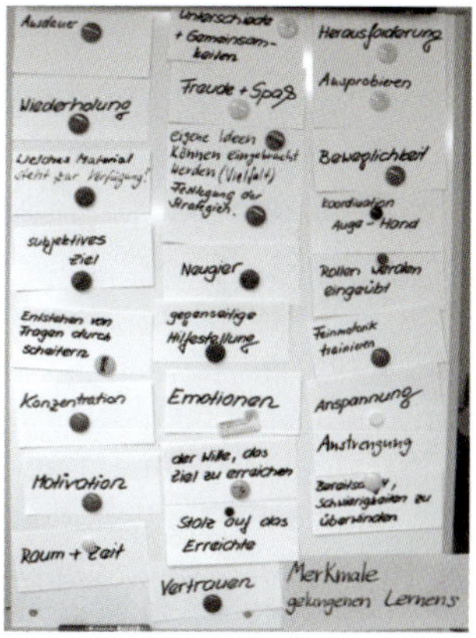

Die fotografische Erfassung des Experiments vertieft und ergänzt die vorhergehenden Überlegungen. Die TeilnehmerInnen sind beim Betrachten der Fotografien emotional berührt und kommentieren die Fotografien bewegt. Sie schauen fasziniert auf die verschiedenen Gestaltungsszenen und erkennen sich wieder. Das Von-außen-auf-sich-selbst-schauen-können erweitert die Diskussion. Typische Kommentare sind: »Ich hätte das nie für möglich gehalten, dass ich mich so angestrengt habe. Das sieht man ja viel mehr noch, als in unseren Gesprächen deutlich wurde.« Oder: »Hier sind die Emotionen und die Anstrengung zu sehen, die haben wir vorhin kaum erwähnt.« Oder: »Und alles ist so gut zu erkennen. Man sieht auch Details, die man schon vergessen hatte.«

Zunächst einmal sind es ErzieherInnen nicht gewohnt, sich auf diese Art und Weise großformatig, detailreich und ausdrucksstark bei einer Tätigkeit abgebildet zu sehen und anhand der Fotografien über ihre Erfahrungen in den Dialog zu treten. Die Fotografien ermöglichen ein Entdecken des Fremden im Eigenen. – Fremd ist für viele ErzieherInnen, einmal ganz genau hinzuschauen, wenn sie selbst in einen Gestaltungsprozess verwickelt sind und die unterschiedlichsten Erfahrungen dabei machen. Der eigene Erfahrungsraum wird durch die Betrachtung der Fotografien in einer neuen Perspektive erlebbar und damit einer erweiterten Analyse zugänglich. Auf diese Weise zeigen Fotografien etwas anderes, nämlich etwas, das sich der sprachlichen Reflexion zunächst entzieht. Das Verfahren nutzt die Bildsprache der Fotografie, um über die Erinnerung und die eigene Beteiligung komplexere Aussagen über Bildungsweisen zu ermöglichen. In der Kombination von eigener Gestaltungshandlung, sprachlicher Kommentierung und fotografischer Abbildung konnten so eigene Bildungsweisen besser rekonstruiert werden. Merkmale wie etwa Körperaktivität, Beteiligung, soziale Interaktion, Wissen, Scheitern, Konzentration, Intensität und Emotionen sind sinnlich wahrnehmbar.

Die Methode der Fotoanalyse als Teil von Evaluations- und Forschungsdesigns in der Erziehungswissenschaft gewinnt in den letzten Jahren zunehmend an Bedeutung (vgl. Peez 2006). Das Verfahren der photo-elicitation[27] wurde neben anderen von Franz Boas entwickelt, der es für ethnografische Feldstudien nutzte. Er zeigte seinen Informanten Fotografien, um damit über die darauf abgebildeten Rituale ins Gespräch zu kommen. Auf diese Weise können Fehlinterpretationen in einem dialogorientierten Verfahren verhindert werden (vgl. Moser 2005; Hurworth 2003). Mit einer ähnlichen Intention nutzt Mohn das Verfahren der Kameraethnografie, um Bildungsprozesse von Kindern durch ausgewählte Videosequenzen sichtbar zu machen und dialogisch zu rekonstruieren (Mohn 2002, 2007, 2008). Schon Gregory Bateson hatte Fotografien genutzt, um komplexere Interpretationen für ethnografische Untersuchungen und dichte Beschreibungen zu erhalten (Bateson & Mead 1942). In der pädagogischen Praxis kann man die Arbeit mit Fotografien als sinnvolle Ergänzung von textbasierten Methoden der Beobachtung und Dokumentation betrachten, wie zum Beispiel für die Methode der Lerngeschichten. Durch Originalkommentare und Interpretationen ergänzte Fotogeschichten, so wie wir sie etwa aus Reggio Emilia kennen, können schon in der Entstehungsphase über das Zeigen der Fotografien einen lebendigen Dialog über die Bildungsprozesse mit den beteiligten Kindern und Fachkräften ermöglichen (Reggio Children 2002; Brée 2006). Denn es ist viel leichter, sich mit Hilfe von Fotografien an das Geschehen zu erinnern. Beim Betrachten ist man schlagartig wieder dicht am Geschehen, weil durch die Betrachtung der Bilder emotionale und situative Resonanzen erzeugt werden.

27 Photo-Elicitation ist ein empirisches Analyseverfahren, in dem Fotografien und sprachlicher Diskurs miteinander verknüpft werden.

Empirische Analyse

Die empirische Auswertung der Kommentare von TeilnehmerInnen während der Bauphase in Anlehnung an die Methode des »Lauten Denkens« präzisiert die schon angesprochen Bildungsthemen. Es bestätigt sich, wie dicht man sich an den Bildungsweisen von Kindern bewegt hatte.[28] Da geht es um

- das genaue Beobachten und Vergleichen von Prozessen und Materialeigenschaften (Art, Form, Größen, Gewicht, Farbe, Oberfläche);
- das wiederholte Aushandeln von sozialen Rollen (Arbeitsteilung);
- Formen der sozialen Interaktion (Dialog, Absprachen, Aufmerksamkeit);
- die Erfahrung physikalischer Phänomene (Stabilität, Balance, Statik, Schwerkraft, Gewicht);
- die Anwendung mathematischer Grundkategorien (Zahlenräume, Mengen, Größen und Formunterscheidungen);
- die leidenschaftliche Beteiligung (Motivation, Ausdauer, Konzentration, Flow);
- Problemlösung (Bewältigung einer komplexen Herausforderung, Hypothesenbildung);
- intensive sinnliche Gestaltungsweisen (Irritation, Anstrengung, Körperwahrnehmung);
- Risikobereitschaft und das Scheitern als Voraussetzung neuer Erfahrungen (Experiment, Ursache-Wirkungs-Relationen);
- die Phantasie in Form eines gemeinsam entwickelten Turmes (visuelle Vorstellungskraft, Kulturbestand Architektur).

Die kombinierte bild- und sprachbasierte Analyse macht deutlich, wie die verschiedenen Aspekte des Lernens als Selbstbildungsweise – wie das Scheitern, die Anstrengung, die Konzentration, gedankliche Konzepte und der Dialog – in einem komplexen Zusammenspiel verschiedener Fähigkeiten, Emotionen, Wissens- und Handlungsformen stehen. Positiv und selbst erfahren, sichtbar und besser verständlich, wird offenbar, was entdeckendes Lernen und kreatives Problemlösen als ein Kernstück eines kindzentrierten Bildungsverständnisses bedeutet.[29]

Verknüpft mit dem entsprechenden theoretischen Wissen wird komplexer erfassbar, dass Lernen mehr ist als das Erfüllen von Erwartungen, mehr als die Herausforderung voneinander isolierter Kompetenzen. Handlung, Bilder und Sprache verbinden sich in diesem Erkenntnisprozess der TeilnehmerInnen zu einer »dichten Beschreibung« von den Strukturmerkmalen entdeckenden Lernens. Die ästhetische und mediale Form der Rekonstruktion erlaubt es, grundlegende Aspekte der Wahrnehmung, Beobachtung und Dokumentation von Bildungsprozessen zu verstehen und die positiven Effekte selbst zu erproben.

28 Die Methode des Lauten Denkens wird angewandt, um etwa die Problemlösestrategien zu rekonstruieren (Peez 2006). In dieser speziellen Form des Interviews werden die spontanen Kommentare des Probanden zu seiner Tätigkeit aufgezeichnet und analysiert. In unserem Beispiel wurden die Kommentare während der Ausführung des Versuches aufgezeichnet, verschriftlicht und nach Schlüsselthemen untersucht.

29 Vgl. dazu Schäfer 2005, 68: »Kreativität beim Lösen von Problemen hat nicht nur mit der Ausbildung besonderer Begabungen zu tun, sondern mit der Fähigkeit, unbekannte und bislang nicht überschaubare Situationen oder Probleme so einzuschränken und zu ordnen, dass sie im Kopf denkbar gemacht und im Handeln durchgespielt werden können.«

Den Blinden Fleck kann man nicht sehen

In einem weiteren Experiment werden der Zusammenhang von Wahrnehmung von Bildungsprozessen und dem Dialog über Bildungsweisen sowie die Potentiale von Teamarbeit anschaulich gemacht. Hierzu legen zunächst alle Protagonisten eine blaue, gelbe oder rote Farbbrille an. Die TeilnehmerInnen sehen aus wie SkifahrerInnen. Auf der »Piste« liegt nun aber kein Schnee: Auf einer langen Tischreihe sind DIN A4-Karten ausgelegt. Der Dozent erklärt nun, dass auf den Karten Buchstaben und Wortsegmente aufgedruckt sind. Die Aufgabe der gesamten Gruppe ist nun, diese Wortfragmente zu einem bekannten Sprichwort zusammenzusetzen und sich dabei nicht in gewohnter Weise, also nicht sprachlich zu verständigen. Alle anderen Verständigungsformen durch Handzeichen oder einfache Laute sind ausdrücklich erlaubt.

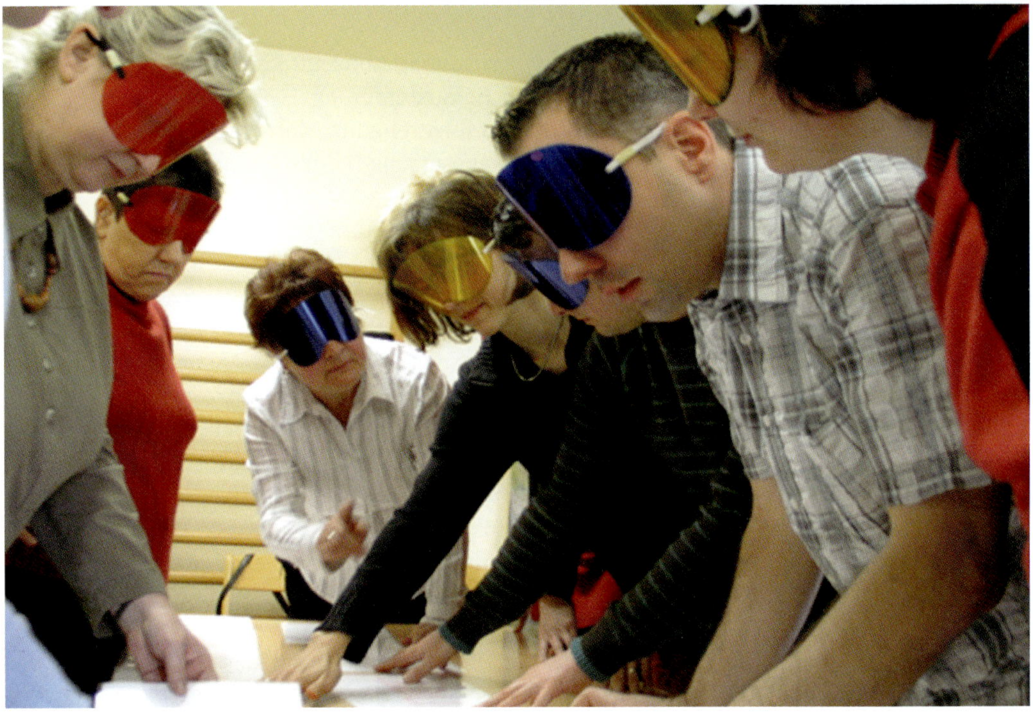

Sofort wird es wieder sehr dynamisch. Nach kurzem Zögern beginnt ein intensives Suchen und Probieren. TeilnehmerInnen nehmen Karten und ziehen sie näher an ihr Gesicht, schauen einen Moment, drehen die Karte um und schütteln den Kopf. Die Blicke einiger Akteure richten sich fragend an die jeweiligen Nachbarn, wobei unsicher auf die Karten gezeigt wird.

Mit MH-Lauten und Handbewegungen versuchen Beteiligte sich darüber zu verständigen, welche Buchstaben auf den Karten sind oder ob überhaupt welche aufgedruckt sind. Man zeichnet mit dem Zeigefinger einen Buchstaben nach, der für andere gar nicht sichtbar zu sein scheint. Zähflüssig bildet sich mit vielfachem Probelegen, Vertauschen, Wegnehmen, Wiederhinlegen, abwechselndem Gestikulieren und Verwerfen ein Sinnzusammenhang heraus. Dann, nach etwa 20 Minuten, scheint plötzlich alles ganz schnell zu gehen und das Sprichwort ist mit einem Mal zusammengesetzt. Einer der TeilnehmerInnen spricht es laut aus, bevor die Brillen abgelegt werden: »Den Blinden Fleck kann keiner sehen.«

De		blin	den	Fle	ck
kan	n	kei	ner	seh	en

Nach dem Absetzen der Farbbrille sind die Akteure erleichtert, nun wieder »normal« sehen zu können und fangen sofort an, sich mit den anderen über ihre Erfahrungen auszutauschen. In der anschließenden Auswertung wird deutlich, dass man die Buchstaben nur in den jeweils anderen Farben seiner Farbbrille sehen kann. Für die eigene Farbe ist man blind. Jeder Akteur hatte seinen blinden Fleck und eine Lösung des Problems war nur möglich durch die geduldige, schritt- und wechselseitige Verständigung. Wie kann man diese Erfahrung weiterführend interpretieren?

Die Einschränkung der visuellen Wahrnehmung im Experiment mit den Farbbrillen und der Verständigung auf Grundlage einer einfachen Zeichensprache, dem Nachfahren der Buchstaben mit dem Zeigefinger, führte zu einem Probieren und Mitteilen über den möglichen Wortlaut des Sprichwortes. Das dabei entstehende »Frage- und Antwortspiel« ist ein Dialog, in dem die unterschiedlichen Perspektiven »diskutiert« und erprobt werden. Die Verständigung zwischen den Akteuren gelang, als man sich trotz der Unterschiede in den Wahrnehmungen wechselseitig abstimmte und gemeinsam handelte. So wurde die Bedeutung des Sprichwortes Schritt für Schritt »erprobt« und zusammengesetzt. »Was sehe ich und was siehst du?«, oder: »Was könnte diese Geste, der Ausdruck oder diese Handlung genau bedeuten?«

Der blinde Fleck ist ein Phänomen des menschlichen Auges. Aufgrund seiner Physiologie ergibt sich eine Lücke im Gesichtsfeld der Retina. Diese Lücke wird durch entsprechende Nervenimpulse aus Hirnregionen »ergänzt«, die permanent ein konstantes Gesamtbild der visuellen Umwelt erzeugen, obwohl man eigentlich einen schwarzen Fleck sehen müsste. Dieser »blinde Fleck« ist daher im Alltag nicht wahrnehmbar. Man kann Spiegelkonstruktionen und Farbbrillen als sinnliche Irritationen nutzen, um über die Störung das Nicht-Wahrnehmen von alltäglichen, eigenen Deutungsmustern zu thematisieren.[30]

Kindertageseinrichtungen, die kindliche Selbstbildungsweisen in den Mittelpunkt ihrer Pädagogik stellen, besitzen eine von allen getragene Vorstellung darüber, wie die Lern- und Bildungs-

30 Beim künstlerischen Verfahren der gezielten Irritation mit Folien- oder mit Spiegelgestellen, die man am Kopf trägt, spreche ich dann von »Wahrnehmungsorthopädie« (vgl. Brée 2007).

prozesse ihrer Kinder gelingen könnten. Sie haben einen verbindlichen Rahmen für Beobachtungen und Dialoge mit allen am Bildungsprozess Beteiligten entwickelt, der es ihnen ermöglicht, Kinder systematisch herauszufordern, wertschätzend zu unterstützen und aufmerksam zu begleiten. Das Brillenexperiment macht auf verblüffende Weise anschaulich, dass Wahrnehmungs- und Interpretationsweisen von der eigenen Sichtweise geprägt werden und dass ein gemeinsam getragenes Sinnsystem ausgehandelt werden muss. Pädagogisches Handeln braucht einen gemeinsamen Orientierungsrahmen, ohne klare Zielvorstellungen bleibt pädagogisches Handeln zufällig und beliebig (vgl. Laewen & Andres 2005).

Theorie und Praxis verknüpfen …

Im nächsten Schritt analysieren TeilnehmerInnen Fotoserien und gestalten kommentierte Lerngeschichten als sprechende Wände. Dabei fließen die Erfahrungen aus den vorherigen Übungen ein: sie haben sich mit kindlichen Selbstbildungsweisen, mit dem entdeckenden Lernen und der Bedeutung des Dialogs mit allen am Bildungsprozess Beteiligten bereits auseinandergesetzt. Das Beispiel zeigt eine der verwendeten Fotoserie mit dem Titel »Schneiden und Malen«.

Die Aufgabe der TeilnehmerInnen ist es, zunächst die Handlungen auf den Fotos zu beschreiben, eine als sinnvoll vermutete Reihenfolge zu finden und die Bildungsprozesse dann schrittweise zu interpretieren. Textauszüge aus einschlägigen Beobachtungsmodellen mit Beschreibungen von Kompetenzen, Lerndispositionen, Intelligenzen oder Schemata werden zur Verfügung gestellt.[31] Die Beispiele aus den Beobachtungsmodellen sollen dabei helfen, eine Lerndokumentation zusammenzustellen, die selbsterklärend und professionell aufgebaut ist. Das Ziel ist es zum einen, bei der Unterscheidung von Beschreibung und Interpretation sowie bei der kritischen Differenzierung gewohnter Perspektiven auf die Themen und Aneignungsweisen der Kinder sicherer zu werden. Zum anderen kann hier die inhaltliche Differenzierung unterschiedlicher Modellansätze und das Gestaltungsverhältnis zwischen Bildern und Texten erprobt und auf Angemessenheit hin überprüft werden. Diese Übung schließt formal und inhaltlich an das erste Experiment an. Es besteht bereits eine Vorstellung darüber, wie komplex Bildungsprozesse angelegt sind und welche Wirkung Fotografien in dialogischen Interpretationsgemeinschaften entfalten können.

Die TeilnehmerInnen benötigen eine gewisse Zeit, um sich langsam in die Handlung der Kinder hineinzuversetzen. »Was machen die Kinder eigentlich am Anfang? Schneiden sie erst oder zeichnen sie auf der Pappe?«, fragt man sich. Schnell zeigen sich Unsicherheiten in der Beschreibung, weil nicht genau klar ist, was die beiden abgebildeten Jungen eigentlich machen und wie die genaue Reihenfolge der abgebildeten Handlung ist. Die Beobachter stellen wechselseitig Hypothesen darüber auf, welches Thema die Kinder bearbeiten: Aufmalen und Ausschneiden, aber was wird aufgemalt und ausgeschnitten? Ist es ein Käfer oder eine Flugmaschine? Wie lösen die Kinder das Problem des Materials, welche Techniken wenden sie bei der Bearbeitung an und wie intensiv beschäftigen sie sich mit ihrem Thema? Welche Kompetenzen nutzen die Kinder und welche Tätigkeitsmuster sind zu erkennen? Nach den Beschreibungen der auf den Fotografien abgebildeten Handlungen wird mit Bezug zu standardisierten Beschreibungen aus den Beobachtungsmodellen eine Interpretation versucht und schriftlich festgehalten. Auf diese Weise wird von den TeilnehmerInnengruppen schrittweise die Handlung rekonstruiert und nach fachlichen Kriterien interpretiert.

In der weiteren Diskussion geht es darum, wie man die Serie formal präsentieren kann und was man Eltern und Kindern dabei zumuten will. Unterschiedlich eingeschätzt wird in der Regel, wie die Fotos beschriftet werden sollten und wie Gestaltungsmerkmale wirken. Die Meinungen pendeln spannungsreich zwischen Präsentationen ohne Text auf ansprechend gestalteten Bögen bis zu fachlich professionellen Beschreibungen und zusammenfassenden Interpretationen auf neutralen Hintergründen. Strittig bleibt meist auch, wie Texte und Bilder im Detail zusammengestellt werden sollen, um für die Betrachter interessant zu wirken.

Man kann nicht nicht wahrnehmen, sondern nur anders herum denken

Die Qualität von frühkindlicher Bildung hängt davon ab, ob und wie sich die Wahrnehmung von kindlichen Bildungsweisen und die Interaktionsweisen mit den Beteiligten verändern. Die beschriebene Didaktik hat gezeigt, wie gewohnte Wahrnehmungs- und Interaktionsweisen ästhetisch irritiert und mit Bezug zu bildungstheoretischen Konzepten dialogorientiert und

31 Leuvener Modell: Laevers u.a. 1999; Lerngeschichten: Leu et al. 2007; Infans: Laewen & Andres 2002; Schema-Ansatz: Hebenstreit-Müller & Kühnel 2005; Hebenstreit-Müller & Lepenies 2007.

medial rekonstruiert werden können. Eine theoriegeleitete Bearbeitung des Themas Beobachtung und Dokumentation von Bildungsprozessen wird hier auf sinnvolle Art und Weise ergänzt. Die Dichte Beschreibung hat eine ästhetische Didaktik dokumentiert, die das Thema Wahrnehmung, Beobachtung und Dokumentation von Bildungsprozessen in seiner Komplexität modellartig erlebbar machen, das konstruktivistische Bild vom Kind verständlicher und die eigenen »blinden Flecken« differenziert thematisieren kann:

- In einem ersten Schritt werden die Merkmale von kindlichen Bildungsweisen im ästhetischen Selbstversuch erlebt und sowohl sprachlich als auch visuell rekonstruiert;
- im zweiten Schritt werden Wahrnehmungsweisen und die Notwendigkeit wechselseitiger Interaktionen rekonstruiert;
- in einem dritten Schritt wird im Zusammenspiel von gewohnter Perspektive mit der ungewohnten Differenzierung von Bildungsplänen, Lerntheorien und Fotografien reflektiert, wie Kinder lernen, und wie man Bildungsweisen sichtbar machen, sprachlich interpretieren und professionell dokumentieren kann.

Fachkräfte brauchen ausreichend Gelegenheit, Wahrnehmensweisen, Haltungen und Dialogformen auf der Grundlage eines neuen Bildungsverständnisses zu hinterfragen und wo nötig zu verändern. Die in den Beispielen beschriebene widerständige und mediale ästhetische Praxis fordert den kollegialen Dialog über Deutungsmuster kindlicher Selbstbildungsweisen heraus. Eine derartige Didaktik würdigt die Perspektive aller Beteiligten. ErzieherInnen können in einer positiv erlebten Gestaltungssituation besser eine eigene Sprache finden, weil sie das Gefühl haben, dass es um sie geht, um ihre eigene Sichtweise und nicht nur um die Umsetzung von curricularen Normwerten.

Die Akteure erleben eine Lerntheorie zum Anfassen, sie reflektieren ihre Deutungsmuster und Theorien von kindlichen Bildungsweisen. Kindliche Lern- und Bildungsweisen als nichtlineare, diskontinuierliche und symbolische Aneignungsweisen konnten im wahrsten Sinne des Wortes »begriffen« werden. Ihr Kopf, ihr Herz und ihre Hand (würde Pestalozzi sagen) waren reflexives Medium und Untersuchungsgegenstand gleichermaßen. Die dialogische Reflexion von Bildern des Lernens, etwa als Skulpturen oder als Fotoserie, war Voraussetzung für ein tiefes Verstehen kindlicher Bildungsweisen. Besonders wirksam war die Spannung zwischen der eigenen Lernbiografie und der Erfahrung kreativer Potentiale. Die Wahrnehmung war doppelt ausgerichtet: auf die Umwelt kindlichen Lernens und die eigenen Deutungs- und Handlungsmuster während der Gestaltungsprozesse. Diese ästhetische Differenz wurde primärprozessartig und demokratisch erlebt. Die Seminare waren wie ein Ausflug in die fremde (oder fremd gewordene, vergessene) Kultur der Kindheit und in ungewohnte Formen dialogischer Interpretationsgemeinschaften. ErzieherInnen waren nicht nur Zuhörer in einem fremd erscheinenden pädagogischen Diskurs, sondern sie waren aktive, reflexive und sinnlich entdeckende Akteure.

Literatur

Andres, B. & Laewen, H.-J. (2006). Arbeitshilfe für Bildung und Erziehung in Kindertageseinrichtungen. Stuttgart: KVJS.

Bateson, G. (1999). Ökologie des Geistes. Anthropologische, psychologische, biologische und epistemologische Perspektiven. Frankfurt/M.: Suhrkamp.

Bateson, G. & Mead, M. (1942). Balinese Charakter – A Photographic Analysis. New York: Academy of Science.

Bensel, J. & Haug-Schnabel, G. (2005). Kinder beobachten und ihre Entwicklung dokumentieren. kindergarten heute – spezial. Freiburg: Herder.

Brée, S. (1999). Surfen in Reggio oder die Lust zu lernen. Annäherungen an eine andere Lernkultur. Klein und Groß, 12/99, 6-11.

Brée, S. (2002). Bildungsfragen als ästhetisches Experiment. In H.-J. Laewen & B. Andres (Hrsg.), Bildung und Erziehung in der frühen Kindheit. Bausteine zum Bildungsauftrag von Kindertageseinrichtungen. Weinheim: Beltz.

Brée, S. (2006). Schuh und Meter. Lerngeschichten als Bildungsroman. Betrifft KINDER, 05/06, 28-33.

Brée, S. (2007). Künstlerische Wahrnehmungs- und Produktionsweisen – Ein Entwicklungsraum für das Lernen von Subjekten und Organisationen. Hannover: Expressum.

Dewey, J. (1995). Kunst als Erfahrung. Frankfurt/M.: Suhrkamp.

Dreier, A. (1999). Was tut der Wind, wenn er nicht weht? Begegnung mit der Kleinkindpädagogik in Reggio Emilia. Neuwied, Berlin: Luchterhand.

Fineberg, J. (1995). Mit dem Auge des Kindes. Kinderzeichnung und moderne Kunst. Stuttgart: Gerd Hatje.

Foerster, H. von (1996). Lethologie. Eine Theorie des Lernens und Wissens angesichts von Unbestimmbarkeiten, Unentscheidbarkeiten, Unwißbarkeiten. In K. Müller (Hrsg.), Konstruktivismus. Lehren-Lernen-Ästhetische Prozesse. Berlin: Luchterhand.

Fried, L. (2008). Bildung und didaktische Kompetenz. In W. Thole, H.-G. Rossbach, M. Fölling-Albers & R. Tippelt (Hrsg.), Bildung und Kindheit in Wissenschaft und Lehre. Opladen: Verlag Barbara Budrich.

Geertz, C. (1995). Dichte Beschreibung. Beiträge zum Verstehen kultureller Systeme. Frankfurt/M.: Suhrkamp.

Göhlich, M. (2007). Aus Erfahrung lernen. In M. Göhlich, C. Wulf & J. Zirfas (Hrsg.), Pädagogische Theorien des Lernens. Weinheim: Beltz.

Gopnik, A., Kuhl, P. & Meltzoff, A. (2000). Forschergeist in Windeln. Wie Ihr Kind die Welt begreift. München: Ariston.

Grunder, H.-U., Fitzner, T. & Stark, W. (Hrsg.) (1999). Kinder und Kunst: das Recht des Kindes auf Phantasie. Hohengehren: Schneider.

Hebenstreit-Müller, S. & Lepenies, A. (Hrsg.) (2007). Early Excellence: Der positive Blick auf Kinder, Eltern und Erzieherinnen. Berlin: Dohrmann.

Hebenstreit-Müller, S. & Kühnel, B. (Hrsg.) (2005). Das Growing Together Übungsvideo. Berlin: Dohrmann.

Holzkamp, K. (1995). Lernen – Subjektwissenschaftliche Grundlegung. Frankfurt/M., New York: Campus.

Hurworth, R. (2003). Photo-Interviewing for Research. In Social Research Update 40. www.soc.surrey.ac.uk/sru/SRU40.html.

Kade, J. (1997). Vermittelbar / nicht-vermittelbar: Vermitteln: Aneignen. Im Prozeß der Systembildung des Pädagogischen. In D. Lenzen & N. Luhmann (Hrsg.), Bildung und Weiterbildung im Erziehungssystem. Frankfurt/M.: Suhrkamp.

König, A. (2009). Interaktionsprozesse zwischen Erzieherinnen und Kindern. Wiesbaden: VS.

Kunze, H.-R. & Gisbert, K. (2005). Förderung lernmethodischer Kompetenzen in Kindertageseinrichtungen. In BMBF (Hrsg.), Auf den Anfang kommt es an. Berlin: BMBF.

Laevers, D. & Kog, V. (1999). Beobachtung und Begleitung von Kindern. Leuven: Centre for Experimental Education.

Laewen, H.-J. & Andres, B. (Hrsg.) (2002). Künstler, Forscher, Konstrukteure. Werkstattbuch zum Bildungsauftrag von Kindertageseinrichtungen. Neuwied: Luchterhand.

Largo, R. H. (2009). Babyjahre. Die frühkindliche Entwicklung aus biologischer Sicht. München: Piper.

Leu, R. (2006). Beobachtung in der Praxis. In L. Fried & S. Roux (Hrsg.), Pädagogik der frühen Kindheit. Handbuch und Nachschlagewerk. Weinheim: Beltz.

Leu, R. et al. (2007). Bildungs- und Lerngeschichten. Bildungsprozesse in der frühen Kindheit beobachten, dokumentieren und unterstützen. Weimar, Berlin: verlag das netz.

Liegle, L. (2006). Bildung und Erziehung in früher Kindheit. Stuttgart: Kohlhammer.

Luhmann, N. & Schorr, K.-E. (1996). Zwischen System und Umwelt. Frankfurt/M.: Suhrkamp.

MacNaugthon, G. & Williams, G. (2008). Techniques for Teaching Young Children. Choices for Theory and Practice. Frenchs Forest, New South Wales [Australien]: Pearson.

Mohn, B. E. (2002). Filming Culture. Spielarten des Dokumentierens nach der Repräsentationskrise. Stuttgart: Lucius & Lucius.

Mohn, B. E. (2007). Kindern auf der Spur. Kita-Pädagogik als Blickschule. DVD, IWF Göttingen.

Mohn, B. E. & Hebenstreit-Müller, S. (2008). Wie lernt mein Kind? Erziehungspartnerschaft im Early Excellence Zentrum. Kameraethnografische Studien des Pestalozzi-Fröbel-Hauses Berlin. DVD, IWF Göttingen.

Moser, H. (2005). Visuelle Forschung – Plädoyer für das Medium Fotografie; www.medienpaed.com/04-1/moser04-1.pdf

Moss, P. (2009). Working papers in Early Childhood Development: There are alternatives! Markets and democratic experimentalism in early childhood education and care. Gütersloh: Bertelsmann.

Müller, K. (1996). Wege konstruktivistischer Lernkultur. In K. Müller (Hrsg.), Konstruktivismus. Lehren-Lernen-Ästhetische Prozesse. Berlin: Luchterhand.

Peez, G. (2005). Evaluation ästhetischer Erfahrungs- und Bildungsprozesse. Beispiele zu ihrer Erforschung. München: kopaed.

Peez, G. (2006). Fotografien in pädagogischen Fallstudien. München: kopaed.

Pfeifer, J. (2007). Dichte Teilnahme mit der Kamera. Der Film »Them and Me« von Stéphane Breton. Hamburg: Lit-Verlag.

Pramling, I. (2004). How Do Children Tell Us about Their Childhoods? ECRP: http://ecrp.uiuc.edu/v6n1/pramling.html

Rabe-Kleberg, U. (2006): Mütterlichkeit und Profession – oder: Mütterlichkeit, eine Achillesferse der Fachlichkeit? In A. Diller & T. Rauschenbach (Hrsg.), Reform oder Ende der Erzieherinnenausbildung? München: DJI.

Rauschenbach, T. (2006). Ende oder Wende? Pädagogisch-soziale Ausbildungen im Umbruch. In A. Diller & T. Rauschenbach (Hrsg.), Reform oder Ende der Erzieherinnenausbildung? München: DJI.

Reggio Children (2002). Schuh und Meter. Wie Kinder im Kindergarten lernen. Weinheim: Beltz.

Rinaldi, C. (1998). Projected Curriculum Constructed Through Documentation – Progettazione. An Interview with Lella Gandini. In C. Edwards, L. Gandini & G. Forman (Hrsg.), The Hundred Languages of Children. The Reggio Emilia Approach – Advanced Reflections. Westport, CT [USA]: Ablex Publishing.

Rohrmann, T. (2008). Zwei Welten. Geschlechtertrennung in der Kindheit. Forschung und Praxis im Dialog. Opladen: Budrich UniPress.

Roth, G. (2001). Fühlen, Denken, Handeln. Wie das Gehirn unser Verhalten steuert. Frankfurt/M.: Suhrkamp.

Schäfer, G. E. (1995). Bildungsprozesse im Kindesalter. Weinheim: Juventa.

Schäfer, G. E. (2005). Bildung beginnt mit der Geburt. Ein offener Bildungsplan für Kindertageseinrichtungen in Nordrhein-Westfalen. Weinheim: Beltz.

Schwarzer, C. & Buchwald, P. (2007). Umlernen und Dazulernen. In M. Göhlich, C. Wulf & J. Zirfas (Hrsg.), Pädagogische Theorien des Lernens. Weinheim: Beltz.

Siebert, H. (1999). Pädagogischer Konstruktivismus. Eine Bilanz der Konstruktivismusdiskussion für die Bildungspraxis. Neuwied: Luchterhand.

Thole, W. & Cloos, P. (2006). Akademisierung des Personals für das Handlungsfeld Pädagogik der Kindheit. In A. Diller & T. Rauschenbach (Hrsg.), Reform oder Ende der Erzieherinnenausbildung? München: DJI.

Tietze, W. & Viernickel, S. (2007). Pädagogische Qualität in Tageseinrichtungen für Kinder. Ein nationaler Kriterienkatalog. Berlin: Cornelsen.

Viernickel, S. & Schwarz, S. (2009). Schlüssel zu guter Bildung, Erziehung und Betreuung – Wissenschaftliche Parameter zur Bestimmung der pädagogischen Fachkraft-Kind-Relation. Berlin: GEW, Diakonisches Werk der EKG, Der Paritätische Gesamtverband.

Viernickel, S. & Völkel, P. (2005). Beobachten und dokumentieren im pädagogischen Alltag. Freiburg: Herder.

Walter, M. (2009). Jungen sind anders, Mädchen auch. Den Blick schärfen für eine geschlechtergerechte Erziehung. München: Kösel.

Weltzien, D. (2009). Über die Beobachtung zum Dialog mit dem Kind. In S. Viernickel (Hrsg.), Beobachtung und Erziehungspartnerschaft. Berlin: Cornelsen.

Weltzien, D. & Viernickel, S. (2008). Einführung stärkeorientierter Beobachtungsverfahren in Kindertageseinrichtungen – Auswirkungen auf die Wahrnehmung kindlicher Interessen, Dialogbereitschaft und Partizipation. In K. Fröhlich-Gildhof, I. Nentwig-Gesemann & R. Haderlein (Hrsg.), Forschung in der Frühpädagogik. Freiburg: FEL Verlag.

Wermke, J. (1989): »Hab a Talent, sei a Genie« – Kreativität als paradoxe Aufgabe. Juventa: Weinheim.

Begeisterung ist wie Doping für das Hirn

Der Neurobiologe, Hirn- und Entwicklungsforscher Prof. Dr. Gerald Hüther im Gespräch

Herr Professor Hüther, die Hirnforschung hat in den vergangenen 10 bis 15 Jahren viele neue Erkenntnisse darüber zutage gefördert, wie das Lernen bei Kindern funktioniert. Wie würden Sie die Grunderkenntnis der Neurobiologie zusammenfassen?

Kinder, und zwar alle Kinder, kommen mit einer unglaublichen Lust am eigenen Entdecken und Gestalten zur Welt. Nie wieder ist ein Mensch so neugierig, entdeckungsfreudig und begeistert, das Leben kennen zu lernen, wie am Anfang seines Lebens. Diese Begeisterung ist der Schlüssel für das Lernen in der frühen Kindheit.

Was hat Begeisterung mit Neurobiologie zu tun?

Jeder kleine Sturm der Begeisterung führt dazu, dass im Hirn gewissermaßen ein selbsterzeugtes »Doping« stattfindet. Ein Kleinkind erlebt 20 bis 50 Mal am Tag einen Zustand größter Begeisterung. Und jedes Mal kommt es dabei im Gehirn zur Aktivierung emotionaler Zentren. Dies wiederum geht mit der Ausschüttung so genannter neuroplastischer Botenstoffe einher und führt in der Konsequenz dazu, dass die zur Bewältigung einer neuen Herausforderung aktivierten neuronalen Netzwerke gefestigt und stabilisiert sowie das Auswachsen neuer neuronaler Fortsätze befördert werden. So werden die für alle Wachstums- und Umbauprozesse von neuronalen Netzwerken erforderlichen Voraussetzungen geschaffen. Und deshalb entwickelt sich das Gehirn nicht nur von Kindern, sondern auch noch von Erwachsenen so, wie und wofür es mit Begeisterung benutzt wird.

Wie entstehen neuronale Netzwerke in der Entwicklung eines kleinen Menschen?

Bereits vorgeburtlich wird zunächst in den verschiedenen Bereichen des Gehirns ein Überschuss an Nervenzellen produziert. Diese Nervenzellen ordnen sich zu Zellhaufen und Zellschichten und treten über auswachsende Fortsätze auf intensive Weise miteinander in Verbindung. All jene Nervenzellen, denen es nicht gelingt, sich in ein Netzwerk einzuordnen und dort eine bestimmte Funktion zu übernehmen, gehen zugrunde und werden wieder abgebaut. Das Gleiche passiert mit den nicht genutzten Fortsätzen und Verknüpfungsangeboten.

Nicht genutzte Verbindungen gehen verloren?

Die Anzahl der Nervenzellkontakte (Synapsen) ist tatsächlich in der frühen Kindheit so groß wie niemals wieder im späteren Leben; denn nachdem zunächst erst ein Netzwerk herausgebildet wird, in dem alles mit allem verbunden ist, werden anschließend jene Kontakte wieder zurückgebildet und aufgelöst, die nicht »gebraucht«, also nicht durch entsprechende Nutzung und Stimulation gefestigt und stabilisiert werden.

Vereinfacht gefragt: Gibt es angeborene besondere Begabungen?

Vorgeburtlich strukturieren sich die neuronalen Verschaltungsmuster im Gehirn anhand der aus dem eigenen Körper im Gehirn eintreffenden Signalmuster. Deshalb hat jedes Neugeborene ein Gehirn, das optimal für die Steuerung der in seinem Körper ablaufenden Prozesse geeignet ist, das also genau zu diesem Körper passt. Und weil jedes Kind mit einer anderen körperlichen Beschaffenheit zur Welt kommt, hat auch jedes Kind von Anfang an ein anderes Gehirn, mit anderen Fähigkeiten und damit auch anderen Begabungen.

Das Problem ist nicht diese Unterschiedlichkeit, sondern die Tatsache, dass wir in unserem Kulturkreis gegenwärtig bestimmte Begabungen höher bewerten und als wichtiger erachten als andere. Das ist nicht fair gegenüber diesen Kindern.

Was beeinflusst die Stabilisierung von neuronalen Netzwerken?

Nervenzellverschaltungen stabilisieren sich nicht von allein. Sie müssen durch eigene Erfahrungen herausgeformt und gefestigt werden. Und im Zustand der Begeisterung oder der Freude am eigenen Entdecken und Gestalten gelingt das am besten.

Bedeuten diese Erkenntnisse denn, dass man den Kindern möglichst früh möglichst viel Wissen vermitteln sollte?

Wissen allein reicht nicht aus, um den Anforderungen unserer modernen Gesellschaft gerecht zu werden. Wissen können wir uns heutzutage jederzeit verfügbar machen oder mit Hilfe moderner Medien abrufen. Viel wichtiger ist es, metakognitive Kompetenzen auszubilden, also die Fähigkeit etwas zu erlernen, sich vorhandenes Wissen nutzbar zu machen, es zu beurteilen, zu verstehen, anzuwenden und dadurch wieder neues Wissen hervorzubringen. Nur so können Kinder lernen, sich auf immer wieder neue Herausforderungen einzulassen und unbekannte Probleme zu lösen. Diese Metakompetenzen kann man nicht unterrichten, sie können nur durch eigene Erfahrungen im Gehirn stabilisiert werden.

Was sollten Erzieherinnen bedenken, wenn Sie Kindern Bildungsangebote machen?

Kinder brauchen Gelegenheit zur eigenständigen Lösung von Schwierigkeiten und Problemen, sie brauchen die Möglichkeit zur aktiven Gestaltung, und sie brauchen Freiräume, um die eigene Kreativität zu entdecken. Bildungsangebote müssen für die Kinder einen »Sinn machen«, das heißt bedeutsam und wichtig und für den praktischen Lebensvollzug von Nutzen sein. Und besonders gut lernen Kinder – wie Erwachsene im Übrigen auch –, wenn sie emotional beteiligt sind. Und das ist immer dann der Fall, wenn etwas für die Kinder von besonderer Bedeutung ist.

Damit meinen Sie doch sicher eine positive emotionale Beteiligung?

Ja, natürlich. Kinder brauchen eine Kultur der Wertschätzung, der Anerkennung und der Ermutigung. Nur so können sie ihre Fähigkeiten voll entfalten. Erfahren Kinder in einer Einrichtung keine unterstützende Beziehungskultur, so kann das fatale Folgen für ihre Lernlust haben.

Können Kinder also auch ihre Begeisterung, ihre Lust am Lernen verlieren?

Wenn Bildungsangebote auf reine Effizienz hin ausgerichtet sind, Leistungsdruck ausgeübt wird oder Kinder mit ihren individuellen Lernbedürfnissen auf Ablehnung stoßen, kann das langfristig verhängnisvolle Konsequenzen für die Lernbereitschaft der Kinder haben: Die unter solchen Bedingungen erworbenen Erkenntnisse und Fertigkeiten werden mit den in der betroffenen Situation erlebten negativen Gefühlen von Angst, Verunsicherung, Abwertung und Ohnmacht verkoppelt. Diese Kopplungsphänomene führen dazu, dass die jeweilige Tätigkeit (das Lernen oder Üben), der Lernort, und sogar die betreffende Person fortan als »angstbesetzt« bewertet werden. Das jedoch behindert die Entfaltung von Interesse, Offenheit und Kreativität.

Wie lautet die Konsequenz aus diesen Erkenntnissen?

Bildungseinrichtungen, also auch Kindertagesstätten, müssen zu Orten werden, die Kinder gerne aufsuchen, wo sie sich geborgen, unterstützt, gewertschätzt und gefördert fühlen. Entscheidend ist dabei immer die subjektive Bewertung, also das eigene Gefühl des Kindes. Das gilt auch für Kinder mit besonderen Begabungen: Wenn sie ihre Fähigkeiten aus einem Gefühl des Unwohlseins oder der Angst heraus unterdrücken, können sie ihre Potentiale nicht entfalten. Sie entfalten diese erst, wenn sie sich mit ihren Bedürfnissen ernst genommen und auf ihrem Fähigkeitsniveau gefordert fühlen.

Entwicklungspsychologische Grundlagen und Lernen

Lilian Fried

Was meint Entwicklung?

Auf diese einfache Frage gibt es viele unterschiedliche Antworten, die aber alle einen gemeinsamen Kern haben. Demnach bezeichnet Entwicklung eine nachhaltige Veränderung im Erleben und Verhalten.

Wie sich ein Kind entwickelt, hängt mit seinen Anlagen, seiner Umwelt und den Wechselwirkungen zwischen beidem zusammen. Dieses Zusammenspiel ist von Kind zu Kind verschieden. So kommt es, dass sich Kinder gleichen Alters unterschiedlich entwickeln können; und dass sich die einzelnen Entwicklungsbereiche bei ein- und demselben Kind verschieden entwickeln können.

Es gibt unterschiedliche Möglichkeiten, auf die Entwicklung eines Kindes zu schauen. Einmal kann man fragen, was die Entwicklung eines einzelnen Kindes kennzeichnet. Aus dieser Perspektive treten individuelle Entwicklungsprofile und Entwicklungsfortschritte zutage. Daran kann individuelle Bildungsarbeit ansetzen, welche den persönlichen Stärken und Schwächen des Kindes Rechnung trägt. Zum anderen kann man fragen, wie sich die Entwicklung eines einzelnen Kindes im Vergleich mit gegebenen Entwicklungsstandards (zum Beispiel Durchschnittsentwicklung von Gleichaltrigen) darstellt. Diese Sichtweise hilft, sowohl besonders begabte als auch speziell gefährdete Kinder zu identifizieren. Daran kann individuelle Bildungsarbeit ansetzen, welche die jeweiligen Entwicklungspotentiale eines Kindes möglichst optimal zu entfalten hilft, sei es nun durch anreichernde oder durch vorbeugende und ausgleichende Angebote.

Für Pädagogen ist bedeutsam, dass Entwicklung in vielen Bereichen »plastisch« ist, also »nicht durch Anlagen und vorausgegangene Entwicklungsschritte völlig determiniert, sondern beeinflussbar und gestaltbar« (Montada 2002, 14). Das gilt für alle Kinder gleichermaßen, denn die Entwicklung vollzieht sich bei hochbegabten Kindern qualitativ nicht anders als bei durchschnittlich und schwächer begabten. Deshalb wird im Folgenden zunächst generell erörtert, was die Entwicklung junger Kinder kennzeichnet, und dann markiert, welche Besonderheiten im Hinblick auf die Entwicklung hochbegabter Kinder beachtet werden sollten.

Wie entwickeln sich junge Kinder?

Es gibt zahlreiche Entwicklungstheorien. Diese lassen sich grob danach unterteilen, wie sie die Grundkategorien von Entwicklung definieren.

In einigen Theorien wird das Individuum als biologisch determinierte, also als passive und rein reaktive Person gekennzeichnet (endogenistische Theorien). In anderen wird es dagegen als aktive Person charakterisiert, die sich mit der Umwelt auseinandersetzt und sich diese dabei lernend aneignet (organismische oder konstruktivistische Theorien). Dabei bleibt die

Umwelt passiv. Wieder andere Theorien sehen dieses Verhältnis genau umgekehrt. Dort kontrolliert und prägt die Umwelt das Individuum (exogenistische Theorien). Das Individuum reagiert lediglich. In einer weiteren Gruppe von aktuellen Theorien wird Entwicklung als das Ergebnis einer wechselseitigen Beziehung zwischen Individuum und Umwelt betrachtet (interaktionistische Theorien). Beide, Individuum und Umwelt, sind Teil eines Gesamtsystems, in dem die Gestaltungskräfte wechselseitig miteinander verschränkt sind (Montada 2002, 6). Die Veränderungen eines Teils bedingen dabei Veränderungen des anderen Teils oder des Gesamtsystems – und umgekehrt. Bis heute ist aber unklar oder zumindest umstritten, wessen Einflusskraft größer ist, die des Individuums oder die der Umwelt.

Im Weiteren soll der interaktionistische Theorietypus an zwei Beispielen näher erläutert werden. Bei diesen Theorien wird betont, dass Menschen in Kulturen aufwachsen, mit denen sie quasi »in Symbiose« leben, so dass sie sich die Kultur im Verlauf ihrer Entwicklung (Enkulturation) aneignen (Oerter 2002, 72). Mit dem Begriff »Kultur« wird dabei beschrieben, dass Menschen, die in Gruppen zusammenleben, durch Austausch- und Aushandlungsprozesse (Ko-Konstruktionen) zu geteilten Bedeutungen gelangen, die bis zu einem gewissen Grad festlegen, wie sie die Welt sehen und sich darin verhalten sollten. »... Kulturen definieren, was gelernt und was geglaubt werden soll und wie man sich dementsprechend zu verhalten hat.« (ebd., 79). Kultur schlägt sich dabei nicht nur »in den Köpfen der Menschen« nieder; sie manifestiert sich auch in Materiellem, wie in Alltagsgegenständen, Kunstwerken, Gebäuden, technischen Errungenschaften oder Vorschriften.

Wygotski

Lew Wygotski (1896-1934) gilt als wichtigster Vertreter der »Kulturhistorischen Schule«. Er will die Verbindung zwischen Individuum und Gesellschaft bzw. Kultur erklären. Das Individuum wird dabei als Gestalter seiner Umwelt gesehen, ein Gestalter, der sich seine Kultur aktiv und kreativ aneignet und dabei zum Mitglied, aber auch Mitgestalter der Kultur wird. Kultur ist somit gemeinsamer Besitz und wird von den in der Kultur lebenden Individuen permanent weitergegeben und dabei weiterentwickelt. Somit befinden sich die Individuen in einem steten Konstruktionsprozess.

Für Wygotski (1988) ist die kognitive Entwicklung des jungen Kindes eine soziale und kulturelle Leistung. Das Kind eignet sich im Verlauf von sozialen Interaktionen mit Erwachsenen und Kindern »geistige Werkzeuge« an, wie Symbole, Zahlen, Zählweisen, Schriftzeichen, Wissensbestände, Werte, Denkweisen und Problemlösestrategien. Diese werden einerseits von der Kultur bereitgestellt, andererseits vom Kind aktiv und kreativ genutzt. Es findet also eine »Ko-Konstruktion« statt, die sowohl auf kulturelle Güter zurückgreift, als auch individuelle Erfahrung und Wissen nutzt. Im Verlauf dieser Prozesse gelingt es dem Kind, sich kulturspezifisches Weltwissen anzueignen und ein kulturspezifisches Handlungsrepertoire zu erwerben (Enkulturation).

Von Seiten der Erwachsenen oder durch kompetente Kinder wird dem jungen Kind die Kultur mittels Sprache vermittelt. Sprache bewahrt die Kultur in sich auf. Hier denke man nur an das Beispiel der Eskimos, die sehr viel differenziertere Begriffe für Schnee entwickelt haben, als es bei uns der Fall ist. Indem das Kind sich nun die Sprache seiner Kultur aneignet, erwirbt

es auch die Weltsicht, welche sich in der Kultur, in der es aufwächst, herausgebildet hat. Experimente belegen beispielsweise, dass Menschen, die mit einer Sprache aufwachsen, welche keine Zahlkonzepte kennt, auch gedanklich nicht in der Lage sind, eine unterschiedliche Anzahl von Gegenständen zu unterscheiden (Gordon 2004).

Wygotski (1988, 170ff.) hat die Aneignung von Kultur mittels Sprache näher gekennzeichnet: Als erstes lernt ein Kind die für seine Sprache typischen Wörter wahrzunehmen und anzuwenden. Anfangs entlehnt es diese einfach »in fertiger Form« aus dem Gebrauch der Erwachsenen. Es geht also mit ihnen um, ohne ihre Bedeutung voll zu verstehen. Etwa ab dem zweiten Lebensjahr erschließen sich ihm die Bedeutungen der Wörter immer genauer. Ab diesem Zeitpunkt »gehen die Entwicklungsstränge Sprache und Kognition zusammen...« Die »Sprache wird kognitiv, das Denken sprachlich« (ebd., 193). Sprachlicher Umgang mit Erwachsenen treibt diese Entwicklung voran.

Auch von Seiten des Kindes wird diese Entwicklung aktiv vorangetrieben. Dabei ist ein besonderer Mechanismus am Werk. Dieser sorgt dafür, dass die Denk- und Sprachentwicklung miteinander verquickt und dadurch jeweils vorangetrieben werden. Anfangs erklärt sich das Kind die Welt durch die »äußere« Sprache. Es kommentiert laut, was es gerade sieht oder tut, fasst also Wahrnehmungen und Handlungsabläufe in Sprache. Mit Hilfe dieser »Selbstinstruktionen« wandelt es sein persönliches Wahrnehmen und Denken »in Worte um« (ebd., 350). Das heißt: Es passt seine individuellen Vorstellungen an die durch Sprache transportierten, kulturellen Vorstellungen an. Dieser Übergang vom Denken in die Sprache ist – laut Wygotski (ebd.) – »ein sehr verstrickter Vorgang« der »Zergliederung des Gedankens und seiner Neuschaffung in Wörtern«. Mit Hilfe dieses Mechanismus erklärt er, wie es kommt, dass nicht nur unsere Sprache, sondern auch unser Denken kulturell geformt ist.

Im Laufe der Zeit verändert sich das selbstinstruierende Sprechen. Das geschieht in folgenden Schritten: Am Anfang setzt das Kind die hörbare »äußere« Sprache ein. Das beginnt in einer Form, die Wygotski als »egozentrische Sprache« bezeichnet. Er benennt damit das Phänomen, dass ein junges Kind häufig laut kommentiert, was es gerade tut, ohne sich dabei an einen Gesprächspartner zu wenden. Bei Kleinkindern ist dieses »äußere« Sprechen oft verkürzt, zusammenhanglos und situationsbezogen, also für Zuhörer nicht unbedingt verständlich, bei Kindergartenkindern äußert es sich dann als differenzierte soziale Sprache. Gegen Ende der Vorschulzeit verlagert es sich zunehmend in das Innere des Kindes, wird also zur unhörbaren »inneren« Sprache. Diese inneren Dialoge dienen der inneren willkürlichen Handlungsinstruktion. Sie ermöglichen dem Kind individuelle Problemlösung, Handlungsplanung, Handlungskontrolle etc.

Nun kann ein Kind nicht jede Herausforderung allein mit Hilfe innerer Dialoge bewältigen. So gelangt es etwa an seine Grenzen, wenn es zwar etwas will, aber nicht sofort weiß, welche Serie von Handlungen es ausführen muss, um es zu erhalten. Dann kommt der Erwachsene ins Spiel. Er kann das Kind dabei unterstützen, ein höheres Problemlöseniveau zu erreichen. Das gelingt am ehesten, wenn er dem Kind hilft, die sich stellenden Probleme »klein zu arbeiten«; und zwar so, dass sie für das Kind »in der Zone der nächsten Entwicklung« liegen. So definiert Wygotski den Abstand zwischen dem aktuellen und dem potentiellen Problemlöseniveau. Mit aktuellem Niveau wird der Entwicklungsstand bezeichnet, auf dem ein Kind auftretende Probleme selbstständig zu lösen vermag. Von potentiellem Niveau spricht man, wenn ein Kind auftretende Probleme zwar noch nicht allein, aber unter Anleitung von Erwachsenen oder gemeinsam mit kompetenteren Kindern ebenfalls schon zu lösen vermag.

Laut Wygotski kann ein Kind, dem konsequent Angebote in der »Zone der nächsten Entwicklung« gemacht werden, tatsächlich Schritt für Schritt die Fähigkeiten erwerben, die eine optimale Entfaltung der Entwicklungspotentiale gewährleisten. Wird es durch solche Probleme doch herausgefordert, einen kleinen gedanklichen Schritt vorwärts zu machen und seine kognitiven Möglichkeiten etwas auszudehnen. Rollett (2002, 738f.) bestätigt dies, denn »die besten Förderprogramme sind zum Scheitern verurteilt, wenn nicht auf den jeweiligen Entwicklungsstand des Kindes Rücksicht genommen wird (Prinzip der Entwicklungsgemäßheit der Förderangebote): Der erfolgreiche Aufbau neuer Kompetenzen muss sich an der Wygotskischen Prämisse der Beachtung der »Zone der nächsten Entwicklung« [...] orientieren, damit es nicht zu Überforderung und motivationalen Einbrüchen kommt.« Dabei ist es wichtig, dass der Erwachsene das Kind bei dieser kognitiven Anstrengung emotional unterstützt, es also ermutigt, lobt, ihm sein Vertrauen ausspricht, bereits erzielte Fortschritte hervorhebt und dadurch in den Bewusstseinshorizont des Kindes rückt und dergleichen mehr. Denn die Entwicklung wird nicht allein durch Sprache und sozialen Austausch hervorgerufen. Vielmehr hängt sie auch von anderen, zum Beispiel von emotionalen Faktoren ab, also von Interessen, Wünschen und Präferenzen etc.

Bronfenbrenner

Auch Urie Bronfenbrenner (1917-2005) hat ein Modell zur Beschreibung der Wechselwirkungen zwischen Person und Kultur entwickelt (ders. 1981). In diesem Modell führt er »Kultur« auf ineinander verschachtelte »Ökosysteme« zurück. Mit diesem Begriff meint er die »in einer Kultur erzeugten materiellen Gegenstände wie Häuser, Möbel, Werkzeuge, die Regeln des Zusammenlebens, die impliziten und expliziten Handlungsvorschriften, die in der Kultur für menschliche Entwicklung vorgesehenen Einrichtungen, wie Familie und Schule, soziale Partner und soziale Gruppen und das ganze gesellschaftliche System, in das ein Individuum eingebettet ist.« (Oerter 2002, 72). Diese in der Kultur erzeugten Größen ordnet er folgenden Systemtypen zu:

Die kleinste Systemeinheit ist das »Mikrosystem«, die vom Kind direkt erlebte Umwelt. Ein Beispiel dafür ist die Familie. Wie sich ein Kind dort entwickelt, hängt von den Eltern und Geschwistern, deren sozialen Beziehungen untereinander sowie deren räumlichen und materiellen Möglichkeiten ab. Das Mikrosystem steht in Wechselwirkung mit den anderen Systemeinheiten. Um im Beispiel zu bleiben: Die Familie steht in unmittelbarer Verbindung mit weiteren »Mikrosystemen«, wie Großeltern oder Freunden. Diese bilden zusammen das »Mesosystem«, das wiederum vom »Exosystem«, wie dem Arbeitsplatz des Vaters, und nicht zuletzt vom »Makrosystem«, wie den Werten der Gesellschaft, beeinflusst werden. Die Wechselwirkungen zwischen diesen Systemeinheiten hängen nicht zuletzt vom »Chronosystem« ab. Hier ist die zeitliche Dimension gemeint. Aus dieser Perspektive erscheint Entwicklung nämlich als »Sich-Fortbewegen von einer Umwelt zur anderen« (Oerter 2002, 72).

Jeder Übergang von einer Umwelt in die andere bedingt eine »Krise«. Diese kann sich sowohl als Entwicklungsschub, als auch als Entwicklungshemmnis erweisen. Welches von beidem der Fall ist, hängt davon ab, ob und wieweit ein Kind bereits über der neuen Umwelt entsprechende Bewältigungskompetenz verfügt oder auf entsprechende Unterstützung zurückgreifen kann. Des Weiteren spielt eine Rolle, ob es sich bei der Krise um eine »normative« Herausforderung, wie der Kindergarteneintritt oder Schulanfang, handelt, die von allen Kindern durchlaufen wird, so dass sich das Kind darauf einstellen kann; oder ob es sich um eine »nicht-normative« Krise handelt, wie eine schwere Erkrankung eines Familienmitglieds oder die Arbeitslosigkeit der Eltern, welche das Kind unvorbereitet treffen.

Insgesamt verdeutlicht das Modell von Bronfenbrenner, dass sich jedes Kind in seiner ganz eigenen, sehr komplexen und veränderlichen Umwelt entwickelt. Dabei hängt es nicht zuletzt vom Kind ab, wie »nah« oder »tief« bestimmte Einflüsse auf seine Entwicklung einzuwirken vermögen. Wenn ein Kind zum Beispiel ein inniges Verhältnis zu seiner Tante hat, weil diese es oft getröstet und ermutigt hat, so wird ihr Tod seine Entwicklung stärker betreffen, als wenn es diese wegen der großen Entfernung kaum kennen- und liebenlernen konnte. Die Entwicklung eines Kindes wird also immer von einer für dieses Kind spezifischen Konstellation der Umweltchancen und Umweltrisiken beeinflusst.

In der frühen Kindheit ist die Mikroebene besonders bedeutsam. Hier spielt neben der Familie und dem Freundeskreis insbesondere die Kindertagesstätte eine zentrale Rolle. Conrad und Wolf (1999) haben den Ansatz von Bronfenbrenner zu einem Modell weiterentwickelt, das sich speziell auf diese Einrichtung bezieht. In diesem Modell kennzeichnen die Autoren, welche Faktoren in Kindertagesstätten auf ein Kind einwirken.

Zuerst nennen sie die strukturellen Faktoren, wie die Trägerart, die Größe der Einrichtung, die Gruppenanzahl, die Aufnahmekapazität, die Kinderzahl pro Gruppe, die Erzieherin-Kind-Relation, die Personalausstattung, die tägliche Arbeitszeit, die Vorbereitungszeit, die Ausbildungsvoraussetzungen, die Fortbildungsmöglichkeiten, die Berufserfahrung, die Berufsfreude, die Personalfluktuation, Art und Organisation der Teamarbeit, das Klima im Team, die Sach- und Raumausstattung, die Geschlechtsverteilung, der Anteil der Kinder mit Migrationshintergrund, der Anteil von Kindern unter drei Jahren, der organisatorische Ablauf des Kindergartenalltags mit Öffnungs- und Schließzeiten, die Mittagsverpflegung und Mittagsruhe, das pädagogische Konzept, der Elternbeitrag und ähnliches.

Darüber hinaus betonen sie die besondere Bedeutung der Erzieherpersönlichkeit. Wie motiviert und engagiert ist die pädagogische Fachkraft? Wie kreativ und widerstandsfähig setzt sie sich mit den alltäglichen Herausforderungen ihres Berufes auseinander? Wie gut vermag sie sich auf die Bedürfnisse, Voraussetzungen und Entwicklungsschritte der Kinder einzulassen? Ist ihr Professionalität und professionelle Entwicklung wichtig?

Die räumlich-materielle Ausstattung wird ebenfalls als bedeutsam gekennzeichnet. Als aktive Lerner sind Kinder auf eine anregende und motivierende Gestaltung ihrer Umwelt angewiesen, die zur selbstständigen Auseinandersetzung mit der Umgebung auffordert. Eine günstige räumliche Gestaltung in einer Kindertageseinrichtung eröffnet Gelegenheiten zur Förderung des sozialen Kontaktes der Kinder untereinander. Aber auch sicherheitstechnische Standards müssen erfüllt werden. Neben einer ausreichenden Größe der Räume sollte auch ihre Aufteilung beachtet werden. So sind neben Rückzugsmöglichkeiten auch Ecken und Plätze für besondere Aktivitäten sinnvoll. Angesichts zunehmender Ganztagsbetreuung spielen beispielsweise vermehrt Überlegungen eine Rolle, ob durch die Raumgestaltung dem kindlichen Bedürfnis nach emotionaler Bedürfnisbefriedigung (Zärtlichkeit, Kuscheligkeit) entsprochen wird.

Was die Interaktionen innerhalb einer Kindertagesstätte betrifft, so sind vor allem der Grad und die Qualität der Zuwendung und Anregung wesentlich, was sich etwa in der Gruppenatmosphäre und in den Interaktionen zwischen Erwachsenen und Kindern sowie unter den Kindern ausdrückt. Die Qualität der sozialen Beziehung zwischen pädagogischer Fachkraft und Kind hängt mit der emotionalen Geborgenheit, der Sicherheit und dem Vertrauen in die Bezugsperson zusammen. Die Qualität der pädagogischen Unterstützungen und Herausforderungen wiederum hängt davon ab, ob und wieweit die Erzieherin Interaktionsangebote macht, die möglichst unmittelbar an die Interessen, Präferenzen und Entwicklungsvoraussetzungen des Kindes anschließen und ihm dabei helfen, seine Entwicklung weiter voranzutreiben.

Die Qualitätsforschung hat dazu beigetragen, die Theorie von Bronfenbrenner noch weiter auszudifferenzieren. Die dabei entwickelten Instrumente zur Qualitätsfeststellung und Qualitätsverbesserung geben wichtige Hinweise, welche Aspekte in einer Kindertagesstätte mit dafür verantwortlich sind, wie sich ein Kind entwickelt (vgl. zum Beispiel Tietze 2007). Mit Hilfe dieser Anhaltspunkte kann den Kindern eine institutionelle Umwelt bereitet werden, die es ihnen erlaubt, ihre Entwicklungspotentiale möglichst umfassend zu entfalten.

Wie lernen junge Kinder?

Lernen ist für den Menschen ein lebensnotwendiger Vorgang, wird er doch (im Unterschied zu einigen Tieren) mit einer relativ geringen Instinktausstattung geboren. Demzufolge ist er gefordert, sich seiner Umwelt stets von neuem anzupassen oder aber seine Umwelt so umzugestalten, dass sie zu ihm passt.

Im Alltag wird der Begriff »Lernen« oft mit dem Einprägen von Kenntnissen und dem Einüben der Kulturtechniken, also Lesen, Schreiben, Rechnen, gleichgesetzt. In der Wissenschaft dagegen wird Lernen viel breiter gefasst. Man versteht darunter ganz allgemein eine relativ dauerhafte Veränderung im Erleben oder Verhalten eines Menschen, die durch wiederholte Erfahrungen in der Interaktion mit der Umwelt zustande gekommen ist, also nicht auf rein körperlichen Reaktionen, wie Drogenkonsum, Müdigkeit und ähnlichem beruht. Dabei kann Veränderung gleichermaßen Hinzulernen wie Verlernen und Anpassung wie Fehlanpassung bedeuten.

Lernen beruht auf Wahrnehmungen und deren kognitiver Verarbeitung. Es kann sich auf Emotionen, Kognitionen oder Verhalten beziehen. Der Lernprozess selbst kann nicht (ohne weiteres) beobachtet werden; »... man muss sich erschließen, ob bei einem Menschen ein solcher Lernprozess stattgefunden hat oder nicht« (Mitzel 2007, 33), indem man das Lernergebnis betrachtet, wie Verhaltensänderungen oder neue Ansichten.

Lernen ist Teil der Entwicklung, entsteht also auch aus einer Wechselwirkung von Anlage und Umwelt. Je nach theoretischem Standpunkt wird dieses Zusammenspiel unterschiedlich beschrieben. Der »Behaviorismus« betont, dass Umweltreize sich unmittelbar auf das Verhalten auswirken. Der »Kognitivismus« erklärt, wie Individuen über Wahrnehmung und Verarbeitung von Informationen aus der Umwelt zur Erkenntnis der Welt gelangen. Der »Ko-Konstruktivismus« geht über diese Theorien hinaus. Er bildet den Hintergrund des aktuellen Bildungsverständnisses. Deshalb soll darauf etwas näher eingegangen werden.

Ko-konstruktivistisches Lernen

Laut dem Ko-Konstruktivismus sucht das Individuum in seiner Umwelt aktiv nach Informationen. Diese werden mit den Sinnen aufgenommen. Dabei wirken persönliche Erfahrungen und individuelles Vorwissen als Filter und Deutungshilfe. Die aufgenommenen Informationen werden zu subjektiven Konstruktionen verarbeitet. Mit diesen individuellen Konstruktionen vermag der einzelne Mensch der Welt Sinn abzugewinnen.

Dass die individuellen Konstruktionen auch kollektive Sinngebungen beinhalten, lässt sich folgendermaßen erklären: Individuelle Konstruktionen werden immer wieder an der Realität geprüft und gegebenenfalls verändert. Außerdem werden sie im Verlauf von sozialen Aushandlungsprozessen (um-)interpretiert. Deshalb konstruiert das Individuum nicht nur individuelle Deutungen, sondern (re-)konstruiert zusammen mit anderen Mitgliedern der Gesellschaft auch kulturelle Deutungen der Welt. Diese gemeinsamen Konstruktionen erlauben es dem Individuum mit anderen Mitgliedern der Gesellschaft zu kommunizieren (Klein & Oettinger 2000).

Das schrittweise (Re-)Konstruieren der Welt geschieht einerseits mit Hilfe des individuellen »Vorwissens«, das je nach Erkenntnisbereich – wie Biologie, Physik, Mathematik, Sprache, Psychologie und so weiter – unterschiedlich ausgeprägt ist (Fried 2008b); andererseits mittels Lernkompetenz (Gisbert 2004). Mit diesem Begriff bezeichnet man die Fähigkeit, neues Wissen zu erwerben, erworbenes Wissen anzuwenden und zu übertragen, eigene Lernprozesse zu steuern und zu reflektieren etc. Ob und wie weit ein junges Kind schon über Lernkompetenz verfügt, hängt von verschiedenen Voraussetzungen ab.

So spielen die Speicherkapazität im Gehirn (zum Beispiel der Arbeitsspeicher) und die Funktionstüchtigkeit der Wahrnehmungsleistungen eine wesentliche Rolle (Hasselhorn & Grube, 2006). Ein Kind, das bereits viel »Vorwissen« gespeichert hat, verfügt dadurch über einen umfassenden »Sinnvorrat«, der es ihm erlaubt, neue Erfahrungen ohne großen Aufwand und mit wenig Aufmerksamkeit schnell zu bearbeiten und in seine Wissensvorräte zu integrieren. Ein Kind jedoch, das aufgrund biologischer Einschränkungen nur wenig »Vorwissen« ausdifferenzieren konnte, hat damit nur wenig »Ankerplätze« im Gehirn, um Sachverhalte angemessen erfassen und integrieren zu können. Es kann dann Lernchancen, die anderen Kindern offen stehen, nicht hinreichend nutzen. Insofern können Probleme mit den Wahrnehmungs- und Gedächtnisleistungen negative, sich selbst verstärkende Kreisläufe auslösen. In Bezug auf den Sprach- und Schriftspracherwerb ist das inzwischen vielfach nachgewiesen. Hier konnte man in Langzeitstudien belegen, dass Probleme mit dem Arbeitsspeicher für Sprachlaute (Phoneme) mittel- und langfristig in einer Lese-Rechtschreib-Schwäche münden können – um dieses Beispiel zu nennen.

Wie kompetent ein junges Kind lernt, hängt aber auch davon ab, was es schon über sein eigenes Lernen denkt und weiß. Das ist Teil seiner »Theory of Mind«, also seiner »naiven Psychologie«. Dreijährige können noch nicht klar zwischen innerem Zustand und äußerem Verhalten unterscheiden. Deshalb nehmen viele noch an, es würde reichen, sich etwas zu wünschen, um die Realität zu beeinflussen. Zwischen vier und sechs Jahren lernen Kinder dann immer besser, zwischen Träumen, Absichten, Gefühlen, Gedanken und Tatbeständen zu unterscheiden. Sie können sogar schon anhand bestimmter Hinweise schlussfolgern, in welchem mentalen Zustand sich ein Mensch gerade befindet. So wissen viele Vier- bis Fünfjährige schon, dass jemand, der ein Problem zu bewältigen hat und einen nachdenklichen Gesichtsausdruck aufweist, vermutlich gerade über der Lösung dieses Problems brütet. Sie haben auch schon Vorstellungen, wie man Wissen erwirbt und vergrößert. Ihnen ist außerdem meist klar, dass Lernen etwas mit der Wahrnehmung und Deutung von Umwelt zu tun hat. Und Sechsjährige erfassen sogar schon, dass man auch aus früher gemachten oder von anderen Menschen berichteten Erfahrungen neues Wissen gewinnen kann. Zum Beispiel, indem man Zusammenhänge entdeckt oder Ursache-Wirkungs-Mechanismen begreift. Sie können auch schon erfassen, dass sie gerade etwas dazugelernt haben. Einige verstehen jedenfalls schon, dass sie mehr über Tiere wissen, wenn man ihnen dementsprechende neue Informationen vermittelt hat. Manchen von ihnen ist sogar klar, dass man das bereits erworbene Wissen nutzen kann, um sich etwas Neues auszudenken. Wenn man sie allerdings direkt fragt, was sie denn schon alles wissen oder können, merkt man an den Reaktionen, dass sie sich meist überschätzen. Dieses Phänomen wird in der Literatur als »Überoptimismus« des Vorschulkindes gekennzeichnet.

Ko-konstruktivistische Lernförderung

Aus der Sicht der Pädagogik ist Lernen eine Antwort auf Herausforderungen. Es ist ein Ergebnis pädagogischer Beziehungen und Erwartungen ebenso wie kultureller Angebote und Aufgaben. Dabei vollzieht sich Lernen ganz wesentlich im pädagogischen Dialog zwischen Erwachsenem und Kind. Diese Dialogform bildet den Rahmen für eine am Kind orientierte, durch den Pädagogen optimierte Ko-Konstruktion, die nicht zwangsläufig wirkt, aber durchaus »fruchtbar« werden kann, sofern es gelingt, das Kind zu eigenen Konstruktionen »anzustiften« (Fried 2008a).

Pädagogik will letztlich nichts anderes, als Voraussetzungen für derartige »fruchtbare Momente« im pädagogischen Dialog schaffen. Auf Seiten der pädagogischen Fachkräfte ist dafür eine spezifische didaktisch-methodische Kompetenz vonnöten (Fried 2009). Wie diese im Einzelnen beschaffen ist, haben die Autorin und Briedigkeit (2008) im Hinblick auf den Bildungsbereich »Sprache« konkretisiert. Einschlägige Beobachtungsstudien zeigen leider, dass solche pädagogischen Dialoge im Kindertagesstättenalltag eher die Ausnahme als die Regel sind (König 2009). Es dominieren dort nämlich ganz andere Dialogformen wie Anweisungen oder Direktiven, welche den Kindern weder den notwendigen Raum für ihre selbstbestimmten Konstruktionen lassen, noch die benötigte Anregung und Unterstützung geben.

Wie lässt sich das nun in der Praxis ändern? Maria (1997) hat ein Kind ein Jahr lang begleitet und dabei herauszufinden versucht, wie es gelingt, sein Lernen in der Kindertagesstätte wirksam zu unterstützen und herauszufordern. Dabei hat sie beobachtet, dass das Kind günstig reagierte, wenn es zu Lernaktivitäten ermuntert wurde. Oft griff es den Impuls, etwas Neues näher in Augenschein zu nehmen, bereitwillig auf. Auch neigte es dazu, seine Aktivitäten weiter zu verfolgen, wenn die Erzieherinnen es aufforderten, nicht vorschnell abzubrechen. Als günstig erwies sich außerdem, wenn das Kind ermutigt wurde, die Ideen, die ihm bei seinen Tätigkeiten durch den Kopf gingen, laut auszusprechen. Das klappte insbesondere dann gut, wenn es in seinen Vorstellungen bestätigt wurde. Maria hat außerdem beobachtet, dass das Kind positiv reagierte, wenn ihm klar gemacht wurde, was es alles schon weiß und kann. Zum Beispiel reagierte es positiv auf den Hinweis, dass man es ihm zutrauen würde, eine bestimmte Aufgabe allein oder mit etwas Hilfe zu bewältigen. Auch wurde das Kind aktiver, wenn ihm vermittelt wurde, ein guter Lerner zu sein. Schließlich ließ sich das Kind gerne auf Gespräche mit Erwachsenen oder Kindern ein, in denen es darum ging, gemeinsam ein Problem anzugehen. Besonders in Bann gezogen wurde das Kind, wenn alle Beteiligten an ihre Wissensgrenzen stießen und modellhaft verschiedene Wege und Mittel durchspielen mussten, um einen Weg zu finden, wie man am ehesten wieder aus der Sackgasse herausfindet. Allerdings erwiesen sich solche Situationen nur dann als »fruchtbarer Moment«, wenn das Kind vom Erwachsenen nur in solche Probleme verstrickt wurde, die auch tatsächlich in der Zone seiner nächsten Entwicklung lagen – und wenn ihm dazu noch Mittel zugänglich gemacht wurden (zum Beispiel Bücher oder Handwerkszeug), die es befähigten, die Herausforderung selbstbestimmt anzugehen.

Was ist im Hinblick auf hochbegabte Kinder zu beachten?

Es wurde bereits deutlich, dass die generellen Aussagen zur Entwicklung und zum Lernen junger Kinder auch für hochbegabte Kinder gelten (zum Beispiel Reinders & Wittek 2008). Denn Hochbegabung ist nicht einfach gleichzusetzen mit erblich bedingten besonderen Potentialen, die automatisch zu herausragenden Leistungen führen, sondern sie ist das Ergebnis eines komplizierten Zusammenspiels vieler Entwicklungsfaktoren. Ob und wieweit ein Kind seine Entwicklungspotentiale realisiert, hängt deshalb nicht nur von seinen Anlagen ab, sondern auch von seiner Persönlichkeit und davon, ob die Familie und die Kindertageseinrichtung ein Lernumfeld schaffen, das sein Entwicklungsprofil adäquat unterstützt und herausfordert. Deshalb stellt die Lernbegleitung hochbegabter Kinder eine besondere Herausforderung dar, bietet aber auch besondere Chancen, wenn man jüngere wissenschaftliche Erkenntnisse berücksichtigt.

Danach wird der Bildungserfolg durch Faktoren determiniert, die bereits in der Vor- und Grundschulzeit wirksam sind. Das betrifft insbesondere Leistungsdeterminanten wie Selbstkonzept und Motivation (vgl. Möller & Schiefele 2004). Diese beiden Größen beeinflussen indirekt die Wirkung von Intelligenz, Wissen und sozialer Herkunft auf erfolgreiches Lernen und schulische Leistungen (zum Beispiel Denissen, Zarrett & Eccles 2007). Deshalb erstaunt es nicht, dass Kinder, deren Hochbegabung sich entfalten konnte, über ein ausgeprägtes Selbstkonzept und große Motivation verfügen (zum Beispiel OECD 2006). Wenn nun durch individuelle Förderung möglichst früh dazu beigetragen werden soll, dass junge hochbegabte Kinder ihre Entwicklungspotentiale optimal entfalten können, sollte nicht zuletzt an diesen beiden Lernvoraussetzungen angesetzt werden; auch weil beide unter Umständen besser veränderbar sind als kognitive Fähigkeitsfaktoren und deshalb »einen vielversprechenden Ansatzpunkt für die Verbesserung von Verstehens- und Lernleistungen darstellen« (Schaffner & Schiefele 2007, 129).

Selbstkonzept

Selbstkonzepte basieren auf der Wahrnehmung der eigenen Person, ihrer Fähigkeiten, Eigenschaften und Einstellungen. Das umfasst sowohl das »Selbstschema«, also wie eine Person sich selbst sieht, als auch den »Selbstwert«, also wie zufrieden eine Person mit sich selbst ist. Selbstkonzepte werden im Verlauf selbstbezogener Wahrnehmungen mit Hilfe äußerer und innerer Bezugnahmen konstruiert. Kinder beginnen schon in frühem Alter, Vorstellungen über ihr Fähigkeitsniveau zu entwickeln. Mit zunehmendem Alter entwickeln sich diese Vorstellungen von generellen Annahmen hin zu bereichsspezifischeren Selbstwahrnehmungen (vgl. Roebers 2007).

Bis ins Schuleintrittsalter sind die Selbstkonzepte typischerweise unrealistisch optimistisch (vgl. Einsiedler 2003). So haben jüngere Kindergartenkinder meist »überoptimistische« Selbstwahrnehmungen. Die Selbstkonzepte von älteren Kindergartenkindern sind dann oft nicht mehr losgelöst von den realen Verhältnissen. So konnte man zum Beispiel anhand der emotionalen Selbstkonzepte von Sechsjährigen voraussagen, welche Kinder später Schulleistungsprobleme bekommen oder Sozial- und Fachdienste in Anspruch nehmen müssen.

Sehr bedenkenswert erscheint in diesem Zusammenhang, dass rund zehn Prozent aller Schulanfänger mit einem negativen Selbstkonzept in die Schule kommen (Baldering, 1993; Kammermeyer & Martschinke 2003), welches sie in ihrer weiteren Entwicklung einschränken dürfte. Deshalb sollte die Selbstkonzeptentwicklung von Kindern möglichst schon im Vorschulalter gefördert werden – zumal die Einflussmöglichkeiten in dem Maße abnehmen, in dem sich das Selbstkonzept stabilisiert, was bereits gegen Ende des Vorschulalters beginnt (vgl. zum Beispiel Pior 1998).

Wie lassen sich nun günstige Voraussetzungen für die Entwicklung des Selbstkonzepts von Kindern schaffen? Das Selbstkonzept von Kindern wird durch Rückmeldungen von wichtigen Bezugspersonen, wie zum Beispiel eben den Erzieherinnen, maßgeblich beeinflusst. Daran ist anzuknüpfen. Deshalb ist es ausschlaggebend, ob und wieweit Erzieherinnen ihre Wahrnehmungen über das Kind immer wieder laut aussprechen, so dass dieses nachzuvollziehen vermag, was es nach Meinung der Erzieherin alles schon macht und kann, was ihm besonders gut gelingt, wie geschickt es eine Aufgabe angegangen und gelöst hat. Wichtig ist auch, dass Erzieherinnen dem Kind immer wieder vermitteln, warum sie bestimmte Themen mit ihm ansprechen oder bestimmte Projekte mit ihm durchführen. Dabei kommt es insbesondere darauf an, ihm zu verdeutlichen, welches neue Wissen es dadurch erwerben, also was es auf diese Weise dazulernen kann und ähnliches mehr. Außerdem ist relevant, dass die Erzieherin dem Kind hilft, sich darüber bewusst zu werden, welche Arbeitsschritte oder Lernstrategien erfolgreich sind, um eine Aufgabe zu bewältigen und ein Problem zu lösen (vgl. zum Beispiel Gisbert 2004). Dabei kann es helfen, dem Kind erst einmal ein Modell zu bieten, es dann zu ermutigen, dem Modell nachzueifern und – für das Kind erkennbar – zu registrieren, wenn es beginnt, das neu Erlernte selbstbestimmt einzusetzen.

Motivation

Motivation bezeichnet das Ausmaß des Wunsches oder der Absicht, in einer bestimmten Situation etwas Bestimmtes zu tun, sei es, weil die Tätigkeit selbst als befriedigend erlebt wird (intrinsische Motivation), sei es, dass mit der Tätigkeit Erwartungen einer externen Belohnung, wie zum Beispiel Lob, verbunden sind (extrinsische Motivation). So gilt beispielsweise die Lesemotivation als bedeutsamer Mediator der Leseleistung. Leseerlebnisse – so Möller und Schiefele (2004, 101) – haben Auswirkungen darauf, »welche positiven oder negativen Erwartungen eine Person mit dem Lesen verbindet und welchen Wert sie der Tätigkeit des Lesens beimisst« und beeinflussen so das Leseverhalten, das die Lesekompetenz mit bedingt.

Wie aber kann man die Motivation junger Kinder, sich mit bestimmten Dingen intensiv und lustvoll zu beschäftigen, begünstigen? Eine Voraussetzung dafür ist, sorgfältig auszuloten, wo die individuellen Interessen von Kindern liegen. Diese gilt es zu fördern, indem genügend Zeit eingeplant wird, sodass sich die Kinder ihren Interessen tatsächlich hingeben und sie so vertiefen können. Wie wichtig der Zeitfaktor ist, mag man der Untersuchung von Koch (2007) entnehmen. Dort wird nämlich deutlich, dass sich die besonderen Begabungen von Kindern auch darin äußern, dass diese sich mehr Zeit nehmen, um den bevorzugten Aktivitäten nachzugehen, was sich in mehr selbstbestimmter »Lernzeit« niederschlägt.

Eine weitere Voraussetzung besteht darin, den Kindern durch vielfältige Angebote zu ermöglichen, neue Interessen zu entdecken und zu entwickeln. Hierfür bieten sich insbesondere

Projekte und Hospitationen, aber auch Workshops mit Eltern, Großeltern und Handwerkern, Künstlern und Wissenschaftlern an, um nur einige Beispiele zu nennen. Unabdingbar ist außerdem, dass Erzieherinnen die interessengeleiteten Aktivitäten von Kindern achtsam, anerkennend und wertschätzend begleiten.

Auch Angebote und Maßnahmen, die berücksichtigen, dass Leistungsdifferenzen nicht zuletzt auf motivationsfördernde Faktoren des Elternhauses zurückzuführen sind, dürften in dieser Hinsicht erfolgversprechend sein. Jede Förderung sollte deshalb anstreben, die Eltern einzubeziehen, und zwar möglichst früh. In diesem Zusammenhang hat sich vor allem das »Interaktive« oder »Dialogische Bilderbuchlesen« bewährt. Dieses »Förderformat« zeichnet sich dadurch aus, dass Erzieherinnen und Eltern die Kinder mit adaptiv-unterstützenden sowie herausfordernden Instruktionsstrategien (vgl. Fried & Briedigkeit 2008) ermutigen, »Lern- und Leistungssituationen primär als eine willkommene Möglichkeit zur Erweiterung oder Verbesserung des eigenen Wissens und Könnens« aufzufassen und zu nutzen (Krapp 2003, 95).

Literatur

Baldering, D. (1993). Selbstkonzepte von Kindern im Vorschulalter. Frankfurt/M.: Lang.

Bronfenbrenner, U. (1981). Die Ökologie der menschlichen Entwicklung. Stuttgart: Klett-Cotta.

Conrad, S. & Wolf, B. (1999). Kindertagesstätten in ihrem Kontext – ein humanökologisches Rahmenmodell. Psychologie in Erziehung und Unterricht, 46, 2, 81-95.

Denissen, J. J. A., Zarrett, N. R. & Eccles, J. S. (2007). I like to do it, I'm able to do it, and I know I am: Longitudinal coupling between domain-specific achievement, self-concept, and interest. Child Development, 78, 2, 430-447.

Einsiedler, W. (2003). Unterricht in der Grundschule. In K. S. Cortina et al. (Hrsg.), Das Bildungswesen in der Bundesrepublik Deutschland. Strukturen und Entwicklungen im Überblick (S. 285-341). Reinbek b. Hamburg: Rowohlt.

Fried, L. (2008). Bildung und didaktische Kompetenz. In: W. Thole, H.-G. Roßbach, M. Fölling-Albers & R. Tippelt (Hrsg.), Bildung und Kindheit. Pädagogik der Frühen Kindheit in Wissenschaft und Lehre (S. 141-151). Opladen: Barbara Budrich.

Fried, L. (2008). Einleitung. In L. Fried (Hrsg.), unter Mitarbeit v. G. Büttner, I. Melle, N. Mette & C. Selter, Das wissbegierige Kind. Neue Perspektiven in der Früh- und Elementarpädagogik (S. 7-20). Weinheim: Juventa.

Fried, L. (2009). Education, language and professionalism: issues in the professional development of early years practitioners in Germany. Early Years, 29, 1, 19-30.

Fried, L. & Briedigkeit, E. (2008). Sprachförderkompetenz. Selbst- und Teamqualifizierung für Erzieherinnen, Fachberatungen und Ausbilder. Berlin: Cornelsen Scriptor.

Geserick, B. & Spangler, G. (2007). Der Einfluss früher Bindungserfahrungen und aktueller mütterlicher Unterstützung auf das Verhalten von sechsjährigen Kindern in einer kognitiven Anforderungssituation. Psychologie in Erziehung und Unterricht, 54, 86-102.

Gisbert, K. (2004). Lernen lernen. Lernmethodische Kompetenzen von Kindern in Kindertageseinrichtungen fördern. Weinheim: Beltz.

Gordon, P. (2004). Numerical cognition without words: Evidence from Amazonia. Science, 305 (5687).

Hasselhorn, M. & Grube, D. (2006). Gedächtnisentwicklung (Grundlagen). In W. Schneider & B. Sodian (Hrsg.), Kognitive Entwicklung (S. 271-325). Göttingen: Hogrefe.

Kammermeyer, G. & Martschinke, S. (2003). Schulleistungen und Fähigkeitsselbstbild im Anfangsunterricht – Ergebnisse aus dem KILIA-Projekt. Empirische Pädagogik, 17, 486-503.

Klein, K. & Oettinger, U. (2000). Konstruktivismus. Die neue Perspektive im (Sach-)Unterricht. Hohengehren: Schneider Verlag.

Koch, U. (2007). Lernen und Hochbegabung in der Grundschule. Eine Längsschnittstudie zur Lernzeitnutzung hochbegabter und nicht hochbegabter Grundschüler. Frankfurt/M.: Lang.

König, A. (2009). Interaktionsprozesse zwischen Erzieherinnen und Kindern. Eine Videostudie aus dem Kindergartenalltag. Wiesbaden: VS.

Krapp, A. (2003). Die Bedeutung der Lernmotivation für die Optimierung des schulischen Bildungssystems. Politische Studien, 54, 91-105.

Maria, K. (1997). A case study of conceptual change in a young child. The Elementary School Journal, 98, 1, 67-88.

Mietzel, G. (2007). Pädagogische Psychologie des Lernens und Lehrens. 8. überarbeitete u. erweiterte Aufl. Göttingen: Hogrefe.

Möller, J. & Schiefele, U. (2004). Motivationale Grundlagen der Lesekompetenz. In U. Schiefele, C. Artelt, W. Schneider & P. Stanat (Hrsg.), Struktur und Förderung von Lesekompetenz (S. 101-124). Wiesbaden: VS.

Montada, L. (2002). Fragen, Konzepte, Perspektiven. In R. Oerter & L. Montada (Hrsg.), Entwicklungspsychologie. 5. Aufl. (S. 3-53). Weinheim: Beltz.

OECD (2006). Top of the class. High performers in science in PISA. Paris: OECD.

Oerter, R. (2002). Kultur, Ökologie, Entwicklung. In R. Oerter & L. Montada (Hrsg.), Entwicklungspsychologie. 5. Aufl. (S. 72-104). Weinheim: Beltz.

Pior, R. (1998). Selbstkonzepte von Vorschulkindern. In D. H. Rost (Hrsg.), Pädagogische Psychologie und Entwicklungspsychologie, Bd. 6. Münster: Waxmann.

Reinders, H. & Wittek, R. (2008). Soziale und emotionale Entwicklung hochbegabter Kinder. Abschlussbericht der Begleitstudie zur Mannheimer Kinderakademie. (Schriftenreihe Empirische Bildungsforschung, Band 8). Würzburg: Universität Würzburg.

Roebers, C. M. (2007). Entwicklung des Selbstkonzeptes. In M. Hasselhorn & W. Schneider (Hrsg.), Handbuch der Entwicklungspsychologie (S. 381-391). Göttingen: Hogrefe.

Rollett, B. (2002). Frühe Kindheit, Störungen, Entwicklungsrisiken, Förderungsmöglichkeiten. In R. Oerter & L. Montada (Hrsg.), Entwicklungspsychologie. 5. Aufl. (S. 713-739). Weinheim: Beltz.

Schaffner, E. & Schiefele, U. (2007). Auswirkungen habitueller Lesemotivation auf die situative Textrepräsentation. Psychologie in Erziehung und Unterricht, 54, 268-286.

Tietze, W. (Hrsg.) (2007). Pädagogische Qualität entwickeln: Praktische Anleitung und Methodenbausteine für Bildung, Betreuung und Erziehung in Tageseinrichtungen für Kinder von 0-6; Buch mit CD-ROM. 2. Aufl. Berlin: Cornelsen Skriptor.

Wygotski, L. S. (1988/1934). Denken und Sprechen. 6. unveränderte Aufl. Übersetzt aus dem Russischen von Gerhard Sewekow. Frankfurt/M.: Fischer.

Entwicklung und Lernen: Im Gleichschritt – Marsch?

Dr. Gabriele Haug-Schnabel, Verhaltensbiologin und Entwicklungsforscherin, im Gespräch

Frau Haug-Schnabel, wie verlaufen Entwicklung und Lernen bei sehr jungen Kindern?

Nun, zunächst einmal bedeutend vielfältiger als wir uns diese Prozesse noch vor wenigen Jahren vorstellen konnten – und vor allem höchst individuell. Entwicklung und Lernen – beides ist nicht voneinander zu trennen – vollziehen sich abhängig von der genetischen Ausstattung, von den erlebten Beziehungsangeboten, den ermöglichten Erfahrungsbereichen sowie den Bewältigungsstrategien in Anforderungssituationen, wie sie den Kindern durch Regulationshilfe und erste Selbstwirksamkeitserlebnisse zur Verfügung stehen, oder schließlich unter Stress.

Einige Entwicklungsschritte vollziehen Kinder weit früher als dies bislang in den Lehrbüchern festgeschrieben war. So bewiesen neue, höchst raffinierte Versuchsanordnungen, dass Babys bei ihren Überlegungen bereits vier Monate früher von einer Objektpermanenz ausgehen, als dies Piagets klassische Beobachtungen zum Thema offenbarten. Kinder starten bereits zum Zeitpunkt der Geburt höchst unterschiedlich und diese Entwicklungsvariabilität wird mit zunehmendem Alter immer größer.

Kinder eignen sich aktiv die Welt an. Ihre Gene stellen ihnen eine phantastische neurobiologische Grundausstattung für alle Entwicklungsbereiche zur Verfügung. Diese Startdispositionen erhalten anregende Impulse zur Weiterentwicklung, Ausdifferenzierung und Funktionstüchtigkeit am wirkungsvollsten durch Beachtung, Spiegelung und feinfühlige Beantwortung in Form von Bestätigung oder Korrektur durch die engsten Bezugspersonen. Wir sprechen heute nicht mehr davon, ein Kind zu bilden, sondern von Entwicklungsbegleitung kindlicher Lernlust, vom angeborenen »Kapiertrieb«, von der Tatsache, dass ein bemerkter Erkenntnisgewinn neuroendokrinologisch belohnt wird.

Wie können besondere Begabungen bei Kindern erkannt und gefördert werden?

Die offene, das Kind in seinen Aktionen wahrnehmende Beobachtung seines Verhaltens, seiner Ideen, Themen und Fragen an die Welt ist die optimale Zugangsmöglichkeit für eine individuelle Entwicklungsbegleitung und Förderung. Remo Largo hat überzeugend aufgezeigt, dass es die eine »normale« Entwicklung nicht gibt, da sie für alle Kinder gültige und somit auch automatisch zu festen Terminen zu erwartende Normen voraussetzen würde. Auf Grund seiner Einzigartigkeit hat jedes Kind besondere Begabungen und einen individuellen Entwicklungsverlauf.

Für besonders entwicklungsschnelle Kinder haben wir den Begriff »Hochbegabung« konstruiert. Sieht man nur die damit verbundene »Normabweichung« und verliert die individuellen Ressourcen und herausragenden Besonderheiten dieser Kinder aus dem Auge, kann bei einem derart defizitorientierten Blick auch ein entwicklungsschnelles Kind als unzulänglich erscheinen, da es zum Beispiel nur schwer in die bestehende Angebotsstruktur, einen starren Tagesablauf und das eingeforderte Gemeinschaftserleben einzugliedern ist.

Kinder lernen, indem sie an einer sich selbst gestellten Aufgabe oder an einem Angebot arbeiten, das es ihnen ermöglicht und sie ermutigt, von sich aus aktiv zu werden, andere bei ihren Tätigkeiten zu beobachten und sich mit ihnen auf verschiedenen Wegen über ihre Überlegungen austauschen zu können. Sich als Ursache von Wirkung zu erleben, ergibt den motivierenden Sinn, sich auch weiter anzustrengen.

Die Beziehungsgestaltung zwischen Erzieherin und Kind – wie sollte sie aussehen?

Es ist das Primärziel, dem Kind ein von Feinfühligkeit geprägtes Beziehungs- und Bindungsangebot zu machen, das es ihm ermöglicht, sich auch außer Haus sicher und wohl zu fühlen und die neue Umgebung sowie die anderen, »andersartigen« Kinder als anregend zu erleben.

Bei geteilter Aufmerksamkeit mit einem kompetenten Anderen kann das Kind über seine aktuelle Kompetenz hinauswachsen und Ziele erreichen, die es allein und ohne Begleitung noch nicht erreichen könnte. Zugleich verspürt es Selbstwirksamkeit, da seine Sicht der Welt wahrgenommen und als der Rede wert befunden wird.

Wie sollten pädagogische Situationen in Kindertagesstätten gestaltet werden?

Es verlangt einen pädagogischen Spagat, Kinder individuell zu fördern und ebenso immer wieder Möglichkeiten und anregende Umgebungen zu schaffen, damit sie gemeinsam von- und miteinander in heterogenen Gruppen lernen können.

Erfahrungen sammelt man nicht dadurch, dass man nur zuschauen darf, wie jemand allen etwas vormacht und dann auch noch kollektives Nachvollziehen erwartet. Erfahrungen verankern sich durch Lernen aus erster Hand, beim aktiven Handeln.

Das Jahrmillionen erprobte Grundprinzip der Entwicklungsvariabilität ermöglicht unendliche Vielfalt bezüglich der auszubildenden Eigenschaften und zu erwerbenden Spezialfähigkeiten, aber nur dann, wenn die daraus resultierenden Diversitäten eine Lehr- und Lernatmosphäre vorfinden, die Verschiedenartigkeit nicht nur akzeptiert, sondern als Bereicherung empfindet.

Warum macht »Hochbegabung« Angst?

Besonders begabte Kinder stellen die Wunschvorstellung der Erzieherinnen und vieler Eltern, es möge eine ideale Lernumgebung geben, die auf möglichst alle Kinder möglichst gleichzeitig anregend wirkt, in Frage. Diese Kinder zeigen, dass es nicht um reine Wissensvermittlung, nicht um das Abhaken längerfristig vorbereiteter, für alle gleich getakteter Angebote geht, sondern um die professionell-behutsame Begleitung des Karrierestarts eines Welterkunders.

Die pädagogische Praxis hat noch viel zu wenig Erfahrung mit Lernatmosphären, die Verschiedenartigkeit akzeptieren und wertschätzen. Sonst würde nicht versucht, Kinder im Gleichschritt »schulfit« zu machen und entwicklungsschnellen Kindern »Nichtaltersgemäßes« vorzuenthalten und ihre vorauseilende Lernbegeisterung zu drosseln, damit sie sich in der Schule beim eben erst dann anstehenden Schreib- und Lesestart nicht langweilen und das starre Angebot stören.

Lernen in der Kindergruppe. Peerinteraktionen und Gruppenprozesse von Klein- und Vorschulkindern

Holger Brandes

Der entwicklungspsychologische Blick auf Peerbeziehungen und Kindergruppen

Die Entwicklungspsychologie wie auch die Pädagogik haben einige Zeit gebraucht, bis sie die Bedeutung von Gleichaltrigen (Peers) und von Kindergruppen für Entwicklung und Lernen in der Kindheit in den Blick genommen haben. Von wenigen Ausnahmen abgesehen, hat sich insbesondere die Psychologie aus verständlichen Gründen zuerst und intensiv mit den Beziehungen des Kindes zu seinen Eltern beschäftigt. Beziehungen unter Gleichaltrigen und Gruppenprozesse wurden lediglich bezogen auf ältere Kinder und Jugendliche untersucht. Inzwischen werden Peerbeziehungen und Gruppen als wichtige Entwicklungsressource auch für Klein- und Vorschulkinder angesehen. Dabei stehen beim Stichwort »Gruppe« nicht die relativ großen und von pädagogischem Fachpersonal geleiteten Bezugs- oder Stammgruppen in Kindertageseinrichtungen im Fokus, sondern es geht in erster Linie um das Entwicklungspotential der von Kindern eigenständig gebildeten Kleingruppen, die sich häufig hinter dem Rücken der Erzieher bilden, und in Zeitfenstern, die als »Freispiel« deklariert sind (vgl. Strätz 1992; Viernickel 2000; Brandes 2008; Rubin, Bukowski & Laursen 2009).

Die wachsende Anerkennung der eigenständigen Bedeutung von Peerbeziehungen und Kindergruppen steht im Zusammenhang mit einem sozialkonstruktivistischen Verständnis kindlicher Entwicklung, das in seinen theoretischen Grundlagen insbesondere auf die Arbeiten von Lew Wygotski und James Youniss zurückgeht. Wygotski (1985) plädiert in seinem konstruktivistischen Ansatz dafür, den Menschen in erster Linie als ein offenes System zu betrachten und psychische Funktionen des Individuums als Verinnerlichungen von Handlungen in sozialen Beziehungen zu verstehen. Diese Perspektive entwickelt Youniss mit seinem Konzept der »Ko-Konstruktion« weiter. Prinzipielle Gleichzeitigkeit von Individualität und Sozialität unterstellend, versteht er nicht nur soziales Denken, sondern jegliche »Vorstellungen über Raum, Zahl, Zeit und ähnliches« als Ergebnis von Ko-Konstruktionen (1994, 170). Dabei betont er den Unterschied zwischen ko-konstruktiven Prozessen in asymmetrischen Beziehungen zwischen Kind und Erwachsenem und symmetrischen Beziehungen zwischen Gleichaltrigen. Youniss beruft sich auf Piaget (1932), wenn er, bezogen auf die asymmetrische, komplementäre Beziehung zwischen Kind und Erwachsenem, unterstellt, dass bei dieser »die Regeln, die Kinder übernehmen sollen, bereits in den Köpfen der Erwachsenen fertig konstruiert sind« (1994, 149). Deshalb sieht er diese Art von Lernbeziehung grundsätzlich mit der Gefahr verbunden, dass Regeln »als fertige Einsichten« vermittelt werden und die Kinder an deren Entwicklung kaum mitwirken, sondern den Standpunkt des Erwachsenen letztlich nur übernehmen. Dagegen seien die Beteiligten in symmetrisch-reziprok strukturierten Beziehungen prinzipiell gleichberechtigt und würden in ihren ko-konstruktiven Austauschprozessen in viel höherem Maße Bedeutungen und Weltsichten austauschen und gemeinsam entwickeln. Youniss macht deshalb in der symmetrischen Kooperation von Gleichaltrigen besonders günstige Bedingungen für die psychische Entwicklung aus. Obwohl er die Wissensvermittlung durch Erwachsene als Entwicklungsfaktor keineswegs unterschätzt, betont er, dass wirkliches Verständnis nur über Zweifel und Irrtümer, wechselseitiges Fragen und unvoreingenommene Prüfung von Argumenten zustande kommt und dieses unter Individuen auf grundsätzlich gleichem Entwicklungsstand am ehesten stattfinden kann. In symmetrischen Beziehungen komme es deshalb viel leichter zur gleichberechtigten Ko-Konstruktion eines »dritten Standpunktes«, in den die vorgängigen Vorstellungen der einzelnen Akteure zwar eingehen, der aber letztendlich ein qualitativ neues und wirklich gemeinsames Konstruktionsprodukt darstellt.[32]

Die anderen Kinder als Lernpartner

Insbesondere aus den USA liegen inzwischen eine ganze Reihe von Untersuchungen über ko-konstruktive Lernprozesse in symmetrischen Gleichaltrigenbeziehungen vor (vgl. Hay, Caplan & Nash 2009).

Beginnend mit der frühesten Lebensphase, in der Säuglinge auf das Schreien anderer Kinder reagieren, lassen sich Fähigkeiten zur Peerinteraktion nachweisen. Im Laufe des ersten Lebensjahres der Kinder werden erste Formen des »prosozialen Austausches«, »sozialer Konfliktlösungen« und Episoden »sozialer Beeinflussung« deutlich und die Kinder engagieren sich in Interaktionen mit gemeinsamen Spielobjekten, aber auch in Kommunikationen ohne solche Objekte. Bereits am Ende des ersten Lebensjahres zeigen Kinder deutlich ein gegenseitiges Engagement und gemeinsame Aktivitäten und entwickeln auf vorsprachlichem Niveau ein geteiltes Verständnis (shared meanings) wechselseitiger Aktivitäten im spontanen Spiel mit Gleichaltrigen. Kooperative Problemlösungen, als vielleicht komplexeste Form sozialer Interaktion, lassen sich in experimentellen Situationen bei Kleinkindern mit etwa zwei Jahren nachweisen. Es lässt sich belegen, dass Kleinkinder, sobald sie zu sprechen beginnen, auch unverzüglich einfach strukturierte Konversationen mit Gleichaltrigen beginnen und ein enger Zusammenhang besteht zwischen den verbalen Fähigkeiten der Kinder und prosozialem Verhalten unter Gleichaltrigen.

Diese keineswegs vollständige Liste zu Einzelbefunden belegt die Fähigkeiten, die schon Kleinkinder in sozialen Interaktionen mit Gleichaltrigen zeigen und das hierin liegende Entwicklungspotential. Dabei sind die meisten Untersuchungen aber noch auf dyadische Beziehungen beschränkt und nehmen nur die Interaktionen von jeweils zwei Kindern in den Blick.

32 Youniss schreibt: »Kinder sind Teilnehmer an einem gemeinsamen Unternehmen, das von zwei getrennten Positionen oder Vorstellungen ausgehen kann, aber sobald ihre Handlungen aufeinander treffen, gehen die Ausgangspositionen in einen dritten Standpunkt oder eine dritte Vorstellung ein. Der neue Standpunkt entsteht durch das Sich-aufeinander-Beziehen der Partner, deren Handlungen von da an fortwährend auf frühere Momente der ko-konstruierten Interaktionssequenz aufbauen.« (1994, 48). Hierin liegt für ihn auch der Kern der Idee der »Ko-Konstruktion«: »Wissen wird durch den Austausch von Ideen erworben, indem jede Person der jeweils anderen als widerständiges Gegenüber dient« (1994, 105).

Erste Gruppenbildungen im Krippenalter

Fragt man nach Kindergruppen im engeren Sinne und nach deren Entwicklungspotentialen, erfordert dies noch eine Erweiterung der Perspektive zumindest auf triadische Beziehungen, insofern die Triade, also die Dreipersonenkonstellation, die kleinste denkbare Form einer Gruppe darstellt (vgl. Brandes 2008). Hierzu gibt es nur wenige Untersuchungen, so dass über Entwicklungsstufen bezogen auf triadische Interaktionen nur wenig bekannt ist. Aber es gibt deutliche Hinweise darauf, dass selbst ganz junge Kleinkinder nicht ausschließlich dyadisch orientiert sind. So belegt die Lausanner Trilogie-Studie, dass schon Kinder im Alter von drei bis sechs Monaten innerhalb triadischer Konstellationen mit ihren Eltern wechselnde Blickorientierungen und damit durchaus zumindest eine deutliche Wahrnehmung der Dreiersituation zeigen. Deshalb sprechen Fivaz-Depeursinge und Corboz-Warnery (2001) vom »Primären Dreieck«. Und auch Hay, Caplan und Nash (2009, 130) halten es bei ihrem Überblick über einschlägige Studien für belegt, »dass das Basiselement des Gruppenlebens – die triadische Relation – vor dem Alter von drei Jahren auftaucht, wenngleich ein beträchtlicher Teil der Entwicklung danach erfolgt«.

Dennoch ist es, bezogen auf unmittelbar beobachtbares Handeln, unzweifelhaft, dass bei Kleingruppen von Kindern unter drei Jahren Interaktionen mit deutlich dyadischer Form noch ganz im Vordergrund des wechselseitigen Geschehens stehen. Schon in den 1990er Jahren formulierte Rainer Strätz als Resümee eines Forschungsüberblicks: »Bei dreijährigen und noch jüngeren Kindern dominiert beim gemeinsamen Spiel die Paarbeziehung. Seltener kommt es vor, dass mehr als zwei Kinder etwas zusammen unternehmen. Frühestens bei vier- und fünfjährigen Kindern werden solche Spielpaare zunehmend durch umfangreichere Gruppierungen ergänzt, verschwinden jedoch nicht völlig« (Strätz 1992, 99).

Genauere Ergebnisse liefert Susanne Viernickel in ihrer deutschen Studie, bei der sie Kinder im Alter zwischen 17 und 24 Monaten über einen längeren Zeitraum beobachtete. Auch sie kommt zu der Einschätzung, dass Interaktionen zwischen diesen Kindern und ihren Peers in der Kindertagesstätte zwar »ein alltägliches, häufiges Ereignis« sind, aber in der Hauptsache zwischen zwei Kindern stattfinden. Hierauf gründet sie die Annahme, »dass Kinder dieses Alters noch nicht über die Fähigkeit verfügen, sich mit mehr als einem Partner gleichzeitig auseinander zu setzen, obwohl Unterstützung seitens eines Erwachsenen oder bestimmte Spielmaterialien Kooperation zwischen mehreren Kleinkindern manchmal möglich machen« (Viernickel 2000, 117).

Bezogen auf Kinder von unter drei Jahren haben wir es also noch mit einer deutlichen Dominanz dyadischer Beziehungen zu tun und bezogen auf Gruppenbildung zumeist mit sehr kleinen Gruppen von drei oder vier Kindern, die zudem zeitlich nicht sehr stabil sind. Auch richten Kinder im Krippenalter ihre Spiel- und Interaktionsangebote bevorzugt an bestimmte Partner (Freunde) und häufig sind dabei Objekte (Spielmaterialien) involviert. Zwar sind auch in diesem Alter die Interaktionen zwischen Gleichaltrigen schon nicht mehr nur »zufällige, isolierte Ereignisse«, die sich aus »beliebigen Begegnungen während des zwangsweisen Miteinanders in der Krippengruppe ergeben« (Viernickel). Die hierbei von den Kindern selbst gebildeten Gruppen weisen aber noch eine geringe Kohärenz, also eine geringe zeitliche Stabilität und einen geringen Zusammenhalt auf. Häufig zerfallen sie nach kurzer Zeit in Zweierbeziehungen. In vielen dieser Gruppen dominiert außerdem exploratives Spiel und der Bezug zu konkreten

Spielobjekten, an denen alle beteiligten Kinder unmittelbar interessiert sind. Zwar entwickeln (ko-konstruieren) die Kinder in diesen Gruppen bereits gemeinsam geteilte Bedeutungen, diese zeigen sich aber nur in einem Teil der zu beobachtenden Gruppensequenzen und sind zudem ebenfalls häufig auf konkrete Spielobjekte bezogen (zum Beispiel Bauklötze, die als »Autos« fungieren). Dem entsprechen auch die Befunde von Viernickel, die zusammenfassend feststellt: »Peer-Interaktionen zwischen Kleinkindern sind meist kurz, in etwa der Hälfte der Fälle enthalten sie keine geteilte Bedeutung; und oft finden sie ein Ende durch die schlichte Tatsache, dass mindestens ein Partner das Interesse verliert oder abgelenkt ist, oder dadurch, dass einer der Partner – und lediglich einer – sein Ziel erreicht hat« (Viernickel 2000, 118).

Zunehmende Gruppenkompetenz im Kindergarten

Eine ganze Reihe von Studien belegt, dass die Gruppenkompetenzen von Kindern im Kindergartenalter erheblich zunimmt, wenn die Drei- bis Sechsjährigen nicht nur ihre sprachliche Kommunikationsfähigkeit rasant ausbauen, sondern auch ihre motorischen Kompetenzen und ihre Wahrnehmungskapazität sprunghaft wachsen und damit zugleich ihre Fähigkeit, mit mehr als einer Person zielgerichtet zu interagieren und zu kommunizieren (Strätz 1992; Brandes 2008).

Diese qualitative Differenz in der Art der Gruppenbezüge von Kindern unter und über drei Jahren dürfte in hohem Maße davon abhängig sein, dass Kinder über drei Jahren schon viel eher und in wachsendem Umfang mehrere Aspekte zeitgleich wahrnehmen können. Entsprechend erweitern sich ihre Kommunikationsmöglichkeiten und ihr Gruppenbezug. Sie sind jetzt nicht mehr im gleichen Maße wie Kinder unter drei Jahren auf die dyadische Beziehung als Basis ihrer Interaktion mit anderen angewiesen, sondern kommunizieren vermehrt mit mehreren Kindern gleichzeitig und auch deutlicher bezogen auf ein gemeinsames »Drittes«, mithin das gemeinsame Spielthema oder das Ziel der Gruppenaktivität. Diesen Beobachtungen entsprechen auch Untersuchungsergebnisse von Lilian Fried (2004), die darauf hinweist, dass Kindergartenkinder ab etwa vier Jahren im Spiel mit mehreren Kindern in deutlicherem Umfang gemeinsam geteilte Bedeutungen ko-konstruieren. Zwar tauchen gemeinsam geteilte Bedeutungen als Grundelemente von Gruppenbezügen schon im Krippenalter auf, im Kindergartenalter gewinnen sie aber erheblich an Nuancen, Komplexität und Stabilität und sie werden zu ganzen Geschichten ausgebaut. Die Gruppen sind jetzt zunehmend durch ein auch von außen deutlich wahrnehmbares Gruppenthema, ein gemeinsames Anliegen oder eine Fantasiekonstruktion bestimmt.

Auch die Größe der von Kindern spontan und eigenständig gebildeten Gruppen wächst auf bis zu sechs oder sieben Teilnehmer an. Im Unterschied zum Niveau bei Kindern unter drei Jahren nimmt die Gruppenstabilität und Gruppenkohäsion ebenfalls zu und damit die Dauer, mit der in einer festen Gruppe gespielt wird (vgl. Brandes 2008).

Diese Gruppen werden auch deutlich unabhängiger von der Regulation durch Erwachsene. Selbst komplizierte Konfliktsituationen werden zunehmend eigenständig und verbal von den Kindern reguliert. Sobald die Gruppe aber größer wird, wächst auch in dieser Altersgruppe die Tendenz, dass sie in Untergruppen zerfällt oder sie wird abhängig von Erwachsenen, die in der Gruppe die Leitung und damit die Funktion eines strukturierenden Gruppenzentrums übernehmen.

Szenisches Spiel und die Gruppe als Übergangsraum

Ein weiterer Unterschied zwischen Gruppen von Kleinkindern und denen im Kindergartenalter liegt in der Art des Spiels, über das die Kinder ihre Gruppenbezüge herstellen. Generell ist Spiel das Hauptmedium kindlicher Gruppeninteraktionen; ohne Spiel gibt es keine von Kindern eigenständig gebildeten Gruppen (Brandes 2008, 88ff.). Hierauf verweist auch Strätz, wenn er betont, »dass die Kontakte kleiner Kinder sich fast ausschließlich im gemeinsamen Tun und im gemeinsamen Spiel ausformen. Vieles wirkt handfest und weniger kopflastig« (1992, 72). Dabei dominieren unter Kleinkindern bis zum Ende des dritten Lebensjahres das zuschauende und parallele Spielen, sowie das explorative Spiel, in dem Objekte und auch die Reaktionsformen anderer spielerisch erforscht und erprobt werden (Coplan & Arbeau 2009). Erst mit etwa drei Jahren wird dieses explorative Spiel zunehmend durch szenisches Spiel (Rollenspiel) überlagert und auch ersetzt, wobei der typische »Als-ob«-Charakter dieser Spielform deutlich wird. Damit verändern auch die Spielobjekte ihre Funktion; sie werden vom Zweck zum Mittel des Spiels. Stand zuvor die Attraktivität des Spielzeugs im Mittelpunkt, so wird es jetzt mehr und mehr zum bloßen Hilfsmittel im Rollenspiel, entweder zur Figur, der eine Rolle übertragen wird, oder zum Accessoire einer Rolle, die das Kind selbst im Spiel einnimmt. Fast alle der von uns analysierten Sequenzen von Gruppenprozessen unter Kindern im Kindergartenalter weisen dieses Merkmal des szenischen Spiels auf; dies gilt gleichermaßen für die von Mädchen bevorzugten Puppenspiele wie für Autospiele oder Konstruktionsspiele mit unterschiedlichen Materialien, die von Jungen favorisiert werden.[33]

Offensichtlich besteht dabei ein enger Zusammenhang zwischen dem szenischen Spiel und der Gruppenkompetenz von Kindern (Brandes 2008, 97ff.). In der gleichen Altersphase, nämlich bei vier- bis fünfjährigen Kindern, in der verschiedene, für Gruppenbildung relevante Kompetenzen sprunghaft ansteigen, wird auch das Rollenspiel oder szenische Spiel zur dominanten Spielform. Coplan und Arbeau (2009, 148) sehen hier einen wechselseitigen Zusammenhang, wenn sie betonen, dass das in diesem Alter dominant werdende »soziodramatische Spiel« entwicklungsfördernd auf kognitive, sprachliche und sozial-emotionale Funktionen wirke. Dabei liegt der Dreh- und Angelpunkt der Gleichzeitigkeit von szenischem Spiel und wachsenden Kompetenzen vermutlich wesentlich in der vom Spiel geforderten Komplexität gemeinsam geteilter Bedeutungen und der Fähigkeit, solche ko-konstruierend auch zustande zu bringen. Dies bestätigt Lilian Fried, wenn sie feststellt, dass es Kindergartenkindern ab etwa vier Jahren »bereits gut gelingt, während des Spiels innerhalb eines selbstgeschaffenen ‚dramatischen Rahmens' mit assoziativ-kreativen Ko-Konstruktionsstrategien eine ›shared imagination world‹ zu schaffen« (2004, 57).

Mit Rückgriff auf Donald Winnicott (1974) kann man diesen »dramatischen Rahmen«, den Kindergartenkinder in ihren Gruppenbildungen erschaffen, auch als einen »potentiellen Raum«, als einen Übergangsraum verstehen.

---

33 Selbst das allgegenwärtig werdende Fußballspiel gewinnt Rollenspielcharakter, insofern die Jungen nicht einfach den Ball spielen, sondern Michael Ballack oder Cristiano Ronaldo, oder einfach den, der immer alle Verteidiger umdribbelt. Die einzige Ausnahme hiervon scheinen ausgearbeitete Gewinn- und Regelspiele (wie Brettspiele) zu bilden, die aber auch enge Grenzen für die eigenständige Gruppenentwicklung unter den Kindern setzen.

Kindergruppen sind insofern ein wichtiges Feld des entwicklungspsychologischen »Übergangs«, als sich die Kinder hier erste Schritte der Loslösung von der Familie erarbeiten, indem sie sich wechselseitig von ihren unterschiedlichen familiären Erfahrungen »erzählen«. Damit relativieren sie nicht nur ihr auf spezifische familiäre Erfahrungen begründetes Selbst- und Weltbild, indem sie damit konfrontiert werden, dass nicht alle Familien genauso sind wie die eigene und andere Kinder andere Erfahrungen machen. Ihre eigene Selbstrepräsentanz verändert sich, wenn sie die für sie wichtigen »Geschichten« in die Kindergruppe – als einen gegenüber der Familie neuen sozialen Kontext – einbringen, in dem diese nicht mehr dasselbe bedeuten wie zuvor in der Familie, unerwartete Reaktionen anderer Kinder provozieren und damit auch einen unerwarteten Fortgang nehmen.

Im »Spiel mit der Realität« stellen die Kinder in diesem Als-ob-Raum zugleich Verbindungen zwischen individuellen und kulturell tradierten Geschichten (Märchen, Fantasiefiguren) und zum Teil noch unbekannten sozialen Realitäten her. »Weil drei- oder vierjährige Kinder in der Lage sind, kurze Geschichten mit anderen auszutauschen, sind sie zugleich in der Lage, Dinge über die Welt zu erfahren, die sie nicht selbst erlebt haben«, schreibt die amerikanische Entwicklungspsychologin Katherine Nelson (2002, 252). Sie hält es für bedeutsam, dass »das Einbezogensein in das gemeinsame Erzählen [...] für das Kind als Rahmen [fungiert], in dem es seine eigenen Erinnerungen rekonstruieren kann«, und dass »der Austausch von Erinnerungen mit anderen [...] die sozialen und affektiven Bindungen [festigt] und zugleich die Basis dafür bereit[stellt], die Perspektive des anderen zu übernehmen« (2002, 250). Ähnlich sehen es Fonagy, Gergely, Jurist und Target, wenn sie feststellen: »Die Peergruppen-Interaktion gibt dem Kind vermehrt Gelegenheit zur Simulation – Gelegenheit, sich vorzustellen, was es selbst sehen, denken, fühlen usw. würde, wenn es sich in der Situation einer anderen Person befände« (2004, 59).

In unseren Beobachtungsstudien in Kindergärten (Brandes 2008) konnten wir immer wieder unterschiedliche Ebenen des szenischen Spiels identifizieren, wobei die manifeste Ebene zumeist durch eine explizite Fantasiekonstruktion geprägt ist, während die dabei zugleich unbewusst von den Kindern gestalteten Szenen sich in der Interpretation häufig auf den Hintergrund familiärer Konstellationen oder persönlicher Dramen beziehen lassen oder aber der Aushandlung des Geschlechterverhältnisses oder kultureller Erfahrungen unter den Kindern dienen. Die Kinder spielen also nicht nur »Prinzessinnengeburtstag« oder »Busfahrt«, sondern zugleich Männer- und Frauenrollen und sie führen ebenso familiäre Arrangements wie typisch kulturell geprägte Erfahrungswelten auf.

Diese Beobachtung verweist darauf, dass Kinder in ihrem szenischen Gruppenspiel nicht nur eine gemeinsame Geschichte oder Fantasie spielen, sondern auch immer sich selbst als soziale Wesen »inszenieren«. Von Youniss stammt der wichtige Hinweis, dass Kinder in ihren Spielen nicht soziale Rollen »übernehmen«, sondern sie im wahrsten Sinne des Wortes in ihrem Spiel erschaffen. Gebauer (1997) nimmt an, dass Kinder im szenischen Spiel sich quasi sich selbst als soziale Person aneignen. Sie übernehmen beispielsweise nicht einfach die sozialen Attribute des Junge- oder Mädchenseins, sondern sie nehmen sie regelrecht in Besitz und integrieren sie in ihr Denken und Fühlen, indem sie sie aufführen und in eigene Geschichten einflechten.

Spiel, Nichtspiel und Metakommunikation

Insofern eigenständige Gruppenbildungen unter Kindern immer den Charakter szenischen Spiels besitzen, eröffnet sich noch eine weitere Perspektive, die an die Feststellung von Gregory Bateson (1981) anschließt, dass das Wesentlichste, was man im Spiel lerne, die Unterscheidungsfähigkeit zwischen Spiel und Nichtspiel sei.

Kinder entwickeln in ihren frühen eigenständigen Gruppenbildungen in erster Linie ihre Fähigkeit weiter, zwischen Spiel und Nichtspiel und damit zwischen einer Als-ob-Situation und einer realen Situation zu unterscheiden – und diese Fähigkeit ist von fundamentaler Bedeutung für die Selbstentwicklung des Kindes, aber auch für dessen spätere Empathiefähigkeit und die Differenzierungsfähigkeit in sozialen Interaktionen.

Bezogen auf die kommunikativen und kognitiven Fähigkeiten, die Kinder in ihrem gemeinsamen Gruppenspiel entwickeln, beeindruckt, wie die Kinder in ihrer Kommunikation beständig zwischen dem eigentlichen szenischen Spiel, metakommunikativen Äußerungen und Realitätsbezügen hin und her wechseln. Dieses Oszillieren zwischen Kommunikationsebenen führt dazu, dass der Gruppenprozess vielleicht etwas »chaotisch« anmutet. Bei genauerem Hinsehen wird aber deutlich, wie gerade durch den Wechsel zwischen dem eigentlichen Spiel, Regelabklärungen und Realitätsbezügen ein in sich durchaus stimmiger Bedeutungskontext entfaltet und ein gemeinsamer Prozess weitergetrieben wird.

Lilian Fried (2004) weist in ihrer Analyse ko-konstruktiver Spielsituationen das beständige Oszillieren der Kinder zwischen dem eigentlichen szenischen Spiel, der Metakommunikation hierüber und Realitätsbezügen nach und erkennt hinter dem Wechsel von Kommunikationsebenen und Themen einen deutlichen Entwicklungsverlauf in der Kindergruppe: »Obwohl die Themenbezüge rasch wechseln, sorgen die ständig wiederkehrenden Bezugnahmen dafür, dass man an einzelnen Skripts weiterarbeitet, diese also ausdifferenziert, indem weitere Merkmale eingefügt werden. Auf diese Weise wird – quasi hinter der chaotischen Fassade – ein komplexes kollektives Wissensnetzwerk geknüpft« (Fried 2004, 73).

Auch nach unseren Beobachtungen (Brandes 2008) ist dieses Oszillieren zwischen Kommunikationsebenen insofern charakteristisch für Gruppenprozesse im Kindergarten, als Kinder dieser Altersgruppe selbst bei vorgegebenem Spielrahmen diesen immer wieder durchbrechen, neue Spielelemente einfügen und Spielfiguren abwandeln. Sie stellen auch viel engere und fließendere Verbindungen zwischen Spiel und Nichtspiel sowie zwischen Fantasie und Realität her. Insofern kann man nicht nur sagen, dass die von Kindern im Kindergartenalter in Gruppenprozessen hergestellten Kommunikationen einen Grad an Komplexität aufweisen, der dem von Gruppen von Erwachsenen zumindest in nichts nachsteht. Häufig erweisen sie sich in ihrer Gruppenaktivität sogar als kreativer, spontaner und offener, als Erwachsene es zumeist sind, die sich stärker an einmal festgelegten Verbindlichkeiten orientieren und eher um klare Abgrenzungen zwischen Spiel und Nichtspiel bemüht sind. Es interessiert Kinder offensichtlich wenig, auf welche Quellen ihre Themen und Geschichten zurückgehen. In ihrer Kommunikation vermengen sie nicht nur völlig zwanglos persönlich Erfahrenes mit medial vermittelten Dramen und Figuren, sie schrecken auch oft vor haarsträubenden Fantasiegebilden oder Behauptungen nicht zurück. Eine derartige Bereitschaft zur Vermischung von Themen und Kommunikationsebenen erfordert über längere Phasen des Gruppenprozesses aber auch einen erhöhten Aufwand an metakommunikativer Verständigung und Abstimmung über dessen Regeln und Themen sowie insbesondere über die Grenzen von Spiel und Nichtspiel.

Zusammenfassend lassen sich die oben aufgeführten Forschungsergebnisse und Überlegungen in folgende vorläufige Tabelle zur Entwicklung von Gruppenkompetenz bringen, wobei die genannten Altersangaben nur zur Groborientierung taugen und die Phaseneinteilung als hochgradig fließend zu verstehen ist.

Altersbereich	Beobachtbare Merkmale in symmetrischen Beziehungen zu anderen Kindern	Gruppengröße und -kohäsion	Rolle von Erwachsenen
0 bis 1	Faszination durch andere Kinder; Interaktion stark motorisch-affektiv geprägt; Imitation ohne markierten Affektausdruck; Explorationsspiel; Kontaktaufnahme stark objektorientiert (Objekt als Zweck) und häufig zufällig; oft Abbruch bei Interessenkonflikt; offenkundig wenig geteilte Bedeutungen	Gruppenkohäsion gering, längere Sequenzen zumeist nur in dyadischen Interaktionen	Erwachsene werden genauso einbezogen wie andere Kinder; häufiger Rückgriff auf Erwachsene in Streitsituationen
Über 1 bis unter 4	Gemeinsam geteilte Bedeutungen in ca. 50 Prozent der Sequenzen – bevorzugt an Objekten, aber häufig noch zweckorientiert; deutliches Hervortreten von Freundschaftsbeziehungen und zunehmende Öffnung von Dyaden; Interaktionen noch motorisch-affektiv geprägt, zunehmend auch verbal-kommunikativ; erste Formen szenischen Spiels am Ende der Altersphase	Zunehmende Kohäsion und andauerndes gemeinsames Spiel in Gruppen von drei bis vier Kindern	Notwendigkeit eines gesicherten Spielrahmens durch Erwachsene; einfühlsames Mitspiel von Erwachsenen erhöht die Kohäsion der Gruppe
Über 4	Durchgehend gemeinsam geteilte Bedeutungen, zunehmend in szenischem Spiel (Objekte als Mittel hierin eingebunden); deutliches Oszillieren zwischen Spiel, Nichtspiel und Metakommunikation (permanente Regelabklärung); Interaktionen zunehmend verbal kommunikativ ausgestaltet mit markierten Affektausdrücken untereinander und gegenüber Objekten; bereits komplexe Formen der Prozessregulation, Aushandlung und Problemlösung	Zunehmende Kohäsion und z. T. ausdauernde gemeinsame Ausgestaltung einer Thematik (Spielidee), auch in Gruppen von vier bis sechs Kindern	Erwachsene werden nur noch gelegentlich und in zugespitzten Streitsituationen einbezogen

Tabelle 1: Entwicklungsverlauf eigenständiger Gruppenkompetenz von Kindern[34]

34 In diese Tabelle gehen zusätzlich zu den in diesem Beitrag genannten Forschungsergebnissen auch noch Aspekte ein, die aus Platzgründen nicht ausgeführt werden konnten. Insbesondere gilt dies für die Entwicklung »markierter« Affektausdrücke als wesentlicher Aspekt von »Mentalisierung« (im Sinne des Verständnisses kognitiver und emotionaler Zustände von Interaktionspartnern); vgl. hierzu Fonagy et al. (2004) sowie Brandes (2009). Auch die Rolle von Erwachsenen in den altersspezifischen Kleingruppen der Kinder wurde im vorliegenden Beitrag ausgeklammert.

Hochbegabte Kinder und ihre Gruppenbezüge

Was kann man über hochbegabte Kinder und ihre Gruppenbezüge sagen? Unterscheiden sie sich in ihrer Gruppenkompetenz von anderen Kindern? Werden sie von anderen Kindern leichter oder schwerer in Gruppen integriert?

Zuerst einmal gibt es zu diesen Fragen, zumindest bezogen auf Kinder im Vorschulalter, kaum spezifische Untersuchungen oder systematische Studien. Grundsätzlich gibt es auf dem gegenwärtigen Stand der Hochbegabtenforschung keinen Grund, davon auszugehen, dass hochbegabte Kinder in ihrer Entwicklung nicht ebenso wie andere Kinder von sozialen Bezügen zu Peers profitieren. Gegensätzliche Einschätzungen bestehen aber bezüglich der sozialen Integrationsfähigkeit Hochbegabter. Aiga Stapf (2008, 191ff.) betont beispielsweise die Schwierigkeiten hochbegabter Kinder, aufgrund ihres höheren sprachlichen Niveaus und ihrer Persönlichkeit geeignete Spielkameraden zu finden, wobei hochbegabte Jungen in Gruppenbezügen dazu neigen würden, andere Kinder zu stören, während hochbegabte Mädchen sich eher anpassen und ihr Potential »verstecken«. Barry Schneider (2000, 155ff.) findet in amerikanischen Untersuchungen dagegen Hinweise, dass Hochbegabte aufgrund ihrer Kompetenz von Gleichaltrigen entweder gleich oder sogar stärker akzeptiert werden. Bezogen auf ältere Kinder und Jugendliche belegen auch Ergebnisse der Marburger Hochbegabtenstudie eher einen positiven Zusammenhang zwischen Hochbegabung und sozialen Integrationsfähigkeiten (Schilling 2000).

Insgesamt spricht beim jetzigen Forschungsstand einiges dafür, davon auszugehen, dass wir genauso hochbegabte Kinder mit ausgeprägter sozialer Kompetenz und hohem Status in Kindergruppen finden, wie es hochbegabte Kinder gibt, die sich unter Peers schwer tun und Gefahr laufen, von anderen Kindern abgelehnt zu werden. Gerade diese zweite Gruppe ist vermutlich in hohem Maße auf die Möglichkeit von Gruppenerfahrungen schon im Krippenalter angewiesen, damit sie sich später aufgrund ihrer Begabung nicht sozial isolieren. Eventuell erklären sich soziale Problematiken bei einer Teilgruppe von hochbegabten Kindern einerseits durch den Mangel an Möglichkeiten zu frühen Gruppenbezügen zu anderen Kindern. Andererseits dürfte es immer von der konkreten Gruppe und Gruppenzusammensetzung abhängen, ob hochbegabten Kindern die Integration gelingt. Aus der Kindergruppenforschung ist bekannt, dass Kinder im Vorschulalter generell – ähnlich wie sie eher mit Kindern des gleichen Geschlechts Gruppen bilden – bevorzugt mit Peers interagieren, die ihnen in der kognitiven Qualität ihres Spiels und in ihrem sozialen Verhalten ähnlich sind (Coplan & Arbeau 2009, 147). Nach unseren eigenen Beobachtungen in Kindergärten spielt das biologische Alter dabei eine gegenüber dem Entwicklungsstand eher untergeordnete Rolle. Genauso wie entwicklungsverlangsamte Kinder sich eher jüngeren Peers anschließen, finden hochbegabte leichter unter älteren Peers einen Platz. Dies erklärt sich unter anderem dadurch, dass Kinder auf vergleichbarem kognitiven Niveau und mit ähnlichen Interessen leichter und schneller gemeinsame Bedeutungen ko-konstruieren können, die die Grundlage für ein andauerndes Gruppenspiel bilden.

Aus der Gruppenperspektive erhöhen sich für hochbegabte Kinder deshalb die Chancen, sich in Kleingruppen zu integrieren, wenn sie die Möglichkeit haben, sich Kindern anzuschließen, die aufgrund von Begabung oder Alter ein ähnliches Entwicklungsniveau aufweisen. Dies spricht bezogen auf die Rahmenbedingungen für eine gewisse Heterogenität in den größeren

Bezugsgruppen der Kinder, weil hochbegabte Kinder sich dann eher Älteren anschließen können. Noch günstiger sind Konstellationen, in denen zusätzlich mehrere hochbegabte Kinder zusammenkommen. Unter solchen Bedingungen entwickeln diese Kinder nach unserer Beobachtung häufig beeindruckende Kompetenzen der sozialen Integration und der Regulation auch komplexer Gruppenprozesse und schwieriger Konfliktsituationen.

Literatur

Bateson, G. (1981). Ökologie des Geistes. Frankfurt/Main: Suhrkamp.

Brandes, H. (2008). Selbstbildung in Kindergruppen. Die Konstruktion sozialer Beziehungen. München: Reinhardt.

Brandes, H. (2009). Die Kindergruppe als Übergangsraum. Psychosozial, 32, Nr. 115, 49-60.

Coplan, R. J. & Arbeau, K. A. (2009). Peer Interactions and Play in Early Childhood. In K. H. Rubin, W. M. Bukowski & B. Laursen (Hrsg.), Handbook of Peer Interactions, Relationships, and Groups (S. 143-161). New York, London: Guilford Press.

Fivaz-Depeursinge & Corboz-Warnery (2001). Das Primäre Dreieck. Vater, Mutter und Kind aus entwicklungstheoretisch-systemischer Sicht. Heidelberg: Carl-Auer.

Fonagy, P., Gergely, G., Jurist, E. L. & Target, M. (2004). Affektregulierung, Mentalisierung und die Entwicklung des Selbst. Stuttgart: Klett-Cotta.

Fried, L. (2004). Kindergartenkinder ko-konstruieren ihr Wissen über die soziale Welt. Eine Exploration inszenierter Handpuppenspiele. In L. Fried & G. Büttner (Hrsg.), Weltwissen von Kindern. Zum Forschungsstand über die Aneignung sozialen Wissens bei Krippen- und Kindergartenkindern (S. 55-77). Weinheim, München: Juventa.

Gebauer, G. (1997). Kinderspiele als Aufführungen von Geschlechtsunterschieden. In I. Dölling & B. Krais (Hrsg.), Ein alltägliches Spiel. Geschlechterkonstruktion in der Sozialen Praxis (S. 259-284). Frankfurt/Main: Suhrkamp.

Hay, D. F., Caplan, M. & Nash, A. (2009). The Beginning of Peer Relations. In K. H. Rubin, W. M. Bukowski & B. Laursen (Hrsg.), Handbook of Peer Interactions, Relationships, and Groups (S. 121-143). New York, London: Guilford Press.

Nelson, K. (2002). Erzählung und Selbst, Mythos und Erinnerung. BIOS, 15, 241-263.

Piaget, J. (1932). The moral judgement of the child. London: Routledge & Kegan Paul; deutsche Ausgabe: Das moralische Urteil beim Kinde. Frankfurt/Main: Suhrkamp 1976.

Rubin, K. H., Bukowski, W. M. & Laursen, B. (Hrsg.) (2009). Handbook of Peer Interactions, Relationships, and Groups. New York, London: Guilford Press.

Schilling, S. (2000). Peer Beziehungen. In D. H. Rost (Hrsg.), Hochbegabte und hochleistende Jugendliche. Neue Ergebnisse aus dem Marburger Hochbegabtenprojekt (S. 367-421). Berlin: Waxmann.

Schneider, B. H. (2000). Friends and Enemies. Peer Relations in Childhood. London: Arnold.

Stapf, A. (2008). Hochbegabte Kinder. Persönlichkeit, Entwicklung, Förderung. 4. Aufl. München: C. H. Beck.

Strätz, R. (1992). Die Kindergartengruppe. Soziales Verhalten drei- bis fünfjähriger Kinder. 2. Aufl. Köln: Kohlhammer.

Viernickel, S. (2000). Spiel, Streit, Gemeinsamkeit. Einblicke in die soziale Kinderwelt der unter Zweijährigen. Landau: Verlag Empirische Pädagogik.

Winnicott, D. W. (1974). Vom Spiel zur Kreativität. Stuttgart: Klett-Cotta.

Wygotski, L. (1985). Ausgewählte Schriften, Bd. 1: Arbeiten zu theoretischen und methodologischen Problemen der Psychologie. Köln: Pahl-Rugenstein.

Youniss, J. (1994). Soziale Konstruktion und psychische Entwicklung. Frankfurt/Main: Suhrkamp.

Hochbegabung:
Modelle, Diagnostik
und besondere Herausforderungen

Hochbegabung – Was ist das?

Sabine Rohrmann

Kinder mit besonderen Begabungen sind keine Wesen vom anderen Stern, die nicht zu verstehen sind. Sie sind auch keine Problemkinder, die eine Spezialbehandlung in einer Spezialeinrichtung benötigen. Kinder, die hochbegabt sind oder besondere Begabungen haben, sind zunächst einmal einfach Kinder. Sie sind in jedem Kindergarten zu entdecken und können dort auch angemessen begleitet und gefördert werden. Was (Hoch)Begabung eigentlich ist und wie man sich Hochbegabung vorstellt, woran begabte Kinder zu erkennen sind, was man über die Entwicklung von begabten Kindern weiß und vor welchen Mythen und Märchen man sich in Acht nehmen muss – darum geht es in diesem Artikel.

Bestimmt kennen die meisten Leser solche (oder ähnliche) Kinder:

- Julian liegt in seiner motorischen Entwicklung hinter den Gleichaltrigen zurück. Kein Wunder: er beteiligt sich kaum am Raufen und Toben der Jungen. Dafür liest er Bücher. Er hat sich mit vier Jahren das Lesen selbst beigebracht. Das sagen jedenfalls die Eltern – die Erzieherinnen können das nicht so richtig glauben.

- Petra hat Schwierigkeiten mit anderen Kindern, weil sie immer die Bestimmerin sein will. Wenn die anderen damit einverstanden sind, hat sie tolle und ungewöhnliche Ideen – aber leider sind die anderen nicht immer einverstanden. Dann zieht sie sich maulig zurück und spielt allein.

- Tobias geht in der Kita über Tische und Bänke und gerät oft mit anderen Kindern in Streit. Ständig sagt er, dass er sich langweilt; man kann es ihm nicht Recht machen. Die Eltern sagen, dass er auch zu Hause sehr anstrengend ist und immer »Programm« und etwas Neues fordert.

- Sarah zieht sich oft in die Puppenecke zurück und erfindet ausgedehnte und fantasievolle Rollenspiele. Im Stuhlkreis sagt sie kein Wort, wenn sie nicht ausdrücklich dazu aufgefordert wird. Zuhause sei sie ganz anders, sagen die Eltern: vorlaut, frech, eine Plappertasche – das kann man sich überhaupt nicht von ihr vorstellen.

- Jonathan soll im Sommer eingeschult werden. Gerade sitzt er mal wieder am Maltisch und zeichnet einen komplizierten Busbahnhof. Wenn er aber etwas mit der Schere ausschneiden soll, stellt er sich wie ein Dreijähriger an. Am liebsten nimmt er elektrische Geräte auseinander und baut sie wieder zusammen.

Sind Julian, Petra, Tobias, Sarah oder Jonathan »hochbegabt«? Was ist das überhaupt – Begabung?

Definition und Modellvorstellungen von Intelligenz und Begabung

Begabung – ein schillernder Begriff

Was für ein Bild entsteht vor dem inneren Auge, wenn man hört, ein Mensch sei besonders begabt oder sogar hochbegabt? Wahrscheinlich denken die meisten an den außergewöhnlichen Musiker, der in den Konzertsälen der Welt die Menschen mit seiner Musik verzaubert oder auch an den begnadeten Wissenschaftler, der für seine bahnbrechenden Forschungen oder Erfindungen den Nobelpreis erhält. Andere denken vielleicht auch an die herausragenden Sportler, die bei internationalen Wettkämpfen viele Auszeichnungen und Preise erhalten. Alle diese Menschen zeigen in der Tat herausragende Leistungen in ganz unterschiedlichen Bereichen.

Gleichzeitig können wir auch sagen, dass jeder Mensch – jedes Kind – besondere Stärken und Begabungen hat. Obwohl wir im Alltag viel über Probleme und Defizite nachdenken, wissen wir eigentlich durchaus, wie wichtig es ist, immer wieder an Ressourcen und Stärken anzuknüpfen. Diese können sich in allen möglichen Bereichen zeigen: in künstlerischen, musischen oder motorischen Fähigkeiten, aber auch im sozialen Bereich oder in einer besonderen Sensibilität. Wenn dabei besonders herausragende Fähigkeiten einzelner Kinder oder Jugendlicher auffallen, kommt der Begriff »Hochbegabung« ins Spiel.

Von Praktikern wird Hochbegabung oft sehr breit definiert, damit möglichst viele Kinder erfasst werden können, die in irgend einer Weise herausragend sind. Spezialbegabungen in Bereichen wie Musik, Kunst und Sport werden im deutschen Sprachraum eher als Sonderbegabungen oder besondere Talente bezeichnet und oft nicht im Zusammenhang mit allgemeiner Hochbegabung betrachtet. Wissenschaftlich wird Hochbegabung dagegen in erster Linie als überragende kognitive Leistungsfähigkeit definiert, wie sie mit Intelligenztests gemessen werden kann. Damit kommt ein neuer Begriff ins Spiel.

Was ist Intelligenz?

Intelligenz ist wie Begabung ein vielfältig angewandter und daher uneindeutiger Begriff. Binet und Simon, die zu Anfang des letzten Jahrhunderts den ersten Intelligenztest entwickelten, verstanden unter Intelligenz die Fähigkeit, »gut urteilen, gut verstehen und gut denken« zu können (zit. nach Holling, Preckel & Vock 2004, 13). Der Begriff ist seitdem so populär geworden, dass er in immer neuen Zusammenstellungen verwendet wird. War er lange Zeit für kognitive Leistungen reserviert, so wird heute von kreativer, sozialer oder praktischer Intelligenz gesprochen. Die Bandbreite reicht dabei von wissenschaftlichen Definitionen bis hin zu alltagssprachlichen Wendungen wie die der »Intelligenzbestie«.

Multiple Intelligenzen?

Es gibt eine Vielzahl differenzierter und einander widersprechender Modelle von Intelligenz, Begabung und Hochbegabung. Die bei weitem einflussreichste Intelligenzkonzeption des vergangenen Jahrhunderts ist die von Spearman entwickelte Vorstellung einer einheitlichen allgemeinen Intelligenz (general intelligence »g«). Danach ist Intelligenz eine einheitliche Größe beziehungsweise ein einheitlicher Faktor, der intellektuelle Leistungen in unterschiedlichen Bereichen bestimmt (»Generalfaktor-Modell«). Diese Vorstellung ist nicht nur Grundlage vieler klassischer Intelligenztests, sondern auch mancher Konzepte von Hochbegabung.

Im Gegensatz dazu geht die ebenfalls einflussreiche Theorie der so genannten fluiden und kristallinen Intelligenz von Cattell von zwei voneinander unabhängigen generellen Faktoren aus. Mit kristalliner Intelligenz werden kognitive Fertigkeiten bezeichnet, die durch gesellschaftliche und kulturelle Erfahrungen erworben werden. Sie umfasst zum Beispiel Wortschatz und Sprachverständnis und beruht auf Lernerfahrungen. Die fluide Intelligenz bezeichnet grundlegende Denkfähigkeiten, die für die Verarbeitung von neuartigen Informationen erforderlich sind. Dazu gehören logisches Schließen und das Erkennen von Analogien. Angenommen wird, dass die fluide Intelligenz weitgehend angeboren ist und durch Umwelterfahrungen nicht verändert werden kann. Cattell entwickelte sprachfreie, so genannte »kulturfaire« Intelligenztests, um die fluide Intelligenz möglichst rein erfassen zu können.

Viele moderne Intelligenzmodelle unterscheiden mehrere Intelligenzbereiche, die in einer Hierarchie spezifischer Fähigkeiten angeordnet sind. Im Gegensatz zur Annahme eines einheitlichen Generalfaktors, der der Ausbildung spezifischer Intelligenzen zugrunde liegen solle, wird hier angenommen, dass sich Intelligenz aus vielen Einzelfähigkeiten zusammensetzt, die sich im Laufe eines Entwicklungs- und Lernprozesses zu übergeordneten Fähigkeiten zusammensetzen.

Eine Reihe von Modellen geht über ein Verständnis von Intelligenz als kognitiver Leistungsfähigkeit hinaus. Gardner (1991) unterscheidet in seinem populären Konzept der »multiplen Intelligenzen« mindestens sieben verschiedene Fähigkeitsdimensionen (»Intelligenzen«), die voneinander weitgehend unabhängig sein sollen: die linguistische, die mathematisch-logische, die räumliche, die körperlich-kinästhetische, die musikalische, die interpersonale und die intrapersonale Intelligenz. Die letzten beiden Bereiche lassen sich auch als soziale Intelligenz zusammenfassen. In neueren Veröffentlichungen (2002) findet Gardner immer weitere Intelligenzen. So stellt er Überlegungen zu »naturkundlicher«, »spiritueller« oder »existentieller« Intelligenz sowie »Lebensintelligenz« an (ebd.). Neueste Konstruktionen wie »disziplinierte« oder »respektvolle« Intelligenz (Gardner 2007) lassen den Begriff Intelligenz zunehmend als Worthülse erscheinen, der mit beliebigen Inhalten angefüllt werden kann. Nichtsdestotrotz erfreut sich der Ansatz der multiplen Intelligenzen großer Beliebtheit – nicht zuletzt bei PädagogInnen im Bereich der Begabtenförderung –, weil sich in ihm die Vielfalt von individuellen Stärken widerspiegelt, die Kinder zum Ausdruck bringen. Populär ist auch der Begriff »emotionale Intelligenz« (Goleman 1995). Darüber hinaus werden schließlich in manche Konzeptionen noch Spezial- und Sonderbegabungen einbezogen, etwa musische oder sportliche Begabung.

In der wissenschaftlichen Diskussion werden derartige Konzepte multipler Intelligenzen kritisch gesehen. Dies liegt vor allem daran, dass viele der im Modell von Gardner und in anderen populären Veröffentlichungen genannten Intelligenzbereiche kaum zuverlässig zu messen sind. Daher sind Aussagen über Begabung und Hochbegabung in diesen Bereichen sehr subjektiv. Diese Kritik trifft allerdings nicht auf alle Intelligenzbereiche gleichermaßen zu. So handelt es sich bei verbalen sowie bei mathematisch-logischen Fähigkeiten um gut erforschte Bereiche, in denen Begabungen durch klassische Intelligenztests gut abgebildet werden können.

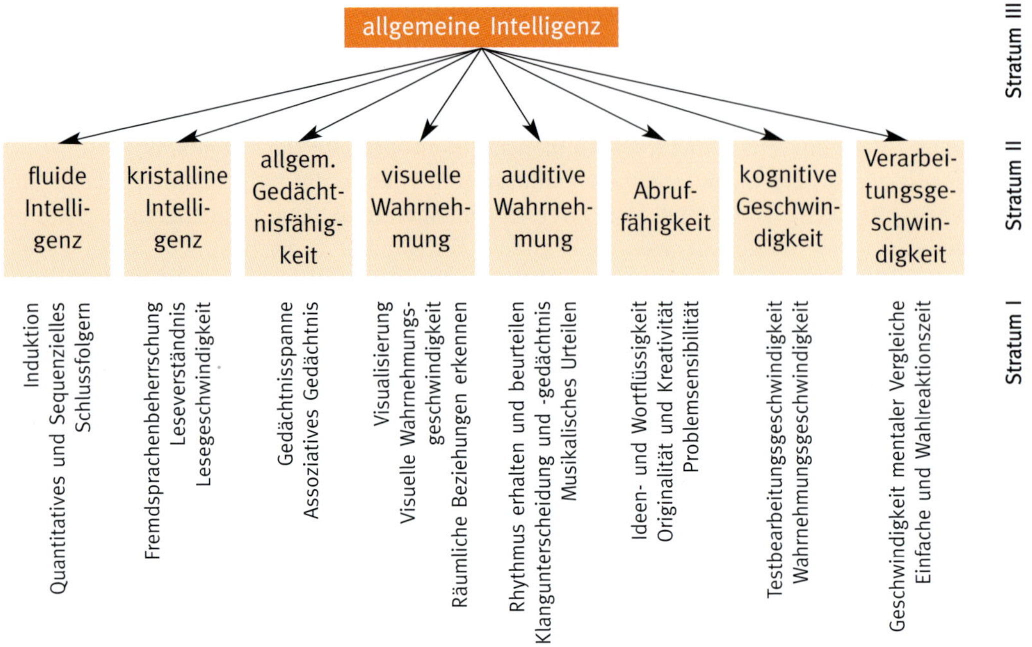

Abb. 1: Das CHC-Modell

Die Frage, was eigentlich Intelligenz ist, wird in der aktuellen Forschung mithilfe der Cattell-Horn-Carroll-Theorie (CHC-Theorie, CHC-Modell) der kognitiven Fähigkeiten beantwortet (Alfonso, Flanagan & Radwan 2005). Dabei handelt es sich um ein dreistufiges, hierarchisches Modell, dass Cattells Annahme einer kristallinen und fluiden Intelligenz und die Three-Stratum-Theory von Carroll (dazu Holling, Preckel & Vock 2004) verbindet. Es gibt acht grundlegende Faktoren im CHC-Modell, die die kognitiven Fähigkeiten eines Menschen umfassend beschreiben. Diese Faktoren sind auf einer zweiten Ebene (Stratum II) angeordnet. Ihnen liegen mindestens 69 basale Teilleistungen auf einer ersten Ebene (Stratum I) zugrunde. Kontrovers diskutiert wird, ob die dritte Ebene (Stratum III) einen g-Faktor beschreibt, der an allen intellektuellen Leistungen beteiligt ist (vgl. Abb. 1).

Was ist vor diesem Hintergrund Hochbegabung?

Eine breite, bis heute einflussreiche Definition von Hochbegabung stellte Marland (1971) dem Bericht einer im Auftrag des Erziehungsministeriums durchgeführten Studie zur Situation Hochbegabter in den USA voran:

»Begabte und talentierte Kinder sind von berufsmäßig qualifizierten Personen identifizierte Kinder, die aufgrund außergewöhnlicher Fähigkeiten hohe Leistungen zu erbringen vermögen. Um ihren Beitrag für sich selbst und für die Gesellschaft zu realisieren, benötigen diese Kinder differenzierte pädagogische Programme, die über das hinausgehen, was reguläre Schulprogramme bereitstellen. Die Gruppe der Kinder, die zu hohen Leistungen fähig sind, schließt diejenigen Kinder ein, die Leistungsfähigkeit zeigen oder potentielle Fähigkeiten in einem oder mehreren der folgenden Bereiche haben:

- allgemeine intellektuelle Fähigkeit,
- spezifische akademische (schulische) Eignung,
- Kreativität und produktives Denken,
- Führungsqualitäten,
- bildende und darstellende Kunst,
- psychomotorische Fähigkeiten.« (Marland 1971, S. IX, zitiert nach Fels 1999)

Wichtig ist der im ersten Satz erscheinende Hinweis, dass die Identifikation von begabten Kindern und Jugendlichen in die Hände von dafür qualifizierten Fachkräften gehört. Das ist heute noch mehr als vor dreißig Jahren ein Problem, weil seitdem das Thema zum Modethema geworden ist und viele Personen sich selbst zu Experten erklärt haben. Die Identifikation von Hochbegabten ist aber zunächst eine Frage psychologischer Diagnostik. Diese wiederum ist Aufgabe ausgebildeter Psychologen. Im zweiten Satz verweist Marland auf die Unterscheidung von Begabung und Leistung. Die Tatsache, das jemand über eine hohe Begabung verfügt, muss nämlich keineswegs bedeuten, dass er auch hohe Leistungen erbringt.

Marlands zentrales Anliegen war von Beginn an die Förderung Hochbegabter – neben der Frage ihrer Identifikation. Dies wird daran deutlich, dass Marland dem regulären Schulsystem die Fähigkeit zur ausreichenden Förderung Hochbegabter absprach. Diese Forderung ist oft auf deutsche Verhältnisse übertragen worden, ohne dass die sehr unterschiedlichen Rahmenbedingungen in Deutschland und in den USA berücksichtigt wurden. Anders als Marland es formuliert, besteht heute weitgehend Einigkeit, dass die Förderung von begabten Kindern und Jugendlichen in integrativen Modellen erfolgen soll.

Zuletzt differenziert Marland verschiedene Bereiche, in denen sich Begabungen zeigen können. Dabei wird allerdings auf den ersten Blick deutlich, dass eine objektive Erfassung von Fähigkeiten nicht in allen Bereichen gleichermaßen möglich ist.

Modellvorstellungen von Hochbegabung

In den letzten Jahrzehnten wurden zahlreiche Modelle zum Verständnis von Hochbegabung vorgelegt. Ihnen liegen unterschiedliche Vorstellungen darüber zugrunde, welche Einflussfaktoren zu beachten sind und in welcher Form sie aufeinander bezogen werden müssen. Das ist besonders interessant für die Frage, wie sich Begabung, die man, wie schon gesagt, nicht ohne weiteres beobachten kann, in sichtbare Leistung umsetzen lässt.

Renzulli entwickelte dazu Ende der 70er Jahre das »3-Ringe-Modell der Hochbegabung«, das später von Mönks zum »Triadischen Interdependenzmodell« erweitert wurde.

Renzulli berücksichtigte neben einer hohen intellektuellen Leistungsfähigkeit motivationale Faktoren und kritisierte damit die Definition von Marland. Nach seiner Meinung zeigten Untersuchungen an Personen mit herausragenden Leistungen, dass Hochbegabung (giftedness) die

Schnittmenge von drei jeweils überdurchschnittlich ausgeprägten, aber nicht notwendigerweise herausragenden Persönlichkeitsmerkmalen bildet:

- Allgemeine Intelligenz oder schulische Fähigkeiten, also allgemeine kognitive Fähigkeiten wie auch spezielle Stärken in den verschiedensten Wissensgebieten;
- Kreativität, unter der Renzulli das originelle, produktive, flexible und selbstständige Vorgehen bei der Lösung einer Aufgabe sieht;
- Aufgabenverpflichtung (task commitment), das ist die Fähigkeit einer Person, sich einer Aufgabe längere Zeit zu widmen.

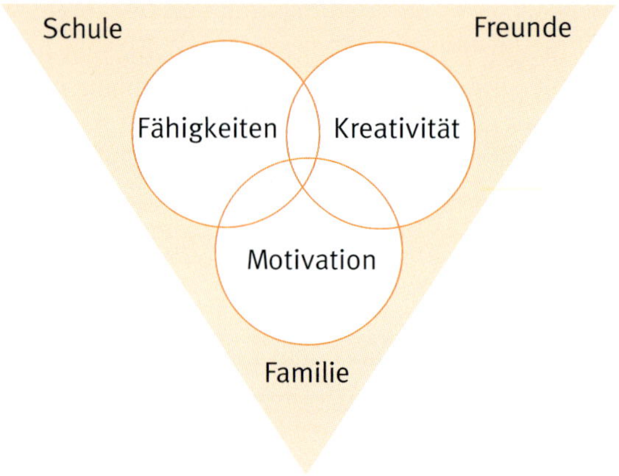

Abb. 2: Triadisches Interdependenzmodell nach Mönks (1992)

Renzulli vertrat mit seinem Modell eine stark entwicklungsorientierte Position. Er sprach lieber von »Entwicklung hochbegabten Verhaltens« und betonte die notwendige Interaktion von Fähigkeiten einer Person und den Bedingungen der Umwelt. Eine Person wird nicht hochbegabt geboren, sondern entwickelt ein hochbegabtes Verhalten – aber auch das nur dann, wenn die Verbindung der drei Faktoren gelingt. Renzullis Ziel war eine Definition, die eine möglichst breite Gruppe von potentiell Hochbegabten erfasst und damit für Förderprogramme interessant macht. Die alleinige Verwendung von Intelligenz- und/oder Schulleistungstests lehnte er dagegen ab, weil damit nur die »schulische Hochbegabung« (schoolhouse-giftedness), nicht aber die kreativ Hochbegabten »entdeckt« würden.

Das »3-Ringe-Modell« wurde seitdem viel beachtet und zitiert, allerdings auch vielfach kritisiert und deshalb auch von Renzulli selbst immer wieder modifiziert und präzisiert. Der Appell Renzullis, möglichst viele (Hoch)Begabte zu fördern und möglichst kein Potential verkümmern zu lassen, wirkt sympathisch und hat sich in der Folgezeit in vielen Identifikations- und Fördermodellen niedergeschlagen. Pointiert formuliert bleibt aber unklar, ob nicht fast jeder Mensch dann »hochbegabt« werden könnte, wenn er nur gefördert würde.

Mönks (1992) erweiterte das 3-Ringe-Modell von Renzulli zum Triadischen Interdependenzmodell (vgl. Abb. 2), in dem er zusätzlich das soziale Umfeld berücksichtigt, in dem sich das hochbegabte Kind befindet. Er weist darauf hin, dass Hochleistungen in einem bestimmten sozialen Kontext entstehen und in persönliche Entwicklungsbedingungen eingebettet sind. Wichtigste Bezugsgruppen sind für Mönks die Familie, die Schule und überhaupt die besuchte Einrichtung, sowie die Peers, also die anderen Kinder und Jugendlichen, mit denen Hochbegabte zu tun haben. Das Modell stimmt überein mit der heute in der Entwicklungspsychologie überwiegenden Sichtweise, dass entscheidend ist, wie die Umwelt auf die Anlagen und Bedürfnisse des einzelnen Individuums reagiert (Passung). Mönks differenziert in neueren Veröffent-

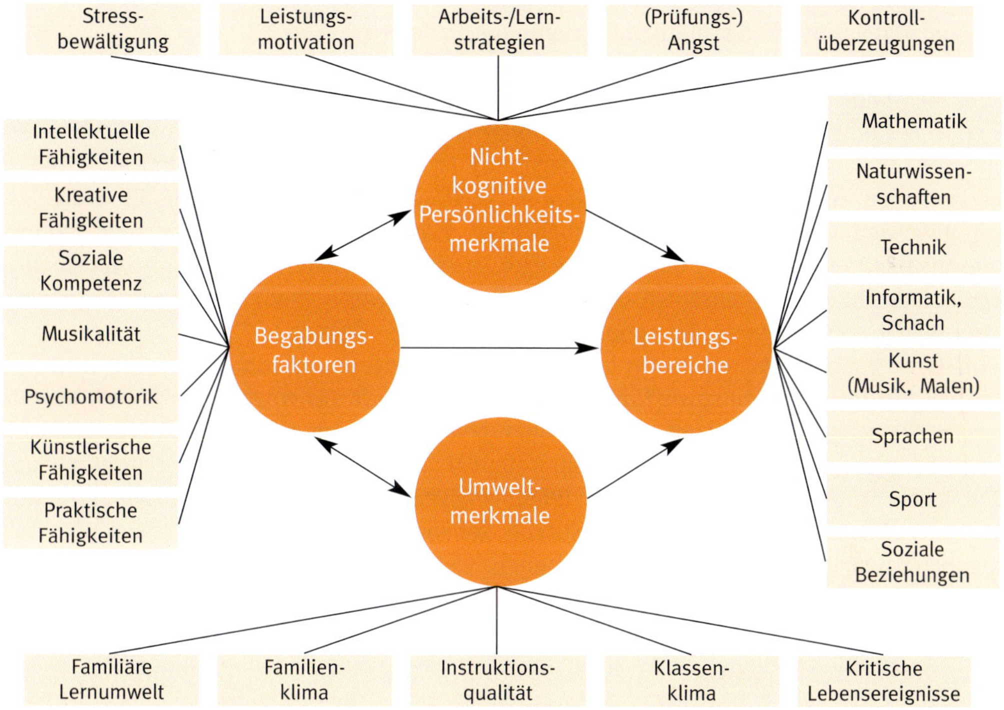

Abb. 3: Münchner Hochbegabungsmodell nach Heller und Mitarbeiter

lichungen deutlich zwischen Begabungspotential und Leistung: »Erst bei einem guten Zusammenspiel dieser sechs Faktoren kann sich Hochbegabung entwickeln und zum Ausdruck kommen in besonderer Leistung« (Mönks 2001, 10).

Wie Renzulli versteht Mönks sein Modell als Ausgangspunkt für die Entwicklung von differenzierten Fördermaßnahmen und betont, dass »Identifikation und Begabtenförderung ... nicht voneinander losgelöst werden (können)« (Mönks 2001, 9). Seine Aussage, »dass sich individuelle Begabungen nur dann richtig entwickeln können, wenn diese eine unterstützende Umwelt haben und durch fördernde nichtkognitive Persönlichkeitsmerkmale, wie Leistungsmotivation, verstärkt werden« (ebd., 10), mag heute selbstverständlich klingen. Sie ist aber sowohl vor dem Hintergrund früherer Definitionen von Hochbegabung als auch angesichts der bis heute mangelhaften Berücksichtigung des Themas in der Aus- und Weiterbildung von pädagogischen Fachkräften nicht banal. Mönks' Hauptanliegen ist die Verankerung einer differenzierten Förderung individueller Begabungspotentiale im Bildungssystem auf der Grundlage einer Reformpädagogik, die das Kind in den Mittelpunkt stellt.

Auch das Münchner Hochbegabungsmodell entstand aus der Unzufriedenheit mit eindimensionalen Definitionen von Hochbegabung und der dementsprechenden Praxis, Hochbegabte allein durch die Erhebung des Intelligenzquotienten zu bestimmen. Daher entwarfen Heller und seine Mitarbeiter ein mehrdimensionales Begabungsmodell und legten es ihrer 1984 begonnenen umfangreichen Längsschnittstudie zugrunde (Heller 1990, 1992).

Sie griffen dabei unter anderem auf die Definition von Marland sowie auf die schon erwähnte Theorie der multiplen Intelligenzen von Gardner (1991) zurück, die jeweils von verschiedenen Fähigkeitsdimensionen ausgehen. Hochbegabung ist nach Ansicht der Autoren ein Profil von Dispositionen zu besonderen Leistungen. »›Hochbegabung‹ definieren wir als individuelle kognitive, motivationale und soziale Möglichkeit, Höchstleistungen in einem oder mehreren Bereichen zu erbringen, z. B. auf sprachlichem, mathematischem, naturwissenschaftlichem vs. technischem oder künstlerischem Gebiet, und zwar bezüglich theoretischer und/oder praktischer Aufgabenstellung« (Heller 1990, 87; Hervorhebung original).

Die Umsetzung der Fähigkeiten in beobachtbare Leistungen wird von etlichen nichtkognitiven Persönlichkeitsmerkmalen sowie Umweltfaktoren beeinflusst. Als entscheidende nichtkognitive Persönlichkeitsmerkmale nennt das Modell Arbeits- und Lerntechniken, Stressbewältigung, Kontrollüberzeugungen, Leistungsmotivation und (Prüfungs)-Angst. Wichtige Umweltmerkmale sind nach Ansicht der Autoren Familie (Bildungsniveau der Eltern, Anregungsgehalt), Schule (Unterrichtsklima, Ausstattung) und kritische Lebensereignisse, die die Entwicklung hoher Begabung hemmen, aber auch fördern können. In dieser Konzeption eines »mehrfaktoriellen Bedingungsmodells der (Hoch)Begabungsleistung« wird Hochbegabung zum Ergebnis des Zusammenspiels zwischen kognitiven und nichtkognitiven Persönlichkeitsmerkmalen sowie Umweltfaktoren. Dies bedeutet ein Wechsel von einem statischen Begabungsmodell, in dem verschiedene Potentiale entscheidend sind, zu einem entwicklungsorientierten Leistungsmodell, das andere Faktoren zur Erklärung mit heranzieht.

Es gibt noch viele weitere Modelle, mit denen Hochbegabung vorstellbar werden soll. Obwohl die Modelle sehr komplex sind und auch systemische Perspektiven einbeziehen, nehmen sie kaum neue Faktoren oder Erkenntnisse auf. Wie zuvor wird Hochbegabung im Zusammenspiel von Persönlichkeits- und Umweltfaktoren gesehen und lediglich ein längerer Übungs- oder Trainingsprozess betont.

Die genannten Modelle wurden vielfach kritisiert – in Deutschland vor allem von Rost und seinen Kollegen, die in Marburg die zweite große Längsschnittstudie zu Hochbegabung durchführten. Die Vorstellungen von Renzulli und Mönks bezeichnet Rost als trivial und fordert eine Präzisierung des Modells und seiner Variablen.

Im Gegensatz zur Münchner Forschungsgruppe und auch zu neueren Aussagen der Intelligenzforschung hält Rost (2000, 2009) an einem Verständnis von Hochbegabung als hoher allgemeiner Intelligenz fest. Er plädiert »ganz nachdrücklich dafür, den Begriff der Hochbegabung auf das Vorhandensein von statistisch definierten herausragenden intellektuellen Fähigkeiten zu begrenzen« (2009, 30). Rost lehnt mehrfaktorielle Intelligenztests zur Identifikation und Selektion von Hochbegabten ab und begründet diese Ablehnung zum einen mit zahlreichen Untersuchungsergebnissen, die die prognostische Validität der allgemeinen Intelligenz für späteren Erfolg belegen, zum anderen mit methodischen Problemen.

Hochbegabung als »developing expertise«

Was … dern in einer Kindertageseinrichtung? Intell… t nicht das Entscheidende, wenn ein Kind … dürfnis, sich Zusammenhänge zu erklären, … er müssen zusammenkommen, damit Kind… dlegende Elemente von Bildungsprozess… en zu beobachten sind – nicht nur bei bega… r »kreativ« Kinder es sich zu erklären vers… hine, obwohl sie doch schon fünf und Jose… ll, das diese Aspekte berücksichtigt, wurd…

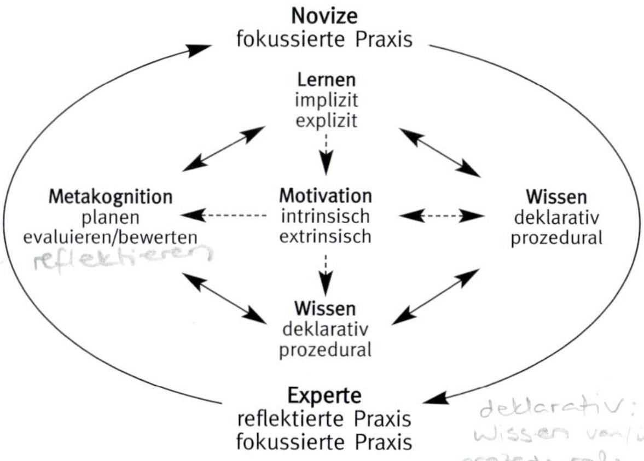

Abb. 4: Modell der »sich entwickelnden Expertise« nach Sternberg (2001).

Das Modell der »sich entwickelnden Expertise« enthält fünf Schlüsselvariablen: Metakognitive Fähigkeiten, Lernfähigkeiten, Denkfähigkeiten, Wissen und als zentrales Element Motivation. Der Weg vom Novizen zum Experten wird nicht nur einmal zurückgelegt, sondern auf immer höherem Niveau wiederholt durchlaufen. Entscheidend ist dabei nicht zuletzt der interaktionale, soziale und kulturelle Kontext, in dem sich Expertise entwickelt (Sternberg 2001, 162ff.).

Unter »sich entwickelnder Expertise« versteht Sternberg den fortlaufenden Prozess des Erwerbs und der Konsolidierung von Fähigkeiten, die für ein hohes Leistungsniveau in einem oder mehreren Lebensbereichen verantwortlich sind (ebd.). Begabte Individuen definiert er dabei wie folgt: »Begabte Individuen sind die, die Expertise schneller erwerben, bis zu einem höheren Niveau, oder zu einem qualitativ anderem Niveau als nichtbegabte Individuen« (Sternberg 2001, 161). Wesentliche Voraussetzung für die Entwicklung von Expertise ist dabei nicht ein bestimmtes, von vornherein festgelegtes Begabungspotential, sondern zielgerichtetes Engagement, das mit direkter Unterweisung, aktiver Partizipation, Rollenvorbildern und Belohnung einhergeht.

Wie erkennt man besondere Begabungen?

Man denke noch einmal an die kurzen Fallbeispiele vom Anfang dieses Artikels.

Haben diese Kinder besondere Begabungen? – Die Identifikation mit »Checklisten«

Mit Hilfe der verbreiteten »Checklisten« soll es möglich sein, hochbegabte Kinder zu erkennen. Solche »Checklisten« zum Erkennen von Hochbegabten sind in nahezu jedem Ratgeber zur Hochbegabung zu finden und auch im Internet weit verbreitet. Sie bestehen aus einer unsystematischen Zusammenstellung von teils schwammig formulierten Eigenschaften und Verhaltensweisen, die häufig bei begabten Kindern beobachtet worden sind. Im Sinne einer möglichst frühen Identifizierung geht es dabei meist um Auffälligkeiten im Vor- und Grundschulalter. Ein Beispiel (vgl. Tabelle 1) für eine solche Checkliste stammt aus der schon 1999 vom Bundesministerium für Bildung und Forschung (BMBF) herausgegebenen Broschüre »Begabte Kinder finden und fördern«. Der Wunsch nach einer solchen Liste, mit der verlässlich Kinder mit hohen Begabungen erkannt werden können, ist verständlich. Aber eine »Diagnose« ist auf diese Weise nicht möglich. Die Autoren stellten der Liste in ihrer Broschüre daher eine »ausdrückliche Warnung« voran: »Es ist nicht ausreichend überprüft, ob die in der Liste aufgeführten Kriterien typisch für Hochbegabte sind. Außerdem sind die Kriterien so vage formuliert, dass sie oft auch nicht hochbegabten Kindern zugesprochen werden können« (ebd., 23). In der neu herausgegebenen Broschüre des BMBF (2009) fehlt eine entsprechende Liste ganz. Zu groß ist offenbar die Skepsis gegenüber solchen Listen. Perleth (2010) berichtet von einer Studie, in der Elternchecklisten, also von Eltern über ihre Kinder bearbeitete Merkmalslisten zur Hochbegabung, auf ihre Verlässlichkeit geprüft wurden. Festgestellt werden konnte, dass mittels der Fragebögen »nicht zufriedenstellend zwischen hochbegabten und einer (allerdings eher überdurchschnittlich begabten) Vergleichsgruppe differenziert werden kann« (ebd., 82; vgl. auch das Interview »Elternchecklisten richtig gewichten« hier in diesem Band). Insbesondere nicht-kognitive Merkmale wie Selbstständigkeit, Perfektionismus oder soziale Kompetenzen konnten nicht zwischen hochbegabten und nichthochbegabten Kindern und Jugendlichen unterscheiden.

Nicht brauchbar zur Unterscheidung ist übrigens auch eine Eigenschaft, die insbesondere in älteren Ratgebern noch zu finden ist: Angeblich brauchen hochbegabte Kinder besonders wenig Schlaf. Diese Behauptung, so tröstlich sie für Eltern sein mag, deren kleine Kinder ihnen kaum eine Ruhepause gönnen, gilt inzwischen als widerlegt.

Sicher ist es sinnvoll, über besondere Begabungen nachzudenken, wenn ein Kind sehr früh überraschende Fähigkeiten zeigt, schon als Kindergartenkind mit seinen Eltern philosophieren will oder nur mit älteren Kindern und Erwachsenen spielt, weil es mit den Spielen der Gleichaltrigen nichts anfangen kann. Schwieriger wird es, wenn Eltern (sich) fragen, ob ihr Kind hochbegabt sei, weil neun der 17 auf der Checkliste genannten Merkmale auf ihr Kind zuzutreffen scheinen. Kinder sind nicht »um so hochbegabter«, je mehr der genannten Merkmale sie aufweisen, obwohl der Begriff »Checkliste« ein solches Missverständnis nahe legen kann. Die Listen sind nicht mit zuverlässigen Kriterien vergleichbar, wie sie die psychologische und psychiatrische Diagnostik bereitstellt. Checklisten können den Blick erweitern und erste Hinweise

Merkmale des Denkens und Lernens, die ein Hinweis auf eine Hochbegabung sein können
• Besonders Begabte haben in einzelnen Bereichen ein sehr hohes Detailwissen. • Ihr Wortschatz ist für ihr Alter ungewöhnlich. • Ihre Sprache ist ausdrucksvoll, ausgearbeitet und flüssig. • Sie können sich Fakten schnell merken und außergewöhnlich gut beobachten. • Sie durchschauen sehr genau Ursache-Wirkung-Beziehungen. • Sie erkennen bei schwierigen Aufgaben zugrunde liegende Prinzipien.
Interessen und Arbeitsstile, die ein Hinweis auf eine Hochbegabung sein können
• Besonders Begabte, die motiviert sind, gehen in bestimmten Problemen völlig auf. • Sie bemühen sich, Aufgaben stets vollständig zu lösen und streben nach Perfektion. • Sie sind bei Routineaufgaben leicht gelangweilt. • Sie geben sich mit ihrem Arbeitstempo oder -ergebnis nicht schnell zufrieden. • Sie interessieren sich für viele »Erwachsenenthemen« wie Religion, Philosophie, Politik, Umweltfragen, Sexualität, Gerechtigkeit in der Welt...
Merkmale des sozialen Verhaltens, die ein Hinweis auf eine Hochbegabung sein können
• Besonders Begabte beschäftigen sich viel mit Begriffen wie Recht-Unrecht sowie Gut-Böse. • Sie sind individualistisch und gehen nicht um jeden Preis mit der Mehrheit. • Sie akzeptieren keine Meinung von Autoritäten, ohne sie kritisch zu prüfen. • Sie können gut Verantwortung übernehmen und erweisen sich in Planung und Organisation als zuverlässig. • Sie suchen sich ihre Freunde bevorzugt unter Gleichbefähigten, häufig Älteren. • Sie neigen schnell dazu, über Situationen zu bestimmen.

Tabelle 1: Merkmale von Hochbegabung (Quelle: BMBF 2003, 23f.)

auf besondere Begabungen liefern, aber sie können auch in die Irre führen. Eine sichere Aussage über das Vorliegen einer Hochbegabung erfordert eine psychologische Diagnostik. Für pädagogische Fachkräfte geht es stattdessen darum, überhaupt in Betracht zu ziehen, dass ein Kind hochbegabt sein könnte und den Blick für die vielfältigen Erscheinungsformen besonderer Begabungen zu schärfen.

Psychologische Diagnostik

Was ist nun der nächste Schritt, wenn vermutet wird, dass ein Kind oder Jugendlicher hochbegabt sein könnte? Wenn man es genau wissen will, dann führt an psychologischer Testdiagnostik kein Weg vorbei. Die Aufgabe psychologischer Diagnostik umfasst vor diesem Hintergrund weit mehr als eine Feststellung der Intelligenz. Sie muss ein umfassendes Bild der Stärken und Schwächen des Kindes oder Jugendlichen bereitstellen und möglicherweise auch die Schwierigkeiten identifizieren, die einer Verwirklichung des individuellen Potentials im Wege stehen. Am Anfang steht aber immer die Diagnostik der Intelligenz.

Intelligenz- und Leistungsdiagnostik

Intelligenz, das wurde schon ausgeführt, ist keine Eigenschaft, die man konkret beobachten kann. Sie kann nur aus anderen beobachtbaren Daten erschlossen werden. Für die Messung von Intelligenz werden Tests eingesetzt, bei denen von der Lösung von speziellen Aufgaben auf die Intelligenz des Menschen geschlossen wird. Die erbrachten individuellen Leistungen können in Beziehung zu den Gleichaltrigen gesetzt werden. Da ein Intelligenztest fehleranfälliger ist als ein Zollstock, wird auch bei korrekter Durchführung eines Tests am Ende nicht ein fester Wert für die Intelligenz angegeben, sondern ein Bereich, in dem die Intelligenz der getesteten Person mit großer Wahrscheinlichkeit (meist 95 Prozent) liegt.

Der IQ-Bereich von 85 bis 115 gilt als Normalbereich der Intelligenz, der Mittelwert liegt bei einem IQ von 100. Ab welchem Testwert von Hochbegabung gesprochen wird, ist Definitionssache. In Deutschland hat sich die Übereinkunft durchgesetzt, die zwei bis drei Prozent der Bevölkerung als hochbegabt zu bezeichnen, die in Intelligenztests am besten abschneiden. Dies entspricht einem Intelligenzquotienten von 130 (und mehr) und einem Prozentrang von 98 (und besser). Es gibt aber auch großzügigere Definitionen, nach der zehn bis 15 Prozent der Population als besonders begabt zu bezeichnen sind. Die Begriffe hoch- und höchstbegabt werden uneinheitlich für die Differenzierung im oberen Begabungsbereich verwendet. Abbildung 5 zeigt die Normalverteilung mit den in Intelligenztests üblicherweise verwendeten Skalen.

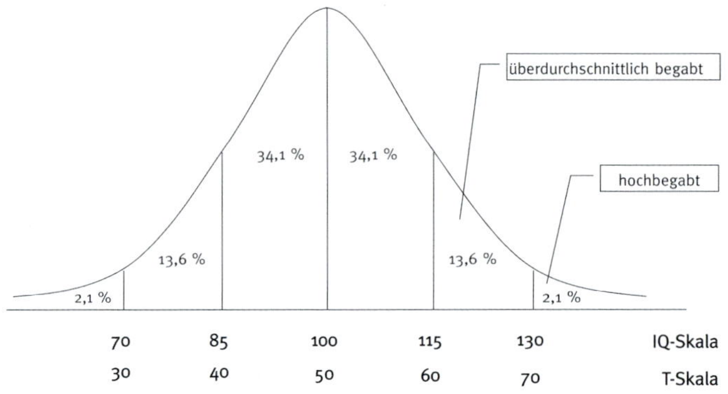

Abb. 5: Normalverteilungskurve der Intelligenz

Die Verwendung von Intelligenzmaßen, insbesondere des IQ, ist derart in die Alltagssprache übergegangen, dass oft übersehen wird, dass Testergebnisse grundsätzlich fehlerbehaftet sind. Eine psychologische Untersuchung kann nur angeben, dass die Intelligenz mit großer Wahrscheinlichkeit in einem bestimmten Bereich liegt. Üblich ist die Angabe eines so genannten Vertrauensintervalls, in dem der »wahre Wert« mit einer Wahrscheinlichkeit von 95 Prozent liegt. Dies ist ein besonderes Problem bei der Diagnostik von Hochbegabung, weil aus statistischen Gründen die Vertrauensintervalle an den extremen Enden der Normalverteilung größer sind als in der Mitte. Eine strenge Definition von Hochbegabung (Prozentrang ≥ 98) führt dazu, dass in der Regel bei einem sehr hohen Testergebnis das Vertrauensintervall über den engen

Bereich der Hochbegabung hinausgeht – was aber bedeutet, dass die getestete Person möglicherweise doch nicht im strengen Sinne hochbegabt sein könnte. Dies ist eine testtheoretische Binsenweisheit, wird aber in der Praxis kaum reflektiert.

Dazu kommt, dass Verfahren zur Messung der Intelligenz auf ganz unterschiedlichen theoretischen Konzepten basieren und daher unterschiedliches Aufgabenmaterial verwenden. Grundlage für die Erstellung psychologischer Testverfahren zur Messung der Intelligenz sind die bereits geschilderten Modellvorstellungen von Intelligenz. Testverfahren zur Messung der Intelligenz lassen sich vor diesem Hintergrund in eindimensionale und mehrdimensionale Tests einteilen. Während in den eindimensionalen, sprachfreien Testverfahren die Erfassung der fluiden Intelligenz im Vordergrund steht, werden mit den mehrdimensionalen Testverfahren auch spezifische Fähigkeiten erfasst. Mehrdimensionale Intelligenztests ergeben ein Profil intellektueller Fähigkeiten, das Aussagen über spezifische Fähigkeiten oder über Stärken und Schwächen möglich macht. Diese spezifischen Fähigkeiten stehen in engem Zusammenhang zu Bildungsinhalten, wie sie zum Beispiel im schulischen Lernen erworben werden, und sind damit vom Bildungsstand abhängig. Dies ermöglicht zwar einen Vergleich der intellektuellen Leistungsfähigkeit des Getesteten mit den für das jeweilige Alter und die jeweilige Schulstufe zu erwartenden Normwerten. Nicht differenzieren lässt sich aber zwischen Begabung (als potentieller Leistungsfähigkeit) einerseits und in vorangegangenen Lernprozessen erworbenem Wissen andererseits.

In sprachfreien Verfahren wird Intelligenz dagegen als Problemlösefähigkeit, als Fähigkeit zum logischen und zum schlussfolgernden Denken verstanden. Sie verwenden relativ homogenes, figurales Aufgabenmaterial. Dies bedeutet, dass ein und dieselbe Person in verschiedenen Testverfahren sehr unterschiedliche Ergebnisse erzielen kann.

Wahrheit und Mythos – sind hochbegabte Kinder anders als andere?

Hochbegabte Kinder haben damit eines gemeinsam: Sie schneiden in Intelligenztests hervorragend ab. Weitere Merkmale zu bestimmen, die hochbegabte Kinder auszeichnen, ist dagegen eher schwierig. Kinder mit besonderen Begabungen sind also ganz unterschiedlich. Hohe intellektuelle Begabung ist nur ein Teil ihres Potentials und kann niemals ihr ganzes Verhalten erklären. Begabte Kinder können – wie andere Kinder auch – aus allen möglichen Gründen neugierig oder gelangweilt, zurückhaltend oder ständig aktiv und fordernd sein. Kinder, die in ihrer Entwicklung Altersgenossen offensichtlich weit voraus sind, sind in der Regel leicht zu erkennen. Dies muss allerdings nicht bedeuten, dass sie hochbegabt sind. Gerade im Kindergartenalter spielt es eine große Rolle, wie gut Kinder im Elternhaus gefördert werden. So war es früher ein Anzeichen von besonderer Begabung, wenn ein Kind schon vor der Schule lesen konnte. Heute sind manche Kindergartenkinder zu Hause von Büchern und Lernspielen umgeben. Da ist es nicht verwunderlich, dass viele von ihnen früh lesen lernen. Dass andere Kinder in Elternhäusern leben, in denen überhaupt nicht gelesen, sondern nur noch ferngesehen wird, führt dazu, dass Kinder heute extrem unterschiedliche Bildungserfahrungen mitbringen. Es kann daher sein, dass beeindruckende Fähigkeiten von (Kindergarten)Kindern Ausdruck eines Entwicklungsvorsprungs sind, der nicht unbedingt bestehen bleiben wird. Ein solcher Vorsprung kann auch das Ergebnis besonders guter Förderung im Elternhaus sein.

Schwieriger ist es mit Kindern, die – wie Tobias im Beispiel oben – nicht durch besondere Fähigkeiten, sondern durch besondere Probleme auffallen. Wenn sich zum Beispiel Tobias aus dem anfangs dargestellten Fallbeispiel langweilt, kann das damit zu tun haben, dass es tatsächlich etwas langweilig in seiner Gruppe ist, nur er weniger als andere Kinder in der Lage ist, sich damit zu arrangieren. Vielleicht aber braucht er tatsächlich mehr »Futter« als andere Kinder und würde wesentlich ausgeglichener sein, wenn er entsprechende Angebote bekäme. Auffällige Verhaltensweisen von Kindern können also mit Begabung zu tun haben, müssen dies jedoch nicht. Wichtig ist, überhaupt in Betracht zu ziehen, dass solche Verhaltensweisen mit hoher Begabung zusammenhängen können, auch wenn dies auf den ersten Blick nicht so aussieht. Hier braucht es gründliche Beobachtungen und konkrete Gespräche mit den Eltern, um genau herauszufinden, in welchen Bereichen Begabungen vorliegen, wie schwierige Verhaltensweisen zu erklären sind und wie beides möglicherweise miteinander zusammenhängen kann.

Wissenschaftliche Untersuchungen kommen übereinstimmend zu dem Ergebnis, dass Kinder und Jugendliche mit besonderen Begabungen nicht überdurchschnittlich häufig an psychischen Problemen leiden. Viele Fallbeispiele zeigen aber, dass in der Beratung und Begleitung hochbegabter Kinder und ihrer Familien psychosoziale Auffälligkeiten als besondere Belastung erlebt werden und oft sogar im Vordergrund stehen. Im Folgenden werden Entwicklungsprobleme und psychosoziale Auffälligkeiten genauer dargestellt, die mit besonderen Begabungen zusammenhängen oder auch irrtümlich mit ihnen in Verbindung gebracht werden. Dabei wird ein Verständnis zugrunde gelegt, das den subjektiven Sinn des Verhaltens von Kindern und Jugendlichen betont und Auffälligkeiten und Risikoverhaltensweisen als Bewältigungsstrategie altersspezifischer Entwicklungsaufgaben begreift.

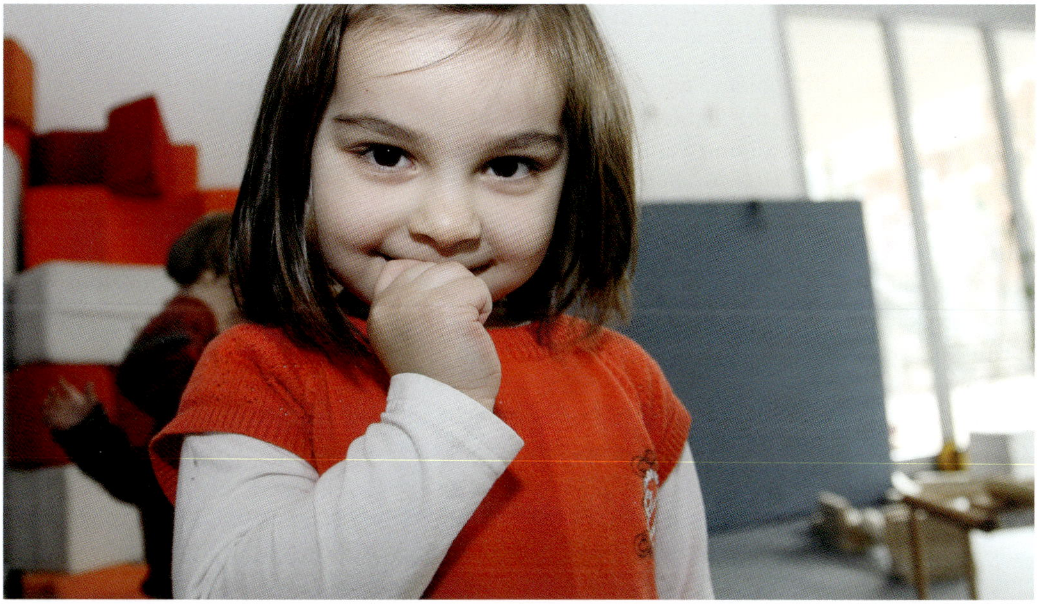

Asynchrone Entwicklung

Was bedeutet eine hohe kognitive Leistungsfähigkeit oder ein kognitiver Entwicklungsvorsprung für die gesamte Entwicklung eines Kindes? Oft wird die Position vertreten, dass der Vorsprung vor allem im kognitiven Bereich besteht, die körperliche Reife sowie die motorische, emotionale und soziale Entwicklung dagegen dahinter zurückbleiben. Anders formuliert: Die verschiedenen Persönlichkeitsbereiche fallen in der Entwicklung auseinander. Dies wird als asynchrone Entwicklung bezeichnet.

Zunächst ist festzustellen, dass auch bei durchschnittlich Begabten nicht von einer synchronen Entwicklung der Persönlichkeitsbereiche ausgegangen werden kann. Selbst innerhalb der einzelnen Bereiche kann es sehr unterschiedliche Entwicklungsgeschwindigkeiten geben. Für die Annahme, dass bei Hochbegabten derartige Asynchronien besonders ausgeprägt sind, gibt es kaum Belege. Stapf (2003) kommt zu dem Ergebnis, dass im kognitiven und psychosozialen Bereich die Entwicklung Hochbegabter eher synchron verläuft. Es stimmt also nicht, dass das Sozialverhalten von Kindergartenkindern mit kognitiven Entwicklungsvorsprüngen besonders häufig noch »so kindlich« ist, was nicht ausschließt, dass dies im Einzelfall dennoch vorkommen kann. Uneindeutiger sieht es im Bereich der körperlichen und motorischen Entwicklung aus. Für alle Kinder und damit auch für Hochbegabte gilt, dass der körperliche Entwicklungsstand und die kognitive Entwicklung in keiner Altersstufe eng miteinander zusammenhängen und dass hier erhebliche individuelle Unterschiede bestehen. Für eine allgemein höhere Entwicklungsgeschwindigkeit von Hochbegabten gibt es keine Belege. Sie kommen zum Beispiel nicht früher in die Pubertät (vgl. Stapf 2003, 94). Dies bedeutet aber, dass zumindest in manchen Entwicklungsphasen die körperliche Entwicklung Hochbegabter hinter ihren kognitiven Fähigkeiten »hinterherhinkt«.

(Fein)motorische Schwierigkeiten

Stapf (2003, 92) geht genauer auf die Entwicklung fein- und grobmotorischer Fähigkeiten ein. Sie beschreibt, dass hochbegabte Kinder die Diskrepanzen zwischen dem, was sie »im Kopf haben«, und dem, was sie mit ihren Händen und Fingern umsetzen können, intensiv als Mangel wahrnehmen und unter ihrem »Versagen« leiden. Dies kann ein Hintergrund für den ausgeprägten Perfektionismus sein, den manche begabte Kinder entwickeln. Manchmal bewältigen sie diesen Konflikt, indem sie Tätigkeiten völllig verweigern, manchmal reagieren sie ihre Frustration in heftigen Wutausbrüchen ab. Beides führt – verständlicherweise – zu Spannungen in der Familie, mit Erzieherinnen und anderen Kindern. Der Konflikt zwischen dem eigenen Anspruch und den eigenen Möglichkeiten ist nicht nur für begabte Kinder charakteristisch. Eltern wie PädagogInnen tun sich allerdings bei begabten Kindern besonders schwer, diesen Perfektionsanspruch und die mit Frustration einhergehenden heftigen Gefühle von Wut und Verzweiflung zu verstehen, weil sie die Leistungen der Kinder ja durchaus beeindruckend finden.

In anderen Fällen besteht tatsächlich eine erhebliche Diskrepanz. Dies fällt insbesondere da auf, wo sie durch geschlechtstypische Tendenzen und Präferenzen verstärkt werden, zum Beispiel die Tendenz vieler Jungen im Kindergarten, feinmotorischen Tätigkeiten wie dem Malen und Basteln aus dem Weg zu gehen. Werden solche Jungen dann auf Grund eines kognitiven Entwicklungsvorsprungs vorzeitig eingeschult, ist in der Grundschule nicht selten ein mangelhaftes Schriftbild festzustellen. Diese Jungen am Durchschnitt zu messen oder sie eventuell sogar nicht einzuschulen, ist unsinnig. Andererseits ist es auch keine Lösung, die Mängel einfach zu ignorieren in der Hoffnung, dass sich diese Fähigkeiten im Laufe der Zeit schon entwickeln werden. Da spezifische feinmotorische Fähigkeiten im Wesentlichen erlernt sind, werden sie sich ohne systematisches Training auch im weiteren Entwicklungsverlauf nicht von allein einstellen.

Maßnahmen der Akzeleration (vorzeitige Einschulung oder Überspringen) verschärfen die geschilderten Probleme in der Selbst- und Fremdwahrnehmung auch deshalb, weil begabten Kindern und Jugendlichen dabei die gleichaltrige Bezugsgruppe verloren geht. Die sowieso vorhandene Diskrepanz zwischen der eigenen körperlichen und geistigen Entwicklung wird dann dadurch verschärft, dass die Klassenkameraden über diejenigen körperlichen Fähigkeiten verfügen, die die Hochbegabten an sich (manchmal schmerzlich) vermissen.

Probleme im Sozialverhalten

Problemschilderungen Hochbegabter enthalten regelmäßig auch Hinweise auf soziale Schwierigkeiten mit Gleichaltrigen. Dabei werden beide Extreme geschildert, sowohl nach außen gerichtete Verhaltensstörungen als auch Tendenzen zu Rückzug und sozialer Isolation. Im Gegensatz zum Eindruck, dass Hochbegabte besonders viele soziale Probleme haben, stehen Ergebnisse aus der Marburger Hochbegabtenstudie. Unter dem bezeichnenden Titel »Beliebt und intelligent? – Abgelehnt und dumm?« berichten Rost und Czeschlik (1994), dass intelligente Grundschulkinder häufiger positiv gewählt, weniger intelligente Kinder häufiger abgelehnt wurden. Die Autoren erklären dies unter anderem mit einer immer wieder beobachteten positiven

Beziehung zwischen allgemeiner Intelligenz und der so genannten sozialen Intelligenz. Intelligente Kinder erkennen soziale Probleme besser, sind einfühlsamer und weniger intelligenten Kindern bei der Suche nach alternativen Lösungen in sozialen Konflikten überlegen. Systematische Untersuchungen, die belegen würden, dass begabte Kinder besonders viele soziale Probleme haben, gibt es dagegen nicht.

Dies heißt natürlich nicht, dass alle begabten Kinder gut mit ihren Peers zurechtkommen. Betrachten wir das eingangs erwähnte Fallbeispiel von Petra etwas genauer.

Petra ist vier Jahre alt und geht in den Kindergarten. Zu Hause beschwert sie sich häufiger über den Kindergarten. Dieser sei langweilig und doof. Petras Eltern halten das für plausibel und kommen deshalb zur Beratung, um die Möglichkeit einer vorzeitigen Einschulung abzuklären. Sie berichten, dass die Erzieherinnen im Kindergarten bei Petra keine besondere kognitive Leistungsfähigkeit wahrgenommen, stattdessen aber auf Probleme im Sozialverhalten hingewiesen hätten. Petra würde ständig Aufmerksamkeit beanspruchen und den Erwachsenen gegenüber unangemessen fordernd auftreten. Sie wolle immer im Mittelpunkt stehen und im Spiel der Kinder alles bestimmen, womit die anderen Kinder aber nicht einverstanden wären. Würde sie von den anderen Kindern abgelehnt, könne sie das nicht ertragen. Sie wirft sich dann auf den Boden, trampelt und schlägt ihren Kopf gegen die Wand.

Die Eltern erleben derartige Dinge zu Hause nicht. Wenn sie sich intensiv mit ihrer Tochter beschäftigen, ist sie sehr interessiert und zugänglich – kurz: »das netteste Mädchen der Welt«. Der Frage nach möglichen Schwierigkeiten weichen die Eltern zunächst aus. Schließlich wird erzählt, dass Petra heftig zu weinen anfängt, wenn man sich nicht die ganze Zeit um sie kümmert und ihre Wünsche erfüllt. Es stellt sich heraus, dass die Mutter ihren ganzen Tagesablauf an Petras Bedürfnissen orientiert und es ihr nicht gelingt, sich in Konflikten mit ihrer Tochter konsequent zu verhalten.

In diesem wie in vielen anderen Fällen stellt sich heraus, dass die sozialen Auffälligkeiten mit der Begabung des Kindes im Grunde kaum etwas zu tun haben. Sicher wollen nicht alle Kinder immerzu alles bestimmen, und nicht jedem Kind gelingt es, Erwachsenen gegenüber selbstbewusst und fordernd aufzutreten. Hochbegabt muss man dazu jedoch auch nicht sein. Vielmehr lässt sich diese Art von Problemen weitgehend durch unsicheres und inkonsequentes Verhalten von Erwachsenen gegenüber selbstbewusst auftretenden, interessierten und gut begabten Kindern erklären. Andererseits verfügen begabte Kinder über besondere Stärken, die ihnen durchaus eine wichtige und womöglich auch dominante Rolle in Kindergruppen ermöglichen können. Logisches Denken, gute verbale Fähigkeiten und interessante Ideen reichen dafür allerdings nicht immer aus. Dazu müssen soziale Fähigkeiten und Empathie kommen, die nicht alle begabten Kinder gleichermaßen entwickelt haben.

Begabte Jungen – begabte Mädchen

Bei hochbegabten Mädchen und Jungen sind dieselben Unterschiede zu finden, die auch sonst für unterschiedliches Verhalten von Mädchen und Jungen typisch sind, ob es nun um Interessen, um die Einstellung zu Erfolg und Leistung oder um ihr soziales Verhalten geht. Auf der anderen Seite wirken sich Geschlechterstereotype auf die Wahrnehmung und Bewertung des

Verhaltens begabter Mädchen und Jungen durch Erwachsene aus. In diesem Zusammenhang ist bemerkenswert, dass Jungen häufiger für hochbegabt gehalten werden als Mädchen. Dies liegt nicht nur daran, dass sie häufiger mit Verhaltensauffälligkeiten auf sich aufmerksam machen.

Eltern kommen bei ihren Söhnen eher als bei ihren Töchtern auf die Idee, dass sie hochbegabt sind. Zwar ist es heute nicht mehr so, dass Jungen generell wichtiger genommen werden und mehr Wertschätzung bekommen als Mädchen. Trotzdem wird dem »Stammhalter« oft auch heute noch große Bedeutung gegeben. Dass der Junge später als Mann »eine Familie ernähren« und sich »in der Arbeitswelt durchsetzen muss«, was von Mädchen nicht erwartet wird, lässt Eltern den Bildungserfolg ihrer Söhne immer noch wichtiger nehmen als den ihrer Töchter.

Natürlich wollen viele Eltern, dass auch ihre Töchter einen guten Schulabschluss haben und einen Beruf erlernen – aber nur selten wird es ihnen wichtig sein, ihre Tochter dafür auszurüsten, dass sie sich auch im Wettbewerb um Spitzenpositionen durchsetzen kann. Dazu kommt, dass man sich über gut funktionierende Kinder einfach weniger Gedanken macht. Mit selbstständigen, angepassten und kooperationsbereiten Kindern beschäftigen sich auch Erzieherinnen und Lehrkräfte weniger – sie kommen ja zurecht. Die »schwierigen« Kinder – mehrheitlich Jungen – gehen ihnen dagegen nicht aus dem Kopf, und wenn ein Chaot und Rebell irgendwie trotzdem sympathisch und pfiffig wirkt, kann er sich besonderer Aufmerksamkeit gewiss sein. Dann kommt vielleicht auch irgendwem der Gedanke, dass er hochbegabt sein könnte.

Geschlechterstereotype Bilder und Erwartungen der Erwachsenen sind von besonderer Bedeutung, wenn es um die Einschätzung von Erfolg und Leistung geht. Erfolg von Mädchen wird oft in erster Linie auf ihren »Fleiß« zurückgeführt. Daher führen noch so gute Leistungen nicht dazu, dass ihnen eine hohe Begabung zugeschrieben wird. Manche Jungen können sich dagegen eine Menge erlauben und werden trotzdem für begabt gehalten. Eltern und insbesondere Mütter von Söhnen sind in höherem Maße als Eltern von Töchtern bereit, den zum Teil erheblichen Aufwand für besondere Diagnostik und Fördermaßnahmen von (vermeintlich) hochbegabten Kindern auf sich zu nehmen. Hochbegabte Mädchen werden oft quasi nebenbei entdeckt, weil ein Bruder als hochbegabt identifiziert worden ist. Insofern macht es grundsätzlich Sinn, bei testpsychologischen Untersuchungen Geschwister hochbegabter Jungen und Mädchen zu berücksichtigen.

Literatur

Alfonso, V. C., Flanagan, D. P. & Radwan, S. (2005). The impact of the Cattell-Horn-Carroll Theory on test development and interpretation of cognitive and academic abilities. In D. P. Flanagan & P. L. Harrison (Hrsg.), Contemporary intellectuell assessment. Theories, tests and issues. 2nded. (S. 185-202). New York: Guilford.

Bundesministerium für Bildung und Forschung (BMBF) (2003). Begabte Kinder finden und fördern. Ein Ratgeber für Eltern und Lehrer. Bonn: Referat Öffentlichkeitsarbeit.

Bundesministerium für Bildung und Forschung (BMBF) (2009). Begabte Kinder finden und fördern. Ein Ratgeber für Eltern und Lehrer. Bonn: Referat Öffentlichkeitsarbeit.

Gardner, H. (1991). Abschied vom IQ. Die Rahmen-Theorie der vielfachen Intelligenzen. Stuttgart: Klett-Cotta.

Gardner, H. (2002). Intelligenzen. Die Vielfalt des menschlichen Geistes. Stuttgart: Klett-Cotta.

Gardner, H. (2007). Five minds for the future. Boston MA: Harvard Business School Press.

Goleman, D. (1995). Emotionale Intelligenz. München, Wien: Hanser.

Heller, K. A. (1990). Zielsetzung, Methode und Ergebnisse der Münchner Längsschnittstudie zur Hochbegabung. Psychologie in Erziehung und Unterricht, 37, 85-100.

Heller, K. A. (Hrsg.) (1992). Hochbegabung im Kindes- und Jugendalter. Göttingen: Hogrefe.

Henze, G., Koch, U., Schulz, N., Bringmann, S., Sandfuchs, U. & Zumhasch, C. (2002). Abschlussbericht der wissenschaftlichen Begleitung des »Schulversuchs zur integrativen Förderung von Schülerinnen und Schülern mit besonderen Begabungen an der Grundschule Beuthener Straße in Hannover«, 1997-2004. Universität Hildesheim/Technische Universität Dresden: Unveröffentlichtes Manuskript.

Holling, H., Preckel, F. & Vock, M. (2004). Intelligenzdiagnostik. Kompendien Psychologische Diagnostik, Band 6. Göttingen: Hogrefe.

Mönks, F. J. (2001). Begabungsforschung und Begabtenförderung. Journal für Begabtenförderung, 1/2001, 7-15.

Neubauer, A. & Stern, E. (2007). Lernen macht intelligent. Warum Begabung gefördert werden muss. München: DVA.

Perleth, C. (2010). Checklisten in der Hochbegabungsdiagnostik. In F. Preckel, W. Schneider & H. Holling (Hrsg.), Diagnostik von Hochbegabung (S. 65-87). Göttingen: Hogrefe.

Preckel, F., Schneider, W. & Holling, H. (Hrsg.) (2010). Diagnostik von Hochbegabung. Tests und Trends Bd. 8. Göttingen: Hogrefe.

Renzulli, J. S. (1978). What makes giftedness? Reexamining a definition. Phi Delta Kappan, 60, 180-184.

Renzulli, J. S. (1986). The three-ring conception of giftedness: a developmental model for creative productivity. In R. S. Sternberg & J. E. Davidson (Hrsg.), Conceptions of giftedness (S. 53-92). New York: Cambridge University Press.

Rohrmann, S. (2007). Besondere Begabung – Besondere Pädagogik? Theorie und Praxis der Sozialpädagogik, Heft 2/07, 23-27.

Rohrmann, S. & Rohrmann, T. (2005). Hochbegabte Kinder und Jugendliche. Diagnostik – Förderung – Beratung. München: Ernst Reinhardt.

Rohrmann, S. (2004). Hochbegabt – und doch immer Kind. Besonders begabte Kinder erkennen, begleiten und fördern. Kindergarten heute, 34(8), 26-31.

Rost, D. H. (Hrsg.) (1993). Lebensumweltanalyse hochbegabter Kinder. Göttingen: Hogrefe.

Rost, D. & Czeschlik, T. (1994). Beliebt und intelligent? Abgelehnt und dumm? Zeitschrift für Sozialpsychologie, 25, 170-176.

Stapf, A. (2009). Hochbegabte Mädchen. In M. Matzner & I. Wyrobnik (Hrsg.), Handbuch Mädchen-Pädagogik (S. 185-196). Weinheim: Beltz.

Sternberg, R. J. (1985). Beyond IQ: A triarchic theory of human intelligence. New York, NY: Cambridge University Press.

Sternberg, R. J. (1998). Erfolgsintelligenz. Warum wir mehr brauchen als EQ + IQ. München: Lichtenberg.

Stoeger, H., Schirner, S. & Ziegler, A. (2008). Ist die Identifikation Begabter schon im Vorschulalter möglich? Ein Literaturüberblick. Diskurs, 3(1), 7-24.

Erfahrung

Psychologische Diagnostik intellektueller Hochbegabung im Vorschulalter

Christine Koop · Götz Müller

Die Wissenschaft beschäftigt sich seit über hundert Jahren intensiv mit dem Konstrukt der Intelligenz und hat mittlerweile eine Vielzahl an Befunden hervorgebracht, die auch in Nachbardisziplinen auftauchen. »Intelligenz ist das am besten erforschte Merkmal der Psychologie« (Rost 2009, 1), und doch bestehen nach wie vor Ansichten, die keineswegs mit diesen Befunden zu vereinen sind. Die Entwicklung von dazugehörigen Messinstrumenten – so genannten Intelligenztests – liegt nun rund ein Jahrhundert zurück und diese sind stetig erweitert und verbessert worden. So wurde auch der Intelligenzquotient (IQ), der von Stern im Jahre 1912 als Maß für die Intelligenz eines Individuums vorgeschlagen wurde, von Wechsler in den 1950er Jahren verbessert (vgl. Wechsler 1964). Dieses Maß, das wir als Indikator für die Größe mentaler Fähigkeiten verstehen, beschreibt die individuelle Leistungsfähigkeit in Relation zum durchschnittlichen Entwicklungsstand aller Gleichaltrigen. Die bekannten Intelligenzdefinitionen, die auf empirischer Basis beruhen, unterscheiden sich in einzelnen Aussagen voneinander, betonen aber allesamt, dass Intelligenz ein besonderes Ausmaß an Fähigkeiten ist (vgl. Holling & Kanning 1999). Insbesondere die Intelligenzforschung war und ist stets geprägt von Anschauungen und Einstellungen, die durch das Denken der Gesellschaft und Kultur bedingt sind. Im Folgenden werden einige der bekannten Theorien und Modelle zum grundlegenden Verständnis von Intelligenz und deren Erforschung dargestellt. Weiterhin werden mögliche Indikatoren auf der Verhaltensebene besprochen, die bei Vorschulkindern auf eine intellektuelle Hochbegabung hinweisen können. Und schließlich werden die Möglichkeiten und Grenzen von Intelligenztests als Diagnostikum für Hochbegabung im Vorschulalter diskutiert.

Intelligenztheorien

Nahezu alle Ansätze der Intelligenzforschung wählen einen psychometrischen Einstieg, der Intelligenz als eine messbare Fähigkeit ansieht, die als Leistung in kognitiven Aufgaben offenkundig wird. Zudem konzentriert sich dieser Ansatz hauptsächlich auf die individuellen Unterschiede im Verhalten. Intelligenzforscher versuchen demnach »individuelle Unterschiede in allgemeinen mentalen Fähigkeiten, die über die Zeit hinweg relativ stabil und situationsunabhängig sind« (Bjorklund & Schneider 2006, 769) mit Hilfe von Intelligenztests zu messen und zu erklären. Zu den psychometrischen Vertretern zählen neben anderen Spearman, Thurstone und Cattell. Die Annahme dieses Ansatzes lautet, dass alle Menschen mit einem Set kognitiver Faktoren, also grundlegender mentaler Faktoren ausgestattet sind. Individuelle Differenzen sind bezüglich jedes Faktors denkbar, so dass unterschiedliche intellektuelle Leistungen darauf zurückgeführt werden können. Im erweiterten Sinne ist hier auch Gardners alternativer Ansatz der Multiplen Intelligenzen aufgenommen, obwohl sich dieser vom Intelligenztest als Diagnostikum zu entfernen sucht.

Die Zweifaktorentheorie der Intelligenz

Anfang des 20. Jahrhunderts überprüfte Spearman in seinen Studien das Gesamtbild verschiedenartiger Aufgaben auf Gemeinsamkeiten und Unterschiede mittels einer von ihm entwickelten mathematischen Methode. Das Ergebnis dieser Faktorenanalyse führte ihn zur Annahme der Zweifaktorentheorie der Intelligenz, denn die Versuchspersonen schienen kontinuierlich eine Komponente, den general factor, zur Beantwortung aller, sowie verschiedene Komponenten, die special factors, zur Beantwortung spezieller Aufgaben zu benötigen. »Diese Überschneidungen – Interkorrelationen genannt – lassen darauf schließen, dass alle derartigen Tests neben spezifischen intellektuellen Fähigkeiten ein übergreifendes Element messen.« (Gottfredson 1999, 24). Die Zweifaktorentheorie unterteilt die Intelligenz folglich in zwei hierarchische Komponenten, einen allgemeinen, sogenannten g-Faktor, und in viele verschiedene spezifische Faktoren, sogenannte s-Faktoren, die unabhängig voneinander sind. Spearmans g-Faktor ist an allen geistigen Leistungen eines Menschen beteiligt, ganz gleich, was er denkt. Der g-Faktor ist sozusagen ständig im Gebrauch. Anders verhält es sich mit den verschiedenen spezifischen Faktoren, die dann wirksam werden, wenn spezielle Leistungen zusammen mit dem g-Faktor erbracht werden. Somit ist jeder Mensch mit einer Grundintelligenz, dem g-Faktor, ausgestattet, die an allem, was er geistig tut, beteiligt ist – je mehr er davon hat, desto mehr kann er geistig tun. Hinzu kommt eine Fähigkeit für etwas Spezielles – beispielsweise eine besondere sprachliche Begabung –, so dass denkbar ist, dass das Kind sich verbal hervorragend ausdrücken kann, Geschichten und Gedichte verfasst. Doch auch diese Fähigkeit braucht als Komponente den allgemeinen Faktor, um Leistung zu erbringen. Individuelle Unterschiede in mentalen Leistungen sind nach Spearman auf den g-Faktor zurückzuführen. Das Zusammenspiel des überdauernden g-Faktors mit den verschiedenen s-Faktoren ist hierarchisch: Das Verstehen von Erfahrungen, das Erkennen von Beziehungen und Ableiten von Systematiken, welche als Eigenschaften des g-Faktors aufgefasst werden, ist allen kognitiven Denkvorgängen gemein. Die s-Faktoren sind unabhängig voneinander, da sie nur für die spezielle Denkleistung erforderlich sind. Ihre mögliche Korrelation untereinander entspricht – gemäß Spearmans Schlussfolgerungen – wiederum dem g-Faktor, der ja generelle und somit unspezifische Fähigkeiten umfasst.

Einige Wissenschaftler kritisieren das Konzept des g-Faktors und behaupten, dieser eine Faktor sei nicht ausreichend, um die menschliche Intelligenz zu repräsentieren – denke man im besonderen daran, dass das Arbeiten mit vorzugsweise analytischen Aufgabenstellungen in Intelligenztests den g-Faktor beschreibe. Es seien mehrere Faktoren notwendig, um das Konstrukt der Intelligenz ausreichend aufzuklären. Zum anderen aber lässt sich auf empirischer Basis der g-Faktor nicht widerlegen, so dass »hierarchische Intelligenzmodelle mit g an der Spitze (...) weltweit als goldener Standard gelten« (Rost 2009, 74).

Das Modell der sieben Primärfaktoren der Intelligenz

Einige Jahre nach der Veröffentlichung des Zweifaktorenmodells entwickelte der amerikanische Wissenschaftler Thurstone das Gruppenfaktorenmodell der Intelligenz. In diesem

Modell wird Intelligenz als Gruppe von sieben gleichberechtigten Primärfaktoren dargestellt, zu denen folgende gehören:

- Rechnerisches Denken (numerical ability)
- Schlussfolgerndes Denken (reasoning)
- Wortverständnis (verbal comprehension)
- Wortflüssigkeit (word fluency)
- Räumliche Vorstellung (space)
- Wahrnehmungstempo (perceptual speed)
- Gedächtnis oder Merkfähigkeit (memory)

Thurstone war der Ansicht, dass die Zweifaktorentheorie Spearmans Intelligenz nicht ausreichend beschreibe, da die Aufklärung der Daten durch den g-Faktor zu viele Informationen vernachlässige. Thurstone postuliert, dass das Zusammenwirken dieser Primärfaktoren eine geistige Leistung repräsentiert. Im Gegensatz zu Spearman stellt er die Faktoren als gleichberechtigt nebeneinander und verneint somit eine hierarchische Struktur seines Modells. Allerdings weist er darauf hin, dass diese Faktoren je nach Art der geistigen Leistung in unterschiedlichem Maße beteiligt und daher nicht als absolut zu betrachten sind. Praktisch gesehen unterscheidet sich die Datenbasis von Spearman und Thurstone kaum, doch »gibt es bei der Wahl der Faktoren, wenn mehrere von ihnen nahezu gleichgewichtig sind, eben doch eine gewisse Willkür«, die zu den unterschiedlichen Theorien führt (Grabowski 1999, 38).

Fluide und kristalline Intelligenz

In den 1940er Jahren legte Cattell ein überschaubares Konzept zur Intelligenz vor, indem er die Auffassung vertritt, dass Intelligenz aus einer fluiden (fließenden) und einer kristallinen Intelligenz besteht – folglich aus zwei allgemeinen Faktoren. Er stellt sich zum einen die sogenannte fluide Intelligenz als breit angelegte Intelligenz vor, die als Anlagefaktor g_f in mentalen Erkenntnisleistungen wirksam wird. Sie ist generell. Zum anderen begreift Cattell die kristalline Intelligenz als konkretisierte Intelligenz, die sich als Faktor g_c im Besonderen in kulturell erworbenem Wissen zeigt und sich somit stärker auf Erfahrungswissen bezieht. Vergleichend lässt sich annehmen, dass die kristalline Intelligenz sich eher in Thurstones Primärfaktoren wie verbaler oder numerischer Fähigkeit wiederfindet, während fluide Intelligenz dem g-Faktor Spearmans ähnelt. Auch hier findet sich der grundlegende Gedanke wieder, dass ein Faktor in allen intelligenten Leistungen repräsentiert ist. Cattell führt weiter aus, dass insbesondere im jungen Alter die Anteile der fluiden Intelligenz überwiegen, während im Erwachsenenalter stärker kristalline Fähigkeiten zur Leistung beitragen. Interessant ist zum Beispiel die Betrachtung sprachlicher Aufgaben, die auf den ersten Blick der kristallinen Intelligenz zuzuordnen sind. Je komplexer und neuer diese sind, desto stärker lassen sich Zusammenhänge zur fluiden Intelligenz und weniger zur kristallinen herstellen.

Das Berliner Intelligenzstrukturmodell

Das Intelligenzstrukturmodell kombiniert sogenannte Operations- mit Inhaltsklassen: operative kognitive Fähigkeiten wie Verarbeitungskapazität und Einfallsreichtum werden mit inhaltsgebundenen Fähigkeitsbündeln wie der Sprache verbunden. Mentale Operationen, die als inhaltsunabhängig bezeichnet werden, produzieren in Verbindung mit inhaltsgebundenen Fähigkeiten intelligente Leistungen. Jäger (1984) benennt in seinem Modell als Operationen Bearbeitungsgeschwindigkeit, Einfallsreichtum, Verarbeitungskapazität und Merkfähigkeit. Diese bilden grundlegende intellektuelle Fähigkeiten, die sicherlich einzelnen Faktoren anderer Intelligenztheorien gleichen. Als Inhaltsfacetten bezeichnet er sprachgebundenes Denken, zahlengebundenes Denken und anschauungsgebundenes Denken. In diesem Modell, welches empirisch gut gestützt ist, finden sich die unterschiedlichen Ansätze der Intelligenztheorien wieder. Auch wird der g-Faktor als allgemeine Intelligenz einbezogen, da er bei jeder operationalen und inhaltlichen Anwendung zur Leistung beiträgt. Jägers Modell ist letztlich eine Integration verschiedener bestehender Ansätze (vgl. Rost 2009).

Die Theorie der multiplen Intelligenzen

Mit der Rahmentheorie der multiplen Intelligenzen löste sich Gardner in den 1980er Jahren von den traditionellen Vorstellungen zur Intelligenz, indem er den Intelligenzbegriff auf nicht-intellektuelle Bereiche erweiterte. Er war zu der Ansicht gekommen, dass der durch Intelligenztests ermittelte Intelligenzquotient nicht reines Fähigkeitspotential beschreibe, sondern abhängig von verschiedenen Faktoren wie sozialer oder momentaner Situation sei. In seiner Theorie handelte es sich ursprünglich um sechs Bereiche, im Verlauf wurden es neun mit möglichen Ergänzungen. In seinem Verständnis muss Intelligenz als »eine intellektuelle Kompetenz ein Sortiment von Fähigkeiten beinhalten, die ihrem Inhaber ermöglichen, echte Probleme oder Schwierigkeiten zu lösen, und (...) die Fähigkeit, Probleme zu entdecken oder zu schaffen, um die Basis für neues Wissen zu legen.« (Gardner 1994, 65). Diese Definition orientiert sich an dem, was im Rahmen der jeweiligen Kultur als wertvoll erachtet wird. Intelligenz soll nützlich sein, und die Gesellschaft setzt dafür den Maßstab. Gardner (1999) benennt neun voneinander relativ unabhängige Intelligenzen und fügt als Beispiele bekannte Persönlichkeiten an:

- Linguistische Intelligenz (Johann Wolfgang von Goethe)
- Logisch-mathematische Intelligenz (Kurt Gödel)
- Musikalische Intelligenz (Ludwig van Beethoven)
- Räumliche Intelligenz (Michelangelo)
- Körperlich-kinästhetische Intelligenz (Margot Fonteyn)
- Inter- und
- Intrapersonale Intelligenz (Sigmund Freud)
- Naturalistische Intelligenz (Charles Darwin)
- Existentielle Intelligenz (Dalai Lama)

In der Entwicklung seiner Theorie orientierte sich Gardner an verschiedenen Kriterien, beispielsweise der Existenz von Wunderkindern, die als Kinder mit Inselbegabungen oder idiots savants bezeichnet werden. Hierbei handelt es sich um Kinder, die trotz eines niedrigen IQ außergewöhnliche mentale Leistungen erbringen können. Dieser Umstand kann nach Gardner nur dadurch erklärt werden, dass Intelligenz mehr als nur der gemessene IQ ist. Gardner definiert eine eigenständige Intelligenz als eine psychobiologische Fähigkeit, die zur Lösung von Problemen oder zur Gestaltung von Produkten verhilft, die in zumindest einem kulturellen Kontext geschätzt werden (vgl. Gardner 1994).

Die Kritik an Gardners Theorie ist sehr umfassend: Studien zeigen deutlich, dass Zusammenhänge zwischen den einzelnen Faktoren bestehen, die also die Unabhängigkeit widerlegen. Gottfredson (1999) sieht in der Rahmentheorie der Multiplen Intelligenzen letztlich nichts anderes als eine neue Verpackung eines Faktorenmodells der Intelligenz. Zudem fließen in die einzelnen Faktoren Interesse und Motivation, Persönlichkeitsmerkmale, Sozialisationserfahrungen und nicht zuletzt Lernerfahrungen im Sinne des Expertise-Erwerbs ein, die als nicht-intellektuelle Merkmale auszuschließen wären. Einzelne Wissenschaftler werfen Gardner sogar vor, trotz besseren Wissens aufgrund allgemein bekannter wissenschaftlicher Befunde an seiner Theorie festzuhalten und insbesondere im pädagogischen Bereich Verwirrung zu stiften (vgl. Rost 2009).

Emotionale Intelligenz

Goleman (1996) beschreibt die emotionale Intelligenz als Fähigkeit, eigene Gefühle wahrnehmen, differenzieren und regulieren zu können. Dieser allgemeinen Definition sind die vier Kompetenzbereiche Selbstwahrnehmung, Selbststeuerung, soziale Wahrnehmung und Steuerung sozialer Beziehungen zuzuordnen. Bei genauer Betrachtung wird deutlich, dass Goleman im Kern versucht, die Fähigkeit des Denkens und des Reflektierens in den Prozess des Fühlens und der Gefühlsbildung einzubinden und dies als Grundlage für intelligentes und (erfolgreiches) Handeln zu betrachten. Mit diesen Gedanken setzt er eine Verschiedenheit von kognitiver Intelligenz und emotionaler Intelligenz voraus und postuliert ferner, dass erfolgreiche Menschen vor allem emotional intelligent seien: Zwischen Erfolg und Misserfolg unterscheide nach Goleman die emotionale Intelligenz. Wissenschaftlich betrachtet steht keine Studie zur Verfügung, die diese Aussagen unterstützen kann. Auch finden sich keine Studien, die die Struktur der emotionalen Intelligenz bestätigen. Löst man sich von dem Begriff der Intelligenz, so nähern sich die Ausführungen Golemans eher Persönlichkeitsmerkmalen und erfahrungsabhängigen Fertigkeiten, die sich im Sinne sozialer Kompetenz auf die soziale Interaktion beziehen. Die Theorie Golemans verkennt zudem den klaren und stetig replizierten Zusammenhang von Intelligenz und schulischem und beruflichem Erfolg. Zahlreiche wissenschaftliche Studien belegen die Validität der allgemeinen Intelligenz (insbesondere des g-Faktors): »Intelligenz hing und hängt in modernen Gesellschaften hoch positiv und vielfältiger als jedes bislang untersuchte psychologische Merkmal mit unterschiedlichsten externen Kriterien zusammen wie Erfolg in der Schule und Universität, Bewährung in der Ausbildung, berufliches Fortkommen, Einkommen, sozial bedeutsame schöpferische Leistungen, Lebenszufriedenheit etc., kurz mit dem Lebenserfolg in seinen vielfältigen Facetten« (Rost 2009, 198). Insbesondere in schulischer Hinsicht ist von einem engen und klaren Zusammenhang zwischen Schulleistung und Intelligenz zu sprechen.

Merkmale intellektueller Hochbegabung im Vorschulalter

Die theoretischen Ausführungen zur Intelligenz beruhen auf Untersuchungen mittels konstruierter Testaufgaben – wie aber sehen alltägliche Merkmale für eine höhere Intelligenz aus? Berücksichtigt man die obigen Ausführungen, ist offensichtlich, dass persönlichkeitsspezifische, situations- oder erfahrungsabhängige Merkmale aus dem Fokus der Betrachtung fallen müssen. Sie sind eher den Konstrukten der emotionalen oder sozialen Intelligenz zuzuordnen. In erster Linie bezieht sich Begabung auf die kognitiven Fähigkeiten eines Kindes. Grundlage der Begabung ist die Intelligenz, die verschiedene Facetten kognitiver Fähigkeiten umspannt: Wahrnehmung und Organisation von Informationen, Transferdenken und Einsicht. Allgemein steht Intelligenz in diesem Sinne für die Fähigkeit zur Anpassung an die Umwelt wie Gestaltung derselben. Insbesondere für das Vorschulalter ist festzuhalten, dass sich Kinder in unterschiedlicher Geschwindigkeit entwickeln können. Daher ist Begabung besonders in diesem Altersbereich als intellektueller Entwicklungsstand zu verstehen, nicht aber als feststehende, statische Größe, denn es sind durchaus Veränderungen denkbar: Ein Kind kann seinen Vorsprung verlieren, ein anderes kann seinen Rückstand aufholen. Außerdem ist zu berücksichtigen, dass Umweltanteile die beobachtbare Leistung, auf deren Basis ja auf Begabung zurückgeschlossen wird, beeinflussen. Bei Kindern, die in ihrem Umfeld ein sprachlich angereichertes Entfaltungsangebot vorfinden, ist daher Sprache auch besser entwickelt. Grundsätzlich aber ist davon auszugehen, dass eine hohe Begabung bereits in frühen Jahren absehbar und lediglich in ihrem Ausmaß veränderbar ist. Untersuchungen aus dem frühkindlichen Bereich weisen klar daraufhin, dass Kinder, die intensiveres Beobachtungsverhalten, längere Aufmerksamkeitsspannen und schnelleres Erkennen von Mustern zeigen, im Grundschulalter in einem Test höhere Intelligenzquotienten aufweisen.

»Intelligenznahe« Merkmale

Eine Hochbegabung im Kindergartenalter ist grundsätzlich als Entwicklungsvorsprung zu verstehen: Im Kindergarten fallen hochbegabte Kinder dadurch auf, dass sie in ihren kognitiven Fähigkeiten »ihrem Alter voraus sind«. Sie sind meist früher in der Lage, bestimmte Entwicklungsaufgaben zu bewältigen, oder zeigen Leistungen, die über das vergleichbare Altersniveau hinausgehen. Auch können sie Lösungsansätze verfolgen, die nur Kinder höheren Alters denken können. Unter diesen intelligenznahen Eigenschaften sind zum Beispiel Merkfähigkeit, Auffassungsgabe und schlussfolgerndes Denken zu nennen, die mit dem Aufnehmen, Speichern und Verarbeiten von Informationen verknüpft sind. Sie haben primär etwas mit intellektueller Begabung zu tun und sind letztlich aus den genannten Intelligenztheorien entlehnt (vgl. Horsch, Spicher & Müller 2006).

Zu nennen sind eine hohe Merkfähigkeit und ein gutes Gedächtnis, die Grundlagen für Lernen und Transferieren von Informationen sind. Das Erkennen, Ableiten und Übertragen von Systematiken findet sich jeweils im logischen Denken wieder, welches Schlussfolgerungen im Sinne von Transferleistungen ermöglicht. Interagieren diese grundlegenden Fähigkeiten mit Entfaltungsmöglichkeiten, so können sich Besonderheiten in Wortschatz und Sprache ergeben: Der Wortschatz kann altersuntypisch gut sein, die Einbindung seltener Worte gelingt flüssig und auch Syntax und Grammatik sind auffallend gut. Oft finden sich auch besondere Ausprägungen zeichnerischer und künstlerischer Fertigkeiten (differenziertes Malen, Zeichnen und Gestalten). In besonderer Hinsicht können erste Ansätze schulischer Fertigkeiten wie Lesen, Schreiben und Rechnen auftreten. Hierauf wird im folgenden Abschnitt näher eingegangen.

Frühes Lesen, Schreiben und Rechnen als Indikator für eine Hochbegabung

Vielfach findet sich in der Ratgeberliteratur und in Hochbegabungschecklisten der Hinweis, dass hochbegabte Kinder sich das Lesen und Rechnen bereits sehr früh aneignen. Auf den ersten Blick erscheint der Rückschluss von frühen Lese- und Rechenkompetenzen auf eine außergewöhnliche intellektuelle Begabung eines Kindes schlüssig, da es sich – bezogen auf die Altersgruppe – um eher ungewöhnliche Fähigkeiten handelt, insbesondere wenn sie vor dem 5. Lebensjahr beobachtet werden. Empirische Befunde weisen jedoch darauf hin, dass eine differenziertere Betrachtung dieser Thematik notwendig ist, um das frühe Lesen und Rechnen als Indikator für eine mögliche Hochbegabung beurteilen zu können.

Ein entscheidendes Kriterium ist beispielsweise, welches Niveau Kinder in der Beschäftigung mit Zahlen und Buchstaben erreichen. Während viele Kindergartenkinder sich lange Zeit darauf beschränken, das Lesen und Schreiben der Erwachsenen nachzuahmen (»Als-ob-Lesen/Schreiben«), einzelne Buchstaben anhand ihrer figurativen Merkmale (wieder)erkennen und abmalen und mit ihrer Hilfe gesehene Wörter zu erraten suchen, lesen andere bereits automatisiert und sinnerfassend Texte auf dem Niveau eines Zweit- oder Drittklässlers, rechnen ohne Objektbindung und beherrschen bereits die zehnerübergreifende Addition und Subtraktion im Zahlenraum bis 100. Wird von Vorschulkindern aus eigener Motivation ein solch hohes Niveau ohne eine systematische pädagogische Unterweisung erreicht, ist es durchaus ein wichtiger Hinweis auf das Vorliegen einer Hochbegabung. Doch selbst dann ist es »keine generell notwendige und für sich genommen auch keine hinreichende Bedingung« (Häuser & Schaarschmidt 1991, 161).

Die genannten Autoren konnten in ihrer Untersuchung zeigen, dass das Frühlesen und Frührechnen nicht notwendigerweise auf eine Hochbegabung schließen lassen. Interessant scheint aber in diesem Zusammenhang der Trend, dass insbesondere bei den kombinierten Frühlesern und Frührechnern überdurchschnittliche bis weit überdurchschnittliche intellektuelle Fähigkeiten festgestellt wurden, während dies bei Kindern, die jeweils nur früh lesen oder nur früh rechnen konnten, nicht immer der Fall war.

Intelligenztests als Diagnoseinstrument für Hochbegabung

Intelligenztests sind unbestritten das zuverlässigste und objektivste diagnostische Instrument, um die Intelligenz eines Kindes beurteilen zu können. Unter möglichst standardisierten und damit vergleichbaren Bedingungen werden den Kindern verschiedene Aufgaben präsentiert, die dabei helfen sollen, die mentalen Fähigkeiten eines Kindes abzuschätzen. Der konkrete Anlass für eine Intelligenzdiagnostik ist jedoch meistens nicht nur auf die Frage einer möglichst genauen Bestimmung des Intelligenzquotienten (IQ) begrenzt. Vielfach geht es eher um die kategoriale Bewertung der mentalen Fähigkeiten eines Kindes, also um die Einordnung seiner kognitiven Fähigkeiten vor dem Hintergrund anstehender Entscheidungen, zum Beispiel für die Schullaufbahn.

Im weiteren Verlauf des Beitrages sollen daher vor allem die Möglichkeiten und Grenzen intelligenzdiagnostischer Untersuchungen aufgezeigt werden.

Erforderliche Qualifikationen

Intelligenztests sind psychometrische Verfahren, die ein psychologisches Merkmal – die Intelligenz – erfassen und den Untersucher in die Lage versetzen, die Ausprägung des Merkmals beim untersuchten Kind (respektive Erwachsenen) in Relation zu den durchschnittlichen Leistungen der Gleichaltrigen zu setzen. Der psychometrische Ansatz wiederum ist in der sogenannten Differentiellen Psychologie verortet, einer Wissenschaft, die sich mit der Erforschung von Unterschieden zwischen Personen befasst. Die Konstruktion eines soliden Intelligenztests, der dem Anspruch eines wissenschaftlich fundierten, differentialdiagnostischen Verfahrens entspricht, ist ein komplexer Vorgang und erfordert von den Testkonstrukteuren ein umfassendes Fachwissen, insbesondere der differenziellen Kognitionspsychologie, psychometrischer Testtheorien und der Statistik.

Es ist augenscheinlich einfacher, Intelligenztests anzuwenden als sie zu konstruieren, zumal aufgrund des Bestrebens nach möglichst objektiven Durchführungsbedingungen in den Testhandbüchern die Instruktionsgestaltung für den Untersucher meistens detailliert ausgeführt ist – bis hin zu wörtlich vorzulesenden Anweisungen. Eine verantwortungsbewusste Auswertung und vor allem Interpretation der Testergebnisse erfordert – um nur einige Beispiele zu nennen – umfassende Kenntnisse verschiedener Intelligenzmodelle und ihrer Operationalisierung durch Testaufgaben sowie die Fähigkeit, anhand von Gütekriterien der verwendeten Testverfahren die Aussagekraft des Ergebnisses vor dem Hintergrund der spezifischen Fragestellung zu beurteilen. Auch reicht es nicht aus, nur den Gesamtwert eines Testergebnisses bestimmen zu können, sondern der Untersucher muss unterschiedliche Ergebnisprofile interpretieren können und wo nötig weitere diagnostische Untersuchungen einleiten beziehungsweise zumindest die Indikation hierfür erkennen. Darüber hinaus sollten schon allein aus berufsethischen Gründen Eltern, die ihr Kind intelligenzdiagnostisch untersuchen lassen, ein Recht darauf haben, die Ergebnisse sowohl persönlich als auch schriftlich ausführlich erläutert zu bekommen. Hierzu gehören nicht nur eine Darlegung der numerischen Ergebnisse, sondern auch eine Einordnung womöglich divergierender Befunde sowie eine verständliche Beantwortung der zu Beginn des

Diagnostikprozesses aufgeworfenen Frage. Die hierfür notwendigen Qualifikationen sind nur durch eine Ausbildung zum/r Diplom-Psychologen/in (und im Rahmen des Master-Studienganges der Psychologie) gewährleistet.

Vorteile von Intelligenztests

Im Vergleich zu Checklisten (vgl. auch das Interview mit Prof. Perleth in diesem Band sowie Perleth 2009) und sogenannten Schnelltests, die hin und wieder in Zeitschriften, Büchern oder im Internet zu finden sind, sind psychologische Testverfahren zur Erfassung der Intelligenz wissenschaftlich fundiert und unter dem Anspruch einer weitestgehenden Annäherung an Gütekriterien zur Bewertung von Tests konstruiert. Ein Test ist so konstruiert, dass die Ergebnisse unabhängig vom jeweiligen Untersucher sind (Objektivität), zum Beispiel von seinem Verhalten während der Testung. Das Manual gewährleistet, dass die Auswertung der Testergebnisse durch verschiedene Personen zu dem gleichen numerischen Ergebnis führt. Weiterhin garantiert ein nach wissenschaftlichen Standards entwickelter Test, dass er das zu messende Merkmal, die Intelligenz, auch tatsächlich (valide) und möglichst genau (reliabel) misst.

Neben den genannten Gütekriterien gewährleisten standardisierte Normen die Zuverlässigkeit der Aussagen von Intelligenztests. Diese Standardisierung bezüglich der Vergleichsgruppe ermöglicht überhaupt erst eine faire Beurteilung der Leistung eines einzelnen Kindes.

Aus verschiedenen Gründen lässt sich der Intelligenzwert einer Person nicht punktgenau bestimmen, und es muss daher immer von einer gewissen Messungenauigkeit eines Intelligenztestes ausgegangen werden (vgl. hierzu ausführlicher Holling, Preckel & Vock 2004). Der »wahre Wert« einer Person kann daher nur mittels statistischer Berechnungen geschätzt werden. Solide Intelligenztests geben daher sogenannte Vertrauensintervalle an, die – je nach gewünschter statistischer Absicherung – einen Bereich angeben, in dem sich der »wahre« IQ-Wert einer Person befindet. Ein Beispiel: Ein Kind hat im IQ-Test X das Ergebnis von IQ=115 erzielt. Der »wahre« Wert des Kindes läge bei dem verwendeten Verfahren mit einer Irrtumswahrscheinlichkeit von nur fünf Prozent zwischen IQ=108 und IQ=122. Aus diesem Grund ist es im Übrigen auch nicht sinnvoll, für Entscheidungen, die weitreichend in das weitere Leben eines Kindes eingreifen, an starren Grenzwerten bei der Zuordnung zu Begabungsgruppen festzuhalten. Der Unterschied in den kognitiven Fähigkeiten zwischen zwei Kindern, die in einem Intelligenztest mit einem Ergebnis von IQ=128 und IQ=131 abschneiden, ist statistisch nicht so relevant, dass er eine Ungleichbehandlung rechtfertigen würde.

Pädagogen (Lehrer wie Erzieher) tun sich in der Regel schwer damit, die kognitiven Fähigkeiten eines Kindes unabhängig von seinen schulischen Leistungen zu beurteilen (vgl. Baudson 2009). Preckel führt deshalb zu recht einen weiteren entscheidenden Vorteil von Intelligenztests ins Feld: »Intelligenztestverfahren richten sich auf eine Messung von Fähigkeitspotentialen und eignen sich daher zur Entdeckung von Underachievern, also Personen, die bei hoher Begabung keine entsprechenden (Schul-)Leistungen zeigen ... und zur Entdeckung von Hochbegabten mit Lernschwächen...« (Preckel 2003, 40). Auch wenn im Vorschulalter Leistungsaspekte weniger im Fokus der Beobachtung von Eltern und Erzieherinnen stehen, kommt es doch vor, dass bei einem Kind in verschiedenen sozialen Kontexten ganz unterschiedliche

Beobachtungen gemacht werden und zu einer Unsicherheit hinsichtlich der Beurteilung seiner kognitiven Leistungsvoraussetzungen führen. Eine Antwort darauf kann insbesondere bei der Frage nach dem geeigneten Einschulungszeitpunkt relevant sein.

Einschränkungen von Intelligenztests

Allgemeingültige Einschränkungen von Intelligenztests

Im Vergleich zu Methoden der pädagogischen Diagnostik, die in der Regel auf eine Beobachtung und Dokumentation von kindlichen Entwicklungsverläufen angelegt sind, können mit Intelligenztests nur Aussagen darüber gemacht werden, über welche mentalen Fähigkeiten ein Kind im Vergleich zu den Gleichaltrigen zum Testzeitpunkt verfügt. Zunächst erlaubt also ein Intelligenztest vor allem Aussagen zum aktuellen kognitiven Entwicklungsstand eines Kindes (Statusdiagnostik). Es können anhand einer Einmaltestung keine Aussagen zu Entwicklungsverläufen gemacht werden. Die prognostische Aussagekraft des Testergebnisses für den weiteren Entwicklungsverlauf ist von verschiedenen Faktoren abhängig, insbesondere auch vom Alter des Kindes zum Testzeitpunkt (darauf wird unten noch näher eingegangen).

Immer wieder wundern sich Eltern, die ihr Kind mehrfach einer testpsychologischen Untersuchung unterziehen, dass das Kind in verschiedenen Tests unterschiedliche Ergebnisse aufweist. Dass dieses Phänomen nicht nur auf eine eingeschränkte Stabilität des Merkmals Intelligenz im Entwicklungsverlauf von Kindern zurückzuführen ist, führt Preckel (2003) aus. Sie weist darauf hin, dass unterschiedliche Retest-Reliabilitäten selbst bei der Verwendung gleicher Tests zu unterschiedlichen Ergebnissen führen können. Weiterhin führt sie an, dass den Tests verschiedene Intelligenzdefinitionen zugrunde liegen. Diese wiederum beeinflussen bei der Testkonstruktion die Auswahl der Aufgaben. Daher bildet jeder Intelligenztest nur einen bestimmten Leistungsausschnitt ab. Da selbst die wenigsten hochbegabten Kinder und Jugendlichen in allen Leistungsbereichen über die gleichgroße weit überdurchschnittliche Leistungsfähigkeit verfügen, können schließlich in einem Test Ergebnisse im Bereich intellektueller Hochbegabung auftreten, in einem anderen aber nicht.

Einschränkungen von Intelligenztests in Bezug auf die Diagnostik von Hochbegabung

In Bezug auf die Diagnostik intellektueller Hochbegabung ergeben sich bei vielen Testverfahren weitere Einschränkungen, die vom Untersucher zu berücksichtigen sind. So wurden in der Vergangenheit Testverfahren zur Messung der kognitiven Fähigkeiten in der Regel mit dem Ziel entwickelt, Kinder mit Lernschwierigkeiten zu identifizieren und Entscheidungen zum weiteren Besuch der Regelschule vs. zur Eingliederung in eine Sonderschule treffen oder spezifische Fördermaßnahmen in die Wege leiten zu können. Daher messen die meisten Intelligenztests für das Kindesalter im Bereich der durchschnittlichen Begabung ($85 < IQ < 115$, lies: IQ größer 85 und kleiner 115) am genauesten. Der Grund hierfür liegt darin, dass die Tests über viele Aufgaben mit einem mittleren Schwierigkeitsgrad aber nur über wenige Aufgaben mit hohem Schwierigkeitsgrad verfügen.

Das wiederum führt dazu, dass zwischen Kindern mit überdurchschnittlichen und weit überdurchschnittlichen Fähigkeiten nur unzulänglich unterschieden werden kann. In der Konsequenz kann es passieren, dass Kinder fälschlicherweise als hochbegabt identifiziert werden.

Auch veraltete Vergleichsnormen in den Tests sind eine Ursache für mögliche Fehler in der Identifizierung von Hochbegabten. In den vergangenen Jahrzehnten, insbesondere zwischen den 1950er und 1990er Jahren ist die durchschnittliche Intelligenztestleistung der Bevölkerung in westlichen Industriestaaten, aber auch in sogenannten »Dritte Welt«-Ländern, angestiegen (Flynn-Effekt). Hierfür werden unterschiedliche Ursachen diskutiert, die an dieser Stelle nicht weiter ausgeführt werden können. Auch ist bei neueren Normierungen aufgefallen, dass dieser Trend stagniert, doch sind die empirischen Befunde hierzu noch nicht eindeutig.

Für den Fall, dass bei einem konstanten Flynn-Effekt veraltete Testverfahren verwendet werden, sind die IQ-Messungen mit zusätzlichen Messfehlern behaftet. Der durchschnittliche IQ-Zuwachs wird in unterschiedlichen Quellen mit ungefähr 5 IQ-Punkten in 10 Jahren angegeben (vgl. Rost 2009; Preckel & Brüll 2008). Werden Tests verwendet, die nicht über aktuelle Normen verfügen, werden die Leistungen der getesteten Kinder demnach überschätzt. Das bedeutet, dass ein Teil der Kinder, die als hochbegabt identifiziert werden, gar nicht hochbegabt ist.

Abschließend sei betont, dass die angeführten Einschränkungen von Intelligenztests keineswegs Anlass geben sollten, Intelligenztests grundsätzlich als zuverlässiges Diagnostikum infrage zu stellen. Eher sollen sie als weitere Argumente für die Relevanz fundierter Kenntnisse zur Anwendung von Tests und Interpretation von Testbefunden gelten.

Intelligenzdiagnostik bei Kindern im Vorschulalter

Besonderheiten bei der Testdurchführung

Eines soll den Ausführungen in diesem Abschnitt vorangestellt sein: Immer wieder sind von Seiten der erwachsenen Bezugspersonen, Eltern wie Erzieherinnen oder Lehrern, Bedenken gegen Intelligenztests zu hören. Man solle den Kindern diese Prozedur möglichst ersparen, heißt es. Erfahrungsgemäß spiegeln sich in diesen Bedenken eher die Ängste der Erwachsenen vor subjektiv nicht kontrollierbaren Bewertungssituationen wider, wie sie ein Intelligenztest aufgrund der Unbekanntheit der Anforderungen auslöst. Vermeidet man jedoch, Kinder unnötig unter Leistungsdruck zu setzen, und stellt sie vielmehr darauf ein, dass sie bei Rätselaufgaben dem Untersucher zeigen können, was sie alles bereits können und gelernt haben, und macht man ihnen von Anfang an transparent, dass es leichte und schwere Aufgaben geben wird und dass es nur darum gehe, herauszufinden, wie schwer die Aufgaben sein dürfen, damit sie sie selbst lösen können, nehmen Kinder die Situation sportlich-ehrgeizig und haben in der Regel auch Spaß mit den für sie spannenden Aufgaben. Entscheidend ist daher, wie man Kinder auf eine Testung vorbereitet.

Rein formal ist es möglich, bei Kindern ab einem Alter von zweieinhalb Jahren Intelligenztests durchzuführen, da entsprechende Tests vorliegen. Kinder im Kindergartenalter gelten dennoch als eingeschränkt testfähig. Das liegt insbesondere daran, dass sie aufgrund altersbedingt ein-

geschränkter Konzentrationsfähigkeit, Ausdauer und emotionaler Selbstregulationsfähigkeit nur eine begrenzte Zeit in der Lage sind, ihre volle kognitive Leistungsfähigkeit abzurufen. Weitere Schwierigkeiten entstehen teils durch eine schwankende Motivation und damit Bereitschaft zur Mitarbeit, teils durch die eingeschränkte Fähigkeit, sich für die Dauer der Testung von den Eltern oder anderen vertrauten Bezugspersonen zu trennen. Alle genannten Gründe lassen eine testpsychologische Untersuchung mit einem Kindergartenkind für den Untersucher zu einer anspruchsvollen Aufgabe werden. Er sollte daher besonders erfahren in der Anwendung der relevanten Testverfahren sein, um sich mit seiner ganzen Aufmerksamkeit dem Kind zuwenden zu können. Einem guten Kontakt zwischen Kind und Untersucher kommt bei Kindergartenkindern eine besondere Rolle zu. Der Untersucher sollte sich daher unbedingt vor der eigentlichen Untersuchung Zeit nehmen, das Kind kennenzulernen und dem Kind die Gelegenheit geben, Vertrauen zu ihm zu fassen (vgl. auch Spahn & Mahn 2009).

Intelligenztests sollten nie zum Selbstzweck durchgeführt werden, sondern immer nur im Kontext einer spezifischen Fragestellung. Dieser Grundsatz gilt vor allem für sehr junge Kinder. Die meisten Fragen von Eltern und Erzieherinnen zur Förderung eines Kindergartenkindes lassen sich auch ohne einen Intelligenztest beantworten. Tatsächlich relevant wird eine Bestimmung der Intelligenz eines Kindes frühestens im Zusammenhang mit der Frage nach dem Einschulungszeitpunkt. Daher sollte die testpsychologische Untersuchung möglichst bis zur Vollendung des fünften Lebensjahres, mindestens aber bis zu einem Alter von viereinhalb Jahren hinausgezögert werden.

In dieser Altersgruppe kommt den qualitativen Verhaltensbeobachtungen eine ebenso große Bedeutung zu wie den numerischen Testergebnissen, daher sollte der Untersucher seine Beobachtungen zum Verhalten des Kindes gut dokumentieren. Insbesondere im Kontext von Einschulungsentscheidungen sind Aussagen in Bezug auf Aufmerksamkeit, Konzentration und Ausdauer, aber auch Frustrationstoleranz, Umgang mit Misserfolg, die Fähigkeit zum Belohnungsaufschub und zu Selbstständigkeit in der Bearbeitung der Aufgaben von großer Bedeutung für die Beantwortung der Frage, ob ein Kind hinsichtlich seiner kognitiven Leistungsfähigkeit und seines Arbeitsverhaltens als schulfähig beurteilt werden kann. Zudem lohnt es sich – abweichend von der vorgegebenen Testinstruktion – das Kind auch hin und wieder zu fragen, wie es auf eine Lösung gekommen ist. Daraus ergeben sich oft erstaunliche, nicht messbare Erkenntnisse zur Analogie- und Abstraktionsfähigkeit von Kindern.

Der 5½ Jahre alte M. sollte die Frage beantworten, wie viel Platz in einem einen Meter breiten Bücherregal frei bliebe, wenn er zwei Stapel Bücher einräumt, die jeweils 45 cm Platz benötigen. Ohne Bedenkzeit nannte er die richtige Lösung. Auf die Nachfrage, wie er das gerechnet habe, sagte er: »Ist doch ganz einfach [sic!]! Ich weiß, dass ein Fußballspiel aus zwei Halbzeiten besteht, von denen jede 45 Minuten dauert. Das ganze Fußballspiel dauert 90 Minuten. Und von der 90 zur 100 sind es 10!«

Intelligenztests für das Vorschulalter

Für das Vorschulalter gibt es eine Reihe von Testverfahren, die den beschriebenen Gütekriterien genügen und eine Messung der mentalen Fähigkeiten eines Kindes erlauben. Die am häufigsten verwendeten Verfahren sind sicherlich die Kaufman-Assessment Battery for Children (K-ABC), der Grundintelligenztest Skala 1 (CFT 1), der Raven-Matrizentest (CPM) und der Hamburg-Wechsler-Intelligenztest für das Vorschulalter (HAWIVA-III). Der Bildbasierte Intelligenztest für das Vorschulalter (BIVA) und der Snijders-Oomen-Non-verbale Intelligenztest (SON 2½ – 7) sind in der Regel auch bekannt, aber seltener in der Anwendung.[35]

Es wurde bereits ausgeführt, dass sich Intelligenztests durch die zugrundeliegende Intelligenztheorie unterscheiden, die Einfluss auf die Aufgabengestaltung nimmt. In der Konsequenz lassen sich die Verfahren danach kategorisieren, ob sie eine einzelne oder mehrere, verschiedene Intelligenzdimensionen erfassen. Obwohl also am Ende immer ein IQ bestimmt werden kann und durch diese einheitliche Bezeichnung des Ergebnisses suggeriert wird, dass jeder Test die gleichen Fähigkeiten erfasst, bestehen doch deutliche Unterschiede. So erfassen beispielsweise der CFT 1 und der CPM jeweils nur die fluide Intelligenz (vgl. Abschnitt zu fluider und kristalliner Intelligenz weiter oben). Dahingegen lässt sich mit dem HAWIVA oder der K-ABC ein breiteres Spektrum an intellektuellen Fähigkeiten erfassen. Diese mehrdimensionalen Fähigkeitstests erlauben am Ende eine Art Profilerstellung mit Aussagen zur Merkfähigkeit, zur sprachlichen, nonverbalen und numerischen Intelligenz.

35 Es wird an dieser Stelle darauf verzichtet, einzelne Intelligenztests detailliert vorzustellen und auf ihre jeweiligen Vor- und Nachteile einzugehen. Die am häufigsten verwendeten Verfahren finden interessierte Leser bei Holling, Preckel & Vock (2004) oder bei Preckel & Brüll (2008). Eine fast vollständige Darstellung aller Intelligenztestverfahren findet sich im Brickenkamp-Testhandbuch (Brähler, Holling, Leutner & Petermann 2002).

Diese Unterschiede zwischen den Verfahren sind für die Interpretation von Testwerten bedeutsam. Ein Kind als hochbegabt zu identifizieren, beziehungsweise eine entsprechende Diagnose zu stellen, hat in der Regel weitreichende Konsequenzen für das Kind hinsichtlich der Erwartungen, die sich an es richten. Daher sollte sich die Diagnose nicht nur auf das Ergebnis in einem eindimensionalen Test stützen. Vielmehr wird empfohlen, mindestens zwei Testverfahren durchzuführen (durchaus vom gleichen Untersucher), wovon mindestens eines ein mehrdimensionales sein sollte. Die Verwendung von zwei Testverfahren erhöht nicht nur die interpretative Aussagekraft der Ergebnisse, sondern reduziert auch die Messfehlerspanne (Ziegler 2004).

Der Nutzen von Intelligenztests ist abhängig von ihrer sachgerechten und reflektierten Anwendung. Es ist weder sinnvoll, sie bei komplexen Entscheidungsprozessen, wie Schullaufbahnempfehlungen oder Zuweisungen zu pädagogischen Fördermaßnahmen als alleiniges Diagnostikum einzusetzen noch sie ohne konkreten Anlass anzuwenden. Preckel fordert in diesem Zusammenhang, dass nicht die »Verfügbarkeit bestimmter Testverfahren, wie in der Praxis häufig üblich« (Preckel 2003, 41) über die Frage entscheidet, welcher Test verwendet wird, sondern das zugrundeliegende Verständnis von Hochbegabung und die konkrete diagnostische Fragestellung.

Prognostische Aussagekraft und Stabilität von Intelligenzkennwerten im Vorschulalter

Es wurde bereits darauf eingegangen, dass die Durchführung von Intelligenztests bei Kindergartenkindern für den Untersucher besondere Herausforderungen mit sich bringen kann. Im Folgenden soll ausgeführt werden, warum die bei Kindergartenkindern erhobenen IQ-Werte nur eingeschränkt von Nutzen sind, wenn man die weitere kognitive Entwicklung des Kindes langfristig (etwa bis ins Jugendalter) vorhersagen möchte. Hierzu muss noch einmal in Erinnerung gerufen werden, dass die Konvention, ab einem IQ von 130 und höher vom Vorliegen einer Hochbegabung zu sprechen, immer auf einen Vergleich der mentalen Fähigkeiten eines einzelnen Kindes mit denen einer repräsentativen Gruppe der Gleichaltrigen angewiesen ist. Natürlich bleibt deshalb die Intelligenz des einen Kindes nicht gleich und es verfügt im Alter von 8 Jahren über weiter entwickelte kognitive Fähigkeiten als im Alter von 4 Jahren. Bei der Frage nach der prognostischen Aussagekraft von Intelligenztests interessiert jedoch, ob der Platz des untersuchten Kindes in der Rangfolge seiner Altersgruppe annähernd gleich bleibt, ob es also im Alter von 4 und von 8 Jahren zu den zwei Prozent leistungsstärksten seiner Altersgruppe gehört.

Die Stabilität der Intelligenz wird in der Regel so berechnet, dass sogenannte Korrelationen zwischen IQ-Werten bestimmt werden, die zu unterschiedlichen Zeitpunkten erhoben wurden. Fallen die Korrelationen hoch aus, spricht man von Stabilität. Je jünger ein Kind ist, desto geringer hängt der gemessene IQ mit dem IQ im späten Jugendalter zusammen. Erst ab dem Alter von drei Jahren lassen sich moderate Korrelationen zum IQ im Schulalter finden. Jedoch erst ab dem Grundschulalter sind die Korrelationen so hoch, dass man die weitere Intelligenzentwicklung zuverlässig vorhersagen kann. Das hat unterschiedliche Gründe. Zum einen unterscheiden sich die Intelligenztests, die im Schulalter eingesetzt werden stark von den Entwicklungstests für das Kleinkindalter. Letztere messen vorwiegend visuelle und auditive Wahrnehmungsfähigkeiten sowie motorische und visuo-motorische Fähigkeiten und weniger das logisch-schlussfolgernde Denken oder die Verarbeitungsgeschwindigkeit. Zum anderen sei noch einmal daran erinnert, dass jede Testung mit einem Messfehler behaftet ist und daher selbst bei der Anwendung desselben Testverfahrens Schwankungen im Ergebnis zu erwarten sind. Daher werden in Korrelationsstudien auch nur Schwankungen einbezogen, die von den ohnehin zu erwartenden Differenzen bedeutsam abweichen. Darüber hinaus unterliegt die Intelligenzentwicklung in sehr jungen Jahren noch größeren Schwankungen (der Volksmund spricht von Entwicklungsschüben). Daher ist zum Beispiel nicht zuverlässig vorhersagbar, dass ein Kind, das im Alter von 20 Monaten über einen weit überdurchschnittlich entwickelten aktiven und passiven Wortschatz verfügt, auch noch im Alter von 6 Jahren über den gleichen Entwicklungsvorsprung gegenüber den Gleichaltrigen verfügt.

Dennoch müssen zu zwei verschiedenen Zeitpunkten erhobene Intelligenztestergebnisse, die voneinander abweichen, im individuellen Falle genauer betrachtet werden, bevor sie als Indiz gewertet werden, dass ein Kind nicht mehr zu den besonders Begabten seiner Altersgruppe gehört. Bjorklund und Schneider (2006) weisen darauf hin, dass gerade im Bereich hoher IQ-Werte Schwankungen im absoluten IQ-Niveau wenig Auswirkung auf die Position in der Rangreihe der Gleichaltrigen haben. Zwischen einem IQ=160 und einem IQ=120 liegen zum Beispiel absolut betrachtet beeindruckende 40 IQ-Punkte, die von einem Laien zunächst im Sinne eines deutlichen Verlustes interpretiert werden. Der Unterschied im Rangplatz fällt jedoch im Vergleich deutlich geringer aus, da das eine Ergebnis (IQ=160) einem Prozentrang 99 und das andere einem Prozentrang 90 entspricht. Von 100 Kindern in dieser Altersgruppe zeigen zu beiden Testzeitpunkten nur ein bis zehn andere Kinder eine vergleichbare oder bessere Leistung in diesem Intelligenztest.

Rost (2009) weist darüber hinaus darauf hin, dass unterschiedliche Ergebnisse bei zwei oder drei verwendeten Testverfahren per se noch nicht das Vorliegen einer Hochbegabung ausschließen müssen. Tatsächlich ist es so, dass der »Gesamt-IQ« eines Kindes sich dann nicht aus dem arithmetischen Mittel der Einzelergebnisse ergibt, sondern ein »integrierter« IQ berechnet werden kann, der bei positiven Interkorrelationen der Tests und jeweils überdurchschnittlichen Testergebnissen stets höher ausfällt als der Durchschnittswert (Hanses & Rost 1998, zitiert nach Rost 2009).[36] Dies liegt daran, dass die Wahrscheinlichkeit, in zwei verschiedenen Intelligenztests überdurchschnittlich abzuschneiden eher gering ist.

Abschließend sei noch auf die vielfältigen Studien hingewiesen, die gezeigt haben, dass sich Intelligenz nicht durch Trainings erlernen lässt (vgl. hierzu Rost 2009). Die Ausformung der Intelligenz im Verlaufe der Entwicklung eines Kindes ist natürlich durch die Anregungen, die es durch seine familiäre und außerfamiliäre Umwelt erhält, beeinflusst. Durch Trainingsprogramme zur Steigerung des Intelligenzniveaus lassen sich aber darüber hinaus weder nennenswerte noch nachhaltige Erfolge erzielen.[37] Das wiederum kann als Beleg dafür gelten, dass eine intellektuelle Hochbegabung nicht antrainierbar ist. Vielmehr scheint es so zu sein, dass begabte Kinder mit zunehmendem Alter ihre Lernumwelt selbst aktiv ihren Fähigkeiten anpassen

36 Rost (2009) führt ein Beispiel an, bei dem ein Schüler zwei Intelligenztests gemacht hat und in einem einen IQ von 120 und in einem weiteren einen IQ von 125 erzielt hat. Die beiden Tests korrelieren zu r=.35. Daraus lässt sich ein »integrierter« IQ von 131 errechnen.

37 Rost zitiert eine Studie, in deren Rahmen selbst nach jahrelanger, täglich mehrstündiger Förderung benachteiligter Kinder der durchschnittliche IQ lediglich um fünf Punkte gesteigert werden konnte (Rost 2009, 251f.).

– vorausgesetzt, sie verfügen über die erzieherischen Freiheiten hierfür. Sie wählen ihre Freizeitaktivitäten und Freundschaften so aus, dass sie intellektuell gefordert sind – die Kinder übernehmen damit Verantwortung für ihre eigene Entwicklung.

Literatur

Baudson, T. G. (2009). Nomination von Schülerinnen und Schülern für Begabtenfördermaßnahmen. In F. Preckel, W. Schneider & H. Holling (Hrsg.), Diagnostik von Hochbegabung (S. 89-117). Göttingen: Hogrefe.

Bjorklund, D. F. & Schneider, W. (2006). Ursprung, Veränderung und Stabilität der Intelligenz im Kindesalter: Entwicklungspsychologische Perspektiven. In W. Schneider & B. Sodian (Hrsg.), Kognitive Entwicklung (S. 770-824). Göttingen: Hogrefe.

Brähler, E., Holling, H., Leutner, D. & Petermann, F. (Hrsg.) (2002). Brickenkamp Handbuch psychologischer und pädagogischer Tests 3., vollst. überarb. u. erw. Aufl., Bde. 1-2. Göttingen: Hogrefe.

Gardner, H. (1994). Abschied vom IQ. Die Rahmen-Theorie der vielfachen Intelligenzen. Stuttgart: Klett-Cotta.

Gardner, H. (1999). Vielerlei Intelligenzen. Spektrum der Wissenschaft, Spezial 3/1999, 18-23.

Gottfredson, L. (1999). Generalfaktor der Intelligenz. Spektrum der Wissenschaft, Spezial 3/1999, 24-30.

Grabowski, J. (1999). Von Tests zu Intelligenzmodellen. Spektrum der Wissenschaft, Spezial 3/1999, 36-38.

Goleman, D. (1996). Emotionale Intelligenz. München: Hanser.

Häuser, D. & Schaarschmidt, U. (1991). Begabungsentwicklung: Erste Ergebnisse einer entwicklungspsychologischen Untersuchung an lesenden und rechnenden Vorschulkindern. In F. J. Mönks & G. Lehwald (Hrsg.), Neugier, Erkundung und Begabung bei Kleinkindern (S. 145-162). München: Reinhardt.

Holling, H. & Kanning, U. P. (1999). Hochbegabung. Forschungsergebnisse und Fördermöglichkeiten. Göttingen: Hogrefe.

Holling, H., Preckel, F. & Vock, M. (2004). Intelligenzdiagnostik. Göttingen: Hogrefe.

Horsch, H., Müller, G. & Spicher, H.-J. (2006). Hochbegabt und trotzdem glücklich. Ratingen: Oberstebrink.

Jäger, A. O. (1984). Intelligenzstrukturforschung. Konkurrierende Modelle, neue Entwicklungen, Perspektiven. Psychologische Rundschau, 35, 21-35.

Perleth, C. (2009). Checklisten in der Hochbegabtendiagnostik. In F. Preckel, W. Schneider & H. Holling (Hrsg.), Diagnostik von Hochbegabung (S. 65-88). Göttingen: Hogrefe.

Preckel, F. (2003). Diagnostik intellektueller Hochbegabung. Testentwicklung zur Erfassung der fluiden Intelligenz. Göttingen: Hogrefe.

Preckel, F. & Brüll, M. (2008). Intelligenztests. München: Reinhardt UTB.

Rost, D. (2009). Intelligenz. Fakten und Mythen. Weinheim: Beltz PVU.

Rost, D. & Hanses, P. (1994). Besonders begabt, besonders glücklich, besonders zufrieden? (Berichte aus dem Fachbereich Psychologie der Philipps-Universität Marburg/Lahn, Nr. 112). Marburg: Philipps-Universität.

Spahn, B. & Mahn, A. (2009). Möglichkeiten und Grenzen von Hochbegabungsdiagnostik im Vorschulalter. In H. Seibt & P. Nagel (Hrsg.), Praxis der Arbeit mit Hochbegabten (S. 7-12). Münster: LIT.

Wechsler, D. (1964). Die Messung zur Intelligenz Erwachsener. Textband zum Hamburg-Wechsler-Intelligenztest für Erwachsene (HAWIE). Stuttgart: Huber.

Ziegler, A. (2004). Stabilität von Intelligenz und Hochbegabung im Vorschulalter. LVH aktuell, 13, 3-8.

Elterncheckliisten richtig gewichten

Prof. Dr. Christoph Perleth, Pädagogischer Psychologe, im Gespräch

Professor Perleth, Checklisten für Eltern und Pädagogen zum Identifizieren hochbegabter Kinder sind sehr beliebt. Wie zuverlässig können Elterncheckliisten helfen, zwischen hochbegabten und nicht hochbegabten Kindern zu unterscheiden?

Nun, grundsätzlich sind Informationen, die in der Beratung von den Eltern gegeben werden, für den Beratungsprozess unverzichtbar. Jeder verantwortliche Berater – ich meine hier natürlich Beraterinnen immer mit – begeht geradezu einen Kunstfehler, wenn er Berichte der Eltern über die Entwicklung und Leistungen ihres Kindes ignoriert oder hierzu gar nicht erst nachfragt. Man kann sich einerseits ohne die Informationen der Eltern in vielen Fällen kein vernünftiges Bild der Lage von hochbegabten Kindern oder Jugendlichen machen. Andererseits wissen wir beispielsweise aus Forschungen an unserer und anderen Beratungsstellen, dass in der Regel mit Hilfe des Elternurteils allein noch nicht die Diagnose gestellt werden kann, ob ein Kind hochbegabt ist oder nicht. Auch wenn man, wie wir, den Eltern einen ausführlichen Fragebogen mit mehreren Dutzend Fragen vorgibt, finden sich kaum Zusammenhänge zwischen den Angaben der Eltern und der psychologischen Begabungsdiagnose.

Die üblichen Checklisten haben also nur einen sehr eingeschränkten diagnostischen Wert. Vielfach wird nach Dingen in Bereichen gefragt, in denen Eltern gar keinen Vergleich etwa mit Alterskameraden ihres Kindes haben. Andere klassische Checklisten-Fragen hängen entgegen der landläufigen Meinung mit Hochbegabung offenbar gar nicht zusammen.

Im Gegensatz zu den Eltern haben Erzieherinnen und Lehrer den Vergleich mit vielen gleichaltrigen Kindern. Ist ihr Urteil anhand von Checklisten daher auch zuverlässiger?

Zum Teil scheint sich hier nach der Befundlage tatsächlich ein etwas optimistischeres Bild zu ergeben. Wie Sie richtig erwähnen, haben Lehrkräfte vor allem bessere Vergleichsmöglichkeiten, wenn sie Besonderheiten im Verhalten von Kindern und Jugendlichen einschätzen. Andererseits kann auch das Urteil von Lehrkräften oder Erzieherinnen nur im Sinne einer groben diagnostischen Orientierung genutzt werden, eine solide psychologische Diagnostik wird also auch durch intensive Lehrerbefragung nicht überflüssig. Ein besonderes Problem ergibt sich beim Lehrerurteil dadurch, dass Lehrkräfte zwar ganz gut die Leistung von Schülern beschreiben und beurteilen können, nicht aber die Begabung, die – natürlich neben weiteren Leistungsbedingungen – den Leistungen zugrundeliegt. Daher haben Lehrkräfte einen speziellen schwarzen Fleck bei der Beurteilung sogenannter Underachiever, das sind Schüler, die Schulleistungen erzielen, die deutlich schwächer ausfallen, als man es aufgrund ihrer hohen Begabung erwarten würde.

Worin genau besteht nun das Problem der Checklisten? Warum ist ihr Nutzen so gering?

Das ist eine recht komplexe Frage, die ich nur schlaglichtartig beantworten kann. Zum einen wird häufig zu abstrakt und allgemein gefragt. Es wäre im Gegenteil wichtig, in den Checklisten möglichst nach konkreten, beobachtbaren Verhaltensweisen zu fragen. Fragen wir etwa eine Lehrkraft, ob ein bestimmtes Kind hochbegabt sei, so wird dieses Urteil meist mit der Leistung des Kindes, nicht aber mit seiner Begabung zusammenhängen. Mit Blick auf die vorhin erwähnten Underachiever macht es keinen Sinn, eine Lehrkraft zu fragen, ob trotz mäßiger Leistung eine Hochbegabung vermutet wird. Man müsste eher fragen, ob der betreffende Schüler, auch wenn er im Unterricht völlig abwesend erscheint, überraschend aufgerufen, doch meist die richtige Antwort parat hat.

Aber auch wenn Lehrkräfte, Erzieherinnen oder Eltern gut beobachtbare Verhaltensweisen beurteilen, müssen diese wiederum im Einzelfall nicht immer auf eine hohe Begabung hinweisen. Das liegt daran, dass es keine eineindeutigen Beziehungen zwischen zugrunde liegender Begabung und beobachtbarem Verhalten gibt.

Schließlich werden Urteile auch von der Motivation des Beurteilers beeinflusst. So orientieren sich Eltern bisweilen an der Berichterstattung in der Tagespresse oder an Fundstellen im Internet, wenn Sie einen Fragebogen zum eigenen Kind bearbeiten und füllen diesen im Sinne einer Hochbegabung aus.

Sind alle Merkmale in diesen Checklisten unbrauchbar, um eine Hochbegabung vermuten zu können?

Bei unseren Forschungen zeigte sich, dass man da sehr wohl differenzieren muss. Während Fragen nach dem Schlafverhalten oder auch zu sozialen Besonderheiten mit den diagnostischen Befunden in keinem erkennbaren Zusammenhang standen, gab es durchaus interessante Zusammenhänge etwa zwischen sprachlichen Merkmalen, die die Eltern eingeschätzt hatten, und der sprachlichen Intelligenz und Begabung.

Grundsätzlich fanden sich stärkere Übereinstimmungen in Intelligenzbereichen, wo die bisherigen Lernerfahrungen der Kinder und Jugendlichen eine größere Rolle spielten. In der Fachsprache bezeichnet man diese Bereiche manchmal als »kristallisierte Intelligenz«. Weniger deutlich waren die Zusammenhänge im abstrakten oder formallogischen Denken, also bei Intelligenzdimensionen, die nicht so gut mit bestimmten Merkmalen des Sprachverhaltens, der Rechenfähigkeiten oder mit anderen konkret beobachtbaren Verhaltensweisen beschrieben werden können.

Welche Empfehlungen würden Sie für den Umgang mit Checklisten geben?

Man sollte vor allem Fragen verwenden, die sich auf konkretes, beobachtbares Verhalten beziehen. Wenn dieses Verhalten von den Eltern im Vergleich mit anderen Kindern eingeschätzt werden kann, umso besser. Merkmale der sprachlichen Entwicklung des Kindes, die die Eltern mit anderen Kindern auf dem Spielplatz, bei der Geburtstagsparty oder einfach beim gemeinsamen Spielen gut beobachten und beurteilen können, wären solche Punkte. Wichtig fände ich aber vor allem, dass den Eltern etwa in der Einleitung oder einem Begleittext vermittelt wird, dass es darum geht, auf mögliche Hinweise für eine besondere Begabung zu achten, denen dann aber Fachleute mit ihren professionellen diagnostischen Methoden nachgehen müssen. In der diagnostischen Fachsprache würde man sagen, dass das Elternurteil zur Generierung diagnostischer Hypothesen nützlich ist, nicht aber zu deren Entscheidung. Mit anderen Worten: Ein diagnostisches Urteil kann man nicht auf Elternchecklisten stützen – aber Hinweise darauf, was untersucht werden sollte, liefern sie schon.

Herausforderungen für eine chancengerechte Identifikation Hochbegabter

Christine Koop · Wenke Röseler

Die Identifikation hochbegabter Kinder ist im besten Fall ein prozesshaftes Geschehen, bei dem Eltern, Pädagogen und weitere Experten zum Wohle des Kindes mit dem Ziel zusammenwirken, die Potentiale des Kindes zu erkennen und anschließend darauf abgestimmte Fördermöglichkeiten zur Verfügung zu stellen. Was zunächst sehr einfach klingt, entpuppt sich bei genauerer Betrachtung als komplexe Herausforderung, die durch zahlreiche Faktoren beeinflusst wird. Häufig besteht schon die erste Schwierigkeit darin, sich unter den beteiligten Personen auf ein gemeinsames Verständnis des Konstruktes »Hochbegabung« zu verständigen. Darüber hinaus erschweren es bestimmte Merkmale von Kindern und deren Familien, dass die besonderen Talente oder Begabungen eines Kindes oder Jugendlichen überhaupt erkannt werden. Dazu zählen vor allem folgende vier Charakteristika, die zum Teil miteinander einhergehen können: ein niedriger sozioökonomischer Status, die Zugehörigkeit zu einer ethnischen Minderheit, das Geschlecht sowie erwartungswidrige Minderleistungen (Underachievement). Im Folgenden werden Befunde und theoretische Überlegungen zu den ersten drei Merkmalen ausgeführt; dem Underachievement ist in diesem Band ein eigenes Kapitel von Müller gewidmet (»Hochbegabte Underachiever – Kritische Entwicklungsverläufe bei Hochbegabung«).

Niedriger sozioökonomischer Status und Hochbegabung

Inanspruchnahme von Beratungsangeboten

Diesem Abschnitt sollen Beobachtungen aus der beruflichen Praxis in der »Beratungsstelle für Fragen der Hochbegabung« in Dresden vorangestellt werden. Die Familien, die diese Einrichtung zur Beratung aufsuchen, ähneln sich häufig in ihrem Hintergrund und in ihren Merkmalen. Typischerweise sind die Kinder, bei denen eine Hochbegabung von Seiten der Eltern, pädagogischer Betreuer oder Ärzte vermutet wird, männlichen Geschlechts. Die Familien sind in der Regel deutscher Herkunft. Vater oder Mutter haben oft einen akademischen Berufsabschluss oder sind Künstler. Sie stammen, gemessen am Bildungsabschluss beziehungsweise den ökonomischen Verhältnissen, augenscheinlich eher aus der Mittel- oder der gehobenen Schicht.

Während natürlich auch Eltern von Mädchen die Beratungsstelle aufsuchen und – wenn auch selten – Familien mit einem Migrationshintergrund den Weg in die Beratung finden, gibt es seit Beginn des Bestehens der Einrichtung erst einen (bekannten) Fall, bei dem die Eltern nicht den beschriebenen Hintergrund hatten, sondern eher dem bildungsfernen Milieu zugeordnet werden konnten:

Die Eltern von Justin (Name geändert) kamen auf Empfehlung einer Erziehungsberatungsstelle. Sie hatten diese aufgesucht, weil sie das Gefühl hatten, dass sich ihr Sohn ganz »anders« entwickelte, als sie sich das bei Kindern immer vorgestellt hatten. Auch im Vergleich zu Kindern aus dem Bekanntenkreis erschien er ihnen einfach »anders«. Justin, 3 Jahre alt, war ihr erstes Kind. Er hatte zeitig begonnen zu sprechen und »löcherte« die Eltern permanent mit »komischen« Fragen, deren Antworten sie mitunter selbst nicht wussten. Es war nicht die Tatsache an sich, dass der Junge Fragen stellte, die sie beunruhigte, sondern eher die Art und Weise, in der er das tat, und die Bereiche, die ihn interessierten. Als er im Bus begonnen hatte, die Haltestellen vor der automatischen Ansage zu benennen und schon einzelne kleine Wörter vorlesen konnte, hatten sie das Gefühl, dass mit dem Jungen etwas nicht stimme, und sie hatten Angst, ihm irgendwie nicht gerecht werden zu können. Beide Eltern hatten keinen Berufsabschluss, Herr P. arbeitete in der Fleischereiproduktion und seine Frau war vor der Geburt von Justin Reinigungsgehilfin gewesen. Da beide nicht so recht wussten, wie sie mit den Fragen ihres Kindes umgehen sollten und in gewisser Weise auch Angst hatten, etwas falsch zu machen, hatten sie ihm einen Lerncomputer gekauft und wandten sich schließlich an die Erziehungsberatungsstelle. In der weiterführenden Diagnostik zeigte sich, dass der Junge in der kognitiven Entwicklung einen sehr deutlichen Vorsprung gegenüber gleichaltrigen Kindern hatte. Darüber hinaus war Justin ein sehr freundliches, höfliches und neugieriges Kind. Im Umgang miteinander wirkte das Verhältnis von Eltern und Sohn herzlich und liebevoll.

Eltern, die, wie im geschilderten Fall, aus einem bildungsfernen, sozial benachteiligten Milieu stammen, stellen in der Beratungspraxis eine große Ausnahme dar. Die geschilderte typische Besucherkonstellation in der Beratungsstelle – also überwiegend deutsche Familien aus einem gehobenen sozialen Milieu mit Jungen – wird so auch in der Literatur beschrieben (Stapf 2004; Rohrmann & Rohrmann 2005).

Rohrmann schreibt in seinem Buch »Individuelle Förderung begabter Grundschüler«: »Es ist ein offenes Geheimnis im Bereich der Begabtenförderung, dass besondere Fördermaßnahmen und Angebote von Eltern aus gesicherten sozialen Verhältnissen mit gutem Bildungshintergrund in Anspruch genommen werden« (Rohrmann 2009, 21).

Er konstatiert ebenfalls, dass selten systematische Untersuchungsbefunde zur sozialen Herkunft publiziert werden. Um diese Lücke zu verkleinern, veröffentlicht er soziodemografische Daten, die er im Rahmen einer Begleitevaluation eines Schulversuches zur Förderung besonders begabter Grundschüler in Dresden (2002-2007) erhoben hat. Rohrmann vergleicht unter anderem Daten zum Bildungsabschluss und zur beruflichen Situation der Eltern der besonders begabten Grundschüler und der Regelschüler aus dem Einzugsgebiet der Schule. Insgesamt besuchten 70 Schüler den untersuchten Jahrgang. Es zeigte sich in dieser Studie, dass Eltern der als begabt eingestuften Kinder zu 80 Prozent die Hochschulreife absolviert hatten. Bei Regelschulkindern besaßen dagegen nur 40 Prozent der Eltern die Hochschulreife. Weiterhin war der Anteil der Eltern mit einem Hochschulabschluss bei den besonders begabten Kindern doppelt so hoch wie bei Regelschulkindern. Jedes fünfte besonders begabte Kind hatte einen Elternteil mit Promotionsabschluss, jedoch keines der Regelschulkinder. Die berufliche Situation der Eltern der Grundschüler stellte sich folgendermaßen dar: Der Anteil der Eltern, die in einem Arbeitsverhältnis standen, war insgesamt bei den besonders begabten Kindern höher. Zudem arbeiteten Väter der besonders begabten Kinder zum größten Teil Vollzeit, während nur 40 Prozent der Väter von Regelschulkindern eine Vollzeitbeschäftigung hatten. Kein Vater der Projektkinder war arbeitslos, während dies bei knapp 25 Prozent der Väter der Regelschulkinder der Fall war. Rohrmanns Untersuchungsbefunde unterstreichen das Bild, dass begabte Kinder vergleichsweise oft aus sozial gut situierten oder gar privilegierten Familien kommen.

Benachteiligt und übersehen

Woran liegt es, dass Kinder aus sozial schwierigen Verhältnissen oder aus bildungsfernen Familien kaum in Kontexten der Begabtenförderung zu finden sind? Hier sei zunächst darauf verwiesen, dass sich sozio-ökonomische Deprivation nachweislich nachteilig auf die kognitive Entwicklung von Kindern auswirkt (vgl. Walper & Kruse 2008). Dabei kann die Intelligenzentwicklung bereits im Verlaufe des Kindergartenalters Beeinträchtigungen von bis zu einer Standardabweichung (das sind 15 IQ-Punkte!) und mehr betragen (Mackner et al. 2003), unabhängig vom Bildungsniveau der Eltern. Duncan und andere (1994) konnten zudem zeigen, dass dauerhafte Armut gegenüber vorübergehender Armut eine erheblich größere Beeinträchtigung zur Folge hat. Dennoch können die möglichen Beeinträchtigungen in der intellektuellen Entwicklung nicht alleiniger Grund dafür sein, dass Kinder aus niedrigeren sozialen Schichten in Begabtenförderprogrammen unterrepräsentiert sind, denn auch unter den von Lehrern für solche Programme nominierten Kindern verfügen nicht alle über eine intellektuelle Hochbegabung. Das wiederum ist dadurch verursacht, dass die Lehrernomination für Begabtenförderprogramme stärker durch die gezeigten Schulleistungen als durch das tatsächliche Intelligenzniveau beeinflusst ist (vgl. Baudson 2010). Hier zeigt sich, dass Kinder aus armen Familien erneut benachteiligt sind. Ihre schulischen Leistungen sind im Durchschnitt schlechter, wie internationale Studien für verschiedene Altersstufen belegen (Baumert & Schümer 2001; Bos et al. 2003). Unabhängig von den durchschnittlich schlechteren Schulleistungen haben es Kinder aus armen Familien auch im Einzelfall schwerer: Kinder mit höher gebildeten Eltern werden besser benotet und erhalten bei vergleichbaren schulischen Leistungen eher eine Empfehlung für das Gymnasium (Lehmann & Peek 1997). Doch nicht nur die Lehrer haben geringe Leistungserwartungen gegenüber Kindern aus ärmeren Verhältnissen. Wie weiter unten noch ausgeführt wird, verfügen auch deren Eltern über weniger ambitionierte Bildungsaspirationen und streben für ihre Kinder von vornherein niedrigere Bildungsabschlüsse an.

In diesem Zusammenhang muss auf die Debatte über den Einfluss von Anlage und Umwelt auf psychologische Faktoren wie die Begabung, die Intelligenz eingegangen werden. Im Rahmen der Anlage-Umwelt-Debatte wird versucht, die Anteile des Einflusses der genetischen Ausstattung und der Umweltbedingungen (Förderung) auf Leistungsunterschiede zwischen einzelnen Menschen zu bestimmen. Während man früher jeweils dem einen oder dem anderen Faktor einen ausschließlichen Einfluss zuwies, geht man heute aufgrund aktueller Untersuchungsergebnisse in der sogenannten »interaktionistischen Theorie« davon aus, dass sowohl die genetische Anlage als auch die Umwelt eine aktive Rolle bei der Entwicklung körperlicher und psychischer Faktoren spielen und sich gegenseitig in ihrem Zusammenspiel beeinflussen (Hany 2004).

Vorurteile

Die Art und Weise dieses Zusammenwirkens steht im Fokus aktueller Forschung. Eine mit Blick auf den sozioökonomischen Status und die Begabung einschlägige Untersuchung wurde von Turkheimer (Turkheimer et al. 2003) durchgeführt. Er hatte festgestellt, dass in den bisherigen Untersuchungen zur Vererbung der Intelligenz nur wenige Kinder aus benachteiligten Milieus teilgenommen hatten. Daher bezog er in diese Studie neben Intelligenztestdaten weitere Daten zum Bildungsstand und zu den Einkommensverhältnissen der Eltern mit ein. Im Rahmen dieser Studie und einer Replikationsstudie im Jahr 2007 (Harden, Turkheimer & Loehlin 2007), in denen jeweils mehrere hundert Zwillingspaare untersucht wurden, kam er zu folgendem Ergebnis: Bei Kindern aus sozial gut gestellten Elternhäusern erklärt sich das unterschiedliche Abschneiden bei Intelligenztests im Wesentlichen aus Unterschieden in den genetischen Anlagen; Unterschiede in der Förderung der Kinder können dagegen kaum dazu beitragen, ein unterschiedliches Abschneiden in Intelligenztests zu erklären. Bei Kindern aus benachteiligten Familien war dagegen der Umwelteinfluss entscheidend und ein Einfluss der genetischen Anlagen kaum mehr relevant. Auch wenn Turkheimer einräumt, dass man aufgrund der vorliegenden Daten noch keine gesicherten Aussagen zu den Mechanismen machen kann, durch die diese Effekte vermittelt werden (zum Beispiel, wo vorhanden, durch Unterschiede in der Bildungssensitivität von Eltern), ergeben sich daraus doch deutliche Hinweise darauf, dass Armut und Benachteiligung einen so gravierenden Umwelteinfluss darstellen, dass die jeweiligen genetischen Anlagen davon in ihrer Entfaltung beeinträchtigt werden. Einerseits machen die Ergebnisse von Turkheimer deutlich, dass eine gesicherte ökonomische Situation die Entfaltung des genetischen Potentials begünstigt. Andererseits weisen sie auch darauf hin, wie wichtig begabungssensible Erzieherinnen und Lehrerinnen und qualitätsvolle pädagogische Angebote außerhalb der Familie für die Entfaltung von Begabungen bei Kindern aus armen Familien sind.

Auswirkungen von Armut auf die Entwicklungsmöglichkeiten von Kindern

Walper und Kruse (2008) versuchen in einem Modell aufzuzeigen, welche Umweltvariablen im Einzelnen dazu führen, dass die Entwicklung von Kinder aus armen Familien beeinträchtigt wird. Einige Faktoren ergeben sich unmittelbar aus den Konsumeinschränkungen, die mit materieller Armut einhergehen: So verfügen ökonomisch deprivierte Familien finanziell über deutlich weniger Möglichkeiten, ihren Kindern vielfältige und die kognitive Entwicklung anregende Aktivitäten in und außerhalb der Familie zu ermöglichen. Um es konkret zu verdeutlichen: Eine arme Familie kann sich zum Beispiel weder eine Tageszeitung noch einen Internetanschluss leisten, um auf anregende außerfamiliäre Freizeitaktivitäten für das Kind aufmerksam zu werden. Sie ist bezüglich der Mobilität eventuell so eingeschränkt, dass ein solches Angebot, auch wenn es den Eltern bekannt wird, für das Kind aufgrund einer fehlenden Busverbindung und dem nicht vorhandenen eigenen Auto nicht erreichbar ist. Und schließlich kann es sein, dass die Eltern den Mitglieds- oder Teilnahmebeitrag für das Angebot ohnehin nicht aufbringen können. Wahlmöglichkeiten und Chancengerechtigkeit sind somit von vornherein eingeschränkt.

Über diese unmittelbaren Beeinträchtigungen aufgrund fehlender finanzieller Ressourcen hinaus geht Armut häufig mit zusätzlichen Stressoren einher, aus denen weitere negative Konsequenzen für die Entwicklung des Kindes resultieren können. Hier seien exemplarisch psychische Beeinträchtigungen der Eltern in Folge von Arbeitslosigkeit oder Armut (etwa in Form von Reizbarkeit oder depressiven Verstimmungen) genannt. Diese belasten häufig im weiteren Verlauf die Eltern-Kind-Beziehung und das Erziehungsverhalten der Eltern, was sich wiederum nachteilig auf die Entwicklung des Kindes auswirkt.

Wenden wir uns noch einmal dem Bereich der Hochbegabtenförderung zu: Kinder aus sozial deprivierten Verhältnissen sind seltener in Bereichen der Begabtenförderung zu finden. Stamm (2009) vermutet als Ursache hierfür, dass begabte Kinder aus sozial unterprivilegierten Verhältnissen häufig gar nicht als begabt erkannt werden und daher unterproportional in Förderprogrammen vertreten sind. Einen Hauptgrund der Unterrepräsentation sieht sie in einem soziokulturell eingeengten Begabungsbegriff: »[...] ›Begabung‹ oder ›Leistungsfähigkeit‹ sind bereits Produkte eines Erziehungsprozesses, in welchem die soziokulturellen Bedingungen eine große Rolle spielen und ihr Ausprägungsgrad [ist] somit in hohem Maße von Herausforderungen der Umwelt abhängig [...]« (Stamm 2009, 51).

Stamm sieht herkömmliche diagnostische Erhebungsinstrumente wie standardisierte Tests als unzulänglich an, um Begabungen bei Kindern aus unterprivilegierten Gruppen zu erkennen, da sie kulturellen Verzerrungen unterliegen. Sie verweist auf neue diagnostische Ansätze, die den soziokulturellen Hintergrund explizit berücksichtigen wie zum Beispiel der Ansatz von Sternberg und Arroyo (2006). Diese Autoren sehen eine Besonderheit von begabten benachteiligten Kindern in der Fähigkeit, unterschiedliche Sprachcodes zu beherrschen und den mitunter entgegengesetzten Erwartungen in häuslichem Milieu und Schule gerecht werden zu können. Sie entwickelten ein Instrumentarium von Aufgaben aus der Lebenswelt der Kinder, die zusätzlich zu standardisierten Tests eingesetzt werden, um die Chancengleichheit zu erhöhen.

Übertrittsempfehlungen und Bildungsaspirationen

Weiterhin weist Stamm darauf hin, dass auch das Lehrerurteil über die Fähigkeiten von Kindern aus benachteiligten Schichten, zum Beispiel im Rahmen von Übertrittsempfehlungen für eine weiterführende Schule, häufig verzerrt ist. Studien wie etwa die PISA-Studie haben gezeigt, dass die soziale Herkunft eines Kindes in Deutschland sehr stark über seine Bildungschancen entscheidet, während dies in einigen anderen Ländern sehr viel weniger der Fall ist. Kinder aus ökonomisch gesicherten, bildungsnahen Familien hatten eine sechsmal größere Chance auf ein Gymnasium zu gehen – trotz gleicher schulischer Leistung (Pisa-Konsortium 2004). Die repräsentative World Vision-Studie »Kinder in Deutschland« (Hurrelmann & Andresen, 2007) brachte hervor, dass nur ein Prozent der Kinder aus der Unterschicht ein Gymnasium besuchten im Vergleich zu 18 Prozent der Kinder aus der Oberschicht, während 19 Prozent der Unterschichtskinder auf einer Förderschule unterrichtet wurden gegenüber einem Prozent der Oberschichtskinder. Sehr deutlich zeigte sich in dieser Studie auch der Einfluss der sozialen Herkunft auf die eigenen Bildungsziele. Während 81 Prozent der befragten 8 bis 11 Jahre alten Kinder aus der Oberschicht angaben, später das Abitur machen zu wollen, konnten sich das nur 20 Prozent der Kinder aus der Unterschicht vorstellen. Auch Stamm konnte in einer Langzeitstudie belegen, dass begabte Kinder aus benachteiligten, bildungsfernen Familien später bevorzugt eine berufliche Ausbildung gewählt haben im Vergleich zu ähnlich begabten Kindern aus gut situierten, bildungsnahen Familien (Stamm 2007).

Hochbegabte Kinder aus ethnischen Minderheiten

Während die Bedeutung eines Migrationshintergrundes für die Entwicklung eines Kindes im Allgemeinen und für seinen Bildungsweg im Speziellen in anderen Zusammenhängen schon vielfach beleuchtet wurde, ist im Bereich der Hochbegabtenförderung erst in den letzten Jahren ein vermehrtes Interesse erkennbar. Häufig gibt die Frage dazu Anlass, welche Gründe wohl dazu führen, dass Kinder aus ethnischen Minderheiten in Begabtenförderungsprogrammen unterrepräsentiert sind und welche Maßnahmen diesem Umstand entgegenwirken können. Dazu möchte der folgende Abschnitt einige Denkanstöße und eine mögliche Antwort bieten. Dabei wird erkennbar, dass neben einer allgemeinen »Bildungsbenachteiligung« von Migrantenkindern (die ihre Ursache häufig in der Kombination des Migrantenstatus mit anderen Risikofaktoren hat) durchaus auch einige Prinzipien der traditionellen Hochbegabtenförderung dieses Ungleichgewicht bedingen.

Der prozentuale Anteil der Kinder in Deutschland, die einen Migrationshintergrund[38] haben, ist aufgrund der hohen Zuwanderungsquote in den vergangenen Jahrzehnten stark angestiegen. Leyendecker (2003) berichtet von Schätzungen, nach denen in den alten Bundesländern zwischen 25 und 33 Prozent der Kinder in Familien mit Migrationshintergrund aufwachsen. Bei genauerer Betrachtung fällt eine große Heterogenität in der Gruppe der Familien mit Migrationshintergrund auf, die durch die verschiedenen Herkunftskulturen, den sozioökonomischen Status, den Zuwanderungsgrund und so weiter verursacht ist.

Bildungsbenachteiligung von Migrantenkindern

Der naheliegendste Grund für eine geringe Präsenz von Migrantenkindern in Begabtenförderprogrammen scheint bei erster Betrachtung darin zu liegen, dass der Weg zu vielen derartigen Maßnahmen über eine Nominierung durch die Schule führt, die sich hierfür in aller Regel an den Schulleistungen der Kinder orientiert.[39] Nicht selten sind Kinder mit nicht-deutscher Muttersprache jedoch aus verschiedenen Gründen bildungsbenachteiligt und zeigen aus diesem Grund schlechtere Schulleistungen als der Durchschnitt der muttersprachlichen Gleichaltrigen. Doch die vorliegenden Untersuchungen zeigen auch, dass das Merkmal »Migrationshintergrund« allein nicht ausreicht, um eine Bildungsbenachteiligung zu erklären, wenngleich es unstrittig einen Risikofaktor darstellt. Natriello, Mc Dill und Pallas (1990) benennen in ihrer Stu-

38 Migrationshintergrund bedeutet hier, dass entweder die Kinder selbst oder mindestens ein Elternteil nicht in Deutschland geboren sind oder eine andere Muttersprache als Deutsch haben.

39 Wie fehleranfällig diese Vorgehensweise ist, wurde an anderer Stelle bereits ausführlich besprochen. Für den interessierten Leser sei zum Beispiel auf Baudson (2010) verwiesen.

die beispielsweise fünf Indikatoren, die eine Benachteiligung im Bildungsbereich und in der Folge schlechte Schulleistungen bedingen: ein Migrationshintergrund, materielle Armut, das Aufwachsen bei einem alleinerziehenden Elternteil, ein niedriger Bildungsabschluss der Mutter und schlechte sprachliche Fähigkeiten des Kindes. Auch die Autoren der PISA-Studie (Baumert 2001) betonen, dass nicht der Migrantenstatus allein, sondern erst die Hinzunahme des Bildungshintergrundes der Eltern die Schulleistungen der Kinder erklären kann. Auch Leyendecker betont: »Je höher die Schulbildung, desto schneller gelingt eine erfolgreiche Eingliederung…« (2003, S. 392).

Das Gelingen der Integration wird als bedeutsame Voraussetzung für die Art und die Qualität der Bildungserfahrungen eines Kindes aus einer Migrantenfamilie erachtet. Die Mechanismen, die für Migrantenkinder zu einer Bildungsbenachteiligung führen können, versucht Ogbu (1992) zu beschreiben. In seinen Überlegungen spielt die Unterscheidung der Familien nach ihren Migrationsmotiven eine entscheidende Rolle. Bildungsbenachteiligung sei demnach häufiger bei Kindern zu beobachten, deren Familien nicht aus freiem Entschluss immigrierten, sondern sich durch äußere Umstände hierzu genötigt sahen. Während bei den freiwillig immigrierenden Familien die Bewältigungsmechanismen auf eine Integration ausgerichtet sind, priorisieren die unfreiwillig eingewanderten Familien die Bewahrung der eigenen Identität. In letzterem Fall bedeutet das, dass die Familie stärker, als es einer erfolgreichen Integration dienlich wäre, an der Sprache und den kulturellen und wo möglich auch religiösen Gewohnheiten des Herkunftslandes festhält und der Kultur des aufnehmenden Landes gleichgültig gegenüber steht oder diese gar vehement ablehnt. Weiterhin führt die Betonung der eigenen Kultur häufig auch dazu, dass der familiäre Zusammenhalt in der Familie noch stärker betont wird. Diese Betonung der gegenseitigen Verbundenheit ist in vielen nicht-westlichen Kulturen stark ausgeprägt und steht im Gegensatz zu einer den Individualismus fördernden westlichen Sozialisationskultur (Leyendecker, 2003). Wächst nun ein Kind in einer Migrationsfamilie mit einem rigiden Festhalten an eigenen Traditionen auf, hat das möglicherweise beeinträchtigende Konsequenzen für den Bildungsweg des Kindes. Das Kind befindet sich schlimmstenfalls in einem permanenten Konflikt, weil in den jeweiligen sozialen Bezügen, zum Beispiel Kindergarten oder Schule einerseits und Familie andererseits, grundsätzlich andere Erwartungen vorherrschen. Während die Bezugspersonen in der Bildungsinstitution zu einer Anpassung an Sprache und Kultur ermuntern und das Kind durch das ihm eigene Bedürfnis nach Exploration und Erleben von Selbstwirksamkeit die neuen Herausforderungen auch meistern möchte, wird es in der Familie angehalten, sich gegenüber den sozialen, erzieherischen und kulturellen Familiennormen loyal zu verhalten. Die Freude über Lernerfolge kann es hier nicht teilen, mit allen Konsequenzen für Lernmotivation und Identitätsfindung.

Wie Vorurteile und Erwartungshaltungen Selektionsprozesse beeinflussen

Doch nicht nur die Mitglieder der immigrierenden Kultur sondern auch die aufnehmende Kultur trägt Verantwortung für eine erfolgreiche Integration. Erzieherinnen und Lehrerinnen kommt dabei eine besondere Rolle zu, da sie neben den Eltern wichtige Bezugspersonen der Kinder und damit auch Repräsentanten der aufnehmenden Kultur sind. Die Identifikation besonders begabter Kinder und ihre Nomination für spezifische Fördermaßnahmen hängt somit auch davon ab, welche Vorannahmen Erzieherinnen und Lehrerinnen zu den Fähigkeiten von Migrantenkindern haben und wie differenziert und vorurteilsfrei sie ihre Beobachtungen zur Identifizierung von besonderen Begabungen gestalten. Hier haben Studien in verschiedenen Kontexten über ernüchternde Ergebnisse berichtet. Erzieherinnen wie Lehrerinnen sind sich wenig darüber bewusst, wie sehr ihre eigenen subjektiven Alltagstheorien und Bewertungen darüber entscheiden, welchen Bildungsweg ein Kind einschlagen wird: Bekannt sind die Ergebnisse der IGLU-Studie, die aufzeigten, dass Lehrerempfehlungen hinsichtlich der Gymnasialeignung von der sozialen Herkunft des Kindes beeinflusst sind (Bos et al. 2007; 2008). Seit Veröffentlichung einer Untersuchung der Arbeitsstelle für Kinderforschung an der Carl von Ossietzky Universität Oldenburg ist zudem bekannt, dass selbst bestimmte Vornamen bei Pädagogen eine Erwartungshaltung bezüglich der Leistungsstärke und Persönlichkeit eines Kindes auslösen (Kaiser 2010). Im Arbeitsfeld der Hochbegabtenförderung wurden Lehrernominationen von Schülern für Begabtenfördermaßnahmen hinsichtlich ihrer Effektivität untersucht. Hany (1998) resümiert, dass die Fehlerquote bei der Auswahl von Schülern für spezifische Fördermaßnahmen mittels der Lehrernomination recht hoch ist, weil Lehrer eine Nomination stark von den Leistungen in schulrelevanten Domänen abhängig machten. Dabei unterlaufen Lehrern hauptsächlich zwei Arten von Fehlern: Zum einen fällt es Lehrern schwer, ihr Urteil über die Begabung eines Kindes unabhängig von dessen gezeigten Leistungen zu treffen (Holling & Kanning 1999) oder anders ausgedrückt: Lehrer schließen häufig aufgrund der vom Schüler gezeigten Leistungen auf dessen Intelligenzniveau. So werden beispielsweise Kinder, die mit Bezugnahme zu ihrem Intelligenzniveau erwartungswidrig Minderleistungen zeigen, sogenannte Underachiever, häufig nicht erkannt und in der Folge nicht nominiert (vgl. Rost & Hanses 1997). Zum anderen übersehen Lehrer bei der Nomination eine Reihe hochbegabter Kinder, da sie aufgrund bestimmter Merkmale des Kindes keine Hochbegabung vermuten. Zu diesen Merkmalen gehört neben dem Geschlecht und einem geringem sozioökonomischen Status auch die Zugehörigkeit zu einer Minorität (zusammenfassend siehe Baudson 2010).

Abschließend soll darauf hingewiesen sein, dass die Handlungs- und Entscheidungsspielräume von Erzieherinnen und Lehrerinnen neben ihren persönlichen Haltungen und Handlungskompetenzen maßgeblich durch die Rahmenbedingungen des (deutschen) Bildungssystems geprägt sind. Dirim und Mecheril (2010) weisen in ihrer soziologisch orientierten Diskussion über die Benachteiligung von Migranten im deutschen Bildungssystem darauf hin, dass die Grundidee von Bildungsinstitutionen in unserer demokratischen, pluralen Gesellschaft ein dauerhaftes Spannungsverhältnis zwischen dem Streben nach Gleichheit und Differenz produziert: »Die ›Illusion der Chancengleichheit‹ … besteht darin, dass unter der Maxime der Gleichberechtigung und Chancengleichheit zwar gleiche Ausgangsbedingungen im Bildungssystem zur Verfügung gestellt werden, dies aber zu einer raffinierten, da maskierten Form der Reproduktion von Ungleichheit beiträgt. Denn die nicht zufällig, sondern aufgrund ihrer sozialen Herkunft und Zugehörigkeit Priviligierten profitieren von und in diesem ›gleichen Wettbewerb unter Ungleichen‹« (Dirim & Mecheril 2010, 128).

Nach langen Jahren der Bemühungen um eine Gleichstellung aller Kinder muss das Bildungssystem feststellen, dass ungleiche Eingangs- und Rahmenbedingungen nicht durch »Gleichbehandlung« ausgeglichen werden können. Hinzu kommt, dass die frühe Leistungsauswahl im dreigliedrigen deutschen Schulsystem »die sozialen Eingangsdifferenzen der Schüler/innen als schulische Differenzen [abbildet] … und damit zu einer folgenreichen Festschreibung und Verstetigung von Ungleichheit« beiträgt.

Schon bei dieser kurzen Betrachtung der möglichen vermittelnden Prozesse bei der Entstehung von Bildungsbenachteiligungen für Migrantenkinder lässt sich erkennen, dass die Ursachen für das Nicht-Erkennen begabter Kinder aus Migrationsfamilien »komplex und verwirrend« sind (Ford 1992, 134) und einer differenzierten Betrachtung bedürfen.

Hochbegabte Mädchen

Hochbegabte Mädchen werden seltener erkannt als hochbegabte Jungen. Ein Blick in die Statistiken von Beratungsstellen und Förderprogrammen für besonders begabte Kinder offenbart deutliche geschlechtsspezifische Unterschiede bezüglich der Inanspruchnahme: In begabungspsychologischen Beratungsstellen werden in einem Verhältnis von etwa 3:1 mehr Jungen vorgestellt (Preckel & Eckelmann 2008). Für die Teilnahme an Fördermaßnahmen für begabte Schülerinnen und Schüler werden ähnliche Quoten berichtet (vgl. Vock, Preckel & Holling 2007; Stapf 2004; Baudson 2010). Tatsächliche Unterschiede in der intellektuellen Begabung scheiden als Ursache für diese Unterschiede in der Inanspruchnahme und Beteiligung aus, da das

Merkmal Intelligenz bei Jungen und Mädchen (oder Männern und Frauen) normalverteilt ist und es daher in etwa gleich viele hochbegabte Jungen wie Mädchen gibt. Darüber hinaus sind auch bezüglich der gezeigten (schulischen) Leistungen keine nennenswerten geschlechtsspezifischen Unterschiede zu finden (vergleiche Stöger & Sontag 2009). Aus der Debatte über die vielfältigen Ursachen dafür, dass hochbegabte Mädchen seltener erkannt werden, sollen in diesem Abschnitt einige Aspekte herausgegriffen werden.

Geschlechtsspezifische Interessen und Vorlieben

Ungeachtet der intellektuellen Begabung eines Kindes entwickeln sich bereits früh geschlechtsspezifische Präferenzen bezüglich der Interessen und Vorlieben im kindlichen Spiel. Während Jungen bereits im Alter von 1 bis 3 Jahren eher typisches Jungenspielzeug, wie Autos und Konstruktionsspiele wählen, bevorzugen Mädchen Puppen und Kuscheltiere (Oerter 1995). Bereits in diesem Alter deuten sich demnach geschlechtsspezifische Interessen für eher technische und funktionelle Dinge bei Jungen und für soziale und interaktive Belange bei Mädchen an.[40] Ebenfalls früh im Kindergartenalter bilden sich viel mehr gleichgeschlechtliche Spielpartnerschaften heraus als gegengeschlechtliche, was wiederum dazu führt, dass sich die Kinder in ihrem geschlechtstypischen Verhalten gegenseitig verstärken. Zu welchen Konflikten für hochbegabte Mädchen diese Umstände schon im Kindergartenalter führen können, wird deutlich, wenn man ihre Interessensgebiete einer näheren Betrachtung unterzieht.

Hochbegabte Mädchen geben bereits im Kindergartenalter häufiger als durchschnittlich begabte Mädchen ein Interesse an intellektuellen, naturwissenschaftlichen und technischen Themen an (Stapf 2004). Gleichzeitig sind sie jedoch vielseitiger interessiert und weniger als Jungen auf einzelne Beschäftigungen fokussiert. Während sich bei hochbegabten Jungen häufig auch in diesem frühen Alter bereits spezialisierte Interessen finden lassen (zum Beispiel Rechenaufgaben oder das Sonnensystem) und den erwachsenen Bezugspersonen als ungewöhnlich auffallen, erscheinen vertiefte Interessen von Mädchen – beispielsweise für Tiere – weniger eindrucksvoll. Da Mädchen in der Regel auch stärker sozial orientiert sind als Jungen, ist für sie die Möglichkeit für eine gemeinsame Beschäftigung mit anderen Kindern ein gleichwertiges Gut neben der Verfolgung eigener vertiefter Interessen. Sind keine Spielpartner vorhanden, mit denen ein hochbegabtes Mädchen seine alters- und/oder geschlechtsuntypischen Interessen gemeinsam verfolgen kann, passt es sich daher auch sensibel an die Spielideen und -wünsche der anderen (Mädchen) an, um sich dazugehörig fühlen zu können. Stapf fasst das daraus entstehende Dilemma treffend zusammen: »Hochbegabte Mädchen ähneln demnach in ihren kognitiv-intellektuellen Interessen und Verhaltensweisen eher hochbegabten Jungen als durchschnittlich begabten Mädchen, lassen aber bei vielen Interessen, Werthaltungen und Verhaltensweisen typisch weibliche Eigenarten erkennen (Person-Orientierung). Dadurch ergibt sich eine Art ›Zwischenstellung‹, die in den üblichen Kindergärten und Schulen, wo selten mehr als ein hochbegabtes Kind in einer Klasse

40 Auf die wichtige Diskussion um anlagebedingte Sozialisations- und Erziehungseinflüsse auf die Ausbildung von geschlechtsspezifischen Präferenzen kann an dieser Stelle nur verwiesen werden.

ist, entweder auf eine Isolierung des Mädchens hinausläuft oder einen Anpassungsdruck an die Interessen und Beschäftigungen der durchschnittlich begabten Mädchen erzeugt« (Stapf 2004, 80f.).

Unterschiede in der Selbst- und Fremdbewertung

Neben dem sozialen Anpassungsdruck, auf den Mädchen sensibler zu reagieren scheinen, werden als weitere Ursache für die Tatsache, dass hochbegabte Mädchen seltener entdeckt werden, geschlechtsspezifische Unterschiede in der Selbstbewertung von Fähigkeiten diskutiert: Nimmt eine Person ihr Können selbst nicht als beachtenswert wahr und präsentiert sie es nicht selbstbewusst, fällt es Außenstehenden erklärbar schwerer, Hinweise auf außergewöhnliche Fähigkeiten zu finden. Während es kaum Unterschiede zwischen Jungen und Mädchen in der Bewertung ihres allgemeinen Selbstwertes gibt, finden sich bei spezifischen Selbstkonzepten durchaus Unterschiede, die erwartungskonform den Geschlechtsstereotypien entsprechen (vgl. Rost & Hanses 2000). Rost und Hanses berichten von einer Meta-Analyse (Hattie & McInman 1991), die bestätigt, dass das leistungsbezogene Selbstkonzept von Jungen im mathematischen und sportlichen Bereich positiver ausfällt, während die Mädchen sich hinsichtlich ihrer verbalen Fähigkeiten positiver bewerten. Das leistungsbezogene Selbstkonzept im mathematischen Bereich ist in einer neueren Studie auch für hochbegabte Schüler untersucht worden (Preckel, Goetz, Pekrun & Kleine 2008): Hierbei wurde unter anderem gefragt, ob sich das akademische Selbstkonzept von hochbegabten Mädchen und Jungen mit gleich guten schulischen Mathematikleistungen unterscheidet. Überraschenderweise waren die bekannten geschlechtsspezifischen Unterschiede im leistungsbezogenen Selbstkonzept in der Gruppe der Hochbegabten zugunsten der Jungen noch größer als in der Gruppe der durchschnittlich Begabten. Obwohl also die hochbegabten Mädchen über weit überdurchschnittliche intellektuelle Leistungsvoraussetzungen und sehr gute Zensuren in Mathematik verfügten, fällt ihr akademisches Selbstkonzept nicht entsprechend aus.

Übereinstimmend hierzu berichten Studien, die sich mit den Erklärungen von Eltern und Lehrern für außergewöhnliche Leistungen von Jungen und Mädchen befassen, dass Eltern wie Lehrer diese bei Mädchen häufiger durch Fleiß und Anstrengung erklären, während Jungen im Falle herausragender schulischer Leistungen überdurchschnittliche Denk- und Problemlösefähigkeiten zugeschrieben werden. Oder anders ausgedrückt: Von Mädchen werden sie erwartet, bei Jungen hochgelobt. So können sich die jeweiligen Attributionen gegenseitig verstärken, weil sich jede Seite durch die jeweils andere bestätigt sieht.

In der Folge führt das aber wiederum zu einer häufigeren Zuweisung von Jungen zu Begabtenförderprogrammen und einer Nicht-Berücksichtigung von Mädchen. Positive emotionale Rückmeldungen von relevanten Bezugspersonen für spezifische Fähigkeiten sind jedoch entscheidend dafür, dass sich eine Person über einen längeren Zeitraum mit einem Thema beschäftigt und dieser Beschäftigung schließlich auch selbst eine positive Bedeutung im Sinne eines ausgeprägten Interesses zuschreibt (Eccles 1983). Eccles postuliert – für das Beispiel der Mathematik –, dass ein positives akademisches Selbstkonzept allein nicht ausreichend sei, um bei (hochbegabten) Mädchen ein anhaltendes Interesse am Themengebiet zu erreichen. Vielmehr müsse dieses Interesse auch sozial verstärkt werden, zum Beispiel durch Bewunderung von Gleichaltrigen oder (emotionale) Unterstützung der Eltern. Die Akzeptanz geschlechtsuntypischer Interessen, insbesondere durch die mit zunehmendem Alter relevante Gruppe der Peers ist jedoch – bleiben wir beim Beispiel Mathematik – für Mädchen allenfalls in Begabtenförderprogrammen zu erwarten. Pruisken (2005) schlägt zur Förderung eines nachhaltigen Interesses von Mädchen in eher jungenspezifischen Domänen vor, eben diese mathematischen und naturwissenschaftlichen Themen in Kontexte einzubetten, für die Mädchen ein großes Interesse mitbringen (beispielsweise die Anwendung physikalischer Gesetze in der Medizin).

Hochbegabte Mädchen in der Kindertagesstätte erkennen

Wenden wir uns abschließend noch einmal der Frage zu, wie es gelingen kann, hochbegabte Mädchen in der Kindertagesstätte nicht zu übersehen. Dannhauer (2009) betont als eine wesentliche Voraussetzung die kritische Reflexion eigener weiblicher Rollenbilder: »Eine solche Reflexion kann den Blickwinkel erweitern, indem auch weibliche Verhaltensweisen wie soziale Kompetenz, gutes sprachliches Ausdrucksvermögen, Interessenvielfalt, Ordnungssinn und Handlungsplanung als besondere Fähigkeiten positive Aufmerksamkeit finden.«

Erfolgt eine Beobachtung in der Kindertagesstätte ausschließlich anlassbezogen, werden die Unauffälligen, Angepassten unter den Mädchen sicher nicht entdeckt. Eine aufmerksame, systematische und stärkenorientierte Beobachtung erhöht die Chancen, besondere Talente bei Mädchen (wie bei Jungen) zu entdecken. Begibt sich die Erzieherin in einen regelmäßigen Dialog mit dem Kind – und seinen Eltern! – über ihre Beobachtungen, wird sie viel darüber erfahren, was das Kind schon weiß und kann. Gleichzeitig erhält das Kind über diese Interaktionen Bestätigung für seine Fähigkeiten und eine Ermunterung, wenn es Interessen thematisiert, die es bislang noch nicht in der Kindertagesstätte gezeigt hat. Die Erzieherin kann darüber hinaus helfen, interessensgebundene Spielpartnerschaften zu anderen Mädchen und Jungen anzubahnen.

Zusammenfassung

Zusammenfassend lässt sich festhalten, dass die Gründe für eine Unterrepräsentation von Mädchen, Kindern aus sozioökonomisch schwachen Verhältnissen oder mit Migrationshintergrund in Kontexten der Begabtenförderung komplex und vielschichtig sind. In unseren Ausführungen sind verschiedene relevante Aspekte angeklungen. Zum einen wurden Merkmale auf Seiten der Kinder dargelegt, zum anderen die Rolle von Umweltbedingungen diskutiert. Das Wechselspiel beider erhöht die Komplexität der vermittelnden Prozesse. Deutlich wurde aber auch, dass von Vorurteilen geprägte Wahrnehmungen, kulturell bedingte Fehlbeurteilungen und Grenzen der diagnostischen Instrumente sowie bildungspolitische Rahmenbedingungen das Erkennen von hochbegabten Mädchen sowie hochbegabten Kindern aus sozial schwachen und Migrations-Familien erschweren. Hinzu kommt, dass zumindest für die Kinder aus den benachteiligten Schichten die elterlichen Bildungsziele nicht auf akademische Abschlüsse und

überhaupt auf Höchstleistungen ausgerichtet sind. Daher bringen sie vermutlich Kontexte der Begabtenförderung noch nicht einmal gedanklich mit sich in Verbindung, selbst wenn die Voraussetzungen – also besondere Begabungen – gegeben sind.

Deutlich geworden ist die zentrale Rolle von Erzieherinnen und Lehrern bei der Identifizierung von hochbegabten Kindern. Ihre Reflektiertheit und ihr Wissensstand entscheiden über die Bildungschancen von Kindern. Kaiser (2010) fordert eine »vorurteilsbewusste Erziehung und Bildung«, die sich dessen bewusst ist, wie anfällig Annahmen zur Leistungsfähigkeit und zur Begabung von Kindern für Fehlbeurteilungen sind. Ein Teil der Lösung liegt in einer stärkeren Berücksichtigung der Thematik Hochbegabung in der Aus- und Fortbildung von Erzieherinnen und Lehrerinnen, da nur so ein wissensbasierter und reflektierter Umgang mit der Thematik ermöglicht wird. Beides hilft Pädagogen, ihre Erwartungshaltung gegenüber Kindern aus verschiedenen Milieus zu reflektieren und zu überdenken – in dem Sinne, dass sie den Kindern besondere Fähigkeiten überhaupt zutrauen.

Literatur

Baudson, T. G. (2010). Nominationen von Schülerinnen und Schülern für Begabatenfördermaßnahmen. In F. Preckel, W. Schneider & H. Holling (Hrsg.), Diagnostik von Hochbegabung (S. 89-117). Göttingen: Hogrefe.

Baumert, J. (Hrsg.) (2001). PISA 2000. Basiskompetenzen von Schülern und Schülerinnen im internationalen Vergleich. Opladen: Leske und Budrich.

Baumert, J. & Schümer, G. (2001). Familiäre Lebensverhältnisse, Bildungsbenachteiligung und Kompetenzerwerb. In Deutsches PISA-Konsortium (Hrsg.), PISA 2000. Basiskompetenzen von Schülerinnen und Schülern im internationalen Vergleich (S. 323-407). Opladen: Leske und Budrich.

Borland, J. H. & Wright, L. (2000). Identifying and educating poor and under-represented gifted students. In K. A. Heller, F. J. Mönks, R. J. Sternberg & R. F. Subotnik (Hrsg.), International Handbook of Research and Development of Giftedness and Talent. 2. Aufl. (S. 587-594). Oxford: Pergamon.

Bos, W., Hornberg, S., Arnold, K.-H., Faust, G., Fried, L., Lankes, E.-M., Schwippert, K. & Valtin, R. (Hrsg.) (2007). IGLU 2006. Lesekompetenzen von Grundschulkindern in Deutschland im internationalen Vergleich. Münster: Waxmann.

Bos, W., Hornberg, S., Arnold, K.-H., Faust, G., Fried, L., Lankes, E.-M., Schwippert, K. & Valtin, R. (Hrsg.) (2008). IGLU-E 2006. Die Länder der Bundesrepublik Deutschland im nationalen und internationalen Vergleich. Münster: Waxmann.

Dannhauer, I. (2009). Begabte Mädchen in der Kita entdecken. Kita spezial, 04/2009, 17-18.

Dirim, I. & Mecheril, P. (2010). Die Schlechterstellung Migrationsanderer. Schule in der Migrationsgesellschaft. In P. Mecheril, M. do Mar Castro Varela, I. Dirim, A. Kalpaka & C. Melter (Hrsg.), Migrationspädagogik (S. 121-149). Weinheim: Beltz.

Duncan, G. J., Brooks-Gunn, J. & Klebanov, P. K. (1994). Economic deprivation and early childhood development. Child Development, 65, 296-318.

Eccles, J. S. (1983). Expectancies, values, and academic behaviors. In J. T. Spence (Hrsg.), Achievement and achievement motives (S. 75-146). San Francisco: W. H. Freeman.

Ford, D.Y. (1992). Determinants of under-achievement as perceived by gifted, above-average and average Black students. Roeper Review, 14, 130-136.

Hany, E. A. (1998). Gifted children in the classroom: Which diagnostic skills do teachers need? Invited paper addressing the Conference of the European Council of High Ability (Sep 16-19, 1998). Oxford, UK.

Hany, E. A. (2004). Die Vererbung der Intelligenz unter der Entwicklungsperspektive. In E. Stern & J. Guthke (Hrsg.), Perspektiven der Intelligenzforschung (S. 69-88). Lengerich: Pabst.

Harden, K. P., Turkheimer, E. & Loehlin J. C. (2007). Genotype by Environment Interaction in Adolescents' Cognitive Aptitude. Behaviour Genetics 37 (2), 273-283.

Holling, H. & Kanning, U. P. (1999). Hochbegabung. Forschungsergebnisse und Fördermöglichkeiten. Göttingen: Hogrefe.

Hurrelmann, K. & Andresen, S. (2007). Kinder in Deutschland 2007: 1. World Vision Kinderstudie. Frankfurt/Main: Fischer Taschenbuchverlag.

Kaiser, A. (2010). Vornamen: Nomen est omen? Vorerwartungen und Vorurteile in der Grundschule. Schulverwaltung. Zeitschrift für Schulleitung und Schulaufsicht, 21 (2), 58-59.

Kaiser, A. (2010). http://astrid-kaiser.de/forschung/projekte/vornamen.php

Lehmann, R. H. & Peek, R. (1997). Aspekte der Lernausgangslage von Schülerinnen und Schülern der fünften Klasse an Hamburger Schulen. Bericht über die Untersuchung im September 1996. Berlin: Humboldt Universität.

Leyendecker, B. (2003). Die frühe Kindheit in Migrantenfamilien. In H. Keller (Hrsg.), Handbuch der Kleinkindforschung, 3. korrigierte, überarbeitete und erweiterte Aufl. (S. 381-431). Bern: Huber.

Mackner, L. M., Black, M. M. & Starr, R. H. Jr. (2003). Cognitive development of children in poverty with failure to thrive: A prospective study through age 6. Journal of Child Psychology and Psychiatry and Allied Disciplines, 44, 743-751.

Natriello, G., McDill, E. L. & Pallas, A.M. (1990). Schooling disadvantaged children: racing against catastrophe. New York: Teachers College Press.

Ogbu, J. U. (1992). Understanding cultural diversity and learning. Educational Researcher, 21 (8), 5-14.

Oerter, R. (1995). Kindheit. In R. Oerter & L. Montada (Hrsg.), Entwicklungspsychologie. Ein Lehrbuch. 3., vollst. überarbeitete und erweiterte Aufl. (S. 249-309). Weinheim: PVU.

Pisa-Konsortium Deutschland (Hrsg.) (2004). PISA 2003. Der Bildungsstand der Jugendlichen in Deutschland – Ergebnisse des zweiten internationalen Vergleichs. Münster: Waxmann.

Preckel, F. & Eckelmann, C. (2008). Beratung bei (vermuteter) Hochbegabung: Was sind die Anlässe und wie hängen sie mit Geschlecht, Ausbildungsstufe und Hochbegabung zusammen? Psychologie in Erziehung und Unterricht, 55, 16-26.

Preckel, F., Goetz, T., Pekrun, R. & Kleine, M. (2008). Gender differences in gifted and average-ability students. Comparing girl's and boy's achievement, self-concept, interest, and motivation in mathematics. Gifted Child Quarterly, 52(2), 146-159.

Pruisken, C. (2005). Interessen und Hobbys hochbegabter Grundschulkinder. Münster: Waxmann.

Rohrmann, S. & Rohrmann, T. (2005). Hochbegabte Kinder und Jugendliche. München: Ernst Reinhardt.

Rohrmann, T. (2009). Individuelle Förderung begabter Grundschüler: Evaluation eines Schulversuches. Wiesbaden: VS.

Rost, D. H. & Hanses, P. (1997). Wer nichts leistet, ist nicht begabt? Zur Identifikation hochbegabter Underachiever durch Lehrkräfte. Zeitschrift für Entwicklungspsychologie und Pädagogische Psychologie, 29, 167-177.

Rost, D. H. & Hanses, P. (2005). Selbstkonzept. In D. H. Rost (Hrsg.), Hochbegabte und hochleistende Jugendliche (S. 211-278). Münster: Waxmann.

Stamm, M. (2007). Unterfordert, unerkannt, genial: Randgruppen unserer Gesellschaft. Zürich, Chur: Rüegger.

Stamm, M. (2009). Begabte Minoritäten. Wiesbaden: VS.

Stapf, A. (2004). Hochbegabte Kinder. Persönlichkeit, Entwicklung, Förderung. 2., aktualisierte Aufl. München: C.H. Beck.

Sternberg, R. J. & Arroyo, C. G. (2006). Beyond expectations: a new view of the gifted disadvantaged. In B. Wallace & G. Eriksson (Hrsg.), Diversity in gifted education (S. 110-124). London: Routledge.

Stöger, H. & Sontag, C. (2009). Geschlechtsdisparitäten im Bildungsbereich. News & Science, 23, 27-34.

Turkheimer, E., Haley, A., Waldron, M., D'Onofrio, B. & Gottesman, I. I. (2003). Sociooconomic status modifies heritability of IQ in young children. Psychological science 14 (6), 623-628.

Vock, M., Preckel, F. & Holling, H. (2007). Förderung Hochbegabter in der Schule. Göttingen: Hogrefe.

Walper, S. & Kruse, J. (2008). Kindheit und Armut. In M. Hasselhorn & R. K. Silbereisen (Hrsg.), Entwicklungspsychologie des Säuglings- und Kindesalters (S. 431-487). Göttingen: Hogrefe.

Hochbegabung und AD(H)S

Götz Müller

Dieser Beitrag widmet sich hochbegabten Kindern, die von einer ADS/ADHS, das heißt einer Aufmerksamkeitsdefizitstörung bzw. Aufmerksamkeitsdefizit- und Hyperaktivitätsstörung betroffen sind. Zunächst werden zum besseren Verständnis die Begriffe Aufmerksamkeit und Konzentration kontrastierend zu Verhaltensauffälligkeiten erläutert und anschließend unter Berücksichtigung entwicklungs- und kognitionspsychologischer Aspekte in Zusammenhang mit der Ausbildung von Selbstkontrolle gestellt. An die Grundlagen zum Störungsbild der ADS/ADHS schließen sich grundsätzliche Überlegungen zu Gemeinsamkeiten und Unterschieden von Hochbegabung und ADS/ADHS sowie Empfehlungen für die pädagogische Praxis an.

Aufmerksamkeit und Konzentration

Häufig kommt es in der Praxis zur Vermengung der Begriffe Aufmerksamkeit und Konzentration. Grundlegend ist hier der Unterschied zwischen gezeigtem Verhalten und der kognitiven Leistung. »Aufmerken« im ursprünglichen Sinne macht deutlich, dass Aufmerksamkeit nicht mit aufmerksamem Verhalten zu verwechseln ist. Ersteres bedeutet somit, dass ein Kind in der Lage ist, einem Reiz seine Zuwendung zu schenken. Letzteres bedeutet, dass ein Kind ein erwünschtes Verhalten zeigt, von welchem auf die eigentliche Aufmerksamkeit geschlossen wird.

Aufmerksamkeit ist eine Fähigkeit, die an interne Steuerungsprozesse gekoppelt ist. Kinder lenken ihre Aufmerksamkeit nach subjektiven Maßstäben – und dies stärker als ältere Kinder oder Jugendliche, deren Lernerfahrungen eine schematisierte Aufmerksamkeitslenkung bedingen. Einem Reiz Aufmerksamkeit zu geben, hängt somit von dessen (subjektiver) Bedeutung ab. Aufmerksamkeit an sich ist reizoffen, das heißt sie ist frei und nicht von vorne herein an einen Reiz gebunden, selbst wenn dies durch die Situation, in der sich ein Kind befindet, definiert sein sollte. Die Wachheit des Organismus (auch »Arousal« genannt) wird bei Aufnahme von Informationen gesteigert, um mögliche Handlungen vorzubereiten. Wenn ein Reiz die Aufmerksamkeit des Kindes einfordert – ergo seiner Bedeutung nach als wichtig empfunden wird – lenkt das Kind seine Aufmerksamkeit darauf. Erst dann wendet es sich zu und bleibt dabei. Es wird deutlich, dass nicht nur die eigentliche Fähigkeit des Aufmerkens, sondern auch die innere Steuerung darüber, was wichtig oder erwünscht ist, grundlegend vorhanden sein müssen, damit Kinder aufmerksames Verhalten zeigen können. Gleichzeitig ist jedoch denkbar, dass trotz unaufmerksamen Verhaltens durchaus die Fähigkeit zur Aufmerksamkeit gegeben sein kann (vgl. Grzesik 2009).

An einer Sache bleiben – Daueraufmerksamkeit

Daueraufmerksamkeit ist die Fähigkeit, einer Sache über einen längeren Zeitraum aufzumerken. Sie kann grundsätzlich als Fähigkeit für längere Aufmerksamkeitsprozesse verstanden werden, während Aufmerksamkeit als solche zunächst nur den Initiativprozess des Aufmerkens umschreibt. Daueraufmerksamkeit wird entwickelt, sie wird über fokussierte Prozesse der Aufmerksamkeit entfaltet und braucht somit entsprechende Reize und Anreize der Umgebung, die das Interesse des Kindes fesseln. Zudem ist sie an biologische Entwicklungen des Kindes gebunden, die die Grundlage für die gezeigten Aufmerksamkeitsleistungen bilden. Lernprozesse führen in der Entwicklung dazu, dass Konzentrationsfähigkeit gebildet und ausgebaut wird. Auch hier greifen verschiedene Prozesse ineinander: Offensichtlich tragen einfache Lernprozesse der Gewöhnung und Schematisierung dazu bei, dass sich das Kind kognitive Muster aneignet, welche über die Wertigkeit von Reizen entscheiden. Demzufolge können vermeintliche Störreize in Daueraufmerksamkeitsphasen leichter erkannt und somit geblockt werden. Dadurch wird Konzentration entwickelt. Die mit hohem Interesse verbundenen Tätigkeiten verlangen dem Kind eine längere Aufmerksamkeitsspanne ab, die die generelle Entwicklung der Daueraufmerksamkeit begünstigt. Auch ist denkbar, dass in Abhängigkeit der Fokussierung durch Superreize das Kind auch lernt, andere Reize aus seiner Aufmerksamkeitsspanne herauszuhalten.

Störungen der Aufmerksamkeit und Konzentration

Der komplizierte Prozess, der Aufmerken, Daueraufmerksamkeit und Konzentration sowie das dauerhafte Blocken anderer Reize umfasst, kann von einzelnen Störungen betroffen sein. Betrachtet man Aufmerksamkeit und Konzentration allgemein und versteht sie als übergeordnete Prozesse des Wahrnehmens und Denkens, so bestehen Fehler zum einen in Prozessen der Bewertung von wahrgenommenen Reizen, zum anderen in der Daueraufmerksamkeit im Sinne von Entwicklungsverzögerungen und vor allem in der Aufmerksamkeitslenkung. Das beobachtbare Verhalten kann sich in allen drei beschriebenen Fällen sehr ähneln und führt daher häufig zur Einschätzung, das Kind sei konzentrationsgestört. Dies liegt – im ursprünglichen Sinne – aber nur selten vor.

Störung der Daueraufmerksamkeit und Konzentration

Merken wir bei einem Reiz in besonderem Maße auf, so wird unsere Daueraufmerksamkeit und Konzentration gefordert. Störungen der Daueraufmerksamkeit und Konzentration liegen in der Regel auf der beobachtbaren Ebene (im Verhalten) vor, nicht aber in der kognitiven Fähigkeit im eigentlichen Sinne. Wir fokussieren in diesem Falle auf eine Tätigkeit, vertiefen uns in diese und bleiben ihr über einen längeren Zeitraum zugewandt. Um dies verrichten zu können, muss unser Gehirn über die grundsätzliche Fähigkeit dazu verfügen – was neurobiologische Aspekte einschließt. Apathische Zustände, epileptische Anfälle oder auch Rauschzustände machen Konzentration unmöglich. An diesen Beispielen wird deutlich, dass hier das Gehirn einfach nicht in der Lage ist, über einen längeren Zeitraum aufzumerken. In seltenen Fällen treten Konzentrationsstörungen im engeren Sinne aufgrund einer neurobiologischen Einschränkung auf.

Störung der Aufmerksamkeitslenkung

Störungen der Aufmerksamkeitslenkung unterliegen dem einfachen Mechanismus der Ablenkung durch vermeintlich unwichtige Reize. Hierbei lenkt der Betroffene den Fokus seiner Aufmerksamkeit auf Reize, die nicht dem durch den Kontext vorgegebenen Schema entsprechen: Er lässt sich somit ablenken. Diese Ablenkung kann durch interne und externe Reizkonstellationen zustande kommen, das heißt innere Gedanken sowie äußere Reize können den vorausgehenden Aufmerksamkeitsprozess stören. Die bereits erwähnten Daueraufmerksamkeits- und Konzentrationsstörungen erweisen sich bei genauerem Blick eigentlich als Störungen der Aufmerksamkeitslenkung, da die gewünschte Dauer der Aufmerksamkeit auf das, was vom Umfeld erwartet wird, nicht gehalten wird beziehungsweise werden kann (vgl. Barkley 2005).

Impulsivität und Impulskontrolle

Vom Impuls zur Kontrolle

Jedem Gedanken und jeder Handlung geht ein Impuls voraus, der den Anstoß zur Planung und Ausführung gibt. Kinder sind im Vergleich zu Erwachsenen »impulsiver«: Sie folgen ihren Anstößen leichter, greifen kaum oder nur eingeschränkt auf Mechanismen der Impulskontrolle zurück und sind somit ungehemmter. Und dies ist durchaus neutral zu betrachten, denn in dieser kindlichen Ungehemmtheit liegen auch Spontaneität, Kreativität und Fantasie verborgen. Die Schematisierung, die das Kind lernt, führt in der Entwicklung auch dazu, dass die Impulskontrolle ausgebildet wird.

Das Konstrukt »Verhaltenshemmung«

Im Kern besteht ein Großteil der Erziehung im Einfordern und Einüben von Verhaltenshemmung. Symbolisch steht hier das »Nein«, welches das Unterlassen einer durch einen Impuls ausgelösten Handlung fordert. Dabei soll das Kind lernen, seinen Handlungsimpuls zu hemmen, den Plan, den es sich gerade gemacht hat, zu verwerfen und dem Gebot oder Verbot des Erziehenden oder der erziehenden Umwelt zu folgen. Selbstverständlich lässt auch das Lernen aus Erfahrung den Zugang zur Kontrolle von Impulsen zu, indem das Kind aus der Erfahrung höhere Erkenntnisse zieht, die im Wiederholungsfalle helfen, den Impuls zu kontrollieren. Negative Lernerfahrungen führen zu höheren kognitiven Prozessen, die helfen, Impulse zu kontrollieren; positive Lernerfahrungen begünstigen höhere Prozesse, die einfache Schematisierung bis hin zu Metakognitionen entstehen lassen. Dieses grundlegende Prinzip führt zu dem Konstrukt der Verhaltenshemmung, die – bedenkt man die in allen Gesellschaften notwendigen Regeln und Gesetze – mitunter noch im Erwachsenenalter notwendig scheint.

Blitzgedanken – gedankliche Impulse

Gedankliche Impulse treten in unserem Kopf permanent auf. Unser Gehirn agiert und reagiert auf unsere Umgebung und liefert uns damit potentiell nutzbringende Informationen. Es will uns helfen, im nächsten Moment richtig denken und handeln zu können. Führen sich gedankliche Impulse fort und überschreiten die Handlungsplanung, so kommt es zur Tat: man handelt. Für Kinder, deren gedankliche Muster frei(er) sind, ist denkbar, dass auch ihre auftretenden gedanklichen Impulse kreativer sind. Im Kontext mit Aufmerksamkeit, genauer der Aufmerksamkeitslenkung, wird deutlich, dass ein gedanklicher Impuls zu innerem Abdriften führen kann. Dieses Abdriften ist zu verstehen als »innere Handlung« (vgl. Barkley 2005).

Impulse der Handlung

Handlungsimpulse sind durchaus einsichtig. Jemand, der schnell aufbraust und wütend ist, wird als impulsiv bezeichnet. Somit wird die Impulsivität meist in den emotionalen Bereich gerückt, da hier eine Gefühlshandlung stattfindet. Dies berücksichtigt jedoch nicht den eigentlichen Ablauf vom Impuls bis zur Handlung. Jeder Handlung geht ein Gedanke voraus, der erst im zweiten Schritt das Gefühl und dann die entsprechende Handlung bedingt.

Selbstkontrolle und -regulation

Werden Impulse gehemmt und kontrolliert, bildet dies im Kleinen das Fundament für eine Schematisierung höherer gedanklicher Muster, an die sich wiederum auch Handlungsmuster binden. Das Selbst kann so leichter eine konsistente innere Struktur erarbeiten. Das Arbeiten mit den eigenen Impulsen, das Einbetten der Handlungskonsequenzen und das Erfahren eigener Stärken und Schwächen vereint sich als höheres und komplexes Muster. Die Selbstkontrolle umfasst somit mehr als nur Verhaltenshemmung, da sie neben der Kontrolle der Inhibitionsprozesse auch vorbereitende Prozesse, Handlungsplanung und stetes Erneuern kognitiver Schemata beinhaltet.

ADS/ADHS und Hyperkinetische Störung

Im Kinder- und Jugendbereich scheint kaum ein Thema so ambivalent wie die ADS/ADHS. Seit 1983 als feststehende Diagnose im Gesundheitsbereich etabliert, ist sie im Laufe der Jahre insbesondere durch einen Teilaspekt ihrer Behandlung, die Medikation, berühmt und berüchtigt geworden. Das eigentliche Bild der ADS/ADHS respektive der Hyperkinetischen Störung besteht

in Auffälligkeiten im Verhalten von Kindern. Es handelt sich um eine Störung des Verhaltens. Der Begriff der ADS/ADHS, der das Wort Aufmerksamkeitsdefizit beinhaltet, suggeriert jedoch das Vorliegen einer Störung im kognitiven Bereich: die Aufmerksamkeit sei defizitär. Ein grundlegendes Problem der Diagnose offenbart sich an dieser Stelle und unterstreicht die Notwendigkeit der Unterscheidung zwischen Aufmerksamkeit und Konzentration auf der einen, sowie Aufmerksamkeits- und Konzentrationsverhalten auf der anderen Seite. Ergänzend sei darauf hingewiesen, dass sich hinter ADS/ADHS und der Hyperkinetischen Störung oder Aufmerksamkeits- und Aktivitätsstörung nahezu gleiche Symptom- und Störungsbilder verbergen.

Symptome und Erscheinungsformen

Die Symptomatik der ADS/ADHS ist zunächst einfach ableitbar, da sie sich an normabweichendem Verhalten hinsichtlich des Aufmerkens und Konzentriertseins orientiert. Die drei Leitkriterien der Störung sehen auffällige Verhaltensweisen vor, die den Kategorien Hyperaktivität, Impulsivität und Unaufmerksamkeit zuzuordnen sind. Einzelne Symptome aber reichen nicht für eine Diagnose aus, sie müssen in einer Vielzahl vorliegen, sich so zu einem Syndrom fügen und sie führen erst dann, also in einem Gesamtzusammenhang und in Abhängigkeit weiterer Kriterien, zur Störung. Zu diesen gehören zum Beispiel ein früher Beginn der Auffälligkeiten, eine persistierende und situationsübergreifende Symptomatik sowie der Ausschluss einer höherwertigen seelischen Erkrankung (vgl. Dilling et al. 1991). Diese Kriterien dienen der Absicherung, dass nicht nur einzelne Bereiche oder entwicklungsbedingte Phasen im Verhalten des Kindes oder im Tagesablauf im Zusammenhang mit der Entstehung entsprechender Auffälligkeiten stehen.

Hyperaktivität

Die motorische Unruhe – also die erhöhte, gesteigerte motorische Aktivität und der stete Bewegungsdrang von hyperaktiven Kindern – ist eines der Merkmale, das schnell ins Auge fällt. Hyperaktive Kinder haben im positiven Sinne eine besondere Energie, sie sind agil und lebendig, bewegungs- und erkundungsfreudig. Im klinischen Sinne fällt es ihnen schwer, ihren Bewegungsdrang zu kontrollieren, Situationen, in denen ruhige(re)s Verhalten erfordert wird, zu bewältigen und grundsätzlich (motorische) Ruhe zu bewahren. Diese grobmotorischen Auffälligkeiten werden meist auch von feinmotorischen Schwächen begleitet. Hyperaktiven Kindern fällt es im Vergleich zu anderen Kindern schwer, graphomotorische Aufgabenstellungen zu meistern. Ihre Stifthaltung ist gröber, die Kraftdosierung unangemessen. In der International Classification of Diseases (ICD-10) werden zur Kardinalsymptomatik der Überaktivität folgende Aussagen getroffen: »Überaktivität bedeutet exzessive Ruhelosigkeit, besonders in Situationen, die relative Ruhe verlangen. Situationsabhängig kann sie sich in Herumlaufen oder Herumspringen äußern, im Aufstehen, wenn dazu aufgefordert wurde, sitzen zu bleiben (...). Beurteilungsmaßstab sollte sein, dass die Aktivität im Verhältnis zu dem, was in der gleichen Situation von gleichaltrigen Kindern mit gleicher Intelligenz zu erwarten wäre, extrem ausgeprägt ist« (Dilling et al. 1991).

Impulsivität

Die Kategorie der Impulsivität dient der Erfassung von Verhaltensweisen, die auf eine Schwäche der Impulskontrolle deuten. Auch hier finden sich gleichermaßen emotionale und kognitive Impulse, die unkontrolliert zu einer Handlung führen. Kaum ein Kind im Kindergartenalter ist bereits in der Lage, sich entsprechend zu steuern und zu kontrollieren, denn zu unterstreichen ist, dass im Kindergartenalter ohnehin noch Lernerfahrungen für die Herausbildung und Festigung der Impulskontrolle vonnöten sind. Daher sind für die Betrachtung der Auffälligkeit das Alter und auch das Geschlecht bedeutsam. Jedenfalls werden im pädagogischen Arbeiten auch Begriffe wie eine niedrige Frustrationstoleranz – die aber nicht zwingend zu impulsiven Handlungen führen muss –, Sprunghaftigkeit und Spontaneität in die Nähe der Impulsivität gerückt.

Unaufmerksamkeit

Der Begriff, der überwiegend zur Verwirrung rund um die ADS/ADHS beiträgt, ist die Unaufmerksamkeit. Auch hier ist zunächst ein Verhalten gemeint, nicht die kognitive Fähigkeit. Einer Tätigkeit, die gerade erbracht werden sollte, wird die Aufmerksamkeit entzogen, so dass der Betroffene nicht zuhört (oder zuzuhören scheint), gedanklich abdriftet und im Resultat deutliche Lücken aufweist. Die innere gedankliche Kontrolle gelingt nicht gut. Somit besteht Unaufmerksamkeit im Wesentlichen aus einer erhöhten Ablenkbarkeit, die jedoch hauptsächlich interne Ablenkungsreize beschreibt. Dabei können durchaus äußere Reize eine

innere Ablenkung bedingen, doch ermangelt es dem unaufmerksamen Kind an Möglichkeiten, diese Ablenkung zu hemmen und sich der vermeintlich wichtigen Tätigkeit zuzuwenden. Eine besondere Rolle spielt hier das Arbeitsgedächtnis, in welchem bedeutsame Informationen zur Weiterverarbeitung aufrecht erhalten werden (vgl. Baddeley 1995). Im Arbeitsgedächtnis des Unaufmerksamen führen die Interferenzen dazu, dass irrelevante Reize gedanklich verfolgt werden, während der relevante Reiz nicht oder unzureichend weiterverarbeitet wird. Dadurch kommt es zu Tagträumen, zu gedanklicher Abwesenheit – obwohl das Verhalten an sich durch Zugewandtheit zum Sender Aufmerksamkeit vermuten lässt – und demzufolge auch zu Erinnerungsproblemen. Die diagnostischen Leitlinien der ICD-10 beschreiben die Kardinalsymptomatik der Unaufmerksamkeit wie folgt: »Die beeinträchtigte Aufmerksamkeit zeigt sich darin, dass Aufgaben vorzeitig abgebrochen und Tätigkeiten nicht beendet werden. Die Kinder wechseln häufig von einer Tätigkeit zu einer anderen, wobei sie anscheinend das Interesse an einer Aufgabe verlieren, weil sie zu einer anderen hin abgelenkt werden (...). Diese Aspekte mangelnder Aufmerksamkeit und Ausdauer sollten nur dann diagnostiziert werden, wenn sie im Verhältnis zum Alter und Intelligenzniveau des Kindes stark ausgeprägt sind« (Dilling et al. 1991).

Erscheinungsformen

Die ADS/ADHS gliedert sich in drei Typen, die in ihrer Erscheinungsform deutlich verschieden sind. Liegen vermehrt Symptome aus den Kategorien Hyperaktivität und Impulsivität vor, spricht man vom ADHS (hyperaktiver Typus). Bestehen keine oder nur sehr wenige hyperaktive

Symptome, liegt die Diagnose eines ADS vor (unaufmerksamker Typus). Besteht ein Mischbild, finden sich also in allen Bereichen relevante Ausprägungen, wird die Diagnose eines Mischtypus (kombinierter Typus) gegeben.

Diagnostik der ADS/ADHS

Zu Recht wird die Diagnostik der ADS/ADHS als Mosaik-Arbeit bezeichnet, da es nicht den einen verbindlichen ADS/ADHS-Test gibt. Beginnend mit einer ausführlichen Anamnese und Fremdbefragung von Erzieherin und Lehrerin, Exploration des Kindes und der Eltern wird über die Verhaltenseinschätzung mittels Fragebogen auch eine testpsychologische Untersuchung durchgeführt, die Intelligenz, Konzentration und Aufmerksamkeit sowie psychosoziale Merkmale erfasst. Erst nach Analyse aller Informationen – insbesondere auch der möglichen kritischen Lebensumstände wie zum Beispiel Trennungssituation oder Transitionen – ist dann die Diagnose einer ADS/ADHS zu stellen. Barkley stellt als grundlegende Schwäche einer ADS/ADHS dar, Reize nicht hemmen zu können, und spricht somit von einem Stimuli-Inhibitionsdefizit als Kern der ADS/ADHS (vgl. Barkley 2005).

Vorkommen, Verlauf und Ursachen

Die ADS/ADHS wird mit einer Prävalenz von 4 bis 6 Prozent zu einer der häufigsten Störungen im Kindes- und Jugendalter gezählt. Bei der hyperaktiven Erscheinungsform wird von einer deutlich erhöhten Anzahl an Jungen ausgegangen, während die unaufmerksamen ADS ein nahezu ausgewogenes Geschlechterverhältnis aufweisen. Steinhausen, Rothenberger und Döpfner (2009) weisen darauf hin, dass bei über 50 Prozent der Kinder und Jugendlichen die Symptome bis ins Erwachsenenalter bestehen, während bei knapp einem Drittel der Betroffenen nach dem Reifungsprozess der Pubertät die Symptomatik remittiert. Experten gehen davon aus, dass insbesondere die Hyperaktivität reduziert auftritt, während Symptome der Ablenkbarkeit und Unaufmerksamkeit eher zu überdauern scheinen. Prognostisch ist die ADS/ADHS als ungünstig einzustufen, da in den Entwicklungsverläufen bei etwa 50 Prozent der ADS/ADHS-ler weitere Störungen auftreten. Aufgrund der hohen Wahrscheinlichkeit, dass im Zusammenhang mit der ADS/ADHS zusätzliche Probleme im familiären, sozialen und schulischen Kontext auftreten, sind neben Teilleistungsstörungen und Tic-Störungen auch negative Auswirkungen auf die psychische Entwicklung gegeben. Eine Vielzahl der ADS/ADHS-ler leidet in ihrer Entwicklung an Angststörungen und Depression. Die ADHS ist meist gekoppelt mit Defiziten in der sozialen Kompetenz. Die Begleit- und Folgeerkrankungen finden sich im Erwachsenenalter wieder: Hier ist ADS/ADHS sehr häufig mit Depression, Angststörungen, antisozialem Verhalten und Süchten kombiniert. Bei Barkley (2006) finden sich Überlegungen zum Verlauf der ADHS, die zusätzliche Faktoren wie soziale Schichtzugehörigkeit, niedriges Intelligenzniveau und spezifische Eltern-Kind-Interaktionen als Prädiktoren eines ungünstigen Verlaufs gewichten. Auch wird festgehalten, dass das Ausmaß an frühen Problemen mit Gleichaltrigen als Prognosefaktor für spätere Beziehungsprobleme im Jugendlichen- und Erwachsenenalter zu nutzen ist.

Die Erklärungsmodelle zur ADS/ADHS setzen an biologischen und psychosozialen Faktoren an. Grundsätzlich ist von einer neurobiologischen Disposition auszugehen, die ein Defizit im Neurotransmitterhaushalt umfasst. Erbliche Veranlagung wie auch prä- und perinatale Schädigungen werden in diesem Zusammenhang angeführt. Unklar sind nach Döpfner (2009b) derzeit die Zusammenhänge möglicher Veränderungen auf der Ebene des Genotyps, die in Interaktion mit ungünstigen psychosozialen Bedingungen und Toxinen, Allergenen und Nahrungsmittelintoleranzen wirken.

»Ob die weitere Erforschung solcher Zusammenhänge wirklich zu besseren präventiven und therapeutischen Interventionen bei ADHS führen wird, bleibt abzuwarten. Zumindest kann die Dynamik epigenetischer Vorgänge evtl. erklären, wieso man bei monozygoten Zwillingen keine hundertprozentige Konkordanz für ADHS findet, warum Jungen häufiger von ADHS betroffen sind als Mädchen und weshalb ADHS sich unterschiedlich manifestiert, wenn die gleichen Risikogene jeweils von dem Vater oder der Mutter stammen« (Döpfner 2009b, 148).

Auch können postnatale Einflüsse im Sinne von Hirnschädigungen in das Gesamtgefüge eingebunden sein. Psychosoziale Faktoren können verstärkend oder hemmend wirken: instabile familiäre Verhältnisse, inkonsequentes Erziehungsverhalten, traumatisierende Lebensereignisse sowie zusätzliche Belastungsfaktoren wie körperliche Behinderungen oder Teilleistungsstörungen wie Leseprobleme verstärken die Symptomatik der ADS/ADHS und erhöhen das Risiko, an weiteren Störungen zu erkranken. Bei etwa 15 bis 50 Prozent der Eltern wird eine psychische

Störung angenommen, wobei insbesondere Mütter gefährdet scheinen, an einer Depression zu erkranken. Eine alleinige Entstehung aufgrund der Erbanlagen oder von Umwelteinflüssen wird aber ausgeschlossen (vgl. Barkley 2006).

ADS/ADHS im Vorschulalter

Die Entwicklungsbesonderheiten im Alter bis zum Schuleintritt stellen die Diagnostik der ADS/ADHS vor besondere Herausforderungen. Zu diesen Entwicklungsbesonderheiten zählen die interindividuellen Unterschiede zwischen den Geschlechtern, die sprunghaften Entwicklungsschübe und teilweise gravierenden Einflüsse durch psychosoziale Rahmenbedingungen.

Grundsätzlich ist es nur bei einer sehr ausgeprägten Symptomatik möglich und sinnvoll, die Diagnose einer ADS/ADHS im Vorschulalter zu stellen, da neben den Entwicklungsbesonderheiten der Lebensraum der Kinder zu begrenzt ist, um situative und entwicklungsbezogene Faktoren per se auszuschließen. Erst mit dem Eintritt in die Schule ist eine Betrachtung der Symptomatik in den verschiedenen Lebensbereichen gut leistbar.

Für die hyperaktive Symptomatik zeigen sich auch im Vorschulalter meist Auffälligkeiten in denjenigen Situationen, die (motorisch) ruhiges Verhalten erfordern. Häufig finden sich Hinweise zum Beispiel in Sitz- und Stuhlkreisen oder beim Anstehen, die im weitesten Sinne in einem Verlassen der Situation bestehen. Betroffene Kinder reden viel, sind impulsiv und kontaktfreudig bis distanzlos. Gleichzeitig ist ein hohes Interesse an schnellen, vorzugsweise wilden Bewegungsabläufen und Bewegungsspielen zu beobachten. Hinsichtlich des Merkmales der Impulsivität ist insbesondere auf die Unterscheidung von emotionalen und kognitiven Impulsen hinzuweisen. Leichte Erregbarkeit, schnelles Aufbrausen bei Frustrationen und auch der schnelle Übergang ins Beleidigtsein oder Weinen können Hinweise auf eine erhöhte Impulsivität sein, bei der emotionale Impulse das Verhalten bedingen. Sprunghaftes Erzählen, häufiges Unterbrechen von Gesprächen oder Hineinrufen hingegen stehen für die Schwäche, gedankliche Impulse zu hemmen. Unaufmerksame Kinder sind eher unscheinbar und fallen in der Regel durch Zeitprobleme auf: Sie sind trödelig und langsam, vergesslich und wirken eher schüchtern (vgl. Neuhaus 2003).

Prinzipien für den Umgang mit ADS/ADHS

Die Vorgehensweise für den Umgang mit Kindern mit ADS/ADHS ist aus der komplexen Symptomatik sowie den Begleit- und Folgeerkrankungen ableitbar. Die Verbesserung grundlegender Prozesse der Aufmerksamkeitssteuerung und der Impulskontrolle sollte auf den ersten Blick im Vordergrund stehen. Prinzipiell bedeutet das, auf klare und vereinfachte Strukturen zu achten, Routinen zu betonen und viel Wert auf automatisierte Abläufe zu legen. Dies hilft dem ADS/ADHS-ler, die innere Unordnung zu strukturieren und in erfolgreiche Lernmuster zu überführen (vgl. Döpfner et al. 2003). Grundsätzlich sollte der Umgang mit ADS/ADHS-Kindern nonverbal und visuell, zum Beispiel mit Gestik und Signalen, unterstützt werden, da Sprache als alleiniges Medium in hohem Maße interferenzanfällig ist. Sprache sollte eindeutig, klar und reduziert genutzt werden, denn zu schnell sind die akustischen Informationen von weiteren

Reizen überlagert und somit vergessen. In Anbetracht der multiplen Begleit- und Folgeerkrankungen gewinnt die emotionale und soziale Ebene eine besondere Bedeutung: eigene Stärken zu erfahren, emotionalen Halt zu erleben, das Gefühl, angenommen zu werden und Teil der Gemeinschaft zu sein, sind Grundlagen dafür, dass Folgeerkrankungen minimiert werden können.

Hochbegabung und ADS/ADHS

Hochbegabung und ADS/ADHS miteinander zu verwechseln, dürfte sehr schwierig sein, steht doch das eine für hohe Leistungsfähigkeit und das andere eher für eine niedrige. Der grundlegende Unterschied ist banal: Hochbegabung ist eine kognitive Stärke, ADS/ADHS eine Verhaltensstörung. Die hohen kognitiven Fähigkeiten bedingen hohe Leistungen, die Verhaltensauffälligkeiten der ADS/ADHS disponieren zu schwachen Leistungen.

Im zweiten Blick steht jedoch der Zusammenhang zwischen Kognition und Verhalten, da jedem Verhalten ein mentaler Vorgang vorausgeht. Handlungsimpulse, die letztlich bei jedem Menschen aus höheren kognitiven Schemata (Metakognitionen) entspringen, bedingen das gezeigte, auffällige Verhalten. Ein Rückschluss vom Verhalten auf die kognitiven Fähigkeiten (»Begabung«) ist nur schwer möglich, vor allem weil das Verhalten neben den mentalen Voraussetzungen, wie Intelligenz und Konzentration, noch anderen Einflüssen unterliegt, zum Beispiel individuellen Einstellungen und Erfahrungen. Hier ist also Vorsicht geboten. So kann zum Beispiel die häufig getroffene Annahme, dass Langeweileverhalten auf Unterforderung zurückzuführen sei, sehr verkürzt sein.

Unterschiedliche Grundannahmen

Kindliches Problemverhalten, welches sich aus einer Hochbegabung heraus erklären lässt, kann grundsätzlich auf (kognitive) Deprivation und sozioemotionale Interaktionsprozesse zurückzuführen sein. Reizdeprivierte Zustände können eine gesteigerte motorische Unruhe, innere Reizbarkeit, Reizoffenheit und oppositionelles Verhalten bedingen. Besteht ein Integrationsproblem des Kindes, so fehlt immer ein fundamentaler Baustein, sich angenommen zu fühlen, Vertrauen zu haben und sich somit frei zu fühlen. Hemmende Prozesse durch Unsicherheiten bis hin zu Ängsten sind hier denkbar. Auch kann in diesem Falle die erlebte Andersartigkeit zu einer inneren Abkapselung führen, die die Integration selbst bei Bemühungen aller Beteiligten sehr erschweren kann. Fast ausschließlich berichten die Studien aber von einem vergleichsweise positiven Zusammenhang zwischen Hochbegabung und Schulleistung. In keinem Falle aber ist die Hochbegabung an sich ein das Problemverhalten bedingendes Moment, wie insbesondere die Ergebnisse des Marburger Hochbegabtenprojektes dokumentieren (vgl. Rost 1993).

Mit ADS/ADHS verbundene problematische Verhaltensweisen hingegen setzen am neurobiologischen Status und der Schwäche des Kindes an, seine Impulse zu kontrollieren. Hyperaktives Verhalten braucht zum Beispiel keine Deprivation oder Prozesse sozialer Ablehnung, um sich zu entwickeln, es kann durch beide lediglich verstärkt werden. Die Fähigkeit der Impulskontrolle wird grundsätzlich nicht in reizarmen Situationen gemindert, oppositionelles Verhalten ist bedingt durch die Impulsivität des ADHS-lers und die gedankliche Antizipation des Misserfolges. Nahezu alle Studien über den Zusammenhang von ADS/ADHS und schulischer Leistung sprechen von Performanzproblemen, also deutlich schlechteren Leistungen der Betroffenen, als es gemäß der intellektuellen Fähigkeiten zu erwarten wäre. ADS/ADHS disponiert somit zum Underachievement. Letzteres ist daher nicht nur über die Umgebungsfaktoren erklärbar, sondern auch Folge der symptombedingten Einschränkungen des Kindes.

Beides – Hochbegabung und ADHS/ADS – ist eben unterschiedlich. Doch ist die grundsätzliche Aussage, ein Hochbegabter könne keine ADS/ADHS haben, zum Beispiel da er ansonsten in keinem Intelligenztest so gut abschneiden könne, insbesondere unter Berücksichtigung der Unterscheidung zwischen Fähigkeit und Verhalten nicht haltbar. Horsch, Müller und Spicher (2006) benennen als vorschnelle Urteile, die im pädagogischen Alltag und auch in der beraterischen Praxis zum Zusammenhang zwischen Hochbegabung und ADS/ADHS getätigt werden, die folgenden Aussagen: »Wenn ein Kind hoch begabt ist, kann es kein ADS/ADHS haben. Jeder Hochbegabte, der schulisch unterfordert ist, zeigt ein ADS/ADHS-Verhalten. Alle problematischen Hochbegabten werden zu ADS/ADHS-Kindern gemacht« (Horsch et al. 2006, 159).

Diese undifferenzierten Einstellungen bedingen, dass Kindern mit einer möglichen ADS/ADHS notwendige therapeutische Hilfe vorenthalten wird. Zudem ist auch für den schulischen Werdegang kritisch zu sehen, dysfunktionale Grundannahmen ohne Überprüfung derart aufrecht zu erhalten und so einen konstruktiven Umgang mit schulischen Rahmenbedingungen zu erschweren.

Mögliche theoretische Überschneidungen

Es gibt derzeit keinen Beleg dafür, dass Hochbegabung und ADS/ADHS häufiger gemeinsam auftreten, da ADS/ADHS über alle Intelligenzgruppen gleichmäßig verteilt zu sein scheint. Nur in ausgelesenen Stichproben – wie in speziellen Beratungsstellen – kann ein gehäuftes Vorkommen vorliegen, so dass eine Generalisierung auf die Gesamtgruppe der Hochbegabten nicht haltbar ist. Nichtsdestotrotz finden sich vermehrt theoretische Überlegungen, mögliche Überschneidungen der beiden Bereiche zu bedenken.

Das hohe Stimulationsbedürfnis steht stellvertretend für die Wissbegierde, den Erkundungsdrang und die hohe Produktivität von Hochbegabung und ADS/ADHS. Erzeugte Wissenslücken sorgen für eine innere Disharmonie, die reduziert werden will und so einen Forscherprozess in Gang setzt. So kann das bekannte Neugierverhalten von Hochbegabten phänotypisch dem Erkundungsverhalten hyperaktiver Kinder entsprechen, deren Bewegungsdrang und Reizoffenheit sie zu Entdeckern macht. Das Phänomen der »Löcher im Bauch«, welches zudem die Fähigkeit zur Hyperfokussierung braucht, verdeutlicht dies. Auch wird in der Kreativität ein mögliches gemeinsames Merkmal diskutiert, da die Sprunghaftigkeit des Denkens Basis für kreative Denkprozesse sein kann. Die freie Aufmerksamkeitslenkung und daraus resultierende Reizoffenheit der ADS/ADHS ist Grundlage dafür, Details auf- und wahrzunehmen, kleine Abweichungen zu registrieren, die dem schematisierenden Denker durchaus verborgen bleiben. Auch Hochbegabte, deren Wahrnehmungs- und Mustererkennungsprozesse differenziert und breit aufgebaut sind, haben ein besonderes Gespür für entsprechend kleine Veränderungen oder besondere Details. Diese Überlegungen können leicht zur Annahme führen, dass jeder Hochbegabte auch automatisch eine ADS/ADHS haben müsse. Dies ist derzeit jedoch weder wissenschaftlich belegbar noch aus praktischen Erfahrungen haltbar.

Hält doppelt besser? ADS/ADHS bei Hochbegabung

Die Praxiserfahrung macht es deutlich: Wird bei einer bereits erkannten und von betroffenen Familien akzeptierten ADS/ADHS im Verlauf eine Hochbegabung evident, so ist die Freude groß, denn die Prognose für den Verlauf des Kindes ist aufgrund des hohen IQ deutlich günstiger. Zudem ist nicht alles nur ein ADS/ADHS-Problem. Treffen jedoch ein hochbegabtes Kind und dessen Familien im Verlauf die Diagnose einer ADS/ADHS, ist die Bestürzung in der Regel groß: Nicht alles ist in diesem Falle nur ein Hochbegabungsproblem.

Auf der Makroebene besticht die Kombination aus beidem durch Umsetzungsschwierigkeiten auf Seiten des Kindes: Das hohe Potential des Hochbegabten kann nicht erwartungsgemäß umgesetzt werden, was an hochbegabte Underachiever im schulischen Kontext erinnert. Für das Kind bedeutet dies, dass es trotz Potential und entsprechender Erwartungshaltung die erwartete Leistung nicht erreicht. Partiell gelingt dies, so dass insbesondere Interessensbereiche mit hoher Motivation und Intensität auch mit Höchstleistung im Sinne von Kenntnissen und Fähigkeiten einhergehen können. Somit ist in zweiter Hinsicht aufgrund der verstärkten Frustrationserfahrungen und der inkonsistenten Rückmeldung aus der Tätigkeit und der Umwelt mit einer inneren psychischen Unausgeglichenheit zu rechnen, die die Erwartungshaltung des Kindes sowie das Zutrauen in die eigenen Fähigkeiten senken kann. Man spricht dann von einer geminderten Selbstwirksamkeitserwartung. Bei mikroanalytischer Betrachtung lässt sich aus der Kombination ableiten, dass aufgrund der inkonsistenten Lernerfahrungen auch die Weiterentwicklung höherer neuronaler Muster beeinträchtigt sein kann. Die grundlegende Eigenschaft der Selbstorganisation im Sinne neuronaler Netzwerke scheint somit mangelhaft (vgl. Spitzer 2000). Dies ist nicht nur im Leistungskontext, beispielsweise bei der Verarbeitung von sachbezogenen Informationen, sondern auch in der sozialen Interaktion denkbar, da letztlich auch die Wahrnehmung und Verarbeitung von zum Beispiel komplexen Gruppensituationen nicht angemessen gelingen kann. Die grundsätzliche Impulsivität kann zu Lücken in der Informationsverarbeitung führen, die trotz der hohen kognitiven Fähigkeiten entsprechend mangelhaft verarbeitet und zur Handlungsplanung und -durchführung genutzt werden. Konkret kann dies bedeuten, dass die Hochbegabung zu sehr guten Ideen, Ansätzen zur Problemlösung oder Planungsskizzen führt, dann aber infolge der ADS/ADHS das erdachte Ziel nicht erreicht werden kann.

Pädagogische Maßnahmen

Im Folgenden werden lediglich ergänzende Aspekte zum pädagogischen Arbeiten mit von ADS/ADHS betroffenen hochbegabten Kindern aufgegriffen. (Vgl. die Ausführungen zur Didaktik von Schenker in diesem Band: »Theoretische Grundlagen einer Didaktik der Förderung hochbegabter Kinder in Kindertageseinrichtungen«).

Die Gestaltung von Rahmenbedingungen sollte dem Prinzip einer klaren Struktur folgen. Dies bezieht sich insbesondere auf räumliche und zeitliche Aspekte: Übersichtlichkeit, Passung von Raum und Inhalt sowie eine einheitliche Chronologie sollten zumindest gegeben sein. Je komplexer die Rahmenbedingungen sind, desto wichtiger ist die pädagogische Ausrichtung nach diesem Prinzip. Bei hochbegabten Kindern mit ADS/ADHS ist bereits im Vorschulalter die Möglichkeit gegeben, gerade Strukturen auf kognitiver Ebene zu erfragen und zu reflektieren. Dies unterstützt die Entwicklung höherer gedanklicher Muster, schärft die Aufmerksamkeit für entsprechende Hinweisreize und hilft in dieser Form sozusagen ressourcenorientiert. Auch und insbesondere bei Kindern mit ADS/ADHS steht die Beziehung zum Kind, die trotz der Schwierigkeiten, die der Alltag mit betroffenen Kindern mit sich bringt, haltgebend und wertschätzend sein muss. Um Verlässlichkeit in der persönlichen Beziehung zu erhalten, sind kontinuierliches Loben, Betonen der Stärken sowie gemeinsames Spielen einfache Werkzeuge, um die Beziehung aufzubauen und zu festigen. Da Lernen auf Erfahrung beruht, ist auch das Einhalten von Konsequenzen Grundlage für die Beziehung zum Kind. Inkonsequenz hilft der Beziehung kurzfristig, nicht aber langfristig. Gerade bei Hochbegabten mit ADS/ADHS ist abzuwägen, zu welchen Zeitpunkten und in welchen Situationen Lob zu erfolgen hat: Lobt man bei »Selbstverständlichkeiten« (die subjektiv festgelegt werden und bei Hochbegabten überdurchschnittliches Erwartungsniveau haben können), kann das Lob als abwertend aufgenommen werden. Grundsätzlich sollten somit eher Blicke würdigen, Gesten verstärken und zustimmen, statt durch Sprache – die in Gruppen auch immer Öffentlichkeit schafft – zu loben.

Was die Störungen der Aufmerksamkeit betrifft, greift zunächst die übersichtliche Gestaltung der Rahmenbedingungen. Das Prinzip sprachlicher Reduktion führt dazu, dass Wesentliches kommuniziert und für das Kind die Aufnahme erleichtert wird. Bei Hochbegabten mit ADS/ADHS kann sich diesbezüglich eine Besonderheit finden: Die hohen kognitiven Fähigkeiten gehen mit hohen sprachlichen Fähigkeiten einher, so dass auch hochtrabend, verkomplizierend und gestelzt wirkende oder mit Ironie gefärbte Aussagen sicherstellen können, dass die wesentlichen Informationen beim Kind ankommen. Schwierigkeiten bei Abläufen, zum Beispiel beim Anziehen, bedürfen zweierlei: stetes Üben, das analog der Werkstatt-Diplome auch mit einem Garderobe-Diplom gewürdigt werden kann, und die humorvolle und wertschätzende Betonung der Alltagsuntauglichkeit eines zerstreuten Professors. Letzteres kann helfen, die eigene Schwäche besser zu verarbeiten, das heißt die Zerstreutheit und die Genialität zu verinnerlichen. Die beschriebenen Störungen der Impulskontrolle brauchen in erster Linie beobachtende Pädagoginnen. Der Königsweg (zugegeben ein idealisierender Gedanke) sähe so aus, dass bereits präventiv mit potentiell kritischen Situationen gearbeitet würde und dementsprechende Veränderungen in den Rahmenbedingungen erfolgten. Doch lässt sich ableiten, dass insbesondere wiederkehrende Konflikte und Probleme in ein Konzept zum Umgang mit dem Kind führen müssen. Da der eigentliche Impuls bei Vorschulkindern nicht oder nur geringfügig zu verhindern ist, gilt es, das Grundbedürfnis zu befriedigen beziehungsweise den Impuls in eine sozial verträgliche Bahn zu lenken. Bei hochbegabten Kindern mit ADS/ADHS kann aufgrund der hohen Reflexionsfähigkeit auch mit altersuntypischen Ansätzen gearbeitet werden, bei denen eine Art »Ersatzverhalten« abzusprechen ist, welches grundsätzlich dem Impuls folgt. Für den Bereich der Überaktivität können nur Maßnahmen helfen, die den Bewegungsdrang aufnehmen und dem Kind die Möglichkeit geben, die überschießende motorische Energie abzubauen. Relativ ruhige Situationen wie Sitzkreise sollten daher nicht unmittelbar nach zuvor bereits ruhigen Spielphasen stattfinden, da sie dann eine Überforderung darstellen, sondern in einem Gesamtkonzept bedacht sein.

Literatur

Baddeley, A. (1995). Working Memory. In M. S. Gazzaniga (Hrsg.), The cognitive Neurosciences (S. 755-764). Cambridge: MIT Press.

Barkley, R. (2005). ADHD and the nature of self-control. New York: The Guilford Press.

Barkley, R. (2006). Attention-Deficit Hyperactivity Disorder. A Handbook for Diagnosis and Treatment. New York: The Guilford Press.

Dilling, H., Mombour, W. & Schmidt, M. H. (Hrsg.) (2001). Internationale Klassifikation psychischer Störungen. ICD-10 Kapitel V (F). Bern: Huber.

Döpfner, M., Frölich, J. & Wolff-Metternich, T. (2003). Ratgeber ADHS: Informationen für Betroffene, Eltern, Lehrer und Erzieher zu Aufmerksamkeits-Defizit-Hyperaktivitäts-Störungen. Göttingen: Hogrefe.

Döpfner, M., Frölich, J. & Lehmkuhl, G. (2009a). Aufmerksamkeitsdefizit-Hyperaktivitätsstörung (ADHS). Leitfaden Kinder- und Jugendlichenpsychotherapie, Band 1. Göttingen: Hogrefe.

Döpfner, M. (2009b). Verhaltensbeobachtungen. In H.-C. Steinhausen, A. Rothenberger & M. Döpfner (Hrsg.), Handbuch ADHS: Grundlagen, Klinik, Therapie und Verlauf der Aufmerksamkeitsdefizit-Hyperaktivitätsstörung (S. 208-215). Stuttgart: Kohlhammer.

Fitzner, T. & Stark, W. (2005). Genial, gestört, gelangweilt? ADHS, Schule und Hochbegabung. Weinheim: Beltz.

Grzesik, J. (2009). Die Kooperation von Aufmerksamkeit, Interesse, Intentionalität und kurzzeitigem Arbeitsgedächtnis. Leipzig: Bohmeier.

Horsch, H., Müller, G. & Spicher, H.-J. (2006). Hochbegabt und trotzdem glücklich. Düsseldorf: Oberstebrink.

Neuhaus, C. (2003). Das hyperaktive Baby und Kleinkind: Symptome deuten – Lösungen finden. Freiburg: Urania.

Rost, D. H. (1993). Lebensumweltanalyse hochbegabter Kinder. Das Marburger Hochbegabtenprojekt. Göttingen: Hogrefe.

Spitzer, M. (2000). Geist im Netz. Modelle für Lernen, Denken und Handeln. Heidelberg: Spektrum.

Steinhausen, H.-C., Rothenberger, A. & Döpfner, M. (Hrsg.) (2009). Handbuch ADHS: Grundlagen, Klinik, Therapie und Verlauf der Aufmerksamkeitsdefizit-Hyperaktivitätsstörung. Stuttgart: Kohlhammer.

Hochbegabung und Angststörungen bei Kindern

Patrick Mayer

Kindliche Ängste und depressive Entwicklung

Die morgendliche Bringsituation, zum Beispiel zur Kindertagesstätte, offenbart eine der bekanntesten Ängste im Kindesalter: die sogenannte Trennungsangst. Diese alterstypische Angst, die auf einem Kontinuum von normal bis pathologisch ausgeprägt sein kann, ist die häufigste emotionale Herausforderung, vor die ein Kind gestellt wird, wenn es von seinen Eltern im Kindergarten abgegeben wird. Darüber hinaus gibt es vielfältige andere Situationen, in denen Ängste bei Kindern zu beobachten sind.

Es stellt sich die Frage, ob speziell bei hochbegabten Kindern diese Angst oder Ängste im Allgemeinen mit den akzelerierten kognitiven Fähigkeiten zusammenhängen. Anders ausgedrückt: Steigert hohe intellektuelle Begabung die Wahrscheinlichkeit, an einer Angststörung pathologischen Ausmaßes zu erkranken? Um eines vorwegzunehmen: Derzeit gilt als gesichert, dass Hochbegabung kein Risiko darstellt, an einer psychischen Störung zu erkranken. Unter kinder- und jugendpsychiatrischen Störungen nehmen Ängste und Depressionen den größten Anteil ein. Obwohl verschiedene Autoren einen resilienten Charakter der Hochbegabung definieren, muss auch bei hochbegabten Kindern von einer Prävalenz von ca. 10 Prozent ausgegangen werden, das heißt jedes 10. Kind erkrankt in seiner Kindheit oder Jugend an einer Angststörung und/oder Depression.

Für das Verständnis und auch den Umgang mit Ängsten ist es wichtig, zunächst auf einige grundlegende begriffliche Unterscheidungen einzugehen: Angst, Furcht, Phobie und Panik.

Angst

Angst ist ein Affektzustand, der durch die Wahrnehmung von Gefahr oder Bedrohung in der Umwelt oder im Individuum ausgelöst wird.

Angst ist kein Defizit, sie dient als biologisches Warnsystem, das bei Gefahr aktiviert wird – anders hätte die Menschheit nicht Jahrtausende überleben können. Als Reaktion auf eine realistische oder angenommene Bedrohung richtet sie sich auf zukünftige Ereignisse. Nach Essau (2003) ist Angst eine zukunftsorientierte Emotion. Normale Angst ist ein Alarmzeichen für den Organismus, die ihn in die Lage versetzt, sich einer (tatsächlichen oder vermuteten) Bedrohung zu stellen (fight) oder aus der Situation zu fliehen (flight). Etwas anders verhält es sich bei der neurotischen Angst. Dabei stehen Befürchtungen und Gefühle im Vordergrund, eine zukünftige und möglicherweise bedrohliche Situation nicht kontrollieren zu können. Jede Form von Angst wird wahrgenommen als innerer Spannungszustand, der durch die tatsächliche oder

vermeintliche Bedrohung ausgelöst wird. Angst äußert sich durch körperliche, aber genauso durch psychische Reaktionen, die den Menschen einerseits vor Gefahren schützen (sollen), in übersteigerter Form aber auch lähmen können.

Furcht

Der Begriff Furcht beschreibt – obwohl er im Deutschen häufig synonym zu Angst verwendet wird – eine unmittelbare Alarmreaktion auf eine gegenwärtige Gefahr oder eine lebensbedrohliche Situation. Daher ist Furcht gegenwartsbezogen, meist kurzlebig und zieht selten intensive oder anhaltende Reaktionen nach sich (Essau 2003). Bei Kindern kann Furcht als adaptive Reaktion verstanden werden, die die Entstehung kognitiver Fähigkeiten widerspiegelt (Essau 2003). Korrekterweise müsste es statt »Angst vor dem Fliegen« eigentlich »Furcht vor dem Fliegen« heißen.

Phobie

Auch der Begriff der Phobie wird im Alltag häufig synonym mit Angst oder Furcht verwendet. Eine Phobie (auch phobische Störung) ist eine krankhafte, das heißt unbegründete und anhaltende Angst vor Situationen, Gegenständen, Tätigkeiten oder Personen (dem phobischen Stimulus). Sie äußert sich im übermäßigen, unangemessenen Wunsch, den Anlass der Angst zu vermeiden. Schon die gedankliche Beschäftigung mit phobisch besetzten Reizen löst Angstsymptome aus.

Panik

Unter Panik oder Panikattacken versteht man eine plötzliche, überwältigende Periode intensiver Furcht oder Unbehagens, das mit körperlichen und kognitiven Symptomen einer Fight/Flight-Reaktion einhergeht (Essau 2003). Die alltägliche Aussage, eine Panik gehabt zu haben, ist daher meist unzutreffend. Panik ist als Zustand äußerster Angst vor gegenwärtiger oder angenommener (Lebens-)Gefahr zu verstehen. Häufig berichten Kinder von der »Angst vor der Angst« oder einem Gefühl »verrückt zu werden«.

Alterstypische Ängste vs. Pathologische Angst

Art und Inhalt von Ängsten sind nahezu untrennbar mit einem bestimmten Alter und der zugehörigen Entwicklungsphase verbunden. Beinahe jeder Mensch durchlebt sie im Laufe seiner individuellen Entwicklung mehr oder weniger intensiv.

In der professionellen Diagnostik ist es notwendig, zwischen »normalen« und pathologischen Ängsten zu unterscheiden. Schneider (2004) beschreibt für bestimmte Alters- und Entwicklungsstufen typische Ängste und deren möglichen Ursprung. Dabei dominieren im Säuglings- und Kleinkindalter Angstreaktionen bei extremen Reizen und näher kommenden Objekten. Ferner liegen entwicklungsgemäß die »Achtmonatsangst« (Angst vor Fremden) und situationsadäquate und -inadäquate Trennungsängste vor. Im Vorschulalter kommen häufig diffuse Ängste vor Dunkelheit, Gespenstern und Monstern, vor Naturerscheinungen (Donner, Blitz, Sturm) und einige Realängste (zum Beispiel vor Tieren) vor. Mit zunehmendem Alter herrschen Sozialisationsängste (Schulangst), Ängste vor Krankheiten, Verletzungen, ärztlichen Eingriffen, Unfällen, Tod und Reifungsängste (sexualitätsbezogene Ängste, Minderwertigkeitsgefühle) vor. Hier zeigt sich eine besondere Herausforderung für die Diagnostik bei hochbegabten Kindern und Jugendlichen: Es muss zwischen kognitiver und emotionaler Entwicklung differenziert werden. Ein hochbegabtes Kind mag sich intellektuell mit Dingen auseinandersetzen, die ihm Angst machen können, die aber dem emotionalen Entwicklungsalter noch nicht entsprechen.

Als charakteristisch für pathologische Ängste gelten eine übermäßig ausgeprägte Intensität, ungewöhnliche Inhalte und Objekte oder eine Unangemessenheit der Angstreaktion im Verhältnis zur Situation. Behandlungsbedürftig werden Ängste vor allem, wenn die Angst chronifiziert oder generalisiert, Bewältigungsstrategien fehlen oder nicht erworben werden können und alterstypische Lebensvollzüge beeinträchtigt sind.

Häufige Formen der Angst bei Kindern und Jugendlichen

Pathologische Angststörungen werden im Klassifikationssystem der Weltgesundheitsorganisation (ICD-10) genau beschrieben. Erst wenn hinreichend viele Anzeichen mit einer bestimmten Schwere, Häufigkeit und Zeitdauer vorliegen, können Kinder- und Jugendlichenpsychotherapeuten die Diagnose einer Angststörung stellen. Behandlungsbedürftige Ängste können unterschiedliche Formen annehmen und werden dementsprechend bezeichnet. Dabei handelt es sich im Einzelnen um:

Störung mit Trennungsangst

Das Hauptmerkmal zeigt sich darin, dass Kinder wiederholt mit übermäßigem Kummer und Widerstand reagieren, wenn sie sich von ihrer Hauptbezugsperson oder von zu Hause trennen sollen oder eine Trennung befürchten. Die Kinder zeigen sich häufig besorgt darüber, dass den Eltern oder Bezugspersonen etwas zustoßen könnte oder dass sie selbst durch ein Unglück (zum Beispiel Erkrankung) von ihnen getrennt werden. Die Angst äußert sich beispielsweise in der Weigerung, aus Angst vor der Trennung in den Kindergarten oder zur Schule zu gehen, alleine zu Hause zu bleiben oder ohne die Nähe einer wichtigen Bezugsperson schlafen zu gehen. Insbesondere bei jungen Kindern ist zu berücksichtigen, dass diese Ängste von entwicklungstypischen Phasen wie bei der Eingewöhnung in den Kindergarten zu unterscheiden sind. Die betroffenen Kinder haben meist wiederholt auftretende Alpträume von Trennungen und klagen über körperliche Beschwerden (wie Kopfschmerzen, Bauchschmerzen, Übelkeit oder Erbrechen), wenn die Trennung von einer wichtigen Bezugsperson bevorsteht oder stattfindet. Jugendliche, vor allem Jungen, neigen dazu die Trennungsangst zu leugnen. Eine solche Störung entwickelt sich häufig nach schwierigen Lebensereignissen (zum Beispiel nach dem Tod eines Verwandten, nach Krankheit oder einem Umzug).

Spezifische Phobie

Zu dieser Gruppe gehören Ängste vor Tieren oder Aufzügen. Bei spezifischen Phobien bezieht sich die Angst eindeutig auf bestimmte Objekte und Situationen. So kann das Kind ein Tier stark fürchten und die Begegnung mit ihm ständig vermeiden (zum Beispiel die Straßenseite wechseln, wenn ein Hund vorbeiläuft). Bei einer anderen Form dieser Angststörung fürchtet der Betroffene Stürme, Höhe, Wasser oder Dunkelheit. Auch der Anblick von Blut, einer Verletzung oder einer Injektion kann Angst auslösen. Ebenso können öffentliche Verkehrsmittel, Tunnel, Brücken, Flugzeuge, Fahrstühle starke Symptome hervorrufen. Weiterhin kann sich, speziell bei Kindern, die Angst auf laute Geräusche oder verkleidete Personen beziehen wie beispielsweise bei der Clownphobie. Die Konfrontation, also die Begegnung oder die Erwartung einer Konfrontation mit der gefürchteten Situation oder dem gefürchteten Objekt, löst massive Angstreaktionen aus.

Soziale Phobie

Im Zentrum dieser Störung steht die Befürchtung, in sozial peinliche Situationen zu geraten, beschämt zu werden oder sich zu blamieren. Es stellen sich Herzklopfen, Zittern, Schwitzen und Magen-Darm-Beschwerden ein. Die Störung zeigt sich bei Kindern insbesondere im sozialen Kontext der Schule (sich melden, in der Klasse sprechen, Sportunterricht, an die Tafel treten, an Ausflügen teilnehmen), kann sich aber auch bereits im Kindergarten beim Sprechen vor der Gruppe oder bei Bühnenauftritten zeigen. Häufig machen sich die Kinder auch Sorgen darüber, dass sie zum Beispiel durch Erröten, durch ihre Kleidung oder ihr sonstiges Aussehen auffallen könnten. In der Folge kann es zu einer Verschlechterung der Schulleistungen, zur Schulverweigerung oder Vermeidung von altersangemessenen sozialen Aktivitäten kommen.

Akute Belastungsstörung und posttraumatische Belastungsstörung

Diese Störungen können als Reaktion auf ein traumatisches Ereignis auftreten. Unter einem Trauma versteht man ein Ereignis, das mit dem Tod, der Androhung des Todes, einer schweren (auch seelischen) Verletzung oder einer anderen Bedrohung verbunden ist. Traumata können auch durch indirektes Erleben, etwa durch Beobachten eines Unfalls, entwickelt werden. Kinder leiden dann unter intensiver Furcht, Hilflosigkeit oder Entsetzen und einer erhöhten physiologischen Erregung. Sie sind zudem durch das Wiedererleben der traumatischen Erfahrung (wiederholte aufdringliche Erinnerung, quälende Träume) gekennzeichnet. Bei kleinen Kindern können ungewöhnliche Handlungen beim Spielen auffallen, in denen sich Themen oder Aspekte des Traumas ausdrücken.

Zwangsstörung

Zwänge zu haben, kann zweierlei bedeuten: Zum einen können Zwangsgedanken auftreten, die automatisiert und aufdringlich eine Befürchtung beinhalten. So können Kinder die Gedanken entwickeln, dass, wenn sie an den Tod denken, ihrer Mutter etwas Schlimmes passieren könnte. Zum anderen finden sich Zwangshandlungen, die dazu dienen, eine Befürchtung zu mindern. Kontrollzwänge haben zum Beispiel die Funktion, eine Katastrophe abzuwenden; bei Waschzwängen hingegen steht die Reinigung von potentiellen Krankheitserregern im Vordergrund. Meist basieren die Befürchtungen zu Beginn auf denkbaren Gefahren, die für ein Kind vorstellbar sind, jedoch mit extremer emotionaler Belastung einhergehen.

Hochbegabte können aufgrund ihrer hohen intellektuellen Fähigkeiten entsprechende Krankheiten antizipieren und ausmalen, so dass der emotionale Zustand intensiviert wird. Diesen unangenehmen Zustand versuchen sie dann durch ein eigenes System und eine eigene Ordnung wieder abzubauen. Bei jungen Kindern finden sich auch in Lernprozessen, die Zuordnungen leisten und demzufolge Ordnungsmuster benötigen, Aspekte von Zwanghaftigkeit. Man muss dabei jedoch differenzieren: Speziell für Kinder gilt, dass ritualistische und sich wiederholende Verhaltensweisen und Spiele sowie abergläubisch-naives Verhalten Teil einer normalen kindlichen Entwicklung sind. Auch ist die Entwicklung im intellektuellen Bereich an das Erkennen von Systemen, von Ordnung und Muster gekoppelt, so dass spielerisch-ordnende Verhaltensweisen nicht unbedingt zwanghaften Charakter haben müssen. Bei Hochbegabten ist durchaus denkbar, dass auch die Freude am Erkennen von solchen Systemen zu einer extremen Orientierung daran führen kann.

Depressive Entwicklungen

Depressive Entwicklungen zeigen sich bei jungen Kindern sehr selten. Auch ist der Begriff der Depression, der aus dem Erwachsenenbereich bekannt ist, nicht einfach auf den Bereich des Kindesalters zu transferieren. Kinder zeigen in depressiven Phasen über längere Zeit hin ein ausgeprägtes Maß an Freudlosigkeit und Antriebslosigkeit. Das Sprechen wirkt meist emotionslos, kognitiv dominiert häufiges Grübeln auch über Kleinigkeiten und vor allem das Abwerten der eigenen Leistung. Depressive Kinder zeigen ein verändertes Spiel- und Arbeitsverhalten.

Neben allgemeiner Passivität kann auch aggressiv-gereiztes Verhalten auftreten, was häufig zu sozialen Problemen führt. Neben verschiedenen körperlichen Symptomen (wie Kopfschmerzen oder Magen-Darm-Problemen) zeigen depressive Kinder und Jugendliche ein verändertes – vermehrtes oder auch stark vermindertes – Schlafbedürfnis, sie reduzieren ihre Nahrungsaufnahme oder steigern ihr Wohlbefinden kurzfristig mit vermehrter Nahrungsaufnahme. In der Beratungspraxis zeigt sich auch, dass Kinder und Jugendliche sich stark aus der sozialen Realität in eine Art Fantasiewelt zurückziehen (Computer, Lesen und ähnliches), in der eine vermeintliche Kontrolle über negative Gefühle wiedererlangt werden kann.

Behandlung von Angst und Depression

Bei Kindern ist aufgrund der Entwicklungsphasen die Diagnose einer Angststörung immer dahingehend zu prüfen, inwieweit es sich nicht vielmehr um ein alterstypisches Bild handelt – darauf wurde eingangs bereits verwiesen. Doch neben der Diagnose, deren Sicherheit Fachleute zu prüfen haben, stellt sich auch die Frage, welche Ängste im Kindesalter behandlungsbedürftig sind. Zur Entscheidung dieser Frage sind folgende Richtlinien geeignet:

Eine Behandlung ist dann erforderlich, wenn die Ängste
- starke und anhaltende Beeinträchtigungen für das Kind bedeuten,
- langfristig die normale Entwicklung des Kindes behindern,
- Probleme in der Familie oder in anderen Lebensbereichen (zum Beispiel im Kindergarten) auslösen.

Dies ist vor allem dann der Fall, wenn die Ängste zu einem Flucht- oder Vermeidungsverhalten führen, welches den Alltag des Kindes anhaltend einschränkt. Es können dadurch oder in der Folge Rückstände in der motorischen, kognitiven und sozial-emotionalen Entwicklung entstehen. Bei Depressionen ist davon auszugehen, dass die geminderte Aktivität und das Rückzugverhalten zu ähnlichen Einschränkungen und in der Folge zu Defiziten führen.

Hochbegabung als Risiko?

Immer wieder begegnen Erzieherinnen in ihrem Arbeitskontext hochbegabten Kindern, die sich schon früh und nicht dem tatsächlichen Alter entsprechend für Ereignisse in der Welt (zum Beispiel Krieg und Unglück, Leben und Sterben) interessieren. Nicht immer finden diese Kinder Antworten auf Fragen, die selbst Experten nicht beantworten können. Nicht nur bei Kindern führt diese Diskrepanz zwischen Wahrnehmung und Realität zu innerer Spannung. Im Normfall ist eine natürliche Diskrepanz gegeben, die durch korrigierende Erfahrungen und gedankliche Strategien überwunden wird. Der gesunde Erwachsene hat im Laufe seiner Sozialisation gelernt, diese Anspannung abzubauen.

Bei hochbegabten Kindern ist denkbar, dass in besonderen Situationen eine Spannung erzeugt wird, deren Diskrepanz nicht unmittelbar überwunden werden kann. Die erwähnten besonderen mentalen Fähigkeiten können eine Grundlage für das Katastrophisieren darstellen: Der »kognitive Vorsprung« ermöglicht es den Kindern, jegliche mögliche Konsequenzen ihrer Handlungen, von bestimmten Ereignissen oder Situationen abzuleiten – ohne deren Auftretenswahrscheinlichkeit, um dieses Beispiel zu nennen, zu beachten. Meist verhindert der emotionale Entwicklungsstand, dass diese Katastrophengedanken sinnvoll verarbeitet werden können.

Hochbegabte besitzen aufgrund der besonderen mentalen Denkfähigkeiten grundsätzlich eine gute Antizipationsfähigkeit von Ereignissen. Sie bilden demzufolge einen »inneren Plan der Zukunft«, der durch unvorhergesehene oder auch nicht einkalkulierbare Größen (eben dritte Personen) gestört wird. Das kann unter Umständen die Basis für größere Verunsicherungen bilden.

Die Fähigkeit, in der Umwelt Ordnungen zu entdecken, eigene Ordnungen und Zuordnungen leisten zu können, kann bei Hochbegabten ein ausgeprägtes Streben nach speziellen Systemen entwickeln lassen. Diese inneren Pläne und Abbildungen von sich und der Umwelt können sehr detailliert und konkret gestaltet sein. In der Interaktion mit der Umwelt, insbesondere den gleichaltrigen Kindern, herrscht »Chaos« vor, welches emotionale Unsicherheiten auslösen und Strategien zur Stabilisierung hervorrufen kann. In der Folge kann die Neigung zum Wiederherstellen von Ordnung bis hin zu zwanghaft wirkenden Ritualen und Systemen entwickelt werden.

In der Regel verfügen hochbegabte Kinder über ein hohes Maß an interner Kontrollüberzeugung, das heißt sie nehmen ein positives oder negatives Ereignis als Konsequenz des eigenen Verhaltens wahr (vgl. Rost 1993). Situationen, die sie anscheinend als unkontrollierbar erleben, können daher ein komplettes Infragestellen der Person, ein Sich-Infragestellen als Zeichen größter Verunsicherung disponieren. Im Rahmen einer sozialen Situation zum Beispiel mag einem eher perfektionistisch veranlagten hochbegabten Kind, welches eine intensive innere Verarbeitung von Fehlern leistet, bei akribischer Wahrnehmung der Außenwelt eher Kritik und Lächerlichkeit auffallen als jemandem, der das Lachen der Erzieherin überhaupt nicht auf sich bezieht.

In der Literatur hierzu erfahren kritische Lebensereignisse wie Krankheit oder Tod besondere Beachtung. Dies sind an sich Ereignisse, die nicht kontrollierbar und nur bedingt beeinflussbar sind. Im Gegensatz zur hohen Kontrollüberzeugung, die sich bei hochbegabten Kindern in der Regel entwickelt, führt hier ein einschneidendes Erlebnis zu der Erfahrung, keine Kontrolle mehr über Ereignisse im Leben zu haben. Die grundlegende Denkweise, dass eigenes Tun einen Erfolg hat und Ereignisse vorherbestimmbar macht, wird ad absurdum geführt. Im Sinne Schwarzers (1987) entsteht hier für Hochbegabte ein massiver Konflikt zwischen Erfahrungen von großer Kontrollierbarkeit und Unkontrolliertheit in anderen Bereichen des Lebens, so dass aufgrund dieser Diskrepanz eine erhöhte Stressanfälligkeit zu erwarten ist. In Abhängigkeit der Rahmenbedingungen, unter denen ein hochbegabtes Kind aufwächst, kann es sich durch seine Erfahrungen mit gleichaltrigen Kindern als gleichwertig oder anders erleben. Hochbegabte Kinder können aufgrund ihrer teils ungewöhnlichen, eben nicht altersadäquaten Interessen oder Verhaltensweisen leicht erfahren, dass ihre Art sich nicht mit der Norm der Gruppe deckt. Das grundlegende menschliche Bedürfnis nach Zugehörigkeit und Gemeinschaft kann dazu führen, dass hochbegabte Kinder dann eine hohe soziale Anpassung zeigen, eigene Bedürfnisse unterordnen und sich in ihrer Individualität verstecken. Denkbar sind unter diesen Umständen sozialphobische Entwicklungen, die aufgrund negativer Erfahrungen wie zum Beispiel Hänseleien und Mobbing entstehen können.

Dieser kurze Exkurs soll aufzeigen, wann und wie Hochbegabung einen dispositionellen oder beschleunigenden Charakter beim Auftreten von Angst haben kann. Es existieren derzeit aber keine empirisch belegten Erkenntnisse, die dafür sprechen, dass Hochbegabung ein Risiko für psychische Erkrankungen darstellt. Eine, wenn auch schon ältere, amerikanische Studie (Scholwinski & Reynolds 1985) kommt zu dem Schluss, dass Hochbegabte weniger an Ängsten leiden, als durchschnittlich begabte Gleichaltrige. Gleiches findet sich in den Analysen des Marburger Hochbegabtenprojekts (Rost 1993, 2000). Hochbegabung kann im eigentlichen Sinne als Schutzfaktor angesehen werden.

Möglichkeiten zum pädagogischen Umgang

Im Umgang mit ängstlichen Kindern gelten alle pädagogischen Grundsätze, die beim Umgang mit jedem Kind selbstverständlich sein sollten. Denn ängstlich und vorsichtig zu sein, kann manchmal auch Teil der Persönlichkeit sein. Die Übergänge sind fließend und müssen daher auch individuell in Zusammenarbeit mit den Eltern abgestimmt werden. Ängste lassen sich nicht »wegerziehen«, sie bedürfen therapeutischer Behandlung, die im pädagogischen Alltag unterstützt werden kann. Mit Angst umgehen zu können, bedeutet nicht, sie einfach nur auszuhalten, sondern sie zu überwinden. Einige Anregungen für die pädagogische Unterstützung seien hier kurz zusammengefasst:

- Sicherheit, Anerkennung, Liebe und Geborgenheit zu geben, sind Grundwerte in der Arbeit mit Kindern. Dadurch gewinnt ein Kind Selbstvertrauen und Mut. Auf dieser Basis kann es lernen, sich mit seinen Ängsten und Sorgen auseinandersetzen zu können und zu dürfen.

- Häufiges Sprechen über die eigenen Gefühle und die Gefühle des Kindes vermittelt den Kindern ein positives Rollenmodell. Das Kind lernt, dass es normal ist, Angst zu haben, und dass es normal ist, Angst zu überwinden.

- Insbesondere hochbegabte Kinder können häufig kognitiv innere Prozesse erarbeiten und verstehen lernen, indem sie sich reflektieren und nach Erklärungen suchen. Von großem Nutzen sind daher vor allem andere Möglichkeiten, Gefühle auszudrücken, indem kreativ gearbeitet, philosophiert oder in Rollenspielen erlebt wird.

- Der intellektuelle Entwicklungsvorsprung bei Hochbegabten führt häufig zur emotionalen Überschätzung des Kindes: Ein 7-jähriger erscheint im Gespräch so wie ein 10-jähriger. Eine Begegnung im Emotionalen sollte dem Entwicklungsalter entsprechend sein.

- Da Angst ein Zustand ist, der immer mit körperlicher Anspannung verbunden ist, ist es wichtig, dass Kinder Entspannung lernen. Aufgrund ihrer hohen Produktivität sollten dies insbesondere Hochbegabte lernen.

- In einer Welt, die viele Fragen und ungelöste, ja unlösbare Probleme bietet, wirken feste Abläufe und Rituale manchmal langweilig, meist aber geben sie Sicherheit und Berechenbarkeit und liefern so die Möglichkeit, die Herausforderungen besser zu bewältigen.

- Ängste bei hochbegabten Kindern scheinen manches Mal kaum nachvollziehbar, da diese Kinder altersuntypisch oder sehr kognitiv geprägt sind. Es ist daher wichtig, sie ernst zu nehmen, und sie tatsächlich verstehen zu wollen.

- Hochbegabte Kinder können gut reflektieren und über sich nachdenken: Sie sind Spezialisten für sich selbst und für ihre Ängste und Sorgen. Sie sollten daher bei der Suche nach Lösungen und Strategien eingebunden sein.

Bestehen verstärkt Hinweise, dass Ängste bei einem Kind länger anhalten und sich verstärken und verallgemeinern, ist der Gang zu professionellen Stellen wie Kinder- und Jugendlichenpsychotherapeuten und Kinderärzten unerlässlich. Grundsätzlich gilt, dass eine Behandlung umso erfolgreicher verlaufen kann, je früher sie ansetzt. Hat sich eine Angststörung oder Depression chronifiziert, ist eine Heilung schwieriger zu erreichen.

Literatur

Essau, C. (2003). Angst bei Kindern und Jugendlichen. München: Ernst Reinhardt.

Rost, D. H. (1993). Lebensumweltanalyse hochbegabter Kinder. Das Marburger Hochbegabtenprojekt. Göttingen: Hogrefe.

Rost, D. H. (Hrsg.) (2000). Hochbegabte und hochleistende Jugendliche. Neue Ergebnisse aus dem Marburger Hochbegabtenprojekt. Münster: Waxmann.

Schneider, S. (2004). Angststörungen bei Kinder und Jugendlichen. Heidelberg: Springer.

Scholwinski, E. & Reynolds, C. R. (1985). Dimensions of Anxiety Among High IQ Children. Gifted Child Quarterly, 29, 125-130.

Schwarzer, R. (1987). Stress, Angst und Hilflosigkeit. München: Urban & Schwarzenberg.

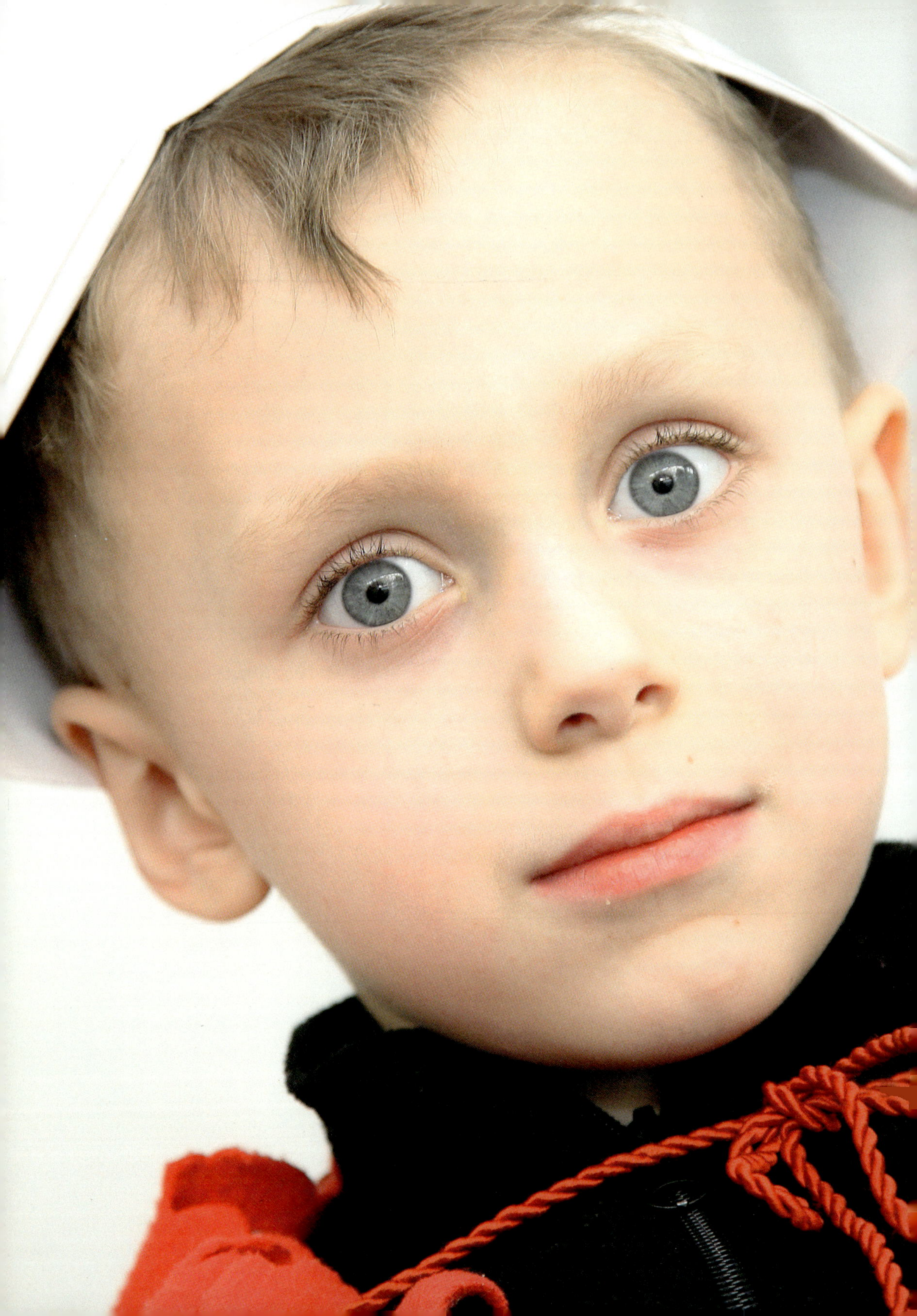

Hochbegabung und Asperger-Autismus

Tanja Gabriele Baudson

Doppel- und Fehldiagnosen sind im Zusammenhang mit Hochbegabung ein besonderes Problem. Neben den Aufmerksamkeitsstörungen ist das Asperger-Syndrom ein weiteres Störungsbild, dem seit einigen Jahren gesteigerte Aufmerksamkeit zuteil wird. Hierbei handelt es sich um eine Form autistischer Störungen, die sich insbesondere auf das Sozialverhalten auswirkt. Ob und inwiefern hohe Intelligenz dabei eine Rolle spielt, ist Thema dieses Artikels.

Sina ist vier Jahre alt und besucht seit einem Jahr die Kindertagesstätte. Bislang hat sie erst wenige Freundinnen und Freunde gefunden, scheint deswegen jedoch nicht unglücklich zu sein. Im Gegenteil kann sie sich sehr gut alleine beschäftigen: Besonders gerne baut sie komplexe Maschinen mit Legosteinen und erklärt deren Funktionsweise dann mit großer Detailfreude – und erkennt dabei auch nicht immer, wenn das Interesse ihres Gegenübers so langsam schwindet. Ihr Wortschatz ist sehr gewählt, die Sprache jedoch etwas schnell und monoton. Wenn sie sich auf eine Sache konzentriert, ist sie völlig absorbiert und nimmt kaum wahr, was um sie herum passiert. Wenn andere Kinder sie deshalb hänseln, findet sie deren Verhalten »unlogisch«. Was ist mit Sina los – oder ist sie einfach nur ein wenig einzelgängerisch?

Im Kontext Hochbegabung sind sowohl Fehldiagnosen (nicht erkannte Hochbegabung und Fehlinterpretation des Verhaltens als »gestört«) als auch Doppeldiagnosen (gleichzeitiges Vorliegen von Hochbegabung und Störungsbild) ein Problem und eine große diagnostische Herausforderung. Asperger-Autismus, ein Syndrom aus dem Spektrum der autistischen Störungen, weist ebenso wie Aufmerksamkeitsstörungen (siehe hierzu das Kapitel von Müller) oberflächlich einige Ähnlichkeiten zu »typisch« hochbegabtem Verhalten auf und kann deshalb leicht falsch interpretiert werden.

Was ist das Asperger-Syndrom, und woran kann man es erkennen?

Doch zunächst einmal: Was ist das Asperger-Syndrom? Der österreichische Kinderarzt Hans Asperger beschrieb das Störungsbild 1944 fast zeitgleich mit seinem Kollegen Leo Kanner, der eine schwerere Form autistischer Störungen, den frühkindlichen Autismus, ein Jahr zuvor entdeckt hatte. Das Diagnose- und Klassifikationsmanual DSM-IV-TR beschreibt das Asperger-Syndrom anhand der Dimensionen soziale Schwierigkeiten (differenziert in Schwierigkeiten der Interaktion und der Kommunikation) und Ausbildung von Routinen, Ritualen oder eingeschränkten/zwanghaften Interessen, die eine bedeutsame Beeinträchtigung darstellen müssen (diese und weitere diagnostische Kriterien werden später noch etwas detaillierter ausgeführt). Die sozialen Schwierigkeiten umfassen beispielsweise einen Mangel an Einfühlungsvermögen in andere Menschen oder Probleme bei der Interpretation und Produktion mimischen und parasprachlichen Ausdrucks (letzteres umfasst etwa die Sprachmelodie – Menschen mit Asperger-Syndrom sprechen oft mit eher »flacher« Intonation). Dies erschwert es ihnen, Beziehungen zu anderen Menschen aufzubauen, die sie oft ein wenig seltsam finden – und umgekehrt; ihr häufiges motorisches Ungeschick trägt hierzu möglicherweise noch bei, vor allem im Kindesalter, wenn körperliche Aktivität, Bewegungsspiele und so weiter noch eine wichtige Rolle einnehmen. Asperger-Autisten fühlen sich außerdem wohler, wenn ihre Welt strukturiert ist: Hierbei helfen ihnen Rituale und stereotype Verhaltensweisen (beispielsweise jeden Morgen dasselbe zu frühstücken, aber auch motorische Besonderheiten wie ständiges Fußwippen); und wenn sich am üblichen Ablauf etwas ändert, kann dies zu regelrechten Krisen führen.

Asperger-Autismus wird in der Regel deutlich später diagnostiziert als der frühkindliche Autismus, da die sprachliche, motorische und intellektuelle Entwicklung zunächst innerhalb eines Rahmens verläuft, den die Bezugspersonen des Kindes noch nicht als alarmierend bewerten. Häufig kommt es erst dann zu anhaltenden Schwierigkeiten, wenn sich die Kinder durch den Besuch eines Kindergartens sozial eingliedern müssen. Das Verhalten des Kindes mutet seltsam, bisweilen unerzogen oder rücksichtslos an. In der Regel werden deshalb zunächst Versuche unternommen, erzieherischen Einfluss zu nehmen – oft jedoch mit geringem Erfolg. Darüber hinaus sehen sich die Eltern der Kinder häufig dem Vorwurf einer inkonsequenten Erziehung ausgesetzt.

Zwei unterschiedliche Arten der Informationsverarbeitung

Insbesondere der Mangel an Gegenseitigkeit in zwischenmenschlichen Beziehungen stellt das Umfeld von Kindern mit Asperger-Autismus vor große Schwierigkeiten. Schon früh zeigt sich, dass Kinder mit Störungen aus dem autistischen Spektrum »anders« sind als andere Kinder. Beim Spielen mit Gleichaltrigen (zum Beispiel »Vater – Mutter – Kind«) kommt es etwa zu keinem Miteinander im Sinne des Aushandelns von Themen und Regeln, sondern eher zum Versuch, eigene Regeln durchzusetzen (oder eben zum Alleine-Spielen). Der britische Forscher Simon Baron-Cohen postuliert in seiner Extreme Male Brain-Theorie[41] zwei unterschiedliche Arten der Informationsverarbeitung: zum einen die empathische (empathising), die eher ganzheitlich und in Abhängigkeit vom jeweiligen Kontext interpretiert, und zum anderen die systematische (systemising), die versucht, komplexe Wirklichkeiten auf einen Nexus kausaler Beziehungen, also Wenn-Dann-Regeln, herunterzubrechen. Jede Art der Informationsverarbeitung ist für verschiedene Lebensbereiche unterschiedlich gut geeignet: Um logisch zu denken, das Funktionieren von Maschinen, aber auch komplexe Systeme (etwa das Rechtssystem eines Staates) zu begreifen, ist eine hohe Systemising-Fähigkeit günstig. Für soziale Interaktionen ist hingegen hohes Empathising die bessere Voraussetzung: Menschliches Verhalten ist eben nicht immer vorhersagbar.

41 Baron-Cohen postuliert empathising als eine tendenziell eher »weibliche«, systemising hingegen als »männliche« Art der Informationsverarbeitung. Der Name der Theorie rührt daher, dass Autismus sich durch eine extreme Tendenz zum Systematisieren (bei geringem empathising) auszeichnet, also eine Art »Extrem« des männlichen Gehirns darstellt.

Autismus ist nicht gleich Autismus

Diagnostische Kriterien

Um eine Störung diagnostizieren zu können, reicht es nicht aus, wenn nur einzelne Symptome vorliegen. Die einschlägigen diagnostischen Handbücher, wie sie von Psychologen oder Ärzten verwendet werden, nennen deshalb immer eine ganze Reihe von Kriterien, die in einer bestimmten Anzahl und Ausprägung vorliegen müssen. Erst, wenn diese alle erfüllt sind, kann man die Diagnose stellen – und eine solch schwerwiegende Entscheidung können Laien nicht treffen. Aufmerksam kann (und sollte) man aber natürlich trotzdem sein!

Die Hauptkriterien für das Vorliegen von Asperger-Autismus sind:

- eine qualitative Beeinträchtigung sozialer Interaktionen;
- wiederholtes Ausführen von Verhaltensweisen, eingeschränkte Interessen und stereotype Aktivitäten (alles muss »seine Ordnung haben«, Veränderungen verstören das Kind);
- die Störung beeinträchtigt das Kind in wichtigen Bereichen des täglichen Lebens;
- keine auffällige Verzögerung der Sprachentwicklung (ein wichtiges Unterscheidungskriterium zum frühkindlichen oder Kanner-Autismus!);
- keine auffälligen Verzögerungen in kognitiver Hinsicht (ebenfalls ein wichtiges Differenzierungskriterium zu Kindern mit Kanner-Autismus, deren Intelligenz eher unter dem Durchschnitt liegt).
- Ausschlusskriterium: Es darf keine andere tiefgreifende Entwicklungsstörung oder eine Schizophrenie vorliegen.

Insgesamt ist das Asperger-Syndrom eher selten; Untersuchungen zur Verbreitung des Störungsbildes gehen von einem Verhältnis von etwa 1:500 bis 1:2.000 aus. Eine wichtige Besonderheit ist, dass Asperger-Autisten im Gegensatz zu frühkindlichen Autisten hinsichtlich Intelligenz und Sprache (abgesehen von leichten Sprachentwicklungsverzögerungen bei einem Teil der Gruppe) nicht beeinträchtigt sind. Im Gegenteil: Ihre Sprache ist oft elaboriert, ihr IQ – vor allem ihre sprachliche Begabung – eher hoch. Einige Studien fanden, dass unter den Asperger-Autisten die Hochbegabtenrate etwas höher liegt als in der Gesamtbevölkerung (statt 2 Prozent liegt sie bei 3 bis sogar 17 Prozent!), wobei die Zahlen natürlich mit Vorsicht interpretiert werden müssen: Da die Kombination zwischen Asperger-Autismus und Hochbegabung so selten ist, findet man natürlich nur wenige Kinder, die man untersuchen kann. Darum ist es bislang noch schwierig, allgemeingültige Aussagen zu treffen. Keineswegs ist es jedoch so, dass alle Asperger-Autisten gleichzeitig hochbegabt sind.

Genau ihre Intelligenz ist aber auch ein großer Vorteil der Kinder mit Asperger-Syndrom: Die schnellere Informationsverarbeitung ermöglicht es ihnen nämlich, soziale Schwierigkeiten in gewisser Weise zu kompensieren, indem sie einen kognitiven Umweg gehen, wo die direkte empathische Informationsverarbeitung versperrt ist. Das heißt, dass sie in einer gegebenen sozialen Interaktion mehrere Interpretationsmöglichkeiten betrachten können, wo durchschnittlich begabte Asperger-Autisten nur einen verarbeiten – und dann den schlüssigsten auswählen. Nach außen fällt das bei einer sehr hohen Begabung dann unter Umständen gar nicht auf oder wird unter »normale Verschrobenheit« subsumiert; das etwas seltsame und exzentrische »Genie« ist ja nicht nur in den Medien ein verbreitetes Klischee. Genau das kann aber im Fall einer Doppeldiagnose – ähnlich wie bei Aufmerksamkeitsstörungen – dazu führen, dass letztlich keine der beiden Besonderheiten, Hochbegabung und Asperger-Syndrom, erkannt wird.

Gemeinsamkeiten zwischen Hochbegabten und Kindern mit Asperger-Autismus

Inwiefern kann das Verhalten Hochbegabter nun als »autistisch« fehldiagnostiziert werden? Zunächst stellt soziale Kompetenz nur ein Potential dar, das sich unter günstigen Umständen auch in einer entsprechenden Performanz, also angemessenem sozialen Verhalten, entfalten kann. Gerade hochbegabte Kinder haben mit Gleichaltrigen jedoch oft eine so geringe »Schnittmenge« hinsichtlich Interessen, Reife und ähnlichem, dass dies sich negativ auf das Sozialverhalten auswirken kann. Hierbei ist wieder die Situationsspezifität wichtig: Treten die Probleme nämlich im Kreise vergleichbar intelligenter Kinder nicht mehr auf, ist zu vermuten, dass es sich weniger um eine autistische Störung als vielmehr um einen Mangel an »Langsamkeitstoleranz« handelt. Und je jünger Kinder sind, desto unverblümter sind sie auch darin, dies zum Ausdruck zu bringen.

Vorsicht bei Entwicklungsasynchronien

Je jünger ein hochbegabtes Kind ist, desto auffälliger sind auch seine Entwicklungsvorsprünge. Aber nicht alle Bereiche entwickeln sich im gleichen Tempo. So kann es passieren, dass ein Kind seinen Altersgenossinnen und -genossen in intellektueller Hinsicht schon sehr weit voraus ist, in sozialer Hinsicht aber möglicherweise »nur« durchschnittlich. Dies kann wiederum zu einer falschen Einschätzung des Sozialverhaltens führen: Wenn man ein Kind an seiner überdurchschnittlichen intellektuellen Reife misst, läuft man Gefahr, seine sozialen Fertigkeiten als »unterentwickelt« zu beurteilten – was eine Fehldiagnose in Richtung Asperger-Syndrom ebenfalls begünstigen kann. Erzieherinnen und Erzieher sollten folglich darauf achten, ein Kind »fair«, das heißt unter Beachtung des Entwicklungsstandes gleichaltriger Kinder zu beurteilen.

Geschlechterunterschiede

Schon früh legen wir bei Mädchen und Jungen unterschiedliche Maßstäbe dafür an, welche Verhaltensweisen als »normal« gelten. Das beeinflusst, ob Entwicklungsbesonderheiten erkannt werden. Die Theorie von Baron-Cohen legt nahe, dass Mädchen den Jungen im empathischen Einfühlen überlegen sind. Das heißt jedoch auch, dass Mädchen sich weniger sozial inkompetentes Verhalten »leisten« können, ohne negativ aufzufallen. Ein Mädchen, das sich ausschließlich mit Maschinen und technischem Spielzeug befasst und wenig mit anderen Kindern interagiert, würde folglich schneller auffallen als ein Junge, der sich ebenso verhält.

Diese Geschlechterunterschiede sind auch beim Erkennen besonderer intellektueller Begabung bedeutsam. Mädchen haben gegenüber Jungen in sozialer Hinsicht einen Entwicklungsvorsprung; ihre »Antennen« dafür, welche Verhaltensweisen man von ihnen erwartet, sind folglich besonders sensibel. Dies ist vor allem bei Hochbegabten der Fall, die ja generell gute Informationsverarbeiter sind. Daraus resultiert, dass ein unterforderter kleiner Junge sein Missfallen eher nach außen trägt (»externalisiert«): Wenn ihm etwas nicht passt, tobt und brüllt er auch schon einmal herum oder wird aggressiv, während sich ein (auch nicht weniger unterfordertes) hochbegabtes Mädchen eher still und unauffällig verhält und seine Probleme in sich hineinfrisst (»internalisiert«). Dies kann sich in Traurigkeit, Zurückgezogenheit oder auch Nägelbeißen äußern – da diese Probleme das Funktionieren der Gruppe jedoch deutlich weniger stören, besteht die Gefahr, dass sie ebenso wie ihre Ursache übersehen werden.

Intensität der Interessen

Eine weitere Gemeinsamkeit zwischen Hochbegabten und Kindern mit Asperger-Autismus ist die Intensität, mit der sie ihre Interessen verfolgen (und oft auch kommunizieren – unabhängig von der Begeisterung des Gegenübers). Bei Kindern mit Asperger-Autismus findet man jedoch auch Passionen, die kaum jemand teilt (Webb und andere berichten etwa von einem Kind, das sich für Friteusen begeisterte und diese in jedem Fast-Food-Restaurant inspizieren musste) und beim Wissenserwerb eine Beschränkung auf die Fakten selbst ohne den Wunsch, diesen auch lebensweltliche Bedeutung zu verleihen.

Kinder mit Asperger-Autismus sind sehr auf ihre Spezialinteressen fixiert und durch Außenstehende schwer für andere Bereiche zu motivieren. Die eigenen Einfälle und Impulse führen oft dazu, dass die Kinder von innen heraus abgelenkt sind, was die Bearbeitung von Aufgaben, die die Außenwelt von ihnen verlangt, deutlich erschwert. Für Außenstehende kann das den Eindruck erwecken, die Kinder seien aufmerksamkeitsgestört – oder schlicht ungehorsam. Im Schulalter sind Kinder mit Asperger-Autismus im Unterschied zu (unauffälligen) Hochbegabten in der Folge häufig eher schlechte Schüler, da sie sich nicht mit hinreichender Ausdauer den von außen formulierten Anforderungen widmen.

Wie kann man helfen?

Erste Anzeichen für Hochbegabung, Asperger-Autismus, Aufmerksamkeitsstörungen und andere Schwierigkeiten von Kindern zu erkennen ist für Praktiker nie Selbstzweck, sondern soll letzten Endes immer dazu beitragen, jedem Kind möglichst gute Entwicklungsbedingungen zu bieten und es so seinen Voraussetzungen entsprechend zu fördern. Wie kann das konkret aussehen?

Besondere Bedeutung von Sprache und Kommunikation

Sowohl hochbegabten als auch autistischen Kindern kann es helfen, wenn man ihnen den Sinn verschiedener sozialer Verhaltensweisen erklärt (und dies, insbesondere bei autistischen Kindern, auf kleine Schritte herunterbricht). Denn beide gehen mit einem großen Maß an Logik an die Welt heran: Warum erwachsene Menschen sich über das Wetter unterhalten, obwohl es doch ganz offensichtlich ist, dass die Sonne scheint, erschließt sich oft keinem der beiden – da kann es beispielsweise helfen, ihnen nahezubringen, dass die Sprache als »sozialer Schmierstoff« funktioniert, was eben mehr beinhaltet als reinen Informationsaustausch.

Nicht vorschnell etikettieren!

Die Diagnostik sowohl von Hochbegabung als auch von Störungen des autistischen Spektrums ist aufwändig und erfordert eine Menge an Fachwissen. Dies kann man als Erzieherin oder Erzieher nicht leisten – und braucht es auch nicht. Wohl aber sollte man wissen, an wen man sich wenden kann. Niedergelassene Psychologinnen und Psychologen (am besten solche, die sich mit beidem auskennen) und spezielle diagnostische Zentren können eine erste Anlaufstelle sein. Manche Universitätskliniken, wie die Uniklinik Köln, bieten auch spezielle Autismus-Sprechstunden an; darüber hinaus gibt es auch im Internet Netzwerke Betroffener mit Hinweisen auf erfahrene Diagnostiker. Zum anderen sollte man sensibel für frühe Entwicklungsbesonderheiten sein. Als Erzieherin und Erzieher hat man den Vorteil, dass man viele gleichaltrige Kinder in der Gruppe beobachten und somit vergleichen kann. Bei Auffälligkeiten, gleich welcher Art, sollten Erzieherinnen und Erzieher das Gespräch mit den Eltern suchen, dabei jedoch generell äußerst vorsichtig sein, einem Kind vorschnell ein Etikett wie »hochbegabt«, »autistisch«, »aufmerksamkeitsgestört« und so weiter anzuhängen. Erzieherinnen und Erzieher können durch aufmerksame und umsichtige Beobachtung dazu beitragen, dass möglichst kein Kind mit Auffälligkeiten jedweder Art übersehen wird; die komplexe Diagnostik gehört jedoch in die Hände von Spezialisten. Daher kann und sollte der Fokus von Gesprächen mit Eltern darin liegen, zu ergründen, wie die Erzieherinnen und Erzieher die Entwicklung des Kindes in der Kindertagesstätte optimal und unter Berücksichtigung individueller Besonderheiten fördern können.

Fazit

Hochbegabung und Asperger-Autismus haben von außen betrachtet so einiges gemeinsam, und es ist nicht immer einfach, die beiden Besonderheiten auseinanderzuhalten. Insgesamt gibt es wohl deutlich mehr Fehldiagnosen als Fälle, in denen beides auftritt. Bevor man ein hochbegabtes Kind also vorschnell als »Aspie« etikettiert, ist es daher immens wichtig, sein Verhalten in den verschiedensten Situationen zu beobachten – vor allem im Umgang mit ähnlich »gestrickten« Menschen. Verschwinden die Schwierigkeiten dann, ist das kein Indiz für eine plötzliche Wunderheilung, sondern vielmehr dafür, dass eine ursprünglich diagnostizierte Störung möglicherweise gar nicht vorlag.

Literatur

Baron-Cohen, S. (2006). Vom ersten Tag an anders. München: Heyne.

Lovecky, D. V. (2004). Different Minds. London: Jessica Kingsley Publishers.

Webb, J. T. et al. (2005). Misdiagnosis and dual diagnoses of gifted children and adults. Scottsdale: Great Potentials Press.

Hochbegabte Underachiever – Kritische Entwicklungsverläufe bei Hochbegabung

Götz Müller

Im Folgenden wird der Frage nachgegangen, ob und inwieweit bei hochbegabten Kindern im Entwicklungsverlauf von besonderen Lernschwierigkeiten auszugehen ist. Zunächst werden grundlegende Begriffe aufgenommen und unter Berücksichtigung wissenschaftlicher Studien erläutert, woran sich eine spezielle Charakterisierung so genannter Underachiever schließt. Der überwiegende Teil der Ausführungen leitet sich im Übrigen aus Untersuchungen ab, die vorzugsweise das Schulalter betreffen und daher nur in einigen Punkten auf das Vorschulalter übertragbar sind. Da Underachievement jedoch ein großes sozioemotionales Entwicklungsrisiko darstellt, sollten Grundbegriffe der Thematik auch im Elementarbereich vertraut sein.

Hochbegabung und Lebenserfolg

Hochbegabt zu sein, ist nicht zwingend mit Lebenserfolg – hier zu verstehen als eine vergleichsweise bessere Lebenssituation – verknüpft. Eine Garantie besteht nicht. Jedoch zeigen Studien, die sich mit dem Zusammenhang von Hochbegabung (Hochintelligenz) und typischen Außenkriterien wie schulischem oder beruflichem Erfolg beschäftigen, deutlich auf, dass es einen starken Zusammenhang zwischen Intelligenz und Erfolg gibt (vgl. Kline 1991; Helmke & Weinert 1997). Im Gegensatz zu bekannten Aussagen wie beispielsweise der Etikettierung Einsteins als Schulversager (was im Übrigen nicht stimmt) kann festgehalten werden, dass eine hohe Intelligenz die Entwicklung grundsätzlich positiv beeinflusst. Allein im Hinblick auf den Umgang mit Herausforderungen, kritischen Situationen und Problemen wird nachvollziehbar, dass gerade die Fähigkeiten, komplexe Informationen verstehen und ordnen, Systematiken finden und Schlussfolgerungen ziehen zu können, als enorme Ressource zu sehen sind.

Im Marburger Hochbegabtenprojekt, der größten deutschen Studie zur Hochbegabung, wurden Grundschüler neben ihren intellektuellen Fähigkeiten auch zu psychischen und sozialen Merkmalen untersucht. Die Datenanalyse liefert hier klare Aussagen: Die Mehrzahl der hochbegabten Schülerinnen und Schüler fühlen sich psychisch wohl, sind sozial gut integriert und haben auch gute Schulnoten. Nur ein kleiner Teil, etwa 15 Prozent dieser Gruppe, fallen durch erwartungswidrig schlechte Schulleistungen, psychische und soziale Merkmale negativ auf (vgl. Rost 1993). Diese Aussagen lassen sich für die gesamte schulische Entwicklung verallgemeinern, da weiterführende Untersuchungen im Schulverlauf die Ergebnisse bestätigen. Auch weitere Studien, die ähnlichen Fragestellungen nachgehen, erbringen eine ähnliche Datenlage (vgl. Freudenthaler et al. 2008).

Minderleistung bei Hochbegabung

Insbesondere im akademischen Kontext können Fähigkeiten, die zur Leistung disponieren, dem eigentlichen Resultat, der Leistung eben, gegenübergestellt werden. Die schulische Notengebung liefert somit eine Vergleichbarkeit, die im Kindergarten pädagogisch wie psychologisch nicht sinnvoll wäre. In diesem Zusammenspiel werden einzelne Kinder in der Hinsicht auffällig, dass der Eindruck, der auf eine gute Begabung hindeutet (»ganz schön pfiffig«) nicht mit den erbrachten Leistungen übereinstimmt (»er könnte das eigentlich viel besser«).

Damit ist gemeint, dass ein Kind dauerhaft so genannte Minderleistungen erbringt, obwohl es aufgrund seiner Begabung viel, viel mehr leisten müsste. Underachievement ist somit nichts anderes als die Nichterfüllung von Erwartungen – wir erwarten eine bestimmte Qualität an Leistungen, doch werden wir in unserer Erwartung enttäuscht. Das uns allen bekannte Bild lässt sich gut mit Äußerungen wie »Wenn sie nur wollte, dann könnte sie viel besser« oder »Bei seiner Begabung müsste er doch viel besser sein« verdeutlichen.

Nach Hanses und Rost (1998) muss beachtet werden, dass Schulleistungen nicht perfekt mit Begabung zusammenhängen, das heißt, dass Intelligenz nicht zu 100 Prozent die Leistungen in der Schule determiniert. So hängen die Intelligenzwerte verschiedener Testverfahren in unterschiedlichem Maß mit der Schulleistung zusammen, da auch nicht-kognitive Merkmale des

Schülers in die Note einfließen – zumal Leistung in der Schule vom Klassengefüge, Sympathien und didaktischen Fertigkeiten des Lehrkörpers bedingt sein kann. Auch ist eine gewisse Ungenauigkeit der Testverfahren anzunehmen (siehe den Beitrag von Koop und Müller in diesem Band). Berücksichtigt man den mittelhohen Zusammenhang zwischen Begabung und Leistung, so ist ein Kind mit einem IQ von 130 (PR 97,8) nur dann als hochbegabter Underachiever einzustufen, wenn seine Schulleistungen einem (hypothetischen) Schulquotienten von weniger als 100 (PR 50) entsprechen. Da Begabung und Leistung nicht perfekt zusammenhängen, ist es wichtig, auf diese relativ große Differenz zu achten. Die Aussage, dass bereits ab der Notenstufe 2 oder 3 von Underachievement zu sprechen ist, lässt sich aufgrund des mittelhohen Zusammenhangs zwischen Begabung und Leistung nicht halten. Abweichungen in dieser Hinsicht sind sozusagen normal, denn diese Definition spricht »nur dann vom Underachievement, wenn die Intelligenzleistung weit überdurchschnittlich ausfällt, die schulischen Leistungen aber unterhalb des mittleren Leistungsniveaus der Mitschüler liegen [...]« (vgl. Holling & Kanning 1999, 63). Weniger strenge Definitionen erhöhten das Vorkommen von Underachievern unverhältnismäßig und schränkten dann auch Hochbegabte in ihrer persönlichen Freiheit ein, selbst zu entscheiden, in welchen Domänen sie ihr Leistungspotential ausschöpfen wollen. So können Sport, Musik und Informatik – um nur diese Beispiele zu nennen – im außerschulischen Bereich durchaus als Leistungsbereich gelten und als alternative Selbstwertquellen dienen.

Merkmale hochbegabter Underachiever

Bei genauerem Blick auf die Gruppe der hochbegabten Underachiever fällt auf, dass nicht nur die schlechten Schulleistungen als Problem zu bezeichnen sind. Underachiever zeigen Auffälligkeiten im Lern- und Arbeitsverhalten, haben meist Interaktionsschwierigkeiten im sozialen Kontext und oft zusätzlich emotionale Probleme.

Im psychischen Bereich finden sich deutliche Hinweise auf einen geminderten Selbstwert, ein schwächeres Zutrauen in die eigenen Fähigkeiten und ein negatives Fremdbild. Underachiever unterschätzen eigene Fähigkeiten und gehen davon aus, andere Personen hätten ein entsprechendes Bild von ihnen. Sie bezeichnen sich eher als unzufrieden und sind seelisch instabiler. Diverse Studien beschreiben hochbegabte Underachiever in ihrem Denken als sprunghaft und impulsiv, auch das Verhalten sei eher unkontrolliert und impulsiv. Sie vernachlässigen Regeln und Ordnung und besitzen demzufolge Schwierigkeiten, sich in Abläufe und Gruppen einzugliedern. Hochbegabte Underachiever zeigen hinsichtlich ihrer Leistungsmotivation eine stärkere Neigung zur extrinsischen Motivation, das heißt sie arbeiten auf Belohnung, nicht aber intrinsisch motiviert, zumal sie an unmittelbarer Belohnung interessiert, nicht aber an längerfristigen Zielen orientiert sind. Grundsätzlich wird hochbegabten Underachievern ein ineffizientes Arbeitsverhalten bescheinigt (vgl. Sparfeldt & Schilling 2006).

Anzeichen von Underachievement im Kindergarten

Den Begriff Underachievement auf den Kindergarten zu beziehen, ist in vielerlei Hinsicht problematisch. Grundsätzlich können sich gleichaltrige Kinder in ihren emotionalen Merkmalen wie auch sozialen Interaktionsfähigkeiten sehr unterscheiden, zumal die altersheterogene Struktur des Kindergartens die Vergleichbarkeit dieser Merkmale einschränkt und die Entwicklungsverläufe sehr unterschiedlich sein können. Es ist daher kaum möglich, den Begriff des Underachievements in den Kindergarten zu übersetzen: Weder besteht Gewissheit über den Entwicklungsstatus der Begabung, noch herrscht Klarheit über das Kriterium Leistung.

Anzeichen für späteres Underachievement werden insbesondere in der praktischen Arbeit mit hochbegabten Kindern diskutiert. Interessant sind hierbei zunächst die Überlegungen, die vom Kind ausgehen. Häufig werden so genannte asynchrone Entwicklungen aufgegriffen, die sich auf das Begabungsprofil des Kindes beziehen. Liegen in den Fähigkeitsbereichen des Kindes wie zum Beispiel Sprache, Feinmotorik oder auch akustische Wahrnehmung deutliche Entwicklungsunterschiede vor, so wird von intraindividuellen Schwächen gesprochen. Diese innere Diskrepanz kann zu späterem Underachievement disponieren, da das Kind sich unterschiedlich leistungsstark erlebt und demzufolge keine konsistenten Erfahrungen macht (vgl. Horsch, Müller & Spicher 2006). Im pädagogischen Bereich gilt es somit, das Augenmerk auf schnelle Entwicklungsverläufe, qualitativ besondere Leistungsfähigkeiten und mögliche intraindividuelle Schwächen zu legen. Weiter werden pädagogische Aspekte diskutiert, die sich im Kern auf die Beziehung von äußeren Anforderungen zu den kindlichen Voraussetzungen beziehen. Nach Feger und Prado (1998) kann sich durch eine dauerhafte kognitive Unterforderung ein Mangel an höheren Lern- und Arbeitstechniken einstellen, der im weiteren Verlauf zu Leistungsproblemen führt. Zudem ist hierbei zu berücksichtigen, dass notwendige Erfahrungen – wie konstantes Arbeiten an einem Thema – die Entwicklung des Kindes in vielerlei Hinsicht begünstigt. Kinder können nur dann komplex lernen und höhere Lernstrategien entwickeln, wenn sie das Denken auf ihr Lernthema fokussieren.

Literatur

Feger, B. & Prado, T. (1998). Hochbegabung – Die normalste Sache der Welt. Darmstadt: Primus.

Freudenthaler, H., Spinath, B. & Neubauer, A. C. (2008). Predicting school achievement in boys and girls. European Journal of Personality, 22, 231-245.

Hanses, P. & Rost, D. H. (1998). Das »Drama« hochbegabter Underachiever – »Gewöhnliche« oder »außergewöhnliche« Underachiever? Zeitschrift für Pädagogische Psychologie, 12, 53-71.

Helmke, A. & Weinert, F. E. (1997). Bedingungsfaktoren schulischer Leistungen. In F. E. Weinert (Hrsg.), Psychologie des Unterrichts und der Schule (S. 71-176). Göttingen: Hogrefe.

Holling, H. & Kanning, U. P. (1999). Hochbegabung. Forschungsergebnisse und Fördermöglichkeiten. Göttingen: Hogrefe.

Horsch, H., Müller, G. & Spicher, H.-J. (2006). Hochbegabt und trotzdem glücklich. Ratingen: Oberstebrink.

Kline, P. (1991). Intelligence. The Psychometric View. London: Routledge.

Rost, D. H. (1993). Lebensumweltanalyse hochbegabter Kinder. Das Marburger Hochbegabtenprojekt. Göttingen: Hogrefe.

Sparfeldt, J. & Schilling, S. (2006). Underachievement. In D. H. Rost (Hrsg.), Handwörterbuch Pädagogische Psychologie (S. 804-811). Weinheim: Beltz.

StarRider

Praxis der Förderung hochbegabter Kinder in der Kindertagesstätte

Qualität von Kindertagesstätten

Christiane Große · Katharina Kluczniok

Diskussion um Qualität im Kindergarten

Diskussionen um Qualität im Kindergarten[42] werden in Deutschland seit Mitte der 1990er Jahre verstärkt auf bildungspolitischer Ebene und in der Forschung geführt. Als Gründe hierfür können neben internationalen Entwicklungen der Ausbau der Kinderbetreuungsplätze bei gleich bleibenden finanziellen Mitteln und die Bemühungen der Trägerverbände um eine pädagogische Profilierung und Rechenschaftslegung aufgeführt werden. Neuere entwicklungspsychologische Erkenntnisse zur Entwicklung von Kindern haben ebenfalls Einfluss auf die Qualitätsdiskussion genommen (vgl. Roux 2006). Forschungsergebnisse zeigen, dass sich die Qualität des Kindergartens positiv auf die kognitiv-leistungsbezogene sowie die sozial-emotionale Entwicklung der Kinder auswirken kann (vgl. Roßbach 2005; Roßbach, Kluczniok & Kuger 2008). Ausgangspunkt des vorliegenden Beitrags sind die besonderen Fördermöglichkeiten des Kindergartens für hochbegabte Kinder. Der Kindergarten kann mehr Freiräume für individualisierte Förderung und breite, weniger curricular eingegrenzte Förderanregungen bieten als die nachfolgende Schule. Von besonderer Bedeutung ist dabei die Struktur einer altersgemischten Gruppe, in der jüngere hochbegabte Kinder von den Interaktionen mit älteren Kindern profitieren können. Insofern ist eine hochwertige pädagogische Arbeit im Kindergarten für Kinder verschiedener Begabungen entwicklungsfördernd, und die allgemeine Diskussion um Qualität im Kindergarten ist ebenfalls für die Förderung von hochbegabten Kindergartenkindern wichtig.

Der Beitrag knüpft an die allgemeine Qualitätsdiskussion an, indem er den Begriff »Qualität« aus verschiedenen Perspektiven betrachtet (Abschnitt 2) und Ansätze zur Erfassung und Entwicklung von Qualität in frühpädagogischen Einrichtungen darstellt (Abschnitt 3). Weiter wird ein Qualitätskonstrukt herausgegriffen und näher beschrieben (Abschnitt 4) sowie Instrumente zur Erfassung der Prozessqualität als ein Bereich des Qualitätskonstrukts beleuchtet (Abschnitt 5). Im Anschluss daran werden nationale und internationale Studien vorgestellt, die sich mit den Auswirkungen der Qualität auf die kindliche Entwicklung beschäftigen (Abschnitt 6). Der Beitrag schließt mit einem Fazit (Abschnitt 7).

42 Für die deutsche Situation wird der Begriff »Kindergarten« als Oberbegriff für die verschiedenen Formen einer institutionellen Betreuung von Kindern ab dem vollendeten zweiten oder dritten Lebensjahr bis zum Übergang in die Grundschule benutzt. Er wird anderen Bezeichnungen wie zum Beispiel »Kindertagesstätte« vorgezogen, da er in der Tradition von Friedrich Fröbel immer schon dem Bildungsgedanken verpflichtet ist. International weisen die vergleichbaren Betreuungs- und Bildungseinrichtungen eine große Variabilität auf. So ist der US-amerikanische Kindergarten eine Einrichtung für 5-jährige Kinder und gleicht von der Struktur her einer Vorklasse. Aus pragmatischen Gründen wird im Folgenden der Begriff »Preschool« als Obergriff für die verschiedenen Betreuungsformen und -typen in anderen Ländern benutzt – auch wenn darunter möglicherweise sehr unterschiedliche Formen mit unterschiedlichen Orientierungen fallen.

»Qualität« aus verschiedenen Perspektiven

Bei der Diskussion von Qualität im Kindergarten lassen sich vor allem zwei unterschiedliche Zugänge unterscheiden. Beide Zugänge gehen davon aus, dass sich Qualität in den Einrichtungen aus Sicht der jeweiligen Bezugsgruppen (Kinder, pädagogische Fachkräfte, Eltern, Träger) unterschiedlich darstellen kann und damit je nach Betrachter unterschiedliche Erwartungen an das Konstrukt der pädagogischen Qualität herangetragen werden. So kann es zum Beispiel einen Unterschied darstellen, wer die Definition aufstellt (Bildungspolitiker, Einrichtungsträger, Betreuungspersonal, Eltern oder Kinder), welchen Zweck die Definition hat (Mittelzuweisung oder operative Qualitätsentwicklung) oder welches Ziel mit der Definition verfolgt werden soll (Effizienz im System, Benutzerfreundlichkeit oder hohe Leistungsfähigkeit der Kinder). So kann sich aus Sicht der Eltern ein guter Kindergarten dadurch auszeichnen, dass er lange oder flexible Öffnungszeiten anbietet, die mit der Berufstätigkeit der Eltern vereinbar sind. Demgegenüber kann sich für pädagogische Fachkräfte eine gute Qualität des Kindergartens aus der Zufriedenheit mit dem Arbeitsplatz in Verbindung mit dem professionellen Anspruch an hochwertige Förderbedingungen ergeben. Für Träger einer Einrichtung kann die Umsetzung konzeptioneller Auffassungen unter Berücksichtigung von wirtschaftlichen Faktoren bei der Definition von Qualität im Vordergrund stehen. Qualität wird somit in beiden Zugängen als ein mehrdimensionales Gebilde angesehen.

Der erste – relativistische – Zugang definiert Qualität als Ergebnis der Überzeugungen, Wünsche, Bedürfnisse, Werte und Normen aller an der Betreuung der Kinder Beteiligten. Was jeweils unter Qualität verstanden werden soll, wird in einem dynamischen Prozess, an dem alle Beteiligten (Eltern, Kinder, pädagogische Fachkräfte, Träger, Kommunen und so weiter) demokratisch mitwirken, bestimmt. Die Definition der Qualitätskriterien ist damit ein Übereinkommen der einzelnen Interessengruppen und bei sich wandelnden Interessen veränderbar. Der zweite Zugang bezieht sich hingegen vorrangig auf Ansprüche des Kindes hinsichtlich seines Wohlbefindens und seiner Entwicklungsförderung. (Pädagogische) Qualität ist dann gegeben, »... wenn das körperliche, emotionale, soziale und intellektuelle Wohlbefinden und die Entwicklung der Kinder gefördert und die Familien in ihren Betreuungs- und Erziehungsaufgaben unterstützt werden« (Roßbach 2008, 318). Diese Qualitätsdefinition stellt auf der Grundlage von Untersuchungsergebnissen über die Auswirkungen von Merkmalen des Kindergartens und frühpädagogischem Expertenwissen bestimmte fachliche Qualitätskriterien fest. Diese fachlichen Qualitätskriterien sind nicht unveränderbar, sondern können sich an die jeweiligen Gegebenheiten in der pädagogischen Praxis anpassen und durch neue Ergebnisse aus der Forschung beeinflusst werden. Die zuletzt genannte Qualitätsdefinition (Roßbach 2008, 318) wird auch dem hier vorliegenden Beitrag zugrunde gelegt.

Ansätze zur Erfassung und Entwicklung von Qualität in frühpädagogischen Einrichtungen

Obwohl grundsätzlich zwischen Qualitätserfassung und Qualitätsentwicklung unterschieden werden muss, ist die Unterscheidung in der Fachliteratur an verschiedenen Stellen unscharf. Drei Beispiele sollen im Folgenden genannt werden: Das Qualitätsmanagementsystem nach DIN EN ISO 9000 ff. (vgl. z. B. Bostelmann & Metze, 2000), die Qualitätsentwicklung nach dem

Kronberger Kreis (1998) sowie die »Nationale Qualitätsinitiative im System der Tageseinrichtungen für Kinder« (NQI) (vgl. dazu den Nationalen Kriterienkatalog von Tietze, Viernickel, Dittrich, Grenner, Groot-Wilken, Sommerfeld & Hanisch 2007). In Abschnitt 5 wird dann ausführlicher auf (standardisierte) Instrumente zur Qualitätserfassung eingegangen.

- Das Qualitätsmanagementsystem nach DIN EN ISO 9000 ff. überprüft die Einhaltung der vom Kindergarten oder vom Träger der Einrichtung – unter Berücksichtigung der Wünsche der »Kunden« – selbstgesetzten Ziele (zum Beispiel im Hinblick auf die Organisation der Betreuung in der Einrichtung) und zertifiziert bei Erfüllung die Einrichtung. Damit handelt es sich um eine Zertifizierung der selbstgesetzten Ziele und nicht um die Zertifizierung der eigentlichen pädagogischen Qualität eines Kindergartens.

- Das Modell der Qualitätsentwicklung nach dem Kronberger Kreis schlägt eine umfangreiche Sammlung von Merkmalen der pädagogischen Qualität vor, die die Kindergartenteams als Diskussionsgrundlage und Anregung für die eigene Arbeit und für deren Weiterentwicklung nutzen können. Die Qualitätsentwicklung und -sicherstellung soll in erster Linie von dem pädagogischen Fachpersonal in der Einrichtung durchgeführt werden. Die Notwendigkeit externer Untersuchungen wird aber darüber hinaus anerkannt.

- Die Träger und Bundesländer übergreifende »Nationale Qualitätsinitiative im System der Tageseinrichtungen für Kinder« (NQI) des Bundesministeriums für Familie, Senioren, Frauen und Jugend (BMFSFJ) besteht aus fünf verschiedenen Teilprojekten. In der ersten Phase zwischen 1999 und 2003 wurden Qualitätsaspekte und Verfahren zur Bewertung dieser Qualitätsaspekte erstellt. In der zweiten Phase wurden die Ergebnisse der ersten Phase unter Berücksichtigung der Bildungs- und Erziehungspläne der Bundesländer für den Elementarbereich und verschiedener Einzelprogramme im gesamten Bundesgebiet in einer Reihe von Einrichtungen umgesetzt (vgl. auch Roux 2006). Ziel der Nationalen Bildungsinitiative war es, bundesweit einheitliche Kriterien zur Qualität der Kindertageseinrichtungen zu finden. Dieses Ziel wurde für den Bereich des Kindergartens letztendlich nicht erreicht, da von unterschiedlichen Projekten jeweils verschiedene, ihren jeweiligen Ansichten entsprechende Kataloge entwickelt wurden (vgl. Diskowski 2009). So stellt der Nationale Kriterienkatalog eine umfassende und konzeptübergreifende Sammlung für »best practice« dar und beinhaltet zentrale Gesichtspunkte pädagogischer Qualität (insgesamt 20 Qualitätsbereiche, zum Beispiel Sprache und Kommunikation, Kognitive Entwicklung sowie Soziale und emotionale Entwicklung).

Qualitätskonstrukt

In der nationalen und internationalen Diskussion werden in der Regel drei Qualitätsdimensionen unterschieden (vgl. zum Beispiel Tietze, Meischner, Gänsfuß, Grenner, Schuster, Völkel & Roßbach 1998), deren Zusammenhang in Abbildung 1 (auf S. 256) verdeutlicht wird.

Die Strukturqualität umfasst die relativ dauerhaften Rahmenbedingungen einer Gruppe, die in der Regel vorgegeben und die politisch reguliert werden oder regulierbar sind. Darunter fallen

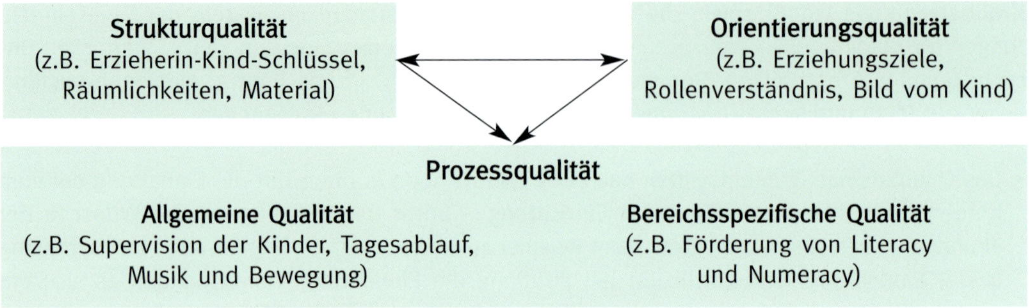

Abb. 1: Konzeptualisierung pädagogischer Qualität im Kindergarten

beispielsweise die Ausbildung der pädagogischen Fachkräfte, Gruppengröße, Anzahl der Kinder pro Fachkraft in der Gruppe (Erzieher-Kind-Schlüssel) sowie Räumlichkeiten und die Ausstattung mit Spielsachen. Eine gute Strukturqualität in Kindergartengruppen mit Hochbegabten lässt sich durch Materialien erreichen, die mehr als sonst für die Altersgruppe übliche Schwierigkeitsgrade enthalten, hier ist an Bücher für Erstleser und fortgeschrittenere Leser, Nachschlagewerke, Strategiespiele, Knobelaufgaben zu denken. Zudem ist es von Vorteil, wenn die Einrichtung über Räumlichkeiten verfügt, die flexibel für Kleingruppenarbeit genutzt werden können, wie Extraräume oder abgetrennte Bereiche innerhalb des Gruppenraums.

Unter die Orientierungsqualität werden allgemeine Erziehungsvorstellungen, Ziele und Werte des pädagogischen Fachpersonals, ihr Bild vom Kind, Einschätzungen der Aufgaben von frühpädagogischen Einrichtungen und Einstellungen zu den verschiedenen Förderbereichen gefasst (zum Beispiel Tietze et al. 1998). Auf die Situation mit hochbegabten Kindergartenkindern bezogen stellt sich eine gute Orientierungsqualität dar, wenn pädagogische Fachkräfte hochbegabte Kinder in ihrer »Eigenart« respektieren, ihre Förderung als wichtigen Beitrag zur Persönlichkeitsbildung betrachten und ihre Förderabsichten darauf abstimmen.

Die Prozessqualität beinhaltet Aspekte des pädagogischen Geschehens und des entwicklungsangemessenen und auf die Bedürfnisse des Kindes abgestimmten Umgangs mit dem Kind, ein positives Interaktionsklima sowie eine ermutigende Haltung der pädagogischen Fachkraft gegenüber der Entwicklung des Kindes. Betrachtet werden die Interaktionen der Kinder mit den Betreuungspersonen, mit anderen Kindern und mit ihrer räumlich-materialen Umwelt. Die Prozessqualität kann zusätzlich in allgemeine und bereichsspezifische Aspekte unterteilt werden. Die allgemeine Prozessqualität bezieht sich auf Pflege- und Betreuungsaspekte, Aspekte der räumlich-materialen Umgebung einer Gruppe, Wärme und Responsivität des pädagogischen Fachpersonals, Supervision des Geschehens sowie allgemeine Förderaspekte. Auch wenn hier durchaus Aspekte der Förderung in spezifischen Inhaltsbereichen (zum Beispiel Sprache, Mathematik) mit erfasst werden, so werden diese nicht gesondert und gezielt betrachtet, sondern in ein Gesamtbild gefasst. Angesichts der gegenwärtigen Betonung bereichsspezifischer Förderung im Kindergarten (vgl. Roßbach 2005), wie sie letztlich auch ihren Niederschlag in den Bildungsplänen für den Elementarbereich der einzelnen Bundesländer gefunden hat (vgl. Diskowski 2007), wird eine Erweiterung des Konzepts der allgemeinen Prozessqualität erforderlich. Die bereichsspezifische Prozessqualität thematisiert die Qualität der Förderung in spezifischen Inhaltsbereichen, wie frühe schriftsprachliche oder mathematische Kompetenzen. Eine gute Prozessqualität in Kindergartengruppen – dies gilt für alle Kinder, speziell aber für hochbegabte Kinder – lässt sich dadurch erreichen, dass die Kinder sowohl in alltagsintegrierten Fördersituationen als auch durch gezielte Angebote zu anspruchsvollen Denkleistungen herausgefordert werden. Ein Beispiel für eine alltagsintegrierte Förderung stellen offene Fragen oder sogenannte »W-Fragen« (wie, wieso, wofür, warum, weshalb) dar, durch die das Kind in Alltagssituationen zu Denkleistungen herausgefordert wird. Ein anderes Beispiel, um Kinder kognitiv zu fordern, können Hinweise auf Formen und räumlich-mathematische Relationen in der Bauecke sein. Ebenso kann das Kind durch gezielte Angebote in Form von Denksportaufgaben, Sprachspielen, Experimenten, Expertenbesuche und so weiter zu einer kognitiv anspruchsvollen Auseinandersetzung mit einem Gegenstand angeregt und herausgefordert werden.

Das Konstrukt der Prozessqualität kann in zwei weitere Ebenen differenziert werden: Qualität auf Gruppenebene (Qualität, wie sie für die Gruppe insgesamt realisiert wird) und Qualität auf Einzelkindebene (Qualität, wie sie auf ein spezifisches Kind gerichtet ist). Diese beiden Ebenen können qualitativ durchaus unterschiedlich sein. Die Qualität für eine ganze Kindergartengruppe sollte alle Alters- und Entwicklungsbereiche der Gruppe mit berücksichtigen, wohingegen die Qualität auf Einzelkindebene angepasst an das jeweilige Kind und seinen Entwicklungsstand ausgerichtet sein sollte. Theoretisch kann unterstellt werden, dass sich die auf ein Einzelkind gerichteten Förderimpulse im Verlauf der vorschulischen Zeit verändern sollten, da Kinder während ihrer Kindergartenzeit große Entwicklungsschritte durchlaufen, an die die Förderangebote angepasst werden müssen. So können und sollten beispielsweise Angebote, die das kindliche Interesse an Schrift oder Zahlen wecken, im Verlauf der Kindergartenzeit mit zeitlicher Nähe zum Schulbeginn häufiger angeboten – und auch von den Kindern verstärkt angenommen – werden.[43] Diese Perspektive kann auf hochbegabte Kinder übertragen werden.

Konzeptuell wird davon ausgegangen, dass Prozessmerkmale, also alles das, was den konkreten Bildungs- und Erfahrungsraum eines Kindes unmittelbar gestaltet und beeinflusst, einen direkten Einfluss auf die kindliche Entwicklung haben, während die Merkmale der Struktur- und Orientierungsqualität nur indirekt über die Prozessmerkmale wirken.

Instrumente zur Erfassung der Prozessqualität im Kindergarten

Im Folgenden werden drei standardisierte Beobachtungsverfahren vorgestellt, die die Prozessqualität auf Gruppen- und Einzelkindebene erfassen. Bei dieser Auswahl handelt es sich um Verfahren, mit denen die Autorinnen umfangreiche positive Erfahrungen sowohl in Praxisprojekten als auch in der Forschung gesammelt haben.

Ein Beobachtungsinstrument zur Erfassung der allgemeinen Prozessqualität auf Gruppenebene ist die Kindergartenskala KES-R (vgl. Tietze, Schuster, Grenner & Roßbach 2007). Diese Skala

43 Damit ist aber nicht gemeint – und das möchten wir betonen –, dass solche Förderbereiche erst kurz vor Schulbeginn angesprochen werden sollten. Umgang mit Sprache und Schrift oder Zahlen und entsprechende Fördermaßnahmen sollten Gegenstände der pädagogischen Arbeit sein, die einer kontinuierlichen Beachtung vom »ersten« Kindergartentag an bedürfen.

ist die deutsche Fassung der US-amerikanischen Early Childhood Environment Rating Scale Revised Edition ECERS-R (vgl. Harms, Clifford & Cryer 2005). Die KES-R deckt mit 43 Merkmalen in sieben Unterbereichen eher allgemeine Aspekte der Qualität einer Kindergartengruppe ab. Insgesamt umfasst die KES-R folgende Unterbereiche:

- Platz und Ausstattung: zum Beispiel Innenraum, Mobiliar für Pflege, Spiel und Lernen, Platz für Grobmotorik;
- Betreuung und Pflege der Kinder: Begrüßung und Verabschiedung, Mahlzeiten, Toiletten;
- Sprachliche und kognitive Anregungen: Bücher und Bilder, Anregung zur Kommunikation, Allgemeiner Sprachgebrauch;
- Aktivitäten: Feinmotorische Aktivitäten, Musik und Bewegung, Naturerfahrung/Sachwissen;
- Interaktionen: Allgemeine Beaufsichtigung, Verhaltensregeln/Disziplin, Erzieher-Kind-Interaktion;
- Strukturierung der pädagogischen Arbeit: Tagesablauf, Freispiel, Gruppenstruktur;
- Eltern und Erzieherinnen: Elternarbeit, Berücksichtigung fachlicher Bedürfnisse der Mitarbeiter, Fortbildungsmöglichkeiten.

Zur Veranschaulichung enthält Abbildung 2 das Beispielmerkmal »Feinmotorische Aktivitäten« aus der KES-R. Die einzelnen Merkmale werden von geschulten Personen nach einer mehrstündigen Beobachtungssituation auf einer siebenstufigen Skala eingeschätzt, wobei jeweils die Stufen 1 (unzureichende Qualität), 3 (minimale Qualität), 5 (gute Qualität) und 7 (ausgezeichnete Qualität) inhaltlich ausformuliert sind. Die Werte 2, 4 und 6 sind Zwischenstufen. Im Anschluss an die Beobachtung findet ein Gespräch mit der Gruppenleitung statt, um Aspekte, die nicht beobachtet werden konnten, zu erfragen. Die KES-R bietet einen Gesamtwert für alle 43 Qualitätsmerkmale sowie einen Gesamtwert für die sieben Unterbereiche. Zusätzlich können noch zwei gesonderte Gesamtwerte für die pädagogischen Interaktionen und für die räumlich-materialen Ressourcen der Gruppe gebildet werden.

Zur Erfassung der bereichsspezifischen Prozessqualität kann die Kindergartenskala-Erweiterung KES-E (vgl. Roßbach & Tietze in Vorbereitung) eingesetzt werden, die ursprünglich als Early Childhood Environment Rating Scale – Extension (ECERS-E; vgl. Sylva, Siraj-Blatchford & Taggart 2006) für das englische Vorschulcurriculum entwickelt wurde. Die KES-E umfasst mit 18 Merkmalen vier bereichsspezifische Dimensionen, die derzeit auch in den deutschen Bildungsplänen betont werden:

- Lesen: zum Beispiel Schrift im Alltag: Buchstaben und Wörter, Erwachsene lesen mit den Kindern, Vorbereitung des Schreibens/Zeichen machen;
- Mathematik: Zählen und Anwendung des Zählens, Lesen und Schreiben einfacher Zahlen, Mathematische Aktivitäten zu Form und Raum;
- Naturwissenschaft und Umwelt: Naturmaterialien, Sachkunde, Wissenschaftliche Aktivitäten/Prozesse: Beobachtungen und Erkundungen in der unbelebten Natur;
- Verschiedenartigkeit und Individuelle Förderung: Berücksichtigung individueller Lernbedürfnisse bei der Planung, Förderung nicht geschlechtsspezifischer Verhaltensmuster, Multikulturelle Erziehung.

Unzureichend		Minimal		Gut		Ausgezeichnet
1	2	3	4	5	6	7
1.1 Sehr wenige, dem Entwicklungsstand der Kinder angemessene Materialien für feinmotorische Aktivitäten zum täglichen Gebrauch zugänglich.		3.1 Einige dem Entwicklungsstand der Kinder angemessene Materialien unterschiedlicher Art zugänglich.		5.1 Eine Vielfalt dem Entwicklungsstand der Kinder angemessener Materialien unterschiedlicher Art ist an einem wesentlichen Teil des Tages zugänglich.		7.1 Materialien werden ausgetauscht, um das Interesse aufrechtzuerhalten.
1.2 Materialien für feinmotorische Aktivitäten sind allgemein in schlechtem Zustand oder unvollständig (z.B. fehlende Puzzleteile, kaum Nägel/Stifte für Nagelbrett vorhanden).		3.2 Die meisten Materialien sind in gutem Zustand und vollständig.		5.2 Materialien sind gut geordnet (z.B. Nägel und Nagelbrett sind zusammen; Bauelemente unterschiedlicher Systeme werden getrennt aufbewahrt).		7.2 Zugängliche Behälter und Regale zur Aufbewahrung sind gekennzeichnet, um die selbstständige Nutzung zu erleichtern (z.B. Bilder oder Symbole werden zur Kennzeichnung an Behältern und Regalen genutzt; Beschriftung für ältere Kinder).
				5.3 Materialien für unterschiedliche Fertigkeitsstufen sind zugänglich (z.B. verschiedene Arten von Puzzles entsprechen den unterschiedlichen feinmotorischen Fertigkeiten der Kinder).		

Abbildung 2: Beispielmerkmal »Feinmotorische Aktivitäten« der KES-R

Ergänzende Hinweise:

3.1 Es gibt verschiedene Arten von Materialien für feinmotorische Aktivitäten. Dazu gehören kleine Bauspielzeuge zum In- und Aneinanderfügen; Materialien zum kreativen Gestalten wie Buntstifte und Scheren; Materialien wie Perlen in verschiedenen Größen zum Auffädeln; Nagelbrett und Nägel; Handarbeitsmaterialien wie z. B. Prickelnadeln; Puzzles.

5.1 Vielfalt bedeutet, dass unterschiedliche Materialien mindestens drei verschiedener Arten verfügbar sind.

Fragen:

5.1 Wann sind die unterschiedlichen Materialien für feinmotorische Aktivitäten den Kindern zugänglich?

7.1 Benutzen Sie auch andere feinmotorische Materialien mit den Kindern? Wie wird das gehandhabt?

Alle 18 Merkmale werden wie die Merkmale der KES-R auf siebenstufigen Einschätzskalen bewertet. Es können ein Gesamtwert über alle Merkmale und jeweils Gesamtwerte für die vier Dimensionen gebildet werden.

Die beiden Verfahren KES-R und KES-E eignen sich für einen gemeinsamen Einsatz, um sowohl allgemeine als auch bereichsspezifische Aspekte der Qualität auf Gruppenebene zu erfassen. Außerdem können sie als Ausgangspunkt und Anhaltspunkt für die Auseinandersetzung mit Qualitätsaspekten in der eigenen pädagogischen Arbeit sowie für Qualitätsentwicklungs- und Qualitätssicherungsmaßnahmen (im Team) genutzt werden, um gezielte Qualitätsverbesserungen (zum Beispiel für den Umgang mit hochbegabten Kindern) zu erarbeiten. Für die pädagogische Arbeit mit hochbegabten Kindern bieten die beiden Instrumente umfangreiche Anhaltspunkte. Als Beispiel sei auf die Aspekte der Ausstattung mit und der Nutzung von Materialien verwiesen. Insbesondere in den höheren Qualitätsstufen (Stufen 5 und 7) wird auf das Vorhandensein von vielfältigen Spielmaterialien (etwa auf verschiedene Schwierigkeitsgrade bei Puzzles, Steck- und Bauspielzeug) und ein herausfordernder Umgang mit ihnen geachtet (vgl. dazu auch Abbildung 2).

Ein Beobachtungsinstrument zur Erfassung der Prozessqualität, die auf einzelne Kinder gerichtet ist (Einzelkindebene), ist die Zielkindbeobachtung ZiKiB (vgl. Kuger, Pflieger & Roßbach 2006a und b). Dieses Verfahren wurde im Rahmen der BiKS-Studie[44] in Anlehnung an internationale Instrumente zur Erfassung der auf einzelne Kinder gerichteten Prozessqualität (zum Beispiel Observational Record of the Caregiving Environment – ORCE[45]; vgl. allgemein http://secc.rti.org) neu entwickelt und liegt derzeit in einer unveröffentlichten Forschungsversion vor. Die ZiKiB besteht aus einer Kombination von Beobachtungs- und Einschätzungskomponenten. Für die Beobachtung werden zwei Kindergartenkinder einer Gruppe ausgesucht, die je drei Mal im Wechsel während eines Vormittags beobachtet werden, so dass am Ende des Kindergartentages Daten von sechs Beobachtungszyklen vorliegen. Ein Beobachtungszyklus besteht aus einer 20minütigen Beobachtungsphase, in der für jede Minute die didaktische Phase (zum Beispiel Pflegerische Routine, Freispiel), die soziale Situation des Kindes (zum Beispiel Gruppenstruktur, Interaktion), seine derzeitige Aktivität (zum Beispiel Rollenspiel, Tanz- und Kreisspiel), die hiermit angesprochenen Förderbereiche (zum Beispiel Sozialverhalten, musische Förderung) und die Rolle der pädagogischen Fachkraft in der Situation (zum Beispiel Teilnahme der Erzieherin) festgehalten werden. Daran schließt sich unmittelbar eine 10minütige Einschätzung der Qualität der zuvor beobachteten Situation anhand siebenstufiger Skalen – analog zu den KES-Skalen – zu allgemeinen (zum Beispiel Klima, Fragengebrauch) und bereichsspezifischen (zum Beispiel Schreiben und Vorläufer, Zahlen) Aspekten an. Am Ende des Beobachtungstages erfolgt jeweils eine Abschlusseinschätzung und eine Einschätzung der vorhandenen Materia-

44 Das Projektkürzel BiKS steht für Bildungsprozesse, Kompetenzentwicklung und Selektionsentscheidungen im Vor- und Grundschulalter. Die interdisziplinäre Forschergruppe untersucht, wann Kinder was lernen, welche Rolle dabei Kindergarten, Schule und Elternhaus spielen und auf welcher Grundlage Entscheidungen über den Schuleintritt und die Wahl der weiterführenden Schule gefällt werden (vgl. http://www.biks-bamberg.de).

45 Dieses Beobachtungsinstrument umfasst auf der Ebene der einzelnen Untersuchungskinder sowohl Häufigkeiten bestimmter Verhaltensweisen der Betreuungsperson als auch Einschätzungen des Verhaltens der Betreuungsperson. Bereichsspezifische Förderaspekte werden nicht im Detail betrachtet. Die Verhaltenseinschätzungen der Betreuungsperson erfolgen auf einer vierstufigen Skala und umfassen beispielsweise die Bereiche Feinfühligkeit und Distanziertheit gegenüber dem Kind, ihre Aufdringlichkeit und Rücksicht gegenüber dem Kind sowie die Stimulation der kognitiven Entwicklung des Kindes.

lien. Die Abschlusseinschätzung berücksichtigt die Aspekte Klima (zum Beispiel Respekt gegenüber den Kindern, Freude), Didaktik in der Gruppe (wie wird ein neues Thema eingeführt, Mediennutzung dabei) sowie Gruppenalltag (zum Beispiel Umgang mit Gruppenregeln) und bezieht sich auf alle Kinder der Gruppe, nicht nur auf die Zielkinder. Die ZiKiB eignet sich auch besonders für die Beobachtung und Dokumentation der Förderung von hochbegabten Kindern, da gezielt erfasst wird, welche Aktivitäten die Kinder ausüben, in welchen sozialen Formen sie sich befinden, welche Rolle dabei die pädagogische Fachkraft einnimmt und so weiter. Daher kann die ZiKiB als Ausgangspunkt genutzt werden, um anschließend an die Beobachtung weitere individuell abgestimmte Fördermaßnahmen zu planen und einzuleiten.

Nationale und internationale Befunde zu Auswirkungen der Qualität des Kindergartens auf die kindliche Entwicklung

Die Auswirkungen einer nicht-mütterlichen und nicht-elterlichen Betreuung und Erziehung im frühen Kindesalter auf die Entwicklung der Kinder stehen schon seit längerem im Blickpunkt nationaler und internationaler Forschung (vgl. Roßbach 2005). Im Folgenden werden vier Untersuchungen herausgegriffen und die zentralen Befunde vorgestellt, um aufzuzeigen, wieso die Qualität einer Kindergartengruppe für die kindliche Entwicklung so relevant ist. Dabei werden Ergebnisse zum kognitiv-leistungsbezogenen Bereich und zum sozial-emotionalen Bereich berichtet. Den Autorinnen ist keine Untersuchung bekannt, die sich speziell mit den Auswirkungen der Qualität auf hochbegabte Kinder befasst. Gleichwohl kann davon ausgegangen werden, dass alle Kinder einer Einrichtung, also auch hochbegabte Kinder, von qualitativ hochwertiger Förderung im Kindergarten profitieren.

Cost, Quality, and Child Outcomes in Child Care Centers – CQO-Study

Die Cost, Quality, and Child Outcomes in Child Care Centers – CQO-Study ist eine Studie, die sich mit der kognitiven und sozial-emotionalen Entwicklung von 733 Kindern vom vierten bis zum achten Lebensjahr befasst. Es nahmen seit 1993 167 Gruppen in 160 US-amerikanischen vorschulischen Einrichtungen (Preschools) aus vier Bundesstaaten teil (vgl. Peisner-Feinberg, Burchinal, Clifford, Culkin, Howes, Kagan & Yazejian 2001). Die Prozessqualität in den Preschools wurde unter anderem mit Hilfe der Vorläuferversion der ECERS-R, der Early Childhood Environment Rating Scale (ECERS) (vgl. Harms & Clifford 1980), erfasst. Wenn familiale und kindbezogene Bedingungen wie beispielsweise Erwerbstätigkeit der Eltern oder Migrationshintergrund der Familie berücksichtigt werden, steht die in den Preschools gemessene Prozessqualität im Alter von vier Jahren mit verschiedenen Entwicklungskriterien im Alter von acht Jahren in Beziehung. Gute Prozessqualität der Preschools ist etwa mit einer besseren Entwicklung der sprachlichen und mathematischen Fähigkeiten im Alter von vier bis acht Jahren verbunden. Dieses Ergebnis bedeutet, dass Kinder, die eine Preschool mit guter Prozessqualität besucht haben, bessere sprachliche und mathematische Fähigkeiten im Alter von vier bis acht Jahren aufwiesen als die Kinder, die in einer Preschool mit geringerer allgemeiner Prozessqualität betreut wurden. Der Zusammenhang zwischen der allgemeinen Prozessqualität der Preschools und der Entwicklung des Wortschatzes verringert sich aber mit zunehmendem Alter der Kinder. Im Alter von acht Jahren hat die frühere allgemeine Prozessqualität der Preschool keinen Einfluss mehr auf den Wortschatz und auch nicht auf die Leseleistungen der Kinder, wohl aber auf mathematische Leistungen im Alter von acht Jahren. Die allgemeine Prozessqualität der Preschool hat keinen Einfluss auf soziale Kompetenzen (Gemeinschaftsfähigkeit und Arbeitsverhalten, eingeschätzt jeweils von dem pädagogischen Fachpersonal und den Lehrerinnen und Lehrern) der Kinder im Alter von vier Jahren und im Alter von acht Jahren. Das pädagogische Fachpersonal hat im vorschulischen Bereich auch die Enge der Beziehung zu den Kindern eingeschätzt. Als je enger diese Beziehung gesehen wurde, um so besser ist das Sozialverhalten der Kinder im Alter von vier Jahren. Dieses Ergebnis zeigt sich auch noch im Alter von acht Jahren. Einschränkend muss festgehalten werden, dass die Prozessqualität in den Preschools nur einmal betrachtet wurde. Außerdem wurde nur die allgemeine Prozessqualität erhoben, die bereichsspezifische Prozessqualität, die sich auf fachdidaktische Aspekte bezieht – wie die Qualität der Förderung im Bereich Mathematik –, wurde nicht berücksichtigt.

European Child Care and Education – ECCE-Study

Die European Child Care and Education (ECCE)-Study untersuchte – in Abstimmung mit der CQO-Study – die Auswirkungen der Qualität von Betreuungseinrichtungen auf die kindliche Entwicklung in Deutschland, Österreich, Portugal und Spanien (vgl. European Child Care and Education [ECCE]-Study Group 1999). Dabei konnten insgesamt 586 Kinder aus 226 vorschulischen Gruppen vom vierten bis zum achten Lebensjahr begleitet werden (ohne Portugal). In Deutschland nahmen Kinder aus 103 Kindergartengruppen in fünf Bundesländern an der Studie teil (Baden-Württemberg, Brandenburg, Nordrhein-Westfalen, Rheinland-Pfalz, Ost- und West-Berlin). Die allgemeine Prozessqualität der Kindergartengruppen mit vierjährigen Kindern wurde in Deutschland unter anderem mit der deutschen Version der ECERS, der Kindergarteneinschätzskala (vgl. Tietze, Schuster & Roßbach 1997), eingeschätzt. Bei der Kindergarteneinschätzskala handelt es sich um eine Vorläuferversion der weiter oben beschriebenen KES-R. Die im Alter von vier Jahren erfahrene allgemeine Qualität einer Kindergartengruppe hängt mit dem Wortschatz der Kinder und dem Sozialverhalten der Kinder zusammen. Je besser die Qualität in der Kindergartengruppe ist, desto größer ist der Wortschatz dieser Kinder und umso besser ist ihr Sozialverhalten ausgeprägt. Wenn die Kinder acht Jahre alt sind, hat die allgemeine Qualität der besuchten Kindergartengruppe noch immer einen – wenn auch niedrigen – Einfluss auf den Wortschatz, auf das Sozialverhalten und auch auf die Schulleistungen der Kinder (Zusammenfassung von Testleistungen in Leseverständnis, Rechnen, Lösen angewandter mathematischer Probleme und Sachwissen). Je besser die allgemeine Qualität der von den Kindern besuchten Kindergartengruppe ist, desto besser sind der Wortschatz, das Sozialverhalten und die Schulleistungen dieser Kinder, wenn sie acht Jahre alt sind (vgl. Tietze, Roßbach & Grenner 2005). Wie im Rahmen der CQO-Study muss einschränkend bemerkt werden, dass die allgemeine Prozessqualität nur einmal eingeschätzt wurde und keine bereichsspezifischen (fachdidaktischen) Aspekte der Qualität einbezogen wurden.

Effective Provision of Pre-School Education – EPPE-Project

Das Effective Provision of Pre-School Education (EPPE)-Project ist eine Studie in England, in deren Rahmen seit 1997 rund 2.800 Kinder seit ihrem Eintritt in 141 vorschulischen Einrichtungen begleitet werden. Beim Eintritt in die vorschulischen Einrichtungen, die sechs verschiedenen Typen zugeordnet werden (nursery classes, playgroups, local authority day nurseries, private day nurseries, nursery schools, integrated centres), waren die Kinder drei bis vier Jahre alt. Diese sechs verschiedenen vorschulischen Einrichtungstypen bilden das vorhandene Spektrum an vorschulischen Betreuungseinrichtungen in England im Großen und Ganzen vollständig ab. Außerdem werden 314 Kinder ab diesem Alter begleitet, die gar nicht oder nur eine geringe Zeit in einer vorschulischen Einrichtung betreut wurden. Auswirkungen im Zusammenhang mit einem Besuch einer vorschulischen Einrichtung, dem Einrichtungstyp, der Dauer des Besuchs und der Qualität und Effektivität der Einrichtung auf die Entwicklung der Kinder werden für die Kinder derzeit bis zum Ende der 5. Klasse berichtet (vgl. Sylva, Melhusih, Sammons, Siraj-Blatchford, Taggart & Elliot 2004; Sylva, Melhuish, Sammons, Siraj-Blatchford & Taggart 2004; Sammons, Sylva, Melhuish, Siraj-Blatchford, Taggart, Grabbe & Barreau 2007; Sammons, Anders, Sylva, Melhuish, Siraj-Blatchford, Taggart & Barreau 2008). In der ersten Projektphase wurden die Qualitäten in den vorschulischen Einrichtungen erfasst und die Entwicklung der Kinder bis zum Ende des zweiten Schuljahres betrachtet. Die allgemeine Prozessqualität der vorschulischen Einrichtungen wurde primär mit der Early Childhood Environment Rating Scale Revised Edition – ECERS-R (vgl. Harms, Clifford & Cryer 1998) – erhoben. Die bereichsspezifische Prozessqualität wurde mit der Early Childhood Environment Rating Scale Extension – ECERS-E (vgl. Sylva, Siraj-Blatchford & Taggart 2003) – überprüft. Die allgemeine Prozessqualität (gemessen mit der ECERS-R) hat keine (weder positive noch negative) Auswirkungen auf die kognitiven Fähigkeiten am Ende der ersten und der zweiten Grundschulklasse. Demgegenüber zeigen sich bei der bereichsspezifischen Prozessqualität (gemessen mit der ECERS-E) im Kindergartenalter positive Auswirkungen beispielsweise auf die Entwicklung der Vorläuferfähigkeiten im Lesen und des frühen Zahlbegriffs. Je höher die bereichsspezifische Prozessqualität der von den Kindern besuchten vorschulischen Einrichtung war, desto besser sind die Vorläuferfähigkeiten im Lesen und des frühen Zahlbegriffs bei den Kindern ausgeprägt. Dies zeigt sich aber nicht mehr am Ende der ersten und der zweiten Grundschulklasse. Kinder, die eine vorschulische Einrichtung besucht haben, erzielen im Vergleich mit den Kindern, die keine vorschulische Einrichtung besucht haben, bessere Leistungen in der Schule. Besonders große Unterschiede sind zwischen den Kindern, die keine vorschulische Einrichtung, und denen, die eine Einrichtung mit besonders hoher Qualität besucht haben, festzustellen. Dieser Leistungsunterschied ist am Ende der zweiten Klasse zwar nur noch klein, aber immer noch bedeutsam. Die allgemeine Prozessqualität steht mit verschiedenen Aspekten des Sozialverhaltens bis zum Übergang in die Grundschule in Beziehung. Je besser die allgemeine Prozessqualität in den vorschulischen Einrichtungen ist, umso besser sind bis zum Übergang in die Grundschule verschiedene Aspekte des Sozialverhaltens bei den Kindern ausgeprägt.

Weiter wurde auch untersucht, welchen Einfluss die Dauer des Besuchs einer vorschulischen Einrichtung auf die kindliche Entwicklung hat. Positive Auswirkungen finden sich zum Beispiel im Hinblick auf Vorläuferfähigkeiten zum Lesen, sprachliche Kompetenzen und dem frühen Zahlbegriff zu Schulbeginn. Kinder, die mehr Zeit in einer vorschulischen Einrichtung verbringen, zeigten bessere Fähigkeiten in den genannten Bereichen. Allerdings gilt dies nicht für Aspekte des Sozialverhaltens (Kooperation/Anpassung, Unabhängigkeit/Arbeitsverhalten, Gemeinschaftsfähigkeit und so weiter). Das Sozialverhalten der Kinder verändert sich nicht durch die Dauer des Besuchs einer vorschulischen Einrichtung. Einschränkend muss angegeben werden, dass die Beobachtung zur Erfassung der allgemeinen sowie der bereichsspezifischen Prozessqualität nur einmal zu Beginn der Studie in den vorschulischen Einrichtungen stattfand.

Study of Early Child Care (SECC) des National Institute of Child Health and Human Development (NICHD)

In den USA wurden im Rahmen der Study of Early Child Care (SECC) des National Institute of Child Health and Human Development (NICHD) von 1991 bis 2006 insgesamt 1.364 Kinder von Geburt an bis zum 15. Lebensjahr begleitet. Der Studienschwerpunkt lag unter anderem bei der Einschätzung von Auswirkungen unterschiedlicher Erfahrungen in vorschulischer institutioneller Betreuung. Die Studie ist sehr differenziert angelegt. Im vorschulischen Bereich wurden eine Vielzahl von Beobachtungen, Befragungen und so weiter durchgeführt. Aufgrund der breiten Anlage der Studie und der großen Anzahl an Veröffentlichungen wird die Darstellung einer Zusammenfassung der Forschungsergebnisse erschwert. Ohne Anspruch auf vollständige Berücksichtigung aller bisherigen Veröffentlichungen wird sich das Folgende auf einzelne Ergebnisse beschränken, und zwar auf Auswirkungen der Qualität vorschulischer Einrichtungen auf den kognitiven, den schulleistungsbezogenen und den sozialen Bereich (vgl. zusammenfassend Roßbach 2005). Die allgemeine Prozessqualität in den vorschulischen Betreuungseinrichtungen wurde auf Ebene der einzelnen Untersuchungskinder mit Hilfe des Beobachtungsinstruments Observational Record of the Caregiving Environment (ORCE) im Alter von sechs, 15, 24, 36 und 54 Monaten erfasst (vgl. allgemein http://secc.rti.org und die Beschreibung des Verfahrens weiter oben). Positive Auswirkungen der vorschulisch erfahrenen institutionellen Qualität können für kognitive Leistungen, nicht aber für den sozial-emotionalen Bereich berichtet werden. Je höher die Qualität einer Kindergartengruppe ist, die ein Kind besucht, desto besser sind seine kognitiven Leistungen; seine sozial-emotionalen Kompetenzen werden aber dadurch nicht beeinflusst. Das Ergebnis für die kognitiven Leistungen der Kinder schwächt sich zwar bis zum Ende der dritten Schulklasse ab, bleibt aber auf einem niedrigen Niveau sichtbar. Weiter wurde herausgefunden, dass mit größerem zeitlichem Umfang der Betreuung in einer vorschulischen Einrichtung die Leistungen im Bereich Satzgedächtnis ansteigen, das sozial-emotionale Verhalten sich aber verschlechtert. Je größer die Dauer in der vorschulischen Betreuung ist, umso besser sind auch noch am Ende der dritten Klasse die Leistungen im Bereich Satzgedächtnis. Für den sozial-emotionalen Bereich bestehen die berichteten negativen Effekte am Ende der dritten Klasse nicht mehr. Einschränkend muss dazu gesagt werden, dass die bereichsspezifische Prozessqualität nicht im Detail untersucht wurde.

Fazit

Der Beitrag ist davon ausgegangen, dass eine qualitativ hochwertige Förderung im Kindergarten zugleich eine ebensolche für hochbegabte Kinder darstellt. Zusammenfassend kann festgehalten werden, dass die Differenzierung der pädagogischen Qualität in Prozess-, Struktur- und Orientierungsmerkmale sowie die Kombination aus allgemeinen und bereichsspezifischen Aspekten auf Gruppen- und Einzelkindebene eine detaillierte Betrachtung pädagogischer Qualität ermöglicht. Dadurch können verschiedene Facetten der pädagogischen Qualität einbezogen und berücksichtigt werden. Dass eine qualitativ hochwertige Förderung im Kindergarten einen positiven Einfluss auf die kindliche Entwicklung haben kann, zeigen Ergebnisse verschiedener Studien. In fast allen Untersuchungen weisen diejenigen Kinder, die Einrichtungen mit einer höheren Qualität besucht haben, kurz- und längerfristig bessere Werte in verschiedenen Aspekten des kognitiven und leistungsbezogenen Bereichs und des sozial-emotionalen Bereichs auf. Die Effekte der Qualität der vorschulischen Einrichtungen auf die Kompetenzen der Kinder halten zum Teil bis in die Grundschulzeit an, werden teilweise aber geringer. Damit weisen die Ergebnisse auf die hohe Bedeutung einer guten Qualität von Kindergartengruppen hin; von spezieller Bedeutung sind zum Beispiel die sprachliche Umwelt und die Sprachförderung im Kindergarten.

Die meisten Untersuchungen zeigen, dass sich eine gute Qualität einer Kindergartengruppe gleichermaßen für alle Kinder positiv auswirkt (vgl. Roßbach, Kluczniok & Kuger 2008). Dies schließt nicht aus, dass es in einzelnen Aspekten besondere Effekte etwa für hochbegabte Kinder oder auch für benachteiligte Kinder (zum Beispiel Kinder mit Migrationshintergrund) geben kann. Die Förderung hochbegabter Kinder im Kindergarten weist besondere Vorteile auf, die in der freien Gestaltung der Förderung liegen. So können hochbegabten Kindern in Kleingruppen oder gruppenübergreifend je nach Themenschwerpunkt und Interesse der Kinder vielfältige herausfordernde Förderaktivitäten angeboten werden. In diesem Punkt unterscheidet sich die Förderung hochbegabter Kinder nicht von einer qualitativ hochwertigen Förderung der gesamten Kindergartengruppe.

Literatur

Bostelmann, A. & Metze, T. (Hrsg.) (2000). Der sichere Weg zur Qualität. Kindertagesstätten als lernende Unternehmen. Neuwied: Luchterhand.

Diskowski, D. (2007). Synopse zu den Bildungsplänen der Länder. (Verfügbar unter: http://www.mbjs.brandenburg.de/media/lbm1.a.1234.de/synopse_bildungsplaene.pdf, 13.06.2009).

Diskowski, D. (2009). Zur Entwicklung der Kindertagesbetreuung. Recht der Jugend und des Bildungswesen, Jg. 57, 1, 93-113.

European Child Care and Education (ECCE)-Study Group (1999). School-age assessment of child development: Long-term impact of pre-school experiences on school success, and family-school relationships. Report written by Tietze, W., Hundertmark-Mayser, J. & Rossbach, H.-G. European Union DG XII: Science, Research and Development. RTD Action: Targeted Socio-Economic Research. Brüssel: EU.

Harms, T. & Clifford, R. M. (1980). Early Childhood Environment Rating Scale. New York: Teachers College Press.

Harms, T., Clifford, R. M. & Cryer, D. (1998). Early Childhood Environment Rating Scale. Revised Edition. New York: Teachers College Press.

Harms, T., Clifford, R. M. & Cryer, D. (2005). Early Childhood Environment Rating Scale. Revised Edition. New York: Teachers College Press.

Kronberger Kreis für Qualitätsentwicklung in Kindertageseinrichtungen (Hrsg.) (1998). Qualität im Dialog entwickeln. Wie Kindertageseinrichtungen besser werden. Seelze/Velber: Kallmeyer.

Kuger, S., Pflieger, K. & Roßbach, H.-G. (2006a). Einschätzskalen der Zielkindbeobachtung. (Forschungsversion). Bamberg: BiKS-Forschergruppe der Universität.

Kuger, S., Pflieger, K. & Roßbach, H.-G. (2006b). Handbuch zur ZiKiB. (Forschungsversion). Bamberg: BiKS-Forschergruppe der Universität.

Peisner-Feinberg, E. S., Burchinal, M. R., Clifford, R. M., Culkin, M. L., Howes, C., Kagan, S. L. & Yazejian, N. (2001). The relation of preschool child-care quality to children's cognitive and social developmental trajectories through second grade. Child Development, 72, 1534-1553.

Roßbach, H.-G. (2005). Effekte qualitativ guter Betreuung, Bildung und Erziehung im frühen Kindesalter auf Kinder und ihre Familien. In Sachverständigenkommission Zwölfter Kinder- und Jugendbericht (Hrsg.), Bildung, Betreuung und Erziehung von Kindern unter sechs Jahren (S. 55-174). München: Verlag Deutsches Jugendinstitut.

Roßbach, H.-G. (2008). Vorschulische Erziehung. In K. S. Cortina, J. Baumert, A. Leschinsky, K. U. Mayer & L. Trommer (Hrsg.), Das Bildungswesen in der Bundesrepublik Deutschland. Strukturen und Entwicklungen im Überblick (S. 283-323). Völlig überarbeitete Neuausgabe. Reinbek bei Hamburg: Rowohlt.

Roßbach, H.-G., Kluczniok, K. & Kuger, S. (2008). Auswirkungen eines Kindergartenbesuchs auf den kognitiv-leistungsbezogenen Entwicklungsstand von Kindern. Zeitschrift für Erziehungswissenschaft, Sonderheft 11, 139-158.

Roßbach, H.-G. & Tietze, W. (in Vorbereitung). Kindergarten-Skala Erweiterung (KES-E). Deutsche Fassung der The Early Childhood Environment Rating Scale-Extension (ECERS-E) von K. Sylva, I. Siraj-Blatchford & B. Taggart (2003).

Roux, S. (2006). Frühpädagogische Qualitätskonzepte. In L. Fried & S. Roux (Hrsg.), Pädagogik der frühen Kindheit. Handbuch und Nachschlagewerk (S. 129-139). Weinheim: Beltz.

Sammons, P., Sylva, K., Melhuish, E., Siraj-Blatchford, I., Taggart, B., Grabbe, Y. & Barreau, S. (2007). Effective Pre-school and Primary Education 3-11 Project (EPPE 3-11). Summary report: Influences on children's attainment and progress in Key Stage 2: Cognitive outcomes in year 5. Nottingsham: DfES Publications.

Sammons, P., Anders, Y., Sylva, K., Melhuish, E., Siraj-Blatchford, I., Taggart, B. & Barreau, S. (2008). Children's Cognitive Attainment and Progress in English Primary Schools During Key Stage 2: Investigating the potential continuing influences of pre-school education. In H.-G. Roßbach & H.-P. Blossfeld (Hrsg.), Frühpädagogische Institutionen. Zeitschrift für Erziehungswissenschaft. 10, Sonderheft 11, 179-198.

Sylva, K., Siraj-Blatchford, I. & Taggart, B. (2003). The Early Childhood Environment Rating Scale-Extension (ECERS-E). Stoke on Trent: Trentham Books.

Sylva, K., Melhuish, E., Sammons, P., Siraj-Blatchford, I. & Taggart, B. (2004). The Effective Provion of Pre-School Education (EPPE) Project: Final Report. A longitudinal study funded by the DfES 1997-2004. London: University of London, Institute of Education.

Sylva, K., Melhuish, E., Sammons, P., Siraj-Blatchford, I., Taggart, B. & Elliot, K. (2004). The Effective Provion of Pre-School Education Project – Zu den Auswirkungen vorschulischer Einrichtungen in England. In G. Haust, M. Götz, H. Hacker & H.-G. Roßbach (Hrsg.), Anschlussfähige Bildungsprozesse im Elementar- und Primarbereich (S. 154-167). Bad Heilbrunn: Klinkhardt.

Sylva, K., Siraj-Blatchford, I. & Taggart, B. (2006). Assessing Quality in the Early Years: Early Childhood Environment Rating Scale. Extension (ECERS-E). Four curricular subscales. Revised edition. Stoke on Trent: Trentham Books.

Tietze, W., Schuster, K.-M. & Roßbach, H.-G. (1997). Kindergarten-Einschätz-Skala. Deutsche Fassung der Early Childhood Environment Rating Scale von Thelma Harms und Richard M. Clifford. Neuwied: Luchterhand.

Tietze, W., Meischner, T., Gänsfuß, R., Grenner, K., Schuster, K.-M., Völkel, P. & Roßbach, H.-G. (1998). Wie gut sind unsere Kindergärten? Eine Untersuchung zur pädagogischen Qualität in deutschen Kindergärten. Neuwied: Luchterhand.

Tietze, W., Roßbach, H.-G. & Grenner, K. (2005). Kinder von 4 bis 8 Jahren. Zur Qualität der Erziehung und Bildung in Kindgarten, Grundschule und Familie. Weinheim: Beltz.

Tietze, W., Schuster, K.-M., Grenner, K. & Roßbach, H.-G. (2007). Kindergarten-Skala. Revidierte Fassung (KES-R). Deutsche Version der Early Childhood Environment Rating Scale, Revised Edition, von T. Harms/R. M. Clifford/D. Cryer. – 3. überarbeitete Aufl. Berlin: Cornelsen Scriptor.

Tietze, W. & Viernickel, S. (Hrsg.): Dittrich, I., Grenner, K., Groot-Wilken, B., Sommerfeld, V. & Hanisch, A. (2007). Pädagogische Qualität in Tageseinrichtungen für Kinder. Ein Nationaler Kriterienkatalog. 3. Aufl. Berlin: Cornelsen Scriptor.

Demokratie und Partizipation in der Kita

Jens Hoffsommer, Programmleiter der Deutschen Kinder- und Jugendstiftung, im Gespräch

Herr Hoffsommer, mit welchem Thema befassen Sie sich zurzeit?

Als Programmleiter bin ich verantwortlich für die Umsetzung des sächsischen Programms »Demokratie von Anfang an – Kindertageseinrichtungen als Lernorte der Demokratie«. Seit über drei Jahren begleiten wir Kindertageseinrichtungen dabei, eine demokratische Kultur zu entwickeln. Dabei geht es uns nicht nur um mehr Beteiligung von Kindern in der Kita. Demokratische Kultur bezieht sich auf alle Akteure, also auch auf das Miteinander im Team und die Zusammenarbeit mit Eltern. Ich verstehe dabei Demokratie als Anspruch an das soziale Miteinander, als eine Lebensform. Im Programm arbeiten wir mit den Pädagoginnen und Pädagogen daran, eine demokratische Haltung zu entwickeln.

Die UN-Kinderrechtskonvention hat verschiedene Rechte für Kinder festgeschrieben. Inwieweit sind darin auch die Bedürfnisse hochbegabter Kinder berücksichtigt?

In den Artikeln 6 und 28 ist das Recht auf Bildung und Entwicklung festgeschrieben. Nehmen wir dies ernst, müssen wir Kindern die Chance geben, sich individuell zu entwickeln und nach ihren Fähigkeiten zu bilden. Dies hat durchaus Folgen für eine Pädagogik der Begabungen. Wir Erwachsene sind mit diesen Artikeln gefordert, Kinder individuell zu unterstützen, ihre Stärken zu entfalten und ihre Schwächen auszugleichen. Dazu müssen wir die Kinder gut kennen und ihre Begabungen durch gutes Beobachten herausbekommen.

Sie kritisieren, dass Kinderrechte von Pädagogen und Erwachsenen häufig entweder auf eine bevormundende Art oder mit einem karitativen Verständnis umgesetzt werden. Was meinen Sie damit?

Kinderrechte stehen in einem Spannungsverhältnis. Oft werden die Schutzrechte und Förderrechte im bevormundenden Sinn verstanden und gehandhabt. »Schützen« und »Fördern« wird umgesetzt, indem Erwachsene Kinder unter ihre Fittiche nehmen. Dabei wird insgeheim unterstellt, dass die Erwachsenen stark und die Kinder schwach seien. Dies ist keine »natürliche« Relation, sondern eine Machtkonstellation, die Erwachsenen und Kindern einen grundlegend verschiedenen Status zuweist. Solch ein Verständnis wird auch als karitative Haltung bezeichnet.

Und wie begegnet eine Erzieherin mit partizipativer Grundhaltung einem (hochbegabten) Kind?

Eine partizipative Grundhaltung von Pädagogen geht von den Stärken, Fähigkeiten und Begabungen der Kinder aus und gibt diesen Raum. Es geht darum, gemeinsam mit Kindern zu gestalten. Dies bietet die Grunderfahrung freier Entfaltung und traut Kindern zu, Fähigkeiten und Begabungen zu leben und zu entwickeln. Partizipation wirkt so als Ermöglicherin und sie bietet die Grundlage für eine Pädagogik der individuellen Begabungen.

Die Diskussion um eine demokratische Beteiligung von Kindern in Bildungseinrichtungen ist verbunden mit der Debatte um inklusive Förderung und diese soll zunächst einmal der Ausgrenzung und Diskriminierung von behinderten Kindern entgegenwirken. Halten Sie es für sinnvoll, die Inklusionsdebatte auf hochbegabte Kinder auszudehnen?

Ich verstehe Inklusion umfassend, als einen Ansatz für alle. Inklusion ist für mich wertschätzende Vielfalt und aktivierende Teilhabe, Dazugehörigkeit und zugleich Zusammengehörigkeit. Setze ich Inklusion und Bildung in Bezug, so muss ich zum Einen davon ausgehen, dass alle die gleiche Chance haben, ohne Barrieren Zugang zur Bildungsgemeinschaft zu erhalten. Es geht also um Teilhabe für alle – egal mit welchen Fähigkeiten und Begabungen. Dazu braucht es partizipative Rahmenbedingungen wie zum Beispiel Beteiligungsstrukturen. Partizipation gelingt dann, wenn sie an der Lebens- und Erfahrungswelt von Kindern anknüpft. So funktioniert letztlich auch Bildung und Lernen – an den Erfahrungen und Interessen der Kinder und Jugendlichen anknüpfend. Wenn wir uns in dieser Weise an die Erfahrungen und Interessen und so auch an die individuellen Begabungen der Kinder halten, bedeutet Inklusion natürlich auch, dass wir Kinder fördern, ohne sie aus der Gemeinschaft auszuschließen. Begabtenpädagogik, die ein inklusives Grundverständnis als Basis hat, fördert begabte Kinder in der Gemeinschaft – ohne sie zu unterfordern. Sie stärkt dadurch das gemeinsame Leben und Lernen – es wird ganz normal, dass einzelne Kinder in einem Bereich begabter sind als andere. Auch hier steht die individuelle Unterstützung der Kinder im Blick ohne die Gemeinschaft als zentralen Handlungs-, Lebens- und Lernort zu vergessen. Ich sehe in einem inklusiven Bildungsverständnis eine gute Basis für Begabtenpädagogik. Das Nachdenken über inklusive Bildung bietet die Möglichkeit, sich und seine pädagogische Grundhaltung zu reflektieren.

Wie sind individualisiertes Lernen und das Schaffen gemeinsamer Lernsituationen vereinbar?

Individualisiertes Lernen und das Schaffen gemeinsamer Lernsituationen lässt sich vereinbaren! Lernen passiert immer in heterogenen Gruppen. Es ist die große Herausforderung der Pädagogen, in Gruppen trotz aller Unterschiedlichkeit für jeden lernen zu ermöglichen und herauszufordern. Dies gelingt aus meiner Sicht beispielsweise durch Aufgabenstellungen, die ein gemeinsames Thema oder Ziel haben. Dadurch werden unterschiedliche Begabungen berücksichtigt, jeder kann sich individuell dem Thema nähern und seine Lernerfahrungen machen. Pädagogen unterstützen Kinder dabei, dass sie ihren individuellen Lernweg gehen. Oft hat dies ganz nebenbei noch wichtige soziale Effekte: Kinder helfen sich gegenseitig, je nach dem, wo einer dem Anderen unterstützend zu Seite stehen kann. Dies stärkt die Selbstwirksamkeit und fördert die Zusammenarbeit. Natürlich kann es manchmal auch sinnvoll sein, homogene Lerngruppen zu bilden, um spezielle Begabungen zu fördern. Doch gerade unter dem Inklusionsgedanken besteht die Herausforderung darin, Lernen so zu gestalten, dass alle in ihrer Vielfalt, mit ihren Begabungen, Stärken und Schwächen gemeinsam Bildung erleben.

Jens Hoffsommer bezieht sich auf: M. Liebel (2007). Wozu Kinderrechte, Weinheim: Juventa, und: Unveröffentlichter Abschlussbericht Evaluation Ideen für mehr! Ganztägig lernen – Themenatelier »Kulturelle Bildung an Ganztagsschulen: Klappe, die Zweite!«, proconsult, Dr. Ronald Schulz, 31.01.2010.

Inklusive Hochbegabtenförderung in der Kindertagesstätte

Ina Schenker

Die Bedeutung einer pädagogischen Diagnostik

Kindertageseinrichtungen sind bedeutsame, entwicklungsanregende Sozialisationsorte für hochbegabte kleine Kinder – vorausgesetzt, die Erzieherinnen und Erzieher erkennen aufgrund ihres detaillierten Fachwissens über das Phänomen Hochbegabung frühzeitig deren besondere Fähigkeiten.

Häufig werden hochbegabte Kinder in Kindertageseinrichtungen nicht wahrgenommen, weil sie sich gut in die Gruppe einfügen und nicht auffallen. Besonders in einem frühen Lebensalter ist eine Hochbegabung von einer zeitweisen Akzeleration des Kindes nicht zu unterschieden. Nicht alle unerkannten hochbegabten Kinder zeigen sich dabei verhaltensauffällig oder leiden unter emotionalen und psychosozialen Problemen.[46]

Darüber hinaus kann es sein, dass die Entwicklung einiger kleiner hochbegabter oder entwicklungsschneller Kinder asynchron verläuft:[47] Die Kinder zeigen Entwicklungsvorsprünge nur in einzelnen Entwicklungsbereichen, wie dem kognitiven oder sozialen. Ihre Selbstständigkeit oder die Grob- und Feinmotorik zeigen sich hingegen altersgerecht. Wird dieses Phänomen mit einem defizitorientierten Blick interpretiert, führt das zu einem völlig unangemessenen erzieherischen Verhalten. Kommen weitere Risikofaktoren – wie nicht vorhandene professionelle Beobachtung, entwicklungsunangemessen gestaltete institutionelle Lernumwelt, instruktives Erzieherverhalten, anregungsarmes Elternhaus – hinzu, kann dies dazu führen, dass das Kind undifferenzierte Rückmeldungen über sich selbst erhält und die Lernunterstützung und Lernanregung seinem Entwicklungsstand unangemessen erfolgt. Diese eingeschränkte Form der Interaktion beeinflusst das Kind in der Bildung seiner Identität. Es kann keinen differenzierten Zugang zu seinen Ressourcen und Potentialen finden und diese nicht zum Lernen nutzen, weil es sich ihrer nicht bewusst sein kann. Es ist ein Mythos, dass junge entwicklungsschnelle Kinder wie nebenbei, aus sich heraus und auch unter widrigsten Bedingungen lernen. Auch eine noch so hohe Begabung kann systematisches Lernen, basierend auf feinfühligen und entwicklungsangemessenen Anregungen von außen, nicht überflüssig machen. Eigenaktive Bildung, der »Aufbau einer intelligenten Wissensbasis« (Rohrmann & Rohrmann 2005) vollzieht sich immer im Dialog mit der sozialen Umwelt.

Durch kontinuierliche Beobachtungen der Interaktion des Kindes mit anderen Kindern, dialogisch-entwickelnde Interaktionsprozesse zwischen der Erzieherin und dem einzelnen Kind und kontinuierlich geführte Elterngespräche über die Entwicklung des Kindes wird es pädagogischen Fachkräften besser möglich, hochbegabte Kinder zu erkennen und sie individuell wahr-

46 Vgl. auch Solzbacher & Behrensen »Individuelle Förderung als Grundlage für Begabtenförderung« in diesem Band.

47 Vgl. Kuger & Roßbach »Elementarpädagogische Grundlagen« in diesem Band.

zunehmen. Die Erzieherinnen und Erzieher sammeln so viele Informationen wie möglich, und zwar über die unterschiedlichen Entwicklungsstände, die unterschiedlichen Perspektiven auf die Welt und das kindliche Vorwissen zu verschiedenen Themen.

Das Lernen der Kinder wird kontinuierlich in der Familie und in der Kindertageseinrichtung beobachtet und analysiert. Hochbegabte Kinder präferieren einen eigenen Lernstil, beschäftigen sich mit völlig anderen Inhalten als die übrigen Kinder, lassen sich gern von komplexen Aufgabenstellungen herausfordern und haben eine Abneigung gegenüber Wiederholungen und Routinearbeiten.

In der pädagogischen Praxis werden die überraschenden Fähigkeiten und Fertigkeiten kleiner hochbegabter Kinder häufig nicht erkannt, weil die Leistungen des Kindes so weit weg von jeglichem »altersgemäßen« Verhalten sind. Erzieherinnen und Erzieher nehmen häufig die überdurchschnittlichen Fähigkeiten eines Kindes nicht wahr, weil sie die möglichen Phänomene, durch die sich Akzeleration und Hochbegabung im kindlichen Verhalten zeigen können, nicht als Interpretationsgrundlage von Beobachtungen in sich tragen. Dies kann zu Fehleinschätzungen führen, die für die Unterstützung der Entwicklung des Kindes folgenschwere Auswirkungen haben können.

Auch die üblichen, im Feld verbreiteten, validierten Beobachtungsverfahren führen nicht zwingend zu der Einschätzung, dass ein Kind hochbegabt ist und eine psychologische Diagnostik erforderlich sein könnte.

Grundlage einer begabungssensiblen Pädagogik in Kindertageseinrichtungen ist ein umfangreiches Wissen von Erzieherinnen und Erziehern über mögliche Phänomene, durch die sich Hochbegabung im kindlichen Verhalten zeigen kann. Hier gilt der Grundsatz, dass etwas nur dann beobachtet werden kann, wenn es als subjektives Wissen beim Beobachter vorhanden ist.

Im nachfolgenden Text werden einige ausgewählte Tätigkeitsformen, Techniken und Methoden einer adaptiven Instruktion näher vorgestellt, die das eigenaktive Lernen von Kindern von klein auf herausfordern, das Zusammenleben und gemeinsame Lernen in Kindergruppen fördern und verhindern, dass Kinder die Verantwortung für ihr Lernen schon im frühesten Kindesalter an Erwachsene abgeben.

Der Fokus der Betrachtungen liegt bewusst auf der Gestaltung von Interaktionsbeziehungen und möglichen Interaktionsformen zwischen Erwachsenen und Kindern, also dem erzieherischen Handeln.

Interaktionsstil von Erzieherinnen und Erziehern

Zurückgehend auf die Forschungen von Diana Baumrind zu elterlichen Erziehungsstilen werden verschiedene Formen der Erwachsenen-Kind-Interaktion beschrieben, die sich besonders hinsichtlich der Ausprägung von Kontrolle und Wärme unterscheiden (vgl. Liebenwein 2008, 33). Aktuell gilt ein autoritativer Erziehungsstil als Optimalform der Erziehung (vgl. Gisbert 2004, 146; Liebenwein 2008, 34). Aufgrund stabiler Bindungsbeziehungen und der warmen, verantwortlichen, anregenden Atmosphäre in der Interaktion zwischen Kind und Erwachsenem, bekommt das Kind das Gefühl von Schutz und Sicherheit. Dieses Gefühl bietet eine solide Basis für Exploration und damit für die kognitive Entwicklung des Kindes.

»Ein autoritativer Interaktionsstil ist durch eine klare Struktur von Erwartungen von Seiten des Erwachsenen im Kombination mit emotionaler Wärme und Verantwortung gekennzeichnet. Diesem Interaktionsstil liegt eine demokratische Auffassung zugrunde, durch die einerseits die Unabhängigkeit des Kindes gefördert wird, die aber zugleich durch klare Grenzen gekennzeichnet ist, die zwischen Erwachsenem und Kind immer wieder ausgehandelt werden« (Gisbert 2004, 146).

Die Interaktion mit hochbegabten Kindern kann aufgrund ihrer Eloquenz, Argumentationsfähigkeit und ihrer kognitiven Fähigkeiten sehr herausfordernd für Erwachsene sein. Dennoch brauchen auch diese Kinder das Gefühl, von Erwachsenen beschützt zu sein, um sich sicher zu fühlen. Für die Gestaltung von Erziehungsprozessen bedeutet das, dass pädagogische Fachkräfte zum Beispiel auf die Einhaltung von Abmachungen, von gemeinsam ausgehandelten Regeln und Grenzen bestehen, in Aushandlungsprozessen standhalten können, Präsenz zeigen und Konflikte sofort ansprechen.

Das Lernen der Kinder beobachten, begleiten und herausfordern

Kindliches Lernen ist nicht an zeitlich begrenzte, erwachsenendominierte Angebote (Beschäftigungen) gebunden, sondern findet immer statt, wenn das Kind in einer entwicklungsangemessenen Umwelt lebt. Alles, was außerhalb des Kindes liegt, kann Angebot sein und Lernen provozieren. Im nachfolgenden Text werden mögliche professionelle Interaktionsmöglichkeiten skizziert, die das Lernen von Kindern herausfordern, unterstützen und begleiten.

Das Lernen der Kinder beobachten

Die Beobachtung des individuellen kindlichen Lernens und des Lernens in Kindergruppen erfordert ganztägig höchste Aufmerksamkeit und Präsenz der Erzieherinnen und Erzieher. Es sind besonders diejenigen Beobachtungsverfahren auszuwählen, welche das Lernen und seine Inhalte sowie die Engagiertheit von Kindern in den Fokus der Aufmerksamkeit nehmen (zum Beispiel Bildungs- und Lerngeschichten, Leuvener Engagiertheitsskala).[48] Auch teilnehmende und freie Beobachtung sind möglich. Die Beobachtung kindlichen Lernens ist für Erwachsene ein schwieriger und herausfordernder Prozess, der Zeit und ein ungestörtes Dabeisein erfordert, wenn ein Kind lernt. Dies ist in der Komplexität des Alltages in Kindertageseinrichtungen und unter den derzeit geltenden Rahmenbedingungen zwar grundsätzlich möglich, aber schwer zu organisieren.

Folgende Fragen können helfen, das individuelle Lernen hochbegabter Kinder zu erkennen und zu beobachten:

48 Vgl. den Beitrag »Beobachten und Dokumentieren als Wahrnehmungs- und Interaktionsproblem« von Stefan Brée in diesem Band.

Lernsituation

- Was ist der Anlass, warum das Kind lernt?
- Woran erkennen Sie, dass das Kind lernt?
- In welchen Situationen, in welcher Lernatmosphäre und wozu lernt das Kind?
- Wann wird Lernen ausgelöst?

Lerner

- An welches Wissen, welche Fähigkeiten und Kompetenzen kann das Kind anschließen?
- Wie zeigt sich, dass das Kind sicher, angstfrei und kommunikationsbereit ist?
- Wie zeigen sich sein Interesse und seine Motivation am Lerngegenstand?
- Über welche Ressourcen verfügt es, um sein Lernen selbst zu planen, zu strukturieren und sich eigenaktiv an neues Wissen und neue Fähigkeiten anzunähern?
- Welche Schritte unternimmt das Kind, um etwas zu lernen?
- Wie beschreiben sie das Lernen des Kindes: zum Beispiel Annäherung an neue und unbekannte Lerngegenstände (kognitive Dissonanz), Umstrukturierung vorhandener Wissensbestände, Lernen am Modell, Lernen durch Entdecken, Ausprobieren, Problemlösen oder durch bedeutsame, herausfordernde Ereignisse?
- Wie geht es mit Herausforderungen um, wann bittet es Erwachsene oder andere Kinder um Hilfe?
- Welche neuen Fähigkeiten sind im Verhalten des Kindes zu beobachten?
- Wie reflektiert und bewertet es selbst seinen Lernprozess? Wie zufrieden ist es mit sich selbst?

Die Gruppe der anderen Kinder

- Wie und wodurch gelingt es dem Kind, in eine Spielgruppe hineinzugelangen und über einen gewissen Zeitraum darin aktiv tätig zu sein?
- Wie kann das Kind die Ressourcen der Kindergruppe für sein Lernen nutzen? An welchen Lernervorbildern kann sich das Kind orientieren? Mit welchen gleichberechtigten Partnern tauscht sich das Kind aus? Welche Themen sind Gegenstand des Interesses?
- Welche Lösungsideen für Probleme werden gefunden?
- Wie werden in der Gruppe Entscheidungen getroffen?
- Wofür bekommt das Kind die Anerkennung der anderen Kinder?
- Wie werden die Lernprozesse in der Gruppe bewertet und reflektiert?

Lerngegenstand

- Wie findet das Kind die Themen, mit denen es sich beschäftigt?
- Wie geht es mit von außen zugemuteten Themen um?
- Welches Vorwissen über den Lerngegenstand (Wissen, Erfahrungen, eigene Vorstellungen etc.) hat das Kind?

Lernarrangement – (Diese Fragen können dazu dienen, zu klären, ob Kinder in entwicklungsangemessenen und herausfordernden Lernsettings lernen können.)

- Was kann das Kind unternehmen, um etwas zu erkennen oder zu erforschen?

- Wo kann es mit anderen Kindern spielen und an deren Leben teilnehmen?
- Was können Kinder selbst wollen, entscheiden und verantworten? Welche Prozesse können sie selbst planen, initiieren und in Gang halten?
- Was können Kinder selbst bauen, konstruieren oder herstellen?
- Wo kann oder muss ein Kind oder eine Kindergruppe nachdenken, beurteilen und bewerten?
- Was wird von Seiten der pädagogischen Fachkräfte unternommen, damit sich Kinder unbekannten Dingen gegenüber öffnen, oder Altbekanntes hinterfragen und überdenken?
- Was können Kinder unternehmen, um ihre Erfahrungen zu genießen und diese zu bejahen? (vgl. Pallasch & Hameyer 2008; Leu, Frankenstein, & Koch 2007)

Zu den Beobachtungen werden die Rückmeldungen und Kommentare des Kindes eingeholt. In einem nächsten Schritt werden sie mit den KollegInnen und den Eltern besprochen und interpretiert. Dabei ist es das Ziel, mit allen Beteiligten zu beraten, wie zukünftig die Lernumwelt des Kindes mit all ihren Facetten zu gestalten ist.

Planung und Reflexion der pädagogischen Interaktion

Auf der Grundlage der von allen Beteiligten reflektierten und kommentierten Beobachtungsergebnisse werden jetzt Voraussetzungen für die Unterstützung nächster Entwicklungsschritte für einzelne Kinder und das Zusammenleben von Kindern in Kindergruppen geplant. Dies geschieht bewusst, also nachvollziehbar für andere und theoriegestützt – und nicht aus dem Bauch heraus.

Es geht keinesfalls darum, ein individuelles Curriculum ähnlich dem Lehrplan in der Schule zu entwickeln, sondern darum, wie das erzieherische Handeln lang-, mittel- und kurzfristig gestaltet werden muss, um die Entwicklung des einzelnen Kindes, der Kindergruppe zu unterstützen und das eigenaktive Lernen in der Zone der nächsten Entwicklung herauszufordern.

In einer langfristigen Planung werden auf der Grundlage einer Sozialraumanalyse konzeptionelle Schwerpunkte und langfristige Ziele festgelegt (zum Beispiel aufgrund folgender Fragen: Wie sieht begabungssensible Pädagogik in der Einrichtung konkret aus? Welche entwicklungsangemessenen Beteiligungsmöglichkeiten gibt es für Kinder?). Darüber hinaus wird die materielle, finanzielle und personelle Ausstattung geplant und die didaktische Umsetzung beschrieben. Eine möglich Form der Planung ist die Konzeption.

In der mittelfristigen Planung werden konkrete Maßnahmen und Ziele benannt, die für einen klar definierten, größeren Zeitraum Orientierung für das pädagogische Handeln geben. Dabei werden die Ebenen der gesamten Kindergruppe und die der Entwicklungsanregung für einzelne Kinder betrachtet. Folgende Fragen können eine Orientierungshilfe sein: Wie erfolgt die Lernbegleitung von Kindern und der Kindergruppe? Wie ist der soziale, räumlich-zeitliche und materielle Kontext zu gestalten? Welche neuen Perspektiven werden dem Kind oder den Kindern zugemutet? Welche Methoden werden eingesetzt, um Anregung zur autonomen Selbstveränderung von Kindern geben zu können?

Eingebettet in die lang- und mittelfristige Planung erfolgt die kurzfristige Planung. Hier werden die Aspekte Lernbegleitung, Kontextsteuerung und Perspektivenwechsel für den Tag oder die Woche geplant, also relativ differenziert und unmittelbar aufeinander folgend. Die Zielerreichung kann unmittelbar nach Beendigung des Prozesses reflektiert werden.

Die Zielerreichung auf allen drei Planungsebenen, bezogen auf das einzelne Kind und die Kindergruppe, wird systematisch und kontinuierlich analysiert und reflektiert. Diese Ergebnisse sind Grundlage einer neuen Planung. Dadurch befindet sich die Kindertageseinrichtung kontinuierlich in einem bewusst erzeugten, der Entwicklung der Kinder angemessenen Wandlungsprozess. Das pädagogische Handeln der Erzieherinnen wird für Außenstehende (Eltern, Schule, Träger) transparent, es wird zudem professionell begründ- und nachvollziehbar (vgl. Renner 1995; Andres & Laewen 2007).

Das Lernen der Kinder begleiten und herausfordern

Bewusst dialogisch-entwickelnde Denkprozesse

Anke König (2009) spricht von einer dialogischen Interaktion zwischen Erzieherinnen und Kindern, welche die Entwicklung und Weiterführung von Gedankengängen zum Ziel hat. Angelehnt an die Interaktionsform »Sustained shared thinking« (König 2009, 141, zit. nach Sylva et al.) entwickelt sie das didaktische Handlungsmuster der »bewusst dialogisch-entwickelnden Denkprozesse«.

Folgende Grundannahmen liegen diesem Handeln zugrunde:

- Die Lernprozesse von Kindern sind Ergebnisse von Konstruktionsleistungen.
- Die pädagogischen Fachkräfte sind für die Lernprozesse der Kinder aufmerksam.
- Die Interaktionen zwischen dem einzelnen Kind und der Erzieherin, dem Erzieher beziehen sich aufeinander, sind reziprok, wechselseitig und sie ergänzen sich.
- Die instruktiven Momente der Erwachsenen setzen an den Gedankengängen, Interessen und dem Denken der Kinder an, entwickeln gemeinsame Ideen, unterstützen das Kind bewusst und helfen ihm, seine Denkprozesse weiterzuentwickeln.
- Instruktive und konstruktive Momente und andere mögliche Lernformen werden bewusst aufeinander bezogen und wechseln sich in den Interaktionsprozessen zwischen Peers, Kindern und Erwachsenen ab (vgl. König 2009).

Diese Form der Interaktion erfordert von pädagogischen Fachkräften umfangreiche Techniken der Gesprächsführung, um etwas über die Vorstellungen, Absichten und das Vorwissen des Kindes zu erfahren.

Scaffolding

Scaffolding, als besondere Form der instruktiven Unterstützung des Kindes durch den Erwachsenen, soll die Denkprozesse des Kindes bewusst erweitern, optimieren und verbessern. Ziel des Scaffoldings ist die Förderung der Selbstregulation des Denkens und der Förderung von tiefgreifenden Lern- und Verstehensprozessen (vgl. Gisbert 2004; König 2009).

Scaffolding kann als Unterstützung des Kindes in einer konkreten Lernsituation eingesetzt werden. Es kann aber auch, wie im nachfolgenden Beispiel gezeigt, Orientierung für die Planung eines mittel- oder langfristig angelegten pädagogischen Prozesses sein. Gisbert (2004, 146ff.) beschreibt vier Aspekte dieser Instruktionsmethode:

- Entwicklung einer gemeinsamen Perspektive zwischen dem Kind und dem Erwachsenen: Erzieherinnen und Erzieher versuchen, die Gedankengänge, Sichtweisen und intuitiven Theorien des Kindes zu einem bestimmten Thema zu erfassen[49] und als Ausgangspunkt einer eher erwachsenendominierten Instruktionssituation zu nehmen, in der die Wahrscheinlichkeit hoch ist, dass das Kind in der Zone der nächsten Entwicklung lernen kann.

Beispiel: Ein 2½ bis 3 Jahre altes Kind beschäftigt sich in Spielsituationen mit dem imaginären Zubereiten von Essen, es »kocht« in Szenen des Familienspiels oder »backt« Kuchen im Sand. Durch dieses Spiel setzt es sich mit existentiellen Fragen von Menschen und der Kultur, in die es hineingeboren wurde, auseinander. Es spielt durch diese symbolischen Handlungen alltäglich Erlebtes »in sich hinein« und versteht es dadurch.

Durch eine erkundende Haltung der Erzieherin, des Erziehers, zum Beispiel durch zum Erzählen auffordernde Fragen (»Wie ist es bei euch zu Hause, wenn ihr backt?«) oder durch ein durch das Kind selbst instruiertes Mitspiel in der Puppenecke oder im Sandkasten, sammeln die Fachkräfte Informationen über die Vorstellungen und Vorerfahrungen des Kindes zum Thema. Durch weiterführende Beobachtungen – beispielsweise in Essenssituationen und besonders im szenischen Spiel – erfahren die Erwachsenen viel über die Sichtweise des Kindes: das Leben, die Kultur und die Gewohnheiten in seiner Familie, wie es Essenssituationen erlebt und was ihm schmeckt, ob Essenssituationen als lust- und genussvoll erlebt werden (können), oder ob diese eher in Machtkämpfe ausarten.

- Autoritativer Interaktionsstil: Aus diesem Interaktionsstil heraus wird überlegt, wie der Lernprozess des Kindes unterstützt und die kognitive Entwicklung herausgefordert werden kann, welche Fähigkeiten das Kind braucht, um wieder ein Stück autonomer handeln zu können.

Beispiel: An das oben genannte Beispiel anknüpfend werden die Essenssituationen in der Kindertageseinrichtung unter dem Aspekt Selbstständigkeit und Wahlmöglichkeiten von Kindern betrachtet. Was muss an erzieherischen Interventionen erfolgen, dass sich das einzelne Kind oder eine Gruppe von Kindern das Frühstück selbst zubereiten kann? Welche Themen (gesunde Ernährung, Einkaufen, Kategorien von Nahrung, Umgang mit Besteck, scharfen Messern und so weiter) müssen den Kindern zugemutet werden, damit sie den nächsten Entwicklungsschritt erfolgreich absolvieren können? Wie kann dies methodisch, unter Führung der Erwachsenen und mit aktiver Teilnahme der Kinder, geschehen? Welche Kompetenzen sollen sich beim Kind herausbilden?

49 Vgl. auch den Beitrag »Spielen ist Lernen – das Konzept der Entwicklungspädagogik« von Schenker in diesem Band.

- Arbeiten mit dem Kind in der Zone der nächsten Entwicklung: Die Aufgabe und das Umfeld werden so gestaltet, dass beide für das Kind oder die Kindergruppe einen hohen Aufforderungscharakter besitzen und so anregungsreich sind, dass das Kind auswählen kann und aufgefordert wird, sich mit neuen Dingen und Gegebenheiten auseinanderzusetzen. Manchmal kann dies auch bedeuten, einen komplexeren Lernprozess (wie das eigenständige Zubereiten von Frühstück) in Teilstücke zu zerlegen. Dabei ist aber immer wieder darauf zu achten, dass hochbegabte und überhaupt alle Kinder nicht durch zu simple und zu leichte Aufgaben demotiviert werden. Die Hilfestellung durch den Erwachsenen ist so angelegt, dass die Selbsttätigkeit des Kindes vorrangig ist. Die Erzieherinnen und Erzieher begleiten das Tun der Kinder eher verbal: unterhalten sich darüber, wie das Kind beim Problemlösen vorgegangen ist, wie es die Leistung geschafft hat und was es als nächstes tun möchte.

Beispiel: Über einen längeren Zeitraum hinweg lernen die Kinder, die Verantwortung für die Zubereitung ihres Frühstücks sukzessive selbst zu übernehmen. Dies kann damit beginnen, dass sich die Kinder vorbereitete Butterbrote selbst mit verschiedenem Belag belegen, indem sie auswählen, was ihnen schmeckt. In einem nächsten Schritt schneiden Kinder dann Obst und Gemüse selbst auf. Als nächstes werden alle Zutaten gemeinsam mit der Erzieherin, dem Erzieher eingekauft. Die Kinder, welche es aufgrund ihrer Fähigkeiten vermögen, schreiben und gestalten die Einkaufszettel selbst, oder verwalten den Etat für das Frühstück. Weitere Lernmöglichkeiten ergeben sich zum Beispiel beim Erforschen wie lange ein Ei kochen muss, bis es die gewünschte Konsistenz erreicht hat, oder indem andere Kinder nach ihren Wünschen gefragt werden. Hier zeigen sich die Vorteile einer komplexen Lernsituation: Jedes Kind kann und muss sich mit seinen Fähigkeiten einbringen und kann seinen nächsten Entwicklungsschritt vollziehen, es lernt und arbeitet in und für eine Gemeinschaft und erwirbt Fähigkeiten, die eine längere Lebenszeit lang sinnvoll sind. Die Lernsituation ist komplex, da Kinder Wissen und Fähigkeiten aus allen Entwicklungs- und Bildungsbereichen bereichsübergreifend erwerben und anwenden können und da sie im Team arbeiten müssen.

- Förderung der Selbstregulation: Zunehmend übergeben die Erwachsenen die Verantwortung für das Handeln an die Kinder. Bei Fragen oder zur Begleitung bei Problemen stehen die Fächkräfte den Kindern dadurch zur Seite, dass sie eine intensive Beziehung zu ihnen halten, und indem sie die Kinder – ohne direktiv einzugreifen – dabei unterstützen, Lösungen eigenständig zu finden.

Beispiel 1: Ein Kind traut sich nicht, das heiße Wasser aus dem Wasserkocher über die Teebeutel zu gießen. Im begleitenden Gespräch mit dem Erwachsenen findet das Kind:

- Annahme für das Problem, z. B. durch die Rückmeldung, dass es gut ist, vorsichtig zu sein.
- Es wird herausgefunden, wie das Kind das Problem aus seiner Perspektive beschreibt.
- Gemeinsam werden passende Lösungsstrategien entwickelt.
- Beim Umsetzen der favorisierten Strategie bleibt der Erwachsene dabei.
- Es wird gemeinsam in einer wertschätzenden und anerkennenden Art und Weise reflektiert, wie das Kind dann doch die Leistung vollbracht hat, vor welcher es ursprünglich Angst hatte.

Beispiel 2: Nach und nach bereiten die Kinder das Frühstück oder die Vespermahlzeit in Eigenregie zu. Ihnen wird entwicklungsangemessen Verantwortung für einen gewissen Zeitraum übertragen, zum Beispiel eben für die Frühstücksvorbereitung. Die Erwachsenen unterstützen und helfen den Kindern – aber nur, wenn diese darum bitten.

Die Tätigkeiten des Alltages bieten aufgrund ihrer Komplexität ein sinnvolles und sehr herausforderndes Potential zur Förderung hochbegabter kleiner Kinder: Die Kinder können ihre besonderen motorischen, emotionalen, sozialen und kognitiven Fähigkeiten sinnvoll anwenden, sind mit allen ihren Fähigkeiten – und nicht nur kognitiv – gefordert, müssen mit den anderen Kindern gemeinsam eine Aufgabe lösen und lernen somit, im Team zu arbeiten. Naturgemäß müssen dabei auch Tätigkeiten ausgeführt werden, die zwar notwendig, aber langweilig sind und in denen einfach Durchhalten gefragt ist. Weiterhin kann sich aus alltäglichen Tätigkeiten eine Fülle von weiterführenden Lern- und Experimentieranlässen ergeben, in denen die besonderen Fähigkeiten hochbegabter Kinder sich voll entfalten und weiterentwickeln können.

Kommunikation

Damit ein Austausch über das kindliche Lernen, die individuellen Vorlieben, Lernstile und die nächsten Lernschritte zwischen den pädagogischen Fachkräften und dem Kind oder den Kindern stattfinden kann, sind umfangreiche und professionelle kommunikative Kompetenzen auf Seiten der Fachkräfte erforderlich. Durch Gesprächsführung wird das kindliche Lernen begleitet und unterstützt und die Metakommunikation über das Lernen des Kindes gefördert. Hilfreich können dabei Fragen sein, wie:

- Wie ist Dir das gelungen?
- Was hast Du als nächstes vor?
- Warum hast Du diese Lösungsvariante gewählt?
- Welche Lösungen fallen Dir noch ein?
- Wie ist es Dir gelungen, das Problem zu lösen?
- Was brauchst Du von mir an Unterstützung?
- Welche Kinder könnten für ... hilfreich sein?
- Was denkst Du? Wie würde ... vorgehen?

In dem Prozess der Lernbegleitung kann es hilfreich sein, Kindern Ressourcen zurückzumelden und Situationen in das Gedächtnis zu rufen, an denen sie anknüpfen können.

Das »Nachdenken über das eigene Denken« (Gisbert 2004, 137), die Metakognition, soll bei den Kindern angeregt werden. Nach und nach sollen Kinder zunehmend bewusster ihre eigenen kognitiven Prozesse »zum Gegenstand der Reflexion und bewussten Steuerung« (ebd.) machen.

Differenzierte Rückmeldungen über ihre Fähigkeiten unterstützen und fördern die Motivation für das Weiterlernen, das »Dranbleiben« der Kinder und wertschätzen und anerkennen ihre Leistungen. Die Kinder sollen stolz auf ihr Lernen und ihre Fortschritte sein. Ben Fuhrmann (2008, 88) beschreibt die wertschätzende Form der Rückmeldung als »dreifaches Lob«:

- Die Erwachsenen drücken verbal und nonverbal ihre Bewunderung für die Leistungen des Kindes aus: zum Beispiel »Hervorragend!«, »Toll gemacht!«
- Die Erwachsenen melden zurück, dass sie wissen, dass die durch das Kind erlernte Fähigkeit keine Kleinigkeit ist: »Wie hast Du das gemacht?«, »Wie hast Du das so schnell gelernt?«
- In einem dritten Schritt bitten die professionellen Fachkräfte die Kinder ernsthaft und neugierig um eine Erklärung, auf welche Art und Weise die Kinder die Fähigkeit erworben, wie sie gelernt haben: »Wie hast Du das geschafft?«

Besonders wichtig sind die Interaktion und der sprachliche Austausch mit kleineren Kindern, die die Sprache gerade erlernen. Der sprachliche Austausch geschieht aus der gleichen wertschätzenden und ressourcenorientierten Grundhaltung heraus. Der Unterschied ist, dass die Kinder häufig noch nicht in der Lage sind zu antworten. Aus diesem Grund versucht die Erzieherin, der Erzieher differenziert, bedeutsam und in einer warmen emotionalen Sprache das Geschehene zurückzumelden, indem beschrieben wird, was geschehen ist (vgl. Berg & Steiner 2006; Giesbert 2004).

Beispiel: »Du hast es selbst geschafft deinen Strumpf auszuziehen. Ich habe beobachtet, wie du dich angestrengt hast. Du hast es immer und immer wieder probiert. Erst schaute die Ferse heraus, dann, nachdem Du noch einmal kräftig gezogen hast, die Fußsohle und dann war die Socke ausgezogen!«

Förderung und Unterstützung des Spiels

Spiel als Eigenveranstaltung der Kinder und als selbstbestimmte Interaktion ist frei von den Instruktionen der Erwachsenen (vgl. Caysey 2008; Renner 1995).

Dennoch brauchen Kinder Anregung und Unterstützung, um sich eigenaktiv und selbstbestimmt im Spiel immer wieder an neue Themen, Inhalte, Beziehungen oder Umwelterfahrungen annähern zu können. Ein Kind kann nur spielen, was es weiß und was es bereits erfahren hat. »Das Spiel reflektiert Entwicklung, das Spiel beeinflusst Entwicklung und das Spiel kann Entwicklung zur Folge haben« (Pramling-Samuelson & Asplund-Carlsson 2007, 39).

Das Spiel ist das Mittel, mit dessen Hilfe die Integration von Kinder in Kindergruppen gelingen kann und es ist ein Indikator dafür, wie und ob hochbegabte Kinder in der Kindergruppe akzeptiert werden. Denn nur im Spiel und durch Spielen lernen Kinder Beziehungen aufzubauen, zu halten und zu beenden, Freundschaften zu knüpfen und von anderen Kindern zu lernen.[50]

Durch das gemeinsame Spielen schaffen und widerspiegeln Kinder ihre eigene Kultur. Durch Verhaltensweisen oder Fähigkeiten, die für die Kinder bedeutsam sind, integrieren sich die Kinder in die Gruppe und finden Anerkennung und Wertschätzung als Spielgefährte (Caysey 2008).

Wie können nun Erzieherinnen und Erzieher das kindliche Spiel unterstützen, ohne direkt einzugreifen?

50 Vgl. den Beitrag von Brandes »Lernen in der Kindergruppe. Peerinteraktionen und Gruppenprozesse von Klein- und Vorschulkindern« und Schenker »Spielen ist Lernen – das Konzept der Entwicklungspädagogik« in diesem Band.

Kontextsteuerung

Die Spielumgebung – damit sind der Innen- und der Außenbereich und markante, fußläufig zu erreichende Plätze im Umfeld der Kindertageseinrichtung gemeint – ist einladend, anregend und entwicklungsangemessen; die unterschiedlichen Fähigkeiten und Bedürfnisse der Kinder finden dadurch Berücksichtigung. Die Konzeption der Kindertageseinrichtung bestimmt:

- wie die Spielumgebung der Kinder strukturell und räumlich gestaltet ist, mithin wie die Räume eingerichtet sind, ob halboffen gearbeitet wird, zu welchen Themen gestaltete Räume zur Verfügung stehen, Raumnutzungsregeln, feste Einbauten von Hochebenen oder ähnliches mehr.
- die räumliche Anordnung, mithin welche Spielmittel im Freien oder in den Räumen der Kindertageseinrichtung zur Verfügung stehen und wie zugänglich und verfügbar sie für Kinder sind.
- die Spielmittelauswahl, mithin mit welchen Mitteln Kinder spielen können und welche Spielarten angeregt werden.

Ausgehend von den Bedürfnissen und Interessen der Kinder wird die Spielumgebung kontinuierlich umgestaltet, so dass sie entwicklungsangemessen und herausfordernd ist. Sie sollte

- Kindern eine Vielzahl von Aktivitäten und Möglichkeiten eröffnen,
- strukturiert, sauber, überschaubar und geordnet sein, sowohl von der thematischen Zuordnung von Aktionsräumen, als auch von der Aufbewahrung des Materials her,
- körperliche Aktivitäten nicht ausgrenzen,
- flexibel genutzt werden können, also beispielsweise offen, unfertig und gestaltbar sein,
- Klarheit bezüglich der Regeln und zeitlichen Grenzen des Spiels bieten (vgl. Caysey 2008; Renner 1995).

Begleitung des Spiels der Kinder

Ob Kinder in ihrem Spiel begleitet und unterstützt werden wollen, ist vorher mit den Kindern abzuklären, da es ihre Entscheidung ist. Jeder Eingriff, jede Intervention in das Spiel kann das Ende des Spiels der Kinder zur Folge haben. Die Beobachtung des kindlichen Spiels ist während der Spielzeit die Hauptaktivität der pädagogischen Fachkräfte. Der Erwachsene ist in der Gruppe anwesend, präsent und beobachtet das Geschehen interessiert und aufmerksam. Dies zeigt den Kindern, dass ihr Tun von Bedeutung ist. Die Erwachsenen erfahren, wie die Kinder ihre Umwelt wahrnehmen, sie deuten und über welches Vorwissen sie verfügen (vgl. Casey 2008).

Eine weitere Aufgabe ist, das Spiel und die besonderen Spielbedürfnisse der Kinder (zum Beispiel nach Mädchen- oder Jungenspielgruppen) vor Störungen zu schützen und somit ein ungestörtes Spiel zu ermöglichen. Dazu gehört auch, bei Bedarf einzugreifen, wenn Kinder sich destruktiv gegenüber anderen oder gegenüber Material verhalten. Dies kann bedeuten, die Spielhandlung abzubrechen, um den Konflikt zu klären oder die Spielbedingungen so zu verändern, dass das störende Verhalten nicht mehr gezeigt werden muss (vgl. Renner 1994). Erwachsene können auch als Spielgefährte fungieren, falls die Kinder selber dazu auffordern. Beim Mitspielen führt das Kind, es teilt dem Erwachsenen die Rolle zu und erklärt ihm genau, was zu tun ist.

Das Parallelspiel bietet sich an, wenn einem Kind direkt Hilfe und Unterstützung gegeben werden soll. Die Erzieherin spielt in der Nähe desjenigen Kindes, das ihre Unterstützung benötigt und gibt indirekt Impulse dadurch, indem die angedachte Anregung durch das Spielen des Erwachsenen gezeigt wird. Das Kind hat jedoch die Wahl, den Inhalt oder das Spiel aufzugreifen und zum Erwachsenen in Beziehung zu treten. Falls ein Kind über keine Spielpartner verfügt, kann es hilfreich sein, dass die pädagogische Fachkraft und das Kind gemeinsam spielen. Ziel dieser Intervention ist, dass das Kind über diese Maßnahme Kontakt zu Kindergruppen bekommt. Gelegentlich kann ein Coaching dem Kind dabei helfen, etwas auszuprobieren, neue Lösungswege zu finden oder in Kontakt mit einem Spielpartner zu kommen.

Eine hohe Bedeutung für die Unterstützung, Anregung und Weiterentwicklung des Spiels hat die sich an das Spiel anschließende Metakommunikation über das Spiel. Diese kann mit allen, aber auch mit einzelnen Kindern stattfinden: Besondere Ereignisse werden besprochen, oder die Erzieherin fragt nach bestimmten Spielsituationen, um das Gesehene besser verstehen und interpretieren zu können. Es werden neue Anregungsmöglichkeiten besprochen und gemeinsam Material gesucht oder besondere Leistungen des Kindes oder einer Gruppe gewürdigt (vgl. Caysey 2008; Renner 1995).

Die Perspektiven der Kinder erweitern

Außerhalb der Spielzeit bekommen die Kinder Anregungen für weiterführende Spielinhalte. Dies geschieht methodisch vielfältig und entwicklungsangemessen zum Beispiel durch Exkursionen, Besichtigungen und Besuche, oder durch adaptive Instruktionen (gemeinsames Essenkochen oder Kuchenbacken). So können Eltern an ihren Arbeitsorten besucht werden, Ausflüge in die nähere Umgebung, zu prägnanten Bauwerken, zu Theateraufführungen, zu Sportveranstaltungen oder in Geschäfte unternommen werden.

Bücher, Geschichten, Reime, Tanz- und Bewegungsspiele, gemeinsames Konstruieren oder das Vermitteln von Handwerkstechniken sollen das autonome Handeln der Kinder anregen und erweitern. Ausgangspunkte dieser Aktivitäten sind die Interessen und Bedürfnisse einzelner Kinder. Bei diesen von Erwachsenen dominierten Interaktionsformen ist darauf zu achten, dass die Methoden entwicklungsangemessen sind und darauf abzielen, die Selbsttätigkeit des Kindes anzuregen.

Methoden, welche das eigenaktive Lernen der Kinder herausfordern

Projektarbeit

Diese Methode ist gut dafür geeignet, das selbstbestimmte Lernen hochbegabter Kinder anzuregen und ihre Selbststeuerungs- und Kontrollmechanismen für ihr eigenes Lernen weiterzuentwickeln. Projektarbeit, wie im Folgenden beschrieben, setzt auf Seiten der Kinder eine Vielzahl von Kompetenzen voraus.

»Projektarbeit ist das selbstständige Bearbeiten einer Aufgabe oder eines Problems durch eine Gruppe von der Planung über die Durchführung bis zur Präsentation des Ergebnisses. Projektarbeit ist eine Methode demokratischen und handlungsorientierten Lernens, bei der sich Lernende zur Bearbeitung einer Aufgabe oder eines Problems zusammenfinden, um in größtmöglicher Eigenverantwortung immer auch handelnd-lernend tätig zu sein. Das Themenfeld, aus dem sich die Aufgabenstellung ergibt, sollte in der Regel von der Lerngruppe selbst ausgewählt werden. Denkbar ist auch, dass sich die Gruppe zu einem vorgeschlagenen Themenbereich freiwillig zusammen findet und selbstständig das Ziel der Arbeit formuliert, die notwendigen Arbeitsschritte plant und die Arbeit unter sich aufteilt. Am Ende steht ein Ergebnis, welches von der Gruppe selbst ausgewertet und der Gesamtgruppe bzw. der Öffentlichkeit präsentiert wird« (vgl. Reich 2008, 1).

Der Projektbegriff wird im Elementarbereich als Sammelbegriff für alle methodischen Formen des Arbeitens an einem Thema verwendet, ohne darauf zu achten, wie hoch der Grad der instruktiven Steuerung durch Erzieherinnen oder Erzieher ist. Häufig ist eher projekt- oder themenorientiertes Arbeiten gemeint. Kleine Kinder müssen von ihrem Entwicklungsstand her erst einmal in der Lage sein, Projektarbeit machen zu können.

Projektarbeit im Sinne der Definition von Reich (2008) und Frey (2007) hat bezogen auf die Förderung hochbegabter Kinder ein bedeutendes Potential: Die Kinder übernehmen die Verantwortung für die Annäherung an Themen selbstbestimmt und eigenaktiv, gestalten und reflektieren ihre Lernwege. Hier können sie an die im Spiel erworbenen Fähigkeiten und Kompetenzen anschließen und durch Projektarbeit ihre lernmethodischen Kompetenzen kontinuierlich erweitern:

- das Aktivitätsniveau des Kindes ist hoch, da es an seinen Themen arbeitet,
- das Kind gestaltet seine Lernprozesse selbst, in Abstimmung mit anderen Kindern,
- die hohe Motivation, die überdurchschnittlichen Fähigkeiten, das hohe Engagement und die Kreativität von Hochbegabten werden gefordert,
- Projektarbeit ist eine echte Herausforderung, da komplexe Themen von den Kindern strukturiert und unter Berücksichtigung verschiedener Perspektiven bearbeitet werden müssen,
- die Kinder ordnen sich in Teams ein, kooperieren, vernetzen sich oder arbeiten mit Externen,
- die Kinder übernehmen die Verantwortung für den Prozess und
- es besteht die Gefahr des Scheiterns (vgl. Frey 2007; Reich 2008).

Die nachfolgende Tabelle zeigt in verschiedenen Entwicklungsstufen, wie Kinder die Projektmethode erlernen können (vgl. Reich 2006; Reich 2008).

	Projekt	1. Reduktion	2. Reduktion	Themenorientiertes Arbeiten
Thema/Inhalt	Kinder bestimmen das Thema selbst	Kinder und Erwachsene legen das Thema gemeinsam fest	Kinder wählen ein Thema unter vorgegebenen Themen aus	Die Erwachsenen legen das Thema fest
Arbeitsziele	Kinder formulieren das Thema und ihre Ziele selbst	Gemeinsames Festlegen der Ziele	Kinder wählen aus vorgegebenen Zielen aus	Die Erwachsenen legen die Ziele fest
Materialien	Die Kinder suchen, sammeln, beschaffen das Material selbst	Das Material wird gemeinsam beschafft	Die Kinder wählen aus vorgegebenem Material aus	Das Material ist vollständig aufbereitet vorhanden
Rolle der Kinder	Selbstbestimmt, selbstständig, eigenaktiv	Mitbestimmend, teilweise selbstständig aktiv	Mitbestimmend, aktive und passive Arbeitsphasen	Kinder sind Rezipienten
Rolle der pädagogischen Fachkräfte	Präsent, aber eher im Hintergrund, auf Wunsch der Kinder beratend tätig	Zurückhaltend, koordinierend, Vorschläge und Hinweise gebend	Stark strukturierend, verbindliche Empfehlungen gebend	Dominant, stark steuernd
Themenbezug	Komplex, alle Lernbereiche sind integriert	Themenübergreifend unter Beteiligung aller Sinne (Kopf, Herz und Hand)	Themenspezifisch mit Ausblick in andere Bereiche	Fächerspezifische Instruktion

Portfolioarbeit

Das Portfolio ist eine im Elementarbereich zunehmend verbreitete Dokumentations- und Reflexionsform des kindlichen Lernens. Art, Inhalt und Gestaltung können in der Realität der pädagogischen Praxis jedoch sehr vielfältig sein.

Ein Portfolio ist eine Zusammenstellung von Dokumenten, die im Laufe der Zeit verschiedene wesentliche Aspekte der Entfaltung und Entwicklung eines Kindes, seine Ressourcen und Potentiale kontinuierlich erfassen und aufzeigen (Grace & Shores 2005; Reich 2003).

Der Begriff Portfolioarbeit bringt zum Ausdruck, dass das Portfolio nicht nur die Dokumentation von Entwicklungsprozessen zum Ziel hat, sondern dass mit dem Portfolio tatsächlich gearbeitet wird: Die Pädagogen reflektieren gemeinsam mit dem Kind beim Besprechen des Portfolios seine Art des Lernens, so dass dem Kind geholfen wird, sich seines individuellen Lernstils bewusst zu werden, nächste Lernschritte zu planen und alles in allem noch besser lernen zu können.

Die Erwachsenen und das Kind erfahren durch Portfolioarbeit wie ein Kind lernt, welche Ressourcen und Stärken es hat und wie es sich selbst und seine Umwelt sieht. Das Kind kann nächste Lernschritte erkennen und Erzieherinnen und Erzieher daraus die nächsten möglichen Unterstützungsmöglichkeiten schlussfolgern.

Weiterhin wird durch Portfolioarbeit die Reflexion des beruflichen Handelns der pädagogischen Fachkräfte herausgefordert, indem die Wirksamkeit der initiierten pädagogischen Interaktionen kontinuierlich reflektiert wird. Portfolioarbeit führt zu einem Hinterfragen und einem ständigen Modifizieren des beruflichen Handelns.

Die Art und der Inhalt des Portfolios und damit auch die Portfolioarbeit unterscheiden sich am meisten durch die Festlegung, wer die Verantwortung für das Führen desselben übernimmt: die am Erziehungsprozess beteiligten Erwachsenen, das Kind oder alle am Erziehungsgeschehen Beteiligten.

Der Entwicklung von Kindern angemessen ist wahrscheinlich eine Form, bei der alle am Erziehungsgeschehen Beteiligten gleichermaßen am Portfolio arbeiten, also vor allem auch das Kind. Diese Form der Portfolioarbeit bindet neben dem Kind auch die Eltern mit ein. Sie können Entwicklungsprozesse zu Hause dokumentieren und sich mit dem Kind, der Erzieherin und dem Erzieher darüber austauschen. So führt Portfolioarbeit dazu, dass das Kind, die Eltern und die Pädagogen aus der Kindertageseinrichtung kontinuierlich im Austausch über das Lernen des Kindes sind und die nächsten Unterstützungs- und Fördermöglichkeiten gemeinsam geplant werden. Die Eltern werden in die Arbeit der Kindertageseinrichtung einbezogen, können Materialien oder Informationen zur Verfügung stellen und bei der Umsetzung von bestimmten Themen helfen. So wird die Erziehungsarbeit für alle transparent und nachvollziehbar und die Unterstützung für das Lernen des Kindes optimal organisiert.

Beteiligung des Kindes an der Portfolioarbeit

Schon im Elementarbereich können Kinder eigenaktiv bei der Dokumentation ihrer Lernprozesse und Lernergebnisse mithelfen. Besonders bei hochbegabten Kindern ist die Wahrscheinlichkeit groß, dass sie eher als andere Kinder bestimmte Lern- und Erkenntnisprozesse für ihr Portfolio dokumentieren können. Die Grundvoraussetzungen dafür sind:

- Die Kinder müssen wissen, was Lernen ist.
- Sie verfügen über verschiedene Fähigkeiten, Ausdrucksmöglichkeiten und Handwerkszeug (Methoden), um dokumentieren zu können, und
- über die Fähigkeit, technische Geräte wie zum Beispiel Fotoapparate, Kopierer, Computer, Drucker etc. bedienen zu können.
- Es erfolgt eine kontinuierliche und entwicklungsangemessene Einführung in die Ziele, Vorgehensweisen, Arten und Techniken der Portfolioarbeit für das Kind durch die Erwachsenen.
- Es finden kontinuierlich Portfoliogespräche zum Zwecke des Austausches zwischen den pädagogischen Fachkräften und dem Kind statt (Grace & Shores 2005; Reich 2003).

Bestandteile des Portfolios

Das Portfolio eines jeden Kindes setzt sich aus verschiedenen Bestandteilen zusammen. Die Teile werden so ausgewählt, dass die individuelle Entwicklung und das Lernen des Kindes kontinuierlich dokumentiert werden.

In der Fachliteratur sind verschiedene Formen des Aufbaus eines Portfolios zu finden (vgl. Fthenakis 2008; Grace & Shores 2005; Borstelmann 2007a, b; Reich 2003). Das Entwicklungsportfolio und das Lernportfolio sind grundlegende Bestandteile im Elementarbereich.

Entwicklungsportfolio

Das Entwicklungsportfolio wird während der gesamten Zeit in der Kindertageseinrichtung durch die Erzieherin, den Erzieher und je nach Konzeption durch die Eltern geführt, und es beinhaltet deren Aufzeichnungen zur Dokumentation der Entwicklung. Dies können Entwicklungs- und Beobachtungsbögen, Checklisten, Testprotokolle, Entwicklungsberichte, situationsbezogene Beobachtungen und Notizen oder Protokolle von Portfoliogesprächen oder Protokolle von Gesprächen mit dem Kind sein. Dieser Teil des Portfolios ist gemäß den Richtlinien des Datenschutzes aufzubewahren (vgl. Grace & Shores 2005, 38).

Lernportfolio

Lernportfolios sind zur Unterstützung und Dokumentation des eigenaktiven und selbstbestimmten Lernens hochbegabter Kinder sehr effektiv. Sobald das Kind von seinem Entwicklungsstand her dazu in der Lage ist, führt es diese Art von Portfolio selbst und sammelt Dokumente, die seine Lernfortschritte dokumentieren.

Das Lernportfolio ist die Grundlage für den dialogischen Austausch über das Lernen des Kindes. Es enthält zum einen Notizen (erste Schriftstücke, Texte, Zettel oder Briefe), Entwürfe, Arbeitsproben (Zeichnungen, Fotos von Bauwerken) und – soweit vorhanden – die Lerntagebücher des Kindes. Die Entscheidung über die Auswahl der Dokumente treffen die Kinder allein.

Wahrscheinlich sammeln Kinder am Anfang alles, was ihnen interessant erscheint. Portfoliogespräche können als Unterstützung dafür genutzt werden, um einzuschätzen, welche Arbeitsproben von besonderer Bedeutung sind, welche Gliederung für das Portfolio hilfreich sein könnte und warum. Vielleicht kann für das Ordnen eine gemeinsam diskutierte Struktur, zum Beispiel durch gemeinsam erarbeitete thematische Deckblätter hilfreich sein.

In den Portfoliogesprächen werden gemeinsam die Materialien ausgewählt, die in ein Präsentationsportfolio eingefügt werden (vgl. Reich 2003).

Lerntagebuch

In einem Lerntagebuch dokumentieren Kinder den Prozess und das Ergebnis ihrer eigenen Lernprozesse. Es ist ihre individuelle Lerndokumentation. Durch begleitende Gespräche werden die kurzfristigen Ziele der individualisierten Lernanregungen, die Durchführung, die Reflexion und wo möglich der Abschluss des Prozesses zwischen den pädagogischen Fachkräften und dem hochbegabten Kind abgesprochen. Grundlage dafür sind die Fähigkeiten, Interessen und Ressourcen des Kindes.

Das kurzfristige pädagogische Ziel des Einsatzes von Lerntagebüchern ist die Individualisierung des Lernprozesses des hochbegabten Kindes. Langfristig soll das Kind lernen, selbständig und selbstbestimmt an der Realisierung seiner eigenen Lernziele zu arbeiten und eigene Lernaktivitäten zu planen und umzusetzen. Ähnlich wie in einem normalen Tagebuch sammelt das Kind im Lerntagebuch Aufzeichnungen wie Protokolle über Ereignisse, (Experimente), Schrift- und Schreibversuche, (Auf)Zeichnungen über gelesene Bücher, Fotos oder Videosequenzen über bedeutsame Lernereignisse (zum Beispiel Erfahrungen mit Menschen, denen das Kind begegnet ist, Ausstellungsbesuche etc.), auch aus dem privaten Kontext. Angemessen an den Entwicklungsstand des einzelnen Kindes, muss die Arbeit mit einem Lerntagebuch eingeführt, geübt, durch Erwachsene begleitet und in Portfoliogesprächen reflektiert werden.

Die Arbeit mit den Lerntagebüchern kann hilfreich dabei sein, individuelle »Curricula« gemeinsam mit dem hochbegabten Kind zu planen und sie umzusetzen. Erzieherinnen, Erzieher und auch Eltern sammeln Informationen zum Vorwissen, zu den Ideen, Interessen und den individuellen Lernwegen des Kindes.

Durch die Präsentation von Lerntagebüchern können andere Kinder Anregungen für ihr weiteres Lernen erhalten (Grace & Shores 2005).

Präsentationsportfolios

Diese Form des Portfolios ist »eine Sammlung von Arbeitsproben, Entwicklungsberichten und anderen wichtigen Beweisstücken zur Weitergabe an spätere Lehrer oder Erzieher, mit dem Ziel, eine kontinuierliche Darstellung von Entwicklungsfortschritten und Leistungen zur Verfügung zu stellen« (Grace & Shores 2005, 134).

Ein Präsentationsportfolio kann dem Pädagogen in der nachfolgenden Institution rasch eine Ahnung von der Art der Entwicklung, dem Begabungsprofil und dem aktuellen Entwicklungsstand des Kindes vermitteln. Allerdings entscheidet das Kind – gemeinsam mit seiner Familie –, ob es das Präsentationsportfolio mit in die nachfolgende Bildungsinstitution nimmt, und wem es Einblick gewährt.

Zusammenfassung

Hochbegabtenförderung in der Kindertageseinrichtung bedeutet, den Alltag der Kinder als Lerngegenstand in seiner Komplexität zu belassen und als Ausgangspunkt dafür zu nehmen, dass Kinder ihre eigene Sprache, ihre Perspektiven und ihre Erklärungsansätze formulieren, weiterentwickeln und durch neue Blickwinkel ergänzen können.

Besondere Aufmerksamkeit ist in diesem Prozess dem Vorwissen, den intuitiven Theorien und dem individuellen Lernen der Kinder zu widmen.

Pädagogische Fachkräfte entwickeln einen Blick für die Gestaltung von Situationen und die Auswahl von Methoden, in denen Kinder selbstbestimmt und eigenaktiv handeln, Kompetenzen aufbauen und erweitern und sich Werte aneignen können, welche für eine längere Lebensphase und für das gesamte Leben hilfreich sind.

Literatur

Andres, B. & Laewen, H.-J. (2007). Arbeitshilfe für Bildung und Erziehung in Kindertageseinrichtungen. Die Handreichung zum infans-Konzept der Frühpädagogik. 3. unveränderte Auflage. Stuttgart: Kommunalverband für Jugend und Soziales Baden-Württemberg Dezernat Jugend-Landesjugendamt.

Bostelmann, A. (2007a). Das Portfoliokonzept für Kita und Kindergarten. Mühlheim an der Ruhr: Verlag an der Ruhr.

Bostelmann, A. (2007b). So gelingen Portfolios. Mühlheim an der Ruhr: Verlag an der Ruhr.

Caysey, Th. (2008). Die Rolle der Erwachsenen bei der Förderung des integrativen Spiels. In M. Kreuzer & B. Ytterhus, »Dabeisein ist nicht alles«. Inklusion im Zusammenleben im Kindergarten. München, Basel: Ernst Reinhardt.

Frey, K. (2007). Die Projektmethode. »Der Weg zum bildenden Tun«. Weinheim: Beltz.

Fthenakis, W. (Hrsg.) (2008). Portfolios im Elementarbereich. Natur-Wissen schaffen, 6. Paket. Troisdorf: Bildungsverlag EINS.

Fuhrmann, B. (2008). Ich schaffs! Spielerisch und praktisch Lösungen mit Kindern finden – Das 15-Schritte-Programm für Eltern, Erzieher und Therapeuten. 3. Auflage. Heidelberg: Carl-Auer.

Gisbert, K. (2004). Lernen lernen. Lernmethodische Kompetenzen von Kindern in Kindertageseinrichtungen fördern. Weinheim: Beltz.

Grace, C. & Shores E. F. (2005). Das Portfolio-Buch für Kindergarten und Grundschule. Mülheim an der Ruhr: Verlag an der Ruhr.

König, A. (2009). Interaktionsprozesse zwischen Erzieherinnen und Kindern. Eine Videostudie aus dem Kindergarten. Wiesbaden: VS.

Leu, R. H., Frankenstein, Y., & Koch, S. (2007). Bildungs- und Lerngeschichten. Bildungsprozesse in der frühen Kindheit beobachten, dokumentieren und unterstützen. Weimar, Berlin: verlag das netz.

Liebenwein, S. (2008). Erziehung und soziale Milieus. Wiesbaden: VS.

Pallasch, W. & Hameyer, U. (2008). Lerncoaching. Theoretische Grundlagen und Praxisbeispiele zu einer didaktischen Herausforderung. Weinheim, München: Juventa.

Pramling-Samuelson, I. & Asplund-Carlsson, M. (2007). Spielend lernen. Stärkung lernmethodischer Kompetenzen. Troisdorf: Bildungsverlag EINS.

Reich, K. (2006). Konstruktivistische Didaktik. Lehr- und Studienbuch mit Methodenpool. Weinheim: Beltz.

Reich, K. (Hrsg.) (2003). Methodenpool. Portfolioarbeit. In URL: http://methodenpool.uni-koeln.de Zugriff am 6.1.2010

Reich, K. (Hrsg.) (2008). Methodenpool. Projektarbeit. In URL: http://methodenpool.uni-koeln.de Zugriff am 6.1.2010.

Renner, M. (1995). Spieltheorie und Spielpraxis. Freiburg i. Br.: Lambertus.

Rohrmann, S. & Rohrmann, T. (2005). Hochbegabte Kinder und Jugendliche. Diagnostik – Förderung – Beratung. München: Ernst Reinhardt.

Projektarbeit ist ideal für hochbegabte Kinder

Annette Krieg, Erzieherin in der Kindertagesstätte »Am Goldenen Reiter«, Dresden, im Gespräch

Frau Krieg, in Literatur und Praxis wird der Projektbegriff inhaltlich sehr unterschiedlich gefüllt. Welche Unterschiede sehen Sie zwischen themenorientiertem Arbeiten und Projektarbeit?

Der Unterschied liegt für mich darin, dass beim themenorientierten Arbeiten die Erzieherin Kinder mit Themen bekannt macht, auf die Kinder alleine nicht kommen können. Durch Beobachtung, Kenntnis der Lebenssituation, Gespräche mit Kindern oder auch aus dem Stadtteil heraus zeigen sich Themen, die sich aufzugreifen lohnen. Die weitere Gestaltung liegt dann in den Händen der Erzieherin. Auch jahreszeitliche Themen, Feste oder aktuelle Ereignisse werden mit den Kindern bearbeitet.

Eine große Ressource für das selbstbestimmte Lernen älterer oder hochbegabter Kinder ist die Projektarbeit. Im Unterschied zum themenorientierten Arbeiten entscheiden hier die Kinder allein über Inhalt, Verlauf, Dauer und Ende des Projektes. In diesem Prozess sind alle Beteiligten gleichberechtigt, die Kinder setzen sich aufgrund ihres Vorwissens mit der Welt auseinander; sie werden selbst aktiv und tragen Verantwortung.

Starke Emotionen in Alltagssituationen sind nach meiner Erfahrung häufig Auslöser von Projekten. Die Kinder engagieren sich und sie arbeiten im Team an ihren Themen. Hier ist die Erzieherin als Beobachterin, Begleiterin und Helferin gefragt. Sie unterstützt und hilft aber nur auf Bitten und Anweisung der Kinder. Um es mit einem Sprichwort zu sagen: Projektarbeit ist in mancherlei Hinsicht »das Leichte, das so schwer zu machen ist«.

Unter welchen Voraussetzungen ist erfolgreiche Projektarbeit in der Kita möglich?

Erzieherinnen sollten sich darüber im Klaren sein, dass Kinder auch voneinander und untereinander lernen und nicht (nur) von Erwachsenen. Projektarbeit ist gerade für hochbegabte Kinder eine intensive Möglichkeit, sich selbstbestimmt mit Themen zu beschäftigen, die vielleicht in der Gruppe nicht so aktuell sind, aber andere – ältere – Kinder stark interessieren.

Schon allein aus diesem Grund sollten wir gruppenoffen arbeiten und Kinder immer die Möglichkeit haben, Kontakte zu älteren Kindern zu knüpfen.

Weiterhin ist es für mich wichtig, dass ich Kindern zeige, wie Projektarbeit gestaltet werden kann, wie man vorgehen könnte, wie man Experten findet, wie man fotografiert und dokumentiert und so weiter. Das Raumkonzept sollte gut durchdacht sein. So sollten zum Beispiel Werkstätten vorhanden sein, die ein breites Spektrum von Interessen abdecken und die so ausgestattet sind, dass Kinder immer genügend unterschiedliche Materialien vorfinden.

Können Sie eine Projektarbeit nennen, die aus dem alltäglichen Zusammenleben mit Kindern hervorgegangen ist?

Im Herbst 2009 spazierten die Kinder und ich gemeinsam an die Elbe. Plötzlich rief eines der

Mädchen: »Schau mal Annette, dort schaut ein Krokodil aus dem Wasser!« In der Gruppe der Kinder erwachte die Neugier. Dieses »Krokodil« lag etwa 4 bis 5 Meter von uns entfernt im flachen Wasser. Gemeinsam beschlossen wir, die Sache zu ergründen. Da die Elbe Niedrigwasser hatte, schleppten die Kinder, mein Kollege und ich große Steine ins Wasser und wir tasteten uns an den Gegenstand heran: Ein angespültes, altes Fahrrad. Sofort war klar, dass es herausgeholt werden musste. Am nächsten Montag brachte ein anderes Mädchen ein langes Seil mit und einige Kinder suchten in der Holzwerkstatt Haken zum Verankern. An der Elbe angekommen, wurde das Seil durch meinen Kollegen am Fahrrad befestigt und mit vereinten Kräften zogen wir alle das Rad an Land.

Die Kinder entschieden, das Fahrrad mit in den Kindergarten zu nehmen. Dies erwies sich als schwierig, da die Räder sich nicht mehr drehten. Den Kindern war das ganz egal, sie schleppten das Rad mit vereinten Kräften in den Kindergarten.

In den nächsten Tagen diskutierten wir, wie es mit dem Rad weitergehen sollte. Die Meinungen gingen weit auseinander – erst einmal wurde es geputzt.

Die Idee, es zu reparieren und dann zu verkaufen, zerschlug sich schnell aufgrund des desolaten Zustandes des Rades. Die Kinder schlugen vor, das Rad als Wasserrad in der Matschecke zu nutzen oder mit seiner Hilfe Strom zu erzeugen – dieser Vorschlag wurde engagiert weiterverfolgt.

Viele Kinder wussten, dass man zur Stromerzeugung einen Dynamo und für Licht eine Fahrradlampe benötigt. Gemeinsam gingen wir in einen Fahrradladen und die Kinder erkundigten sich nach den Preisen, die zwischen 6 und 8 Euro lagen. Den Kindern war klar, dass man Geld von der Bank bekommt, unklar war aber, welches Konto man nutzen könnte. Einige Kinder wollten Geld aus ihren Sparbüchsen mitbringen.

Das Problem wurde von den Kindern auch zu Hause besprochen. Ein Junge brachte am nächsten Tag einen alten Dynamo, Kabel und eine Lampe mit. Die Kinder waren sehr froh und stolz: Sie hatten jetzt ein »Krokodil«, das Strom erzeugen konnte.

Einige Zeit später wurden Steine, Holz und Erde geliefert. Diese Materialien regten die Kinder dazu an, ein Haus zu bauen. Holzlatten und Pfeiler wurden in die Erde gerammt, ein Dachgerüst wurde gebaut und mit Planen abgedeckt, die Steine bildeten das Fußbodenpflaster. Eine Flagge aus einem Bettlaken flatterte auf dem Dach – das Fahrrad und der Dynamo sorgten für die Beleuchtung.

Was haben die Kinder bei diesem Projekt aus Ihrer Sicht gelernt?

Eigenverantwortlich durchgeführte Projekte sind eine intensive Möglichkeit, selbstbestimmt an Themen zu lernen. Für hochbegabte Kinder ist diese Form des Lernens sehr wichtig: Sie haben häufig andere thematische Interessen und ein anderes Vorwissen als andere gleichaltrige Kinder. Das Gestalten eigener Projekte fördert die Anstrengungsbereitschaft, das Engagement und das Durchhaltevermögen und vor allem alle verschiedenen Kompetenzen der Kinder umfassend heraus. Projektarbeit hat eine so hohe Komplexität, dass alle Kinder entsprechend ihrer Interessen mitmachen können. Hochbegabte Kinder lernen dabei wichtige lernmethodische Kompetenzen: ihre Gedanken anderen Kindern gegenüber offenzulegen, zu planen, zu strukturieren, zu organisieren und zu dokumentieren. Sie lernen, im Team zu arbeiten und bei Schwierigkeiten nicht aufzugeben.

Spielen ist Lernen – das Konzept der Entwicklungspädagogik

Ina Schenker

In der Elementarpädagogik existiert eine Fülle pädagogischer Ansätze und Konzepte, die das Zusammenleben von Kindern in organisierten pädagogischen Institutionen beschreiben. Sucht man jedoch nach Ansätzen, welche von einer konstruktivistischen Lerntheorie ausgehen und die praktische Aneignung lernmethodischer Kompetenzen als Gegenstand der Pädagogik berücksichtigen, so sticht der Entwicklungspädagogische oder Metakognitive Ansatz der schwedischen Wissenschaftlerinnen und Frühpädagoginnen Ingrid Pramling-Samuelson und Maj Asplund-Carlsson (2007) deutlich heraus.

In diesem Ansatz werden die biografisch geprägten Erfahrungen jedes einzelnen Kindes, wie es seinen Lerngegenstand auffasst und was es selbst darüber denkt, erfasst und zum Gegenstand und Ausgangspunkt der pädagogischen Intervention. Im Blickpunkt stehen die Situiertheit des pädagogischen Geschehens und die individuellen Besonderheiten aller Beteiligten, die als Einflussquellen im Lernprozess beachtet und integriert werden müssen (Gisbert 2004, 157ff.). Als typische Lernform der Kinder wird, im Unterschied zur Grundschule, das Spiel gesehen.

Der Entwicklungspädagogische Ansatz scheint für die inklusive Förderung kleiner hochbegabter Kinder aus folgenden Gründen besonders geeignet zu sein:

- Das Spiel als die Haupttätigkeit kleiner Kinder wird als die prototypische Lernform schlechthin in der frühen Kindheit gesehen. Im szenischen Spiel und im Rollenspiel lernen Kinder selbstbestimmt, und sie erwerben in der Kommunikation und im Zusammenleben mit anderen Kindern lernmethodische Kompetenzen.
- Die pädagogischen Fachkräfte lassen sich »auf die Welt der Kinder« (Pramling-Samuelson & Asplund-Carlsson 2007, 35) ein.
- Die Konzepte und intuitiven Theorien der Kinder zu den Phänomenen ihrer Umwelt dienen jeweils als Anlass und Ausgangspunkt für angeleitete Lernprozesse. Dabei wird neben den Inhalten, auch der Lernprozess selbst Gegenstand der Interaktion zwischen Erzieherin und Kind.
- Das Lernen aller Kinder ist Gegenstand der Aufmerksamkeit der Erzieherinnen. Hochbegabte Kinder können dadurch in ihrem Lernen anders wahrgenommen und unterstützt werden.
- Jedes Kind bringt sich mit seinen unterschiedlichen Sichtweisen und Vorstellungen ein und die Erzieherinnen nehmen diese Vorstellungen als Ausgangsbasis, um die Anschlussfähigkeit für das Zumuten von unbekannten Varianten, Situationen, Themen und ähnlichem zu sichern. Daraus folgt in der Praxis, dass die besonderen und je nach dem auch ganz anderen Themen der hochbegabten Kinder nicht ignoriert, sondern wahrgenommen und didaktisch aufbereitet werden.
- Die subjektive Welt des Lerners soll sichtbar gemacht werden und dessen Vorgehensweise, wie er sich selbst seine Umwelt begreiflich macht. Erzieherinnen und Erzieher nehmen die Rolle eines Spurensuchers ein. Es werden Methoden ausgewählt, bei denen Datenermittlung und nicht Daten*ver*mittlung erforderlich ist.

Spiel als Grundlage des Entwicklungspädagogischen Ansatzes

Traditionell werden häufig Spielen und Lernen als zwei ganz verschiedene Phänomene unterschieden. Von der Wertschätzung her hat Lernen und Arbeit im Denken von pädagogischen Fachkräften einen höheren Stellenwert als das kindliche Spiel.

Begriffe wie »didaktische Spiele«, »Lernspiele« oder »spielorientiertes Lernen« werden im pädagogischen Alltag häufig genutzt und in der pädagogischen Interaktion eingesetzt, um Wissen lust- und wirkungsvoller zu vermitteln (vgl. Einsiedler 1999). Aus einer pädagogischen Perspektive ist das »spielerische Lernen« aber eher ein von Erwachsenen initiiertes und geführtes, methodisch vielfältig gestaltetes Lernangebot. Dabei wird das Spiel der Kinder instrumentalisiert und der Wert des Spiels, als einziger Form des selbstbestimmten Lernens im Leben der Kinder, kommt nicht zum Vorschein (vgl. Pramling-Samuelson & Asplund-Carlsson 2007, 32).

Im Gegensatz dazu gibt es dasjenige Spiel der Kinder, das eigenverantwortlich und selbstbestimmt, frei von der Einflussnahme Erwachsener und eben die prototypische Lernform kleiner Kinder ist. Diese Form des Spiels liegt dem Entwicklungspädagogischen Ansatz zugrunde.

Spiel – Ein Definitionsversuch

Die prägnantesten Definitionen des Begriffes »Spiel« sind die von Hans Scheuerl (1954) und Johan Huizinga (1956). Sie gelten für alle Formen von Kinder- aber auch Erwachsenenspielen. Scheuerl (1954, 70ff.) beschreibt folgende Aspekte des Spiels:

- Das Moment der Freiheit: Obwohl Spielen engagiert und orientiert an ihm inne liegenden Regeln betrieben werden kann, wird dennoch kein außerhalb des Spieles selbst liegender Zweck verfolgt. Kinder machen sich frei, um zu spielen. Spiel ist frei vom Kampf ums Dasein, abgehoben vom Ernst des Lebens und von Arbeit, ohne objektive Wert- und Zweckordnungen, Verantwortung und Konsequenz.
- Das Moment der inneren Unendlichkeit: Der Spieltrieb wird nur durch die Erfordernisse des realen Lebens beendet. Das Bedürfnis zu spielen, ist nie gestillt, es wird wieder und wieder gespielt. Die Spannung, die durch Spielen entsteht, soll nicht beseitigt werden, wie zum Beispiel die Spannungen, die durch unbefriedigte Grundbedürfnisse entstehen können, sondern sie soll gerade erhalten bleiben und sie wird sogar gesucht.
- Das Moment der Scheinhaftigkeit: Im Spiel ist alles möglich, es gibt keine Bindung an die Wirklichkeit. Das »So-tun-als-ob« konstruiert eine andere Welt neben der echten, es wird »mit etwas« gespielt, mit den subjektiven Bildern oder Konstrukten von Welt, die das Kind, der Mensch als Wissen und Erfahrungen in sich trägt.
- Das Moment der Ambivalenz: Nach Scheuerl (ebd.) sind alle Spielmerkmale ambivalent, das heißt sie stehen zwischen Schein und Realität, und zwar als Offenheit und als Nicht-Entschiedensein für eine Richtung. Diese Unentschlossenheit, dieses kontinuierliche Hin- und Herpendeln zwischen Schein und Realität, hält das Spiel in der Schwebe.
- Das Moment der Geschlossenheit: Spiel grenzt sich durch deutliche zeitlich-räumliche Grenzen von der Realität ab. Spiel ist immer nur innerhalb seiner selbst gesetzten Grenzen frei. Dadurch

werden Anfang und Ende oder Freiheit und Schein sichtbar und das Spiel bekommt seine klare Gestalt und kann wiederholt werden. Das Moment der Geschlossenheit wird aber auch bezogen auf die Spielgruppe sichtbar: Es ist deutlich erkennbar, wer mitspielt und wer nicht.

- Das Moment der Gegenwärtigkeit: Jedes Spiel, auch wenn es an Regeln gebunden ist, hat eine andere Gestalt. Spiel ist aus der Kontinuität der Zeit herausgehoben, weil es nur im Hier und Jetzt Erfüllung und Genuss findet. Spiel entsteht im Moment und es ist für den Moment geschaffen.

Für Huizinga (1956, 22) ist Spiel: »... eine freie Handlung..., die als ›nicht so gemeint‹ und außerhalb des gewöhnlichen Lebens stehend empfunden wird und trotzdem den Spieler völlig in Beschlag nehmen kann, an die kein materielles Interesse geknüpft ist und mit der kein Nutzen erworben wird, die sich innerhalb einer eigens bestimmten Zeit und eines eigens bestimmten Raumes vollzieht, die nach bestimmten Regeln ordnungsgemäß verläuft und Gemeinschaftsverbände ins Leben ruft, die ihrerseits sich gern mit einem Geheimnis umgeben oder durch Verkleidung als anders von der gewöhnlichen Welt abhebt.«

Kinder spielen gemeinsam mit anderen Kindern, dabei werden die gesamte Welt des Kindes und seine gesammelten Erfahrungen angesprochen. Kinder lernen die Gedanken der anderen Kinder kennen und verstehen. Spiel ist eine wichtige Form für Kinder – für sich und gemeinsam mit anderen – ihr Wissen über die sie umgebenden kulturellen und gesellschaftlichen Bedingungen, aber vor allem auch über die zwischenmenschlichen Beziehungen, zu erweitern.

Die Bedeutung des Spiels[51] für das Lernen der Kinder

Im Spiel gehen Kinder von ihrem bereits vorhandenen Können aus und erweitern dieses sukzessive bis an die Grenzen. Da Kinder wissen, dass Spiel ohne Folgen ist, fühlen sie sich sicher und nähern sich dadurch auch schwierigen und komplexen Phänomenen wie Geschlechterrollen oder menschlichen Beziehungen. Sie verknüpfen sachliche und subjektive Erfahrungsdimensionen, ohne dass diese ihnen widersprüchlich erscheinen. Im Spiel öffnet sich für Kinder ein Raum, indem sie durch das »So-tun-als-ob« Bilder von Welt neu für sich phantasieren, zusammensetzen und ausprobieren. Dadurch können sich neue Wirklichkeitsmöglichkeiten eröffnen und vielfältige Bilder von Wirklichkeit konstruiert werden (vgl. Schäfer 2005, 228).

Spielen ist ein aktives Geschehen, welches als symmetrische Ko-Konstruktion gemeinsam mit anderen Kindern in der Gruppe stattfindet (vgl. Brandes 2008). Die Planungs- und Strukturierungsleistungen, die zum Spielen notwendig sind, gehen allein von den Kindern aus. Dadurch erwerben die Kinder wichtige Fähigkeiten zur sozialen Interaktion mit anderen. Durch den kontinuierlichen Gebrauch von Sprache können Kinder fiktive Handlungen und Gegenstände erschaffen, Rollen werden dargestellt, Deutungen und Spielthemen jeweils innerhalb des Spiels ausgehandelt. In ihren Spielen bringen die Kinder ihre eigenen Sehnsüchte, Bedürfnisse, Ideen und Wünsche verbal und nonverbal zum Ausdruck. Sie lernen, Kommunikationsprozesse

51 Mit dem Begriff des Spiels ist im Folgenden das Szenische oder Als-ob-Spiel beziehungsweise das Rollenspiel gemeint.

mit anderen zu gestalten, Gedanken selbst zu formulieren, sich mit anderen Meinungen und Ideen auseinanderzusetzen und sich schließlich mit den anderen Kindern der Gruppe über das gemeinsame Spielvorhaben zu einigen.

Damit Kinder mit anderen Kindern spielen können, müssen sie kollektiv improvisieren. Der gesamte Spielprozess wird mithin immer wieder verändert und kontinuierlich an die Bedürfnisse aller Mitspieler angepasst. Ununterbrochen wechseln die Kinder zwischen Spiel und dem Reden über das Spiel (Metakommunikation) ab. In diesen Prozessen gleichen die Kinder kontinuierlich ihre eigenen Vorstellungen mit denen ihrer Spielkameraden ab (vgl. Pramling-Samuelson & Asplund-Carlsson 2007, 32).

Spielen als Vorläufer der Metakognition

Kontinuierlich wechseln Kinder beim Spielen zwischen Spiel und Nichtspiel hin und her. Außenstehende können das daran erkennen, dass spielende Kinder in der Spielhandlung zum Beispiel ihre Stimme verstellen und in Phasen der Metakommunikation, »normal« sprechen. Ein alltäglich in jeder Kindertageseinrichtung zu beobachtender Prozess. Was ist daran so bedeutungsvoll?

Spielende Kinder verfolgen in ihren Aktivitäten keinen eigentlichen Zweck wie etwa bei der Arbeit. Im Spiel sind die zwischenmenschlichen Beziehungen in jeglicher Form Inhalt des Spiels. Die Kinder treten in Rollen ein, experimentieren mit ihrem Verhalten und reflektieren gemeinsam mit den anderen Kindern ihr Tun, sie planen, treffen Absprachen, strukturieren und setzen sich Ziele. Sie regulieren ihre Handlungen selbst. All dies sind Fähigkeiten, die Kinder benötigen, um selbstbestimmt, eigenaktiv und lebenslang lernen zu können.

Metakognition

Unter Metakognition »... versteht [man] die Reflexion und Überwachung solcher Handlungen, die mit dem Erhalten, Speichern, Abrufen und Gebrauch von Informationen im Zusammenhang stehen« (Bruner 1985, zit. nach Gisbert 2004, 149).

Kinder brauchen andere Kinder, um diese Fähigkeiten erlernen zu können. Nur in der Gruppe können sich die Kinder immer wieder über ihre Vorgehensweisen austauschen und ihr Tun reflektieren. Sie sorgen dafür, dass alles, was sie zum Spielen benötigen, auch vorhanden ist, sie bringen Gegenstände zum Spielen von zu Hause mit und übernehmen selbst die Verantwortung für das Gelingen des Spiels. Dadurch ist das Spiel die komplexeste Lernform, da jedes Kind mit und in einem Beziehungsnetzwerk von anderen Kindern interagiert. Die Aushandlungs- und Empathiefähigkeit der Kinder wird herausgefordert. Das einzelne Kind und die anderen Kinder der Spielgruppe erzeugen alles selbst, was sie spielen wollen. In diesem Prozess befinden sie sich in einem ständigen Dialog mit den anderen, um Interessen und Vorgehensweisen abzugleichen. Dabei übernehmen sie selbst die Verantwortung dafür, sich ihrer Bedürfnisse, Interessen und Perspektiven in Hinblick auf den Spielinhalt zu vergewissern und für deren Befriedigung zu sorgen. Erzieherinnen und Erzieher erfahren durch Beobachtung des kindlichen Spiels viel über das Lernen, die Interessen, Fähigkeiten und die Entwicklung des Kindes.

Kinder entwickeln im Spiel die Fähigkeiten, Selbstkontrolle auszuüben, in Gruppen zu arbeiten, sich abzuwechseln, zusammenzuarbeiten, simultan auf Situationen zu reagieren und sich dabei der Perspektive der jeweils anderen bewusst zu werden. In diesem Prozess werden die individuellen Blickwinkel der Kinder zu einer einzigen, von allen Partnern geteilten Perspektive entwickelt.

Durch den regen Austausch zwischen den Gruppenmitgliedern können Kinder Dinge erfahren, die sie nicht selbst erlebt haben und in dem »So-tun-als-ob« entwickeln sich neue Konstruktionen von Welt. Im Spiel lernen Kinder durch wechselseitige Imitationen, was genau sie oder andere eigentlich (im Spiel) imitieren. Dadurch entwickeln sie die grundlegende Fähigkeit, zwischen eigenen und fremden mentalen Zuständen und Intentionen zu unterscheiden und sich empathisch in andere Menschen einzufühlen.

Das kindliche Spiel geht von der »aktuellen Zone der Entwicklung« aus und entwickelt sich in die »Zone der nächsten Entwicklung« hinein. Da das Spiel praktisch folgenlos ist, können Kinder sich an Inhalte, Fähigkeiten und Kompetenzen annähern, die sie im realen Alltag noch überfordern würden. Dieses Lernen ist wirklich selbstbestimmt, es ergibt einen persönlichen Sinn und die Motivation und Anstrengungsbereitschaft ist entsprechend hoch.

Kinder lernen, durch Spielen ihre Lernprozesse effektiver zu gestalten, ihr Denken zu verbessern, das eigene Verhalten zu planen, Fehler selbst zu entdecken und zu korrigieren, sich selbst zu überwachen, zu steuern und Leistungen treffend einzuschätzen (vgl. Gisbert 2004; Pramling-Samuelson & Asplund-Carlsson 2007). Im Spiel setzen sie an ihren Ressourcen und ihrem Vorwissen an und gestalten für sich selbst immer anschlussfähige Bildungsprozesse. Das im Spiel erworbene Wissen über sich und die Welt ist relativ dauerhaft und stabil, da es von frühester Kindheit an erworben wird.

Durch Spielen können Kinder unter Umständen auch widrige Lebensereignisse bewältigen (Resilienz) oder Antworten und Erklärungsmuster für unbekannte Phänomene finden (vgl. Brandes 2008; König 2009; Pramling-Samuelson & Asplund-Carlsson 2007; Youniss 1994).

Die Bedeutung von Spiel für das Lernen hochbegabter Kinder

Im Spiel organisieren sich Kinder ihren Lernprozess gemeinsam. Jedes Kind kann sich auf Grund seiner Fähigkeiten und Begabungen am Spiel beteiligen und die Rolle einnehmen oder die Tätigkeit ausführen, die es aufgrund seines aktuellen Entwicklungsstandes und seiner aktuellen Lebenslage einzunehmen in der Lage ist. Kinder wechseln zwischen der Spielwelt und der tatsächlichen Welt hin und her und lernen in diesem Prozess, mit der Vielfalt und Unterschiedlichkeit der anderen Kinder umzugehen. Dadurch erwerben Kinder grundlegende Fähigkeiten und Kompetenzen, die sie brauchen, um ein aktives Mitglied in einer demokratischen Gesellschaft sein zu können.

Die Kinder erwerben darüber hinaus lernmethodische Kompetenzen und sie können die Fähigkeit weiterentwickeln und ausbauen, selbstbestimmt und selbstinitiiert zu lernen. Durch die Interaktion mit anderen Kindern nehmen sie ihre eigenen Fähigkeiten und Ressourcen wahr, lernen neue und unbekannte Dinge und Verhaltensweisen kennen, probieren diese aus und entwickeln sich dadurch in allen Entwicklungsbereichen weiter. Kinder spielen gerne mit anderen Kindern, die aktiv und kreativ sind und die gute Ideen haben. So erschaffen sie sich immer neue Spielwelten, die sie gemeinsam betreten können.

»Im Spiel vollzieht sich also ein gemeinsamer Lernprozess, der beinhaltet, dass die Kinder einerseits demokratisches Verhalten praktizieren und andererseits Macht ausüben. Besonders beim Spiel und beim Zusammensein mit anderen lernen Kinder, was es heißt, mitzuspielen und mitzubestimmen, oder wer derjenige ist, der die Macht hat, Regeln und Mitspieler zu bestimmen. Demokratie drückt sich darin aus, dass die Kinder der Meinung sind, sie können bestimmen, was und mit wem sie spielen möchten. Gleichzeitig ist ihnen bewusst, dass sie nicht für die anderen bestimmen können und dass sie nicht bestimmen können, ob ihr Spielkamerad mit ihnen oder einem anderen Kind spielen möchte« (Pramling-Samuelson & Asplund-Carlsson 2007, 37).

Auch hochbegabte Kinder brauchen den kontinuierlichen Kontakt und das Gefühl, in einer Spielgruppe verortet zu sein, um grundlegende soziale Verhaltensweisen erwerben zu können. Der Qualität des Spiels, als wichtigster Teil der Lernkultur einer Kindertageseinrichtung, kommt eine hohe Bedeutung zu. Pädagogische Fachkräfte zeigen besonders im Spiel durch Beobachtung Präsenz. Und obwohl das Spiel frei von den Interventionen und pädagogischen Absichten der pädagogischen Fachkräfte ist, müssen alle pädagogischen Anregungen darauf abzielen, dass Kinder noch besser spielen und damit zugleich besser lernen können.

Die Bedeutung von Peers[52]

Mit zunehmendem Alter werden die Beziehungen zu Peers, also zu gleichaltrigen oder gleichrangigen Sozialpartnern (vgl. Ahnert 2003; Krüger & Gruhnert 2008), immer wichtiger.

Schon im frühen Kindesalter spielen Kinder mit anderen, jeweils ausgehend von ihren Alltagserfahrungen und unter Bezug auf die in der Familie erworbenen Interaktionsmuster. Sie tauschen Themen und Bedeutungen aus, richten ihr eigenes, absichtsvolles Handeln an den Intentionen des Gegenübers aus und konstruieren dabei neue Realitäten. Kinder lernen in diesen Prozessen von anderen Kindern, erfahren viel über sich selbst, erwerben Muster der Konfliktlösung sowie Kooperationsstrategien, und sie lernen, über dyadische Beziehungen (Freundschaftsbeziehungen) hinaus in Gruppen zu leben.

Peerbeziehungen sind entwicklungspsychologisch notwendig für die Entwicklung von Kindern. Auch hochbegabte Kinder brauchen sozial und kognitiv gleichrangige Sozialpartner, um voneinander lernen zu können.

Heterogene Kindergruppen sorgen dafür, dass hochbegabte, häufig asynchron entwickelte Kinder in allen Kompetenzbereichen über entwicklungsfördernde Peers als Vorbilder verfügen, an denen sie sich orientieren können.

52 Vgl. hierzu auch den Beitrag von Brandes in diesem Band: »Lernen in der Kindergruppe«.

Indikatoren für ein entwicklungsförderndes Spiel

Das Spiel hat eine innovative Kraft, indem sich Kinder kontinuierlich an neue Inhalte und Themen annähern und sich dadurch neue Fähigkeiten und Verhaltensweisen aneignen.

Mit dem Ziel, neue Informationen zu gewinnen und ihre Kompetenzen zu erweitern, explorieren die Kinder gemeinsam mit anderen und tauschen ihre Erfahrungen aus. Sie befinden sich im Spiel in einem kontinuierlichen experimentellen Dialog zwischen sich, der Umwelt und der Kindergruppe.

Die Kinder sammeln Erfahrungen der Selbstwirksamkeit. Sie empfinden sich als Verursacher, lösen gegenüber Personen und Gegenständen Wirkungen aus und reflektieren diese.

Indem sie das bei anderen beobachtete Verhalten nachahmen, durch Üben, Probieren, Variieren und Integrieren von Erfahrungen aus ihrem Alltag, experimentieren Kinder und probieren verschiedene, für sie attraktive Rollen aus. Dadurch lernen die Kinder implizit durch Variation und Unterscheidung, Lernprozesse werden »verlangsamt« und dadurch intensiviert.

Ein lang anhaltender, kontinuierlicher und inhaltsreicher Spielverlauf zeigt die Konzentration der Kinder. Sie streiten sich wenig, sind nicht aggressiv und wirken eher ausgeglichen. Diese hohe Spielintensität, durch die Kinder im Spiel Befriedigung, Spannung und Lust erleben, das hohe Maß an Konzentration und Motivation – alles das ist für Kinder sehr anstrengend, so dass sie danach erschöpft sind.

Entwicklungsfördernd ist das Spiel dann, wenn die Kinder im Spiel alle ihre Erfahrungen anwenden müssen und durch die Interaktion mit Peers Neues dazulernen können und so kontinuierlich ihre sozialen, emotionalen, motorischen und kognitiven Kompetenzen erweitern (vgl. Einsiedler 1999; Jampert 2002; Andresen 2002; Baer 2003).

Möglichkeiten der Anregung des Spiels

Auf der Grundlage von Beobachtungen, regelmäßigen Elterngesprächen, der dialogischen Interaktion mit Kindern und Fallbesprechungen im Team werden die Themen, das Vorwissen, die Interessen und die Deutungsmuster der Kinder durch die pädagogischen Fachkräfte erkannt. Die Analyse dieser Faktoren bildet den Ausgangspunkt für eine pädagogische Planung. Die Fachkräfte gehen dabei der Frage nach, wie Lernbegleitung, Kontextsteuerung und Perspektivenwechsel gestaltet sein müssen, damit das Kind oder die Kindergruppe noch besser und vielfältiger spielen kann.

Dazu gehören die Gestaltung einer entwicklungsfördernden Lernatmosphäre, eine lernanregende Ausstattung und Gestaltung der Räume sowie die erwähnten metakognitiven Dialoge.[53] Kinder müssen ganztägig optimale Bedingungen und Zeitstrukturen vorfinden, um spielen zu können. Dabei ist die kontinuierliche Präsenz der ErzieherInnen von grundlegender Bedeutung: »Das Spiel reflektiert Entwicklung, das Spiel beeinflusst Entwicklung und das Spiel kann Entwicklung zur Folge haben« (Sheridan 2001, zit. nach Pramling-Samuelson & Asplund-Carlsson 2007, 39).

53 Vgl. dazu die folgenden Ausführungen zum Entwicklungspädagogischen Ansatz.

Kinder können nur im Spiel zeigen, welche Erfahrungen sie bisher gesammelt haben, über welches Vorwissen sie verfügen und an welche Themen sie sich gerade annähern. Aus diesem Grund ist die systematische und kontinuierliche Beobachtung des Spiels Grundlage und Ausgangspunkt aller pädagogischen Aktivitäten.

Der von Pramling-Samuelson und Asplund-Carlsson (2007) entwickelte und beschriebene Entwicklungspädagogische Ansatz ist eher eine Theoriegrundlage als ein vollständiges didaktisches Konzept der Elementarpädagogik. Dieser Ansatz kann eine gute Grundlage für die (Weiter)Entwicklung einer Didaktik der Hochbegabtenförderung im Elementarbereich sein, da spielende Kinder als lernende Kinder gesehen werden und – darauf aufbauend – das Lernen der Kinder bevorzugter Gegenstand der pädagogischen Bemühungen der Erzieherinnen ist.

Der Entwicklungspädagogische Ansatz

Der Entwicklungspädagogische Ansatz geht auf die Phänomenografie als Forschungsmethode zurück, welche zum Ziel hat, die subjektive Welt von Menschen sichtbar zu machen, Menschen zum Reflektieren und Mitteilen ihrer Erfahrungswelt anzuregen und auf diese Weise ihre vielfältigen Denkweisen zu beschreiben.

Erzieherinnen sollen die Vielfalt der Ideen der Kinder wahrnehmen und sie sollen akzeptieren, dass Kinder im Hier und Jetzt lernen, nur von ihrer je eigenen Art des Empfindens und Erlebens ausgehen können und dass eine Vielfalt an Kulturen, Denk- und Verhaltensmustern in einer Kindergruppe vorhanden ist. Erfahren, Begreifen und Verstehen machen das Lernen aus und der Alltag der Kinder mit allen seinen Phänomenen ist selber Lerngegenstand (vgl. Gisbert 2004, 156ff.; Pramling-Samuelson & Asplund-Carlsson 2007, 42ff.).

Grundannahmen des Entwicklungspädagogischen Ansatzes

Spielen ist die prototypische Lernform der frühen Kindheit. Kinder lernen in alltäglichen Situationen, welche sie als Ganzes wahrnehmen und nicht in einzelne Bildungsbereiche oder verschiedene Dimensionen der Wirklichkeit (Arbeit oder Spiel) aufteilen. Erst nach und nach lernen sie, Unterscheidungen zu treffen und diese in ein neues Verständnis zu integrieren.

Ein Beispiel: Buchstaben sind Teil der Lebenswelt des Kindes. Erst erfahren Kinder deren Funktion, dann lernen sie diese nach und nach einzeln kennen, bis sie zusammenhängende Texte lesen und verstehen können.

Gegenstand des Lernens sind die alltäglichen Erfahrungen, gemeint als verschiedene Muster des Wahrnehmens, Interpretierens und Bewertens, welche die Kinder vor allem im Spiel äußern und für die Umwelt sichtbar und erkennbar machen. Die vielfältigen Perspektiven von Kindern auf die Welt sind Ausgangspunkt für weiterführende Lernprozesse. Kinder lernen durch Reflexion, Kommunikation, Metakommunikation und metakognitive Dialoge mit anderen Kindern oder mit den pädagogischen Fachkräften (vgl. Pramling-Samuelson & Asplund-Carlsson 2007).

Prinzipien des Entwicklungspädagogischen Ansatzes

Individualisierung statt Standardisierung

Eine der Entwicklung von Kindern angemessene Pädagogik verlangt ein individuelles Eingehen auf die ebenso individuellen Besonderheiten jedes Kindes. Folglich gibt es keine für alle Kinder gültige »Standardunterrichtsmethode« (Ference Marton, zit. ebd., 45).

Hochbegabte Kinder verfügen über eine äußerst differenzierte Sprache, eine hohe Merkfähigkeit und sie können wahrscheinlich früher logisch denken als altersgleiche, nicht hochbegabte Kinder (vgl. Müller 2009, 15). Erkennen Eltern und Erzieherinnen die besonderen Fähigkeiten hochbegabter Kinder nicht, werden sie der Entwicklung des Kindes völlig unangemessene Fördermöglichkeiten unterbreiten. Besonders zeitlich festgelegte Angebote, die von Erwachsenen inhaltlich geplant und strukturiert sind, führen dazu, dass das kindliche Denken wenig aktiviert wird. Kinder können dann nur in dem vom Erwachsenen dargebotenen Rahmen lernmethodische Kompetenzen erwerben. Haben die Kinder in der Kindertageseinrichtung nur die Möglichkeit, Standardangebote zu nutzen, sind ihre Handlungsmöglichkeiten gravierend eingeschränkt. Besser ist es, mit Kindern gemeinsam neue Perspektiven auf ein Thema herauszufinden, gemeinsam Regeln zu erarbeiten und neue Kategorien zu finden.

Es ist das Ziel einer begabungssensiblen Pädagogik, hochbegabte Kinder schon von klein auf durch das Führen metakognitiver Dialoge zum variantenreichen Handeln, Nachdenken und Reflektieren anzuregen.

Das Lernen selbst als Gegenstand des Lernens

Jedes Kind hat seine eigene, seine subjektive Art zu lernen. Welche Inhalte im Bewusstsein des Kindes erscheinen und wie dieses sich verändert, hat mit den kindlichen Erfahrungen zu tun. Durch Lernen können sich Erfahrungen verändern oder erweitern.[54] Lernen Kinder oder entwickeln sie sich, verändert sich ihr Bewusstsein für die Umwelt. Durch das sich erweiternde Wissen können neue Phänomene, Fragen oder Gegenstände aus der Lebenswelt in den Blick des Kindes gelangen. Ausgehend von ganz konkreten Inhalten, die ohne die Intervention der Fachkräfte für das Kind manchmal geradezu unsichtbar oder zumindest allzu selbstverständlich wären, können metakognitive Gespräche dazu führen, die Inhalte des Tuns der Kinder in den Blick zu nehmen. Kindern soll bewusst werden, dass und wie sie lernen.

Dabei sollen die Kinder in diesem Prozess von konkretem, situationsabhängigem Wissen, dem Was, hin zu einem generalisierten Wissen kommen, dem Wie. Das erworbene Wissen ist zugleich in ihrer jetzigen Lebenssituation sinnvoll und konkret anwendbar. Es geht darum, mit Kindern gemeinsam darüber nachzudenken, wie und warum man zum Beispiel etwas plant oder organisiert, sich an etwas erinnert, was man tun kann, um sich etwas zu merken. Pramling-Samuelson und Asplund-Carlsson (2007, 97ff.) schlagen folgendes Vorgehen vor:

54 Vgl. die Definition von Erfahrungen im Beitrag von Schenker »Theoretische Grundlagen einer Didaktik der Förderung hochbegabter Kinder in Kindertageseinrichtungen«.

- Die Kinder präsentieren ihre subjektive Sichtweise, ihre Ideen und Gedanken über ein konkretes Thema oder einen Inhalt, zum Beispiel durch Zeichnungen, in Gesprächen, durch selbstentwickelte Experimente. In dieser Phase helfen die Erwachsenen den Kindern, auf ihre je unterschiedlichen Sichtweisen in Bezug auf ein Thema aufmerksam zu werden und diese Sichtweisen zu thematisieren.
  Ein Beispiel: Die Kinder beschäftigen sich im Alltag der Kindertageseinrichtung mit dem Thema Fahrzeuge: Sie sammeln Bilder von Fahrzeugen, zeichnen selber Fahrzeuge oder bringen auf eine andere Art und Weise ihr Wissen zu diesem Thema zum Ausdruck.
- Im zweiten Schritt wird die Aufmerksamkeit auf die Struktur des Themas und die kindlichen Überlegungen dazu gerichtet.
  Die Kinder finden nun beispielweise heraus, dass alle Fahrzeuge Räder haben, dass sie in verschiedene Arten eingeteilt werden können und so weiter.
- Im dritten Schritt ist das Lernen selbst Gegenstand, nämlich wie die Kinder etwas zu Struktur und Inhalt in Erfahrung bringen konnten.
  Die Kinder reflektieren darüber, welche Methoden sie angewandt haben, um etwas über Fahrzeuge lernen zu können, zum Beispiel durch Beobachten, Aufzeichnen, Fragen oder das Nachschlagen in Büchern.
  (vgl. Gisbert 2004, 175; Pramling-Samuelson & Asplund-Carlsson 2007, 101).

Der Alltag der Kinder als Lerngegenstand

Ausgehend von den intuitiven Konzepten der Kinder[55] werden Phänomene des Alltags, welche die Kinder als selbstverständlich erachten oder solche, die ihnen nicht bewusst sind, in den Blick genommen und den Kindern und ihrem Denken zugänglich gemacht. Dabei werden nicht Angebote zu den einzelnen Bildungsbereichen (Sprache, Mathematik, Naturwissenschaften) unterbreitet, sondern Situationen im Alltag für das Lernen genutzt.

Ein Beispiel: Alle Kinder haben selbstständig intuitive Zahlenkonzepte entwickelt, sie wissen aber nicht, wozu Zahlen überhaupt nützlich sind. Im Alltag der Kindertageseinrichtung und durch die Interaktion mit anderen Kindern oder Erwachsenen finden sie Möglichkeiten, in konkreten Situationen die Bedeutung und Funktion von Zahlen zu erkennen. So kann man beim Frühstück fragen: »Was denkst Du, in wie viele Teile kann ich den Apfel teilen?«

Parallel dazu wird das Lernen als solches gemeinsam mit den Kindern reflektiert, so dass sie gleichzeitig lernen können, was Lernen ist.

Von den Erfahrungen des Kindes ausgehen

Das pädagogische Handeln der Erzieherin schließt an die Erfahrungen und Erlebnisse des Kindes an. Vorrausetzung dafür ist es, Möglichkeiten und Formen der Verständigung über die Perspek-

55 Vgl. den Beitrag von Fried in diesem Band: »Entwicklungspsychologische Grundlagen und Lernen«.

tiven der Kinder auf die Welt zu finden, um so die kindlichen Sichtweisen kennenzulernen und zu verstehen, wie die Kinder ihre Umwelt wahrnehmen. Die kindliche Perspektive ist Ausgangspunkt des Lernens und sie bestimmt, welche Inhaltsdimensionen konkret anschließbar sind. Um die kindliche Perspektive zu ermitteln, kann man folgende Aspekte zusammentragen:

- Mit welchen Themen beschäftigt sich das Kind normalerweise und routinemäßig im Alltag?
- Wie interpretiert es seine Aktivitäten und Handlungen selbst, wie beschreibt es sie begrifflich und bewertet sie selbst?
- Wie und was spielt es gemeinsam mit anderen Kindern und mit Erwachsenen?
- Welche Funktion und welchen Nutzen haben die Kompetenzen und Fähigkeiten des Kindes, die es in seinem konkreten sozialen und kulturellen Umfeld erworben hat? (Vgl. Sommer, zit. nach Pramling-Samuelson & Asplund-Carlsson 2007, 64).

Ausgehend von der Perspektive des Kindes stellen sich pädagogische Fachkräfte die Frage, welche Erlebnisse und Erfahrungen Kinder benötigen, um sich noch interessierter und engagierter mit verschiedenen Aspekten der Welt auseinanderzusetzen oder einen stärkeren Willen dazu zu entwickeln.

Vielfalt, Variation und Lenkung

Kinder nähern sich durch das Spiel der Vielfältigkeit von Kulturen, an unterschiedliche Denk- und Verhaltensmuster und an verschiedene Perspektiven an.

Im pädagogischen Alltag zeigen Erzieherinnen, dass es durchaus normal ist, wenn jedes Kind eine andere Perspektive auf die Phänomene des Alltags hat. Die pädagogische Fachkraft macht durch dialogische Interaktion die Unterschiede und Gemeinsamkeiten im Denken der Kinder bewusst. Sie verdeutlicht, dass es verschiedene Varianten, Perspektiven und Herangehensweisen zum Beispiel an die Lösung von Problemen gibt, und sie macht dies den Kindern erfahrbar. Kinder lernen verschiedene Blickwinkel auf die Phänomene des Alltages kennen und sie haben die Möglichkeit, verschiedene Wege der Problemlösung auszuprobieren. Die Kinder erschließen sich dadurch immer mehr Bedeutungen und sie entwickeln die Fähigkeit zu generalisieren.

Ausgehend von den Themen der Kinder führen die pädagogischen Fachkräfte mit den Kindern metakognitive Dialoge: Sie bieten ihnen zielgerichtete Unterstützung an und helfen, den Fokus der Aufmerksamkeit durch weiterführende Dialoge auf spezifische Aspekte des Gegenstandes oder Aspekte des Lernens selbst zu richten (vgl. Pramling-Samuelson & Asplund-Carlsson 2007).

Zusammenfassung

Durch systematische und kontinuierliche Spielbeobachtungen gewinnt die Erzieherin Erkenntnisse über die Entwicklung, das Denken und das Lernen von Kindern. Das Spiel – als die prototypische und zugleich am meisten selbstbestimmte Lernform von Kindern – ist Ausgangspunkt für durch die Erzieherinnen angeleitete Lernprozesse.

Durch Beobachtung des Spiels erfahren pädagogische Fachkräfte viel über den Entwicklungsstand der Kinder. Alles, was Kinder spielen wollen, müssen sie sich selbst ausdenken, mit anderen Kindern abgleichen und in die Tat umsetzen. Die Kinder lernen in einer selbstbestimmten und selbstorganisierten Gemeinschaft von Peers. Im Prozess der Spielbeobachtung sammelt die Erzieherin Informationen über das Lernen der Kinder und deren Beziehungen untereinander in der Kindergruppe.

Die systematisch geführten Beobachtungen der Erzieherin sind Gegenstand der metakognitiven Dialoge, die sie mit einzelnen oder mehreren Kindern führt. In diesen Gesprächen stehen immer das jeweilige Thema und der Lernprozess selbst im Fokus der Aufmerksamkeit. Durch Dialoge und narrative Interviews werden die Lernprozesse der Kinder reflektiert, durch Kommunikation, Metakommunikation und metakognitive Dialoge werden diese Lernprozesse unterstützt und herausgefordert, ohne sie direkt zu steuern.

Der Entwicklungspädagogische Ansatz ist kein Curriculum, dessen Inhalte abgearbeitet werden. Er bietet aber durchaus eine theoretische Orientierung für das pädagogische Handeln.

Die Didaktik der Hochbegabtenförderung im Elementarbereich basiert auf den Aussagen des Entwicklungspädagogischen Ansatzes: Die Theorien des Kindes und seine handlungsleitenden Interessen sind Gegenstand der pädagogischen Interaktion mit dem Ziel, lernmethodische Kompetenzen zu erwerben. Dabei ist das Spiel die am meisten entwicklungsfördernde Aktivitätsform im Elementarbereich.

Literatur

Ahnert, L. (2003). Die Bedeutung von Peers für die frühe Sozialentwicklung des Kindes. In H. Keller (Hrsg.), Handbuch der Kleinkindforschung. 3. korrigierte, überarbeitete u. erw. Aufl. Bern u. a.: Hans Huber.

Andresen, H. (2002). Interaktion, Sprache und Spiel. Zur Funktion des Rollenspiels für die Sprachentwicklung im Vorschulalter. Tübingen: Narr.

Baer, U. (2003). Das Spiel des Kindes (2). Spielentwicklung und Spielformen. Kindergarten heute, 33, 5, 16-20.

Brandes, H. (2008). Selbstbildung in Kindergruppen. Die Konstruktion sozialer Beziehungen. München, Basel: Ernst Reinhardt.

Einsiedler, W. (1999). Das Spiel der Kinder. Zur Pädagogik und Psychologie des Kinderspiels. 3. aktualisierte u. erw. Aufl. Bad Heilbrunn/Obb.: Klinkhardt.

Gisbert, K. (2005). Lernen-lernen. Lernmethodische Kompetenzen von Kindern in Kindertageseinrichtungen fördern. Weinheim: Beltz.

Huizinga, J. (1938): Homo Ludens. Vom Ursprung der Kultur im Spiel. Bibliografisch ergänzte Neuausgabe von 1956. [benutzte Ausgabe: Juni 1997.] Hamburg: Rowohlt Taschenbuch.

Jampert, K. (2006). Sprachliche Förderung in der Kita. Weimar, Berlin: verlag das netz.

Krüger, H.-H. & Grunert, C. (2008). Peergroups. In Th. Coelen & H.-U. Otto (Hrsg.), Grundbegriffe der Ganztagsbildung (S. 382-391). Wiesbaden: VS.

Müller, G. (2009). Wortgewandt und blitzgescheit. Entwicklungsbesonderheiten bei hochbegabten Kindern. Kita-Spezial, 4/2009 [Sonderausgabe. Karg-Stiftung für Hochbegabtenförderung Frankfurt am Main.]

Pramling-Samuelson, I. & Asplund-Carlsson, M. (2007). Spielend lernen. Die Stärkung lernmethodischer Kompetenzen. Troisdorf: Bildungsverlag EINS.

Schäfer, G. E. (2005). Über die Entstehung der Wirklichkeit im Spiel. In J. Bilstein, M. Winzen & Ch. Wulf (Hrsg.), Anthropologie und Pädagogik des Spiels (S. 219-229). Weinheim: Beltz.

Scheuerl, H. (1954). Das Spiel. 4./5. Aufl. 1965. Weinheim: Beltz.

Siebert, H. (2006). Selbstgesteuertes Lernen und Lernberatung. Konstruktivistische Perspektiven. 2. überarbeitete Aufl. Augsburg: Ziel-Verlag.

Voß, R. (Hrsg.) (2005). LernLust und Eigensinn. Systemisch-konstruktivistische Lebenswelten. Heidelberg: Carl-Auer.

Youniss, J. (1994). Konstruktion und psychische Entwicklung. Frankfurt/Main: Suhrkamp.

»Edutainment« ist ein Irrweg

Christine Sperling, Erzieherin und Begabtenpädagogin in der Hans-Georg Karg Kita in Nürnberg, im Gespräch

In der Vorstellung vieler Eltern und Erzieherinnen sind hochbegabte Kinder mit ihren Fähigkeiten und Interessen »so weit weg« von den gleichaltrigen Kindern, dass sie glauben, die Kinder nur durch spezielle Angebote fördern zu können. Worin liegen Ihres Erachtens die Grenzen eines solchen Förderansatzes?

Die Schwachpunkte eines Förderansatzes durch spezielle Angebote liegen meines Erachtens darin, dass die soziale Komponente des Lernens hier außer Acht gelassen wird. Gerade hochbegabte Kinder sollen sich in einer Gruppe ausprobieren können, die aus hochbegabten, normal begabten und auch schwächeren Kindern besteht. Hochbegabte Kinder erleben sich schon sehr früh als »anders«. Durch den integrativen Umgang mit der Hochbegabung erleben die hochbegabten Kinder, dass alle Kinder »irgendwie anders« sind und ihre besonderen Fähigkeiten zwar anerkannt und gefördert werden, sie dadurch aber nicht anders behandelt werden.

Außerdem erfordern den Kindern bevorstehende Lernprozesse – wie das Erlernen der Schreibschrift – die Bereitschaft, sich mit vermeintlich langweiligen Alltagsdingen zu beschäftigen und auch Routineaufgaben gewissenhaft zu erledigen. »Edutainment« ist unserer Meinung nach also grundsätzlich keine geeignete Förderung hochbegabter Kinder.

Sie haben verschiedene Konzepte in Ihrer Einrichtung erprobt: von geschlossenen Gruppen bis hin zu einem offenen Einrichtungskonzept, von Kursangeboten bis hin zur Werkstattarbeit. Im Rahmen welches Konzeptes konnten Sie die Bedürfnisse aller Kinder am besten berücksichtigen?

Seit unserem Bestehen arbeiten wir in der Hans-Georg Karg Kindertagesstätte teiloffen. Anfangs hatten wir gruppenübergreifende Kursangebote, die Kinder konnten aber schon immer auch andere Gruppen besuchen. Allerdings änderten wir schnell die Anzahl und Inhalte der Kurse: weg von rein kognitiven, hin zu mehr kreativen Angeboten, in denen die Kinder die gerade für Hochbegabte so wichtigen Arbeitshaltungen erfahren und erlernen konnten.

Dann folgte eine Zeit der kompletten Öffnung. Das war eine wichtige Erfahrung für die Kinder und unser Team. Viele Projekte sind entstanden, die wir begleiten durften und die umgestalteten Räume wurden von den Kindern als Lernräume in Besitz genommen. Allerdings waren etliche unserer sensiblen hochbegabten Kinder mit der Situation und den vielen verschiedenen Kindern überfordert und zogen sich zurück oder hielten sich sehr eng an ihre Bezugserzieherin, so dass diesen Kindern die Möglichkeit der freien Entfaltung und des intrinsischen Lernens fehlte. Schwierig war auch das gemeinsame Essen in Gruppen von bis zu 30 Kindern. Wir bemerkten, dass vielen unserer Kinder eine »Heimat« fehlte, teilweise wurde das von den Kindern sogar offen artikuliert.

Wir machten keinen Schritt zurück, sondern passten unser Konzept den Bedürfnissen der Kinder an. Jetzt lernen und leben die Kinder in drei Stammgruppenräumen, jeder mit einer eigenen Funktion. Zwei Stunden am Vormittag und während des Mittagessens ist die Stammgruppe zusammen, ansonsten stehen den Kindern alle Lernräume zur Verfügung. Die pädagogische Arbeit wird von den Kindern in Form von selbst initiierten Projekten weitgehend mitgestaltet. Die Mitwirkung der Kinder am eigenen Lernen ist uns sehr wichtig.

Über welche Lernräume verfügt Ihre Einrichtung?

Wir verfügen über drei Stammgruppenräume, die jeweils nach inhaltlichen Schwerpunkten eingerichtet sind, und zwar je einer für die Bereiche Literacy, Konstruktionsspiele (Baustelle) und Montessorimaterial. Außerdem haben wir als Funktionsräume eine Werkstatt, ein Medienzimmer, eine Turnhalle und ein Rollenspielzimmer. Die Kinder können auch die Spielbereiche in den Fluren nutzen. So haben sie insgesamt viele Möglichkeiten, sich frei im Haus und in den Lernräumen zu bewegen. Sie können sich ihre Spielpartner frei wählen, Projektpartner finden und alle Materialien nutzen, die sie für ihr Lernen benötigen.

Das Arbeiten in Projekten hört übrigens nicht an der Kindergartentüre auf, sondern schließt das gesamte Umfeld und alle kulturellen Orte der Stadt mit ein.

Worin besteht aus Ihrer Sicht die größte Herausforderung für Erzieherinnen in der Arbeit mit hochbegabten Kindern?

Meiner Meinung nach ist die größte Herausforderung eine gute Beobachtung. Nur durch kontinuierliche und ständige Beobachtung erfahre ich das Thema des Kindes und kann mich als Lernbegleiterin anbieten. Besonders bei Mädchen ist Beobachtung enorm wichtig, weil sich diese oft ihrem Umfeld anpassen und lieber unter ihren Fähigkeiten bleiben, als aufzufallen.

Außerdem können hochbegabte Kinder auf der Metaebene gut reflektieren, was ich im Gespräch oft als positive Herausforderung betrachte.

Naturwissenschaftlich-technische Bildung in Kindertagesstätten

Lilian Fried

Warum frühe naturwissenschaftlich-technische Bildung?

Die europäischen Länder befinden sich auf einem Weg hin zu hoch technisierten Wissensgesellschaften. Deshalb haben Naturwissenschaften und Technik, aber auch Umweltbewusstsein und Umweltschutz an Bedeutung gewonnen. Es gilt deshalb, Sorge dafür zu tragen, dass sich Erwachsene und Kinder die Kompetenzen aneignen können, um in einer hoch technisierten Wissensgesellschaft human leben und mit der Umwelt verantwortungsbewusst umgehen zu können. Dazu kann naturwissenschaftlich-technische Bildung entscheidend beitragen.

Vor diesem Hintergrund ist der Trend bedenklich, dass das Interesse junger Menschen an Naturwissenschaften und Technik in vielen europäischen Ländern in den letzten Jahren eher ab-, als zunimmt (European Commission 2007). Zumal wir wissen, dass Kinder und junge Menschen mit hochentwickelter naturwissenschaftlich-technischer Kompetenz am ehesten in der Lage sind, komplexe Umweltphänomene zu verstehen (OECD 2009a), was wiederum entscheidend für den Umweltschutz ist.

Wie kann man diesen Trend aufhalten oder – besser noch – umkehren? Hinweise dazu finden sich in der internationalen Leistungsvergleichsstudie PISA 2006 (OECD 2009b). Dort ergab ein Vergleich von Fünfzehnjährigen mit hohem und sehr hohem naturwissenschaftlich-technischen Kompetenzlevel und Fünfzehnjährigen mit durchschnittlichem und unterdurchschnittlichem Level aufschlussreiche Unterschiede. So wurde deutlich, dass die hoch und sehr hoch kompetenten Jugendlichen mehr naturwissenschaftlich-technische Bildungsangebote erhielten. Auch privat befasste sich diese Gruppe häufiger mit naturwissenschaftlichen Phänomenen und Technik. Ihr Vertrauen in die eigene naturwissenschaftlich-technische Kompetenz war größer. Das alles dürfte dazu beigetragen haben, dass sie mehr an naturwissenschaftlich-technischen Sachverhalten interessiert waren. Und dass sie eher Freude an naturwissenschaftlich-technischen Herausforderungen in Form von »kniffligen«, nur mit Anstrengung zu lösenden Aufgaben hatten. Besonders interessant an den Ergebnissen ist, dass auch Kinder, die durch soziale Risiken belastet sind, ein hohes Level erreichen können, sofern ihre Lernlust und Lernengagiertheit in Elternhaus und Bildungsinstitutionen dementsprechend gefördert werden.

Der oben berichtete Trend scheint also umkehrbar; vorausgesetzt, es gelingt uns, das Interesse und die Motivation von Kindern an Naturwissenschaften und Technik in Familie und Bildungsinstitutionen noch besser zu unterstützen und herauszufordern als bislang geschehen. Wann kann und sollte damit begonnen werden? Unser aktuell verbreitetes Bild vom »Kind als Wissenschaftler« oder vom »Kind als Naturforscher« und das Bild vom »wissbegierigen Kind« und so weiter (vgl. Fried 2008b) beinhaltet schon eine Antwort: so früh wie möglich. Denn bereits in der frühen Entwicklungsphase wird entscheidend dazu beigetragen, ob sich ein junger Mensch später noch für Naturwissenschaft und Technik begeistern kann und deshalb immer weiter dazulernen möchte. Eine Konsequenz aus all dem ist es, zu gewährleisten, dass bereits in Kindertagesstätten professionelle naturwissenschaftlich-technische Bildungsarbeit erfolgt. Diese sollte möglichst genau an den Kompetenzständen und Kompetenzprofilen der Kinder ansetzen.

Wie eignen sich Kinder naturwissenschaftlich-technische Kompetenzen an?

Um »das Kind dort abholen« zu können, »wo es steht«, müssen pädagogische Fachkräfte genau wissen, wie sich die Aneignung naturwissenschaftlich-technischer Kompetenz bei jungen Kindern vollzieht. Je zutreffender sie das einschätzen können, desto eher sind sie in der Lage, wirksame Bildungsarbeit zu leisten.

Kognitive Entwicklung

Wie die kognitive Entwicklung verläuft und was junge Kinder dabei über Naturwissenschaft und Technik lernen, haben unterschiedliche Theorien ausgeleuchtet.

Nach Piagets Theorie zur kognitiven Entwicklung treibt das Kind seine kognitive Entwicklung im Verlauf von konstruktiven und sachlogisch aufeinander aufbauenden Auseinandersetzungen mit seiner Umwelt aktiv voran. Dabei strebt es danach, sich immer besser an die Gegebenheiten und Herausforderungen der Umwelt anzupassen. Auf der geistigen Ebene schlägt sich dieses stete Ringen in immer flexibleren, komplexeren und abstrakteren Wissensstrukturen nieder. Konkret erwirbt das Kind Konzepte und Begriffe beziehungsweise erfasst Regeln und Prinzipien.

Aus der Sicht Piagets folgt diese Entwicklung generellen Gesetzmäßigkeiten und vollzieht sich in aufeinander aufbauenden Stufen. Auf der ersten, der senso-motorischen Stufe (0 bis 2 Jahre) erwirbt das Kind einfache, relativ starre Handlungsschemata und Vorläufer des Denkens (Konzepte, Begriffe). Auf der zweiten prä-operationalen Stufe (2 bis 7 Jahre) werden die Konzepte und Begriffe weiter ausdifferenziert sowie komplexere schematisierte Vorstellungen (Schemata, Skripte) ausgebildet. Mit Hilfe dieser Wissensstrukturen konstruiert das Kind innerlich seine »Sicht der Welt«. Das Weltbild des Kindes in der prä-operationalen Phase zeichnet sich dadurch aus, dass es noch nicht klar zwischen der Innen- und der Außenwelt unterscheiden kann. Sein Blick auf die Welt ist somit »egozentrisch«. So schreibt es zum Beispiel toten Gegenständen die Eigenschaften von Lebendigem zu: Aus seiner Sicht bewegt sich die Sonne, weil sie Lust dazu hat.

Manche der Annahmen von Piaget sind inzwischen überholt. Jüngere Untersuchungen zeigen auf, dass ein Kind schon wesentlich früher, als von Piaget angenommen, in der Lage ist, in den verschiedenen Erkenntnisbereichen (Domänen), wie beispielsweise Physik und Biologie, domänenspezifische Erkenntnisse (Wissen, naive Theorien) auszubilden. Manche Wissenschaftler nehmen an, dass es angeborene »Module« (fundamentale Lernprinzipien) gibt, mit deren Hilfe rasch ein domänenspezifisches »Kernwissen« erworben werden kann. An diese Wissenskerne lagert sich im Verlauf der Auseinandersetzung mit der Umwelt immer mehr bereichsspezifisches Wissen an, das ein Kind zunehmend in die Lage versetzt, Regeln und Prinzipien (Ursache-Wirkungs-Annahmen) zu erwerben. Dieser vom Kind aktiv vorangetriebene Prozess folgt einer individuellen, in sich nicht widerspruchsfreien Logik (naive Theorien). Der »kognitive Werkzeugkasten«, den ein Kind auf diese Weise erwirbt, hängt von persönlichen und sozialen Bedingungen ab (Interessen, Sprache, Gedächtnis, Anregungsgehalt der Umwelt).

Naturwissenschaftlich-technische Kompetenz

In Forschungen sind inzwischen viele Erkenntnisse gewonnen worden, die sich – wenn auch noch lückenhaft – zu einem Modell der naturwissenschaftlich-technischen Kompetenz junger Kinder zusammenfügen lassen.[56] Solch ein Modell beinhaltet Angaben zur Lernmotivation sowie zu den Schlüsselkonzepten und Schlüsselfertigkeiten.

Junge Kinder bauen ihre naturwissenschaftlich-technische Kompetenz im Verlauf engagierter Auseinandersetzung mit der Umwelt auf. Dabei spielen Haltungen wie Neugier, Interesse, Engagiertheit und andere eine große Rolle. Deshalb sollten die Bildungsangebote so beschaffen sein, dass die Lernmotivation der Kinder aufgegriffen und verstärkt wird. Dazu sollten ihnen vielfältige Möglichkeiten geboten werden, sich mit Natur und Technik auseinanderzusetzen. Die Lernmotivation steigt nämlich mit der Dauer der Beschäftigung mit naturwissenschaftlich-technischen Lerninhalten. Und das Vertrauen in die eigene naturwissenschaftlich-technische Kompetenz nimmt mit der Häufigkeit naturwissenschaftlich-technischer Erfahrungen zu. Frühe Erfahrungen wirken sich sogar noch auf die Haltungen und Einstellungen in späteren Lebensphasen und bei der Berufswahl aus.

Weitere Möglichkeiten, die Lernmotivation junger Kinder zu fördern, erschließen sich, wenn man genau beobachtet, wie sie auf Natur und Technik reagieren. Sind sie an Neuem interessiert? Reagieren sie mit Interesse auf bislang Unbekanntes? Sind sie interessiert an komplexen Zusammenhängen? Wirken sie völlig in Anspruch genommen, wenn sie sich einer Sache zugewandt haben? Berichten sie von interessanten Erfahrungen mit Natur oder Technik? Bringen sie Naturmaterialien oder Technikspielzeug in die Kindertagesstätte mit? Lässt es ihnen keine Ruhe, wenn sie vor einer Sache stehen, die sie nicht durchschauen? Wollen sie möglichst sofort Antworten bekommen? Werden sie schnell von etwas angezogen? Greifen sie knifflige Aufgaben auf und versuchen diese hartnäckig zu lösen?

Wo das nicht oder nicht genügend der Fall ist, kann es helfen, die Kinder an Natur- oder Technikphänomene heranzuführen, indem man an bereits bestehende Interessen anknüpft. Laut

56 Im Rahmen des vom Bundesministerium für Bildung und Forschung geförderten »TransKiGs«-Projekts haben wir solch ein Modell entwickelt und als Ausgangspunkt für die Entwicklung eines Kompetenztests genutzt.

Forschung haben die meisten jungen Kinder zum Beispiel Interesse an Tieren, viele aber auch an Technik schlechthin. Hilfreich können auch Medien sein: Experimentierkästen, Konstruktionsspielzeug, Sachbilderbücher, geeignete Fernsehsendungen und anderes mehr.

Ob und wieweit es gelingt, die naturwissenschaftlich-technische Kompetenz junger Kinder wirksam zu unterstützen, hängt davon ab, wie realistisch pädagogische Fachkräfte einschätzen können, welche Schlüsselkonzepte jungen Kindern in den einzelnen Domänen überhaupt zugänglich sind (vgl. Fried 2005; 2008b). Hierzu bietet die Forschung detaillierte Hinweise.

Was die Physik betrifft, so nehmen schon Säuglinge und Kleinkinder physikalische Objekte als zusammengehörige, umgrenzte und feste Ganzheiten wahr. Sie erkennen, dass diese aus einer materiellen Substanz bestehen, sich also vom Immateriellen unterscheiden. Sie erwarten, dass Objekte über die Zeit hinweg fortbestehen. Und sie erfassen, welche Lage bestimmte Objekte im Raum haben. In den Bereichen, in denen sie sich gut auskennen, existiert ein rudimentäres Verständnis von physikalischer Kausalität. Kindergartenkinder verfügen schon über eine Reihe von Schlüsselkonzepten (zum Beispiel ein Konzept von Licht, Geschwindigkeit, Schwimmen, Sinken, Gewicht, Dichte, Elektrizität). Allerdings fällt es selbst den Sechsjährigen noch schwer, Zusammenhänge zu erkennen, wie den zwischen Größe, Dichte und Gewicht, um dieses Beispiel zu nennen. Sie haben schon erste Vorstellungen von der Erde und vom Kosmos. Das betrifft die Form der Erde und die dort wirkende Schwerkraft. Auch verbinden sie erste Vorstellungen zum Sonnenauf- und Sonnenuntergang oder zum Mondaufgang und die daran geknüpften Phänomene (Tag und Nacht). Diese können sie meist noch nicht (naturwissenschaftlich) erklären, obwohl ihnen der kausale Determinismus zwischen Ursache und Wirkung bereits zugänglich ist.

In Bezug auf Technik wissen wir nur, dass junge Kinder über erste Raum- und Zeitvorstellungen verfügen, die ihnen helfen, mit Technik umzugehen. Sie kennen verschiedene Lagebezeichnungen (über, unter, auf, neben). Gegen Ende der Vorschulzeit können sie zwischen links und rechts unterscheiden. Manche wissen schon, was »im Uhrzeigersinn« und »gegen den Uhrzeigersinn« jeweils bedeutet. Nicht wenige haben sich schon einfache »Techniken« zur Bewältigung des Alltags angeeignet (Handhabung von Reiß- und Klettverschlüssen, von Druckknöpfen, Gürteln, Knöpfen oder gar Schleifen und Knoten). Aber sie haben meist noch kein entwickeltes Verständnis von Mechanik. So durchschauen selbst viele Sechsjährige noch nicht, dass sich eine Waage zur stärker beladenen Seite neigt und ausbalanciert ist, wenn sich auf beiden Seiten das gleiche Gewicht befindet.

In Bezug auf Chemie wissen wir noch so gut wie gar nicht, welche Schlüsselkonzepte sich bereits junge Kinder anzueignen vermögen. Erste Untersuchungen zeigen, dass der Großteil der Kinder verschiedene Aggregatzustände des Wassers – also Wasser, Wasserdampf, Kondenswasser und Eis – sicher unterscheiden kann. Viele von ihnen können Phänomene wie Tau oder Nebel damit in Verbindung bringen. Auch können die meisten die Saugfähigkeit von Materialien des Alltags (Schwamm, Styropor, Plastik) angemessen einschätzen.

Hinsichtlich der Biologie wissen wir sehr viel mehr. Bereits Einjährige können zwischen Lebewesen und Artefakten sowie zwischen Menschen und Tieren unterscheiden. Sie erwarten auch bereits, dass Lebewesen sich im Gegensatz zu Gegenständen von allein bewegen können. Vierjährige wissen dann meist, dass Lebewesen durch biologische Vorgänge wie Essen, Schlafen, Atmen und Wachsen gekennzeichnet sind. Etwas ältere Kinder haben meist schon erfasst, dass Menschen sowohl Geist- als auch Körper-Wesen sind. Sie kennen unterschiedliche Funktionen von Körper (zum Beispiel Blutkreislauf, Herzschlag, Atmung) und Geist (ärgerlich, glücklich, verträumt sein). Auch ist ihnen bekannt, dass es kaum beeinflussbare biologische Faktoren gibt (Geschlecht, Augenfarbe) und Faktoren, die geändert werden können (Gewicht, Muskeltonus). Sechsjährige können Kinder und Erwachsene nach ihrem biologischen Geschlecht unterteilen. Erst den Sechsjährigen ist aber klar, dass Unterschiede zwischen den Geschlechtern zwar biologisch bedingt, aber auch sozial bestimmt sind. Sie können zwischen biologischer und sozialer Elternschaft (Adoption) unterscheiden. Desgleichen differenzieren sie zwischen (biologisch bedingter) Elternschaft/Verwandtschaft und (sozial bedingter) Freundschaft. Was die Fortpflanzung betrifft, so wissen die meisten Sechsjährigen, woran man eine Schwangerschaft erkennen kann. Ein Teil von ihnen erkennt zudem, wenn ein Kind gestillt wird. Wie aber die Zeugung und

Geburt eines Kindes vonstatten gehen, ist den meisten unbekannt. In Bezug auf die Gesundheit (Krankheit, Gesundheitsvorsorge) von Menschen haben bereits Vierjährige erste Vorstellungen, an welchen Merkmalen man Gesundheit und Krankheit unterscheiden kann. Außerdem haben sie erste naive Theorien, wie Krankheiten durch unsichtbare Gegebenheiten hervorgerufen werden (zum Beispiel Bazillen, Ansteckung, Infektion, Vererbung). Erste Vorstellungen zur Gesundheitsvorsorge existieren ebenfalls (Hygienemaßnahmen, Bewegung, gesunde Ernährung). Der Tod wird von jüngeren Kindern als ein vorübergehender, also wieder umkehrbarer Zustand betrachtet. Die Fünf- und Sechsjährigen wissen dann oft schon, dass er endgültig ist. Manche Sechsjährige vermögen schon Verbindungen zwischen Alter, Krankheit, einem Unfall und dem Tod herzustellen.

Erste ökologische Vorstellungen sind ebenfalls vorhanden. Ältere Kinder haben Kenntnis davon, dass es ein Ozonloch sowie in Erde enthaltene und in Wasser gelöste Giftsubstanzen gibt und dass beide die Umwelt belasten. Allerdings haben selbst Fünf- bis Sechsjährige Probleme zu durchschauen, woher genau die Gefahr rührt, die von diesen Phänomenen ausgeht. Ihnen ist aber bekannt, dass Menschen versuchen, dieser Gefahr durch Maßnahmen des Umweltschutzes zu begegnen. So wissen sie über Müllvermeidung und Mülltrennung Bescheid. Allerdings durchschauen sie noch nicht, worin eigentlich Zweck und Nutzen dieser Maßnahmen liegen.

Vorliegende Beobachtungs- und Dokumentationstechniken helfen, die Entwicklung all dieser domänenspezifischen Schlüsselkonzepte für jedes Kind oder für Gruppen so »sichtbar zu machen«, dass gezielte Bildungsangebote gemacht werden können (vgl. zum Beispiel Fried 2007).

Junge Kinder können sich nur dann erfolgreich domänenspezifische Schlüsselkonzepte aneignen, wenn sie über dementsprechende Schlüssel(-aneignungs-)fertigkeiten verfügen. Diese enthüllen sich der aufmerksamen pädagogischen Fachkraft, wenn sie Kinder in dafür geeigneten Situationen beobachtet. Also zum Beispiel dann, wenn sich das Kind näher mit einem Natur- oder Technikphänomen auseinandersetzt, wenn es von einschlägigen Beobachtungen und Erfahrungen berichtet, oder wenn es an Gesprächen über Natur und Technik teilnimmt. Hierbei ist darauf zu achten, ob das Kind eine »forschende und erklärende« Grundhaltung zu erkennen gibt. Dabei kann man sich von folgenden Fragen leiten lassen: Untersucht es Dinge genau, um etwas herauszufinden? Probiert es Dinge aus? Versucht es Unerwartetes zu erklären? Identifiziert es Probleme, die erkundet und dadurch gelöst werden können? Sucht es Probleme hartnäckig zu lösen? Versucht es zu verstehen und zu erklären, was gerade vor seinen Augen abläuft? Fragt es nach, wenn es etwas nicht verstanden hat? Bittet es um Hilfe, wenn es »mit seinem Latein am Ende« ist? Macht es Pläne, Zeichnungen, Skizzen, wenn es etwas bauen oder konstruieren möchte? Verwendet es Hilfsmittel (Vergrößerungsglas, Maßband, Messbecher, Waage, Mikroskop)? Greift es nach Medien, die zusätzliche Informationen bieten (Sachbilderbücher, Bilder)? Fasst es Dinge gerne an? Untersucht es sie, um Details herauszufinden? Beobachtet es aufmerksam, was um es herum geschieht? Hört es bei Berichten genau zu? Stellt es häufig Fragen? Nutzt es sein Vorwissen, um neue, unbekannte Ereignisse sinnvoll zu deuten? Hört es aufmerksam zu, was andere von seinen Ideen halten oder was sie an eigenen Ideen vorbringen? Stellt es eigene Ideen oder die Ideen anderer in Frage? Bemüht es sich um genaue Beschreibung? Hat es Interesse an neuen Begriffen, mit denen es interessante Phänomene präziser beschreiben kann? Nutzt es sein Wissen, um Voraussagen zu treffen? Hat es Interesse an Experimenten? Sammelt es Objekte oder Pflanzen? Beschäftigt es sich mit Tieren? Prüft es seine Annahmen an der Wirklichkeit? Deutet es seine Beobachtungen? Sucht es nach Begründungen, wenn seine Ideen in Frage gestellt werden? Nutzt es verschiedene Möglichkeiten, Antworten auf Fragen zu finden, die es beschäftigen? Fallen ihm Muster oder Trends auf? Verknüpft es unterschiedliche relevante Einsichten, um eine vernünftige Erklärung oder Voraussage abzugeben? Entwickelt es seine Vorstellungen weiter? Zieht es Schlüsse, welche verschiedenen Einsichten zusammenfallen?

In den Fällen, in denen diese Aneignungsstrategien zu selten beobachtet werden, sollten die Kinder durch das eigene Modell und Vorbild und durch das Einbinden in Kindergruppen, die so vorgehen, oder durch individuelle Ermutigung immer wieder herausgefordert werden, es auch einmal auf diesem Wege zu versuchen.

Was sollte bei der naturwissenschaftlich-technischen Bildungsarbeit beachtet werden?

Wenn feststeht, wo Kinder bezogen auf Naturwissenschaft und Technik jeweils stehen, kann mit der Planung entsprechender Bildungsarbeit begonnen werden. Dabei helfen pädagogische Orientierungen, die eine Grundlage für konkrete Projekte abgeben können.

Pädagogische Orientierungen

Eine erste Orientierung bieten die unterschiedlichen Bildungspläne der Länder. Allerdings sind die Angaben, je nach Land, mehr oder minder hilfreich. In den meisten Plänen liegt der Schwerpunkt auf einer naturwissenschaftlichen Perspektive. Es ist von »Natur« und »Naturwissenschaft« die Rede. Trotz des Stellenwerts von Naturerfahrungen und Umweltbildung weisen nur wenige Pläne »Umwelt«, »Umweltbildung« oder »Umwelterziehung« aus. Viele Ziele, die in den Plänen genannt werden, helfen nur bedingt weiter, weil sie oft zu allgemein gehalten sind, mitunter sogar in gewissem Widerspruch zum wissenschaftlichen Erkenntnisstand stehen, wie zum Beispiel den »Zugang zu einer Vielfalt naturwissenschaftlicher Themen zu ermöglichen, damit Gesetzmäßigkeiten erfahren werden können«; oder die »Wechselwirkung zwischen Ökonomie, Ökologie und Sozialem erfassen«. Ähnliches gilt auch für die genannten Inhalte, wie beispielsweise »Ausbeutung der Rohstoffreserven«. Verglichen damit scheinen die Hinweise auf Situationen sowie Methoden und Materialien für die naturwissenschaftlich-technische Bildungsarbeit unproblematisch, sind aber ebenfalls sehr allgemein gehalten, wie zum Beispiel Alltagssituationen, Bau- und Konstruktionsspiele sowie Naturbegegnungen, Sammeln, Systematisieren, Beobachten, Experimentieren, Projekte, Erwachsene als Vorbild und Lupe, Spiegel, Sachbücher, Naturmaterialien, Mikroskop und Werkzeuge.

Weitergehende Orientierung versprechen Materialien zur Förderung naturwissenschaftlich-technischer Kompetenzen junger Kinder, die in jüngster Zeit zunehmend auf den Markt kommen. Deren Qualität ist sehr unterschiedlich. Nicht selten handelt es sich lediglich um ein »Sammelsurium« von Ideen und Möglichkeiten. Dabei bleibt unklar, ob die Vorschläge tatsächlich entwicklungsgemäß sind, also ob sie den wissenschaftlichen Erkenntnissen zur Entwicklung der naturwissenschaftlich-technischen Kompetenz entsprechen. Immerhin gibt es auch Ansätze, die auf wissenschaftlicher Basis entwickelt und in ein systematisches Konzept überführt wurden.

Für Lück (2008 und 2009) ist das ursprüngliche Interesse von Kindern an naturwissenschaftlichen Phänomenen Ausgangspunkt jeder naturwissenschaftlichen Bildung. Dieses Interesse will sie in eine beständige Lernmotivation und Lernfreude überführen. Sie will den intuitiven Bezug, das ursprüngliche Interesse der Kinder an Naturphänomenen aufgreifen und weiterentwickeln. Dazu legt sie ein entwicklungspsychologisch begründetes pädagogisches Konzept vor, in dessen Mittelpunkt das angeleitete Experimentieren in Kleingruppen steht. Sie macht Aussagen dazu, wie die Angebote sozial organisiert werden sollten, welche Experimente angemessen sind, was prinzipiell bei der Vorbereitung und Durchführung von Experimenten zu beachten ist und welche Materialien genutzt werden können. Darüber hinaus stellt die Autorin Überlegungen an, wie Eltern angeregt werden können, parallel dazu Experimente mit ihren Kindern zu Hause durchzuführen. Die Experimente sind praktisch erprobt, teilweise ist deren Wirkung sogar wissenschaftlich nachgewiesen worden. Von Seiten der Praxis ist dieser Ansatz zum Teil sehr begrüßt, zum Teil aber auch kritisiert worden, weil manche die Experimente als vom sonstigen Alltag losgelöste, mit »verschulten« Instruktionsstrategien arbeitende »Lehreinheiten« erachten. Diese Einwände verkennen, dass der Forschungsstand (vgl. zum Beispiel Fried 2008a) nahelegt, sich stärker als üblich professioneller Strategien zu bedienen, wenn wir die Kompetenzentwicklung junger Kinder unterstützen und herausfordern wollen.

Die von Fthenakis (2009a, 2009b) und Mitarbeitern im Rahmen des Projekts »Natur-Wissen schaffen« der Deutschen Telekom Stiftung entwickelten Handreichungen zur »Frühen naturwissenschaftlichen Bildung« und zur »Frühen technischen Bildung« sollen helfen, die Bildungspläne in den Bereichen »Naturwissenschaften« und »Technik« professionell umzusetzen. Die Autoren geben Hinweise und stellen Werkzeuge (zum Beispiel Portfolios) bereit, die pädagogischen Fachkräften helfen sollen, das naturwissenschaftlich-technische Potential in verschiedenen Aktivitäten und Alltagssituationen zu erkennen sowie einschlägige Bildungsaktivitäten zu planen, auszuführen und zu reflektieren. Dazu werden wesentliche Grundlagen vermittelt. So gehen die Autoren einerseits auf den Forschungsstand zur Entwicklung der naturwissenschaftlich-technischen Kompetenz junger Kinder ein. Andererseits geben sie didaktisch-methodische Hinweise, wie pädagogische Fachkräfte und Eltern (unter Berücksichtigung der Gleichaltrigen) die naturwissenschaftlich-technische Bildung von Kindern sowohl in alltagsintegrierten, als auch in stärker strukturierten Situationen im Verlauf professionell gestalteter Interaktionen unterstützen und herausfordern können. Der länderübergreifende Bezugsrahmen sieht dabei drei große Bereiche vor: Konzepte der »unbelebten Natur« (Wasser, Luft, Feuer, Erde...), Konzepte der »belebten Natur« (Pflanzen, Tiere, Pflege, Ökologie...) und »Methodische Kompetenzen« (Explorieren, Beobachten, Vergleichen, Experimentieren...). Eine Evaluation der Wirksamkeit dieses Ansatzes steht allerdings noch aus.

Naturwissenschaftlich-technische Projekte

Das naturwissenschaftlich-technische Lernen junger Kinder kann auf verschiedene Weisen angeregt werden. Projekte sind eine Möglichkeit. Themenstellungen gibt es zur Genüge: Wald, Wiesen- und Bachtage, Tiere versorgen, Pflanzen großziehen, ein Küken großziehen, Papierschiffe, Streuobst, Anlegen eines Gartenbeets, Bachpatenschaften, Kuchen backen, Abfalltrennung, Gartenumbau, Figuren aus Kastanien basteln, Vogelhäuschen bauen, Pudding kochen, Fruchtjoghurt herstellen, Plätzchen backen, Wetterbeobachtung, Drachen oder Papierflieger bauen und fliegen lassen, Wiegestation und ähnliches mehr. Ein Vorteil dieser Lernform ist, dass damit sowohl den Kindern mit geringer, als auch denen mit hochentwickelter naturwissenschaftlich-technischer Kompetenz entsprochen werden kann. Projekte setzen eine genaue Planung voraus. Das sollte aber kein starres Ablaufschema sein. Vielmehr geht es darum, die

Ziele klar zu formulieren und die dazu passenden Handlungsmöglichkeiten zu finden. Das setzt eine genaue Beobachtung der kindlichen Kompetenzentwicklung (Lernmotivation, Schlüsselkonzepte, Schlüsselfertigkeiten) voraus. Die Auswahl der Methoden und Materialien richtet sich daran aus. Darüber hinaus sollte Kindern und Eltern Raum gegeben werden, die Planung mitzubestimmen. Das kann auch Ideen beinhalten, wie das Projekt mit weiterführenden Angeboten für Hochbegabte verknüpft werden könnte (vgl. zum Beispiel Fischer, Mönks & Westphal 2008; Kinder-College 2007; Winner 2007). Im Verlauf des Projekts muss immer wieder anhand von Beobachtungen und Reflexionsgesprächen geprüft werden, ob die angestrebten Ziele erreicht werden und sich die erhofften Wirkungen einstellen. Dabei dürfen folgende Fragen nicht aus den Augen verloren werden: Wurde die Lernfreude der Kinder entfacht und wird sie aufrechterhalten? Ist die Interaktion zwischen pädagogischer Fachkraft und Kindern so beschaffen, dass die Interessen der Kinder im Vordergrund bleiben?

Bei einer so verstandenen Projektarbeit sind pädagogische Fachkräfte stark gefordert. Deshalb wird in jüngster Zeit zunehmend die Frage gestellt, ob diese Berufsgruppe darauf auch hinreichend vorbereitet worden ist. Sind ihnen die naturwissenschaftlich-technischen Konzepte, Begriffe und Gesetzmäßigkeiten hinreichend bekannt? Wissen sie, welche Materialien attraktiv und aktivitätsfördernd genug sind, um die Lernmotivation ›herauszukitzeln‹? Haben sie Ideen, wie Funktionsecken oder Funktionsräume für die naturwissenschaftlich-technische Bildung beschaffen sein sollten? Kennen sie Methoden und Instruktionsstrategien, mit denen an der Erfahrungswelt der Kinder angeschlossen und kognitive Konflikte ausgelöst werden können? Ist ihnen bekannt, wie man eine naturwissenschaftlich-technische Lernumgebung so strukturieren kann, dass sich eine sinnvolle Abfolge von Einzelaufgaben ergibt? Wissen sie, wie die kindliche Aneignung naturwissenschaftlich-technischer Kompetenz adaptiv unterstützt und kognitiv herausgefordert werden kann? Haben sie Ideen, wie Kinder untereinander oder Kinder und Eltern angeregt werden können, gemeinsam zu fragen, etwas gemeinsam zu erkunden und zu entdecken? Und sehen sie Möglichkeiten, die naturwissenschaftlich-technischen mit den anderen Bildungsangeboten zu vernetzen? Diesbezüglich dürfte es noch großen Qualifizierungs- und Beratungsbedarf geben. Dem versucht man bereits durch Fort- und Weiterbildungsangebote, aber auch durch Internetforen, Werkstätten, Labore, Wissenschaftszentren, Aktionsforschungsprojekte und ähnliches mehr zu entsprechen. Dabei entstehen nicht zuletzt Materialien, unter anderem zur Reflexionskompetenz, die zukünftig weiter genutzt werden können (zum Beispiel Zimmermann & Welzel 2008).

Literatur

European Commission (2007). Science education now: A renewed pedagogy for the future of Europe (EUR228453). Luxembourg: Office for Official Publications of the European Commission.

Fischer, C., Mönks, F. & Westphal, U. (Hrsg.) (2008). Individuelle Förderung: Begabungen entfalten – Persönlichkeit entwickeln: Allgemeine Forder- und Förderkonzepte. Bd 6. Berlin: LIT.

Fried, L. (2005). Wissen als wesentliche Konstituente der Lerndisposition junger Kinder. Theorie, Empirie und pädagogische Schlussfolgerungen. Expertise im Auftrag des Deutschen Jugendinstituts. München: DJI (http://dji.de/bibs/320_5488_Fried.pdf).

Fried, L. (2007). Die Entwicklung kindlichen Wissens sichtbar machen. In N. Neuß (Hrsg.), Bildung und Lerngeschichten im Kindergarten (S. 101-124). Weinheim: Beltz.

Fried, L. (2008a). Bildung und didaktische Kompetenz. In W. Thole, H.-G. Rossbach, M. Fölling-Albers & R. Tippelt (Hrsg.), Bildung und Kindheit. Pädagogik der Frühen Kindheit in Wissenschaft und Lehre (S. 141-151). Opladen: Barbara Budrich.

Fried, L. (Hrsg.) (2008b). Das wissbegierige Kind. Neue Perspektiven in der Früh- und Elementarpädagogik. Weinheim: Juventa.

Fthenakis, W. E. (Hrsg.) (2009a). Frühe naturwissenschaftliche Bildung. Troisdorf: Bildungverlag EINS (= NaturWissen schaffen, Bd. 3).

Fthenakis, W. E. (Hrsg.) (2009b). Frühe technische Bildung. Troisdorf: Bildungverlag EINS (= NaturWissen schaffen, Bd. 4).

Lück, G. (2008): Neue leichte Experimente für Eltern und Kinder. 4. Aufl. Freiburg: Herder.

Lück, G. (2008): Was blubbert da im Wasserglas? Kinder entdecken Naturphänomene. 3. Aufl. Freiburg: Herder.

Lück, G. (2009). Handbuch der naturwissenschaftlichen Bildung. Theorie und Praxis für die Arbeit in Kindertageseinrichtungen. Freiburg: Herder.

Kinder-College e. V. (Hrsg.) (2007). Hochbegabt. Umfassende außerschulische Förderung im Kinder-College. Neuwied: Eigenverlag.

OECD (2009a): Green at fifteen? How 15-year-olds perform in environmental science and geoscience in PISA 2006. Paris: OECD Publishing.

OECD (2009b): Top of the class. High performers in science in PISA 2006. Paris: OECD Publishing.

Winner, E. (2007). Kinder voll Leidenschaft. Hochbegabung verstehen. Berlin: LIT.

Zimmermann, M. & Welzel, M. (2008). Reflexionskompetenz – ein Schlüssel zur naturwissenschaftlichen Frühförderkompetenz. In Perspektiven zur pädagogischen Professionalisierung. Band 74: Elementarpädagogik (S. 29-36). Landau: VEP.

Wie zweckfreies Beobachten den Intellekt schult

Der Chemiker, »Primarforscher« und Schulreformer Dr. Salman Ansari im Gespräch

Herr Dr. Ansari, Sie haben ein Buch mit dem Titel »Schule des Staunens« geschrieben. Müssen Kinder das Staunen lernen?

Nein, das glaube ich nicht. Eher müssen die Erwachsenen, müssen die Erzieherinnen und Erzieher das Staunen lernen. Am besten, indem sie lernen, wie die Kinder zu sehen. Also zum Beispiel, ohne gleich nach einer richtigen Antwort zu suchen. Kinder haben die, wie ich es nenne, Gabe der reinen Anschauung, sie nehmen also ohne Vorbehalte und ohne theoretisch geprägtes Vorwissen die Erscheinungsmuster der Natur in sich auf, und häufig auch beiläufig zur Kenntnis. Diese Unbefangenheit, Ursprünglichkeit müssen sich die Lehrenden aneignen lernen. Das gelingt nur, wenn die Lehrenden sich zunächst von allen akademischen Kategorien befreien. Denn diese Kategorien verstellen leicht die Sicht auf die Denkmuster der Kinder und somit auch auf die Wege, die sie gehen und Wege, die sie nicht gehen können.

Warum ist die Beschäftigung mit Naturwissenschaften für Kinder im Elementar- und Primarbereich wichtig? Was außer Fakten können die Kinder hierbei erlernen?

Es geht ja immer um Anlässe, sich mit den Interessen und Sichtweisen der Kinder zu befassen. Und die Kinder brauchen Anlässe, um selbsttätig lernen zu können. Darum geht es in erster Linie, um das selbsttätige Lernen. Denn Selbstständigkeit ist das Kriterium für den Erwerb von Kompetenz und der Entfaltung von schöpferischer Fantasie. Gerade die Beschäftigung mit Naturwissenschaften könnte für die Kinder eine Herausforderung sein, neue Sichtweisen zu entwickeln. Nicht die Erwachsenen sollen ihnen etwas erklären, sondern ihnen dabei helfen, eigene Lösungsstrategien zu finden. Eigene Lösungsstrategien kann man jedoch nicht ohne Fehlermachen entwickeln. Denn Fehler signalisieren zugleich die Möglichkeit der Korrektur. Lernen ist eben nicht geradlinig.

In solch einer Lernatmosphäre mit naturwissenschaftlichen Konzepten können Kinder Antworten auf Fragen finden, die sie selber stellen. Es macht wenig Sinn, wenn Erwachsene Antworten auf Fragen geben, die die Kinder gar nicht gestellt haben. Stellt ein Kind eine Frage, dann lohnt es sich, mit der Gegenfrage – »Was meinst du, wie denkst du darüber?« – zu reagieren. In der Kombination mit dem typisch kindlichen, zweckfreien Beobachten entsteht eine ganz eigene Dynamik. Denn sie regt die individuelle Suche an, fördert Methodenkompetenz und setzt Fähigkeiten frei, die Kindern helfen, Hypothesen und Theorien zu bilden, gezielt nach Lösung eines Problems zu suchen oder über die Überprüfbarkeit einer Vermutung zu reflektieren.

Mittlerweile gibt es zahlreiche Literatur, die dazu anregen soll, mit Kindern gemeinsam naturwissenschaftlich zu experimentieren. Wie muss das Experimentieren gestaltet sein, damit die Kinder davon tatsächlich profitieren?

In meinem Konzept hat das Wort »Experiment« eine ganz andere Bedeutung als in der üblichen Art und Weise, wie Naturwissenschaften schulisch vermittelt werden. Bei mir bedeutet Experiment nicht die Reduktion und Manipulation der Natur, sondern lediglich ein möglicher Aspekt der Überprüfbarkeit einer Hypothese. Die Bildung einer Hypothese setzt jedoch eine forschende Beschäftigung mit einer Sache voraus. Am Anfang steht daher für mich das Staunen über Erscheinungen der Natur – und nicht gleich die experimentelle Beweisführung einer Fragestellung, die den Kindern angeboten wird, ohne dass sie danach gefragt hätten. Man sollte gemeinsam mit den Kindern, in einem intensiven Gespräch, Ideen und Vermutungen darüber entwickeln, wie ein Naturphänomen im Kontext ihrer Wahrnehmungsmöglichkeiten gedeutet werden könnte. Oft findet man im Rahmen dieses Prozesses eine Antwort. Befragt man die Natur, dann antwortet sie oft auch. So hat die Menschheit bedeutende Gesetzmäßigkeiten entschlüsselt. Im Rahmen dieses Lernprozesses könnte auch die Idee eines Experiments entstehen. Dann ist es auch sinnvoll, sich zu überlegen, ob es möglich wäre, einen makroskopischen Aspekt einer Erscheinung in mikroskopischen Zusammenhängen zu betrachten.

Welche Anforderungen stellt entdeckendes Lernen an die räumliche Gestaltung von Einrichtungen?

Ich glaube mehr und mehr, dass das Thema in letzter Zeit stark überbewertet wird. Mit einem guten Lehrer oder einer hervorragenden Erzieherin, die sich auf die Kinder authentisch einlässt, kann man auch in einem völlig schmucklosen, einfachen Raum zu guten Ergebnissen und zu einer faszinierenden, förderlichen Stimmung kommen. Aber konkret: Kinder würden, vermute ich, der freien Natur gegenüber einem geschlossenen Raum immer den Vorzug geben. Sie bewegen sich in der Natur auch ganz anders, werden wie von selbst zu Forschern und Entdeckern. Ich muss hier also die Erwartungen etwas dämpfen: Ich würde von einer bestimmten Gestaltung des Raumes, zumindest was mein spezielles Thema des Naturwissens angeht, nicht zu viel erwarten. Die wichtigste Wirkung eines Raumes auf die Kinder ist seine Größe. Je größer der Raum, umso mehr entspricht er dem Bewegungsdrang der Kinder. Wenn der Raum auch Schönheit und einladende Wärme vermitteln kann, umso besser.

Ihre Bildungsarbeit mit Kindern setzt an deren intuitiven Theorien und dem Vorwissen der Kinder zur Deutung von Phänomenen an. Warum?

Wo soll ich sonst ansetzen? Doch nicht etwa an physikalischen Theorien? Das ginge über die Köpfe der Kinder hinweg und wäre eher etwas für die Erwachsenen, zum Beispiel für die Eltern. Ich will aber den Kindern gegenüber auch ganz bewusst nicht auf »spektakuläre« Effekte setzen, sondern mit den Kindern auf einer Augenhöhe ins Gespräch kommen. Nur so lernen wir das Vorwissen der Kinder kennen. Die Kenntnis des Vorwissens der Kinder hilft uns, didaktische Vorgehensweisen zu entwickeln, die für die besten Effekte für das Selbst-Lernen der Kinder geeignet sind. Und es macht offen gestanden am meisten Spaß – obwohl es manchmal ein hohes Maß an Geduld, Konzentration und Selbstdisziplin erfordert. Man muss sich auf die Gedankengänge der Kinder einstellen können. Dann entdeckt man auch Wege zur Fortentwicklung ihrer Denkfähigkeiten.

Viele Eltern haben seit ihrer eigenen Schulzeit selber kein durchweg positives Verhältnis zu Physik und Chemie. Was können die Eltern von ihren Kindern lernen?

Kommen wir zum Ausgangspunkt unseres Gesprächs zurück: das Staunen, also das zweckfreie und – zunächst – urteilsfreie Schauen und Beobachten. Letztlich ist es das, was auch die ›großen‹ Naturwissenschaftler ausgezeichnet hat: sich den Phänomenen ohne viele Vorannahmen und ohne die alten Denkmuster nähern zu können. Oft haben die alten Denkmuster auch einige Naturwissenschaftler darin gehindert, eigene Entdeckungen richtig zu interpretieren. Dafür gibt es in der Geschichte der Naturwissenschaften zahlreiche Beispiele.

Jeden Monat könnten die Eltern eine bestimmte Pflanzenart, eine Tierart und einen ortstypischen Aspekt (See, Teich, Meer, Fluss, Wald etc.) zum Thema erklären, und beschließen, seine Besonderheiten gemeinsam mit ihren Kindern zu entdecken. Sie würden dann nicht nur selber viel Aufregendes erfahren, sondern auch ihre Kinder besser kennenlernen.

Bitte lächeln, Kleiner!
Aber das Baby … weint!

Kooperation und Netzwerke

Die Bedeutung von Netzwerken im Elementarbereich

Claudia Solzbacher · Simone Welzien

Was in der Schulpädagogik bereits unumstritten zu sein scheint, ist in der Kindertagesstätte bisher nur bedingt angekommen: Begabtenförderung funktioniert einfacher, wenn die einzelnen Institutionen miteinander oder mit anderen Partnern kooperieren oder sich vernetzen. In einem breiten Spektrum von Handlungsfeldern im Bereich Bildung wird vermehrt in vernetzten Strukturen gearbeitet. Wir wollen zeigen, wie und in welchen Bereichen der Kindertagesstätte Vernetzung einen Mehrwert bringt. Gegenwärtige oder zukünftige »Netzwerker« erfahren, wie »Netzwerken« zum Erfolg werden kann und welche Gelingensbedingungen, aber auch Hindernisse anzutreffen sind, um auf diese Weise unnötige Fehler zu vermeiden.

Kooperationen, (Bildungs-)Netzwerke, regionale Bildungslandschaften

Nähern wir uns der Metapher: Kennzeichen von Netzwerken sind unter anderem die mögliche Vielzahl der Akteure und deren abgestimmte Strategien zur Durchsetzung von Zielen. So allgemein verstanden, kann das Netzwerk seine Akteure entweder eher locker zusammenbinden oder ihnen auch vertraglich verfestigte und institutionalisierte Strukturen anbieten (vgl. Kohlmeyer 2001, 13).

Die Stärke von Netzwerken liegt auch darin, dass sie weniger formalisiert sind als die Institutionen, aus denen sie sich zusammensetzen. Das für die Strukturierung der eher informellen Beziehungen notwendige vernetzte Denken hat große Nähe zu ökologischen Beziehungsgeflechten und Kreativitätstechniken. Netzwerke erscheinen als ideale Antwort auf aktuell wichtige Fragen: Wie kann die enorme Komplexität gesellschaftlicher Verhältnisse durchschaubar gemacht werden? Wie lassen sich entsprechende Handlungen initiieren und ihre Wirkung evaluieren? Wie lässt sich Wissenstransfer ohne Kontrollverlust beschleunigen? Wie lassen sich Kosten senken? Und wie lassen sich Begabungspotentiale entfalten, die – letztendlich – auch den kommenden Generationen zugute kommen?

Kooperation ist der allgemeine Begriff für die Zusammenarbeit von mindestens zwei Partnern, wobei in der Regel jeder einen bestimmten Aufgabenbereich übernimmt. Kooperationen können bilateral oder multilateral sein, aber immer sind sie – unter der gemeinsamen Zielsetzung – arbeitsteilig organisiert (vgl. Kohlmeyer 2001, 13). Diese Kooperationsverbünde kommen meist ohne einen organisatorischen Kern, mithin ohne institutionalisierte Führungs- oder Moderationsleistungen aus.

In (Bildungs-)Netzwerken vernetzen sich Kitas mit Schulen oder Schulen mit anderen Schulen oder alle mit außerschulischen Partnern. Häufig entwickeln sie sich aus bilateralen Kooperationen. Bildungsnetzwerke bündeln Kompetenzen und Ressourcen, um gemeinsam Ziele zu erreichen, mit denen jeder Partner für sich allein überfordert wäre. Sie sind in der Regel verbindlicher organisiert und gesteuert als Kooperationen. Die Partner stellen ihre jeweilige Autonomie jedoch nicht in Frage. Es geht vielmehr darum, den Transfer von Kenntnissen und Kompetenzen zu ermöglichen und zu verbessern und – dies macht die Idee des Netzwerkens heute besonders aktuell – die Kosten zu senken, indem Synergien genutzt werden. Modellversuche – wie das Impulsschul-Projekt der Karg-Stiftung – tragen diesem Denkansatz Rechnung und versuchen, die am Bildungsprozess beteiligten Ebenen und Institutionen zu einem neuen Ganzen zu formen und sich der aktiven Gestaltung ihrer Belange (meist zeitlich begrenzt) zu widmen. Dabei kommt der Ebene der persönlichen Beziehungen eine große Bedeutung zu, will man Netzwerke tragfähig und nachhaltig gestalten.

Netzwerke verstärken eine positive Beziehungskultur

Besonders für Kinder aus bildungsfernen oder sozial benachteiligten Familien ist es unerlässlich, dass viele regionale Partner ein (soziales) Netz bilden, das diese Kinder trägt und ihnen ermöglicht, die Kompetenzen zu erwerben, die sie in ihren Familien nicht erlernen können. Nicht zufällig hat das auch mit Vertrauen zwischen den Generationen zu tun – also damit, ihre je spezifischen Möglichkeiten und Erfahrungen enger miteinander zu verzahnen und zu nutzen. Damit wären Bildungsnetzwerke ein Baustein auf dem Weg zu der seit Jahrzehnten von verschiedenen Seiten geforderten »Verantwortungsgesellschaft« (vgl. Etzioni 1997). Für die Erziehung und Bildung eines Kindes bedürfe es eines ganzen Dorfes, sagt eine oft zitierte Volksweisheit – und das kann heute nichts anderes bedeuten, als dass sich die unterschiedlichen Akteure einer Region für die nächste Generation und die Qualität der Kindertagesstätten und Schulen verantwortlich fühlen.

Gleichzeitig könnte das aber auch zu einer stärkeren Vernetzung der Gesellschaft an sich und nicht nur der professionellen Akteure in der Bildungslandschaft führen. Bildungsferne Familien sind seltener in solche sozialen Netzwerke eingebunden, die die Bildungsbiografien von Kindern positiv beeinflussen können. Es fehlen nicht selten familiäre Unterstützungssysteme, nachbarschaftliche, kollegiale und vor allem freundschaftliche Kontakte, die Kindern Einblicke in eine von positiven Bildungserlebnissen geprägte Lebenswelt ermöglichen.

Um hier ressourcenorientiert anzusetzen, bedarf es einer Öffnung der Kindertagesstätten und Schulen in den Sozialraum hinein und eines niedrigschwelligen Zugangs zu Bildungsangeboten für Familien. Des Weiteren sollen die Familien in den Einrichtungen Strukturen vorfinden, die es ihnen ermöglichen, sich sozial und »schichtenübergreifend« zu vernetzen – sowohl mit anderen Familien als auch mit den Akteuren in den Einrichtungen selbst. Vorausgesetzt sei dabei die Professionalität von PädagogInnen, die eine Balance zwischen Nähe und Distanz wahren, dabei jedoch authentische Beziehungen in den Mittelpunkt ihres pädagogischen Handelns stellen.

Für die Kindertagesstätte bedeutet das ganz konkret: In der Eingewöhnungsphase muss neben dem Aufbau der Beziehung zum Kind der Aufbau authentischer Beziehungen zu den einzelnen

Familienmitgliedern gleichwertig bedacht werden. Begegnungsräume und Zeiten für Begegnung gehören dann ebenso zum Arbeitsalltag in der Kindertagesstätte wie eine regelmäßige Reflexion der professionellen AkteurInnen, die hinterfragt, ob und welche zusätzlichen Kompetenzen benötigt werden, um den Bedürfnissen der Familienmitglieder gerecht werden zu können. Gerade an dieser Stelle muss auch der Übergang in die Schule mitgedacht werden: Wie lassen sich die »guten Beziehungen« der Mitarbeiter und Mitarbeiterinnen in der Kindertagesstätte zur Familie nutzen, um eine vertrauensvolle Beziehung auch in der Schulzeit des Kindes aufzubauen?

Soziale Vernetzung fördern

Die soziale Vernetzung von Familien kann durch ganz unterschiedliche Maßnahmen und Impulse gefördert werden: Offene Begegnungsgruppen ermöglichen zum Beispiel Familien mit kleinen Kindern einen frühen Zugang zur Einrichtung, das Bereitstellen von Räumlichkeiten für Feiern kann zu einer Entlastung bei beengten Wohnverhältnissen führen, gemeinsame Wochenendausflüge, beispielsweise in Museen, könnten Bildungsimpulse für Eltern und Kinder setzen, eine Vermittlung gegenseitiger Betreuungsmöglichkeiten zu einer Entlastung im Alltag führen.

Auch hier wird deutlich: Vernetzung und Kooperation können und müssen in der kleinsten Einheit, der Familie, gelebt werden. Von hier aus können sie sich in der Vernetzung der Mitarbeiterinnen innerhalb der Einrichtung fortsetzen – und damit letztendlich in der Übertragung des Vernetzungsgedanken auf andere Einrichtungen in der Bildungslandschaft münden. Denn Netzwerke werden stets von Menschen geknüpft: Ihre Kooperationsbereitschaft, ihre persönlichen (Netzwerk-)Kontakte und ihre positiven Erfahrungen mit vernetzten Strukturen, die langfristig auch eine Entlastung im Arbeitsalltag spürbar werden lassen, bilden den Kern eines sich stetig wandelnden gemeinsamen Entwicklungsprozesses mit anderen Akteuren und Akteurinnen.

Auf diesen Entwicklungsprozess müssen sich in regionalen Bildungslandschaften alle Beteiligten von Beginn an einlassen. Hier hat Vernetzung eine klare regionale Zielsetzung und ist ebenso und in gleicher Weise auf alle Schulen und außerschulischen Bildungseinrichtungen ausgerichtet, mit denen Kinder und Jugendliche im Verlauf ihrer Bildungsbiografie (vor Ort) in Berührung kommen können.

Ein solcher Prozess muss schon aus Gründen der Größenordnung systematisch gesteuert werden und braucht einen organisatorischen Kern, wo Moderations- und Koordinierungsaufgaben wahrgenommen werden. Bei der Entwicklung von Bildungs- und Erziehungsvorhaben können Netzwerke quasi als »Unter-Auftragnehmer« für einzelne Bereiche aufgebaut werden. Neben der Einführung von Qualitätsmanagement sowohl für die Region als auch für die einzelnen Einrichtungen gehören die Aufstellung eines regionalen Bildungsprogramms, die Abstimmung der Budgets, der Einsatz von Personal sowie die Fortbildung zu den Arbeitsfeldern einer Bildungslandschaft (vgl. Brockmeyer 2004, 59).

Dabei kommt der gemeinsamen Erarbeitung eines pädagogischen Leitbildes eine zentrale Rolle zu. Im Falle einer Vernetzung mit dem thematischen Schwerpunkt der Förderung besonders begabter Kinder bedeutet das, Antworten auf folgende Fragen zu suchen: Wie gestaltet sich die Definition des Handlungsfeldes der Hochbegabtenförderung? Welche Kinder werden als hochbegabt angesehen? Welche Faktoren nehmen Einfluss darauf, wie Begabungen sich entwickeln? Und wie ist es von Seiten der Pädagogik möglich, diesen Prozess positiv zu unterstützen?

Erst wenn ein gemeinsames Denken das Handeln der Akteure bestimmt, entwickeln sich nachhaltige Kooperationen und damit Netzwerke, die hochbegabten Kindern den Übergang zwischen den verschiedenen Einrichtungen erleichtern. Die aktive Gestaltung von Transitionsprozessen wird dabei zu einer der wichtigsten Aufgaben von Kooperationsverbünden und Netzwerken, an denen Kitas beteiligt sind.

Das bedeutet aber auch, Eltern von der Verantwortung für die Gestaltung der Bildungsbiografie ihres Kindes nicht zu entbinden. Denn nach wie vor sind sie es, die entscheiden müssen, welche Einrichtung ihr Kind besucht, ob eine vorzeitige Einschulung sinnvoll ist und welche familienergänzenden Förderangebote außerhalb der Kindertagesstätte in Anspruch genommen werden sollen. Mit einer klaren Rollentrennung zwischen Elternhaus, Kindertagesstätte und externer Förderung kann sich so eine Netzwerkstruktur entwickeln, die wertschätzend und stärkenorientiert Maßstäbe setzt.

Neues Wissensmanagement erforderlich

Selbstverständlich: Ein solches Management von Kooperationen und Netzwerken ist für die Kitas und ihre Leitungen noch weitgehend Neuland und bedarf deshalb der Unterstützung. Fest steht aber auch, dass es bereits Kitas gibt, die sich dieses Wissen angeeignet haben.

Dennoch gibt es zweifellos Herausforderungen, die es anzugehen gilt. Dazu gehören:

- der Erwerb von Steuerungswissen,
- das Konzeptionieren eines bedarfsgerechten Fortbildungs- und Beratungskonzeptes,
- die Berücksichtigung der Aufgabe des Netzwerkens in Arbeitsplatzbeschreibungen,
- das Einsetzen von Steuergruppen, die regelmäßige gemeinsame Dienstbesprechungen und monatliche Treffen zur Planung von Netzwerkaktivitäten nutzen, um über gegenseitige Hospitation und ähnliches Standards zur Qualitätssicherung und zur systematischen Dokumentation zu vereinbaren,
- eine regelmäßige Rechenschaftslegung,
- die Gestaltung von Netzwerken zwischen Menschen mit heterogenen Ansprüchen und Handlungslogiken in Kita, Schule und Betrieb, in Landes- und Kommunalpolitik, Vereinen, Stiftungen und außerschulischen Bildungsinstitutionen.

Es ist offensichtlich, dass eine solche Neuorientierung ein für den Bildungsbereich eher ungewohntes Wissensmanagement erfordert (vgl. von Recum 2003). Was traditionell über Hierarchien und festliegende Zuständigkeiten geregelt wurde, bedarf in Netzwerken der gemeinsamen Klärung.

Zunächst stellt sich die Frage: Wer hat eigentlich den Auftrag zur Netzwerkbildung erteilt? Denn nur dann können auch Ansprüche gestellt werden, zum Beispiel auf die dafür notwendigen zusätzlichen Ressourcen. Ebenfalls an übergeordneter Stelle, durch den Träger, sollte geklärt werden: Welche Ziele verfolgt das Netzwerk? Gibt es sich überschneidende Ziele der einzelnen Netzwerkpartner? Konnten sich alle Beteiligten darauf gemeinsam verständigen und sind sie realistisch für die Phase der Umsetzung? Aus der Zielsetzung heraus leitet sich dann die Strategie ab, die das Netzwerk verfolgt: Wie gehen die Beteiligten vor, um ihr Ziel zu erreichen? Welche Arten und Strategien der internen und externen Kommunikation sind notwendig, damit die Strategie in der Öffentlichkeit auch wahrgenommen werden kann?

Das wichtigste Argument für das Arbeiten in Netzwerken ist die daraus folgende Entlastung im Arbeitsalltag, die sich nach einer Anlaufphase einstellen sollte. Nur wenn Netzwerkaktivitäten dazu führen, dass durch eine Bündelung von Aufgaben zu einem späteren Zeitpunkt Ressourcen frei werden, mindestens aber nicht abgezogen werden, sondern ein Mehrwert entsteht, bleiben sie dauerhaft tragfähig. In die Praxis übersetzt bedeutet ein gut funktionierendes Netzwerk zwischen verschiedenen Bildungseinrichtungen: Die Fachkräfte teilen ein pädagogisches Verständnis der Förderung hochbegabter Kinder, können Übergänge für alle Beteiligten effizienter und angenehmer gestalten und in Konfliktsituationen schneller reagieren.

Nicht alle Netzwerkkontakte müssen von Seiten der Leitung erfolgen. KollegInnen mit gut funktionierenden Kontakten können sich in ihren jeweiligen Themenfeldern ebenso einbringen – vorausgesetzt, sie verfügen über einen gewissen Handlungsspielraum, informieren in entsprechenden Gremien das Team und geraten nicht in einen persönlichen Rollenkonflikt. Sollte zum Beispiel die Ehefrau eines Politikers gleichzeitig Mitarbeiterin einer Kindertagesstätte sein, muss eine klare Rollentrennung erfolgen, um nicht den Beigeschmack von »Vetternwirtschaft« zu erzeugen. Transparenz gilt außerhalb wie auch innerhalb eines Netzwerkes als unabdingbares Kriterium für Qualität und klärt die Fragen: Wer profitiert vom »Netzwerk-Wissen«, welche Informationen aus den Einrichtungen dürfen preisgegeben werden und welche nicht, wer stellt wem – gegebenenfalls im Austausch – Wissen zur Verfügung?

Die vielfachen Erfahrungen in Netzwerken zeigen, dass für das Gelingen bestimmter Bildungsvorhaben gerade der Austausch personengebundenen Wissens in räumlicher Nähe sehr wichtig ist (vgl. dazu Solzbacher & Minderop 2005). Dazu müssen die Akteure Methoden der Kooperation, Kommunikation und Verhandlung kompetent anwenden können und zugleich die Partner und die Rahmenbedingungen der Kooperation in den unterschiedlichen Phasen des »Netzwerkens« kennen. Es scheint auf der Hand zu liegen, dass Bildungsnetzwerke nur mit einer begrenzten Zahl von Mitgliedern und auch nur für einen bestimmten Zeitraum funktionieren können, solange nämlich, bis die Aufgaben erfüllt und die Interessen befriedigt sind (vgl. Weyer 2000, 11f.).

Vorteile von Netzwerken für die Begabtenförderung nutzen

Gerade die Begabtenförderung trifft bis heute nicht selten auf Vorurteile, die zum einen die ohnehin schon starke Belastung der PädagogInnen zur Ursache haben (»Das schaffen wir nicht auch noch«), zum anderen nicht selten auf Angst oder Vorurteile gegenüber intelligenten Kindern zurückzuführen sind (»Wenn die wirklich so intelligent sind, dann schaffen die das schon alleine«). Hier gilt es aufzuklären und für die Begabtenförderung zu werben. Gleichzeitig kommt es aber auch darauf an, Eltern in Koordinations- und Steuerungsprozesse mit einzubeziehen, weil Pädagogen bei der Diagnose und der Förderung von Begabungen auf sie als Berater und Unterstützer angewiesen sind.

Auch die »Stab- oder Aktenübergabe« von Abgeber-Kita zu Abnehmer-Schule unterliegt bei uns zahlreichen Vorurteilen, im Gegensatz zu einigen PISA-Sieger-Ländern, wo dies gang und gäbe ist. Die Deutsche Gesellschaft für das hochbegabte Kind e.V. betont ebenfalls die Notwendigkeit eines funktionierenden Elterndialogs aus diesen Gründen. Wenn Eltern in die Netzwerkbildung mit einbezogen werden, werden auch ihre Belange in Bezug auf die Begabtenförderung eher berücksichtigt, und die Kita erhält wichtige Informationen über die Entwicklung und die

besonderen Interessensgebiete der Kinder und die betroffenen Eltern erkennen die Notwendigkeit und den Nutzen eines regen Austausches zwischen den Institutionen für ihr Kind und stimmen dann auch bereitwilliger einem Informationsaustausch zu.

Es gibt bereits Ansätze für lokale und regionale Netzwerke in der Hochbegabtenförderung (zum Beispiel in Niedersachsen die Kooperationsverbünde zwischen Kindertagesstätten, Grund- und weiterführenden Schulen, die zwar landesweit eingerichtet wurden, aber regional organisiert sind).

Gründe für deren Vernetzung ergaben und ergeben sich in bereits existierenden Netzwerken vor allem aus der starken Heterogenität der Gruppen. Durch eine Vernetzung mit anderen Einrichtungen ist es etwa möglich, die Lernumgebung kreativitätsfördernder zu gestalten und damit den Interessen der Kinder eher gerecht zu werden. So hat sich die Einbindung außerschulischer Lernorte, wie Kultureinrichtungen oder so genannter Sommerakademien, oft als Bereicherung erwiesen. Neben der Förderung der Selbst- und Lernkompetenz tragen diese Angebote auch und nicht zuletzt zur Persönlichkeitsbildung insgesamt bei. Dabei sollte jedoch immer bedacht werden, dass auch hochbegabte Kinder niemals eine homogene Gruppe darstellen und ebenso einen Anspruch auf individuelle Förderung haben.

Es zeigt sich, dass Kitas, die Kooperationen pflegen oder gar Netzwerken angehören, einen weiteren, entscheidenden und systematischen Vorteil haben: Sie können über flüchtige Augenblicke hinaus einen beständigen und verlässlichen Dialog über gemeinsame Ziele und Wege der Begabungsförderung nutzen und von Erfahrungen »auf gleicher Augenhöhe« profitieren – im Rückkopplungsprozess von Kita zu Schule (und von Kita zu außerschulischen Partnern) und nicht nur über zufällige Außenbeziehungen oder hierarchische Entscheidungspyramiden (vgl. Solzbacher & Minderop 2005). Die im Netzwerk gewonnenen Erkenntnisse können der Erarbeitung und Fortschreibung eines Gesamtkonzeptes einer Region auf der Grundlage der institutionseigenen Förderkonzepte, der Erarbeitung von Kriterien und Merkmalen für die Bildungsbiografie und der Festlegung von Evaluationskriterien dienen.

Des weiteren können sie gemeinsam mit anderen Einrichtungen an der Entwicklung geeigneter Diagnoseinstrumente oder individueller ressourcenorientierter Förderinstrumente und Förderkonzepte wie Akzelerations- oder Enrichmentmaßnahmen arbeiten, sich im Bereich der (Eltern)Beratung gegenseitig unterstützen und gemeinsam am Prozess der Qualitätsentwicklung arbeiten.

Denn die Entwicklung eines auf die eigene Klientel angepassten Netzwerkes ermöglicht es, Erfahrungen zu vergleichen, voneinander zu lernen sowie eine veränderte Sicht auf die beteiligten Institutionen und ihr Verhältnis zueinander zu entwickeln.

Von vielen Seiten, national und international, wird der Paradigmenwechsel zugunsten von Deregulierung und regionalen Initiativen gefordert (vgl. Vereinigung der Bayerischen Wirtschaft 2005). So hat auch die Organisation für wirtschaftliche Zusammenarbeit und Entwicklung (OECD) unter dem Stichwort »Community based education renewal« im Jahre 2001 einen Vorstoß in Richtung »Networking« unternommen (vgl. OECD 2001). Vernetzung hat sich in vielen Versuchen als Innovationsfaktor erwiesen, wie die aktuelle europäische Bildungsdiskussion bestätigt (vgl. Fürst 2004 und Döbert 2002).

Fest steht: Auf der Suche nach neuen – auch weniger kostenintensiven – Entwicklungsmodellen haben auch Bildungsverwaltungen den Netzwerkgedanken entdeckt. Dabei geht es nicht zuletzt darum, wie die Eigeninitiative engagierter ErzieherInnen und Lehrkräfte für die Verbesserung der Bildungs- und Erziehungsarbeit in allen Institutionen genutzt werden kann.

Doch auch die Politik trägt hier Verantwortung: Netzwerke und Kooperationen innerhalb und außerhalb der Kita können nur entstehen, wenn die Rahmenbedingungen stimmen, wenn Zeitressourcen den neuen Aufgaben angepasst und entsprechende Qualifizierungsmaßnahmen ermöglicht werden.

Die UNESCO formuliert im sogenannten Delors-Bericht ihr Verständnis von Bildung im 21. Jahrhundert wie folgt: »Bildung ist der Kern der Persönlichkeitsentwicklung und der Gemeinschaft. Ihre Aufgabe ist es, jeden von uns, ohne Ausnahme, in die Lage zu versetzen, all unsere Talente voll zu entwickeln und unser kreatives Potenzial, einschließlich der Verantwortung für unser eigenes Leben und der Erreichung unserer persönlichen Ziele, auszuschöpfen...«

Bildung entscheidet über Teilhabe oder Ausschluss aus der Gesellschaft – über sozialen Zusammenhalt und Wettbewerbsfähigkeit. So gesehen brauchen wir ein vernetztes Bildungssystem, das allen eine Chance gibt, Begabungen zu entdecken und zu entfalten – und das unabhängig von Herkunft, vom Geldbeutel der Eltern, dem Alter oder dem Geschlecht.

Literatur

Brockmeyer, R. (2004). Regionalität als Entwicklungsprinzip. Von Einzelinitiativen über eine systematische Kooperation zur Gestaltung neuer Arbeitsstrukturen im Bildungswesen. In Projektleitung »Selbständige Schule« (Hrsg.), Regionale Bildungslandschaften. Grundlagen einer staatlich-kommunalen Verantwortungsgemeinschaft (S. 56-61). Troisdorf: Bildungsverlag EINS.

Etzioni, A. (1997). Die Verantwortungsgesellschaft. Individualismus und Moral in der heutigen Demokratie. Frankfurt/Main, New York: Campus.

Kohlmeyer, K. (2001). Netzwerke in der Jugendberufshilfe. Gestaltungsmöglichkeiten lokaler Kooperation. Göttingen: ibbw.

Lohre, W. & Kober, U. (2004). Gemeinsame Verantwortung für die Bildungschancen von Kindern und Jugendlichen. Die Bedeutung regionaler Bildungslandschaften im Projekt »Selbständige Schule«. In Projektleitung »Selbständige Schule« (Hrsg.), Regionale Bildungslandschaften. Grundlagen einer staatlich-kommunalen Verantwortungsgemeinschaft (S. 22-34). Troisdorf: Bildungsverlag EINS.

OECD Center for Education Research and Innovation. New School Management. Paris 2001.

Solzbacher, C. & Minderop, D. (Hrsg.) (2005). Bildungsnetzwerke und Regionale Bildungslandschaften. Ziele und Konzepte, Aufgaben und Prozesse. München: LinkLuchterhand.

Vereinigung der Bayerischen Wirtschaft (Hrsg.) (2005). Bildung neu denken. Das juristische Konzept. Wiesbaden: VS.

Von Recum, H. (2003). Aspekte bildungspolitischer Steuerung. In H. Döbert, B. Von Kopp, R. Martini & M. Weiß (Hrsg.), Bildung vor neuen Herausforderungen (S. 102-110). Neuwied: Luchterhand.

Weyer, J. (2000). Soziale Netzwerke. München: Oldenbourg.

Interessierte und neugierige Kinder sind ein Phänomen

Silke Forstmeier, Erzieherin und Begabtenpädagogin, im Gespräch

Frau Forstmeier, was hat Sie ursprünglich motiviert, in Ihrer Einrichtung verstärkt der Frage nachzugehen, wie Sie den Lernbedürfnissen entwicklungsschneller und besonders begabter Kinder entsprechen können?

Durch einen Impuls von außen, nämlich vom Initiator unseres Projektes, und die damit verbundene Beschäftigung mit dem Phänomen Hochbegabung in unserem Team, wurden Erinnerungen an Phänomene geweckt, die erkennen ließen, dass wir solche Kinder schon in unserem Kindergarten hatten. Fortan versuchten wir, durch genaues Wahrnehmen immer wieder besondere Potentiale zu entdecken. Die Freude, besonderen Bedürfnissen hochbegabter Kinder gerecht werden zu können, und das Auffangen von bereits in anderen Kitas gescheiterten Kindern boten dann die hauptsächlichen Motive.

Sie haben nun bereits einige Jahre Erfahrungen im Feld der Hochbegabtenförderung gesammelt. Welche besonderen Kompetenzen sind auf Seiten der Erzieherin notwendig, um hochbegabte Kinder in der Kindertagesstätte entdecken und fördern zu können?

In erster Linie ist dies eine sensible, bejahende Grundhaltung gegenüber jedem einzelnen Kind. Auch eine Bereitschaft, die eigene Haltung und die eigenen Handlungen stets zu reflektieren, ebenso das eigene Rollenverständnis. Eine genaue, differenzierte Beobachtungsfähigkeit, die den Blick »hinter die Kulissen« ermöglicht, um Kompetenzen und Themen der Kinder wahrzunehmen und deren Lernen zu begleiten, zum Beispiel durch Projektarbeit, anregende Gestaltung des Lernumfeldes und anderes mehr. Ganz besonders wichtig ist der Erwerb von Fachwissen zum Thema Hochbegabung, das Wissen um Merkmale, Auffälligkeiten und Besonderheiten eines begabten oder hochbegabten Kindes, etwa durch die Weiterbildung zur Begabtenpädagogin.

Sie selbst arbeiten in einer Einrichtung mit kirchlichem Träger. Wie positionieren Sie sich zu der Haltung, dass die oft begrenzten personellen und materiellen Ressourcen einer Kita besser für die Förderung benachteiligter und entwicklungsverzögerter Kinder genutzt werden sollten?

Die Förderung hochbegabter Kinder ist ja einer der Schwerpunkte der pädagogischen Arbeit in unserer Kindertagesstätte. Im Rahmen einer inklusiven Pädagogik kommt die Orientierung hin zu mehr Individualisierung und Differenzierung allen unseren Kindern zugute.

Sie betreuen und fördern »normalbegabte« und besonders begabte Kinder in Ihrer Kita. Kommen hochbegabte Kinder und normal begabte Kinder gut miteinander aus?

Kinder, die täglich ein wertschätzendes, respektvolles und liebevolles Miteinander im (Kita) Alltag erleben, verinnerlichen dieses Verhalten. Wir benennen sowohl die Stärken unserer hochbegabten, als auch die Stärken unserer normalbegabten Kinder. Auch Kinder mit Entwicklungsverzögerung haben ihre Stärken. Auf dieser Grundlage erlebe ich ein sehr positives, ergänzendes und sich gegenseitig bereicherndes Miteinander zwischen hochbegabten und normalbegabten Kindern in unserer Einrichtung. Besonders im Bereich der Projektarbeit ist dieses gegenseitige Ergänzen interessant zu beobachten. Kinder, die Impulse und Ideen einbringen, und Kinder, die praktische Umsetzung ermöglichen, arbeiten Hand in Hand.

Gab es Vorbehalte der Elternschaft, als Sie Ihren konzeptionellen Schwerpunkt auf die Förderung entwicklungsschneller und besonders begabter Kinder gesetzt hatten? Wie haben Sie es geschafft, die Eltern ins Boot zu holen?

Wichtig ist vorab, dass wir wie gesagt einen unserer konzeptionellen Schwerpunkte auf die Förderung entwicklungsschneller und besonders begabter Kinder gesetzt haben. Trotzdem gab es Vorbehalte und Befürchtungen wie eine angeblich elitäre Förderung, Überforderung der Kinder oder Einteilung der Kinder in Intelligenzkategorien.

Wir haben die Eltern zu einem sehr frühen Zeitpunkt ins Boot geholt. Allerdings haben wir uns vorher sehr intensiv und differenziert mit der Thematik Begabtenförderung auseinandergesetzt, unsere (Team)Haltung analysiert und erste konzeptionelle Ansätze entwickelt. Dazu holten wir Meinungen und Ansichten der Eltern ein, bezogen sie fortan in alle Entwicklungsstufen der Eingliederung und Umsetzung dieses neuen Förderschwerpunktes mit ein und informierten transparent. Von Vorteil war, dass wir durch unsere bisherige praktische Arbeit das grundsätzliche Vertrauen der Elternschaft besaßen. Und außerdem habe ich den Eindruck, dass die Öffentlichkeit für dieses Thema erheblich aufgeschlossener ist als noch vor einigen Jahren.

Was war für Sie persönlich die bislang wichtigste Erfahrung im Zusammenhang mit Ihrem Engagement für hochbegabte Kinder?

Meine wichtigste Erfahrung war immer wieder die absolute Freude an der positiven Entwicklung von in anderen Kitas als verhaltensauffällig eingestuften Kindern. Von Kindern, die Gefahr liefen, durch ihre Hochbegabung zu Außenseitern zu werden. Dazu kam die Beobachtung, dass dieses Problem sich in unserer Kita oft von alleine löste, da sich hier »peergroups« bilden konnten und auf die besonderen Bedürfnisse dieser Kinder eingegangen werden konnte. Dann die besondere Bereicherung durch diese Kinder. Das spannende Geschehen, sich mit diesen interessierten und neugierigen Kindern auf die Suche nach Lösungen und Antworten zu begeben und dieses immer wieder in Frage stellende Philosophieren über Gott und die Welt. Einfach phänomenal!

Bitte lächeln, Kleiner!

Im Dialog mit Eltern

Christine Koop · Simone Welzien

Kindertagesstätten sind häufig über einen Zeitraum von drei und mehr Jahren ein bedeutsamer Ort für Kinder und ihre Eltern. Erzieherinnen sind in dieser Zeit für beide, für Kinder und Eltern, wichtige Bezugspersonen. Der Aufbau einer guten Beziehung zwischen Erzieherin und Kind ist die unbestrittene Basis dafür, dass das Kind die Anregungen und Herausforderungen, die es für seine kognitive, soziale und emotionale Entwicklung in der Einrichtung findet, nutzen kann. Doch ebenso wichtig ist es, dass es Eltern und Fachkräften gelingt, untereinander eine vertrauensvolle Beziehung aufzubauen, die von Akzeptanz und Wertschätzung geprägt ist. Dem Kind kann auf diese Weise vermittelt werden, dass Eltern und Erzieherinnen sich gemeinsam um sein Wohlergehen bemühen, und es wird sich auf beiden Seiten emotional geborgen fühlen.

Das sind aber nicht die einzigen Gründe, die dafür sprechen, dass Eltern und Fachkräfte sich um eine vertrauensvolle Beziehung zueinander bemühen sollten: Die Kindertagesstätte ist seit Jahren nicht mehr nur ein Ort, an dem Eltern ihre Kinder aufgrund einer Nichtvereinbarkeit von Beruf und Familie ersatzweise betreut sehen wollen. Kindertagesstätten zu Beginn des 21. Jahrhunderts sind Sozialräume geworden, in denen Kindern elementare Bildungserlebnisse ermöglicht werden, in denen sich Familien begegnen und austauschen können, in denen Eltern Rat bei erzieherischen Fragen erbitten, in denen sich die kulturelle Vielfalt unserer Gesellschaft widerspiegelt, in denen Familien mit unterschiedlichsten Problemlagen Unterstützungsangebote suchen und in denen Kinder individuell gefördert werden. Und für alle diese Aufgaben und Anforderungen ist die Art und Weise der Kommunikationsgestaltung zwischen Eltern und Erzieherinnen der Schlüssel für eine gelingende Kooperation.

Abseits der alltäglichen praktischen Notwendigkeiten sehen sich die Kindertagesstätten auch von bildungspolitischer Seite in den vergangenen Jahren mit dem Anspruch konfrontiert, sogenannte »Erziehungspartnerschaften« mit Eltern einzugehen: »Hier öffnen sich beide Seiten füreinander, tauschen ihre Erziehungsvorstellungen aus und kooperieren zum Wohle der Kinder« (Hessisches Sozialministerium & Hessisches Kultusministerium 2007, 108). Das Wort Partnerschaft suggeriert dabei, dass sich die Fachkräfte um eine möglichst harmonische Beziehung zu den Eltern bemühen sollen. Diller und Schelle (2009) weisen zu Recht darauf hin, dass jedoch möglicherweise vorhandene Unterschiede in Werthaltungen, erzieherischen Zielen und der jeweiligen Interpretation des Auftrages der (respektive Erwartungen an die) Kindertagesstätte einige Spannungsfelder für die Beziehungsgestaltung zwischen Eltern und Erzieherinnen in sich bergen.

Und so ist sicherlich jeder Erzieherin die Situation vertraut, in der es trotz bester Absichten zu scheinbar unüberwindbaren Konflikten mit Eltern kommt. Erzieherinnen fühlen sich dann – aus ihrer Sicht – in ihrer Fachkompetenz hinterfragt, sobald Eltern sich »einmischen«. Diese wiederum fühlen sich nicht ernst genommen, weil ihren Fragen und Sorgen – aus ihrer Perspektive – nicht genügend Raum gegeben wird. Weshalb kommt es zu solchen Konflikten?

Warum werden aus Partnern Gegner, die Gespräche nach dem Motto »Vorwurf und Rechtfertigung« führen und sich dabei jeweils in ihrer Rolle gar nicht wohlfühlen? Wie werden zwei Menschen, die in ihrem persönlichen Umfeld als kooperativ beschrieben werden, plötzlich zu »erbitterten Gegnern«?

Diesen Fragen möchten wir auf zwei Ebenen nachgehen. Zum einen gilt es, den institutionellen Rahmen zu hinterfragen, in dem Dialoge mit Eltern geführt werden: Welchen Stellenwert besitzt das Thema »Erziehungspartnerschaft mit Eltern« in der Einrichtung? Wie sind die Rollen in dieser Partnerschaft definiert, welche Erwartungen werden an Eltern und Erzieherinnen gestellt, mit welcher Unterstützung können sie rechnen?

Zum anderen beleuchten wir aber auch die Ebene der Fachkraft: Welche Grundhaltung und welche Sach-, Methoden-, Sozial- und Selbstkompetenzen sind notwendig, um eine Erziehungspartnerschaft mit Eltern aufzubauen? Darüber hinaus muss gefragt werden, welcher fachliche oder methodische Input notwendig ist, um persönliche Ressourcen zu aktivieren.

Spezifische Anforderungen der Elternschaft hochbegabter Kinder

Vorangestellt sei eine kurze Analyse der spezifischen Anforderungen der Elternschaft (vgl. hierzu auch Jacob und Morche sowie Ruckdeschel in diesem Band): Die Erfahrungen von vorschulischen wie schulischen Einrichtungen mit einem konzeptionellen Schwerpunkt in der Hochbegabtenförderung zeigen übereinstimmend, dass Eltern hochbegabter Kinder einen hohen Beratungs- und Informationsbedarf haben. Nun mag dies einerseits daran liegen, dass es kaum spezialisierte Beratungsangebote gibt und Eltern sich daher verstärkt mit ihren Fragen auch an Bildungseinrichtungen wenden. Andererseits führt die Vermutung oder Feststellung einer Hochbegabung häufig zu einer Verunsicherung der Eltern. Nun muss der Umgang mit Eltern hochbegabter Kinder nicht grundsätzlich ein anderer sein – dennoch kristallisieren sich wiederkehrende Beratungsthemen heraus, die an spezifische Aspekte von Hochbegabung gekoppelt sind und die ein Konfliktpotential in sich bergen, da sie implizit auch die Passung der Angebote einer Einrichtung zu den Lernbedürfnissen eines Kindes thematisieren. Im Folgenden seien einige Beispiele hierfür genannt.

- Eltern hochbegabter Kinder möchten dem starken Verlangen ihres Kindes nach kognitiver Stimulierung nachkommen – und wünschen oder fordern das auch von der Kindertagesstätte. Erzieherinnen nehmen die Eltern dagegen als (übermäßig) »ehrgeizig« wahr. Es drängt sich unter Umständen der Eindruck auf, die Eltern hätten nur das Wohl ihres eigenen Kindes im Blick. Daraus ergeben sich unterschiedliche Sichtweisen von Fachkraft und Eltern bezüglich der angemessenen Förderung für das Kind.

- Auftretendes Problemverhalten eines Kindes wird von Eltern manchmal monokausal mit der Hochbegabung des Kindes oder dem Fehlen einer angemessenen Förderung für das Kind begründet. Andererseits pflegen Erzieherinnen gelegentlich aufgrund des geistigen Entwicklungsvorsprunges von hochbegabten Kindern hohe Erwartungen an die soziale Anpassungsfähigkeit und rationale Einsichtsfähigkeit, denen das Kind nicht gerecht werden kann.

- Eltern hochbegabter Kinder sind oft unsicher bezüglich des geeigneten Zeitpunktes für die Einschulung ihres Kindes. Die Zeit der Entscheidungsfindung ist auch geprägt von kritischen Nachfragen an die Kindertagesstätte, wie sie beim Verbleib des Kindes in der Einrichtung eine angemessene Förderung gewährleisten könne. Es ist eine besondere Herausforderung für die Fachkräfte, nicht in einer rechtfertigenden Position zu verharren, sondern auf dem Weg hin zu einer gemeinsamen Lösung mit den Eltern die Bedürfnisse des Kindes in den Mittelpunkt zu stellen.

Elterndialog als konzeptioneller Baustein in der Einrichtungsentwicklung

Mit der Intention, eine vertrauensvolle Basis für die Kooperation mit Eltern aufzubauen und sich gemeinsam »zum Wohle der Kinder zu engagieren«, ließe sich die anspruchsvolle Haltung von Eltern hochbegabter Kinder auch folgendermaßen interpretieren: Eltern hochbegabter Kinder wünschen sich eine »Wirksamkeit von Bildung und Erziehung« (Riecke-Baulecke 2001). Sie wünschen sich einen regelmäßigen Austausch mit den Erzieherinnen und suchen in einer Vielzahl spezifischer Fragestellungen nach professioneller Beratung. Hier können Erzieherinnen in Kindertagesstätten nur bedingt eine Beratungsfunktion übernehmen, wenn sie über entsprechende Fortbildungen in diesem Bereich verfügen. Kooperationen mit entsprechenden Beratungsstellen und anderen Bildungseinrichtungen sowie eine aktive Gestaltung von Netzwerken sind also zwingend notwendig, um den Bedürfnissen der Eltern und Kinder gerecht werden zu können.

Eine »Erziehungspartnerschaft« zu führen, bedeutet in einem ständigen Austausch über das Kind, sein Befinden und seine Entwicklung zu sein. Dieser Austausch kann ganz unterschiedliche Formen annehmen, beruht aber in jedem Fall auf Seiten der Erzieherinnen auf einer dialogischen Grundhaltung. Diese kann sich in der Art der Gesprächsführung äußern, lässt sich aber auch anhand bestimmter Indikatoren in der Einrichtungsgestaltung, -konzeption und -organisation ablesen: Ganz praktisch wird der Stellenwert des Elterndialoges zum Beispiel darin sichtbar, wie Räume für Elterngespräche gestaltet sind, ob verbindliche Belegungspläne existieren und welchen Rahmen die Kommunikation zu den Eltern erhält. Gibt es feste Sprechzeiten, Informationsveranstaltungen mit Fachpersonen, regelmäßige Elternabende oder Elternstammtische? Besteht die Möglichkeit, Beratungsangebote in der Einrichtung zu organisieren, die sowohl Eltern als auch den Erzieherinnen von Nutzen sind? Stellen die Erzieherinnen Transparenz über die pädagogische Arbeit in der Einrichtung her, zum Beispiel in Form von Projekttagebüchern, Wandgestaltung oder einem fest installierten Angebot für Eltern-Hospitationen? Sind regelmäßige Entwicklungsbegleitgespräche konzeptionell und praktisch verankert oder werden Elterngespräche nur bei Bedarf oder im Konfliktfall geführt? Wie werden die Entwicklungsverläufe jedes einzelnen Kindes dokumentiert, um die Elterngespräche kompetent und informiert führen zu können?

Spätestens wenn sich eine Einrichtung dem thematischen Schwerpunkt der Förderung besonders begabter Kinder widmet, muss sie Antworten auf folgende Fragen suchen: Welche wissenschaftlich abgesicherten Erkenntnisse zur Hochbegabungsthematik gibt es? Wie positionieren wir uns dazu? Welche Faktoren nehmen Einfluss darauf, wie Begabungen sich entwickeln? Und wie ist es von Seiten der Pädagogik möglich, diesen Prozess positiv zu unterstützen?

Auch zu Beginn der Kooperation mit anderen Einrichtungen sollte die gemeinsame Erarbeitung eines pädagogischen Leitbildes im Mittelpunkt stehen. Erst wenn ein gemeinsames Denken das Handeln der Akteure bestimmt, entwickeln sich nachhaltige Kooperationen und damit Netzwerke, die hochbegabten Kindern und damit auch ihren Eltern den Übergang zwischen den verschiedenen Einrichtungen erleichtern. Eine aktive Gestaltung von Transitionsprozessen wird dabei zu einer der wichtigsten Aufgaben von Kooperationsverbünden im Bereich der Hochbegabtenförderung.

Bei allem interdisziplinären, professionellen Engagement für hochbegabte Kinder und deren Eltern sollte der karitative Anspruch, den Familien helfen zu wollen, nicht den kooperativen Grundgedanken gefährden: Eltern wollen und sollen nicht von der Verantwortung für die Gestaltung der Bildungsbiografie ihres Kindes entbunden werden. Denn nach wie vor sind sie es, die entscheiden müssen und wollen, welche Einrichtung ihr Kind besucht, ob eine vorzeitige Einschulung sinnvoll ist und welche familienergänzenden Förderangebote außerhalb der Kindertagesstätte in Anspruch genommen werden sollen. Mit einer klaren Rollentrennung zwischen Elternhaus, Kindertagesstätte und externer Förderung und gleichzeitiger Pflege eines kooperativen Austausches kann sich so eine Netzwerkstruktur entwickeln, die wertschätzend und stärkenorientiert die Entfaltung der kindlichen Potentiale ermöglicht.

Schließlich ist unseres Erachtens auf Einrichtungsebene eine transparente Öffentlichkeitsarbeit von großer Bedeutung. Mit der Art und Weise, in der eine Kindertagesstätte mit der Öffentlichkeit kommuniziert und wie sie das Thema »Hochbegabtenförderung« darstellt, beeinflusst sie die öffentliche Wahrnehmung des Themas. Ein professioneller, wissensbasierter Umgang mit der Hochbegabungsthematik kann maßgeblich zu einer Entmythologisierung des Themas beitragen und somit auch Eltern signalisieren, dass die Einrichtung kompetent mit der Thematik umzugehen versteht.

Kleine Talente brauchen starke Persönlichkeiten

Nachdem verschiedene Indikatoren auf institutioneller Ebene für eine »Erziehungspartnerschaft« diskutiert wurden, sollen nun noch einmal notwendige spezifische Kompetenzen der Erzieherinnen in den Blick genommen werden. Die Intention, eine kooperative, wertschätzende Beziehung zu den Eltern zu pflegen, muss sich in der Art und Weise der Gesprächsführung wiederfinden: »Dialogische Zusammenarbeit zwischen Pädagoginnen, Pädagogen und Eltern bedeutet, den Austausch über gegenseitige Erwartungen und Vorstellungen zu pflegen und in Aushandlungsprozessen zu für beide Seiten akzeptablen Ergebnissen zu kommen« (Karkow 2005, 73).

»Aushandlungsprozesse« lassen sich nur auf Augenhöhe führen und nur dann, wenn beide Partner Zeit füreinander haben. Doch wie viele der »Zwischen Tür und Angel-Gespräche« führen zu vermeidbaren Missverständnissen, nur weil das einander Zuhören in dieser Situation eben gar nicht möglich ist? Und warum werden in der Praxis immer noch Gespräche mit Eltern geführt nach dem Motto »Bei uns ist Ihr Kind aber ganz anders«?

Es zeigt sich, dass neben der Fachkompetenz, also dem Erwerb fachlichen Wissens rund um das Thema Hochbegabung besonders auch die Methodenkompetenz in der Gesprächsführung eine wichtige Rolle spielt. Auch wenn die Grundlagen dazu in der Ausbildung erworben wurden, müssen sie gepflegt werden! Und das nicht nur durch regelmäßige Fortbildungen, sondern auch durch die Option, Fachberatung oder Supervision in Anspruch nehmen zu können (vgl. Ruckdeschel in diesem Band). Dort finden dann regelmäßige Fallbesprechungen den ihnen zustehenden Raum. Wichtig ist dabei vor allem ein Vorgehen, das einerseits ergebnis- und lösungsorientiert und andererseits selbstkritisch und konsequent ist. Nur so wird dieses Instrument zur Reflexion auch als effizient und ressourcenorientiert wahrgenommen und stärkt die Selbstkompetenz der Erzieherin.

Im Rahmen dieser professionell geführten Fallbesprechungen kann die Erzieherin nicht nur ihren Elterndialog reflektieren, sondern auch hilfreiche Anregungen für den Umgang mit außergewöhnlich begabten Kindern erhalten: Eigene Lernprozesse wahrzunehmen und im Rahmen einer Biografiearbeit persönliche Werte und Normen zu reflektieren, gehört zu den täglichen Herausforderungen, die eine pädagogische Tätigkeit mit sich bringt. Gerade im Umgang mit hochbegabten Kindern zeigt sich, dass Gespräche zwischen Erzieherinnen und Kindern oft auch auf einer Metaebene stattfinden und einen philosophischen Charakter annehmen können. Sie können aber von den Pädagoginnen auch als insistierend wahrgenommen werden, denn Hochbegabte hinterfragen nicht nur Sachverhalte, sondern auch Regeln: Unverständliches wird von ihnen nicht akzeptiert, und sie erwarten, in ihrem Wissensdrang ernst genommen zu werden.

Eine Erzieherin, ein Erzieher, die oder der nicht selber neugierig ist auf diese Welt, wird sich lediglich kritisiert fühlen und versuchen, echte Dialoge zu meiden. Kleine Talente brauchen starke Persönlichkeiten!

Blicken wir abschließend noch einmal auf die Eltern. Eine verinnerlichte dialogische Haltung wirkt sich positiv auf die gesamte Elternschaft sowie die Atmosphäre in der Einrichtung und damit letztlich auch auf das Team aus. Durch die veränderte Blickrichtung auf die zuvor als problematisch wahrgenommenen Eltern lassen sich Ressourcen erschließen:

- Eltern, die als »ehrgeizig« wahrgenommen wurden, könnten gleichzeitig auch »hoch engagiert« sein und sich selber gerne in Aktivitäten der Einrichtung einbringen;
- Eltern, die als »unsicher« wahrgenommen werden, brauchen vor allem Klarheit und eine fundierte Beratung;
- Eltern, die als »fordernd« oder »verzweifelt« wahrgenommen werden, brauchen vielleicht neben dem Gesprächsangebot von Seiten der Erzieherinnen noch Unterstützung durch andere Experten oder Institutionen.

Methoden einer dialogorientierten Gesprächsführung lassen sich erlernen, doch eine grundsätzliche Achtsamkeit dem anderen gegenüber, eine Präsenz im Gespräch sowie ein wirkliches Interesse am Gegenüber lassen sich nicht vortäuschen. Sie gehören zu den Voraussetzungen, die einen Menschen befähigen, empathisch beratend tätig zu sein. Dazu gehört es auch, in regelmäßigen Abständen zu hinterfragen, ob das aktuelle Arbeitsfeld auch den persönlichen Interessen und Neigungen entspricht. Gerade in Zeiten eines Personalmangels im pädagogischen Bereich wird es möglich sein, sich den Arbeitsplatz zu suchen, der zu einem passt.

Zusammenfassung

Eltern hochbegabter Kinder zeigen ein großes Engagement und ein hohes Interesse an Fördermaßnahmen. Ihre Ansprüche an die kooperative Mitarbeit sind in der Regel groß. Im Gespräch mit ihnen sind deshalb ein empathisches Einfühlen einerseits und andererseits eine sachlich fundierte Argumentation wichtig. Dazu müssen sich Erzieherinnen in der professionellen Gesprächsführung üben, um diese Gespräche zielorientiert leiten zu können.

Der Physiker David Bohm, der sich in seiner letzten Lebensphase zunehmend Fragen nach dem Bewusstsein des Menschen zuwandte, behauptete: »Bei einem Dialog ... versucht niemand zu gewinnen... In einem Dialog wird nicht versucht, Punkte zu machen oder den eigenen Standpunkt durchzusetzen ... es hat etwas von gemeinschaftlichem Teilhaben, bei dem wir nicht gegeneinander spielen, sondern miteinander« (Bohm 2008, 33).

Wenn es Besonderheiten im Dialog mit Eltern von besonders begabten Kindern gibt, dann ist es eher die Angst dieser Eltern davor, bei ihrem Kind etwas zu verpassen, seinen Bedürfnissen nicht gerecht werden zu können. Die Befürchtungen, aber auch die Ziele unterscheiden sich grundsätzlich nicht von denen der anderen Eltern: Alle – eben auch die Eltern von besonders begabten Kindern – wollen nur eines: dass es ihrem Kind gut geht!

Der Weg dorthin ist allerdings für jedes Kind ein anderer und es gilt herauszufinden, unter welchen konkreten Bedingungen ein ausreichender Zufriedenheitsgrad für das Kind, für die Eltern und schließlich auch für die beteiligten Erzieherinnen erreicht werden kann. Hier gilt es, eine Kultur des »mentoring« wachsen zu lassen. Wenn sie nicht schon lange zur Platitüde verkommen wäre, passte hier die Rede von der »Umwandlung von Betroffenen in Beteiligte«.

Über die immer noch üblichen Wege der punktuellen Elterngespräche, die in den meisten Fällen Konfliktgespräche sind, sind solche Zieldefinitionen undenkbar. Regelmäßige Entwicklungsbegleitgespräche anhand von dokumentierten Lernprozessen führen zu einer professionellen Erziehungspartnerschaft, in der die Expertenrollen und Zuständigkeiten klar definiert sind.

Der Paradigmenwechsel, der sich in den vergangenen Jahren in der Elementarpädagogik vollzogen hat, führt dazu, dass sich immer mehr Erzieherinnen als Lernbegleiterinnen der ihnen anvertrauten Kinder im Sinne der sozial-konstruktivistischen Lerntheorie definieren. Die dafür erforderliche pädagogische Grundhaltung muss jedoch auch auf der Ebene der Zusammenarbeit mit den Eltern eine Entsprechung finden: Wenn Erzieherinnen mit Eltern und Kindern eine Lerngemeinschaft mit forschender Einstellung eingehen, können sie den Faktoren gelingender Lern- und Entwicklungsprozesse auf die Spur kommen und die Entfaltung von Begabungen ermöglichen und begleiten. Nicht nur Kinder entwickeln sich weiter, auch Erwachsene!

Literatur

Bohm, D. (2008). Der Dialog – das offene Gespräch am Ende der Diskussionen. 5. Aufl. Stuttgart: Klett-Cotta.

Diller, A. & Schelle, R. (2009). Von der Kita zum Familienzentrum. Konzepte entwickeln – erfolgreich umsetzen. Freiburg i. Br.: Herder.

Hessisches Sozialministerium & Hessisches Kultusministerium (Hrsg.) (2007). Bildung von Anfang an. Bildungs- und Erziehungsplan für Kinder von 0 bis 10 Jahren in Hessen. Paderborn: Bonifatius GmbH.

Karkow, C. (2005). Einbeziehen der Eltern in die Bildungsprozesse ihrer Kinder unter Qualitätsgesichtspunkten. In S. Hebenstreit-Müller & B. Kühnel (Hrsg.), Integrative Familienarbeit in Kitas. Individuelle Förderung von Kindern und Zusammenarbeit mit Eltern. Berlin: Dohrmann.

Riecke-Baulecke, T. (2001). Schulprogramme und wirksames Management. Grundsätze, Verfahren, Instrumente. München: Oldenbourg.

»Das Besondere wird zur Normalität« – Dialoge mit Eltern von hochbegabten Kindern

Anke Marburger, Erzieherin und Begabtenpädagogin im Kinderhaus Maintal, im Gespräch.

Frau Marburger, dem Dialog mit Eltern wird in Ihrer Einrichtung ein besonders hoher Stellenwert beigemessen. Aus welchen Gründen ist Ihnen eine gute Zusammenarbeit mit den Eltern so wichtig?

Nur wenn uns Eltern vertrauen, sie Einblicke in unsere Arbeit bekommen, können sie ihr Kind loslassen. Nur dann kann das Kind ankommen. Wir bieten uns als Bindungsperson an. Nur in einer vertrauensvollen, anregungsreichen und sicheren Umgebung gelingt nachhaltiges und lustvolles Lernen.

Unterscheiden sich Eltern hochbegabter Kinder von Eltern nicht hochbegabter Kinder, zum Beispiel in ihren Erwartungen an die Mitarbeiter?

Die Erstgespräche der Familien mit besonders begabten Kindern verlaufen genau so, wie die Gespräche mit anderen Familien. Oft sind Eltern verunsichert, sie sind aber dankbar, wenn sie offen reden können, wenn sie und ihre Kinder an- und ernstgenommen werden. Sie sind bei uns an einem Ort, an dem sie Wünsche und Ängste loswerden und Unterstützung finden.

Durch die kontinuierliche Beobachtung und die individuelle Förderung aller Kinder in unserer Einrichtung fühlen die Eltern ihre Kinder mit ihren Ressourcen und Stärken gut aufgehoben. Bei hochbegabten Kindern machen wir da keinen Unterschied: Hochbegabte Kinder werden mit ihren Stärken und Besonderheiten als Teil des Ganzen gesehen. Alle Kinder bereichern in unserer Wahrnehmung mit ihrer Persönlichkeit die komplette Gruppe.

Wir, die Erzieherinnen, lernen die Lernstrategien der Kinder kennen und begleiten sie darin, sich ihre eigenen Lernstrategien bewusst zu machen. So können sie neue Herausforderungen annehmen und ihnen standhalten. Eltern erkennen, dass die ressourcenorientierte Beobachtung von Lernfortschritten mit anschließender, gemeinsamer Impulssetzung auf »ihr Kind« sozusagen zugeschnitten ist. Das Besondere wird zur Normalität!

Machen wir es konkret: Wie gestaltet sich der erste Kontakt zu den Eltern in Ihrer Einrichtung?

Ein Basisbaustein unserer Arbeit ist die Erziehungspartnerschaft mit den Familien. Wir laden die Familie schon vor dem »ersten Tag« des Kindes im Kinderhaus ein. Die Eltern bekommen ein Anschreiben und werden darin über unseren Eingewöhnungsfahrplan informiert. Wir stellen die Räumlichkeiten vor und erklären das Konzept. Bei einer Führung sehen die Familien die unterschiedlichen Dokumentationsformen; sie sind Schaufenster unserer Arbeit. Die Kinder bekommen einen Begrüßungsbrief (natürlich bebildert) und wir führen ein sehr ausführliches Erstgespräch. In der Eingewöhnungszeit von etwa einer Woche erleben die Eltern den Alltag der Kinder mit. Sie können beobachten und Fragen stellen.

Ihre Einrichtung besuchen Kinder aus Familien, die 24 verschiedenen Nationalitäten angehören. Wie gelingt es, den Dialog mit den Eltern aufzubauen, deren Muttersprache nicht Deutsch ist?

Diese Eltern haben die Möglichkeit, vertraute Personen zum Übersetzen mitzubringen. Auch Familien aus unserem Haus sind gerne zu Unterstützung bereit und teilen ihre Erfahrungen. Durch Dokumentationen oder den Einsatz von Digitalkameras können wir ohne viele Worte das Lächeln und die Interaktion des eigenen Kindes mit anderen zeigen. Bilder sagen ja bekanntlich mehr als 1.000 Worte.

Im Familienbuch werden Bilder der Heimat und Feste und Geschichten aus der Familie und dem Kinderhaus zusammengetragen und ergänzen sich. Der Bildungsweg des Kindes wird auf diese Weise sichtbar.

In Ihrer Einrichtung sind überall an den Wänden Infotafeln, Projektdarstellungen, kleine Ausstellungen und vieles mehr zu finden. Welchen Zweck erfüllen diese Dinge aus Ihrer Sicht und warum sind sie Ihnen so wichtig?

Dokumentationen sind aufbereitete Darstellungen von Beobachtungen und Material. Sie sind Schaufenster für Tätigkeiten, Lernprozesse und Produkte der Kinder. Dokumentationen sind ein grundlegendes Werkzeug, unsere Arbeit zu reflektieren und sie den Eltern transparent zu machen. Alles das trägt nachhaltig dazu bei, dass sich die Zusammenarbeit mit den Eltern auf einer partnerschaftlichen Grundlage etabliert.

Welche besonderen Voraussetzungen haben Sie für diese doch recht aufwendigen Dokumentationen?

Uns ist diese Arbeit durch eine gemeinsame Philosophie und Haltung und durch die prozesshafte Erarbeitung im Team möglich. Durch das Jahresarbeitszeitmodell stehen uns – entsprechend unserem persönlichen Profil – besondere Zeiten zur Verfügung. Unsere Motivation speist sich aus dem sichtbaren Erfolg, der guten Resonanz und der eigenen Zufriedenheit.

Arbeitsmaterialien wie ein Laptop, Fotoapparat, Drucker und so weiter stehen natürlich zur Verfügung. Klare Dokumentationsformen und die ästhetische Aufbereitung sind uns wichtig.

Außerdem können Bilder und Geschichten gut auch mit den Kindern gemeinsam erarbeitet werden; nicht alles hängt dann an uns. Die Stärken der hochbegabten Kinder werden so genutzt – und alle Kinder werden zur Mitarbeit befähigt.

Wenn Sie die letzten Jahre überblicken: Wie hat sich das Arbeitsgebiet der Zusammenarbeit mit den Eltern entwickelt? Welche Veränderungen stellen Sie fest?

Durch diese Dialoge, die Präsentationen und den offenen Umgang miteinander ist eine große Wertschätzung und Vertrautheit entstanden. Dies ergibt für uns eine Arbeitserleichterung. Eltern kommen gerne zu Gesprächen. Wir begegnen uns auf Augenhöhe, Eltern fühlen sich emotional stark berührt. Das Beziehungsdreieck Kind, Familie und Erzieherinnen erhält eine neue Qualität.

Fachliche Beratung des Erziehungsteams in der Kindertagesstätte

Reinhard Ruckdeschel

Klassische Fachberatung für Kindertageseinrichtungen deckt den Themenbereich Hochbegabtenförderung nicht ab. Pädagogische Fachkräfte in Kindertagesstätten müssen daher kritisch reflektieren, welche Beratungsaufgaben sie übernehmen können und wann sie externe Unterstützung benötigen. Anhand der Darstellung möglicher Beratungsfragen im Kontext von Hochbegabung wird die steuernde Funktion der pädagogischen Fachkraft dargestellt. Schließlich wird dargelegt, dass Netzwerkstrukturen und Konsultationseinrichtungen wichtige Möglichkeiten einer fachbezogenen Beratung zum Thema Hochbegabtenförderung in Kindertageseinrichtungen bieten.

Die Zukunft der Kita: Familienzentrum

Keine Bildungseinrichtung hat sich in den vergangenen Jahren derartig verändert wie der Kindergarten (Rauschenbach 2003). Dies gilt für die Anzahl der Einrichtungen, für ihre Form und für ihre Bedeutung. Galten Kindertageseinrichtungen bis vor zehn Jahren vorwiegend als eine Form der Kinderbetreuung, ist die Kita heute eine elementare Bildungseinrichtung für das Kind.

Dabei haben sich die Kindertageseinrichtungen »... fast unbemerkt zu einem selbstverständlichen Ort des Aufwachsens für Kinder neben der Familie entwickelt« (Rauschenbach 2000). Begriffe wie family enrichment, family empowerment, Eltern- und Familienbildung prägen die pädagogische Leitkultur in der Trägerlandschaft der Kitas. Kindertageseinrichtungen entwickeln sich in zunehmendem Maße zu niederschwelligen, sozialraumnahen Dienstleistungszentren für Familien.

So hat zum Beispiel die Stadt Nürnberg im Jahre 2009 sieben Kindertageseinrichtungen als Familienzentren benannt, die mit einem zusätzlichen Etat ausgestattet sind und die über das übliche Angebot einer Kita hinaus familienbildende und unterstützende Angebote platzieren sollen.

Das Selbstverständnis der Kita als Familienzentrum ist auch aus dem Auftrag des KJHG § 22 ableitbar, wo es heißt: »... das Leistungsangebot soll sich pädagogisch und organisatorisch an den Bedürfnissen der Kinder und ihrer Familien orientieren.« Auch der Bayerische Bildungs- und Erziehungsplan proklamiert die Entwicklung der Kitas zu Familienzentren.

Eine Kindertageseinrichtung als Ort oder Haus für Familien, die im Stil der early excellence center und im Sinn eines family empowerments Eltern und Familien nicht nur punktuell entlasten, sondern sie hin zu eigenständiger, kompetenter Lebensführung und Erziehung stützen und beraten will, braucht dafür fundierte Konzepte und angemessene Ressourcen (Colberg-Schrader 2003).

Dementsprechend ergeben sich neue Herausforderungen für die Erzieherinnen einerseits bei der Beratung von Eltern und andererseits bei der eigenen Inanspruchnahme von Fachberatung.

Fachberatung in Kindertageseinrichtungen, gesetzliche Bestimmungen

Fachberatung in der Kita hat vielfältige Aspekte. Zielgruppen sind Leitungen, Mitarbeiterinnen und Träger von Kindertageseinrichtungen. »Fachberatung unterstützt das Praxisfeld durch eine zielgerichtete Situationsanalyse und gibt davon ausgehend Empfehlungen zur Weiterentwicklung« (BAGLJÄ 2003). Fachberatung umfasst somit die betriebswirtschaftlichen Belange und alle pädagogischen und organisatorischen Aspekte der Einrichtung. Neben der Praxisberatung für Mitarbeiter der Jugendämter gibt es die Angebote der freien Träger für deren eigenes pädagogisches Personal, die nach SGB VIII finanziell zu fördern sind.

Grundsätzlich müssen die Träger der öffentlichen Jugendhilfe (zum Beispiel das Jugendamt) sowohl die kommunalen wie auch die freien Träger in ihren Maßnahmen der Jugendhilfe fachlich unterstützen. »Die §§ 24 bis 26 SGB VIII regeln die Ausgestaltung des Förderangebotes und damit verbunden die Aufgaben des Trägers der öffentlichen Jugendhilfe. Auch hierzu ist die Beratung des pädagogischen Personals von Tageseinrichtungen für Kinder erforderlich« (BAGLJÄ 2003).

Die Bundesarbeitsgemeinschaft der Landesjugendämter nennt in ihren Empfehlungen Beratung und Fortbildung als die entscheidenden Elemente der Fachberatung. Diese Elemente bestimmen und ergänzen sich gegenseitig.

Unter den adressatenbezogenen Inhalten von Fachberatung nennt die Bundesarbeitsgemeinschaft auch »Kinder mit besonderen Förderbedarfen«, und als ein Beispiel dafür unter anderem auch »Kinder mit Begabungen«.

Bamler (2010) benennt die Doppelverortung der Fachberatung. Fachberater brauchen handlungsfeldspezifisches Wissen, wie Wissen über Verwaltungsvorschriften, Verordnungen und rechtliche Rahmenbedingungen, und sie brauchen feldunabhängiges Wissen, wie Kenntnisse über Beratungsansätze, -konzepte und -methoden, über Gesprächsführung, Evaluation und so weiter. Beide Kompetenzstränge werden als gleichwertig betrachtet.

Bei allen Betrachtungen zur Fachberatung für Kindertageseinrichtungen wird stets davon ausgegangen, dass die Erzieherinnen selber je schon Experten der Elementarpädagogik sind und sich somit in diesem Bereich ihrer primären Qualifikation tendenziell weniger Bedarf an Fachberatung ergibt. Nimmt man jedoch die Förderung hochbegabter Kinder und die Unterstützung ihrer Familien in den Fokus, ergeben sich Herausforderungen, deren Bewältigung üblicherweise nicht in der Primärqualifikation zur Erzieherin vorgesehen ist – und zu diesen Herausforderungen gibt es keine Fachberatung im klassischen Sinn.

Anforderungen an Kita und Erzieherinnen durch hochbegabte Kinder und ihre Familien

Der Fall Timo:

Timo besucht eine Kita in ländlicher Region. Auf dem Bauernhof und in der Gaststätte seiner Eltern hat er weitgehende Freiheiten und darf viele Dinge machen, die ansonsten nur Erwachsene machen dürfen, so darf er beispielsweise mit einem Aufsitzrasenmäher die Wiese neben dem Elternhaus mähen.

In der Kita fällt Timo dadurch auf, dass er manchmal nicht in der Lage ist, sich an geltende Gruppenregeln zu halten und völlig »ausrastet«. Es dauert dann einige Zeit, bis er sich wieder beruhigt hat. Diese Vorfälle bereut er anschließend. Timos Fähigkeiten schätzen die Erzieherinnen im Allgemeinen altersgemäß ein, teilweise sei er eher schwächer als die anderen Kinder in seinem Alter, manches könne er wiederum auffallend gut.

Zur Klärung der Gesamtsituation lassen die Erzieherinnen Timo durch einen Fachdienst beobachten. Der Fachdienst schlägt vor, den Erzieherinnen behilflich zu sein, Timo in eine sonderpädagogische Einrichtung zu überweisen. Da die Erzieherinnen dies nicht wollen, sondern Timo helfen wollen, seine Gefühle zu bewältigen, sprechen sie mit den Eltern.

Die Eltern fühlen sich unter Druck gesetzt und entschließen sich zu einer begabungspsychologischen Untersuchung. Die Testung bringt folgende Ergebnisse: Timo verfügt über ein sehr hohes intellektuelles Potential. Er versucht eine Lösung kognitiver Aufgaben aber erst dann, wenn er sich seiner Lösung ganz sicher ist. Ist er sich nicht sicher, zeigt er Vermeidungsverhalten.

Der Fall Timo zeigt zunächst, auf wie unterschiedliche Art Pädagogen auf Verhalten von Kindern reagieren. Wie stets ist auch hier die Wahrnehmung des Kindes durch die Erzieherinnen entscheidend. Die Erzieherinnen möchten auf keinen Fall, dass Timo »abgeschoben« wird, erwarten aber, dass er sich an geltende Regeln anpasst. Sie sehen bei Timo Schwächen und Stärken. Timos Eltern fühlen sich unter Druck gesetzt, sie haben das Gefühl, sie würden allein verantwortlich gemacht.

Die Situation beinhaltet somit verschiedene Aspekte. Fachdienst und Erzieherinnen haben einen unterschiedlichen Fokus und sie verfolgen unterschiedliche Ziele. Die grundsätzliche Zielsetzung der Inklusion in der Gruppe haben Eltern und Erzieherinnen gemeinsam.

Für eine Aufarbeitung der Problematik und den Start eines Förderprozesses müssen seitens der pädagogischen Fachkräfte verschiedene Ebenen reflektiert werden: das pädagogische Fachwissen zum Thema Hochbegabung, die pädagogische Haltung und der kritische Umgang mit den eigenen Kompetenzen.

Ein gemeinsames Bild vom Kind, sowie eine kooperative Grundhaltung und einfühlsame Gesprächsführung sind die entscheidenden Parameter einer gelingenden Pädagogen-Eltern-Interaktion, die das Kind in den Mittelpunkt stellt.

Hochbegabte Kinder sind kreativ in der Auseinandersetzung. Bei nahezu idiosynkratischen Verhaltensmustern und extrem entwicklungsfähigem Verhaltensrepertoire hochbegabter Kinder sind die Anforderungen an Erzieherinnen hoch. Einerseits müssen Erzieherinnen den pädagogischen Alltag meistern, sie sollen Eltern und Familien beraten, andererseits brauchen sie und die Familien zusätzliche externe Beratung, wobei auch hier die Erzieherin als Vorfilter durch den Rat oder den Hinweis, welches zusätzliche Beratungs- oder Hilfeangebot passend sei, fungiert. Die Erzieherin gestaltet somit die entscheidende Schnittstelle in den verschiedenen Beratungs- und Bildungsprozessen.

Die zunehmende Bedeutung von Eltern- und Familienbildung wird allerorten betont (Beelmann 2003). Dabei gibt es seitens der Familien durchaus unterschiedliche und sich widersprechende Erwartungen an Kindertageseinrichtungen (Colberg-Schrader 2003).

Eltern brauchen Beratung, aber Eltern sollen auch Fehler machen dürfen. Ergänzend zu ihren fünf Säulen entwicklungsfördernder Erziehung mit entwicklungsförderndem Verhalten formuliert Tschöpe-Scheffler (2003): »Mut zur Erziehung und Mut zu Fehlern – Eltern können und sollen nicht ›perfekt‹ sein«. Ein realistisches Modell über Erziehung muss auch immer mit entwicklungshemmenden Aktionen im Erziehungsalltag rechnen.

Insofern ergeben sich im Arbeitsfeld Beratung für Familien durch Erzieherinnen deutliche Unterschiede zur Erziehungsberatung. Pädagogische Fachkräfte sind einerseits Berater, andererseits leisten die pädagogischen Fachkräfte mit den Eltern im Erziehungsteam praktische Erziehungsarbeit, sie fungieren als Vorbild, da sie den Eltern als Modell der Interaktion mit dem Kind dienen können. Während der professionelle Berater also nur berät, muss die Erzieherin auch im Erziehungsalltag mitmachen und ihre Kompetenz daran messen lassen, inwieweit sie es »besser machen« kann und sie muss es verstehen, familiäre Entwicklungshemmnisse in der Kita auszugleichen.

Die pädagogische Beratung und Familienbildung in der Kita bietet zudem noch weitere Möglichkeiten wie Hospitationen von Eltern in der Kita, Hospitationen in anderen Kitas, gemeinsames Gestalten von Bildungs- und Förderangeboten.

Im Bereich der Hochbegabtenförderung braucht die Erzieherin nicht nur Fachwissen, sie braucht entsprechend den Fachberatern Strukturwissen. Es geht beispielsweise bei der Einschulung des Kindes nicht nur um den Übergang in die zuständige Grundschule vor Ort, sondern es geht neben dem Aspekt des richtigen Zeitpunktes für die Einschulung um die Frage, welche Schule zur Förderung der Hochbegabung die geeignete sei. Also muss die Erzieherin die Schullandschaft und die den verschiedenen Schulen zugrunde liegenden Konzepte und die damit verbundene Didaktik kennen oder jemanden kennen, der über dieses Wissen verfügt (vgl. den Beitrag von Solzbacher und Welzien »Die Bedeutung von Netzwerken im Elementarbereich« in diesem Band).

Beratungsanlässe im Zusammenhang mit Hochbegabung

Eine Analyse der Beratungsanlässe bei vermuteter Hochbegabung an der Begabungspsychologischen Beratungsstelle der Ludwig-Maximilians-Universität (LMU) München zeigte für Jungen und Mädchen überwiegend vergleichbare Beratungsanlässe (Preckel & Eckelmann 2008). Es zeigte sich allerdings auch, dass Verhaltensprobleme bei Jungen signifikant häufiger Beratungsanlass sind als bei Mädchen und dass Jungen bei der Beratung im Verhältnis 3:1 überrepräsentiert sind. Die Autoren weisen aber ausdrücklich darauf hin, dass die Beratungsstelle eine vorselektierte Stichprobe aufweise, denn Verhaltensauffälligkeiten seien »innerhalb der Hochbegabtenpopulation nicht häufiger vertreten als in der Gesamtbevölkerung«.

Während also in Erziehungsberatungsstellen und Frühförderstellen Probleme wie Erziehungsschwierigkeiten, Störungen oder Entwicklungsverzögerungen im Vordergrund stehen, finden sich bei hochbegabten andere Themen in der Beratung als bei nicht hochbegabten Kindern. Genannt werden präventive Gründe oder Aspekte, die mehr die Gestaltung des sozialen Umfelds betreffen.

Für hochbegabte Kinder im vorschulischen Bereich spielen beispielsweise präventive Überlegungen wie Schullaufbahnberatung eine wichtige Rolle. Bei Vorstellungsgründen wie schulische Unterforderung und Motivationsprobleme, soziale Vorurteile und Stigmatisierungen oder Verunsicherung der Eltern spielen das soziale Umfeld oder die Lernumgebung hingegen in stärkerem Maße eine Rolle. Genannt werden aber auch Verhaltensauffälligkeiten.

Wittmann und Holling (2004, 3f.) fassen mit Hinweis auf die Erfahrungen der Begabungspsychologischen Beratungsstelle der LMU München – ohne Unterscheidung zwischen vorschulischem und schulischem Bereich – folgende Elternprobleme als Beratungsanlässe zusammen:

- »Elterliche Unsicherheit aufgrund der Beobachtung: ›Mein Kind ist offensichtlich anders.‹
- Elterliche Bedürfnisse, Klarheit über die (vermuteten) kindlichen Fähigkeiten (Niveau und Schwerpunkt der Fähigkeiten ihres Kindes) zu bekommen.

- Das Gefühl der Eltern, inadäquat auf die Erziehung ihrer ›außergewöhnlichen‹ Kinder vorbereitet zu sein.
- Unsicherheit bezüglich der Frage: Welche ist die passende Schule für mein Kind?
- Bedürfnis nach Unterstützung in der Gestaltung anregender und entwicklungsbegünstigender häuslicher Umwelt.
- Informationen bezüglich der real verfügbaren Fördermöglichkeiten (Spezialschulen, enrichment-Möglichkeiten, Akzelerationsmaßnahmen, private Fördermöglichkeiten, Kontakte mit ähnlichen Kindern).
- Unterstützung im Umgang mit Schule und Lehrkräften.
- Unterstützung beim Zurechtkommen mit underachievment, Motivationsdefiziten, Selbstkontrolldefiziten, sozialen Schwierigkeiten und aggressivem Verhalten.
- Bedürfnis nach Anregungen für adäquateren Umgang mit möglichen Besonderheiten hoch begabter Kinder wie Hartnäckigkeit, Perfektionismus, erhöhte Sensibilität, Introversion, Einsamkeit, Depression, Ausweichverhalten, Aufgabenverweigerung, defizitäre Empathie.
- Anregungen für den Umgang mit der erhöhten Spannungssituation in der Familie als Folge spezieller Bedürfnislagen begabterer Kinder.
- Bedürfnis nach Verständnis der eigenen Unsicherheit im Umgang mit dem Kind, bisweilen aber auch Suche nach Bestätigung des eigenen Standpunktes bei fehlender Änderungsbereitschaft.«

Es stellt sich somit die Frage, wie angesichts der komplexen Aufgabenstellung die Beratung von Eltern hochbegabter Kinder in der Kita gelingen kann.

Neben fachlicher Kompetenz der Erzieherinnen, die das Strukturwissen inkludiert, sei hier die humane Kompetenz genannt. Vorurteile und Unsicherheiten bei Eltern und ebenso bei Pädagogen im Umgang mit hochbegabten Kindern werden in der Fachliteratur mehrfach genannt. Insofern braucht eine Erzieherin eine offene und wertschätzende Haltung gegenüber dem Kind und seiner Familie, um die Stärken des Kindes erkennen und gemeinsam mit den Eltern fördern zu können. Dazu ist stets auch das Hinterfragen des eigenen Handelns und eigener subjektiver Theorien erforderlich. Das »Modell der Modifikation Subjektiver Theorien« (Adolph 2010) besagt, dass wir neue Herausforderungen zunächst mit unserer eigenen subjektiven Theorie betrachten, diese dann eventuell in eine andere inhaltliche Variante der subjektiven Theorie abändern. Im Idealfall sollten wir durch Erfahrung und Reflexion einen subjektiven Erkenntnisfortschritt und einen Lernfortschritt in unserer Handlungskompetenz gewinnen.

Wie Beratung von Eltern hochbegabter Kinder durch Erzieherinnen und Fachberatung gelingen kann

Die Beratung der Familien durch Erzieherinnen ist nicht zu ersetzen, da sie das Kind fast so gut kennen wie die Eltern selbst, und doch aus einem anderen Kontext, nämlich aus der Situation der Kindergartengruppe. Besteht zwischen der elterlichen Wahrnehmung und der Einschätzung der Erzieherinnen Konsens, ist die Verwirklichung einer Bildungs- und Erziehungspartnerschaft (BayBEP 2006) unproblematisch.

Geht es jedoch beispielsweise um eine Schuldfrage, ist die Situation zunächst schwierig. Eine geradezu klassische Situation könnte so aussehen: Eltern klagen gegenüber einer Erzieherin, eventuell auch gegenüber der Leitung, ihr Kind würde sich in der Kita langweilen, es werde ungerecht behandelt, und wenn es sich dagegen zur Wehr setze, werde es bestraft. Die Anderen verstünden das Kind nicht, es werde nicht integriert, und sein Ideenreichtum werde nicht gewürdigt.

Zunächst wäre man bestrebt, die vermeintlich falschen Wahrnehmungen der Eltern richtig zu stellen, auch Enttäuschung über die vorgebrachte Kritik ist zu erwarten. Wie also ist mit einer solchen schwierigen Situation umzugehen?

Brumm (2009, 19) nennt als Lösungsmöglichkeit zunächst die verstehende Grundhaltung:

»Für die Beraterin ist es wichtig, in einem solchen Beratungsnotfall eine verstehende Grundhaltung einzunehmen, die sie vielfach geübt und deshalb verinnerlicht hat. Kita-Teams sollten immer wieder eine solche kommunikative Feuerwehrübung abhalten. Eine verstehende Grundhaltung lässt sich vielfältig umschreiben:

- Tief durchatmen und die Ruhe bewahren, statt in Hektik zu verfallen.
- Entspannen, statt in Verteidigungsposition oder Gegenangriff zu gehen.
- Auf den Gesprächspartner zugehen, statt ihn zu meiden.
- Auf seine Gefühlslage und sein Thema eingehen, statt abzulenken oder ›auf gut Wetter zu machen‹.

Ist auf diese Weise die Situation gerettet, kann durch Vergegenwärtigung der Regeln des verstehenden Gesprächs die Beratung in eine konstruktive Richtung gebracht werden.«

Die beraterische und therapeutische Grundhaltung in der Personenzentrierten Gesprächsführung ist durch drei Variablen definiert:

- Akzeptanz (Emotionales Engagement und nicht an Bedingungen gebundenes Akzeptieren);
- Echtheit (Kongruenz, Transparenz);
- Empathie (präzises, einfühlendes Verstehen).

Es ist zu beachten, dass die Erzieherin in einer Kita oder einem Familienzentrum natürlich keine therapeutische Fachkraft ist und auch nicht sein soll. »Erzieherinnen sind Fachkräfte in der Elementarpädagogik, aber keine Psychotherapeuten, Ergotherapeuten oder Ärzte« (Horsch, Müller & Spicher 2006). Sie hat trotz aller Akzeptanz und Empathie ihre eigene fachlich kompetente Position und sie kann und muss diese wertschätzend darlegen und vertreten!

Ebenso wichtig wie die beraterische Haltung ist die Gesprächsführung: das verstehende Gespräch. Zum Thema Gesprächsführung gibt es unterschiedliche therapeutische Schulen und Herangehensweisen. Spezielle Gesprächsführungstechniken sollen hier nicht genauer diskutiert werden. Jedoch wird in der Gesprächsführung wie in der Personenzentrierten Beratung ein zentrales Element im Erkennen und Verbalisieren der Anliegen und Gefühle des Gegenübers gesehen.

Konfliktpotentiale in Beratungssituationen gibt es viele: auf Seiten der Eltern, Kinder und der Pädagogen. Horsch, Müller & Spicher (2006) nennen Konfliktpotentiale auf Seiten von Eltern wie einseitige Betrachtungsweise der Eltern, Forderungen und Ansprüche der Eltern, Suche nach dem Schuldigen. Genannt werden ebenso Konfliktpotentiale auf Seiten von Lehrern (entsprechend Erziehern) wie falsche Vorstellungen von Hochbegabung, Ignorieren, Blockieren und Etikettieren, Blockieren von Kreativität durch die Vorgabe starrer Lösungswege (siehe auch den Beitrag von Koop und Welzien in diesem Band).

Wann ist Fachberatung beziehungsweise fachliche Beratung erforderlich?

Haben Eltern ihren Beratungsbedarf geäußert oder haben die Erzieherinnen einen Beratungsbedarf der Familie erkannt, wird im Allgemeinen ein Gespräch zwischen Pädagogen und Eltern vereinbart. An diesem Punkt muss die Erzieherin bereits entscheiden, ob sie die spezifische Dienstleistung »Beratung« bewältigen kann oder ob sie externe Fachdienste oder Fachberatung zu Rate ziehen, oder die Eltern an entsprechende Stellen verweisen möchte. Auch zu jedem weiteren Zeitpunkt des Beratungsprozesses kann diese Entscheidung anstehen.

Holling und Wittmann (2004) nennen unter »Selbsthilfe für den Helfer« als entscheidende und primäre Klarstellung der beratenden Person für jedes helfende Gespräch: »Eigene Kompetenzen sowie Grenzen kennen und deutlich machen.« Danach könne ein »Abgleichen von Erwartungen des Klienten und Möglichkeiten des Beraters« erfolgen.

Dabei ist zu beachten, dass die Anliegen von Eltern beim Ersuchen nach einem Beratungsgespräch oft vordergründig sind. Zu klären ist, welcher Wunsch der Eltern hinter dem genannten Vorstellungsgrund liegt. Entsprechend seiner Einschätzung wird eine Beraterin oder ein Berater darauf eingehen und eine Klärung versuchen.

Im oben genannten Fall, bei dem die Erzieherinnen gewissermaßen mit Kritik der Eltern konfrontiert sind, ist bei der Überlegung, ob eine fachliche externe Beratung genutzt werden soll, möglicherweise auch die Überlegung im Spiel, inwieweit eine externe Beraterin oder ein Berater die Eltern in ihrem Anliegen unterstützt oder ob die Erzieherin Unterstützung in ihrer Wahrnehmung erfährt. Elterliche Sorge kann durchaus berechtigt als Offensive vorgetragen werden, sie kann unberechtigterweise auch als Angriff formuliert sein. In allen Fällen ist es wichtig, dass die pädagogische Fachkraft die Sorge der Eltern ernst nimmt. Somit gelten auch für die Frage des Hinzuziehens einer externen fachlichen Beratung ebenso wie oben die Leitlinien der Empathie gegenüber Eltern und Kindern.

Nachstehend einige Beispiele, wann es für pädagogische Fachkräfte wichtig sein kann, im Kontext Hochbegabung externe fachliche Beratung in Anspruch zu nehmen:

- Frühe Diagnostik;
- Fragen nach geeignetem Material;
- Hilfe beim Finden und Implementieren geeigneter Fördermethoden;
- Hilfe bei der Bereitstellung konkreter Fördermaßnahmen;
- Fragen zu Förderangeboten in der Region;
- Bildungslaufbahn- oder Schullaufbahnberatung;
- Unterstützung beim Schaffen geeigneter Organisationsstrukturen (Team- und Organisationsentwicklung);
- Fragen nach Weiterbildungs- und Qualifizierungsmöglichkeiten oder Fachliteratur.

Fachliche Beratung muss sich nicht nur auf die formellen Aspekte der pädagogischen Arbeit beziehen, sie kann ebenso nicht direkt zu steuernde und informelle Aspekte des pädagogischen Arbeitens einbeziehen.

Beratung und Bildung in der Kita bietet nämlich grundsätzlich entscheidende Vorteile gegenüber anderen Bildungs- und Beratungseinrichtungen: Es gelingt der Kita, »... in soziokultureller Hinsicht ein ungleich weniger selektives Bildungssetting zu bieten als die Schule« (Rauschenbach 2003). Inklusion bezogen auf Kinder und Familien ist somit im Raum der Kita deutlich besser möglich als an anderen Bildungs- und Beratungsorten. Eine weitere Stärke der Kita: »Das Konzept der informellen Bildung. Es gibt im Grunde genommen für eine kluge Pädagogik nichts Besseres als ein Lern- und Bildungsszenario, dem man dieses nicht sofort ansieht...« (ebd.). Der Aspekt der informellen Bildung gilt für die Elternarbeit und Elternberatung in einem Familien- und Nachbarschaftszentrum ebenso wie für die Bildungsarbeit mit Kindern.

Kinder lernen spielend und Spielen ist Lernen (Pramling 2007). Kinder lernen mit und von Kindern und auch Eltern können miteinander und voneinander lernen.

Böhmert und Schneewind (2009) zitieren mehrere Studien und Befragungen von Eltern, die zeigen, dass sich ungefähr die Hälfte der Eltern manchmal oder häufiger unsicher in der Erziehung ist. Es zeigt sich darüber hinaus, dass Eltern mit häufiger auftretenden Problemen im Umgang mit ihren Kindern auch häufiger unsicher sind.

Viele Familien brauchen also Hilfe in der Erziehung. Besonders bei Familien mit hochbegabten Kindern ist häufig zu erleben, dass die Eltern zumindest nicht über das relevante begabungsspezifische Wissen verfügen. Erzieherinnen hingegen sollten über grundlegendes Fachwissen zum Thema Hochbegabtenförderung verfügen; denn auch für die Entscheidung, ob ein Fachdienst wie zum Beispiel eine Begabungspsychologische Beratungsstelle hinzugezogen werden soll, ist ein solides Grundwissen erforderlich. Auch die Hypothese einer besonderen Begabung erfolgt in der Regel aufgrund des Beobachtens und Wahrnehmens des Kindes im Alltag durch die Erzieherinnen.

Ein wichtiger Aspekt ist somit das themenspezifische Fachwissen. Das Wissen über Hochbegabung und mit ihr verbundene, mögliche Probleme hilft diese Schwierigkeiten besser zu verstehen. Immer wieder genannte Probleme hochbegabter Kinder sind zum Beispiel Unterforderung, Minderleistung, Perfektionismus und soziale Isolation.

Strukturberatung und Hilfe durch andere Institutionen

Viele Institutionen bieten Hilfe bei pädagogischen Fragestellungen. Zu nennen sind beispielsweise Erziehungsberatungsstellen, Frühförderstellen, Kinderärzte, Kinder- und Jugendlichenpsychotherapeuten und -psychiater und Begabungspsychologische Beratungsstellen. Eltern können zudem für den Erfahrungsaustausch mit anderen Eltern hochbegabter Kinder an entsprechende Elterninitiativen wie die »Deutsche Gesellschaft für das hochbegabte Kind« oder andere Elterninitiativen verwiesen werden. Darüber hinaus bieten etliche Einrichtungen Elterntrainings zum Erlernen und Einüben kompetenten elterlichen Erziehungsverhaltens an, wie zum Beispiel »KLIKK«, »Triple P«, »Der interaktive Elterncoach«.

In der Broschüre »Auf den Anfang kommt es an« (BMBF 2007) des Bundesministeriums für Bildung und Forschung werden die Förderung lernmethodischer Kompetenzen, das Thema Resilienz und pädagogische Ansätze zur Ausgestaltung der Transitionen als besonders wichtig für die Gestaltung der kindlichen Bildungslaufbahn genannt. Bei den zuletzt genannten Transitionen sei die Beratung durch die Pädagogen in besonderem Maße erforderlich. Diese Erfordernis gilt erfahrungsgemäß besonders für hochbegabte Kinder.

Die pädagogischen Fachkräfte müssen bezüglich der Form ihres Arbeitens eine strukturelle Entscheidung auf zwei Ebenen treffen.

- Wann ist eine Beratung von Eltern durch die pädagogischen Fachkräfte möglich und wann sollen Familien eine spezielle Fachstelle konsultieren?
- Bei welchen Fragestellungen müssen pädagogische Fachkräfte Fachberatungen im klassischen Sinn oder für fachliche Beratung zum Thema Hochbegabtenförderung eine Begabungspsychologische Beratungsstelle konsultieren – und bei welchen Fragestellungen ist ein kollegialer

Austausch mit erfahrenen Erzieherinnen beispielsweise in Form einer Hospitation sinnvoller und erbringt mehr Erkenntnis- und Lerngewinn für das spezifische Anliegen?

Seit einiger Zeit gibt es in verschiedenen Bundesländern sogenannte Konsultationseinrichtungen, die von pädagogischen Fachkräften zu ganz unterschiedlichen Fragen konsultiert werden können. Konsultationseinrichtungen sind Kindertageseinrichtungen, die ihren Kindern in besonderer Weise Bildungsräume schaffen. Solche Einrichtungen sollen in Bayern durch die Umsetzung der Grundprinzipien des Bayerischen Bildungs- und Erziehungsplans und durch hohe Innovationsbereitschaft und Innovationsfähigkeit geprägt sein. Die möglichen Formen der Konsultation sind vielfältig.

Auch im Fall von Timo wurden Eltern und Erzieherinnen durch den Psychologen, der die Testung durchgeführt hat, und durch eine Begabtenpädagogin im Rahmen des Konsultations-Projekts des Staatsinstituts für Frühpädagogik München beraten. Nach der Beratung äußerten die Erzieherinnen, sie könnten Timo jetzt endlich verstehen.

Im Fall von Timo zeigt sich, dass häufig über einen Einzelfall eines hochbegabten Kindes zunächst eine einfache Beratungskonstellation aufgebaut wird – in Form von kollegialer, fachlicher Beratung oder in Form von Hospitation. Im Verlauf der Konsultationen können sich dann weitere Formen wie Weiterbildungen oder umfassendere Organisationsentwicklungsmaßnahmen ergeben. Der Aspekt Bildung steht stets im Vordergrund.

Auch das Thema Hochbegabtenförderung in der Kita braucht ein Netzwerk kollegialer und fachlicher Beratung für pädagogische Fachkräfte, da die klassische Fachberatung dieses Fördergebiet nicht umfasst, Fachkräfte aber neben Weiterbildungen Beratung für konkrete Problemstellungen im Kontext Hochbegabung brauchen.

Eine psychologische Beratung kann die fachlich kollegiale Beratung durch eine in der Hochbegabtenförderung kompetente und erfahrene pädagogische Fachkraft nicht ersetzen. Aus diesem Grund wird die Karg-Stiftung ab 2010 ein Konsultationsnetzwerk von Kindertageseinrichtungen mit dem Förderschwerpunkt Hochbegabtenförderung aufbauen.

Grundsätzlich ist die vermehrte Entstehung regionaler Netzwerke, in denen die Einrichtungen der Hochbegabtenförderung ihre Aktivitäten in einer Region austauschen, diskutieren, ergänzen und weiterentwickeln, zu begrüßen. Falls eine Erzieherin beispielsweise nicht weiß, welche Schule für ein hochbegabtes Kind eine sinnvolle Alternative zur zuständigen Grundschule sein kann, kann sie hier anfragen oder die Eltern an eine kompetente Stelle im Netzwerk verweisen.

Fazit

Pädagogische Fachkräfte in Kindertageseinrichtungen werden zunehmend von komplexen Beratungsaufgaben herausgefordert und bilden die steuernde Schnittstelle für Beratungen, die den Förderprozess optimieren sollen. Sie beraten Eltern und brauchen selbst fachliche Beratung.

Die Beratungsanlässe im Kontext Hochbegabung sind andere als im Kontext Entwicklungsbeeinträchtigungen. Insofern können Beratungsstellen für Kinder mit Entwicklungsbeeinträchtigungen und Erziehungsberatungsstellen helfen, Ursachen von Problemen zu identifizieren,

Eltern und Erziehungsteams beraten. Die operative Umsetzung der Förderung hochbegabter Kinder in der Kita erfordert jedoch Fachberatung oder kollegiale pädagogisch fachliche Beratung – und dies flächendeckend.

Die fachliche und humane Kompetenz der pädagogischen Fachkräfte ermöglicht das Verstehen des hochbegabten Kindes und der Anliegen seiner Familie. Dieses Verstehen ist die Grundlage für die wichtige Steuerungsfunktion der pädagogischen Fachkräfte in der Bildungslaufbahn des Kindes.

Im Bereich der Hochbegabtenförderung ergeben sich ideale Möglichkeiten einer fachlichen und kollegialen Beratung in Kindertageseinrichtungen durch Konsultationseinrichtungen und Netzwerkstrukturen.

Literatur

Adolph, P. (2010). Qualität durch Fachlichkeit, Fortbildung und Fachberatung. In Kindergartenpädagogik Online-Handbuch. www.kindergartenpaedagogik.de.

Arnold, D. & Preckel, F. (2008). Kommunikations- und Lösungsstrategien für die Interaktion mit klugen Köpfen. Die Quintessenz aus einem Training für Eltern (hoch)begabter Kinder [Veröffentlichung zum Gebrauch für Teilnehmer; o. O., o. J.].

Bamler, V. (2010). Fachberatung als Bestandteil der Qualitätsentwicklung im Bereich von Kindertageseinrichtungen und der Tagespflege. In Kindergartenpädagogik Online-Handbuch. www.kindergartenpaedagogik.de

Bayerisches Staatsministerium für Arbeit und Sozialordnung, Familie und Frauen; Staatsinstitut für Frühpädagogik München (Hrsg.) (2006). Der Bayerische Bildungs- und Erziehungsplan für Kinder in Tageseinrichtungen bis zur Einschulung. Weinheim: Beltz.

Beelmann, A. (2003). Konzeptionelle und programmatische Leitgedanken zur Eltern- und Familienbildung. In R. Prölß (Hrsg.), Bildung ist mehr. Die Bedeutung der verschiedenen Lernorte (S. 135-140). Nürnberg: Emwe.

Böhmert, B. & Schneewind, K. A. (2009). Kinder im Vorschulalter kompetent erziehen. Der interaktive Elterncoach »Freiheit in Grenzen«. Bern: Hans Huber.

Brumm, J. (2009). Schwierig – und doch zu meistern! Wie die Beratung von Eltern hochbegabter Kinder gelingen kann. Kita Spezial, 4/2009, 19-21.

Bundesarbeitsgemeinschaft der Landesjugendämter (BAGLJÄ) (2003). »Empfehlungen zur Fachberatung« – beschlossen in der 95. Arbeitstagung vom 24.-26.11.2003 in Flehingen/Baden.

Bundesministerium für Bildung und Forschung (Hrsg.) (2007). Auf den Anfang kommt es an: Perspektiven für eine Neuorientierung frühkindlicher Bildung. (Bildungsforschung Band 16.) Bonn, Berlin: Digitale Zeiten GmbH.

Colberg-Schrader, H. (2003). Informelle und institutionelle Bildungsorte. Zum Verhältnis von Familie und Kindertageseinrichtung. In W. E. Fthenakis (Hrsg.), Elementarpädagogik nach Pisa (S. 266-284). Freiburg: Herder.

Horsch, H., Müller, G. & Spicher, H.-J. (2006). Hoch begabt – und trotzdem glücklich. Ratingen: Oberste-Brink.

Pramling Samuelsson, I. & Asplund Carlsson, M. (2007). Spielend Lernen. Stärkung lernmethodischer Kompetenzen. Troisdorf: Bildungsverlag EINS.

Preckel, F. & Eckelmann, C. (2008). Beratung bei (vermuteter) Hochbegabung: Was sind die Anlässe und wie hängen sie mit Geschlecht, Ausbildungsstufe und Hochbegabung zusammen? Psychologie in Erziehung und Unterricht, 55, 16-26.

Rauschenbach, T. (2000). Kitas auf dem Weg zu sozialen Dienstleistungszentren für Kinder und ihre Familien im Sozialraum – 4 Thesen. Theorie und Praxis der Sozialen Arbeit, Nr. 10/2000, 385-388.

Rauschenbach, T. (2003). Der Bildungsauftrag des Kindergartens – Neubesinnung nach dem PISA-Schock. In R. Prölß (Hrsg.), Bildung ist mehr (S. 75-82). Nürnberg: Emwe.

Textor, M. R. (Hrsg.) (2010). Kindergartenpädagogik Online-Handbuch. www.kindergartenpaedagogik.de

Textor, M. R. (2010). Elternarbeit in Kindertageseinrichtungen. In I. Becker-Textor & M. R. Textor (Hrsg.), SGB VIII – Online-Handbuch. www.sgbviii.de

Tschöpe-Scheffler, S. (2003). Fünf Säulen der Erziehung. Ostfildern: Matthias-Grünewald-Verlag.

Wittmann, A. J. & Holling, H. (2004). Hochbegabtenberatung in der Praxis. Göttingen: Hogrefe.

Erziehungsberatung bei Familien mit hochbegabten Kindern

André Jacob · Heike Morche

In verschiedenen Bundesländern wurden in den letzten Jahren Kooperationsnetzwerke zwischen Kindergärten und Erziehungs- und Familienberatungsstellen geknüpft, mit dem Ziel, möglichst früh kindlichen Entwicklungsrisiken passgenau zu begegnen (Krambock & Pellander, Projekt ERIK/Düsseldorf; Hillenbrand & Rietmann, Borkener Entwicklungsnetzwerk [BEN]; Hundsalz et al., Projekt »Frühe Hilfen«/Mannheim). Als diejenigen, die mit den Kindern lang andauernde Alltagserfahrungen in verschiedenen Bereichen machen und gute Kontakte zu den Eltern haben, sind ErzieherInnen eine wichtige Schnittstelle zwischen den Institutionen und den Familien. Die Auswertung der Projekte zeigt, dass Eltern Unterstützungsangebote annehmen und dass ErzieherInnen von der fachlichen Unterstützung durch die Beratungsstellen profitierten. Die initiierten Projekte fokussierten allerdings auf die Entwicklungsrisiken von Kindern. Jedoch rückt verstärkt auch die Entdeckung und Förderung von besonders begabten Kindern in das Blickfeld der Pädagogik, wie dies zum Beispiel das 2004 in Kraft gesetzte Berliner Schulgesetz mit seinem Rechtsanspruch auf besondere Förderung für hochbegabte Schülerinnen und Schüler (§ 4 Abs. 3, Satz 1 SchulG) dokumentiert. Allerdings fallen besonders begabte Kinder nicht erst in der Schule auf, sondern bereits im Kindergarten. In der Erziehungsberatung des Deutschen Roten Kreuzes (DRK) Berlin Süd-West meldeten sich im Jahr 2009 einige Eltern, die von den ErzieherInnen ihrer Kinder auf deren Begabung aufmerksam gemacht worden waren, um sich beraten oder um ihre Kinder testen zu lassen. Daneben wünschten sich die Mitarbeiter der Kindergärten Beratung, wie sie diese Kinder im Kita-Alltag angemessen fördern könnten.

In diesem Artikel soll die Arbeit der Erziehungsberatungsstellen vorgestellt werden, mit besonderem Augenmerk auf die Rolle der Beratungsstellen bei der Beratung von Familien mit hochbegabten Kindern. Dabei sind die Fragen, die sich hinsichtlich der besonderen Begabung der Kinder sowohl bei den Eltern als auch bei den ErzieherInnen ergeben, ähnlich. Immer wieder stoßen sowohl ratsuchende Familien als auch ErzieherInnen und LehrerInnen von hochbegabten Kindern an Grenzen, die sich aus innerfamiliären Beziehungskonstellationen und Erziehungs- und Entwicklungsproblemen ergeben und die zugleich gekoppelt sind an die spezifischen Aspekte und Dynamiken bei Hochbegabung. Fragen wie: »Ist das Kind hochbegabt?«, nach dem Umgang mit Belastungsthemen, nach Erklärungen für schwer nachvollziehbares Verhalten, zu Beziehungs- und Kommunikationsthemen oder nach Förderungsmöglichkeiten, auch außerhalb von Kita und Schule, werden in den Beratungsstellen individuell beantwortet.

Was ist und was leistet Erziehungsberatung?

Erziehungsberatung ist auf die Optimierung der elterlichen Erziehung orientiert. Dies geschieht, indem professionelle BeraterInnen (1) das Bedingungsgefüge der konkreten Erziehungssituation in der ratsuchenden Familie verstehen, (2) Ziele zur Veränderung der in Frage kommenden

Bedingungen vorschlagen und vereinbaren und schließlich (3) die Beratung zu einer oder mehreren Bedingungen und deren Veränderungen praktizieren und organisieren. Um die Vielfalt der Bedingungen ausreichend zu verstehen und beeinflussen zu können, bedarf es der Zusammenarbeit mehrerer BeraterInnen mit unterschiedlichen Kompetenzen in einem Team. Die multiprofessionelle Kooperation und Kommunikation ermöglicht die zyklische Reflexion von Zielen, Interventionen und Erreichtem und ist aufgrund der Komplexität und der hohen Dynamik von Erziehungs- und Entwicklungsprozessen essentiell für die Erziehungsberatung.

Welche Methoden werden durch ErziehungsberaterInnen angewandt?
- Methoden zur Abklärung (Diagnostik),
- kindorientierte Interventionen, wie zum Beispiel psychologische Kindertherapie,
- an den Eltern-Personen orientierte Interventionen, wie Mutter- oder Vaterberatung,
- an der Eltern-Kind-Beziehung orientierte Interventionen, wie psychologische Mutter-Kind-Interaktionsberatung,
- an der elterlichen Paarbeziehung orientierte Interventionen, wie Paarberatung,
- auf die familiäre Organisation bezogene Beratung, wie strukturell familientherapeutische Beratung,
- auf die Lebenslage orientierte Beratung, wie Beratung zur Stressminderung oder wo nötig soziale Beratung, sowie
- auf Vermeidung von Erziehungsschwierigkeiten orientierte Angebote, wie zur Elternbildung.

Diese Methodenvielfalt muss zyklisch im Beraterteam reflektiert werden, um sie zielorientiert auf ihre Angemessenheit und Sinnhaftigkeit im Beratungsprozess zu überprüfen und um gemeinsam mit der Familie einen vereinfachten Hilfeplan zu erstellen. Die Partizipation der Ratsuchenden und die Transparenz der Beratungsgestaltung sind weitere Spezifika der Erziehungsberatung als »Hilfe zur Selbsthilfe«. Um Niederschwelligkeit zu gewährleisten, ist die Beratung kostenfrei und freiwillig. Die BeraterInnen unterliegen der Schweigepflicht. Seit dem 1.1.1991, also mit dem Inkrafttreten des Kinder- und Jugendhilfegesetz (KJHG), haben Familien einen Rechtsanspruch auf Erziehungsberatung, dessen rechtliche Grundlage der Paragraf 28 des Sozialgesetzbuchs (SGB) VIII bildet. Die bundesweit mehr als 1.000 Erziehungsberatungsstellen in öffentlicher und freier Trägerschaft gewährleisten, dass jede Familie ein wohnortnahes Beratungsangebot nutzen kann. Über die Internetseite der Bundeskonferenz für Erziehungsberatung (bke) können Beratungsstellen im gesamten Bundesgebiet ermittelt werden.[57]

Erziehungsberatung bei Familien mit hochbegabten Kindern

Erziehungs- und Familienberatung bei Familien mit hochbegabten Kindern gründet sich auf die bewährten Standards der Erziehungsberatung, wie sie soeben beschrieben wurden, sie entwickelt darüber hinaus aber personen-, problem- und prozessabhängig jeweils ein maßgeschneidertes

57 http://bke.de/, letzter Zugriff am 11.01.2010. – Wir danken Christine Koop für ihre Anregungen und für die hilfreiche Unterstützung bei der Abfassung des Beitrages.

Beratungsangebot. Der Bedarf an Beratung mit dem Fokus »Familien mit hochbegabten Kindern« lässt sich anhand folgender prototypischer Fragestellungen, mit denen Eltern sich an Erziehungsberatungsstellen wenden, skizzieren:

- Unser Kind interessiert sich für vieles, was andere gleichaltrige Kinder (noch) unberührt lässt; ist es hochbegabt? (Indikationsfrage)

Aufgefordert durch eine verunsicherte Erzieherin ihrer Kita stellen die Eltern die 2½-jährige Paula in der Beratungsstelle vor, weil Paula so »schrecklich neugierig« sei, in hoch komplexen Sätzen rede, wie keines der gleichaltrigen Kinder, wenig Schlaf zu brauchen scheine und fast ausschließlich mit älteren Kindern spiele. Vielleicht sei sie ja hochbegabt, aber weder Erzieherinnen noch Eltern wüssten, wie sie damit umgehen sollten. Schließlich wollten sie Paula ja optimal fördern.

Tatsächlich ist es in diesem Fall sehr wichtig, sich zunächst diagnostisch damit auseinanderzusetzen, wie weit Paula intellektuell, emotional, sozial und in ihrem Verhalten entwickelt ist und worin es Konflikte gibt. Obwohl es in diesem Alter schwierig ist, eindeutige und prognostisch valide Entwicklungsstände gerade im »oberen« Bereich festzustellen, sollten die zur Verfügung stehenden standardisierten diagnostischen Möglichkeiten genutzt werden, um Spekulation und voreiliger Etikettierung soweit wie möglich den Boden zu entziehen. Da in den letzten Jahren Hochbegabung zu einer Modediagnose zu werden »droht«, ist einerseits eine psychologisch basierte Diagnostik die Methode der Wahl, um frühzeitig Ressourcen aber auch Risiken der Entwicklung so zuverlässig wie möglich abschätzen zu können. Andererseits sollten diagnostische Aussagen zum kognitiven Entwicklungsstand im Vorschulalter wegen der meistens noch vagen Ausprägung der testdiagnostischen Gütekriterien in ihrer Vorhersagekraft nicht überschätzt werden.

In Paulas Fall sollte natürlich – nach erfolgter psychologischer Untersuchung mit einem standardisierten entwicklungsdiagnostischen Verfahren sowie nach einer Hospitation in der Kita – bei der Feststellung, dass Paula tatsächlich kognitiv und sozial für ihr Alter sehr weit entwickelt ist, nicht stehen geblieben werden.

Die Klärung der Indikation geht oft über in die Beratung zu Folgen für die Erziehung, denn die meisten Eltern stellen ihre Kinder nicht aus Profilierungssucht vor, sondern weil sie sich tatsächlich Sorgen machen. So auch bei Paula. Nachdem der Boden der Fakten durch psychologische Diagnostik stabiler geworden ist, hinterfragt die Erziehungsberaterin die Verunsicherungen im Umgang mit Paula sowohl auf ihre spezifischen Hintergründe bei den Eltern als auch bei der Erzieherin. Paulas Eltern kamen unter Druck, weil sie so früh wie möglich »alles richtig machen« und keinesfalls irgendwelche Förderangebote verpassen wollten. Die Erzieherinnen hingegen stellten eher die Schwierigkeiten Paulas in den Mittelpunkt, sich in die Gruppe einzuordnen. Dahinter stand die Erwartung, dass Paula ein sozial angemessenes Verhalten doch eigentlich recht leicht fallen sollte – wenn sie denn intellektuell schon so weit entwickelt sei. Es ist nun gemeinsam mit den Eltern und den aufmerksamen Erzieherinnen zu beraten, welche differenzierte Unterstützung Paula durch die Kita und durch ihr soziales Umfeld erhalten kann, um einerseits ihrer großen Neugier nicht ständig Schranken zu setzen und um sie andererseits in ihrer natürlichen sozialen Umwelt nicht permanent in eine Sonderrolle zu drängen. So klärte die Erziehungsberaterin im Elterngespräch die Eltern über die Komplexität und Dynamik des Phänomens »Hochbegabung« auf, versuchte Leistungs- und Förderdruck zu minimieren und verwies auf die guten selbstregulatorischen Kompetenzen Paulas, die sie während der Diagnostik beobachten konnte. Im Vordergrund elterlicher Erziehung bei Paula sollte weniger das ständige Anbieten von immer neuen Erkundungsräumen stehen, als eine ruhige Begleitung, die sich immer wieder vergewissert, wie Paula ihre eigenen Erkundungen organisiert. Im Beratungsgespräch mit der Kitaerzieherin standen die Fragen im Mittelpunkt, in welcher Form Paula in den Kitaalltag eingebunden werden könnte und welche Besonderheiten durchaus auch Platz hätten, ohne zum Beispiel den Neid anderer Kinder hervorzurufen (»Jedes Kind ist besonders«). Die Auseinandersetzung mit hochbegabten Kindern, ihren Bedürfnissen und ihrer zumeist kreativen Suche nach Lern-Freiräumen wird für alle Kinder der Einrichtung gewinnbringend sein, wenn diese auch für ihre (anderen) Talente neue Räume und Wege zum Ausprobieren erhalten.

Der ungehobene Schatz: Wie können unentdeckte hochbegabte Kinder entdeckt werden?

Nicht alle Kinder, die rein statistisch als hochbegabt auffallen müssten, werden auch als solche erkannt – trotz in den letzten Jahren erreichter höherer professioneller Sensitivität in den Einrichtungen. So fallen beispielsweise häufig Kinder mit Behinderungen, mit Migrationshintergrund, mit psychischen Auffälligkeiten und Kinder, deren soziale Verhältnisse prekär sind, aber auch nicht selten Mädchen durch das Erkennungsraster (vgl. auch Dannhauer 2009 sowie den Beitrag von C. Koop & W. Röseler in diesem Band). Zum einen, weil sie nicht die typischen Anzeichen kognitiver Hochbegabung zeigen, zum anderen, weil aufgrund gesellschaftlicher und persönlicher Erwartungen und Vorurteile nicht der Bezug zwischen dem gezeigten Verhalten und einer möglichen Hochbegabung hergestellt wird. Als Beispiel für eine Unterschätzung von kindlicher Kompetenz im Zusammenhang sozialer Herkunft sei auf die IGLU-Studien (Bos et al. 2007; 2008) verwiesen, deren Ergebnisse Hinweise auf eine Ungleichbehandlung von Kindern hinsichtlich der Lehrerempfehlungen für das Gymnasium gemäß ihrem sozialen Hintergrund enthalten.

In diesem Bereich der Verquickung gesellschaftlicher und individueller Bezüge und Erwartungen kommt der Erziehungsberatung eine andere Funktion zu. In der bisherigen Betrachtung werden die Beratungsstellen aufgesucht, um zum Beispiel Fragen der Indikation zu klären. Zur Identifizierung hochbegabter Kinder, die eher übersehen werden, muss die Beratung »aufsuchende« Funktionen erfüllen, damit die Wahrscheinlichkeit der Entdeckung dieser hochbegabten Kinder erhöht wird. Neben der auf »Hochbegabung« fokussierenden Weiterbildung bedarf es der sozialen und interkulturellen Sensibilisierung der ErzieherInnen, etwa im Rahmen von Fortbildungen. Um hochbegabte Kinder quasi »im Nebel« erkennen zu können, ist zum einen die Aufmerksamkeit auf weniger typische Früh-Zeichen für Hochbegabung zu richten, wie Neugierde, erkundender Bewegungsdrang, Kommunikationswille, besondere Belastbarkeit, rasche Auffassungsgabe und herausforderndes Sozialverhalten und zum anderen die Auseinandersetzung mit den eigenen Verhaltens- und Bewertungsstereotypien erforderlich. Zu überlegen ist auch, ob es nicht günstig wäre, Methoden zur Protokollierung des Beobachteten zu nutzen, welche die Entdeckungsprozesse der ErzieherInnen unterstützen könnten. Das Erkundungsverhalten der ErzieherInnen gleicht hier einem sich wiederholenden und spiralförmigen Such- und Erkenntnisprozess: Jede Beobachtung und deren Interpretation bildet zugleich eine neue Hypothese für die nächste Beobachtung. So vertiefen sich die Erkennung und zugleich die Erkenntnis zu einem immer komplexeren und vielschichtigeren Verständnis. Notwendig sind dafür der Austausch und die Reflexion im Erzieherteam und – bei Bedarf – auch mit einer interkulturell und begabungspsychologisch kompetenten Beraterin. Diese kann die ErzieherInnen darüber hinaus auch in der Entwicklung geeigneter Ansätze für die anstehenden Gespräche mit den Eltern unterstützen.

Aus Studien zur Wahrnehmungspsychologie wissen wir um die Prozesse, die bewusst und unbewusst in uns ablaufen, wenn wir einer Person gegenüberstehen und versuchen, diese zu begreifen und zu verstehen. Ins Bewusstsein muss gelangen, dass unsere Bewertungen und Erwartungen zu einem hohen Grad durch eigene Erziehungserfahrungen und durch kulturelle und gesellschaftliche Normen beeinflusst sind. Die Suche nach den »ungehobenen Schätzen«, nach Begabungen bei Kindern, die bei dem Begriff »Hochbegabung« nicht gleich ins Auge fallen, fordert uns auf, unsere Wahrnehmung zu hinterfragen und sich zu öffnen für das Unerwartete und Überraschende. Auf diese Weise wird auch diesen Kindern die An-Erkennung, Wertschätzung und Förderung zuteil, die sie benötigen.

- Unser Kind verlangt viel mehr Zuwendung, als wir seelisch oft geben können und es ist auch ungemein hartnäckig. (Belastungsthema)

Eltern wenden sich an die Erziehungsberatungsstelle des Öfteren mit Klagen, dass ihnen die Erziehung ihres hochbegabten Kindes viel, manchmal zu viel, abverlange. Es sei nicht nur die »Gier auf Neues« sondern auch das ständige Hinterfragen, das Diskutieren um jede Regel, das Aufspüren von Lücken in der elterlichen Argumentation und so weiter. Selten sei das Kind einmal zufrieden oder gar dankbar. Da beide Eltern ja in der Regel nicht nur mit Erziehung sondern auch mit Broterwerb, mit der Erziehung weiterer Geschwister oder auch mit anderen Tätigkeiten im sozialen Feld meistens gut ausgelastet sind, kann dann rasch Überforderung erlebt werden. Das generiert nicht selten Ärger auf das Kind, aber auch Ärger auf sich selbst aus dem Gefühl heraus, dem Kind nicht gerecht zu werden. Wird diese Belastung und der damit verbundene doppelte Ärger chronisch, führt dies in den Familien häufig zu vielen weiteren Konflikten, nicht zuletzt auch zwischen den Eltern selbst. Nicht zu bewältigende dauerhafte Überforderung ist recht oft ein Hintergrund für Trennung und Scheidung. Erziehungsberatung wendet sich in diesem Fall rasch den familiären Ressourcen zu, um Belastungen in ihrer Schwere und in ihrer Häufigkeit zu reduzieren. Drei Aspekte rücken dabei in den Vordergrund: Erstens ist zusammen mit den Eltern darauf zu schauen, wie sie rechtzeitig die Entwicklung von Belastung erkennen und frühzeitig vermeiden können. Beispielsweise besprechen die Erziehungsberaterinnen mit den Eltern, ob diese regelmäßig entlastende Unterstützung organisieren können wie eine wöchentliche Kinder-Betreuung durch die Großeltern. Zweitens erarbeiten und erproben Erziehungsberater mit den Eltern Notprogramme, die sie bei eskalierten Eltern-Kind-Konflikten rasch und effizient einsetzen können (Omer & van Schlippe 2006). Drittens – und dies wirkt eher langfristig – werden die Eltern durch Erziehungsberatung zum Nachdenken darüber angeregt, welche selbstregulatorischen Fähigkeiten ihres Kindes aktiviert werden müssten, damit es lernt, auch selbst aktiv Konflikte zu vermeiden oder diese wenigstens so zu modulieren, dass eine Eskalation durch das Kind selbst verhindert werden kann. In diesem Fall ist die Einbeziehung des Kindes in den Beratungsprozess anzuraten, damit die Beraterin mithelfen kann, sehr konkret auf die betreffende Familie zugeschnittene Lösungen zu entwickeln.

- Unser Kind verhält sich manchmal für uns schwer nachvollziehbar. (Verstehen der kindlichen Psyche)

Manchmal sind Eltern sehr verunsichert, weil sich ihr Kind so »seltsam« verhält.

Der fünfjährige Mario zeichne beispielsweise immerzu technische Apparaturen, habe aber keine Lust, die von der Kitaerzieherin angeregte Herbstlandschaft zu malen. Der ebenfalls fünfjährige Marin interessiere sich intensiv für die Sterne und das Weltall, rechne auch allerlei, sei aber für alles, was die feinmotorische Entwicklung fördere (zum Beispiel Basteln) nur sehr schwer zu motivieren.

Viele hochbegabte Kinder zeigen nicht nur ein Interesse an bestimmten mehr oder weniger nachvollziehbaren Themen, sondern leben dieses Interesse praktisch – und mit höchster Intensität und Hartnäckigkeit. Sie »gehen geradezu darin auf«. Diese starke intrinsische Motivation billigt man meistens Künstlern zu, die über ihrem Schaffen »die Zeit vergessen«. Das ist jedoch nicht nur für Künstler typisch, sondern auch für viele Kinder gerade in der frühen Entwicklungsphase – und für hochbegabte Kinder erst recht. Tatsächlich vergessen sie nicht die Zeit, sondern sie leben in der sogenannten »Ereigniszeit« (Levine 1999). Die »Ereigniszeit« kennt den Beginn und das Ende eines Werkes, ist für Kinder aber nicht messbar in Stunden oder Minuten. Sie interpretieren ihre Zeitvorstellung anders als die Eltern oder die Erzieherin, welche das Kind vielleicht zum wiederholten Mal auffordern, sein aktuelles Spiel zu beenden und zum Essen zu kommen.[58]

Gemeinsam mit den Eltern versucht die Erziehungsberaterin das thematisch oder motivational nur schwer Nachvollziehbare im kindlichen Verhalten herauszuarbeiten. Die Erinnerung an Erfahrungen aus der eigenen Kindheit kann dabei helfen, ein erweitertes Verständnis für das Kind und für dessen Besonderheit zu finden. Wird im Beratungsprozess eine größere Akzeptanz erreicht, führt dies auch zu mehr Wertschätzung für das Kind und sein Tun. Größere Einfühlung, mehr Akzeptanz und letztlich auch ein besseres Selbstverständnis der Eltern für sich und für ihre eigenen Seltsamkeiten sind die Grundlagen gelingender Kommunikation und einer befriedigenden Beziehungserfahrung (vgl. auch GwG 1987). Die Beratung hilft darüber hinaus den Eltern, das für sie im Beratungsprozess Neue auch möglichst kindgemäß zu kommunizieren. Dies wiederum zeigt dem Kind, dass es wertgeschätzt wird und hilft ihm, sich in seinen Bedürfnissen zu verstehen und diese auch auszudrücken.

Die exzessive Beschäftigung mit einem einzelnen, speziellen Gebiet, wie zum Beispiel den Zahlen, löst in vielen Eltern Sorgen hinsichtlich der Entwicklung ihres Kindes in anderen Bereichen aus, zumeist und vor allem in Bezug auf den Aufbau und die Pflege sozialer Kontakte. Hier ist es wichtig, die Sorgen und Phantasien der Eltern in der Beratung aufzugreifen. Nach

58 Häufig wird dieser Konflikt fehlgedeutet als ein Machtkonflikt, dabei ist es eigentlich ein Interessen- und Motivationskonflikt.

Möglichkeiten zu suchen, die es dem Kind erlauben, seine Begabung zu entfalten und zugleich auch Herausforderungen darstellen – wie zum Beispiel mit anderen zusammenzuarbeiten und sich mit anderen auseinanderzusetzen – kann in solchen Fällen ein gangbarer Weg sein.

- Unser Kind hinterfragt viel mehr als seine Geschwister unsere Erziehung, wir wissen oft gar nicht mehr weiter. (Erziehungs- und Beziehungsfragen)

Tatsächlich vergleichen sich Kinder sehr früh mit anderen Kindern, mit ihren Geschwistern natürlich sowieso. Einige hochbegabte Kinder entwickeln sehr früh und sehr differenziert die Fähigkeit, sich vorzustellen, was der andere Mensch denken und fühlen könnte (»theory of mind« – zum Beispiel Bischof-Köhler 1997, 354f.). Dies ist die Grundlage für empathisches Verhalten und daher an sich eine wunderbare Gabe. Allerdings wird sie zum Problem, wenn das Kind sie nicht nur prosozial einsetzt, sondern sie dazu benutzt, um eigene Zwecke zu verfolgen oder mit ihrer Hilfe von eigenen Sorgen und Nöten durch Konfliktverschiebung abzulenken. Solche Diskussionen führen die Eltern oft in Fallen, aus denen sie nur schwer oder gar nicht mehr herausfinden. Denn die entdeckte scheinbare Gerechtigkeitslücke oder die tatsächliche Inkonsequenz, die das Kind seinen Eltern gerade zum wiederholten Mal nachweist, kennen diese meistens ja selbst. Erziehungsberatung versucht in diesen Fällen auf verschiedenen Wegen, Eltern und Kind in eine spannungsärmere Beziehung zu begleiten. Die Entdeckung von verschiedenen Methoden, Diskussionen »leichter« zu führen (Humor, Übertreibung), die Erprobung paradoxer Methoden (»Symptomverschreibung«) oder aber die Arbeit mit Metaphern erleben Eltern oftmals als hilfreich. Ferner erweist es sich manchmal als sinnvoll, Diskussionszeiten und einen Familienrat zu installieren, die zusammen einen abgegrenzten Raum bieten, in den »lästige« Diskussionen hinein verlagert werden können, ohne dass man sie vollständig unterdrückt. Ritualisierte Diskussionszeiten in der Familie kommen gerade hochbegabten Kindern sehr entgegen, denn sie erleben, dass sie in ihrem Klärungsbedürfnis ernst genommen werden, dass der Entdeckung von Rationalität im Handeln Raum gegeben wird und dass impulsives, affektiv stark aufgeladenes Verhalten selten zu Lösungen führt (Gordon 1998). In den letzten Jahren entstanden gerade für sozial und philosophisch interessierte Kinder auch ganz neue Angebote. In den Clubs oder Workshops finden diese Kinder genügend Raum, um über die großen und kleinen Lebensthemen mit anderen Kindern und mit geschulten Moderatoren ins Gespräch zu kommen. Vielleicht könnten diese Angebote in den kommenden Jahren auch Vorschulkindern zur Verfügung stehen. Es erleichterte bestimmt die eine oder andere Familiendiskussion, wenn die Eltern ihr Kind auf die ausführlichere Diskursmöglichkeit im Club junger Kita-Philosophen verweisen könnten.

Ein weiterer Aspekt berührt ein nicht nur für hochbegabte Kinder typisches Thema: das Sich-selbst-mit-anderen-vergleichen. Hector, auf der Suche nach immerwährenden Regeln, das Glück zu definieren, findet rasch heraus, dass Vergleich einer der effizientesten Glückskiller ist (Lelord 2008). Tatsächlich geht es in der Erziehung doch darum, dass Eltern ihre Kinder möglichst so annehmen, wie sie sind. Dies ermöglicht jedem Kind dann auch, sich als der zu akzeptieren, der man ist. Das eigene Selbstkonzept basiert dann auf einem positiven Selbstbild, das sich immer weniger durch Vergleich mit anderen stabilisiert, sondern seine Anreicherung durch eine immer offenere Wahrnehmung und Toleranz für eigene Erlebnisse erfährt. Insofern hilft die

Erziehungsberaterin den Eltern und ihrem hochbegabten Kind, sich in allen seinen Eigenschaften zu akzeptieren und wertzuschätzen, so dass letztlich der Vergleich mit anderen immer unwichtiger für das eigene Selbstwerterleben und für den Aufbau eines gesunden positiven Selbstkonzeptes wird.

- Unser Kind kommt in der Kita mit den anderen Kindern schlecht zurande. (Extrafamiliäres Beziehungsthema)

Es gibt viele Hintergründe, die ein hochbegabtes Kind in seiner Gruppe in Spannungen versetzen und zu Konflikten führen. Die Erziehungsberaterin – darauf wurde bereits weiter oben ausführlich eingegangen – wird bestrebt sein, mit allen Beteiligten und möglichst vor Ort zu untersuchen, welche Eskalationen konkret stattfinden und welche deeskalierenden Möglichkeiten den Beteiligten zur Verfügung stehen. Die Palette reicht hier von eher aufklärenden psychagogischen bis hin zu supervisorischen Interventionen. Wichtig erscheint jedoch stets, dass alle Beteiligten zu einer Kooperation finden, die nicht nach Schuld fragt, sondern nach Lösungen sucht, damit sich jeder in der Gruppe wieder wohler fühlen und zugleich seine Besonderheit leben kann.

- In der Kita erhält unser Kind viel Unterstützung und Förderung, aber über Möglichkeiten zur Freizeitgestaltung sind wir wenig informiert. (Förderung spezifischer Unterstützung und Vermittlung)

Diese Fragestellung verweist auf eine informierende Beratung. Die Beraterin kann ihre möglichst umfassenden Kenntnisse über spezifische Förder- und Unterstützungsmöglichkeiten an die Eltern weitergeben. Voraussetzung ist natürlich, dass die Beraterin über eben solche Expertise verfügt. Der Aufbau, die Pflege von und der sachgerechte Umgang mit möglichst umfassenden und präzisen Datenbanken sollten zum Arbeitsrepertoire einer soliden Erziehungsberatungsstelle gehören. Der dafür notwendige, nicht unerhebliche Zeitaufwand muss als Arbeitszeit kalkuliert werden.

Immer wieder wird der Erziehungsberaterin bei der Beschäftigung mit diesem Thema deutlich, dass es keine hochbegabungstypischen Beratungsanliegen oder gar Pathologien gibt. Wohl aber formt und färbt Hochbegabung die Herausbildung von Schwierigkeiten. Beispielsweise kann ein hochbegabtes Kind zum Außenseiter in seiner Gruppe werden, weil es auf sehr nachdrückliche Weise darauf besteht, bestimmte Rollenspiele in einer Exaktheit zu spielen, die andere Kinder rasch überfordert. Die Mitspieler wenden sich dann lieber anderen Kindern zu und lassen die »Nervensäge« links liegen. Die Erfahrung dieses Kindes, dass zunehmend weniger Kinder mit ihm spielen wollen, befördert möglicherweise kompensatorische Verhaltensweisen, die diesen Konflikt noch verstärken (zum Beispiel Clownerien oder aggressives Verhalten). Ein Teufelskreis beginnt, aus dem das Kind in der Regel nicht mehr allein herausfindet.

Nur eine intensive, von Wertschätzung, Akzeptanz und Empathie getragene Auseinandersetzung mit den strukturellen, dynamischen und konflikthaften Aspekten von Hochbegabung versetzt die Beraterin in die Lage, solche entwicklungsbeeinträchtigenden Situationen oder Symptome zu entdecken und mit den Betroffenen und Beteiligten gemeinsam Strategien eines entwicklungsförderlichen Umgangs zu entwickeln und zu erlernen. In diesem Sinne besteht der Beratungsauftrag – vergleichbar allen anderen Aufträgen in der Erziehungsberatung – nun darin, die je individuelle psychische Situation in ihrem Kontext zu verstehen, zu beschreiben und Veränderungsprozesse hin zu einer gelingenden Entwicklung, zu weniger Leid und zu mehr Zufriedenheit anzuregen, zu erproben und zu begleiten.

Literatur

Bischof-Köhler, D. (1997). Zusammenhänge zwischen kognitiver, motivationaler und emotionaler Entwicklung in der frühen Kindheit und im Vorschulalter. In H. Keller (Hrsg.), Lehrbuch Entwicklungspsychologie (S. 319-376). Bern: Hans Huber.

Bos, W., Hornberg, S., Arnold, K.-H., Faust, G., Fried, L., Lankes, E.-M., Schwippert, K. & Valtin, R. (Hrsg.) (2007). IGLU 2006. Lesekompetenzen von Grundschulkindern in Deutschland im internationalen Vergleich, Kap. 2.5. Münster: Waxmann.

Bos, W., Hornberg, S., Arnold, K.-H., Faust, G., Fried, L., Lankes, E.-M., Schwippert, K. & Valtin, R. (Hrsg.) (2008). IGLU-E 2006. Die Länder der Bundesrepublik Deutschland im nationalen und internationalen Vergleich. Münster: Waxmann.

Dannhauer, I. (2009). Begabte Mädchen in der Kita entdecken. KiTa spezial, Heft 4, 17-18.

Gordon, T. (1998). Familienkonferenz: Die Lösung von Konflikten in Familien zwischen Eltern und Kind. München: Heyne.

GwG (Hrsg.) (1987). Rogers und die Pädagogik. Weinheim, München: Juventa.

Hillenbrand, M. & Rietmann, S. Frühzeitiges Auffangen von Entwicklungsproblemen in Kindergärten und Familienzentren: Vernetzung von KiTa und Erziehungsberatung. Letzter Zugriff am 14.12.09: http://www.kindergartenpaedagogik.de/1648.html.

Hundsalz, A., Hohm, E. & Leutner, C. (2009). Erziehungsberatung geht in den Kindergarten. Informationen für Erziehungsberatungsstellen 2/2009, 10-15.

Krambrock, U. & Pellander, F. Kooperation zwischen Kita und Erziehungsberatung – Ein Erfahrungsbericht. Letzter Zugriff am 14.12.09: http://erik.awo-duesseldorf.de/Material/ERIKProjektArtikelTUP.htm.

Lelord, F. (2008). Hectors Reise oder die Suche nach dem Glück. München: Piper.

Levine, R. (1999). Eine Landkarte der Zeit. Wie Kulturen mit der Zeit umgehen. München: Piper.

Omer, H. & van Schlippe, A. (2006). Autorität ohne Gewalt. Göttingen: Vandenhoeck & Ruprecht.

Übergänge gestalten: Kooperation von Kindertagesstätte und Grundschule

Olaf Steenbuck

Kinder und Jugendliche erleben auf ihren Wegen durch unsere Bildungseinrichtungen eine Vielzahl von Übergängen. Einen der ersten stellt der Übergang in die Kindertageseinrichtung dar, wenn das Kind sich, aus der gewohnten familiären Umgebung kommend, in einer neuen, oft gänzlich unbekannten Umgebung orientieren und zurechtfinden muss. Es kommen neue Bezugspersonen hinzu, und gleichzeitig sind die gewohnten Bezugspersonen nicht mehr ununterbrochen verfügbar, es herrschen andere Regeln und Rituale. All dies ist neu und kann zunächst Unsicherheiten erzeugen. Doch es gibt auch viel zu entdecken und zu erschließen: neue Interaktionsformen, neue Freunde, neue Spielmöglichkeiten und neue Betätigungsfelder in einer anregungsreichen Umgebung. Übergänge bergen Risiken und stellen für alle Beteiligten eine Herausforderung dar – zugleich bieten sie Chancen und sind für die Entwicklung und Bildungsprozesse des Kindes von wesentlicher Bedeutung. Für das Kind können sie angstbesetzt sein und als Bruch erlebt werden oder aber als Bereicherung und Erfahrung der eigenen Kompetenz, mit der neuen Situation umzugehen. Ein wichtiges Anliegen der pädagogischen Unterstützung von Kindern beim Umgang mit Übergängen ist es, dass diese positiven Erfahrungen überwiegen und die sich bietenden Entwicklungspotentiale genutzt werden können – auch im Blick auf den Aufbau von Stärken für die Bewältigung späterer Übergänge.

Die Pädagogik des Elementarbereichs und die Pädagogik der Grundschule sind trotz vieler Überschneidungsbereiche lange getrennten Entwicklungen und eigenen fachlichen Traditionen gefolgt. Die bildungspolitischen Zuständigkeiten für den Kita- und den Schulbereich liegen häufig noch in unterschiedlichen Ministerien, hinzu kommen unterschiedliche Trägerstrukturen von Schule und Kita-Einrichtungen. Auch unterschiedliche gesellschaftliche Erwartungen werden an die Einrichtungen herangetragen: In der Schule werde nun nicht mehr »nur« spielerisch, sondern »richtig« gelernt, hier beginne der »Ernst des Lebens« und so weiter. Diese Brüche zwischen den Institutionen und die differierenden Sichtweisen auf sie erschweren einen Austausch und eine Kooperation beider Bereiche und belasten letztlich auch den Übergang für das Kind.

Die Bildungsprozesse der Kinder verlaufen aber kontinuierlich, sie richten sich nicht nach politischen Zuständigkeiten, unterschiedlichen pädagogischen Kulturen oder Curricula. Seit einiger Zeit beginnt sich daher ein umfassendes und gemeinsames Verständnis kindlicher Bildungsprozesse im Elementar- und Primarbereich durchzusetzen. Bei ihren Bemühungen, in diesem Sinne zu kooperieren, stehen Kita und Grundschule inhaltlich wie organisatorisch vor Herausforderungen. Zu Recht haben sich daher Bildungspolitik und Forschung den Möglichkeiten der Kooperation von Kita und Schule angenommen.

In diesem Beitrag soll eine Übersicht über Aspekte und Konzepte gegeben werden, die für eine Kooperation der Einrichtungen und für das Verständnis von Übergängen, insbesondere von der

Kita in die Grundschule, eine Rolle spielen. Hinweise zu erprobten Maßnahmen sollen Anregungen für die eigene Praxis geben.

Für hochbegabte Kinder enthält der Übergang von der Kita in die Grundschule – wie für alle Kinder – Chancen und Krisenpotentiale. Spezifische Forschungsbefunde zur Bedeutung von Übergängen im Bildungssystem für hochbegabte Kinder und Jugendliche fehlen weitgehend. Eine Studie von Rohrmann (Korn & Rohrmann, in Vorbereitung) zum Übergang von der Grundschule in die Sekundarstufe deutet auf Besonderheiten in den Entwicklungsverläufen unter anderem der Motivation und des schulischen Selbstkonzepts hochbegabter Schülerinnen und Schüler im Zusammenhang mit dem Verlauf des Überganges hin. Generell erscheint es plausibel, dass sich Übergänge unter den Bedingungen hoher Begabung und schneller Entwicklung vielleicht statistisch nicht in erhöhtem Maße, aber fallbezogen doch in besonderer Weise als Herausforderung darstellen. In dieser Perspektive weist der Beitrag auf einige Aspekte hin, deren Berücksichtigung im individuellen Falle für eine Gestaltung des Überganges und eine Begleitung und Unterstützung besonders begabter Kinder hilfreich sein kann.

Übergang und Transition – begriffliche Grundlagen und konzeptionelle Ansätze

Übergänge, die den menschlichen Lebenslauf mit Blick auf seine persönliche Entwicklung, seine Bildungs- und berufliche Biographie in Phasen oder Abschnitte gliedern, sind bereits lange ein Thema verschiedener Wissenschaften. Heutige Ansätze zeichnen sich dadurch aus, dass sie Perspektiven und Erkenntnisse einzelner Disziplinen wie der Soziologie, Psychologie und Pädagogik zusammenführen, da Übergänge unter isolierten Einzelaspekten nicht hinreichend verstanden werden können (zur theoretischen Entwicklung vgl. Wörz 2004). Grundlage hierfür ist ein Modell des Subjekts als bio-psycho-soziale Einheit und ein dynamisches Verständnis seiner biologischen, psychischen und sozialisatorischen Entwicklung im sozialen Kontext. Übergänge finden statt »an der Schnittstelle von individuellem Handlungs- und Bewältigungsvermögen einerseits und gesellschaftlichen Handlungsvorgaben und -anforderungen andererseits« (ebd., 35). Für den Übergang von der Kita in die Grundschule beispielsweise ist also der Blick nicht alleine auf das Kind zu richten, sondern auf das Kind, alle Personen in seinem Umfeld (Eltern, Geschwister, Gleichaltrige, Erzieherinnen, Lehrerinnen) sowie die institutionellen und gesellschaftlichen Bedingungen, in die dieses Umfeld eingebettet ist. Alle Beteiligten gemeinsam spielen für den tatsächlichen Verlauf des Überganges eine Rolle.

Die Transitionsforschung bezieht sich damit auf ein komplexes Forschungsfeld und bezieht unterschiedliche theoretische wie empirische Zugänge mit ein. Der Begriff Übergang, wie er im alltäglichen Sprachgebrauch verwendet wird, bringt diese Komplexität des Phänomens und des Forschungsgegenstandes nur ungenügend zum Ausdruck. »Als Transitionen werden komplexe, ineinander übergehende und sich überblendende Wandlungsprozesse bezeichnet, wenn Lebenszusammenhänge eine massive Umstrukturierung erfahren – ein Kind z.B. vom Kindergartenkind zum Schulkind wird« (ebd.). Der Begriff Transition bezieht sich auf mehr als die bloße Veränderung oder das eingetretene Lebensereignis an sich, er bezeichnet den gesamten Prozess einschließlich seiner Verarbeitung und Bewältigung (ebd., 36). Für Fthenakis (1999, nach Wörz, ebd.) erfordert eine Transition die Bewältigung von Veränderungen auf mehreren Ebenen gleichermaßen – der individuellen, der interaktionalen und der kontextuellen Ebene. Nach diesen Kriterien kann der Transitionsbegriff klar definiert und vom einfachen Übergang im alltagssprachlichen Sinne unterschieden werden. Gleichwohl werden die Begriffe Übergang und Transition – mit dem Wissen um das komplexe Transitionskonzept im Hintergrund – weiterhin nebeneinander verwendet, auch in der Fachliteratur.

Diskontinuität und Kontinuität

Zur Unterstützung der Kinder bei der Bewältigung von Übergängen liegt es zunächst nahe, diese für die Kinder möglichst »gleitend« oder »sanft« zu gestalten. Als geläufige Maßnahme wird etwa versucht, Kindergruppen bei der Einschulung in die erste Klasse möglichst zu erhalten. Vorschulisches und schulisches Lernen werden angeglichen, oder es wird auf eine Kontinuität der Bezugspersonen geachtet. Diese Bemühungen um Kontinuität der Lern- und Lebensumwelten sind gut begründet und folgen einer verbreiteten und berechtigten Leitvorstellung zur Gestaltung des Überganges. Nichtsdestoweniger können bei einseitigem Bemühen um Kontinuität die Diskontinuitäten aus dem Blick geraten, die stets mit Übergängen verbunden sind. Sie sind als Gegenstand pädagogischer Maßnahmen wie auch als theoretischer Aspekt hoch bedeutsam (Speck-Hamdan 2009a, 82; Griebel & Niesel 2004, 136f.).

In der Bewältigung der Diskontinuitäten und damit gerade auch der kritischen Aspekte von Übergängen liegen wichtige Entwicklungsanlässe für die Kinder. Das Subjekt muss neue Erfahrungen auf allen Ebenen, auf denen Veränderungen stattfinden – Identität, Wissen, soziale Beziehungen, Lebensumwelten –, in bestehende Handlungsmodelle integrieren. Hierin liegen bedeutende Entwicklungsimpulse. Durch die aktive Bewältigung des Überganges wird die Kompetenz zum Umgang mit Übergängen aufgebaut und gestärkt. Die Entwicklung von Transitionskompetenz ist ein wichtiges Ziel mit Blick auf die Vielzahl von Übergängen, die das Individuum in seinem Lebenslauf zu bewältigen haben wird.

Die Gestaltung von Übergängen ist folglich »im Spannungsfeld zwischen Kontinuität und Diskontinuität« zu sehen (Speck-Hamdan 2009a, 83). Optimale Entwicklungsmöglichkeiten und Entwicklungsimpulse sind dann gegeben, wenn Kontinuität und Diskontinuität in einem auf das Individuum und seine Entwicklung abgestimmten Verhältnis stehen. Gestaltungsmöglichkeiten hierfür illustriert die Tabelle auf der folgenden Seite.

Das Transitionsmodell von Griebel und Niesel

Ein Ansatz, der das Spannungsfeld von Kontinuität und Diskontinuität berücksichtigt und auf den Aufbau von Transitionskompetenz zielt, ist das Transitionsmodell von Wilfried Griebel und Renate Niesel (2004). Es reagiert auf die Heterogenität der existierenden Forschungsansätze,

Strategien zur Nutzung der Kontinuität	Strategien zur Nutzung der Diskontinuität
auf institutioneller Ebene: • über die neue Situation und ihre Anforderungen gründlich informieren • Akteure beider Umwelten bekannt machen • Kooperationsstrukturen schaffen • Kommunikationen unterstützen	auf institutioneller Ebene: • neuen Status und neue Aufgaben als erstrebenswert darstellen • Neugier und Wissbegier wecken • Bedingungen für aktive Nutzung der neuen Lernanforderungen schaffen • Unterstützung bereithalten zur Meisterung der neuen Anforderungen
auf personaler Ebene: • sich mit Informationen über die neue Situation auseinandersetzen • vorhandene Kompetenzen mit den neu geforderten Kompetenzen vergleichen und sich auf Anschlussstellen vorbereiten • vorhandene Ressourcen zur Bewältigung der neuen Aufgaben nutzen	auf personaler Ebene: • neugierig sein • die neuen Lernangebote aktiv nutzen • Unterstützungsangebote wahrnehmen

Tabelle 1: Strategien zur Sicherung von Kontinuität und Nutzung von Diskontinuität in Übergängen (nach Speck-Hamdan 2009a, 83, in Auszügen)

indem es den theoretischen wie empirischen Erkenntnisstand bündeln und für die praxisbezogene Umsetzung der Transitionsforschung ein Instrument zum Verständnis, zur Begleitung und zur Untersuchung von Transitionsprozessen zur Verfügung stellen möchte.

Das Modell greift verschiedene theoretische Stränge aus der Transitionsforschung auf, so aus den Bereichen der Stressforschung (Umgang mit Belastungssituationen), der Theorie kritischer Lebensereignisse oder der Bindungstheorie (Griebel & Niesel 2004, 84ff.). Eine wesentliche theoretische Grundlage bildet die ökopsychologische Systemtheorie Bronfenbrenners. Sie begründet das Verständnis des Überganges als Prozess im Rahmen eines interaktiven Systems von Kind, Familie, Kita und Schule sowie den entsprechenden gesellschaftlichen und institutionellen Bedingungen. In diesem Rahmen erscheint Transition als ko-konstruktiver Prozess aller Beteiligten (Wörz 2004, 36ff.; Griebel & Niesel 2004, 119ff.). Das Kind ist an diesem Prozess mit seinen (sich entwickelnden) Kompetenzen als aktiver Mitgestalter seiner Entwicklung und seines Umfeldes beteiligt. Einige für das Verständnis von Transitionsprozessen im Kontext dieses Beitrags wesentliche Aspekte, auf die in den Arbeiten von Griebel und Niesel hingewiesen wird, sollen hier benannt werden.

Veränderungen beim Übergang in die Grundschule

Im komplexen Verständnis von Transition werden Übergänge stets unter dem Aspekt von Veränderungen betrachtet, die sie auf verschiedenen Ebenen mit sich bringen. Für den Übergang von der Kita in die Grundschule lassen sich die Veränderungen wie folgt beschreiben (Griebel & Niesel 2004, 123ff.; Griebel 2009) – wobei die Veränderungen meist über verschiedene Ebenen hinweg miteinander verbunden sind und sich gegenseitig beeinflussen.

Veränderungen auf der individuellen Ebene:

- Die Identität des Kindes verändert sich: Es wird vom Kindergartenkind zum Schulkind.
- Ein solcher Wechsel ist mit starken Emotionen verbunden, die bewältigt werden müssen (Neugier, Vorfreude, Ängste, Unsicherheiten, ...). Erwartungen und Wünsche an Schule bestätigen sich oder werden enttäuscht.
- Neue Kompetenzen, wie größere Selbstständigkeit und der Umgang mit Kulturtechniken und schulischen Arbeitstechniken, werden erworben; Wissen und Weltwissen werden erweitert; bisheriges Wissen und bisherige Welt-Interpretationen müssen neu koordiniert oder überwunden werden.
- Selbstwertgefühl, Selbstwirksamkeitserwartungen etc. verändern sich.
- Misserfolge und Belastungen müssen, wenn sie auftreten, verarbeitet werden.
- Neue Tagesrhythmen, Rituale und Anforderungsstrukturen kommen auf das Kind zu.

Veränderungen auf der interaktionalen Ebene (Ebene der Beziehungen):

- Das Kind gehört zu einer neuen Gemeinschaft, muss sich in diese einfinden, neue Freundschaften aufbauen.
- Die Beziehung zur Erzierherin wird in der Regel nicht weiter bestehen, eine neue und womöglich anders strukturierte Beziehung zur Lehrerin muss aufgebaut werden.
- Es findet ein Rollenwechsel statt, samt Rollenerwartungen und -zuschreibungen, die an das Kind herangetragen werden.
- Beziehungen in der Familie ändern sich ebenfalls (mehr Selbstständigkeit, andere Anforderungen seitens der Eltern, ...).

Veränderungen auf der kontextuellen Ebene:

- Die Schule tritt als neuer Lebensbereich neben die Familie; diese Lebensbereiche müssen miteinander vereinbart werden.
- An die Stelle von Inhalten und Methoden der Kita treten das Curriculum, die Arbeitsformen und die andere Tagesorganisation der Schule.
- Auch räumlich vergrößert sich das Handlungsfeld des Kindes: Schulgebäude und Schulweg erfordern andere Orientierungen und eine zunehmend selbstständige Beweglichkeit.

Griebel bezeichnet diese Veränderungen und Anforderungen auch als Entwicklungsaufgaben, was stärker deren positiven, motivationalen Charakter betont.

Passung zwischen Entwicklungsaufgaben und Voraussetzungen (des Kindes und der Umwelt)

Bei der Gestaltung von Übergängen kommt es darauf an, sich die Vielfalt der Entwicklungsaufgaben zu vergegenwärtigen, für den individuellen Fall zu differenzieren und eine Passung zwischen den jeweiligen Aufgaben und den Möglichkeiten und Voraussetzungen des einzelnen Kindes zu suchen. »Für unterschiedliche Gruppen von Familien, wie z. B. Familien mit Migrationshintergrund, sozial benachteiligte Familien, Familien mit behinderten Kindern, müssen die spezifischen Voraussetzungen für die Bewältigung der einzelnen Anforderungen eingehend diskutiert werden« (Griebel & Niesel 2004, 125). Das gleiche gilt im Falle hoher Begabungen; auch hier werden eine genaue Erfassung der Voraussetzungen sowie enge Abstimmung mit den Eltern erforderlich sein (siehe dazu den Abschnitt weiter unten).

Der Begriff der Passung verdeutlicht, dass es sich hier um einen zweiseitigen Prozess handelt: Im Falle einer Nichtpassung oder eines Ungleichgewichts sind nicht allein die Voraussetzungen auf Seiten des Kindes hierfür verantwortlich. Vielmehr ist auch die Umwelt entsprechend zu reorganisieren und so einzurichten, dass eine Passung geschaffen wird.

Wann gilt ein Übergang als erfolgreich bewältigt?

Eine Untersuchung von Beelmann (2000) schätzt knapp ein Drittel der Kinder in Deutschland beim Übergang in die Grundschule als »Risikokinder« ein; ein weiteres Sechstel erlebt den Wechsel mit Stresssymptomen – für knapp die Hälfte der Kinder sind somit Übergangsprobleme festzustellen. Dem steht etwa ein Sechstel »Übergangsgewinner« gegenüber, denen es in der Schule besser geht als vorher (Griebel & Niesel 2004, 108).

Wann kann – jenseits der bloßen Abwesenheit von Problemen – ein Übergang als erfolgreich bewältigt gelten? Ein erfolgreicher Übergang, so Griebel, sei dadurch gekennzeichnet, dass »das Kind sich emotional, psychisch und intellektuell angemessen in der Schule präsentiert« und sich in der Schule wohlfühle (Griebel 2009, 125; vgl. auch Griebel & Niesel 2004, 129ff.). Ein erfolgreicher Übergang stärkt die Kompetenzen des Kindes, auch künftige Übergänge erfolgreich zu bewältigen. Hinzu kommen gute Schulleistungen und eine erfolgreiche Schullaufbahn als eher langfristige, möglicherweise aber auch oberflächliche Kriterien.

Faktoren für die erfolgreiche Bewältigung des Überganges

Aus den Ergebnissen vorliegender Studien lassen sich folgende Faktoren für eine positive Bewältigung von Übergängen benennen (Griebel & Niesel 2004, 109ff.):

individuelle Faktoren:

- eine optimistische kindliche Grundeinstellung,
- ein starkes Selbstwertgefühl,
- eine positive Einstellung zur Schule und zum Lernen,
- soziale Kompetenzen hinsichtlich Kooperation, Kontaktinitiative und Selbstkontrolle,
- Ich-Flexibilität und Ich-Kontrolle in der Vorschulzeit,
- soziale und emotionale Resilienz,
- Einsatz problemlösender statt emotionaler Bewältigungsstrategien,
- Konzentrationsfähigkeit.

interaktionale Faktoren:
- Bindungserfahrungen mit primären Bezugspersonen,
- positive Einstellung zur Schule und zum Lernen auch bei Eltern,
- Information des Kindes über Situationen, Personen, Zeitpläne, Erwartungen,
- Anwesenheit vertrauter Kinder in der neuen Gruppe,
- positives soziales Klima in der Schulklasse.

kontextuelle Faktoren:
- Angebote zur Bewältigung des Übergangs auch seitens der Schule,
- Einbezug der Eltern in die Übergangsaktivitäten,
- Kommunikation zwischen Schule und Eltern bereits vor Schuleintritt,
- Nutzung des elterlichen Potentials (Eltern als Experten),
- Unterstützungsangebote auch für Eltern,
- Kooperation und Kommunikation der Fachkräfte aus Kita und Schule,
- Fähigkeit der Schule, Diversität zuzulassen und mit Heterogenität umzugehen.

Von der Kita in die Grundschule

Dass der Schuleintritt nicht immer im Sinne moderner Transitionsansätze betrachtet wurde, zeigt der frühere Begriff der Schulreife, der durch das Konzept der Schulfähigkeit ersetzt wurde. Doch auch dieser Begriff wird in seiner selektiven Funktion fraglich, schon angesichts der großen Heterogenität der Schulanfänger, mit der Schule ohnehin konfrontiert ist. Konzeptionen der flexiblen Schuleingangsphase stellen eine Reaktion hierauf dar. Anhand dieser Aspekte werden im Folgenden einige wesentliche Ausgangsbedingungen des Überganges von der Kita in die Grundschule umrissen.

Heterogenität am Schulanfang

Die Gestaltung des Überganges folgt dem Ziel, für alle Kinder möglichst optimale Bedingungen zu schaffen. Angesichts großer Heterogenität der Lern- und Entwicklungsvoraussetzungen unter Schulanfängern ist die Schule hier vor beachtliche Herausforderungen gestellt. Das Alter der Kinder in ersten Klassen schwankt von knapp über fünf bis knapp über acht Jahre. Auch unabhängig vom tatsächlichen Alter bestehen Entwicklungsunterschiede von 2 bis 3 Jahren (Drews, Schneider & Wallrabenstein 2000, 90). Zur Alters- und Entwicklungsheterogenität hinzu kommen die Leistungsheterogenität sowie die Heterogenität der Elternhäuser, der sozialen Umwelten, der biographischen, kulturellen und sprachlichen Hintergründe und der Orientierungen und Wertvorstellungen. Weiterhin sind geschlechtsspezifische Differenzen, Beeinträchtigungen in der Entwicklung oder beschleunigte Entwicklung und besondere Begabungen zu beachten.

Wenn Schule unter diesen Voraussetzungen für alle Kinder optimale Startbedingungen bieten möchte, kann nicht allein das Lebensalter darüber entscheiden, ob ein Kind eingeschult werden soll oder nicht (Faust-Siehl, Garlichs, Ramseger, Schwarz & Warm 1996, 139). In der Tat führte die frühere Einschulungsregelung, die sich sehr starr an der Altersgrenze auf der Grundlage eines festen Stichtags orientierte, zu vermehrten Zurückstellungen von der Einschulung und dadurch zu einem hohen durchschnittlichen Schuleintrittsalter. Nach Kritik hieran hat die Kultusministerkonferenz mit einem Beschluss von 1997 die Einschulungsregelungen flexibilisiert: Der Stichtag für die fristgemäße Einschulung kann im Zeitraum zwischen dem 30. Juni und dem 30. September liegen. Zudem wurden Möglichkeiten der vorgezogenen Einschulung erweitert. Die Bundesländer nutzen diese flexibilisierten Möglichkeiten in unterschiedlichem Maße (Berthold 2008). In der Tat ist das Schuleintrittsalter zurückgegangen und von der Maßnahme der Früheinschulung wird verstärkt Gebrauch gemacht. In zwei Bundesländern sowie im Rahmen von Maßnahmen der flexiblen Schuleingangsphase (siehe unten) wurde die überkommene Maßnahme der Zurückstellung aufgehoben (ebd.).

Das Konzept der Schulfähigkeit

Wird von der fristgemäßen Einschulung abgewichen, also eine Zurückstellung vom Schulbesuch oder die »vorzeitige« Einschulung in Betracht gezogen, so wird dies mit Kriterien der Schulfähigkeit begründet. Eine allgemeingültige Definition von Schulfähigkeit existiert indessen nicht, Bundesländer und Schulen wenden jeweils eigene Regularien an. Bei dem Begriff handelt es sich um ein »soziokulturelles Konstrukt, eine gemeinsame subjektive Theorie über den Schulanfang von Kindern, die in einem bestimmten sozialen Umfeld leben« (Griebel & Niesel 2004, 134). Kritische Positionen zum Konzept der Schulfähigkeit argumentieren, dass die schulrechtlichen Regelungen zu Unrecht darauf bauten, »in einem einfachen Erhebungsverfahren das Entwicklungsniveau eines Kindes erheben zu können, handelt es sich dabei doch um keinen festen oder in sich einheitlichen Zustand, sondern um ein sich fortwährend veränderndes, der Förderung zugängliches Zusammenspiel von sozialen, motivationalen, kognitiven und körperlichen Faktoren« (Faust-Siehl et al. 1996, 139f.). Der Verlauf einer Entwicklung am Schulanfang hängt außerdem stark von konkreten Bedingungen in der Anfangsklasse ab, die vorab kaum absehbar sind (zum Beispiel Beziehung zur Lehrerin, Zusammensetzung der Lerngruppe, Passung und Differenzierungsfähigkeit des Unterrichts).

Ein weiterer Einwand richtet sich dagegen, dass zumindest im herkömmlichen Verständnis von Schulfähigkeit die Grenze und die Bedingungen für den Übergang einseitig bei den Kindern gesehen würden. Stattdessen müsse sich die Schule ihrerseits auf die Kinder einstellen. Kinder kommen mit unterschiedlichen Entwicklungsständen (im sozialen, emotionalen und kognitiven Bereich), Interessen, Motivationen, familiären Biographien und gesellschaftlichen Startbedingungen in die Schule. »Wie erfolgreich Kinder sich in Schule und Unterricht bilden können, hängt in starkem Maße davon ab, wie ihre Individualität wahrgenommen, geschätzt und in den sozialen Zusammenhalt der Kindergruppe entwicklungsfördernd integriert wird« (Sasse 2009, 5). Angesichts der mit noch so genauen eingangsdiagnostischen Verfahren nicht zu umgehenden Heterogenität wie auch angesichts des pädagogischen Auftrags der Grundschule sei Schulfähigkeit daher zu verstehen als »die Fähigkeit der Schule, den Kindern in ihrer individuellen Entwicklung gerecht zu werden, oder anders ausgedrückt: Schulfähigkeit ist die Kindfähigkeit der Schule« (Bartnitzky 2008, 28, zit. nach Sasse 2009, 5).

Neuere Konzeptionen von Schulfähigkeit (Nickel 1992; Kammermeyer 2001, 2004) betrachten Schulfähigkeit daher aus öko-systemischer Perspektive: Alle Lebensumwelten des Kindes sowie deren Wechselwirkungen wirken im Bezug auf die Schulfähigkeit im individuellen Falle zusammen. Dabei geht es keineswegs nur um äußere Bedingungen und Voraussetzungen, sondern – für die Kooperation zwischen Kita und Grundschule in besonderer Weise bedeutsam – gleichermaßen um subjektive Theorien von Eltern, ErzieherInnen und LehrerInnen zur Schulfähigkeit. In diesem Sinne interpretiert Griebel Schulfähigkeit als ein Konstrukt, »das von allen Beteiligten (Kind, Eltern, vorschulische Einrichtung, Hort) in einem co-konstruktiven Prozess sinnstiftend zu füllen ist« (Griebel 2006, 39). Folgerichtig ist Schulfähigkeit als gemeinsame Aufgabe von Kita, Schule und Eltern zu sehen (ebd.). Die Jugendminister- und die Kultusministerkonferenz haben es in ihrem gemeinsamen Rahmenbeschluss von 2004 ebenso formuliert und sehen als Ziel dieses Diskurses zwischen allen Beteiligten »gleichermaßen das schulfähige Kind wie die kindfähige Schule« (JMK/KMK 2004).

Die angeführten Einwände gegen den Begriff der Schulfähigkeit richten sich gegen einseitige und defizitorientierte Sichtweisen auf das Kind sowie gegen selektionsorientierte, nicht entwicklungsgerechte Anwendungsweisen des Schulfähigkeitskonzepts. Sie richten sich nicht gegen eine Dokumentation der Lernentwicklung und eine Lernprozessdiagnostik zum Schulanfang oder am Übergang, sofern diese die Perspektiven aller Beteiligten im oben genannten Sinne mit einbeziehen. Weiter unten werden einige Beispiele solcher Verfahren und Instrumente, die in der Kooperation zwischen Kita und Grundschule erfolgreich erprobt wurden, vorgestellt. Mit einer lernprozessbegleitenden Diagnostik (anstelle einer punktuellen Schuleingangsdiagnostik) gerät die pädagogische Funktion (anstelle der selektiven Funktion) einer Erhebung der Lernentwicklung des Kindes in den Blick. Unter geeigneten Rahmenbedingungen, etwa im Rahmen einer flexiblen Schuleingangsphase, wird eine selektive Funktion von Diagnostik ohnehin überflüssig.

Flexible Schuleingangsphase

Versteht man Schulfähigkeit im eben ausgeführten Sinne auch als Fähigkeit der Institution, sich auf die heterogenen und individuellen Lern- und Entwicklungsbedürfnisse der Kinder am Schulanfang einzustellen, dann wird schon aus diesem Gedanken heraus ein Nachdenken über die Gestaltung des Schulanfangs sowie über eine Kooperation von Kita und Grundschule unumgänglich (Sasse 2009, 5). Die Flexibilisierung der Einschulungsregelungen sowie Bestrebungen um gemeinsame Bildungspläne (siehe unten) zeigen an, dass dieses Verständnis zunimmt. Um passende Organisationsformen hierfür zu erproben, hat die Mehrzahl der Bundesländer Schulversuche und Modelle zu einer Neugestaltung der Schuleingangsphase entwickelt.

Die Modelle der Bundesländer unterscheiden sich in einzelnen Merkmalen und werden mit unterschiedlicher Reichweite umgesetzt (Berthold 2008; Faust 2006). Übereinstimmend zeichnen sich die Schuleingangsmodelle dadurch aus, dass auf das Kriterium der Schulfähigkeit sowie auf Zurückstellungen weitestgehend verzichtet wird. Die beiden ersten Jahrgänge der

Grundschule werden als organisatorische und pädagogische Einheit verstanden, die von den Kindern je nach Entwicklung flexibel in ein bis drei Jahren durchlaufen werden kann. Nur zu einem Teil wird dieses Modell mit der Einführung der Jahrgangsmischung verbunden. Teilweise sind halbjährliche Einschulungen möglich.

Die flexible Eingangsphase ist vom Konzept her auf eine große Heterogenität der Lerngruppe und die Unvorhersagbarkeit von Entwicklungsprozessen angelegt. Die pädagogische Arbeit erfordert daher einen hohen Grad an Binnendifferenzierung und Individualisierung, die Lehrkräfte benötigen umfassende didaktische und diagnostische Kompetenzen. Projektberichte, Evaluationen und Einzelstudien zu den jeweiligen Schulversuchen sprechen dafür, dass das Einschulungskonzept und die Jahrgangsmischung im Anfangsunterricht die nötige Flexibilität verschaffen, um auf unterschiedliche Entwicklungsgeschwindigkeiten und -potentiale reagieren zu können. Eine vergleichende, länderübergreifende Evaluationsstudie mit einer ausreichenden Zahl von Versuchs- und Kontrollklassen auf der Basis vergleichbarer Kriterien liegt allerdings bislang nicht vor (Faust 2006, 141). Faust resümiert die Entwicklungen zur flexiblen Schuleingangsphase insgesamt als positive Botschaft, weil auf wichtige Forderungen aus pädagogischer Sicht reagiert wird, merkt aber kritisch an, dass das Modell vielerorts »weithin ohne die modellnotwendigen Rahmenbedingungen wie jahrgangsübergreifende Lerngruppen, sozialpädagogisches Personal in der Schulanfangsklasse und zusätzliche Ressourcen verwirklicht werden« solle (ebd., 146). Da es hierzu keine systematische Forschung gibt, fehlen bislang klare Erkenntnisse über geeignete Rahmenbedingungen und infolgedessen auch breit fundierte Konzepte zur Schulentwicklung und Qualifikation der Pädagoginnen und Pädagogen. Um so wichtiger bleibt es, die regional gegebenen Bedingungen zu kennen und durch fachlichen Austausch zwischen den Einrichtungen des Kita- und des Schulbereichs optimal zu nutzen.

Der Übergang in die Grundschule unter Aspekten besonderer Begabung und schneller Entwicklung

Von einer Kooperation zwischen Kita und Grundschule für eine umsichtige, flexible und individuell anpassbare Gestaltung des Übergangs profitieren alle Schüler. Die generellen Faktoren eines gelingenden Übergangs gelten daher auch für Hochbegabte. Im Sinne einer individualisierten Förderung, die sich dem Anspruch stellt, auf individuelle Entwicklungsbedingungen und -hintergründe besonders einzugehen, ist es darüber hinaus hilfreich, spezifische Erkenntnisse zu möglichen Entwicklungsbedingungen und -verläufen hochbegabter Kinder heranzuziehen. Auf dieser Grundlage lassen sich mögliche Herausforderungen, Chancen und Schwierigkeiten benennen, die sich für Kinder mit besonderen Begabungen und Entwicklungsvorsprüngen durch den Übergang ergeben können, und es lässt sich gezielter eine für den individuellen Fall angemessene Unterstützung bereitstellen.

Ein erfolgreicher Übergang, so wurde oben gesagt, zeichne sich dadurch aus, dass »das Kind sich emotional, psychisch und intellektuell angemessen in der Schule präsentiert« (Griebel 2009, 125) – und das kann es nur, wenn es sich in allen diesen Bereichen dort aufgehoben, sich also in diesen Aspekten seiner Person angenommen fühlt. Diese Kriterien eines erfolgreichen Überganges überschneiden sich mit Kriterien, wie sie für eine begabungsförderliche Schule genannt werden: Annahme und Zugehörigkeit gehören zu den zentralen Grundbedürfnissen von Schülerinnen und Schülern, die Trautmann unter Gesichtspunkten der schulischen Begabungsförderung diskutiert (2005, 26ff.). Wenn sich das Kind emotional und psychisch aufgehoben fühlt und sich intellektuell entfalten kann, sind dies ebenfalls günstige Voraussetzungen für die weiteren Grundbedürfnisse: Selbstwirksamkeit, Freiheit und Selbstbestimmung, Motivation ausleben.[59]

Für problematische Übergangskonstellationen ist zu vermuten, dass in diesen Fällen auch die Voraussetzungen für die Entwicklung und Entfaltung besonderer Begabungen nur unzureichend gegeben sind. Welche Schwierigkeiten können also beim Übergang in die Schule entstehen, die in besonderer Weise auf Bedingungen von Hochbegabung zurückzuführen wären?

Schule orientiert sich, so hat die Diskussion weiter oben gezeigt, oft noch an der Vorstellung homogener Lerngruppen. Als schulfähig gelten unter diesen Umständen Kinder, die den Erwartungen an einen durchschnittlichen Lern- und Entwicklungsstand beim Eintritt in die Grundschule entsprechen. Und so kann es im Unterricht dann durchaus weitergehen: Das Kind begegnet einem gleichschrittigen und wenig differenzierten Unterricht, weil auch dieser ausschließlich an durchschnittlichen Lernerwartungen orientiert ist. Doch entsteht dann auch nur »durchschnittlicher« Unterricht. Hochbegabung definiert sich – gehen wir von der Definition auf Basis des Intelligenzquotienten aus – nun aber gerade durch eine weit überdurchschnittliche Intelligenz und ein weit überdurchschnittliches kognitives Leistungsvermögen. Es ist eben dieses »Abweichen nach oben von der Norm, dem Durchschnitt, an dem sich alles (auch die Schule) orientiert, das Charakteristikum, das für überdurchschnittlich begabte Kinder und Erwachsene oftmals zum Problem wird« (Schulte zu Berge 2001, 25).

Für ein Verständnis möglicher Probleme ist freilich eine Betrachtung der individuellen Entwicklung aufschlussreicher als der IQ. Hochbegabung erscheint unter diesem Aspekt als beschleunigte, (»überdurchschnittlich«) fortgeschrittene Entwicklung in einzelnen Entwicklungsbereichen oder auf der Ebene der gesamten Entwicklung. Hochbegabte sind in ihrer Entwicklung den durchschnittlichen Erwartungen ihrer Umwelt oft weit voraus, was in der Interaktion mit Gleichaltrigen wie auch Erwachsenen zu Problemen führen kann. Überdies kann es (muss aber nicht) zu Diskrepanzen nicht nur in der inter-personalen, sondern auch in der intra-personalen Entwicklung kommen, etwa bei sehr unterschiedlichen Entwicklungsständen zwischen der affektiv-emotionalen und der kognitiven Entwicklung (vgl. Schlichte-Hiersemenzel 2001; Fels 1999, 70ff.).

Unterricht muss entsprechend flexibel organisiert und gestaltet werden können, damit er sich auf unterschiedliche Entwicklungsstände und damit eben auch auf Entwicklungsvorsprünge hochbegabter Schüler einstellen kann – auch und gerade dann, wenn sie nur in einzelnen

59 Für eine ausführlichere Diskussion von Merkmalen begabungsfördernden Unterrichts siehe Schulte zu Berge 2001 und Steenbuck 2009.

Entwicklungsbereichen zum Ausdruck kommen. Wenn dies gelingt, können auch für besondere Entwicklungswege hochbegabter Kinder die Kriterien eines gelingenden Überganges eingelöst werden, nämlich dass sich das Kind gleichermaßen emotional, psychisch wie intellektuell im Unterricht und in der Schulgemeinschaft aufgehoben fühlt.

Die Bedeutung von Kooperation und Informationsaustausch zwischen Kita und Grundschule wird an dieser Stelle gerade mit Blick auf hochbegabte Kinder sehr deutlich, denn deren teils sehr spezielle Lern- und Entwicklungsbiographien sind eben nicht das, was die Schule als aufnehmende Institution in der Regel erwartet. Wenn sie von den Pädagoginnen der abgebenden Einrichtung, die das Kind über mehrere Jahre in seiner Entwicklung begleitet und kennengelernt haben, über die individuelle Entwicklungskonstellation informiert wird, eröffnet dies der Schule die Möglichkeit, sich flexibel und sensibel hierauf einzustellen.

Aufgrund des Entwicklungsvorsprunges bietet sich für den Übergang von der Kita in die Grundschule für hochbegabte Kinder in besonderer Weise die Möglichkeit der vorgezogenen (oder »vorzeitigen«) Einschulung an. Als ergänzende Maßnahme zur Flexibilisierung der Stichtagsregelung (siehe oben) können Kinder, die erst nach dem jeweiligen Stichtag das sechste Lebensjahr vollenden, auf Antrag der Erziehungsberechtigten eingeschult werden, wenn ihre Entwicklung einen erfolgreichen Schulbesuch erwarten lässt. Über die Aufnahme entscheiden die Schulleitungen, zum Teil auf Grundlage schulärztlicher oder schulpsychologischer Gutachten. In den Details unterscheiden sich die gesetzlichen Bestimmungen der Bundesländer (für eine Übersicht: Berthold 2008). Während etwa einige Länder eine Grenze für die vorzeitige Einschulung so setzen, dass Kinder bereits kurz nach dem fünften Geburtstag eingeschult werden können, verzichten anderen Bundesländer gänzlich auf eine untere Altersgrenze.

Aufgrund der erweiterten Möglichkeiten wird von der vorgezogenen Einschulung verstärkt Gebrauch gemacht. Der Anteil vorgezogener Einschulungen ist von 4,0 Prozent im Jahr 2000 auf 9,1 Prozent für das Jahr 2004 angestiegen (Statistisches Bundesamt 2005). Wenn überdies zwischen Kita und Schule eine gut funktionierende Kooperation besteht und die PädagogInnen beider Einrichtungen hierzu längerfristig im engen Austausch stehen, kann sich dieser Wert für einzelne Schulen durchaus relativ stabil bei 20 Prozent einpendeln und vereinzelt sogar höher liegen, wie Erfahrungen der Impulsschulen aus dem gleichnamigen Projekt der Karg-Stiftung zeigen (Steenbuck, Quitmann & Esser in Vorbereitung; Becker & Westerholt in Vorbereitung). Durch die flexibleren Möglichkeiten kann über die Einschulung des Kindes nun aufgrund seines individuellen Entwicklungsstandes entschieden werden. Dies kommt Erkenntnissen über die Entwicklung besonders begabter Kinder entgegen, denen zufolge »das chronologische Alter als immer unwichtiger angesehen und die Mindestalterregelung zunehmend in Frage gestellt« wurde (Vock, Preckel & Holling 2007, 59).

Vock, Preckel und Holling fassen die in der Literatur diskutierten Argumente für eine vorgezogene Einschulung folgendermaßen zusammen:

- »Entspricht das Kindergartenangebot nicht mehr den Fähigkeiten und Interessen des begabten Kindes, kann eine frühe Einschulung eine Unterforderung vermeiden (...).

- Ein früher Schuleintritt kann Kinder davor bewahren, sich von Beginn an in der Schule zu langweilen (...).
- Dem begabten Kind wird durch eine vorzeitige Einschulung möglicherweise das spätere Überspringen einer Klassenstufe und somit eine weitaus stärker belastende Erfahrung (Eingewöhnen in eine neue Klassengemeinschaft, Sonderstatus etc.) erspart (...).
- Die vorzeitige Einschulung begabter Kinder kann auch Vorteile für nicht hochbegabte Kinder haben, die es wahrscheinlich als angenehmer empfinden, mit jüngeren, aber auf gleichem kognitiven Entwicklungsstand befindlichen Kindern gemeinsam unterrichtet zu werden, als mit Gleichaltrigen, die intellektuell schon viel weiter entwickelt sind (...)« (ebd., 59f.).

Studien zur vorgezogenen Einschulung stammen überwiegend aus den USA und können daher auf die Situation in Deutschland nur bedingt übertragen werden, doch ist die Tendenz recht deutlich. Als problematisch erweist sich diesen Studien zufolge die vorgezogene Einschulung für Schülerinnen und Schüler, wenn diese nicht aufgrund besonderer Fähigkeiten früh eingeschult wurden. Diese Schüler hatten im Vergleich zu ihren Mitschülern durchschnittlich sowohl schlechtere Noten wie auch schlechtere Ergebnisse in Leistungstests und mussten häufiger eine Klassenstufe wiederholen. Allerdings nahmen diese Leistungsunterschiede mit zunehmendem Alter ab (Vock et al. 2007, 60).

Wurden Schülerinnen und Schüler hingegen aus Gründen hoher Begabungen und tatsächlich schnellerer Entwicklung eingeschult, fällt die Leistungsentwicklung deutlich positiver aus. »Bei diesen Kindern zeigten sich keine Leistungsprobleme, sondern im Gegenteil eher besondere Leistungszuwächse«, teilweise waren diese Schüler trotz ihrer frühen Einschulung noch leistungsstärker als ihre Klassenkameraden (ebd., 61). Ergebnisse eines Schulversuchs an einer Grundschule in Hannover bestätigen die positiven Ergebnisse dieser Studien (Henze, Sandfuchs & Zumhasch 2005).

Befunde zur sozialen und emotionalen Entwicklung fallen weniger deutlich aus, doch können auch hier die Ergebnisse dahingehend zusammengefasst werden, dass keine Hinweise darauf vorliegen, dass eine frühe Einschulung besonders Begabter emotionale oder soziale Probleme zur Folge habe. Vielmehr könnte andersherum eine Orientierung am chronologischen Alter negative Folgen für die soziale und emotionale Entwicklung nach sich ziehen, wenn sich Kinder in der Schule unterfordert und fehlplatziert fühlen und entsprechend negative Einstellungen zur Schule aufbauen. Insgesamt, so das Fazit einer Analyse mehrerer Studien, scheint für hochbegabte Kinder »die vorzeitige Einschulung mehr positive als negative Konsequenzen nach sich zu ziehen« (Vock et al. 2007, 62).

Die Ergebnisse sprechen dafür, Entscheidungen über eine vorgezogene Einschulung sorgfältig zu prüfen, da eine positive Entwicklung in der Regel dann und nur dann zu erwarten ist, wenn tatsächlich eine hohe Begabung oder eine überdurchschnittlich fortgeschrittene Entwicklung vorliegen. Wissenschaftliche Auswahlkriterien hierfür liegen nicht vor, doch werden in der fachlichen Diskussion vor allem die überdurchschnittliche Begabung und die intellektuelle Entwicklung als entscheidende Faktoren für eine positive weitere Entwicklung in der Schule angesehen, weniger der Fortschritt in anderen Entwicklungsbereichen (ebd., 63f.). Dennoch sollten im Einzelfalle stets alle Entwicklungsaspekte gründlich abgewogen werden – insbesondere deshalb, weil es gerade für die Bereiche der sozialen und emotionalen Entwicklung stark darauf ankommt, dass die aufnehmende Lehrkraft und die Schule eine positive, aufgeschlossene und unterstützende Haltung gegenüber dem Kind und der Entscheidung für die vorzeitige Einschulung einnehmen. Vock, Preckel und Holling betonen, dass alle Betroffenen die Maßnahme befürworten sollten und dass es – hier sind wir wieder beim Thema Kooperation – als Bedingung optimal sei, wenn Grundschule und Kindergarten eng kooperierten (ebd., 64).

Maßnahmen zur Dokumentation der Entwicklung und Bildungsbiographie eines Kindes (siehe unten) können den Austausch zwischen Kita und Schule unter hochbegabungsspezifischen Aspekten unterstützen. Maßnahmen auf institutioneller Ebene wie die flexible Schuleingangsstufe oder jahrgangsgemischter Unterricht können zudem das Risiko einer Fehlentscheidung bei einer vorgezogenen Einschulung verringern, da die Schule sich flexibler an die Entwicklungsbedürfnisse des Kindes anpassen kann.

Kooperation zwischen Kita und Grundschule: Grundlage für produktive Übergangserfahrungen

Die Jugendministerkonferenz und die Kultusministerkonferenz haben 2004 in einem »Gemeinsamen Rahmen der Länder für die frühe Bildung in Kindertageseinrichtungen« wesentliche Grundlagen des Bildungsauftrages und Bildungsverständnisses für den Elementarbereich formuliert. Als wichtige Aufgabe und Konsequenz für die Begleitung kindlicher Bildungsprozesse wird darin die Optimierung des Übergangs vom Elementarbereich in den Primarbereich ausgewiesen. Dies soll durch die Kooperation zwischen Kita und Grundschule ermöglicht werden:

»Um den Übergang von den Kindertageseinrichtungen in die Grundschulen für Kinder und Eltern zu erleichtern, ist die Zusammenarbeit zwischen den beiden Bildungsinstitutionen zu stärken. (...)

Kindertageseinrichtungen und Grundschulen gestalten den Übergang gemeinsam und stimmen ihn miteinander ab. Die Kontinuität des Lernens des Kindes muss durch ein gemeinsames pädagogisches Verständnis und Handeln der jeweils beteiligten Institutionen gesichert werden. Lernen vom Kind aus betrachtet verlangt deshalb die Vernetzung von Bildungsprozessen in Kindertageseinrichtungen und Grundschulen. Gemeinsame Fortbildungen des pädagogischen Personals, gemeinsame Projekte und der Aufbau von Kooperationsstrukturen sind wesentliche Grundlagen für die Optimierung des Übergangs von den Kindertageseinrichtungen in die Schulen« (JMK/KMK 2004, 8f.).

In einem weiteren Beschluss von 2009 betonen die Fachminister neuerlich die Erfordernis der Zusammenarbeit zwischen Kita und Grundschule zur Sicherung der Anschlussfähigkeit der pädagogischen Angebote und sehen »in einem positiv gestalteten Übergang zwischen den Bildungssystemen einen zentralen Beitrag für ein gelingendes Aufwachsen« (JFMK/KMK 2009, 2). Diese bildungspolitischen Rahmengebungen stimmen in ihrer Einschätzung mit Befunden der Forschung überein: Die Kooperation zwischen Kita, Schule und Eltern wird als ausschlaggebender Faktor bei der Bewältigung von Übergängen bestätigt, wobei der Einschluss der Perspektiven von Fachkräften, Eltern und Kindern als wichtige Voraussetzung gesehen wird (Griebel & Niesel 2004, 108).

Im Zuge der fachlichen und bildungspolitischen Entwicklungen wurde 2004 von der Bund-Länder-Kommission das Projekt TransKiGs gestartet (TransKiGs 2009). Neben der Stärkung eines gemeinsamen Verständnisses von Bildungs- und Erziehungsqualität in Kita und Grundschule ging es um die Entwicklung von Organisationsformen und Instrumenten zur Gestaltung des Überganges sowie um die Kooperation der Einrichtungen. Eine Erfahrung aus dem Projekt ist, dass zu Beginn der Arbeit zunächst »zwei historisch voneinander abgegrenzte Systeme mit unterschiedlichen Sichtweisen auf das Lernen von Kindern« aufeinander abgestimmt werden mussten (ebd.). Als Hauptprobleme für eine Kooperation wurden erstens Unterschiede in den Organisationsstrukturen und zweitens unterschiedliche Bildungsverständnisse ausgemacht.

Somit laufen auf der einen Seite fachliche Befunde und bildungspolitische Zielsetzungen auf ein gemeinsames Bildungsverständnis als Basis von Kooperation zu, auf der anderen Seite sind beide Bereiche nach wie vor durch viele Faktoren getrennt, die für die konkrete Kooperation von Kita und Schule vor Ort zum Hindernis werden können.

Für die Aufnahme einer Kooperation ist es daher hilfreich, sich der erschwerenden ebenso wie der begünstigenden Voraussetzungen bewusst zu sein. Einige trennende wie verbindende Faktoren werden hier kurz umrissen.

Trennende Faktoren: Unterschiedliche Traditionen und Fachkulturen

Eine Kooperation zwischen Kita und Grundschule steht vor vielen Arten von Herausforderungen. Neben den inhaltlichen sind diese zunächst organisatorischer Art, liegen in den Rahmenbedingungen oder in den personenabhängigen Voraussetzungen der Zusammenarbeit. »Stolpersteine sind in vielen Fällen gegenseitige Vorurteile, lähmende Vorbehalte und manchmal auch sperrige Vorgaben« (Speck-Hamdan 2006, 27). Vorliegende Projektberichte zeigen sehr deutlich, dass Kooperation stets mit der Professionalität und der multiprofessionellen Zusammenarbeit der Fachkräfte aus Kita und Grundschule zu tun hat, für die Fragen der gegenseitigen Anerkennung und des beruflichen Selbstverständnisses eine wesentliche Rolle spielen. Ganz banale, dennoch sehr wirksame Hindernisse können knappe zeitliche Ressourcen oder das Fehlen unterstützender Rahmenbedingungen sein. Oder es fehlt schlicht der Platz für weitere »Baustellen« in der eigenen Arbeit, wenn, wie oft im Bildungsbereich, eine Vielzahl von Veränderungsprozessen an die Einrichtungen herangetragen wird, die gleichzeitig oder in kurzer Folge zu bewältigen ist.

Abgesehen von diesen eher situativen Bedingungen vor Ort existieren jedoch auch allgemeinere und historisch gewachsene Faktoren. Sie zu kennen, kann bereits helfen, manches Kommunikationsproblem und manches Vorurteil zu überwinden.

Zwischen Elementar- und Primarbereich bestehen Trennungen, die ihre Wurzeln in den starken institutionellen Traditionen und den unabhängigen Entwicklungen beider Bereiche haben. Die Grenzen, an denen es heute Übergänge zu bewältigen gilt, gehen zurück auf die Reichsschulkonferenz von 1920, in der das Bildungssystem in eine (bislang meist) vierjährige Grundschule und ein selektives System verschiedener Schulformen im Sekundarbereich gegliedert wurde. Der vorschulische Bereich wurde damals nicht an das Bildungssystem angegliedert: »Bis in unsere Tage hinein verhindert die Traditionsmächtigkeit des deutschen Kindergartens, Vorschulerziehung und Anfangsunterricht besser aufeinander abzustimmen« (Hacker 2001, 243f.).

Bis heute steht der traditionell sozialpädagogisch und am Spiel orientierten Pädagogik der Kitas die gezielte Einführung in die Kulturtechniken und Wissensbestände in den unterrichtlichen Arbeitsstrukturen im schulischen Anfangsunterricht gegenüber. Problematisch sind dabei nicht die berechtigten und notwendigen Besonderheiten in den inhaltlichen und methodischen Zugängen von Elementar- und Primarpädagogik, sondern deren Vereinseitigungen. Im Elementarbereich hält aufgrund negativer Erfahrungen mit Verschulungstendenzen bis heute eine Distanz zu inhaltsbezogenen Lernprozessen an, einer eher ganzheitlichen Förderung und dem Situationsansatz wird der Vorzug gegeben. Nicht immer ist dabei klar, wie ein umfassender Bildungsbegriff auch in seinen inhaltlichen und lernmethodischen Aspekten berücksichtigt werden kann (Knauf & Schubert 2006a, 152f.). Das in der Schule praktizierte Bildungsverständnis unterliegt auf der anderen Seite der Gefahr, Bildung auf Wissensvermittlung zu reduzieren.

Inhaltliche Berührungspunkte zwischen Kita und Schule bleiben daher – zumindest auf den ersten Blick – oftmals klein. Manchmal erschwert schon die unterschiedliche Sprache eine Verständigung: »So weiß manche Lehrerin bis heute nicht, was der Situationsansatz ist und manche Erzieherin spricht auch heute noch von der ›Schulreife‹« (Speck-Hamdan 2009b, 108). Kooperation wird unter diesen Bedingungen nicht unmittelbar am Austausch über inhaltliche und methodische Details ansetzen können, sondern zunächst grundlegendere Verständigung herstellen müssen. Studien bestätigen dies: Schulen und vorschulische Einrichtungen haben unterschiedlichen Erwartungen an die Kooperation und die Gestaltung der Übergänge, sie haben unterschiedliche Auffassungen von den Kindern als Lernern, und sie arbeiten mit unterschiedlichen theoretischen Hintergründen und psychologischen Modellen (Griebel & Niesel 2004, 108).

Auch auf institutioneller Ebene zeigt sich die Trennung bis heute in vielen Bereichen (vgl. Speck-Hamdan 2006, 23f.): Der Besuch des Kindergartens ist freiwillig, danach besteht aufgrund des staatlichen Bildungsauftrags der Schule die Schulpflicht. Schulen unterliegen der Schulaufsicht, wodurch sie unter anderem in ihren Gestaltungsmöglichkeiten enger gebunden sind als Einrichtungen im Kita-Bereich. Während der Schulbesuch kostenlos ist, wird für Kitas eine Gebühr erhoben. Auf die Aufteilung in die Zuständigkeitsbereiche unterschiedlicher Ministerien wurde schon hingewiesen. Nicht zuletzt war lange Zeit die inhaltliche Arbeit unterschiedlich geregelt und blieb daher ohne verbindliche Zusammenhänge: Den Lehrplänen der Schule standen keine entsprechend verbindlichen Curricula für die Kitas gegenüber. Dies kann sich zumindest im Ansatz durch gemeinsame Bildungspläne ändern, sofern diese die Bildungsaufträge für den Elementar- und Primarbereich anschlussfähig gestalten oder sogar – wie in Hessen – beide Bereiche umfassen.

Verbindende Faktoren: Ein gemeinsames Bildungsverständnis

Die hemmenden Faktoren für eine Kooperation mögen als Kluft erscheinen. Bei genauerer Betrachtung liegen sie zumeist auf der Ebene institutioneller und fachlicher Traditionen oder formaler Regelungen. Auf der Ebene der konkreten Praxis vor Ort und der hier handelnden Personen können demgegenüber leichter die verbindenden Faktoren in den Vordergrund treten. Der Blick der Erzieherin auf die Situation eines Kindes wird sich von dem ihrer Kollegin in der benachbarten Grundschule häufig nur wenig unterscheiden. Oft bedarf es nur minimaler Anstrengungen oder erster konkreter Bemühungen, um beide Seiten trotz möglicher Hindernisse von der Sinnhaftigkeit eines Austausches zu überzeugen und Gemeinsamkeiten zu entdecken (vgl. die Erfahrungsberichte von Erzieher/innen und Grundschullehrer/innen im Projekt »ponte«, Ramseger & Hoffsommer 2008).

Die konkrete pädagogische Arbeit in Kita und Grundschule folgt gemeinsamen pädagogischen Grundlagen, »die in der Förderung der Gesamtpersönlichkeit des Kindes, seiner Selbsttätigkeit und Selbstständigkeit sowie im Aufbau tragfähiger sozialer Beziehungen liegen. Die gemeinsamen pädagogischen Grundlagen sind wesentliche Voraussetzungen für die Entwicklungs- und Bildungskontinuität. Zugleich akzeptieren Kindertageseinrichtungen und Schulen die unterschiedlichen pädagogischen Zugangsweisen und bringen der je eigenen Gestaltung von Bildungsprozessen die nötige Wertschätzung entgegen« (JMK/KMK 2004, 8). Wenn die gemeinsamen Grundlagen einer Kooperation erkannt sind, stellen unterschiedliche Perspektiven der Einrichtungen kein Hindernis mehr dar. Eine funktionierende Kooperation bedeutet gerade nicht, die eigenen Profile aufzugeben, vielmehr fließen diese bereichernd in die gemeinsame Arbeit ein. Dies kann gelingen, wenn der gemeinsame Bezugspunkt der Arbeit in den Vordergrund rückt: das Kind in seinen Lern- und Bildungsprozessen.

Verbindendes Element von Kita und Grundschule ist daher »der beiden aufgegebene Bildungsauftrag, der sich noch dazu in Aufeinanderfolge an dieselben Kinder richtet« (Speck-Hamdan 2009a, 24). Ein solcher Bildungsauftrag, ein gemeinsames Verständnis von Bildung und Lernen muss freilich ausformuliert werden, um Verständigung hierüber herzustellen. Aus diesem Grunde haben viele Bundesländer Bildungspläne für den Elementarbereich vorgelegt. Sowohl den Grundschulen wie den Elementareinrichtungen ist damit ein grundlegender Bildungsauftrag aufgegeben. In der Diskussion über ein angemessenes Verständnis von Bildungsprozessen in der frühen Kindheit liegen durchaus unterschiedliche Positionen vor (vgl. Knauf & Schubert 2006a, 159ff.), doch bei allen Unterschieden im Detail zeichnet sich doch ab, dass eine gemeinsame und anschlussfähige Konzeption von Bildung und Lernen für den Elementar- und Primarbereich einen umfassenden und grundlegenden Bildungsbegriff als Ausgangspunkt hat, »der frühzeitige Spezialisierung vermeidet und eine allseitige Förderung der Persönlichkeit und der unterschiedlichen Entwicklungs- und Kompetenzbereiche der Kinder ebenso wie die elementare Einführung in die Hauptperspektiven des Weltwissens und Weltverstehens anstrebt« (Knauf & Schubert 2006a, 160f.).

In der Kompetenzorientierung, die sich hier abzeichnet, treffen sich jüngere Entwicklungen zum Bildungsverständnis im Elementar- und Primarbereich. Das gleiche gilt für konstruktivistische

Grundvorstellungen im Lernverständnis. Und auch die pädagogischen Grundhaltungen von ErzieherInnen und LehrerInnen gegenüber dem Kind als Lernendem stimmen zunehmend im Sinne des Begleitens, Ermöglichens und individuellen Förderns überein. Kita und Grundschule verfügen damit ungeachtet aller trennenden Faktoren in den Traditionen und in der Geschichte der Institutionen über viele Anknüpfungspunkte im inhaltlichen Bereich, um von hier aus ein gemeinsames Bildungsverständnis und Modelle für eine kooperative Gestaltung des Übergangs zu entwickeln.

Modelle für die Gestaltung der Kooperation

Aus einem gemeinsamen Verständnis von Bildung und Lernen folgt ein gemeinsames Verständnis der Aufgabenbereiche, die in Kita und Grundschule dazu beitragen, die Entwicklung eines Kindes individuell zu begleiten und kontinuierlich zu unterstützen. Werden diese Bereiche aufeinander abgestimmt, helfen sie, die inhaltliche Anschlussfähigkeit von Bildungsprozessen über die institutionellen Grenzen hinweg zu sichern. Speck-Hamdan nennt hierfür die folgenden drei Bereiche (2006, 28f.):

- die Beobachtung und Dokumentation individueller Lern- und Entwicklungsprozesse,
- die Gestaltung von Lernumgebungen,
- die umfassende Förderung des einzelnen Kindes.

Wie nahe die Prinzipien einer begabungsfördernden Pädagogik bei jenen der individuellen Begleitung und Förderung liegen, zeigt sich daran, dass gerade diese Aufgabenbereiche auch im hier vorliegenden Band eine herausragende Rolle spielen.

Beobachtung und Dokumentation individueller Lern- und Entwicklungsprozesse

Für eine möglichst angemessene individuelle Förderung arbeiten sowohl Kitas wie Grundschulen mit differenzierten Instrumenten der Beobachtung, Erfassung und Dokumentation des Lern- und Entwicklungsstandes. Ein Austausch der hierbei gesammelten Informationen ermöglicht es der Schule, an die individuelle Bildungsbiographie eines Kindes anzuschließen. Die relevanten datenschutzrechtlichen Bestimmungen können im Rahmen einer engen Kooperation mit den Eltern berücksichtigt werden. Verschiedene Instrumente und Verfahren haben sich für eine solche Bildungsdokumentation bewährt:

- der Austausch vorliegender diagnostischer Informationen im Allgemeinen,
- Portfolios,
- Bildungs- und Lerngeschichten (Leu, Flämig, Frankenstein, Koch, Pack, Schneider & Schweiger 2007; Kleeberger, Frankenstein & Leu 2009),
- unterschiedliche Verfahren einer lernprozessbegleitenden Diagnostik (Griebel 2006, 40),
- Entwicklungsprofile zur Beobachtung und Dokumentation der Lernschritte und Entwicklungswege (ebd.; Knauf & Schubert 2006, 164ff.),
- die Arbeit mit dem »Übergangsbuch«: Im letzten Kindergarten- sowie im ersten Grundschuljahr halten das Kind und seine Eltern darin anhand geeigneter Aufgaben den Prozess des

Übergangs und ihre Erfahrungen dazu fest. Die Erzieherin und später die Grundschullehrerin nutzen das Buch zur gemeinsamen Reflexion und Begleitung von Kind und Eltern (Lingenauber 2009, 14ff.).

Dokumentationsverfahren, die im Rahmen der Übergangsgestaltung eingesetzt werden, sollten sich am gemeinsamen Lern- und Bildungsverständnis orientieren, über das man sich im Rahmen der Kooperation verständigt hat, insbesondere »an einem ganzheitlichen Bild vom Kind als Träger von Stärken und Schwächen und eines unverwechselbaren Persönlichkeitsprofils« (Knauf & Schubert 2006, 165). Überdies sollten sie an die Erfahrungen von ErzieherInnen anknüpfen sowie ihre Kompetenzen und Kenntnisse über die einzelnen Kinder nutzen (ebd.). Diagnostische Verfahren sind kein Selbstzweck, sie sollten maßvoll eingesetzt werden und sind immer nur dann sinnvoll, wenn sie die individuelle Lern- und Entwicklungsbegleitung unterstützen helfen. Selbstverständlich dienen sie auch nicht einem Ranking oder sonstigem Vergleich der Kinder, sondern einer Bildungsdokumentation mit individuellem Bezugsmaßstab.

Gestaltung von Lernumgebungen

Lernumgebungen können auch in der Schule so gestaltet sein, dass Kinder keinen »Kulturschock« erleben, wenn sie aus der vielfältigen und anregenden Umgebung eines Kindergartens mit ihren freien Entfaltungsmöglichkeiten in die Grundschule wechseln. Wie mit vielen konkreten Umsetzungsformen des ko-konstruktivistischen Ansatzes im Kita-Bereich existieren auch in der Grundschulpädagogik mit reformpädagogisch, projektorientiert und geöffnet arbeitenden Unterrichtsansätzen seit langem Konzeptionen für eine Umsetzung eines Bildungsverständnisses, das sich als anschlussfähig an die Elementarpädagogik erweist und sie bruchlos in Schulpädagogik überführen kann (vgl. Knauf & Schubert, 162f.). Wenn Kita und Grundschule im Sinne einer begabungsfördernden Pädagogik arbeiten, wie sie in diesem Band beschrieben wird, sollten ihre Lernumgebungen ohnehin leicht aufeinander abstimmbar sein.

Umfassende, an der ganzen Person orientierte Förderung des einzelnen Kindes

Kita und Grundschule arbeiten mit bestimmten Vorstellungen vom Kind als Lerner und davon, was die umfassende Förderung eines Kindes ausmacht. »In beiden Bereichen wird der Sichtwechsel von den Defiziten hin zu den Ressourcen betont. Ansatzpunkte des Förderns sind die vorhandenen Potentiale und Fähigkeiten der Kinder, nicht ihre Schwächen« (Speck-Hamdan 2006, 29). Wie diese Grundsätze im Einzelnen umgesetzt werden, darüber gilt es sich abzustimmen. Einer Förderung von Kindern mit besonderen und hohen Begabungen kommt der Grundansatz der Stärkenorientierung entgegen. Ebenso unerlässlich ist es, das Kind in seiner ganzen Persönlichkeit und als Subjekt seines eigenen Bildungs- und Begabungsprozesses wahrzunehmen, wie es der Ansatz einer personalen Pädagogik in der Hochbegabtenförderung vorschlägt (Weigand 2008). Wenn sowohl Kita wie Grundschule mit dieser Perspektive auf das Kind arbeiten und sich vor diesem Hintergrund austauschen, kann der Übergang erfolgreich unterstützt werden.

Neben Aufgabenbereichen auf inhaltlicher Ebene gehören zu einer kooperativen Gestaltung des Übergangs auch die gemeinsame Planung und Abstimmung jener Maßnahmen, die die organisatorischen Aspekte des Übergangs von der Kita in die Grundschule betreffen. Diese werden daher hier als ein vierter Aufgabenbereich aufgeführt.

Organisatorische und methodische Maßnahmen zur Gestaltung des Übergangs

Hierzu gehören neben gemeinsamen Elternabenden und Beratungstagen vor allem alle Formen des Kennenlernens und gemeinsamer Aktionen von Kindergartenkindern und Grundschulkindern, von mehr oder weniger anspruchsvollen Schnuppertagen über gemeinsame Feste und Patenschaften bis hin zu gemeinsamen Arbeitsgruppen und Projekten, in denen etwas gemeinsam erarbeitet und abschließend gemeinsam präsentiert wird.

Für die Prinzipien und die inhaltlichen Aufgaben einer Kooperation liegen aus Projekten und fachlichen Konzeptionen mehrfach Empfehlungen vor, die in der groben Aufteilung weitgehend den genannten Aufgabenbereichen entsprechen. Hacker unterteilt die Aufgaben einer anspruchsvollen Kooperation in sieben Komplexe (2008, 110f.):

- die Herstellung der inhaltlichen Anschlussfähigkeit,
- Frühdiagnose und Frühförderung,
- informative Schulvorbereitung für die Kinder,
- gemeinsame Elternarbeit,
- gemeinsame organisatorische Maßnahmen (zum Beispiel feste Ansprechpartner, gemeinsame Veranstaltungen und Sitzungen),
- gemeinsame Fort- und Weiterbildung,
- gemeinsame Projekte aller Beteiligten.

Griebel und Niesel führen ihrerseits sechs Komponenten von Transitionsprogrammen auf, in denen sich diese Aufgabenbereiche ebenfalls wiederfinden (2004, 146ff.). Ergänzend ist hier der Aspekt der Evaluation der Kooperation und also des gemeinsamen Transitionsprogramms berücksichtigt: Eine regelmäßige Überprüfung der gemeinsamen Arbeit kann organisatorische und inhaltliche Verbesserungsmöglichkeiten aufzeigen und außerdem der Kommunikation des Übergangskonzepts an Eltern und weitere Beteiligte dienen.

Als Empfehlung für die Erarbeitung eines eigenen Kooperationsprojektes sei abschließend auf ein Modell aus dem Zusammenhang des länderübergreifenden Verbund-Projekts »TransKiGs« verwiesen. Es verdeutlicht übersichtlich, dass die Kooperation von Kita und Grundschule ihrerseits wiederum verschiedene Ebenen der Kooperation aller Beteiligten umfasst.

Das Modell kann helfen, die verschiedenen Kooperationsbeziehungen zu systematisieren und möglichst alle in die Übergangsgestaltung mit einzubeziehen. Die Tabelle hebt Ebenen hervor, die hier aufgrund der Zielrichtung des Beitrags bisher unerwähnt geblieben sind, die jedoch ebenfalls eine wichtige Rolle spielen. So wird die Bedeutung der Kooperation mit Eltern im Zusammenhang mit der Gestaltung von Übergängen immer wieder betont. Sie kann, wie Ebene vier der Tabelle zeigt, noch um die Kooperation zwischen Kindergarten- und Grundschuleltern bereichert werden. Denn auch für die Eltern selbst stellt der Übergang des Kindes in die Grundschule eine Transition dar. Nur wenn auch die Eltern diese Transition erfolgreich bewältigen, können die optimalen Bedingungen für das Kind gegeben sein.

	Kooperation zwischen:	Handlungsziel:
Ebene 1	Erzieher/in Grundschullehrer/in	Interdisziplinärer Austausch und Kennenlernen der zukünftigen Schulkinder
Ebene 2	Erzieher/in Grundschullehrer/in Kindergarteneltern	Erwartungen, Voraussetzungen und Möglichkeiten für jedes individuelle Kind im Rahmen des Übergangs
Ebene 3	Erzieher/in Grundschullehrer/in	Gemeinsame Beobachtung des Kindes und gemeinsame Analyse von Tätigkeitsergebnissen; Austausch über die Lernausgangslage und die Bildungsbedürfnisse des zukünftigen Schulkindes
Ebene 4	Kindergarteneltern Grundschuleltern	Offener Austausch über mögliche Sorgen, Ängste und Erwartungen der Eltern im Rahmen des Übergangs; bestmögliche Beratung der Eltern zukünftiger Schulkinder
Ebene 5	Kindergartenkind Grundschulkind	Einführung der zukünftigen Schulkinder in die neue Lernumgebung Schule
Ebene 6	Kindergartenkind Erzieher/in Grundschullehrer/in Kindergarteneltern	Gemeinsamer Austausch sämtlicher am Übergang Beteiligter über die Kompetenzen, Interessen und Entwicklungsmöglichkeiten des jeweiligen Kindes auf einer gemeinsamen Ebene
Ebene 7	Kindergarteneltern Kindergartenkind	Gemeinsamer Weg in die neuen Rollen als Schulkind und als Eltern eines schulpflichtigen Kindes

Tabelle 2: Sieben Ebenen professionellen Handelns im Rahmen der Kooperation zum Übergang Kindergarten – Grundschule (nach Lingenauber 2009, 15)

Ebene 5 des Modells macht auf die Kooperationsmöglichkeiten zwischen Kindergarten- und Grundschulkind aufmerksam. Kinder können andere Kinder unter ganz anderen Perspektiven in die neue Umgebung Schule einführen als Erwachsene; Kinder haben eigene Sichtweisen auf den Übergang, die so zur Sprache kommen können. Es eröffnen sich hier vielerlei Möglichkeiten der Partizipation der Kinder an der Gestaltung ihres eigenen Überganges, ganz im Sinne der aktiven Bewältigung und der Stärkung des Kindes als Chance eines Transitionsprozesses.

Beispiele und Anregungen

Anregungen für die Entwicklung einer eigenen praktischen Umsetzung vor Ort liefern mittlerweile die Ergebnisse einer ganzen Reihe von Modellprojekten. Eine zusammenfassende Auswertung liegt bislang nicht vor, doch ist für den Zweck der Konzeption einer eigenen Praxis ohnehin ein detaillierter Blick in die Beispiele guter Praxis aus den Modellprojekten empfehlenswert, da die möglichen Bedingungen vor Ort große Unterschiede aufweisen können. An dieser Stelle kann lediglich auf die Dokumentationen zu einer Auswahl von Projekten verwiesen werden:

- Im Rahmen des Projekts zur »Neukonzeption des Übergangs vom Kindergarten in die Grundschule« am Bayerischen Staatsinstitut für Frühpädagogik (IFP) wurde das bekannte Transitionsmodell von Niesel und Griebel entwickelt. (Praktische Umsetzungen des Modells werden vorgestellt in Griebel & Niesel 2004, 157ff.)

- Noch im Auftrag der Bund-Länder-Kommission für Bildungsplanung (BLK) startete im Jahr 2005 das Projekt »TransKiGs«, in dessen Rahmen in mehreren Bundesländern Modelle der Kooperation von Kita und Grundschule entwickelt und erprobt wurden. Materialien, Ergebnisse und Instrumente finden sich in der Abschlussdokumentation (TransKiGs 2009; s. auch www.transkigs.de).

- Im Projekt »ponte« der Deutschen Kinder- und Jugendstiftung und der Internationalen Akademie für innovative Pädagogik, Psychologie und Ökonomie an der Freien Universität Berlin wurden von 2004 bis 2008 in verschiedenen Bundesländern die inhaltliche und strukturelle Kooperation zwischen Kita und Grundschule sowie die Entwicklung eines gemeinsamen Bildungsverständnisses gefördert. Im Abschlussbericht (Ramseger & Hoffsommer 2008) sind Projekterfahrungen und Umsetzungsmodelle dokumentiert.

- Informationen zu verschiedenen Projekten und dem Forschungsstand zur Schuleingangsphase sind zusammengestellt auf den Internetseiten des Arbeitsgebietes Grundschulpädagogik der Universität Bremen (Prof. Ursula Carle): http://www.grundschulpaedagogik.uni-bremen.de/schuleingangsphase/seph_ueberblick.html.

- Gebündelte und konkrete Anregungen für die Zusammenarbeit von Kita und Grundschule sowie eine Neustrukturierung des Schulanfangs gibt die von Knauf und Schubert entwickelte Projektkonzeption IBA (Integrierter Bildungsauftrag von Kindergarten und Grundschule) (Knauf & Schubert 2006a, 168ff.; Knauf & Schubert 2006b).

Die gemeinsame Fortbildung von pädagogischen Fachkräften aus Kita und Grundschule kann die professionsübergreifende Kommunikation innerhalb eines Kooperationsprojektes zusätzlich verdichten (H. Trautmann 2008; T. Trautmann 2008). Fortbildungen und die Arbeit in solchen »Tandems« sind daher ein Element in verschiedenen der genannten Projekte oder werden – wie die Weiterbildung zur Begabtenpädagogin oder zum Begabtenpädagogen an der ehs Dresden – als Lehrgang angeboten.

Im Impulsschulprojekt der Karg-Stiftung, einem bundesweiten Netzwerkprojekt von 15 Grundschulen zur Entwicklung schulischer Begabtenförderung (Steenbuck, Quitmann & Esser in Vorbereitung), wurden unter anderem Modelle der Übergangsgestaltung unter dem spezifischen Aspekt der Förderung besonders begabter und hochbegabter Kinder erprobt. Die Ergebnisse und Erfahrungen demonstrieren, dass die Kooperation zwischen Kita und Grundschule, eine Flexibilisierung der Einschulungsmöglichkeiten sowie eine Gestaltung der Übergänge im hier vorgestellten Sinne für die Kontinuität der Bildungsprozesse aller Kinder einen hohen Gewinn bringen. Insbesondere den Lern- und Entwicklungsbedürfnissen von Kindern mit schnellen Entwicklungsverläufen und besonderen Begabungen kann so deutlich besser entsprochen werden.

Die Beispiele zweier Impulsschulen mögen abschließend Anregungen für Kooperationen zur Übergangsgestaltung mit Blick auf die Förderung von Kindern mit besonderen Begabungen geben.

Die Hans-Georg-Karg-Schule, eine Grundschule in Trägerschaft des CJD Braunschweig (Christliches Jugenddorfwerk Deutschland), hat in Kooperation mit der Braunschweiger Kita St. Magni ein nachmittägliches Kursangebot für interessierte Kinder zu naturwissenschaftlichen Themen erprobt. Die Kurse, die jeweils von sechs Kindergartenkindern und sechs Grundschulkindern besucht werden konnten, wurden von einer Kursleiterin und einer Erzieherin gemeinsam an der Grundschule durchgeführt. Unter Übergangsaspekten ist an diesem Angebot interessant, dass die Kindergartenkinder bereits vor der Einschulung Grundschulkinder, Lehrkräfte sowie Räume der Grundschule kennenlernen, und zwar nicht nur bei einmaligen Gelegenheiten, sondern zu regelmäßigen Terminen und im Rahmen inhaltlicher Arbeitszusammenhänge. Sowohl für Kindergarten- wie Grundschulkinder ist die personelle Kontinuität unterstützend, die durch die kooperative Kursleitung gegeben ist. Die Kindergartenkinder haben eine vertraute Person in der Nähe, die ihnen anfängliche Ängste bezüglich der neuen Umgebung nehmen kann. Die Grundschulkinder wiederum behalten auch nach der Einschulung noch Kontakt zur bereits vertrauten Erzieherin. Durch die Zusammenarbeit der Fachkräfte konnten Erfahrungen und Beobachtungen zu einzelnen Kindern intensiv ausgetauscht werden. Für die Lehrer waren die Kurse außerdem eine positive Bestätigung des Vorhabens, an der Schule jahrgangsgemischten Unterricht einzuführen.

Bereits 1993 hat die Salzbödetal-Schule, eine staatliche Grundschule in Lollar-Salzböden (Hessen), im Rahmen eines BLK-Modellversuchs zur Neukonzeption des Schulanfangs ein Einschulungs- und Übergangskonzept entwickelt, das in seinen wesentlichen Elementen bis heute weitgehend unverändert geblieben ist: Alle schulpflichtigen Kinder werden eingeschult; Zurückstellungen werden also vermieden. Darüber hinaus werden nach einer Beratung auch alle noch nicht schulpflichtigen Kinder früher eingeschult, deren Eltern dies wünschen. Aufnahmen in die jahrgangsgemischt unterrichteten Klassen 1 und 2 sind halbjährlich möglich. Über einen Wechsel zum Ende des Schuljahres in die Jahrgangsklasse 3 kann je nach Lern- und Entwicklungsstand flexibel entschieden werden. So sind kürzere oder längere Verweildauern möglich, ohne dass die Schüler ihre sozialen Kontakte verlieren.

Nach den Erfahrungen der Schule profitieren von den flexiblen Einschulungs- und unterrichtlichen Differenzierungsmöglichkeiten in hohem Maße Kinder mit besonderen und hohen Begabungen. Äußerlich zeigen die folgenden Zahlen, dass Schule mit einem solchen Konzept flexibel auf schnelle Entwicklungsverläufe reagieren kann, und dass diese Angebote auch angenommen werden:

- »Der Anteil der vorzeitigen Einschulungen hat sich inzwischen auf 40 Prozent der Schulanfänger erhöht.

- Obwohl viele Schulanfänger im klassischen Sinne nicht uneingeschränkt schulreif sind, durchlaufen sie unsere Schule in der regulären Zeit. Etwa 30 Prozent der Kinder sind zum Zeitpunkt des Übergangs in die Klasse 5 etwa ein Jahr jünger als ihre Klassenkameraden.

- Der Anteil der Kinder, die ein Jahr länger die Stammgruppe besuchen, ist gering; Nichtversetzungen im 3. und 4. Schuljahr sind äußerst selten. (...)

- Die beiden Einschulungstermine werden annähernd gleichgewichtet wahrgenommen. (...)« (Becker & Westerholt in Vorbereitung).

Literatur

Bartnitzky, H. (2008). Bildung von Anfang an und an allen Bildungsorten. Grundschule aktuell, Heft 4, 25-29.

Bartnitzky, H., Brügelmann, H., Hecker, U., Heinzel, F., Schönknecht, G. & Speck-Hamdan, A. (Hrsg.) (2009). Kursbuch Grundschule. Frankfurt/M.: Grundschulverband – Arbeitskreis Grundschule.

Becker, S. & Westerholt, A. (in Vorbereitung): Übergang KiTa – Grundschule: Flexible Eingangsphase an der Salzbödetal-Schule – das Konzept eines am Kind orientierten Übergangs. In C. Koop & O. Steenbuck (Hrsg.), Herausforderung Übergänge – Bildung für hochbegabte Kinder und Jugendliche gestalten. Karg-Hefte – Beiträge zur Begabtenförderung und Begabungsforschung, Nr. 1. Frankfurt/M.: Karg-Stiftung.

Beelmann, W. (2000). Entwicklungsrisiken und -chancen bei der Bewältigung normativer sozialer Übergänge im Kindesalter. In C. Leyendecker & T. Horstmann (Hrsg.), Große Pläne für kleine Leute (S. 71-77). München: Ernst Reinhardt.

Berthold, B. (2008). Einschulungsregelungen und flexible Eingangsstufe. Recherche für den Nationalen Bildungsbericht 2008 im Auftrag des Deutschen Jugendinstituts Stand: Februar 2008. München: Deutsches Jugendinstitut. Online im Internet: Zugriff am 06.05.2010 von http://www.dji.de/bibs/01_natBild_Expertise_Berthold.pdf.

Diskowski, D., Hammes-Di Bernardo, E. , Hebenstreit-Müller, S. & Speck-Hamdan, A. (Hrsg.) (2006). Übergänge gestalten. Wie Bildungsprozesse anschlussfähig werden. Weimar, Berlin: verlag das netz.

Drews, U., Schneider, G. & Wallrabenstein, W. (2000). Einführung in die Grundschulpädagogik. Weinheim: Beltz.

Faust, G. (2006). Die neue Schuleingangsstufe – Entstehung und aktueller Stand. In D. Diskowski, E. Hammes-Di Bernardo, S. Hebenstreit-Müller & A. Speck-Hamdan (Hrsg.), Übergänge gestalten. Wie Bildungsprozesse anschlussfähig werden (S. 136-149). Weimar, Berlin: verlag das netz.

Faust-Siehl, G., Garlichs, A., Ramseger, J., Schwarz, H. & Warm, U. (1996). Die Zukunft beginnt in der Grundschule. Empfehlungen zur Neugestaltung der Primarstufe. Reinbek: Rowohlt.

Fels, C. (1999). Identifizierung und Förderung Hochbegabter in den Schulen der Bundesrepublik Deutschland. Bern: Haupt.

Fthenakis, W. E. (1999). Transitionspsychologische Grundlagen des Übergangs zur Elternschaft. In W. E. Fthenakis, M. Eckert & M. v. Block (Hrsg.), Handbuch Elternbildung. Band 1 (S. 31-68). Opladen: Leske und Budrich.

Griebel, W. (2006). Übergänge fordern das gesamte System. In D. Diskowski, E. Hammes-Di Bernardo, S. Hebenstreit-Müller & A. Speck-Hamdan (Hrsg.), Übergänge gestalten. Wie Bildungsprozesse anschlussfähig werden (S. 32-47). Weimar, Berlin: verlag das netz.

Griebel, W. (2009). Übergang Kindergarten – Grundschule: Entwicklung für Kinder und Eltern. In F. Becker-Stoll & B. Nagel (Hrsg.), Bildung und Erziehung in Deutschland. Pädagogik für Kinder von 0 bis 10 Jahren (S. 120-129). Berlin: Cornelsen Scriptor.

Griebel, W. & Niesel, R. (2004). Transitionen. Fähigkeit von Kindern in Tageseinrichtungen fördern, Veränderungen erfolgreich zu bewältigen. Weinheim: Beltz.

Hacker, H. (2001). Übergänge. In W. Einsiedler, M. Götz, H. Hacker, J. Kahlert, R. W. Keck & U. Sandfuchs (Hrsg.), Handbuch Grundschulpädagogik und Grundschuldidaktik (S. 243-252). Bad Heilbrunn: Klinkhardt.

Hacker, H. (2008). Bildungswege vom Kindergarten zur Grundschule. 3. Aufl. Bad Heilbrunn: Klinkhardt.

Henze, G., Sandfuchs, U. & Zumhasch, C. (2006). Integration hochbegabter Grundschüler. Längsschnittuntersuchung zu einem Schulversuch. Bad Heilbrunn: Klinkhardt.

JMK/KMK (2004). Gemeinsamer Rahmen der Länder für die frühe Bildung in Kindertageseinrichtungen (Beschluss der Jugendministerkonferenz vom 13./14.05.2004 / Beschluss der Kultusministerkonferenz vom 03./04.06.2004). Zugriff am 06.05.2010 von http://www.kmk.org/fileadmin/veroeffentlichun-gen_beschluesse/2004/2004_06_04-Fruehe-Bildung-Kitas.pdf.

JFMK/KMK (2009). Den Übergang von der Tageseinrichtung für Kinder in die Grundschule sinnvoll und wirksam gestalten – Das Zusammenwirken von Elementarbereich und Primarstufe optimieren (Beschluss der Jugend- und Familienministerkonferenz vom 05.06.2009 / Beschluss der Kultusministerkonferenz vom 18.06.2009). Zugriff am 06.05.2010 von http://www.kmk.org/fileadmin/veroeffentlichungen_beschluesse/2009/2009_06_18-Uebergang-Tageseinrichtungen-Grundschule.pdf.

Kleeberger, F., Frankenstein, Y. & Leu, H. R. (2009). Bildungs- und Lerngeschichten am Übergang vom Kindergarten in die Grundschule. Weimar, Berlin: verlag das netz.

Knauf, T. & Schubert, E. (2006a). Den Übergang vom Kindergarten in die Grundschule neu gestalten. In D. Diskowski, E. Hammes-Di Bernardo, S. Hebenstreit-Müller & A. Speck-Hamdan (Hrsg.), Übergänge gestalten. Wie Bildungsprozesse anschlussfähig werden (S. 150-174). Weimar, Berlin: verlag das netz.

Knauf, T. & Schubert, E. (2006b). IBA Integrierter Bildungsauftrag von Kindergarten und Grundschule. Lösungsansätze und Strategien für eine systemische Neustrukturierung des Schulanfangs. In R. Hinz & B. Schumacher (Hrsg.), Auf den Anfang kommt es an! Kompetenzen entwickeln – Kompetenzen stärken. Wiesbaden: VS.

Korn, M. & Rohrmann, T. (in Vorbereitung). Übergang Grundschule – Sekundarstufe I: Begabtenförderung am Übergang – Kooperation als Herausforderung. In C. Koop & O. Steenbuck (Hrsg.), Herausforderung Übergänge – Bildung für hochbegabte Kinder und Jugendliche gestalten. Karg-Hefte – Beiträge zur Begabtenförderung und Begabungsforschung, Nr. 1. Frankfurt/M.: Karg-Stiftung.

Kammermeyer, G. (2001). Schulfähigkeit. In G. Faust-Siehl & A. Speck-Hamdan (Hrsg.), Schulanfang ohne Umweg (S. 96-118). Frankfurt/M.: Grundschulverband – Arbeitskreis Grundschule.

Kammermeyer, G. (2004). Fit für die Schule – oder nicht? Was Erzieherinnen über das heutige Verständnis von Schulfähigkeit wissen müssen. Kindergarten heute, 34 (10), 6-12.

Leu, H. R., Flämig, K., Frankenstein, Y., Koch, S., Pack, I., Schneider, K. & Schweiger M. (2007). Bildungs- und Lerngeschichten: Bildungsprozesse in früher Kindheit beobachten, dokumentieren und unterstützen. Weimar, Berlin: verlag das netz.

Lingenauber, S. (2009). Das »Übergangsbuch«. Eine Transferstrategie zwischen Kindergarten und Grundschule. Deutsch differenziert, Heft 4, 14-16.

Nickel, H. (1992). Die Einschulung als pädagogisch-psychologische Herausforderung – »Schulreife« aus ökosystemischer Sicht. In D. Haarmann (Hrsg.), Handbuch Grundschule. Band 1 (S. 88-100). Weinheim: Beltz.

Ramseger, J. & Hoffsommer, J. (Hrsg.) (2008). ponte. Kindergärten und Grundschulen auf neuen Wegen. Erfahrungen und Ergebnisse aus einem Entwicklungsprogramm. Weimar, Berlin: verlag das netz.

Sasse, A. (2009). Übergänge gestalten. Der Weg vom Kindergarten in die Grundschule. Deutsch differenziert, Heft 4, 4-6.

Schlichte-Hiersemenzel, B. (2001). Zu Entwicklungsschwierigkeiten hoch begabter Kinder und Jugendlicher in Wechselwirkung mit ihrer Umwelt. Erfahrungen und mögliche Lösungswege. Bonn: Bundesministerium für Bildung und Forschung.

Schulte zu Berge, S. (2001). Hochbegabte Kinder in der Grundschule. Erkennen – Verstehen – Im Unterricht berücksichtigen. Münster: LIT.

Speck-Hamdan, A. (2006). Neuanfang und Anschluss: zur Doppelfunktion von Übergängen. In D. Diskowski, E. Hammes-Di Bernardo, S. Hebenstreit-Müller & A. Speck-Hamdan (Hrsg.), Übergänge gestalten. Wie Bildungsprozesse anschlussfähig werden (S. 20-31). Weimar, Berlin: verlag das netz.

Speck-Hamdan, A. (2009a). Kontinuität – Diskontinuität. In H. Bartnitzky, H. Brügelmann, U. Hecker, F. Heinzel, G. Schönknecht & A. Speck-Hamdan (Hrsg.), Kursbuch Grundschule (S. 82-83). Frankfurt/M.: Grundschulverband – Arbeitskreis Grundschule.

Speck-Hamdan, A. (2009b). Kooperation und Kommunikation gestalten. In H. Bartnitzky, H. Brügelmann, U. Hecker, F. Heinzel, G. Schönknecht & A. Speck-Hamdan (Hrsg.), Kursbuch Grundschule (S. 108-109). Frankfurt/M.: Grundschulverband – Arbeitskreis Grundschule.

Statistisches Bundesamt (2005). Pressemitteilung Nr. 483 vom 16.11.2005. Wiesbaden.

Steenbuck, O. (2009). Qualitätsmerkmale eines begabungsentwickelnden Grundschulunterrichts in heterogenen Lerngruppen – Erste Annäherungen. In T. Trautmann, S. Schmidt & C. Rönz (Hrsg.), Beim Lernen zugeschaut. Begabungsfördernder Unterricht und wissenschaftliche Begleitung. Band I: Theoretische Grundlagen (S. 35-60). Baltmannsweiler: Schneider-Verlag Hohengehren.

Steenbuck, O., Quitmann, H. & Esser, P. (Hrsg.) (in Vorbereitung). Inklusive Begabtenförderung an Grundschulen. Konzepte, Analysen und Dokumente zur Schulentwicklung. Weinheim: Beltz.

TransKiGs (Hrsg.) (2009). Übergang Kita – Schule zwischen Kontinuität und Herausforderung. Materialien, Instrumente und Ergebnisse des TransKiGs-Verbundprojekts. Weimar, Berlin: verlag das netz.

Trautmann, H. (2008). »Was Hänschen nicht lernt...« Idee einer gemeinsamen Ausbildung für Kindergarten und Grundschule am Beispiel des Naturwissenschaftlichen Lernens an der Universität. In B. Daiber & I. Weiland (Hrsg.), Impulse der Elementardidaktik. Eine gemeinsame Ausbildung für Kindergarten und Grundschule (S. 182-192). Baltmannsweiler: Schneider-Verlag Hohengehren.

Trautmann, T. (2005). Einführung in die Hochbegabtenpädagogik. Baltmannsweiler: Schneider-Verlag Hohengehren.

Trautmann, T. (2008). »... lernt Hans nimmermehr.« Kinder sollen auf die Schule vorbereitet werden. Wirklich? In B. Daiber & I. Weiland (Hrsg.), Impulse der Elementardidaktik. Eine gemeinsame Ausbildung für Kindergarten und Grundschule (S. 193-201). Baltmannsweiler: Schneider-Verlag Hohengehren.

Vock, M., Preckel, F. & Holling, H. (2007). Förderung Hochbegabter in der Schule: Evaluationsbefunde und Wirksamkeit von Maßnahmen. Göttingen: Hofgrefe.

Weigand, G. (2008): Begabtenförderung und Persönlichkeitsentwicklung. In C. Fischer, F. Mönks & U. Westphal (Hrsg.), Individuelle Förderung (I): Begabungen entfalten – Persönlichkeit entwickeln. Allgemeine Forder- und Förderkonzepte (S. 394-408). Berlin: LIT.

Wörz, T. (2004). Die Entwicklung der Transitionsforschung. In W. Griebel & R. Niesel (Hrsg.), Transitionen. Fähigkeit von Kindern in Tageseinrichtungen fördern, Veränderungen erfolgreich zu bewältigen (S. 22-41). Weinheim: Beltz.

Anhang

Autoren und Interviewpartner

Dr. Salman Ansari

Tätigkeit:

Dipl.-Chemiker; Lehrtätigkeit an der TH Darmstadt, der PH Kiel, der Universität Oldenburg und der Universität Ulm

Ausgewählte Schwerpunkte:

- Entwicklung von Unterrichtsmodellen für den Sachunterricht
- Förderung der naturwissenschaftlich-technischen Bildung in Kindergärten, Grundschulen und der Sekundarstufe I

Aktuelle Projekte:

- Dozenten- und Beratertätigkeit in der Erzieher- und Lehrerweiterbildung

Ausgewählte Publikationen:

Ansari, S. (2009). Schule des Staunens. Heidelberg: Spektrum.

Dipl.-Psych. Tanja Gabriele Baudson M. A.

Tätigkeit:

Wissenschaftliche Mitarbeiterin am Lehrstuhl für Hochbegabtenforschung und -förderung an der Universität Trier

Ausgewählte Schwerpunkte:

- Hochbegabung
- Kreativität
- Psychologische Diagnostik

Aktuelle Projekte:

- Unterstützung begabungsdiagnostischer Kompetenzen von Grundschullehrkräften
- Entwicklung eines Intelligenztests für Kinder im Grundschulalter

Ausgewählte Publikationen:

Holling, H., Preckel, F., Vock, M., Rossbach, H.-G., Baudson, T. G. & Kuger, S. (2009). Begabte Kinder finden und fördern. Ein Ratgeber für Eltern, Erzieherinnen und Erzieher, Lehrerinnen und Lehrer (aktualisierte und vollständig überarbeitete Neuauflage). Bundesministerium für Bildung und Forschung, Bonn: BMBF.

Baudson, T. G. & Dresler, M. (Hrsg.) (2008). Kreativität und Innovation. Beiträge aus Wirtschaft, Technik und Praxis. Stuttgart: Hirzel.

Internet:

http://www.uni-trier.de/index.php?id=9492

Dr. Birgit Behrensen

Tätigkeit:

Wissenschaftliche Mitarbeiterin am nifbe (Niedersächsisches Institut für frühkindliche Bildung und Entwicklung), Forschungsstelle Begabungsförderung Osnabrück

Ausgewählte Schwerpunkte:

- Qualitative Forschungsmethoden
- Migration und Bildung

Aktuelle Projekte:

- Empirische Untersuchung zu Positionen von Lehrerinnen und Erzieherinnen zur individuellen Förderung in Grundschule und Kita
- Evaluation des Transferprojekts »Technik und NaturErleben« (Ansprechpartnerin)

Ausgewählte Publikationen:

Behrensen, B. & Westphal, M. (2009). Junge Flüchtlinge – ein blinder Fleck in der Migrations- und Bildungsforschung. In L. Krappmann, A. Lob-Hüdepohl, A. Bohmeyer & S. Kurzke-Maasmeier (Hrsg.), Bildung für junge Flüchtlinge – ein Menschenrecht: Erfahrungen, Grundlagen und Perspektiven (S. 45-58). Bielefeld: Bertelsmann.

Internet:

http://nifbe.de/pages/das-institut/forschung/begabung.../team/ma-portraet-birgit-behrensen.php

Prof. Dr. Holger Brandes

Tätigkeit:

Lehrstuhlinhaber für Psychologie und Direktor des Instituts für Frühkindliche Bildung an der Evangelischen Hochschule (FH) Dresden

Ausgewählte Schwerpunkte:

- Entwicklungspsychologie mit Schwerpunkt auf dem Kindergartenalter
- Die Rolle von Männern und Vätern in der Erziehung

Aktuelle Projekte:

- Potentiale von Kindertageseinrichtungen zur Kompensation von Bildungsbenachteiligungen

Ausgewählte Publikationen:

Brandes, H. (2008). Selbstbildung in Kindergruppen. Die Konstruktion sozialer Beziehungen. München: Reinhardt.

Internet:

http://www.ehs-dresden.de/index.php?id=474

Prof. Dr. Stefan Brée

Tätigkeit:

Studiengangsleitung Bildung und Erziehung in der frühen Kindheit an der Fakultät für Soziale Arbeit an der HAWK (Hochschule für Angewandte Wissenschaft und Kunst (FH) Hildesheim/Holzminden/Göttingen)

Ausgewählte Schwerpunkte:

- Ästhetische Bildung und Didaktik in der frühen Kindheit
- Beobachtung und Dokumentation von Bildungsprozessen

Aktuelle Projekte:

- Kreativität in heterogenen Lerngruppen – Kooperationsprojekt mit dem Institut für Gestaltungspraxis und Kunstwissenschaft an der Leibnizuniversität Hannover
- Deutungskompetenzen kindlicher Selbstbildungsprozesse – eine qualitative Studie mit ErzieherInnen

Ausgewählte Publikationen:

Brée, S. (2010). Fortschritte machen. In nifbe (Hrsg.), Auf die ersten Jahre kommt es an. Freiburg: Herder.

Brée, S. (2008). Künstlerische Verfahren als Modell für das Lernen von Kindern. In GEW (Hrsg.), Das Bildungsbuch. Dokumentieren im Dialog. Weimar, Berlin: verlag das netz.

Internet:

http://www.kunstundlernen.de/
http://www.forschungsverbund-fbe.de/

Silke Forstmeier

Tätigkeit:

Staatlich anerkannte Erzieherin; Begabtenpädagogin (Karg-Stiftung); Projektleiterin und Gruppenerzieherin in der Evangelischen Kindertagesstätte St. Stephan in Würzburg

Ausgewählte Schwerpunkte:

- Entdecken, Begleiten und Integrieren hochbegabter Kinder im Elementarbereich

Aktuelle Projekte:

- Entwicklung hochbegabter Kinder im Alter von drei Jahren bis zur Einschulung unter besonderer Berücksichtigung ihrer Sozialkontakte und der Auswirkung der besonderen Angebote auf die Entwicklung normalbegabter Kinder (in Zusammenarbeit mit dem Bay. Sozialministerium und dem IFP München)
- Kita-Konsultationsnetzwerk der Karg-Stiftung

Internet:

http://www.wuerzburg-ststephan.de/html/kindertagesstatte.html

Prof. Dr. Lilian Fried

Tätigkeit:

Lehrstuhlinhaberin für Pädagogik der Frühen Kindheit an der Universität Dortmund

Ausgewählte Schwerpunkte:

- Pädagogik der frühen Kindheit: Sprachpädagogik; Pädagogische Diagnostik
- Schulpädagogik: pädagogische Schulentwicklung

Aktuelle Projekte:

- Sprachstandserhebung zwei Jahre vor der Einschulung (Delfin 4) – Diagnostik, Elternarbeit und Förderung der Sprachkompetenz Vierjähriger in NRW
- Erkundungsstudie zur Sprachförderkompetenz (Erzieherinnen)

Ausgewählte Publikationen:

Fried, L. (Hrsg.) u. Mitarb. von Büttner, G., Melle, I., Mette, N. & Selter, C. (2008). Das wissbegierige Kind. Neue Perspektiven in der Früh- und Elementarpädagogik. Weinheim: Juventa.

Fried, L. & Roux, S. (Hrsg.) (2006). Pädagogik der frühen Kindheit. Handbuch und Nachschlagewerk. Weinheim: Beltz.

Internet:

http://www.fk12.tu-dortmund.de/cms/ISEP/de/home/Personen/012_Fried_Lilian/index.html

Dipl.-Päd. Christiane Große

Tätigkeit:

Wissenschaftliche Mitarbeiterin am Lehrstuhl für Elementar- und Familienpädagogik an der Otto-Friedrich-Universität Bamberg

Ausgewählte Schwerpunkte:

- Erforschung von Zusammenhängen zwischen der Anregungsqualität in kindlichen Lernumwelten und kindlicher Kompetenzentwicklung

Aktuelle Projekte:

- Mitglied der DFG-Forschergruppe der BiKS-Studie (Bildungsprozesse, Kompetenzentwicklung und Selektionsentscheidungen im Vor- und Grundschulalter)

Ausgewählte Publikationen:

Blasius, I. & Große, C. (2010). Pädagogische Orientierungen von Erzieher/innen in Ost- und Westdeutschland. KiTa spezial Sonderausgabe, Heft 1, 15-17.

Kluczniok, K., Kuger, S. & Große, C. (2010). Anregungsqualität im Kindergarten. KiTa spezial Sonderausgabe, Heft 1, 12-14.

Internet:

http://www.uni-bamberg.de/biks/mitarbeiterinnen/christiane_grosse/

Dr. rer. nat. Gabriele Haug-Schnabel

Tätigkeit:

Verhaltensbiologin und Entwicklungsforscherin; Privatdozentin an der Universität Freiburg; Initiatorin und Leiterin der 1993 gegr. Forschungsgruppe Verhaltensbiologie des Menschen (FVM)

Schwerpunkte:

- interdisziplinäre Forschungsprojekte zur Beobachtung und Analyse kindlichen Verhaltens

Aktuelle Projekte:

- Mitarbeit an der Nationalen Untersuchung zur Bildung, Betreuung und Erziehung in der frühen Kindheit (NUBBEK)

Ausgewählte Publikationen:

Haug-Schnabel, G. & Bensel, J. (2010). Kinder unter drei – ihre Entwicklung verstehen und begleiten. Kindergarten heute kompakt. Freiburg: Herder.

Haug-Schnabel, G. & Bensel, J. (2005). Grundlagen der Entwicklungspsychologie. Die ersten 10 Lebensjahre. Freiburg: Herder.

Internet:

www.verhaltensbiologie.com

Dipl.-Soz.päd. (FH) Jens Hoffsommer

Tätigkeit:

Programmleiter bei der Deutschen Kinder- und Jugendstiftung (DKJS)

Ausgewählte Schwerpunkte:

- Frühkindliche Bildung
- Demokratiepädagogik
- Erwachsenenbildung

Aktuelle Projekte:

- Programmleitung »Demokratie von Anfang an – Kindertageseinrichtungen als Lernort der Demokratie«
- Programmleitung »Tandem. Unterschiede managen«, ein Kita-Grundschul-Projekt in Sachsen

Ausgewählte Publikationen:

Hoffsommer, J. & Ramseger, J. (2008). Qualität schlägt Brücken. Eine Programmbilanz der Initiatoren. In Deutsche Kinder- und Jugendstiftung (Hrsg.), Bildung gemeinsam verantworten. Kooperation von Kindergarten und Grundschule erfolgreich gestalten (S. 421-444). Weimar, Berlin: verlag das netz.

Internet:

www.dkjs.de

Prof. Dr. Gerald Hüther

Tätigkeit:

Professor für Neurobiologie an der Universität Göttingen; Leiter der Zentralstelle für Neurobiologische Präventionsforschung der Psychiatrischen Klinik der Universität Göttingen und des Instituts für Public Health der Universität Mannheim/Heidelberg

Ausgewählte Schwerpunkte:

- Einfluss früher Erfahrungen auf die Hirnentwicklung
- Auswirkungen von Angst und Stress sowie die Bedeutung emotionaler Reaktionen bei Lernprozessen
- Wirkungsmechanismen von Psychopharmaka

Aktuelle Projekte:

- Aufbau der Sinn-Stiftung Kinder.Lernen.Zukunft (www.sinn-stiftung.eu), Neue Lernkultur in Kommunen (www.nelecom.de).

Ausgewählte Publikationen:

Hüther, G. & Nitsch, C. (2008). Wie aus Kindern glückliche Erwachsene werden. München: Gräfe und Unzer.

Prekop, J. & Hüther, G. (2006). Auf Schatzsuche bei unseren Kindern: Ein Entdeckungsbuch für neugierige Eltern und Erzieher. München: Kösel.

Internet:

www.gerald-huether.de

Dr. André Jacob

Tätigkeit:

Diplom-Psychologe, Mitarbeiter am Erziehungs- und Familienberatungszentrum Bezirksamt Steglitz-Zehlendorf (EFBZ)

Ausgewählte Schwerpunkte:

- Koordination des Regionalteams 1 des EFBZ

Aktuelle Projekte:

- Koordination des Projektes »Aufbau eines landesweiten Netzes zur Erziehungsberatung bei Familien mit Kindern mit Hochbegabung«

Ausgewählte Publikationen:

Jacob, A. (2008). Konzepte und Diagnostik der elterlichen Erziehung. In B. Eckay, A. Haid-Loh & K. Jacob (Hrsg.), Jugend bewegt (S. 53-76). Weinheim: Juventa.

Jacob, A. & Wahlen, K. (2006). Multiaxiales Diagnosesystem Jugendhilfe (MAD-J). München: Reinhardt.

Internet:

http://www.mad-j.de

Dipl.-Päd. Katharina Kluczniok

Tätigkeit:

Wissenschaftliche Mitarbeiterin am Lehrstuhl für Elementar- und Familienpädagogik an der Otto-Friedrich-Universität Bamberg

Ausgewählte Schwerpunkte:

- Erforschung von Zusammenhängen zwischen der Anregungsqualität in kindlichen Lernumwelten und kindlicher Kompetenzentwicklung
- Einschulungsentscheidungen von Eltern

Aktuelle Projekte:

- Mitglied der DFG-Forschergruppe der BiKS-Studie (Bildungsprozesse, Kompetenzentwicklung und Selektionsentscheidungen im Vor- und Grundschulalter)

Ausgewählte Publikationen:

Kluczniok, K., Schmitt, M., Kuger, S. & v. Maurice, J. (im Druck). Familiale Anregungsbedingungen im Spiegel ökonomischer Ressourcen. In A. Lange & M. Xyländer (Hrsg.), Familie als Bildungswelt. Theoretische Explorationen und empirische Befunde. München: DJI Verlag.

Rossbach, H.-G., Kluczniok, K. & Kuger, S. (2008). Auswirkungen eines Kindergartenbesuchs auf den kognitiv-leistungsbezogenen Entwicklungsstand von Kindern. Zeitschrift für Erziehungswissenschaft, Sonderheft 11, 139-158.

Internet:

http://www.uni-bamberg.de/biks/mitarbeiterinnen/katharina_kluczniok/

Jun.-Prof. Dr. Anke König

Tätigkeit:

Juniorprofessorin am Lehrstuhl Frühpädagogik an der Hochschule Vechta; Vorstandsmitglied der Kommission Pädagogik der frühen Kindheit der Deutschen Gesellschaft für Erziehungswissenschaft (DGfE)

Ausgewählte Schwerpunkte:

- Interaktionsprozesse zwischen Erzieherinnen und Kind

Aktuelle Projekte:

- Entwicklungsförderliche Interaktionen zwischen Erzieherin und Kind
- Subjektive Haltungen von Erzieherinnen zur Bedeutung des Spiels für Kinder im Kindergartenalter

Ausgewählte Publikationen:

König, A. (2010). Interaktion als didaktisches Prinzip. Bildungsprozesse bewusst begleiten und gestalten. Troisdorf: Bildungsverlag EINS.

König, A. (2009). Interaktionsprozesse zwischen ErzieherInnen und Kindern. Eine Videostudie aus dem Alltag des Kindergartens. Wiesbaden: VS.

Internet:

http://www.uni-vechta.de/ibs/bildungswissenschaften/88.html www.pdfk.de

Dipl.-Psych. Christine Koop

Tätigkeit:

Kinder- und Jugendlichenpsychotherapeutin, Ressortleiterin »Frühe Förderung und Beratung« der Karg-Stiftung

Ausgewählte Schwerpunkte:

- Entwicklung von Kindertagesstätten zu begabungsfördernden Einrichtungen
- Weiterentwicklung von Beratungsangeboten für Eltern hochbegabter Kinder

Aktuelle Projekte:

- Aufbau eines Kita-Konsultationsnetzwerkes mit dem Schwerpunkt »Hochbegabtenförderung«
- Koordination eines Kooperationsprojektes mit dem Land Schleswig-Holstein zum Aufbau von Kita-Grundschul-Kompetenzzentren für Begabtenförderung

Ausgewählte Publikationen:

Koop, C. & Steenbuck, O. (Hrsg.) (in Vorb.). Herausforderung Übergänge – Bildung für hochbegabte Kinder und Jugendliche gestalten. Karg-Hefte – Beiträge zur Begabtenförderung und Begabtenforschung, Nr. 1. Frankfurt/M.: Karg-Stiftung.

Koop, C. & Welzien, S. (2009). Hinterher sind alle schlauer. Kita spezial, Heft 4, 6-8.

Internet:

www.karg-stiftung.de

Annette Krieg

Tätigkeit:

Staatlich anerkannte Erzieherin in der Kindertageseinrichtung »Am Goldenen Reiter« in Dresden; Begabtenpädagogin (Karg-Stiftung)

Ausgewählte Schwerpunkte:

- integrative Förderung von Kindern mit Entwicklungsvorsprüngen und besonderen Begabungen

Internet:

www.amgoldenenreiter.de

Dipl.-Psych. Susanne Kuger

Tätigkeit:

Wissenschaftliche Mitarbeiterin am Lehrstuhl für Elementar- und Familienpädagogik an der Otto-Friedrich-Universität Bamberg

Ausgewählte Schwerpunkte:

- Erforschung der Umwelt- und Förderbedingungen von Kindern im Vorschulalter mit besonderen intellektuellen Begabungen
- Erforschung von Zusammenhängen zwischen der Anregungsqualität in kindlichen Lernumwelten und kindlicher Kompetenzentwicklung

Aktuelle Projekte:

- Mitglied der DFG-Forschergruppe der BiKS-Studie (Bildungsprozesse, Kompetenzentwicklung und Selektionsentscheidungen im Vor- und Grundschulalter)

Ausgewählte Publikationen:

Schmitt, M., Kuger, S., Kluczniok, K. & von Maurice, J. (2010). Familiale Anregung während der frühen Kindergartenzeit. In D. Bühler-Niedernberger, A. Lange & J. Mierendorff (Hrsg.), Kindheit zwischen fürsorglichem Zugriff und gesellschaftlicher Teilhabe. Wiesbaden: VS.

Roßbach, H.-G., Kluczniok, K. & Kuger, S. (2008). Auswirkungen eines Kindergartenbesuchs auf den kognitiv-leistungsbezogenen Entwicklungsstand von Kindern – Ein Forschungsüberblick. Zeitschrift für Erziehungswissenschaft, Sonderheft 11, 139-158.

Internet:

http://www.uni-bamberg.de/biks/mitarbeiterinnen/susanne_kuger/

Anke Marburger

Tätigkeit:

Staatlich anerkannte Erzieherin im Kinderhauses Maintal; Begabtenpädagogin (Karg-Stiftung); Sozialfachwirtin

Ausgewählte Schwerpunkte:

- Bildungs- und Lerngeschichten
- Erziehungspartnerschaften

Aktuelle Projekte:

- Kita-Konsultationsnetzwerk der Karg-Stiftung
- Konzeptionelle Weiterentwicklung des Kinderhauses Maintal zum Early Excellence Center
- »Das Lernen lernen in Innen- und Außenräumen«, ein EU-Projekt mit Kindergärten aus Italien, Spanien, Deutschland und der Türkei

Internet:

http://www.planet1.net/kinderhaus.php

Dipl.-Psych. Patrick Mayer

Tätigkeit:

Psychologischer Psychotherapeut (VT); Rehabilitationsklinik für Kinder und Jugendliche in Beelitz-Heilstätten

Schwerpunkte:

- Behandlung von Angst- und Zwangsstörungen

Dipl.-Psych. Heike Morche

Tätigkeit:

Erziehungsberaterin im »Haus der Familie« der DRK Berlin-Südwest Behindertenhilfe gGmbH

Ausgewählte Schwerpunkte:

- Frühe Hilfen
- Hochbegabung

Ausgewählte Publikationen:

Morche, H., Jacob, A. & Wahlen, K. (2008). Mehrdimensionale Diagnosen für die Hilfen zur Erziehung: das MAD-J. In H. Scheuerer-Englisch et al. (Hrsg.), Jahrbuch für Erziehungsberatung: Bd. 7. Weinheim: Juventa.

Internet:

www.drk-berlin.net

Dipl.-Psych. Götz Müller

Tätigkeit:

Psychologischer Psychotherapeut und Kinder- und Jugendlichenpsychotherapeut in eigener Praxis, Komma-Institut für Kinder- und Jugendpsychologie Limburg

Ausgewählte Schwerpunkte:

- Beratung und Diagnostik, Coaching und Psychotherapie

Ausgewählte Publikationen:

Müller, G. (2009). Wortgewandt und blitzgescheit. Kita Spezial, Heft 4, 13-16.

Horsch, H., Müller G. & Spicher H.-J. (2006). Hochbegabt – und trotzdem glücklich. Düsseldorf: Oberstebrink.

Internet:

www.institut-komma.de
www.ikvt.de

Prof. Dr. Christoph Perleth

Tätigkeit:

Lehrstuhlinhaber für Pädagogische und Heilpädagogische Psychologie am Institut für Pädagogische Psychologie Rosa und David Katz an der Universität Rostock; Leiter der Begabungspsychologischen Beratungsstelle »Odysseus« an der Universität Rostock

Ausgewählte Schwerpunkte:

- Hochbegabungsforschung
- Kognitive Merkmale lernschwacher Kinder

Aktuelle Projekte:

- Entwicklung einer Hochbegabungstestbatterie (MHBT)
- Follow-up-Studien zur Münchner Hochbegabungsstudie

Ausgewählte Publikationen:

Perleth, C. & Ziegler, A. (Hrsg.) (2001). Psychologische Diagnostik. Stuttgart: Kohlhammer.

Internet:

https://www.phf.uni-rostock.de/institut/ipp/Mitarbeiter/profs/arbeitperleth.htm

Dipl.-Psych. Wenke Röseler

Tätigkeit:

Leiterin der Beratungsstelle für Fragen der Hochbegabung in Dresden; Wissenschaftliche Mitarbeiterin an der Evangelischen Hochschule (FH) Dresden

Schwerpunkte:

- Beratung von Eltern hochbegabter Vorschulkinder

Aktuelle Projekte:

- Mitarbeit am Projekt »Potenziale von Kindertageseinrichtungen zur Kompensation von Bildungsbenachteiligungen« an der Evangelischen Hochschule (FH) Dresden

Internet:

www.hochbegabung-dresden.de

Dr. Sabine Rohrmann

Tätigkeit:

Psychologische Psychotherapeutin und Kinder- und Jugendlichenpsychotherapeutin in eigener Praxis für Bildungsberatung und Begabtenförderung in Braunschweig

Ausgewählte Schwerpunkte:

- Bildungsberatung vom Kindergarten bis zum Studium
- Praxisberatung und Supervision für pädagogische Fachkräfte, Kitas und Schulen

Ausgewählte Publikationen:

Rohrmann, S. (2007). Besondere Begabung – Besondere Pädagogik? Theorie und Praxis der Sozialpädagogik, Heft 2/07, 23-27.

Rohrmann, S. & Rohrmann, T. (2005). Hochbegabte Kinder und Jugendliche. Diagnostik – Förderung – Beratung. München: Reinhardt.

Internet:

www.beratung-rohrmann.de

Prof. Dr. Hans-Günther Roßbach

Tätigkeit:

Lehrstuhlinhaber für Elementar- und Familienpädagogik an der Otto-Friedrich-Universität Bamberg

Ausgewählte Schwerpunkte:

- Qualitätsfeststellung in Institutionen der Früherziehung
- Curricularentwicklung im Kindergarten/Bildungsfragen im Kindergarten
- Längsschnittanalysen der Auswirkungen frühkindlicher Betreuungen

Aktuelle Projekte:

- Wissenschaftliche Begleitung des Modellprojektes KiDZ – Kindergarten der Zukunft
- Mitglied der Forschergruppe der BiKS-Studie (Bildungsprozesse, Kompetenzentwicklung und Selektionsentscheidungen im Vor- und Grundschulalter)

Ausgewählte Publikationen:

Tietze, W., Schuster, K.-M., Grenner, K. & Roßbach, H.-G. (2007). Kindergarten-Skala (KES-R). Revidierte Fassung. Feststellung und Unterstützung pädagogischer Qualität in Kindergärten. 3., überarbeitete Aufl. Berlin: Cornelsen.

Tietze, W., Roßbach, H.-G. & Grenner, K. (2005). Kinder von 4 bis 8 Jahren. Zur Qualität der Erziehung und Bildung im Kindergarten. Weinheim: Beltz.

Internet:

http://www.uni-bamberg.de/efp/das_team/prof_dr_phil_hans_guenther_rossbach/

Dipl.-Psych. Reinhard Ruckdeschel

Tätigkeit:

Leiter der Hans-Georg Karg Kindertagesstätte im CJD Nürnberg, Pädagogischer Mitarbeiter im Institut für Hochbegabtenförderung des CJD (IHF)

Ausgewählte Schwerpunkte:

- Frühe Begabungsdiagnostik und Begabungspsychologische Beratung
- Erlebnispädagogik
- Methoden des Reflektierens und Philosophierens mit Kindern

Aktuelle Projekte:

- Aufbau eines integrativen Musikkindergartens
- Aufbau einer internationalen Kindertageseinrichtung mit den Förderschwerpunkten Bilingualität und Hochbegabtenförderung
- Förderung metakognitiver Kompetenzen von Kindergartenkindern durch verschiedene Methoden des Reflektierens von Lern- und Arbeitsprozessen

Ausgewählte Publikationen:

Ruckdeschel, R. (2009). Kinder erklettern sich die Welt. Kita spezial, Heft 4, 28-30.

Ruckdeschel, R. & Schrade-Borchert, D. (2002). »Hier bin ich Mensch, hier darf ichs sein«. Integrative Förderung hoch begabter Kinder im Kindergarten. Kita aktuell Nr. 7/8

Internet:

http://www.cjd-nuernberg.de/nuernberg/pages/index/p/6744

Dipl.-Soz.päd. (FH) Ina Schenker

Tätigkeit:

Wissenschaftliche Mitarbeiterin an der Evangelischen Hochschule Dresden

Ausgewählte Schwerpunkte:

- Bildung und Erziehung in der frühen Kindheit
- Didaktik und Methodik im Elementarbereich
- Beobachtung und Dokumentation von Entwicklungsprozessen

Aktuelle Projekte:

- Forschungsarbeit über die subjektiven Theorien von ErzieherInnen über das Lernen von Kindern

Ausgewählte Publikationen:

Schenker, I. (2009). Vielfalt als Herausforderung. KiTa spezial, Heft 4, 9-12.

Schenker, I. (2009). Geplant oder aus dem Bauch heraus: Gedanken über eine konstruktivistische Didaktik in der Elementarpädagogik. In S. Busse & G. Ehlert (Hrsg.), Soziale Arbeit und Region. Lebenslagen, Institutionen, Professionalität. Berlin: RabenStück.

Schenker, I (2008). Gemeinsames Lernen: Ein Kinderspiel. In U. Braun, M. Mienert, S. Müller & H. Vorholz (Hrsg.), Frühkindliche Bildung im Team gestalten und umsetzen. Konzepte, Praxisbeispiele, Materialien. Stuttgart: Dr. Josef Raabe.

Internet:

http://www.ehs-dresden.de/index.php?id=625

Ingrid E. Schulz

Tätigkeit:

Staatlich anerkannte Erzieherin; Begabtenpädagogin (Karg-Stiftung); Leiterin eines Kinderhauses in Reutlingen; Multiplikatorin für Bildungs- und Lerngeschichten (DJI)

Ausgewählte Schwerpunkte:

- Beobachtung und Dokumentation von Bildungsprozessen

Aktuelle Projekte:

- Implementation der Bildungs- und Lerngeschichten in Kindertageseinrichtungen im Auftrag verschiedener Kommunen
- Fachliche Begleitung von Einrichtungsentwicklungsprozessen für verschiedene Träger

Ausgewählte Publikationen:

Schulz, I. (2009). Staunen ist eine Sehnsucht nach Wissen. Kita spezial, Heft 4, 22-24.

Schulz, I. (2009). Bildungs- und Lerngeschichten zur Erkennung und Begleitung von hochbegabten Vorschulkindern. Ein Erfahrungsbericht aus der Sicht einer Leiterin. In K. Flämig, B. Musketa & H. R. Leu (Hrsg.), Bildungs- und Lerngeschichten für Kinder mit besonderem Förderbedarf (S. 62-64). Weimar, Berlin: verlag das netz.

Prof. Dr. Claudia Solzbacher

Tätigkeit:

Lehrstuhlinhaberin für Schulpädagogik an der Universität Osnabrück; Leiterin der Forschungsstelle Begabungsforschung am Niedersächsischen Instituts für frühkindliche Bildung und Entwicklung (nifbe)

Ausgewählte Schwerpunkte:

- Begabungsforschung
- Schulentwicklungsforschung
- Bildungsnetzwerke

Aktuelle Projekte:

- Empirische Untersuchung zu Positionen von Lehrerinnen und Erzieherinnen zur individuellen Förderung in Grundschule und Kita
- Beziehung und Begabung im Kindergarten

Ausgewählte Publikationen:

Solzbacher, C. & Minderop, D. (Hrsg.) (2007). Bildungsnetzwerke und Regionale Bildungslandschaften. Ziele und Konzepte, Aufgaben und Prozesse. München: Luchterhand.

Solzbacher, C. & Heinbokel, A. (Hrsg.) (2002). Hochbegabte in der Schule – Identifikation und Förderung. Münster: LIT.

Internet:

http://www.paedagogik.uni-osnabrueck.de/1947.php;
http://nifbe.de/pages/das-institut/forschung/begabung.../team.php

Christine Sperling

Tätigkeit:

Staatlich anerkannte Erzieherin; Begabtenpädagogin (Karg-Stiftung); Fachpädagogin für das Kleinkindalter; Pädagogische Leitung der Hans-Georg Karg Kindertagesstätte im CJD Nürnberg

Ausgewählte Schwerpunkte:

- Fachberatung Tagespflege
- Projektarbeit

Aktuelle Projekte:

- Mitarbeit im IFP-Konsultationsnetzwerk
- Mitarbeit im Kita-Konsultationsnetzwerk Hochbegabung der Karg-Stiftung
- Aufbau einer bilingualen Kita mit Krippe

Ausgewählte Publikationen:

Sperling, C. (2009). Kinder prägen unser Handeln!? Kita spezial, Heft 4, 39-41.

Internet:

http://www.cjd-nuernberg.de/nuernberg/pages/index/p/6744

Dr. Olaf Steenbuck

Tätigkeit:

Ressortleitung »Schule und Wissenschaft« der Karg-Stiftung

Ausgewählte Schwerpunkte:

- Schul- und Unterrichtsentwicklung im Bereich schulischer Begabtenförderung
- außerschulische Begabtenförderung
- wissenschaftliche Projekte zur Begabungsforschung und Begabtenförderung (Grundlagen, Wirkungsforschung)

Aktuelle Projekte:

- »Werte schulischer Begabtenförderung«
- Netzwerkprojekte zur Schulentwicklung und zu Schwerpunktschulen in verschiedenen Bundesländern

Ausgewählte Publikationen:

Steenbuck, O. (2009). Qualitätsmerkmale eines begabungsentwickelnden Grundschulunterrichts in heterogenen Lerngruppen – Erste Annäherungen.

Steenbuck, O. (2009). Individualisierter und offener Unterricht als Basis integrativer Begabtenförderung.

beide in: T. Trautmann, S. Schmidt & C. Rönz (Hrsg.) (2009), Beim Lernen zugeschaut. Begabungsfördernder Unterricht und wissenschaftliche Begleitung. Band I: Theoretische Grundlagen. Baltmannsweiler: Schneider-Verlag Hohengehren.

Internet:

www.karg-stiftung.de

Dipl. oec. troph. Simone Welzien

Tätigkeit:

Geschäftsführerin KESS Familienzentrum Nienhagen (Schwerpunkt Erwachsenenpädagogik)

Ausgewählte Schwerpunkte:

- Early Excellence Pädagogik
- Mediation
- Einrichtungsentwicklung

Aktuelle Projekte:

- Fachberaterin im Rahmen des Kooperationsprojektes von Karg-Stiftung und Land Schleswig-Holstein zum Aufbau von Kita-Grundschul-Kompetenzzentren für Begabtenförderung
- Konzeption E-Learning Programm Kita/Schule im Auftrag des Niedersächsischen Instituts für frühkindliche Bildung und Entwicklung (nifbe)

Ausgewählte Publikationen:

Welzien, S. (2006). Familien stärken – von der Kita zum Familienzentrum. Freiburg: Herder.

TANDEM – Methodenhefte für die Zusammenarbeit mit Eltern, Herder-Verlag (2006-2009).

Internet:

www.familienzentrum kess.de